ISBN 978-0-259-56832-2
PIBN 10642495

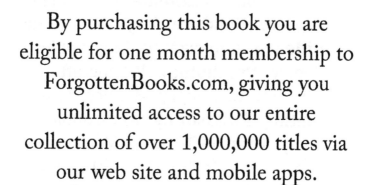

Die Forderung des Tages

von

Wilhelm Ostwald

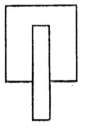

Leipzig
Akademische Verlagsgesellschaft m. b. H.
1910.

Meinem lieben Freunde

Svante Arrhenius

INHALT.

I. Die Forderung des Tages.

Als wir jungen Leute, meine Frau und ich, unser gemeinsames Leben in der Dorpater Studentenbude, die notdürftig genug zur Familienwohnung eingerichtet worden war, in einigermassen regelmässigen Gang gebracht hatten, erstaunte sie über die Summe von mannigfaltiger Arbeit, die ich im Laufe des Tages herunterzuspinnen hatte. Morgens einige Stunden Unterricht an einer Realschule, den ich übernommen hatte, um unser selbständiges Leben zu ermöglichen; dann bis Mittag und am Nachmittag Assistententätigkeit bei meinem verehrten Lehrer *Carl Schmidt*, die nach seiner mir deutlichst erteilten Anweisung darin zu bestehen hatte, dass ich ohne Rücksicht auf „offizielle" Anforderungen möglichst viele und gute wissenschaftliche Experimentalarbeiten ausführen sollte; am Abend endlich Schreibarbeit an meinem ersten Buche, dem „Lehrbuch der Allgemeinen Chemie", dessen erster Band allerdings erst ein paar Jahre später in Riga fertig wurde. Dazwischen noch gelegentlicher Privatunterricht und natürlich die Vorlesungen, die ich als Privatdozent an der Universität zu halten hatte, und die auch mancherlei Vorbereitung, experimentelle wie theoretische, erforderten. Dies stand in einigem Gegensatz zu der unbefangenen Weise, in der man sich in unserer gemeinsamen Vaterstadt Riga damals mit der Tagesarbeit abzufinden wusste, um genügende Zeit für die in allen Formen geübte private Geselligkeit übrig zu behalten. Wie es in der Stimmung des Ehefrühlings liegt, wünschte sie auch ihrerseits sich meinem Stil anzupassen und da sie zufolge guter mütterlicher Schulung sehr geschwind mit dem bischen Hauswesen fertig wurde, das unsere zweieinhalb Zimmer beanspruchten, so kränkte es sie, dass sie so wenig zu tun hatte. Insbesondere wünschte sie angesichts der sehr weitaussehenden Pläne, die ich für die künftige Gestaltung meines wissenschaftlichen Arbeitsleben der teilnahmsvoll, ja begeistert lauschenden Hörerin entwickelte, auch ihrerseits etwas grosses zu unternehmen. Nun begannen eben die ersten Vorzeichen ihrer künftigen, sehr anspruchsvollen Pflichten (sie hat inzwischen fünf Kinder grossgezogen) am Horizont unseres Lebens zu erscheinen; somit hiess es für sie, auf anderweitige Arbeitspläne verzichten und sich auf das kommende Ereignis vorbereiten. In den wechselnden Stimmungen hierbei hat ihr nun nichts so lebendigen Trost, ja Erfrischung gebracht, als die Worte, die gleich am Anfange von *Goethes* „Maximen und Reflexionen" stehen, und die ich auch auf das Titelblatt dieses Buches gesetzt habe. Sie lauten im Zusammenhange:

„Wie kann man sich selbst kennen lernen? Durch Betrachten niemals, wohl aber durch Handeln. Versuche, deine Pflicht zu tun, und du weisst sogleich, was an dir ist."

„Was aber ist deine Pflicht? Die Forderung des Tages."

Es war ein folgenreiches Erlebnis für mich, zu beobachten, wie durch dieses Wort die unklar drängenden Wünsche und Bestrebungen alsbald in ein ruhiges Bett geleitet wurden, in dem sie sich in ganz bestimmter Richtung betätigten und vielfältigen Segen gebracht haben. Auf mich selbst den Spruch anzuwenden, fühlte ich kaum ein Bedürfnis, denn die Forderung des Tages stimmte damals so weitgehend mit meinen innersten Neigungen und Wünschen überein, dass ich eigentlich nur vor mich hin zu leben brauchte, um beide zu befriedigen. Denn auch der Schulunterricht, den ich anfangs nur aus äusseren Gründen übernommen hatte, war mir interessant und befriedigend, da ich die Arbeit innerhalb eines ziemlich unbestimmten Rahmens weitgehend nach meinen eigenen Gedanken und Bedürfnissen gestalten konnte, denn meine unmittelbaren Vorgesetzten liessen mir angesichts meines beginnenden wissenschaftlichen Ansehens (das in Dorpat einigermassen eine Rarität und deshalb allen bekannt war) überall in dankenswerter Weise freie Hand. Aus den damals erworbenen Erfahrungen leite ich denn auch für mich ein Recht her, in den Fragen der Mittelschulreform als Fachmann, und nicht als der blosse Dilettant mitzusprechen, für den mich die sich angegriffen fühlenden Oberlehrer so gern ausgeben möchten.

Auch meine späteren Lebensjahre änderten zunächst wenig an diesem Verhältnis zu Meister *Goethes* Maxime. Sechs Jahre als Professor am Rigaschen Polytechnikum und zwei Dezennien als Professor an der Leipziger Universität brachten zunächst wieder eine so weitgehende Uebereinstimmung zwischen den eigenen Arbeitsbedürfnissen und den Forderungen des Tages, oder was ich damals dafür ansah, dass ein jeder Tag reich mit Arbeit und auch zureichend mit Erfolg bedacht erschien und weder weitere Bedürfnisse, noch Bedenken an der Beschaffenheit solcher Tagesarbeit auslöste. Erst als die anfangs leicht durch einige Wochen einsamen Malens behobenen Ueberarbeitungszustände ernster wurden und mich schliesslich zu einer halbjährigen vollständigen Unterbrechung meiner Tätigkeit zwangen, traten solche Fragen wieder in den Vordergrund. Als nüchterner Naturforscher konnte ich weder mir selbst, noch anderen verhehlen, dass ich aus jener Erschöpfungsperiode als Halbinvalide hervorgegangen war. Ich empfinde noch jetzt mit unverminderter Frische die Erregung, mit welcher ich im Frühling 1896, nachdem das schlimmste vorüber war, und ich meine frühere Arbeit stückweise wieder aufzunehmen versuchte, das erste wissenschaftliche Manuskript daraufhin durchlas, ob es für die „Zeitschrift für physikalische Chemie", die ich begründet und bis dahin geleitet hatte, geeignet sei. Es war in dem kleinen Nest *Freshwater Bay* auf der Insel Wight, wo ich unter Wandern, Malen und Baden allmählich wieder meine Kräfte soweit zurückgewonnen hatte, um jenen Versuch zu wagen. Ich lag auf den Feuersteinknollen des Strandes, welche die Ebbe freigelegt und die warme Frühlingssonne schnell getrocknet hatte, und vertiefte mich in das glücklicherweise sehr sauber geschriebene Manuskript. Das Ergebnis war beglückend. Ich konnte es nicht nur verstehen und beurteilen, sondern ich konnte auch, wie früher, alsbald den Punkt finden, auf welchem die weitere Aufklärungsarbeit einzusetzen hatte. Also dieser Teil meines Gehirnes wenigstens hatte nicht dauernd

Schaden gelitten, wie das leider bei meinem früher ganz vorzüglich gewesenen Gedächtnis zweifellos der Fall war. Eine
Wiederaufnahme der früheren Tätigkeit war nicht ausgeschlossen und fand auch mit dem folgenden Semester statt.

Hier nun begann aber jene Maxime auch für mich ein
Gegenstand des Nachdenkens zu werden. Die fortdauernde
Selbstprüfung ergab nämlich, dass jener frühe Nachtfrost doch
mehr mitgenommen hatte, als anfangs zutage treten wollte. Insbesondere der persönliche Unterricht meiner vorgeschrittenen,
mit selbständigen Arbeiten beschäftigten Schüler, der früher die
reichste Quelle glücklicher Empfindungen bei mir gewesen war,
änderte seinen Eindruck auf meine Gefühle. Anfangs begrüsst
und angesehen mit der Empfindung einer Wiederkehr in die
eigentliche Heimat meines Geistes, behaftete er sich erst leise
und fast unmerklich, später aber immer deutlicher und deutlicher mit unwillkommenen Nebengefühlen, die anfangs nicht
beachtet, dann nicht zugegeben, doch schliesslich so deutlich
wurden, dass sie nicht übersehen werden konnten. Ich musste
erkennen, dass der Teil meines Gehirns, in welchem diese besonderen Fähigkeiten des schöpferischen Unterrichts sich untergebracht befunden hatten, durch übermässigen Gebrauch ziemlich
funktionsunfähig geworden war. Erleichterungen, die mir von
dem damaligen Kultusminister *von Seydewitz* in verständnis-,
ja liebevollster Weise gewährt wurden, verzögerten einstweilen
den Ablauf dieser Vorgänge und hätten vielleicht sogar zu einer
Existenzform geführt, welche eine dauernde Oberleitung des
Unterrichtslaboratoriums durchführbar gemacht hätten, wenn
nicht unerwartete Hindernisse von anderer Seite eingetreten
wären. Die lange Arbeit im Laboratorium hatte nämlich eine
ganz bestimmte wissenschaftliche Atmosphäre geschaffen, die
durch ein kleines Ereignis aus den letzten Jahren meiner Lehrtätigkeit am besten gekennzeichnet werden wird. Es handelte
sich um eine Untersuchung, bei welcher anscheinende Widersprüche gegen die theoretisch bereits aufgeklärten Verhältnisse
polymorpher Stoffe erforscht und womöglich mit den allgemeinen Beziehungen in Zusammenhang gebracht werden sollten.
Ich hatte dem Praktikanten, der die Arbeit ausführen sollte, die

ersten Anweisungen gegeben, und hatte ihn dann ziemlich lange
nicht gesehen. Als ich ihn dann wieder sprach, und nach dem
Stande der Arbeit fragte, meinte er, sie sei im wesentlichen
erledigt. Haben Sie denn auch dies gemacht?, fragte ich, indem ich bestimmte Experimente kennzeichnete. „Jawohl", sagte
er. Dann bleibt nur noch das zu tun übrig, erwiderte ich, und
bezeichnete andere Versuche. „Die habe ich auch schon gemacht", war die Antwort. So hatte der junge Mitarbeiter, der
zudem nicht einmal das Laboratorium von Anfang an besucht
hatte, sondern als ausgebildeter, mit meinen Schriften gut bekannter Chemiker nach Leipzig gekommen war, sich in meine
Gedankenhabitus so gut eingelebt, dass er gerade dasselbe dachte,
was mir gegenüber dem Problem einfiel.

Dieses Erlebnis liess mich zunächst schliessen, dass ich im
Laboratorium so gut wie überflüssig war, was die Leitung der
einzelnen Arbeiten anlangte. Hier hatte ein Stab von ausgezeichneten Assistenten nicht nur das von mir Herrührende vollkommen aufgenommen, sondern es durch Eigenes nach allen Richtungen so wertvoll erweitert, dass auf lange Zeit sowohl die
Probleme, wie die Mittel zu ihrer Lösung dem Laboratorium
reichlich genug zur Verfügung standen, um es auf der stattlichen
geistigen Höhe zu erhalten, die es unter dem Einfluss mannigfaltiger günstiger Umstände erreicht hatte. Dann aber liess derselbe Tatbestand erkennen, dass eine Art von geistiger Führung
ohne beständiges persönliches Eingreifen, also mit einem verhältnismässig geringen Energieaufwande noch für längere Zeit
möglich war, wenn nur die gesamte Energieökonomie daraufhin
eingerichtet wurde, dass für das wichtigste, die allgemeine
wissenschaftliche Ideenentwicklung und die Vermeidung der
gedanklichen Stagnation im eigenen Gehirn, ein ausreichender
Vorrat von freier Energie übrig blieb. In solchem Sinne hatte
ich bereits mehrfach um Enthebung von der Vorlesungsver-
pflichtung für je ein Semester nachgesucht, die mir auch von
der Behörde ohne weiteres gewährt worden war. Sie konnte
um so eher gewährt werden, als durch die grosse Anzahl von
Privatdozenten, welche über Gegenstände der physikalischen
Chemie lasen, den Studenten Vorlesungen aus diesem Gebiete

in ganz besonders grosser Mannigfaltigkeit zur Verfügung standen. Auch nach solcher Richtung hatte ich meiner nachlassenden Leistungsfähigkeit Rechnung getragen, indem ich über die amtlich besoldeten Assistenten hinaus noch regelmässig mehrere Privatassistentenstellen unterhielt, deren Inhaber nicht etwa meine persönlichen Experimentalarbeiten auszuführen hatten, sondern sich mit den anderen so in die Unterrichtsarbeit teilten, dass jedem mindestens der halbe Arbeitstag für freie wissenschaftliche Forschung übrig blieb.

Der Durchführung dieser Organisation entstanden indessen Schwierigkeiten von einer Seite, von der ich sie am wenigsten erwartet hatte. Die Majorität der philosophischen Fakultät der Universität Leipzig fand es nicht zulässig, dass sich eines ihrer Mitglieder derart seiner Hauptpflicht, als welche von dieser Majorität das Vorlesunghalten betrachtet wurde, entzog, und empfahl dem Ministerium, welches der Fakultät ein Gesuch von mir um einen Vorlesungsurlaub für das bevorstehende Semester zur Begutachtung mitgeteilt hatte, diesen zu versagen. Die Beurteilung, welche mein Gesuch und meine Person in der entsprechenden Fakultätsverhandlung erfuhr, war von solcher Beschaffenheit, dass diese Fakultätssitzung die letzte blieb, die ich besucht habe. Ich beantragte bei der vorgesetzten Behörde meine Versetzung in den Ruhestand, da ich die Unterrichtsarbeit in dem beanspruchten Umfange nicht mehr leisten konnte. Meinen näheren Fachgenossen in der Fakultät, die sich in einer Weise, für welche ich ihnen dauernd zum herzlichsten Danke verpflichtet bleibe, um einen Ausgleich bemüht hatten, bezeichnete ich die generelle Erlaubnis, jeweils nach dem Stande meiner Leistungsfähigkeit während eines Semesters die Vorlesung aussetzen zu dürfen, als die Voraussetzung, unter welcher mir die Fortführung meiner amtlichen Tätigkeit möglich erschien. Doch gelang es ihnen nicht, auf dieser Grundlage mein Bleiben zu ermöglichen*). Im August 1906 schloss ich meine Lehrtätig-

---

*) Unvergesslich ist mir aus jener Zeit ein kleines Erlebnis. Ein philologischer Kollege, mit dem ich in angenehmen, wenn auch nicht sehr nahen persönlichen Beziehungen stand, bemühte sich auch seinerseits um den

keit an der Universität Leipzig ab, ohne von dieser, der ich in meinem besonderen Lehrgebiete die Stellung der ersten in der Welt erworben hatte, ein Zeichen der Anteilnahme an diesem Vorgange zu erfahren.

Nachdem nun rund vier Jahre nach jenen Ereignissen vergangen sind, habe ich allen Grund, mich über den sachlichen Teil daran glücklich zu schätzen. Ich habe inzwischen noch keinen Augenblick, selbst in meinen Träumen nicht, bereut, den Beruf des Universitätsprofessors mit dem des praktischen Idealisten vertauscht zu haben, und wenn ich in letzterem verhältnismässig noch mehr zu leisten habe, als in dem früheren, so handelt es sich doch ausschliesslich um freiwillig übernommene und mit vollem Herzensanteil ausgeführte Arbeiten, sodass wie in meinen Jünglingsjahren mir wieder der Tag viel zu kurz geworden ist, um all die guten und schönen Dinge zu tun, die nur darauf warten, getan zu werden. Und wenn ich meinem Alter entsprechend bereits überall mich darauf einrichten muss, mit gesparten Energien zu arbeiten, statt mit den schier unerschöpflichen Ueberschüssen der Jugend, so empfinde ich es doppelt beglückend, dass ich von diesen Energieresten nichts für Nichtigkeiten zu vergeuden gezwungen bin, für das, was man in der Sprache meiner baltischen Heimat ausdrucksvoll „Strund" zu nennen pflegt.

Hier war es nun, wo jene alte *Goethe*sche Maxime ihre klärende Beschaffenheit auch an meinem persönlichen Schicksal betätigt hat. Schon während meiner Amtstätigkeit hatte die spontane, durch keine äussere Aufgabe, wohl aber durch die innere Entwicklung des Geistes geleitete Gedankenproduktion mich wiederholt in Gebiete geführt, die ausserhalb des Lehrfaches lagen, das mir an der Universität angewiesen war, und die tatsächlich bestehende, wenn auch nicht formell festgelegte Lehrfreiheit unserer höchsten wissenschaftlichen Lehranstalten hatte ihrer Betätigung keine Hindernisse entstehen lassen. Die

---

Ausgleich. Während unseres Gespräches hierüber bemerkte er: „Am meisten hat mich in Erstaunen gesetzt, mit welcher Hingebung gerade Ihre nächsten *Fachgenossen* für Sie eingetreten sind. *Bei uns wäre das fast undenkbar".*

sehr lebhafte Teilnahme der Hörer an solchen Vorlesungen war mir ein Zeichen dafür, dass gerade für diese Dinge (ich habe insbesondere die 1901 zuerst gehaltenen Vorlesungen über Naturphilosophie im Sinne) ein ausgedehntes Bedürfnis bestand. Hier lag also eine *Forderung des Tages* vor, die Befriedigung verlangte; durch die Gründung der „Annalen der Naturphilosophie" und durch Einzelarbeiten auf sehr verschiedenen Gebieten des so bezeichneten Kreises habe ich solchen Forderungen zu genügen versucht.

Um dieselbe Zeit entstanden mir, zunächst wieder auf rein persönlicher Grundlage, nämlich durch zunehmende Anlässe, an internationalen wissenschaftlichen Veranstaltungen teilzunehmen, neue Aufgaben, die sich organisch den eben gekennzeichneten anschlossen, und die ich unter dem Namen des *wissenschaftlichen Internationalismus* zusammenfassen möchte. Meine Unterrichtstätigkeit hatte sich von jeher auf Angehörige der verschiedensten Länder und Völker erstrecken dürfen; hieraus waren persönliche Beziehungen entstanden, deren Fäden schliesslich fast den ganzen Erdball umspannten und mir die Tatsache der von allen nationalen Verschiedenheiten freien, allgemeinmenschlichen Beschaffenheit der Wissenschaft eindringlichst zum Bewusstsein brachten. An solchen Betätigungen, die schliesslich gleichfalls auf das allgemeine Kulturziel der *Verbesserung des energetischen Güteverhältnisses* hinausführen, habe ich in mannigfaltigen Formen Anteil genommen; hierher gehören ebenso meine Bemühungen um die künstliche Welthilfssprache, wie die um die internationale Festsetzung der Atomgewichte, die Schulreform und den Pacifismus. Während die zweite Angelegenheit gegenwärtig zu allseitiger Befriedigung organisiert ist, scheint dem Fernstehenden die erste noch im weiten Felde zu liegen. Daher sei mir schon an dieser Stelle die Bemerkung gestattet, dass nach meiner Ueberzeugung die Verwirklichung dieser viel grösseren und schwierigeren Aufgabe uns bälder bevorsteht, als selbst die der Sache Näherstehenden sich träumen lassen. Und ebenso habe ich gute Hoffnungen für die anderen.

In dieser optimistischen Auffassung scheinbarer Unmöglichkeiten werde ich durch eine Erinnerung beeinflusst, die ich mir aus Amerika mitgebracht habe. Während meiner dortigen Tätigkeit als Austauschprofessor beschäftigte sich die Tagespresse jenes grossen Landes ziemlich eifrig mit meiner Person, da ich als der erste mit dieser Eigenschaft Behaftete hingekommen war und ausserdem nach zwei vorangegangenen Besuchen nicht als ganz Fremder angesehen wurde. Mit der charakteristischen Unbefangenheit in formaler Beziehung, welche der dortigen Presse eigen ist, wurde mein Leben und meine Taten dargestellt und beurteilt, und so lief auch eine Kennzeichnung meiner Tätigkeit unter, die mich zuerst durch ihre anscheinende Schnoddrigkeit (man verzeihe das Wort, das ich nicht durch ein ausdrucksvolleres zu ersetzen weiss) ein wenig ärgerte, durch ihre Richtigkeit aber hernach überraschte und erfreute. Ich wurde da den Amerikanern vorgestellt als *ein Mann, der seiner Zeit durchschnittlich um anderthalb Jahre voraus sei.* Es hätte meinem Selbstbewusstsein als Forscher mehr geschmeichelt, wenn die Distanz zwischen mir und meinen Zeitgenossen etwas reichlicher bemessen worden wäre. Aber andererseits musste ich mir sagen, dass gerade diese keineswegs übermässig grosse Distanz tatsächlich sehr gut diejenige Seite meiner Bemühungen kennzeichnet, die ich als erfolgreich ansehen darf. Ich habe von Anfang an das gute Glück gehabt, meine Kraft an solche Probleme zu wenden, für deren Verwirklichung der Boden hinreichend vorbereitet war, so dass es im allgemeinen nur einiger weniger kräftiger Hilfen bedurfte, um die Sache in Gang zu bringen. Das deutlichste Beispiel ist die Entwicklung der physikalischen Chemie, für welche eine ganze Summe von günstigen Umständen kurze Zeit nach meiner ersten Beschäftigung mit ihr sich zusammenfanden.

Inzwischen habe ich aber noch weitere Gedanken an dies Wort hängen müssen. Wer seiner Zeit um Jahrhunderte voraus ist, kann ihr im allgemeinen überhaupt nicht aus ihren Nöten oder zu ihren Erfolgen helfen, da seine Betätigung sich ohne Effekt verbraucht. Seine Bemühungen gehen dann in die Geschichte über, und kommen auch hernach nicht etwa derart zur Geltung, wie sie gewirkt hätten, wenn die Zeit erfüllt gewesen wäre, sondern die Angelegenheit bedarf dann immer einer *zweiten* Hand von zeitlich glücklicherer Anlage, von deren Arbeit die Zeit bereit ist, sich beeinflussen zu lassen, und die alsdann auch im praktischen Sinne führend wirkt. Erst nachdem dann die Hauptsache geschehen ist, kommen die Geschichtsforscher und weisen nach, dass diese anscheinend so modernen Dinge bereits von jenem vergessenen (wenn überhaupt je beachtet gewesen) Pionier vorausgesehen worden waren.

Daher ist den Leuten, die ihrer Zeit nur auf Rufweite voraus sind, auch im energetischen Sinne das bessere Schicksal beschieden, denn sie können ihre Arbeit mit hohem Güteverhältnis tun. Was gibt es beglückenderes, als dies?

Und so hat mir jener Unbekannte ein Wort gesagt, das mir Erfrischung und Mut in manche Stunde der Erschöpfung gebracht hat. Denn im Grunde bedeutet es dasselbe, was Meister Goethe in seinem Worte von der Forderung des Tages ausgesprochen hat.

Meine Arbeiten solcher Art, sowohl die hier erwähnten, wie die weiter unten noch zu erwähnenden, haben ihren gemeinsamen Mittel- und Schwerpunkt in der Energielehre oder *Energetik*, derselben Auffassung der natürlichen Erscheinungen, welche mir seinerzeit eine erfolgreiche Zusammenfassung der Mannigfaltigkeiten der allgemeinen oder physikalischen Chemie ermöglicht hatten. Es ist mir hiermit eigentümlich genug gegangen. Nach meinen ersten auf dieses Ziel gerichteten grundsätzlichen Veröffentlichungen, die mir gleichzeitig lebhafte Zustimmung und heftigsten Widerspruch brachten, war mir unter der Spezialforschung, insbesondere in der Elektrochemie, das allgemeine Interesse hieran etwas in den Hintergrund getreten. Auch war ich um so vorsichtiger in der Ausdehnung der Betrachtungsweise auf neue Gebiete geworden, als sich „wilde Männer" auftaten mit dem Anspruch, meine Gesinnungsgenossen zu sein, die mir vorübergehend den Geschmack an der Sache verdarben. Dann aber zeigte mir die Zusammenfassung der allgemeinen Verhältnisse sowohl an den anorganischen, wie den organischen Wissenschaften, die ich für meine Vorlesungen über Naturphilosophie zu bewirken hatte, die verbindende und systematisierende Kraft der Energiegesetze so unwiderstehlich, dass ich von Jahr zu Jahr mehr, fast wider meinen eigenen Willen, dazu getrieben wurde, die gleichen Denkmittel auf immer neue Gebiete anzuwenden. Insbesondere nachdem ich die Form (oder besser gesagt, *eine* Form) gefunden hatte, wie sich der *zweite Hauptsatz* bei allen Lebenserscheinungen, bis in die höchsten hinauf, betätigt, konnte ich die Fülle der sich aufdrängenden Gedanken und Aufklärungen kaum mehr bändigen, so dass sie sich in einer ganzen Anzahl von Aufsätzen und später auch Büchern entladen haben, ohne dass ich ein Ende davon absehen könnte. Da nämlich der zweite Hauptsatz durch seine auf die Zerstreuung der freien Energie oder Zunahme der Entropie gerichtete Seite etwas über die *zeitliche Richtung* oder den *zeitlichen Sinn* der Geschehnisse aussagt, indem alles nur im Sinne einer Dissipation oder Entropiezunahme geschehen kann und daher alle zeitlichen Dinge den wesentlichen und unverkennbaren Unterschied zwischen *früher* und *später* erhalten, so ist er auch möglich, anzugeben, in *welchem Sinne die Lebewesen ihre Existenz gestalten müssen und sie verbessern können, um überhaupt lebens- und entwicklungsfähig zu sein.* Hierdurch ist *das Reich der Zwecke,* das eine reaktionäre philosophische Schule der Gegenwart den sogenannten Geisteswissenschaften vorbehalten sehen möchte, der exakten Wissenschaft einverleibt und unterworfen worden, und es handelt sich um nichts weniger, als um eine naturwissenschaftliche Grundlegung der „Geisteswissenschaften", als verschiedener Ausgestaltungen der kulturologischen und soziologischen Erscheinungen auf energetischer Grundlage.

Auch diese Arbeiten musste ich als Forderungen des Tages ansehen, denn wer sollte sie sonst leisten? Jedesmal, wo verschiedene Wissensgebiete befruchtend auf einander zu wirken beginnen, muss die erste Pionierarbeit von Dilettanten gemacht werden. Denn wo noch kein „Fach" vorhanden ist, kann es auch keinen Fachmann geben. Diese Leute kommen erst später, nachdem der regelmässige Betrieb eingerichtet ist. Mir waren derartige Erscheinungen von der physikalischen Chemie her ganz geläufig. Wieviele male habe ich über mich und meine Arbeitsgenossen sagen gehört, dass wir eigentlich gar keine Chemiker seien, und auch manche Physiker haben sich ziemlich lange besinnen müssen, ehe sie unsere Arbeit als vergleichbar der ihrigen anzusehen sich entschlossen. Das sind vorübergehende Anpassungserscheinungen, in denen sich die Unbequemlichkeiten zum Ausdruck bringen, welche durch das Einbrechen neuer Gedanken in die Treibhäuser solcher Wissenschaften (oder vielmehr Wissenschaftsversuche, die bis dahin der Zurückführung auf die allgemeinen naturwissenschaftlichen Grundlagen ermangelt haben) verursacht sind.

Jedem, der auf solche Weise in wissenschaftliches Neuland eindringt, bietet sich ebenso reichlich Gelegenheit zu neuen oder doch in solchem Zusammenhange noch nicht gesehenen Gedanken, wie sie der Reisende in unerforschten Regionen bezüglich neuer Tiere, Pflanzen, Menschen, Sitten usw. findet. Da heisst es nur die Augen auftun; das übrige ergibt sich fast von selbst. Es liegt in der Natur solcher Arbeit, dass zunächst nur das augenfälligste, d. h. das, worauf der Wanderer seinen Blick vorwiegend zu richten gewöhnt ist, gesammelt und verzeichnet wird; die Späteren haben dann für Vollständigkeit und Ordnung zu sorgen. Dadurch kommt in diese Arbeit etwas Improvisiertes, Zufälliges, was sich auch in der Form ausdrückt, in der sie zunächst zu tage zu treten pflegen. Einzelne Aufsätze in den verschiedenartigsten Zeitschriften sind die Urform solcher Betätigung, und der Forscher kann von Glück sagen, wenn er hernach noch Zeit und Energie genug findet, um das eine oder andere Gebiet sorgfältiger durchzuarbeiten. In meinem früheren Verhältnis als Leiter eines grossen Forschungslaboratoriums waren die Mitarbeiter, denen man die Einzelheiten anvertrauen konnte, zahlreich genug vorhanden, so dass nach kürzerer oder längerer Zeit ein Sondergebiet nach dem anderen geordnet und systematisiert werden konnte, wie ich das in meinen dickleibigen Fachwerken auszuführen mich bemüht habe. Aber heute ist mir eine solche persönlich-unmittelbare Tätigkeit nicht mehr möglich, aus äusseren, wie inneren Gründen. So bleibt mir nichts übrig, als durch das Mittel der

Druckerpresse meine Arbeitsgemeinde zu suchen, und ich darf mit Freuden sagen: sie ist wirklich nicht ärmer und geringer, als es seinerzeit die Gemeinde der Jonier war, welche die neue Wissenschaft der allgemeinen Chemie schaffen halfen und in alle Welt hinaustrugen.

———

In solchem Sinne bitte ich die nachfolgenden Aufsätze und Abhandlungen zu lesen, die ich gemäss den Forderungen des Tages geschrieben und veröffentlicht habe. Da kaum zwei oder drei von ihnen sich seinerzeit an den gleichen Leserkreis gewendet hatten, glaube ich ihren nochmaligen geordneten Abdruck rechtfertigen zu dürfen. Denn ich erhoffe von ihnen eine ausgiebigere Wirkung für die Durchführung der vertretenen Anschauungen und Erkenntnisse, als ich sie bei den flüchtigen, wenn auch zahlreichen Lesern einer Tageszeitung, oder den zwar sorgfältigeren, aber doch viel weniger zahlreichen Lesern eines Fachblattes oder einer Monatsschrift erwarten darf. Durch Mitteilung von Umständen, Zusammenhängen und sonstigen Beziehungen, unter denen die einzelnen Arbeiten entstanden sind, habe ich mich bemüht, anstelle einer blossen Zusammenstellung zufälliger Einzelheiten zusammenhängende Entwicklungslinien der behandelten Gebiete dem Leser vor Augen zu führen, und so die Einheit dieses Buches auch über die Tätigkeit des Buchbinders hinaus zu sichern.

II. Allgemeine Energetik.

Als Einführung in das Gedankengebiet dieses Buches sind zunächst einige Aufsätze über das Wesen der energetischen Betrachtung mitgeteilt. Ich habe mich in vielfacher Erfahrung überzeugt, dass hier die allergröbsten Irrtümer nur zu verbreitet sind, und dass zahlreiche, sonst hochgebildete Männer von der Energetik nicht das wissen, was von ihren Vertretern darüber gesagt oder geschrieben worden ist, sondern das zu wissen glauben, wovon sie als „selbstverständlich" annehmen, dass die Energetiker es behaupten. Natürlich ist das immer ein toller Unsinn, und so sind sie völlig überzeugt, dass es ihre wissenschaftliche Pflicht ist, die Energetik anzugreifen und die leichtgläubige Jugend vor ihr zu warnen. Beobachtet man aber, wie in der gegenwärtigen tiefgreifenden Wendung der Physik, wo alle Grundgesetze der Mechanik in Zweifel gezogen oder als Grenzfälle verwickelterer Gesetzmässigkeiten aufgefasst werden, nur noch *die beiden Hauptsätze der Energetik* unangefochten geblieben sind, als das letzte und einzige Mittel, die Einheit der Naturauffassung durchzuführen, so erkennt man die unwiderstehliche Logik der Tatsachen, welche das als unabwendbar hervortreten lässt, was vor mehr als einem Jahrzehnt als der Inhalt der bevorstehenden Entwicklung dargelegt worden war.

Ich erinnere daran, dass sich der Lübecker Vortrag über die *Ueberwindung des wissenschaftlichen Materialismus,* der den weiteren Kreisen gegenüber die energetische Bewegung eingeleitet hat, sich in meinen „Abhandlungen und Vorträgen" abgedruckt findet (Leipzig, Veit & Comp. 1904). Wer sich in elementarer Form über den Inhalt und die geschichtliche Entwicklung des Energiebegriffes unterrichten will, findet Auskunft in meinem Büchlein: *Die Energie.* (Wissen und Können, Leipzig, J. A. Barth 1908)..

Zur modernen Energetik.

(1907)

Seit in der Mitte des vorigen Jahrhunderts die umfassende Bedeutung des Gesetzes von der Erhaltung der Energie allgemein anerkannt worden ist, hat sich auch die Ueberzeugung entwickelt, dass dieses Gesetz die Grundlage der Naturwissenschaften, zunächst der Physik, zu bilden habe. Der Durchführung dieses an sich durchaus einleuchtenden Gedankens haben sich indessen Trägheitswiderstände aller Art entgegengestellt, so dass noch heute kaum ein Lehrbuch der Physik mit der Forderung Ernst macht, die Darstellung der einzelnen Gesetze und Beziehungen streng in solchem Sinne zu gestalten. Noch weniger ist diese Forderung in den angrenzenden Gebieten der Wissenschaft zur Durchführung gekommen.

So wurde das neunzehnte Jahrhundert abgeschlossen, ohne dass seiner grössten Entdeckung die praktische Anerkennung und Bedeutung gegönnt worden wäre, auf welche sie gerechten Anspruch zu machen hat. Ein Hinweis, auf diese Pflicht und Notwendigkeit, den ich im Jahre 1896 auf der Naturforscherversammlung zu Lübeck in einem Vortrage über *die Ueberwindung des wissenschaftlichen Materialismus* gab, erregte zwar eine nicht geringe Aufmerksamkeit, konnte aber des gesamten Zustand nicht ändern. Hierzu war erforderlich, in einem Ueberblick über das Gesamtgebiet der Wissenschaft zu zeigen, dass der Begriff und die Gesetze der Energie wirklich die ihnen zugeschriebene Kraft der Vereinheitlichung und Aufklärung besitzen, indem sie das Auge des Forschers auf die reellen Probleme richten und die scheinbaren von der Diskussion ausschalten. Dies geschah 1902 in meinen *Vorlesungen über Naturphilosophie.*

Seitdem ist die Bedeutung der Energielehre oder Energetik für die allgemeine Weltauffassung immer weiteren Kreisen zum Bewusstsein gekommen. Allerdings beschäftigen sich die meisten Philosophen und philosophierenden Naturforscher zur Zeit noch hauptsächlich mit Bemühungen, die Energetik zu widerlegen; dass diese Bemühungen immer wieder von neuem aufgenommen werden, ist ein ungewollter Beleg dafür, dass jeder der Gegner die von den anderen Gegnern der Energetik versetzten Hiebe noch nicht für hinreichend tötlich hält und daher die seinen zur Vollendung des Werkes für nötig ansieht. Wichtiger als diese Bemühungen, die regelmässig in missverständlichen Auffassungen des Problems ihre Ursache haben, ist die zunehmende Ausbreitung, welche die energetischen Grundgedanken unter den Arbeitern der Wissenschaft finden. Insbesondere die biologischen Wissenschaften beginnen in der energetischen Behandlung ihrer Probleme ein sehr wirksames Mittel des Fortschrittes zu erkennen.

Andererseits trifft die energetische Bewegung mit einer auf philosophischem Boden entstandenen zusammen, welche unter dem Namen Pragmatismus oder Humanismus ganz ähnliche Ziele verfolgt. Hierdurch wird zum mindesten deutlich gemacht, dass die Energetik bestimmten, zur Zeit vorhandenen Bedürfnissen entspricht.

In den nachfolgenden Zeilen kann es sich nicht darum handeln, von neuem einen Grundriss der Energetik selbst zu schreiben; hierfür muss ich auf die vorher genannten Schriften verweisen. Ich habe mir vielmehr die Aufgabe gestellt, denen, welche sich über die Angelegenheit in der Hauptsache bereits orientiert haben, das Zurechtfinden in den vielfach neuen Gedankenwegen zu erleichtern. Anhaltspunkte für die wesentlichsten Schwierigkeiten in solcher Richtung habe ich aus den eben erwähnten Einwänden gewonnen; dies ist in der Tat ein reeller, wenn auch vielleicht nicht beabsichtigter Nutzen gewesen, den ich aus jenen Angriffen gezogen habe: sie gaben mir die Stellen an, wo die bisherigen Denkgewohnheiten ein Einlenken in die neue Auffassung am meisten erschweren.

Die grossen naturwissenschaftlichen Entdeckungen bringen stets eine tiefgehende Umgestaltung der allgemeinen philosophischen Auffassungen und Denkweisen mit sich. So kann man leicht den Einfluss von Galileis, Keplers und Newtons Entdeckungen in der Philosophie des achtzehnten und neunzehnten Jahrhunderts nachweisen. Und zwar geht dieser Einfluss wie ein Diffusionsvorgang vor sich: zunächst werden nur die nächstliegenden Gebiete ergriffen und je ferner das Gebiet liegt, um so später macht sich dort der Einfluss des neuen Gedankens geltend. Dadurch entsteht eine ganz bestimmte und charakteristische Zeitdifferenz zwischen dem *fachwissenschaftlichen* und dem *philosophischen* Einfluss eines neuen Gedankens; letzterer macht sich oft erst dann geltend, wenn längst die Fachwissenschaft sich mit den neuen Anschauungen so weit abgefunden hat, dass sie dort zu dem Selbstverständlichen, d. h. zu dem, worüber man nicht mehr nachdenkt, gehören.

Eigentümlich kompliziert wird aber diese Wechselwirkung nun noch durch den folgenden Umstand. Der Fachmann in der Wissenschaft bekümmert sich meist (philosophisch besonders belebte Zeiten ausgenommen) nicht viel um die Grundlagen der allgemeinen oder philosophischen Anschauungen, die er für den Zweck der Zusammenfassung seiner Einzelergebnisse benutzt; schon deshalb nicht, weil sie für die letzteren anscheinend nicht wesentlich in Betracht kommen. So übernimmt denn die Fachwissenschaft nicht nur aus der zeitgenössischen Philosophie erst spät die entsprechenden Gedankenbildungen, sondern legt gar kein Gewicht darauf, diese letzteren entsprechend den Wandlungen der philosophischen Anschauungen alsbald wieder zu ändern. Sie bleibt daher bezüglich der Philosophie ebenso im Rückstande, wie diese der Wissenschaft gegenüber im Rückstande zu bleiben pflegt. Hieraus ergibt sich aber eine doppelte Verzögerung an den philosophischen Bestandteilen der Einzelwissenschaften. Man findet diese natürlich nicht in den Fachabhandlungen, wohl aber in den Ein-

leitungen der Lehrbücher. So fristen beispielsweise die ehrwürdigen primären und sekundären Qualitäten John Lockes
noch immer ein ziemlich ungestörtes Dasein als philosophische
Pensionäre in den Lehrbüchern der Physik. Und trotz des
Daltonschen Gesetzes, wonach in einem Gemisch verschiedener
Gase ein jedes die Eigenschaft und das Verhalten aufweist,
als wäre es allein in dem betreffenden Raume vorhanden, obwohl mit anderen Worten sich die Gase tatsächlich ungestört
und unbeeinflusst *durchdringen,* unterlässt kein Lehrbuchs-
autor, im ersten Kapitel seines Werkes die Undurchdring-
lichkeit der Materie als einen ganz allgemeinen Grundsatz zu
lehren.

Man muss diese wunderlichen Verhältnisse im Gedächtnis
haben, wenn man die Stellung der Energetik zur heutigen
Fachwissenschaft und Philosophie richtig beurteilen will. Aus
dem massgebenden Einflusse der Newtonschen Gravitations-
lehre, zu der sich am Ende des achtzehnten Jahrhunderts das
Gesetz von der Erhaltung des Gewichtes selbst bei chemischen
Vorgängen gesellte, ist der Begriff der *Materie* als des
mit Gewicht und Masse begabten realen Trägers aller Naturerscheinungen entstanden. Die frühere Wissenschaft hatte ganz
ruhig neben den gewichtigen Materien auch gewichtslose angenommen, wie die Feuermaterie, die elektrische Materie
u. s. w. Selbst bei Lavoisier, der die ausgezeichnete Bedeutung
der Gewichtsverhältnisse für die Beurteilung der chemischen
Vorgänge zuerst klar aufgewiesen hatte, findet sich unter dem
Einflusse der Tradition noch der Wärmestoff und der Lichtstoff
in seiner Tabelle der chemischen Elemente vor, obwohl er
wusste, dass beide kein messbares Gewicht besitzen. Aber im
neunzehnten Jahrhundert verschwanden diese Atavismen vollständig und es entwickelte sich der Dualismus Materie-Kraft,
wobei der Materie die Funktion der Substanz im Aristotelischen
Sinne zufiel, während der Kraft die Rolle des Accidenz zuge-
wiesen wurde. Die Materie wurde dergestalt das eigentlich
Reale der Erscheinungen und die Imponderabilien Wärme,
Licht, Elektrizität gelangten dadurch in eine eigentümlich
schiefe Stellung.

Das Gefühl hierfür findet sich äusserst deutlich bei Julius Robert Mayer in seiner grundlegenden Abhandlung vom Jahre 1842 „Bemerkungen über die Kräfte der unbelebten Natur" ausgesprochen. Mayer kann sich nicht mit dem Gedanken abfinden, dass die Kräfte so mir nichts, dir nichts kommen und gehen sollten, während nur die tote, träge Materie mit dem Vorzug der unzerstörbaren Dauer ausgestattet sein sollte, und er sucht bewusst nach demjenigen Ausdrucke für jene anderen, imponderablen Wesen, der ihm auch für diese den Ausspruch eines *Gesetzes der Unvernichtbarkeit gestattet.* „Zwei Abteilungen von Ursachen finden sich in der Natur vor, zwischen denen erfahrungsgemäss keine Uebergänge stattfinden. Die eine Abteilung bilden die Ursachen, denen die Eigenschaft der Ponderabilität und Impenetrabilität zukommt — Materien; die andere die Ursachen, denen die letzteren Eigenschaften fehlen, — Kräfte, von der bezeichnenden negativen Eigenschaft auch Imponderabilien genannt. Kräfte sind also: unzerstörliche, wandelbare, imponderable Objekte".

Das Wesentliche dieser Aeusserungen, welche als die ersten öffentliche Darlegung von Mayers Gedanken den unmittelbarsten Ausdruck seines Gedankenweges enthalten, ist das *Einheitsbedürfnis.* Mayer kann sich nicht entschliessen, jene beiden Abteilungen, obwohl er keine Uebergänge zwischen ihnen konstatiert, als Grössen von ganz verschiedenem Charakter zu behandeln, wie es seiner Zeit üblich war, und hebt daher die vorhandenen Uebereinstimmungen mit einer Deutlichkeit hervor, die noch heute auf den im älteren Anschauungskreise stehenden Naturforscher wie ein Stoss wirkt. Noch heute sträuben sich Viele, die Kraft, oder um gleich den modernen Namen einzuführen, die *Energie* als ein *Objekt* anzusehen und bis in die letzten Zeiten kann man Bemerkungen in solchem Sinne hören oder lesen, dass die Materie zwar eine Realität sei, dass aber die Energie nichts Wirkliches, sondern nur etwas Gedachtes sei. Diese Bemerkungen beweisen allerdings noch mehr als was sie beweisen sollen, nämlich das im Geiste ihrer Vertreter die Energie nicht einmal etwas *Gedachtes* ist, denn wenn sie über ihr Verhältnis zum Begriff der Realität nachdenken würden, so würden sie solche Bemerkungen nicht machen.

Es ist bekannt, dass Mayer die richtige Auffassung seiner Gedanken sehr dadurch erschwerte, dass er sich mit der üblichen Nomenklatur in Widerspruch setzte. Es besteht gar kein Zweifel darüber, dass Mayer vollständig im klaren war, dass seine "Kraft" von der zeitgenössischen Mechanik "Arbeit" genannt wurde (wenigstens in einem bestimmten Falle; in einem anderen allerdings auch "Kraft", nämlich im Ausdrucke "lebendige Kraft"). Gegen diejenigen, welche ihm ungerechterweise hieraus einen Fehler konstruieren wollten, machte er die durchschlagende Bemerkung: „was insbesondere die Kräftefrage anbelangt, so handelt es sich ja zunächst nicht darum, was eine "Kraft" für ein Ding ist, sondern darum, welches Ding wir "Kraft" nennen wollen". Setzen wir den gegenwärtig üblichen Namen, "Energie" in Mayers oben angeführte Begriffsbestimmung hinein, so heisst sie: Energieen sind unzerstörliche, wandelbare, imponderable Objekte.

Hier ist in der Tat auch die Auffassung, welche mehr als ein halbes Jahrhundert lang nach der Entdeckung des Gesetzes von der Erhaltung der Energie in Geltung gewesen ist. Hierbei ist, im Anschlusse an die eben vorangegangenen Anschauungen von den Kräften das Wort "Objekt" so wenig wie möglich betont worden. Während die Erhaltung der Materie (die tatsächlich gar nicht besteht, denn erhalten wird nur Gewicht und Masse, während alles andere an der "Materie" veränderlich ist) als etwas Natürliches und Selbstverständliches gilt, derart, dass sie sogar als eine Denknotwendigkeit proklamiert zu werden pflegt, so erscheint die Erhaltung der Energie als etwas Ueberraschendes, Sonderbares, jedenfalls als etwas, was unser Erstaunen und unsere Bewunderung beanspruchen darf.

Dies ist nun der Punkt, an welchem die moderne Energetik einsetzt. Einmal handelt es sich darum, im Anschlusse an Mayers Gedankengang *die Dinglichkeit oder Realität der Energie* so klar zu legen, dass sie die alte würdige Materie sich dieser Gesellschaft trotz deren bedenklichen Imponderabilität nicht zu schämen hat. Zweitens bedarf aber die von Mayer ohne nähere Prüfung gemachte Voraussetzung, dass zwischen beiden eine unbedingte Scheidung ohne Uebergänge bestehe, einer genaueren Untersuchung. Das Ergebnis ist, wie hier schon vorausgenommen werden darf, eine vollständige Umkehrung der bis dahin als gültig angesehenen Verhältnisse. Während die *Energie* als Realität mehr und mehr sich befestigt, verflüchtigen sich die Ansprüche der *Materie* und es bleiben ihr keine weiteren Rechte als die der Tradition übrig. Sie muss nicht nur die Energie neben sich dulden, wie dies die heutigen fortschrittlich gesinnten Lehrbücher der Naturwissenschaften bereits beanspruchen, sondern sie muss ihren Platz unbedingt der Energie einräumen und sich als ausgediente Herrscherin auf ihr Altenteil zurückziehen, wo sie mit einem Hofstaat von Verehrern des Alten ihrer allmählichen Auflösung entgegenharren kann.

Wir beobachten hier bei Mayer eine Erscheinung, die trotz ihrer Sonderbarkeit zu den allgemeinsten in der Psychologie der Forscher gehört. Sie besteht darin, *dass der Forscher den Weg, welchen er neu gefunden und gebahnt hat, nicht vollständig zu Ende geht.* Er pflegt regelmässig in seinem Werk einen Rest von gerade derselben falschen oder unzweckmässigen Anschauung übrig zu lassen, welche er zu beseitigen unternommen hat. Wir haben eben bei Lavoisier gesehen, wie er trotz seiner Entdeckung von der massgebenden Bedeutung des Gewichtes für die Auffassung der chemischen Erscheinungen, insebsondere für die Definition der Elemente, der gewichts*losen* Wesen *Licht* und *Wärme* in seine Elementtabelle aufnahm. Ebenso hat Copernicus zwar für die Bewegung der Erde bezüglich der Sonne die Epicyclentheorie beseitigt, indem er die Erde als bewegt, die Sonne als fest ansah. Für die übrigen Planeten behielt er indessen die Epicyclen bei. Ebenso hat endlich Mayer zwar anerkannt, dass die Wägbarkeit kein notwendiges Kennzeichen der Realität der Dinge ist, indem er *unwägbare Realien* konstatiert hat. Soweit ist aber seine Kritik nicht gegangen, zu fragen, ob überhaupt der Wägbarkeit eine so massgebende Rolle zuzubilligen sei, wie dies die ältere Theorie getan hatte. Er liess ihr diese Rolle, ohne deren Berechtigung zu kontrollieren und wurde dadurch zu seinem Dualismus geführt.

Die moderne Energetik ist nun dadurch gekennzeichnet, dass sie auch diesen Dualismus beseitigt und als allgemeinsten Oberbegriff allein die Energie eingeführt hat. Auf die Eigenschaften und Verhältnisse der Energie werden alle Erscheinungen zurückgeführt und insbesondere die Materie ist, soweit ein solcher Begriff sich überhaupt als zweckmässig erweisen sollte, auf energetischer Grundlage zu definieren.

Die Frage, warum oder zu welchem Zwecke man diese Umlagerung der Bedeutung der Begriffe vornehmen soll oder muss, beantwortet sich dahin, dass der Begriff der Energie sich erfahrungsgemäss als der *weitere* gegenüber dem der Materie erweist. Hat man dies einmal eingesehen, so hört naturgemäss alle Diskussion auf. Man kann den Begriff „Mensch" nicht durch den Begriff „Neger" definieren, wohl aber umgekehrt. Den Begriff Licht oder Elektrizität kann man nicht durch den Begriff der Materie definieren, denn beide sind als immaterielle Objekte anerkannt. Wohl aber kann man sie durch den Begriff der Energie definieren, denn sie sind Arten, bezw. Faktoren der Energie. Daraus geht zunächst hervor, dass wirklich der Begriff der Energie *weiter* ist, als der der Materie. Dass auch die letztere eine energetische Definition gestattet, ja dass die einzige klare Definition der Materie, die es gibt, die energetische ist, wird sich später herausstellen.

Zunächst war allerdings das neue an Mayers Gedankengang so neu, dass jener „Erdenrest, zu tragen peinlich" ganz und gar nicht erkannt wurde. Vielmehr ging die Arbeit derjenigen Zeitgenossen, die nach und mit Mayer die ersten waren, welche die ungeheure Tragweite des neuen Gedankens begriffen, dahin, die neue Erkenntnis so eng wie möglich den alten, überkommenen Anschauungen anzugliedern. Joule und Helmholtz haben beide die mechanische Theorie aller Naturerscheinungen vertreten; sie sahen somit in den Umwandlungen der Energie nichts als die Veränderungen der Bewegungen der beteiligten Atome und insbesondere Helmholtz suchte in der Annahme, dass zwischen diesen Atomen ausschliesslich Zentralkräfte wirken, die nur von der Entfernung abhängen, eine Erklärung für das Gesetz von der Erhaltung der Energie. In der theoretischen Mechanik war nämlich ein Spezialfall des Erhaltungsgesetzes als Satz von der *Erhaltung der lebendigen Kraft* bekannt, welcher besagt, dass wenn ein Weltkörper auf seinem Wege in eine bestimmte Entfernung vom Zentralkörper anlangt, er immer die gleiche Geschwindigkeit und daher die gleiche lebendige Kraft oder Bewegungsenergie besitzt, unabhängig von der Richtung seiner Bewegung und der Lage des Punktes. Legt man, mit anderen Worten, um den Zentralkörper als Mittelpunkt irgend eine Kugel, so hat der Weltkörper stets einen ganz bestimmten Wert seiner lebendigen Kraft, wenn er sich irgendwo in dieser Kugelfläche befindet. Diese lebendige Kraft ist um so kleiner, je grösser der Radius der Kugel ist und es war auch die Funktion der Entfernung (das Potential) bekannt, die mit der lebendigen Kraft eine konstante Differenz (bzw. konstante Summe, je nach der Definition der fraglichen Funktion) ergibt.

Definiert man das Potential so, dass seine *Summe* mit der lebendigen Kraft konstant ist, so hat man, wie bekannt, den besonderen Fall des Gesetzes von der Erhaltung der Energie, bei welchem nur die beiden Energiearten: lebendige Kraft oder kinetische Energie und Energie der Lage oder Distanzenergie in Frage kommen und sich in einander umwandeln. Dieses Verhalten ist dadurch bedingt, dass bei diesen Bewegungen· kein messbarer Anteil der Energie in andere Formen übergeht. Insbesondere ist die bei den irdischen Vorgängen unvermeidliche teilweise Umwandlung in Wärme hier so verschwindend gering, dass sie experimentell nirgend in Frage kommt: ihr Vorhandensein wird nur auf Grund des Kontinuitätsprinzipes angenommen, ist aber nicht Gegenstand einer unmittelbaren Messung gewesen: sie steht, wenn sie vorhanden ist, ausserhalb der Grenze unserer gegenwärtigen Messhilfsmittel.

Vermöge einer allgemeinen Eigenschaft unseres Denkens, der zufolge wir neue Tatsachen möglichst analog den bereits bekannten auffassen, lag es nun nahe, dieses wohlbekannte und vermöge seiner Einfachheit leicht begreifliche und durch-

sichtige Verhältnis als Norm oder Typus für alle anderen
Arten der Energieumwandlung anzusehen. Dies konnte nur
durch die Annahme geschehen, dass gar keine andere Arten
der Energie überhaupt in der Welt vorhanden sind, als die,
welche man in den beschriebenen astronomischen Erscheinungen, sich sichtbar betätigen sah. Allerdings kannte man
in der Wärme, dem Licht, der Elektrizität u. s. w. bereits
eine ganze Anzahl anderer Energiearten, die nicht ohne
weiteres sich als Energie der Bewegung oder solche der Lage
auffassen liessen. Hier blieb nur die hypothetische Annahme
übrig, dass auch in diesen Fällen in Wirklichkeit nur die
genannten beiden Energiearten vorhanden seien, dass aber
die entsprechenden Bewegungen und Anziehungen zwischen den
unsichtbaren und unmessbar kleinen Atomen erfolgten.

Durch diese Annahme war das eben erwähnte psychologische Bedürfnis allerdings in sehr weitgehender Weise befriedigt worden. Denn dadurch war der Energiebegriff einfach
zu einem Bestandteil der damals sehr verbreiteten mechanistischen Weltanschauung gemacht worden, derzufolge alles
Geschehen in letzter Instanz auf mechanischen Vorgängen zwischen den Atomen beruhen soll. Zwar hatte bereits
Leibniz hiergegen den sachgemässen Einwand erhoben, dass
die *psychischen* Erscheinungen auf solche Weise unerklärt
blieben. Denn wenn uns auf irgend eine Weise auch etwa
sämtliche Bewegungen der angenommenen Gehirnatome anschaulich gemacht würden, welche einen gegebenen Denk-
prozess begleiten, so würden wir hierbei nur *bewegte Kör-
perchen,* nicht aber den entsprechenden *Gedanken* sehen und
das Zustandekommen des letzteren bliebe ebenso unerklärt,
wie zuvor. Das Gewicht dieses Einwandes blieb indessen
unberücksichtigt, bis vor einem Menschenalter Dubois Reymond
ihn wieder hervorhob und als ein unübersteigliches Hindernis
für die mechanistische Weltanschauung erkannte. Er war
allerdings von der Richtigkeit der letzteren so sehr überzeugt,
dass er nicht den Schluss zu ziehen vermochte, dass diese
ungenügend ist, sondern dass er einfach hier eine absolute
Schranke des menschlichen Erkenntnisvermögens konstatieren

zu müssen glaubte. Dieses Verhalten kennzeichnet die fast gänzlich unbestrittene Herrschaft der mechanistischen Weltanschauung, mindestens unter den Naturforschern, zu der Zeit der Entdeckung des Energiegesetzes, und gibt eine psychologische Erklärung für jene willkürliche Verengung des Gesetzes von der Erhaltung der Energie, über welche soeben berichtet wurde.

Eine andere Konsequenz der gleichen Auffassung muss an dieser Stelle erwähnt werden, nämlich die Einteilung aller Energie in *aktuelle* und *potentielle*. Es ist unmittelbar evident, dass diese Einteilung ein Ausdruck für die gleiche Annahme ist, dass jene astronomischen Erscheinungen für die Gesamtheit aller Naturerscheinungen typisch sind. Die weitgehend hypothetische Beschaffeneit dieser Einteilung ergibt sich anschaulichst daraus, dass z. B. für den elektrischen Strom die Meinungen, ob er aktuelle oder potentielle Energie darstelle, ganz und gar geteilt sind. Für die Wärme nimmt man auf Grund der kinetischen Hypothese ziemlich allgemein ihre aktuelle Natur an; frägt man aber nach irgend einem objektiven Kennzeichen, durch welche man eine aktuelle Energie von einer potentiellen in diesen Fällen unterscheiden könne, so findet man keine Antwort. In der Tat ist mir keine Stelle in der Literatur bekannt, an welcher diese Frage überhaupt gestellt, geschweige denn beantwortet worden wäre. Die eigentümliche Namengebung, die von Rankine herrührt, bringt sogar zum Ausdrucke, dass nur die *aktuelle* Energie den Anspruch auf volle Wirklichkeit habe, und dass schon die Energie der Lage nicht eigentlich Energie sei; sondern etwas, was unter Umständen erst Energie werden kann. Hier wirkt die noch widerspruchsvolle Begriffsbildung der „latenten" Wärme methodisch nach. Ueberlegt man sich, dass diese gerade dadurch nötig wurde, dass das Gesetz von der Erhaltung der Energie am Ende des achtzehnten Jahrhunderts, wo Black diese Begriffsbildung ausführte, noch ganz unbekannt war, und der Ausdruck „latente Wärme" nur dazu geprägt wurde, um wenigstens formal die Auffassung zu retten, dass die Wärme doch nicht einfach ganz verschwinden könne (was sie anscheinend beim Schmelzen und Verdampfen tut), so ergibt sich ein sehr sonderbares Verhältnis. Die Seitenwege, welche jener alter Denker gehen musste, weil ihm das Energiegesetz unbekannt war, werden unwillkürlich beibehalten, nachdem durch die Entdeckung des Energiegesetzes die Notwendigkeit dazu fortgefallen ist; denn es macht jetzt keine Schwierigkeiten einzusehen, dass Wärme verschwinden muss, wenn die entsprechende Energiemenge für eine Zustandsänderung (Schmelzen oder Verdampfen) verbraucht wird.

Der Denkfehler, welcher derart in dem Ausdrucke „*potentielle Energie*" zum Ausdrucke kommt, ist keineswegs harmlos. Er verhindert die Auffassung der anderen Energiearten als ebenso wirklich, wie die Bewegungsenergie. Dies rührt offenbar von der ganz äusserlichen Tatsache her, dass man die Bewegung eines mit kinetischer Energie behafteten Körpers *sehen* kann und sich daher von ihrer Anwesenheit überzeugt, ohne irgend welche anderen Nachweise vornehmen zu müssen. Aber das Vorhandensein von Wärmeenergie kann man *fühlen,* das von Lichtenergie *sehen,* und so kommt es darauf hinaus, dass man alle Energie unmittelbar oder mittelbar dazu bringen kann, auf einen Sinnesapparat einzuwirken und so ihr Vorhaudensein zu verraten. In der Tat, eine Energie, welche auf keine Weise zu einer solchen Beeinflussung unserer Sinnesapparate gebracht werden könnte, würde uns dauernd unbekannt bleiben und so überhaupt keinen Bestandteil unserer Weltanschauung bilden können. Kinetische Energie ist somit um nichts aktueller oder wirklicher, als jede andere Energieart es ist, und jede Energie, die sich in eine andere umwandelt, *ist potentiell in Bezug auf diese, während die letztere aktuell wird.* Dies ist der einzige zusammenhängende Sinn, der diesen Ausdrücken beigelegt werden kann; doch hat die Wissenschaft noch kein Bedürfnis gezeigt, das eben angegebene Verhältnis mit einem kurzen Wort zu bezeichnen, und man lässt daher am besten jene irreführenden Namen ganz fallen.

Wir werden durch diese Betrachtungen unmittelbar zu der allgemeinen Frage nach dem „Wirklichen" geführt. Ver-

suchen wir, mit aller wissenschaftlichen Vorsicht und unter
Vermeidung aller stillschweigenden Annahmen unser Verhältnis zur „Welt" zu kennzeichnen, so können wir folgendes sagen.
Mit dem Beginn unseres bewussten Lebens befinden wir uns
einer Mannigfaltigkeit von Erlebnissen gegenüber, zwischen
denen wir nur einen sehr geringen Zusammenhang erkennen.
Dies drückt sich am deutlichsten in der Tatsache aus, dass
wir so wenig von dem *voraussehen* können, was in der uns
bevorstehenden Zeit sich ereignen wird. Denn Voraussicht
ist der eigentliche Inhalt unseres Verstandes; das Mass der
Voraussicht, nach Weite des Zeitraumes und Mannigfaltigkeit
der vorausgesehenen Ereignisse, ist ganz unmittelbar das
Mass unserer Intelligenz. Das neugeborene Kind sieht nichts
voraus, als dass es bei der Reaktion auf gewisse Geruchs- und
Gefühlsreize Nahrung finden wird (wobei dahingestellt bleiben
mag, ob hierbei bereits Bewusstsein tätig ist), und steht somit
auf einer sehr niedrigen Stufe der Intelligenz. Aber auch die
höchste Stufe dieser Eigenschaft, wie sie etwa in einem erfolgreichen Forscher, Politiker oder Industriellen verkörpert ist,
ist genau dadurch gekennzeichnet, dass ein solcher Mann mehr
und weiter voraussehen kann, als seine Gegner oder Mitbewerber.

Dinge, die wir voraussehen können, nennen wir bekannt;
ihnen gegenüber fühlen wir uns zu Hause oder heimisch, und
ihre vorausgewussten räumlichen und zeitlichen Zusammenhänge sind uns *verständlich*. Solchen Dingen erteilen wir,
insofern es sich um Sinneseindrücke handelt, gleichzeitig den
Namen der *wirklichen* Dinge. Dieser Ausdruck kommt nur
in Anwendung insofern es sich um Dinge der sogenannten
Aussenwelt handelt; die „Wirklichkeit" unserer Gedanken
ist uns so selbstverständlich, dass wir über sie gar nicht
nachdenken; sie bilden bekanntlich den primären Bestandteil
aller unserer bewussten Erlebnisse, Träume, Hallucinationen
und dergleichen nennen wir als Aussendinge unwirklich, weil
sie nicht den Regeln folgen, die wir für „wirkliche" Aussendinge erfahrungsgemäss festgestellt haben, d. h. weil Voraussagungen, die wir auf Grund unserer Erfahrung von den

Aussendingen auf sie anwenden, nicht einzutreffen pflegen. Sowie aber eine Gesetzmässigkeit oder Voraussagbarkeit erwiesen wird, treten derartige Dinge alsbald in das Gebiet der Wirklichkeit ein; dies wird durch das Beispiel der *hypnotischen Erscheinungen* erläutert, welche von früheren Beurteilern für Einbildungen gehalten und als unwirklich abgewiesen wurden, während durch die Erkenntnis der Bedingungen, von denen ihr Eintreten abhängt, und der besonderen Eigentümlichkeiten, die regelmässig mit ihnen verbunden sind, ihnen gegenwärtig der Charakter der Wirklichkeit zuerteilt ist. Hierbei ist noch zu bemerken, dass der Ausdruck „*Vorhersagen*" sich nicht ausschliesslich auf *zeitlich* nach einander eintretende Teile einer Gesamterscheinung beziehen soll, sondern auch auf *räumlich nebeneinander* geordnete Teile einer solchen. Da man ohnehin alle diese Teile nicht gleichzeitig wahrnehmen kann, sondern sie nach einander in das Bewusstsein treten, so wird für unsere Erfahrung jedes *räumliche Nebeneinander* auch ein *zeitliches Nacheinander*. Nur besteht beim Raume die besondere Eigentümlichkeit, dass dieses Nacheinander in willkürlicher, wenn auch nicht völlig beliebiger Reihenfolge in unser Bewusstsein treten kann.

Im Lichte dieser Betrachtungen kann von einer Unwirklichkeit der Lagen- oder Distanzenergie offenbar auf keine Weise die Rede sein. Wissen wir allgemein, dass ein Körper, der sich oberhalb der Erdoberfläche befindet, eine bestimmte Menge Arbeit leisten kann, indem er sich dieser Oberfläche nähert, so gewährt uns der Anblick eines erhobenen Körpers mit derselben Sicherheit die unmittelbare Erkenntnis vorhandener Energie, wie es der Anblick eines bewegten Körpers tut. Also auch von dem Standpunkte vertiefter und verallgemeinerter Betrachtung des Wirklichkeitsbegriffes erweist sich die Unterscheidung zwischen aktueller und potentieller Energie als ein unhaltbarer und nicht ungefährlicher Irrtum.

Wie steht es nun aber mit der Realität der Energie selbst? Mayer hat sie, wie oben erwähnt, ausdrücklich behauptet, doch hat er mit dieser Ansicht keinen grossen Anklang gefunden. So bereitwillig man nach einiger Zeit war, die Richtigkeit und Wichtigkeit des Gesetzes von der Erhaltung der Energie anzuerkennen, so wenig hat man sich um die allgemeinen Gesichtspunkte gekümmert, durch die Mayer zu seiner grossen Verallgemeinerung geführt wurde. Wir haben oben gesehen, dass gerade sein Bedürfnis, das Wirkliche, ja Substanzielle in den „Kräften" herauszuarbeiten, ihn auf seine folgenreiche Gedankenreihe geführt hat. Im Gegensatze hierzu findet man noch in unserer Zeit selbst bei Autoren, die für die zentrale Bedeutung des Energiebegriffes eintreten, eine gewisse Aengstlichkeit, die Energie schlecht und recht als eine Substanz anzuerkennen und ihr mindestens den gleichen Wirklichkeitsgrad wie der Materie zuzuerkennen. Man findet immer wieder die Wendung, dass die Energie doch nur ein Abstraktum, eine mathematische Funktion sei, die nur die besondere Eigenschaft besitzt, ihren Wert unter allen Umständen beizubehalten. Hierbei wird eine Verwechslung begangen, welche durch eine besondere Eigentümlichkeit aller europäischer Sprachen nahegelegt wird, und gegen welche man sehr auf der Hut sein muss, da ihre Häufigkeit beweist, wie leicht man ihr verfällt. Es ist die sprachliche Gewohnheit, *den allgemeinen Begriff und das konkrete Ding, das diesem Begriff entspricht, mit dem gleichen Worte zu bezeichnen.*

Unter „Musik" verstehen wir beispielsweise sowohl die allgemeine Kunst, Töne derart zusammenzustellen, dass sie ästhetisch wirken, wie auch ein jeder besonderer Fall, in welchem dies Verfahren praktisch ausgeübt wird. So nennt man *Energie* allgemein jene Funktion messbarer Grössen, welche die Eigenschaft der Erhaltung unter allen Umständen besitzt, wie auch jeden einzelnen, in der Natur bobachteten Wert dieser Funktion. Offenbar haben diejenigen, welche der Energie die Realität absprechen, den allgemeinen Begriff vor Augen, aus dem gerade im Interesse seiner Allgemeinheit jede entbehrliche Sonderbestimmung fortgelassen ist. Sie übersehen dabei, dass das Wort Energie gleichzeitig jede konkrete Verwirklichung der allgemeinen Funktion bedeutet. Wenn ein Ding existiert, das einen bestimmten, in aufweisbaren Massen ausdrückbaren Zahlenwert besitzt, der durch keinen bekannten Vorgang geändert werden kann, so erfüllt es im höchsten Masse alle Anforderungen, die man an eine Realität stellen kann. Insbesondere ermöglicht es die Voraussagung, dass man seinen Wert vor und nach einem beliebigen Vorgange gleich setzen darf. Welche wissenschaftliche und technische Bedeutung diese Voraussagungsmöglichkeit besitzt, braucht nicht erst dargelegt zu werden, denn auf ihr beruht ja der ganze ungeheure Fortschritt, der durch die Entdeckung des Gesetzes von der Erhaltung der Energie bewirkt worden ist.

Endlich ergibt sich die Realität der Energie in anschaulichster Weise aus dem Umstande, dass sie einen Markt- und Handelswert besitzt. Am deutlichsten tritt dies bei der *elektrischen* Energie in Erscheinung. Hier wird von dem Konsumenten rein die Energie verbraucht und bezahlt, während alle „materiellen" Anteile der elektrischen Einrichtungen durch den Gebrauch weder vermindert noch verändert werden.

Eine Art Entschuldigung findet die eben zurechtgestellte Verwechslung durch den Umstand, dass in der Tat der allgemeine Begriff der Energie ausserordentlich weit und umfassend ist, und in Bezug auf seine partikulären Kennzeichen eine fast unbeschränkte Mannigfaltigkeit gestattet. Ausser dem Umstande, dass die Energie eine wesentlich positive Grösse ist, die den Grössencharakter im engeren Sinne besitzt, d. h. die unbeschränkt *addiert* werden kann, und dem Umstande der quantitativen Erhaltung bei allen möglichen Umwandlungen, wüsste ich in der Tat kein Kennzeichen anzugeben, welches in gleicher Weise für alle verschiedenen Arten der Energie gültig wäre. Dieser Umstand ist gleichfalls gelegentlich als Grund gegen die Energetik geltend gemacht worden, gleichsam als wäre diese Allgemeinheit ein Fehler oder Schandfleck des Energiebegriffes. Man braucht indessen nur einen Augenblick über die zu lösende Aufgabe nachzudenken, um einzusehen, dass gerade die gerügte Eigenschaft für den angestrebten Zweck notwendig ist. Um was handelt es sich denn? Um die Aufgabe, einen Begriff zu finden, der sich auf einen möglichst grossen Kreis von Erscheinungen anwenden lässt, und dabei möglichst viel bestimmtes über jede einzelne aussagt. Die

Mechanistik suchte diesen Begriff in der *Bewegung*, musste aber noch die weiteren Begriffe *Masse* und *Kraft* hinzunehmen, um die Darstellung der tatsächlichen Erscheinungen zu ermöglichen. Und das Resultat war für die nichtmechanischen (oder im Sinne jener Hypothese kryptomechanischen) Erscheinungen bezüglich der möglichen Voraussagungen gleich Null. Was nämlich war aus der mechanistischen Annahme gefolgert worden, dass z. B. die Wärme in einer Bewegung der Atome bestände? Tatsächlich *gar nichts bestimmtes*. Denn die von Bernouilli entwickelte kinetische Hypothese über den Zustand der Gase beruht auf einer ganzen Anzahl weiterer Annahmen, wie schon daraus unmittelbar ersichtlich ist, dass sie auf den flüssigen und festen Zustand keine Anwendung gestattet. Ueber die besondere Beschaffenheit der angenommenen Bewegungen gab die mechanistische Hypothese gar keine unmittelbare Auskunft. Und da die hypothetisch angenommenen Bewegungen doch irgend eine Grösse und Richtung haben mussten, so entstanden durch jene Annahme eine Anzahl von Fragen, die gar keine erfahrungsmässige Bedeutung hatten: es entstanden, um ein glückliches Wort von Mach anzuwenden, *Scheinprobleme*, d. h. Probleme von solch sonderbarer Beschaffenheit, dass selbst angenommen, ihre Lösung würde uns durch irgend welche übernatürlichen Mächte zugänglich gemacht, wir doch mit dieser Lösung nichts anfangen könnten, da sie sich nicht auf beobachtete Grössen beziehen würde.

Dem gegenüber bewirkt gerade die ausserordentliche Allgemeinheit des Energiebegriffes, dass derartige Scheinprobleme nie auftreten. Findet sich Wärme in irgend einem Gebilde vor, so können wir auf Grund des Energieprinzipes allerdings nichts über die „innere Natur" dieser Erscheinung aussagen, wohl aber können wir vorauswissen, dass allen Veränderungen dieses Wärmezustandes entsprechende Veränderungen anderer, angrenzender Energieen parallel gehen werden, deren Betrag wir aus dem Betrage der Wärmeänderung vorausberechnen können. Ferner können wir aus der besonderen Eigenschaft der Wärmeenergie, die man die *Temperatur* nennt, noch weiter, sehr eigentümliche Voraussagungen machen; immer aber handelt es sich bei diesen um messbare Dinge, niemals um das unbekannte „Innere der Natur".

Dies sind die Gegner bereit zuzugeben, sie betonen aber, dass gerade hierin die Unvollkommenheit der Energetik läge, während die mechanistischen Anschauungen ein wenn auch hypothetisches Eindringen in diese Geheimnisse gestatte. Dies ist eine Logik von gleichem Werte, wie wenn ein Kaufmann die nüchterne Aufrechnung seines Soll und Haben gering schätzen wollte und statt dessen eine hypothetische Rechnung darüber aufstellen wollte, wie gross sein Vermögen wäre, wenn die Umstände so oder so sein würden. Auch wenn er seine Annahmen als wahrscheinlich bezeichnen darf, so wird doch niemand eine derartige Rechnung solid oder auch nur kaufmännisch nennen. Er mag über Möglichkeiten oder Wahrscheinlichkeiten nachdenken, um sich über die Anlage eines ungewissen Geschäfts klar zu werden, gerade wie der Forscher die ihm noch unbekannten Verhältnisse eines Gebietes, das er untersuchen will, nach der Wahrscheinlichkeit spekulieren wird, um einen Anhalt dafür zu haben, nach welcher Richtung er seine Experimente anlegen soll. Aber der solide Kaufmann wie der solide Forscher wird derartige Vorausnahmen möglicher Beziehungen nur auf solche Verhältnisse erstrecken, die er hernach der Prüfung unterziehen kann und will, und sie werden daher ausschliesslich mess- und kontrollierbare Dinge zum Gegenstande haben. Sowie er aber unzugängliche Faktoren in seine Rechnung einbezieht, hört die solide Arbeit auf.

Man muss daher sorgfältig derartige versuchsweise Vorausnahmen unbekannter Verhältnisse zwischen zugänglichen Grössen von den Annahmen über die Beziehungen zwischen bloss gedachten und daher unzugänglichen Grössen unterscheiden. Nur die letztere Art von Annahmen ist zu verwerfen, während die erste ein notwendiger Bestandteil der Forschung ist. In der heutigen Sprache der Wissenschaft bezeichnet man beide grundverschiedene Arten von Annahmen mit demselben Namen *Hypothese*. Ich schlage vor, den Namen Hypothese den unkontrollierbaren Annahmen zu überlassen, da in der Tat die meisten Hypothesen der heutigen Wissenschaft von dieser Beschaffenheit sind. Die anderen Annahmen, die gleich einem Baugerüste nur zum Zweck der eigentlichen Untersuchung gemacht werden, und im Laufe der Arbeit je nach Bedarf ein- oder mehrmals durch neue, brauchbarere Annahmen ersetzt werden, bis die gesuchte Beziehung tatsächlich gefunden worden ist, diese zum Zwecke der positiven Arbeit gemachten Annahmen nenne ich *Protothesen.* Eine Protothese wird also zu *Anfang* einer Untersuchung aufgestellt und verschwindet am Schlusse, falls die Arbeit erfolgreich war: während man eine Hypothese aufzustellen pflegt, *wenn man mit der Arbeit nicht weiter weiss.* Hierdurch wird auch bedingt, dass in der Darstellung der wissenschaftlichen Arbeiten die verschiedenen Protothesen, deren sich der Forscher bedient hatte, meist gar nicht erwähnt werden: denn es ist üblich geworden, nur diejenige Annahme mitzuteilen, die sich durch die Untersuchungen schliesslich als richtig oder wenigstens als angemessen erwiesen hat. Die misslungenen Protothesen verschweigt man, ebenso wie man die Skizzen beseitigt, nachdem das Bild vollendet ist. Nur ganz selten, wie z. B. in den Berichten Keplers über seine astronomischen Forschungen erfahren wir auch einiges über missglückte Protothesen. Die Hypothesen im engeren Sinn dagegen nehmen in der Literatur einen sehr breiten Platz ein. Weil sie wegen ihrer Beziehung auf wissenschaftlich unzugängliche Dinge weder bewiesen noch widerlegt werden können, pflegt sich ein endloses Pro und Contra an sie zu knüpfen: weil ferner die durch sie gestellten Probleme Scheinprobleme sind, d. h. sich gar nicht auf nachweisbare Dinge beziehen, so sind diese Probleme unlösbar und werden als unbeantwortete Fragen durch die Wissenschaft geschleppt. Dies gelingt erst, nachdem man eingesehen hat, dass sie nur Scheinprobleme sind oder nachdem man Mittel zum Weiterkommen entdeckt hat.

Es ist daher sehr wichtig, ein sicheres Mittel zur Erkennung von Hypothesen im engeren Sinne und von Scheinproblemen zu haben. Durch das eben Gesagte ist bereits wenigstens in den messenden Wissenschaften, ein solches Kennzeichen gegeben. Wenn in einer Formel, durch welche irgend welche physischen Verhältnisse dargestellt werden, Ausdrücke oder Grössenbezeichnungen vorkommen, die man nicht beobachten und messen, für die man also keinen bestimmten erfahrungsmässigen Wert einsetzen kann, *so handelt es sich um den Ausdruck einer Hypothese.* Denn die Aufgabe der messenden Wissenschaften ist, die gegenseitige Beziehung mess- und aufweisbarer Grössen festzustellen oder mit anderen Worten die mathematischen Formen oder Funktionen zu finden, durch welche diese Grössen mit einander verbunden sind, so dass man eine von ihnen berechnen kann, wenn die anderen gegeben sind. Um eine derartige funktionale Beziehung erfahrungsmässig festzustellen, ist es daher nötig, *alle* veränderlichen oder könstanten Grössen, die in einer solchen Gleichung vorkommen, einzeln zu messen. Kein anderes Mittel ist vorhanden um festzustellen, ob die protothetisch angenommene Funktionalbeziehung besteht oder nicht. Sowie daher auch nur eine Grösse auftritt, die der Messung nicht zugänglich ist, kann man die angenommene Beziehung nicht als erwiesen ansehen. Auch ist eine solche Gleichung zwecklos, denn da sie das Verhalten einer Grösse ausdrückt, die nicht zugänglich ist, so gibt sie Auskunft über ein Ding, das keinerlei Einfluss oder Bedeutung für die Wissenschaft und das Leben hat. Denn die Unzugänglichkeit ist ja nur ein anderer Ausdruck für die Tatsache, dass von diesem Dinge gar nichts abhängt; hinge etwas davon ab, so wäre diese Abhängigkeit ja ein Weg, etwas über das Ding zu erfahren, und es wäre zugänglich.

Dieses Rezept zur Entdeckung von Scheinproblemen bezieht sich allerdings nur auf Beziehungen *messbarer* Grössen, die sich durch mathematische Gleichungen darstellen lassen. Die Mathematik ist erst in unserer Zeit darauf gekommen, dass es ausser den *Grössen* noch andere, allgemeinere Dinge gibt, die sich mathematisch behandeln lassen, und die entsprechende Rechentechnik ist noch nicht für den allgemeinen Gebrauch entwickelt. So müssen wir die vorliegende weitere Aufgabe, die Scheinprobleme ganz allgemein zu kennzeichnen, noch mit dem unvollkommenen Mittel der Sprache zu lösen versuchen. Wir finden den Weg dazu durch eine soeben gemachte Bemerkung. Wenn die Lösung eines Problems an unserer Auffassung tatsächlicher Verhältnisse nichts ändern würde, so kennzeichnet es sich dadurch als ein Scheinproblem. Das Rezept besteht also darin: man denke sich das Problem gelöst, indem man von den möglichen Antworten eine beliebige als richtig annimmt, und man untersucht nun, welche Aenderung in unserem Verhalten hierdurch werden würde. Findet man keine, so ist das Problem als Scheinproblem gekennzeichnet.

Um die Anwendung dieser Vorschrift zu lernen, stelle man sich etwa die Frage: *hat die Welt einen zeitlichen Anfang oder besteht sie von Ewigkeit her?* Man nehme versuchsweise, sie bestände von Ewigkeit her, und frage sich: was ändert sich in meinem Verhalten durch diese Kenntnis? Ich finde, wenigstens für mich, dass sich *nichts* hierdurch ändert; ebensowenig wie durch die Annahme eines *endlichen* Anfanges. Somit muss ich sagen: selbst wenn ich auf irgend eine Weise bestimmt erführe, welche von den beiden Möglichkeiten richtig ist, so wäre dies mir ganz gleichgültig, und es liegt somit ein Scheinproblem vor.

Die Bedeutung dieses Verfahrens ergibt sich aus der Beantwortung der Frage, was wir *richtig* oder *wahr* nennen. Die Antwort war: was uns zutreffende Voraussagungen gestattet. Etwas, was uns überhaupt keine Voraussagungen gestattet, interessiert uns sachlich in keiner Weise und alle Beschäftigung damit ist zwecklos.

Wenden wir nun diese Betrachtungen auf die Energetik an, so erkennen wir, dass wir uns durch die Stellung der energetischen Fragen gegenüber den Erscheinungen stets erfolgreich vor Scheinproblemen hüten können. Es darf gegenwärtig als ohne Einwand zugegeben bezeichnet werden, dass zwischen verschiedenen Gebieten der physikalischen Vorgänge keine andere allgemeine Beziehung besteht, als die Energiebeziehung. Das heisst: was auch physisch (chemische und physiologische Erscheinungen sind hier wie immer unter diese Bezeichnung einbegriffen) geschehen mag, wir können

3*

jedesmal eine Gleichung zwischen den verschwundenen und den neu aufgetretenen Energieen aufstellen. Es gibt keine andere physische Grösse, für welche eine derartige Allgemeinheit der Anwendung besteht. Da ferner eine solche Aussage sich wegen der allgemeinen Mess- und Aufweisbarkeit der Energie sich stets auf mess- und aufweisbare Dinge bezieht, so handelt es sich bei allen Anwendungen des Gesetzes von der Erhaltung der Energie stets um wirkliche, nie um Scheinprobleme. Es gibt Fälle, in denen die genaue Messung der in Frage kommenden Energiegrössen sehr erhebliche Schwierigkeiten macht, und in denen man daher nur zu groben Annäherungen kommt; sie können aber den allgemeinen Grundsatz nicht ungültig machen. Ebenso gibt es sehr viele Anwendungen des Erhaltungsgesetzes, bei denen noch nicht alle Glieder der Gleichung sich messen lassen; solche Fälle sind als Protothesen zu betrachten. Das heisst: dort, wo wir das Zutreffen des Erhaltungsgesetzes noch nicht durch Messung aller einzelnen Glieder prüfen können, machen wir die Annahme, dass das Gesetz zutrifft, behalten uns aber vor, diese Annahme alsbald einer Prüfung zu unterziehen, sobald wir dazu die Möglichkeit gefunden haben.

Ein gutes Beispiel für diese Art des wissenschaftlichen Fortschrittes liegt in der Messung der *physiologischen Wärmeentwicklung* beim Tiere, und Menschen vor. Die alten Messungen von Despretz in der ersten Hälfte des neunzehnten Jahrhunderts ergaben Resultate, welche mit den damaligen Annahmen im Widerspruche standen. Dann hat gerade die eingehendere Untersuchung dieses Problems sowohl Robert Mayer, wie Helmholtz zu der Entdeckung des Gesetzes von der Erhaltung der Energie geführt. Endlich sind in unseren Tagen die Hilfsmittel der Messung so weit entwickelt worden, dass mit einer Genauigkeit von 1 : 1000 die Gültigkeit des Gesetzes auch für die physiologische Verbrennung (einschliesslich mechanischer und psychischer Arbeitsleistungen) erwiesen worden ist. Solange diese letzteren Messungen nicht vorlagen, war die Annahme der Geltung des Erhaltungsgesetzes für die physiologische Verbrennung eine Protothese, die sich auf Dinge bezog, die grundsätzlich messbar waren, wenn auch die technische Ausführung der Messungen so schwierig war, dass man sich nicht recht daran getraute. Jetzt handelt es sich um eine wissenschaftliche Wahrheit, die allerdings diese Beschaffenheit nur bis zu einer Irrtumsmöglichkeit von 1 : 1000 besitzt. Dass das Erhaltungsgesetz auch darüber hinaus giltig sei, ist wiederum eine Protothese, die einer späteren Prüfung mit weiterhin verfeinerten Messhilfsmitteln harrt.

Die Frage, wie der Begriff der Energie bei seiner grossen Allgemeinheit fähig wird, die unendliche Mannigfaltigkeit der Geschehnisse zum Ausdruck zu bringen, beantwortet sich dahin, dass es eine grosse Anzahl verschiedener *Arten* der Energie gibt. Deren Eigenschaften genügen alle der oben gegebenen Bestimmung bezüglich des Grössencharakters, der wesentlich positiven Beschaffenheit und des Erhaltungsgesetzes, enthalten daneben aber noch weitere, zusätzliche Bestimmtheiten oder Eigenschaften, auf denen ihre Verschiedenheit beruht. So ist beispielsweise von dem ausgeprägt binär symmetrischen Charakter der *elektrischen* und *magnetischen* Energie bei der *Wärme* gar nichts vorhanden, denn diese ist durch eine blosse Zahl vollständig bestimmt, wenn die Einheit gegeben ist. Kinetische Energie hat eine *Richtung im Raume,* während sich Volumenergie an jeder Stelle und nach allen Richtungen betätigt, wo eine Volumänderung ermöglicht wird. Da in dem allgemeinen Energiebegriff über räumliche und zeitliche Verhältnisse gar nichts ausgesagt wird, so sind diese noch für engere Bestimmungen frei, und die hier möglichen Verschiedenheiten bedingen die Verschiedenartigkeit der einzelnen Energieformen.

Hiermit erledigt sich auch der oft gemachte Vorwurf, dass die Anzahl der Energiearten so gar gross sei, wobei noch ernsthaft an zurzeit unbekannte weitere Energiearten gedacht werden muss. Soll die Energie ein Begriff sein, der zur Darstellung der Erscheinungen dienlich ist, so muss deren Mannigfaltigkeit durch eine entsprechende Mannigfaltigkeit des Begriffes darstellbar sein. Denn alle wissenschaftliche Bewältigung und Darstellung besteht. ja darin, dass man der Mannigfaltigkeit des zu erforschenden Gebietes eine andere, schematische Mannigfaltigkeit von Zeichen (mathematischer oder sprachlicher Natur) zuordnet, an denen man die entsprechende funktionale Beziehung zum Ausdruck bringt. Welche ungeheure Bedeutung eine solche wissenschaftliche Zeichensprache für die Beherrschung des Gebietes hat, lässt sich vielleicht am deutlichsten an den chemischen Formeln beobachten in denen man einen ganz erheblichen Teil von dem hat unterbringen können, was die Wissenschaft allgemeines über die chemischen Verhältnisse hat ermitteln können. Ebenso, wie man der Chemie ihre achtzig Elemente nicht zum Vorwurf machen darf, da sie nicht frei ist, eine beliebige Anzahl davon festzustellen, sondern gebunden ist, jeden Stoff, der den allgemeinen Bestimmungen entspricht, als Element anzuerkennen, so ist auch die Energetik nicht frei, die Anzahl der anzuerkennenden Energiearten willkürlich festzusetzen, sondern hat die vorkommenden Mannigfaltigkeiten sorgsam zu registrieren und die charakteristischen Kennzeichen jeder einzelnen Art herauszuarbeiten. Die Einheit dieser Mannigfaltigkeit ist ja durch das allgemeine Umwandlungsgesetz erfahrungsmässig und grundsätzlich gegeben.

Ein weiterer, sehr wesentlicher Umstand in diesen Mannigfaltigkeiten ist die allgemeine Zerlegbarkeit der Energiearten in je zwei Faktoren von charakteristischen allgemeinen Eigenschaften. Für jede Energieart lässt sich zunächst ein *Intensitätsfaktor* bestimmen, welcher nicht den einfachen Grössencharakter hat, d. h. nicht unmittelbar addierbar ist, und zweitens ein *Kapazitäts-* oder *Quantitätsfaktor*, dem die unmittelbare Addierbarkeit zukommt, und der somit eine Grösse im engeren Sinne ist. Der einfachste Weg, sich von diesem fundamentalen Unterschiede eine Anschauung zu verschaffen, besteht darin, dass man zwei gleiche Werte der betreffenden Art physisch zusammenfügt. Zwei gleiche Intensitäten lassen sich bei der Zusammenfügung *unverändert*, zwei gleiche Kapazitäten geben den *doppelten* Betrag. Bringt man beispielsweise zwei Körper von gleicher Temperatur oder gleichem elektrischen Potential zusammen, so lassen diese sich unverändert und die Temperatur, bzw. das Potential ist hernach dasselbe, wie zuvor. Zwei gleiche Massen, Entropieen, Elektrizitätsmengen u. s. w. geben dagegen bei der Zusammenfügung den doppelten Betrag. Erstere sind somit Intensitäten, letztere Kapazitäten.

Die Werte dieser Energiefaktoren bringen nun eine neue Mannigfaltigkeit in den Energiebegriff hinein, der zum Ausdrucke wichtiger allgemeiner Verhältnisse dient, die durch das Erhaltungsgesetz nicht berührt werden. Eine gegebene Wärmemenge ist z. B. einer bestimmten Menge elektrischer Energie immer äquivalent, welche auch ihre Temperatur sein mag; jedesmal, wenn man die eine in die andere verwandelt, erhält man den gleichen Betrag. Dies kennzeichnet die Unabhängigkeit des Erhaltungsgesetzes von der Verschiedenheit der Intensitätsgrössen; für die Kapazitätsgrössen gilt eine gleiche Unabhängigkeit, wie sich schon daraus ergibt, dass das Produkt der beiden den Zahlenwert der Energie ausmacht. Dagegen kommen die Intensitätswerte entscheidend für die Frage in Betracht, *ob* in einem gegebenen Falle eine Energieumwandlung eintreten wird, und *in welchem Betrage*. Am bekanntesten sind diese Verhältnisse bei der Wärme geworden; man weiss, dass eine gegebene Wärmemenge sich nur insoweit in andere Energiearten verwandeln kann, als eine Temperaturverschiedenheit besteht. Der umwandelbare Anteil ist gleich dem Verhältnis der verfügbaren Temperaturdifferenz zur absoluten Temperatur des Ueberganges. Aber auch für alle anderen Energiearten gilt derselbe Satz. Der Bleistift, den ich in der Hand halte, besitzt vermöge seiner Bewegung durch den Weltraum, den er mit der Erde und allem was darauf ist, teilt, eine kinetische Energie, welche die einer abgeschossenen Gewehrkugel um ein Vielfaches übertrifft; er könnte somit die unglaublichsten Zerstörungen anrichten, wenn er nur seine kinetische Energie an andere Körper übertragen könnte. Dies geht aber nur soweit an, als Unterschiede der Geschwindigkeit vorhanden sind, und somit kommt die enorme Geschwindigkeit, welche er inbezug auf das Koordinatensystem der

Sonne besitzt, überhaupt bei seinem irdischen Verhalten nicht zur Geltung.

Während also der erste Hauptsatz der Energetik oder das Gesetz von der Transformation der Energie unter Erhaltung ihres Zahlenwertes eine Gleichung für jeden Fall ergibt, wo sich eine Energie in eine andere verwandelt, so beantwortet der zweite Hauptsatz, welcher die Intensitätsbeziehungen der Energie regelt, die Frage, ob und wann eine Umwandlung vorhandener Energieen eintreten wird. Da zwei gleiche Intensitäten sich gegenseitig nicht beeinflussen (in der Tat ist diese gegenseitige Nichtbeeinflussung die Definition der Gleichheit der Intensitäten), so setzt jede Transformation irgendwelcher Energieen Verschiedenheit irgendwelcher Intensitäten voraus. Da andererseits alles was geschieht sich als eine Energietransformation bestimmter Art kennzeichnen lässt, *so ist das Vorhandensein von Intensitätsunterschieden die allgemeine Voraussetzung jedes Geschehens.*[1]) Ist ein derartiger Unterschied vorhanden, so ist der Betrag des „Geschehens", d. h. der Betrag der umgesetzten Energie proportional der Intensitätsdifferenz und im übrigen nur noch abhängig von den anwesenden Energieen und ihren Faktoren. Die Gesamtheit dieser Beziehungen wird in dem zweiten Hauptsatze der Energetik zusammengefasst, dessen auf Wärme bezüglicher Teil bereits 1827 von Sadi Carnot entdeckt worden ist. In anschaulicher, wenn auch nicht erschöpfender, Form kann man diesen zweiten Hauptsatz im Anschluss an Clausius in der Gestalt: *ruhende Energie wandelt sich nicht freiwillig um* aussprechen. Hier bedeutet ruhende Energie solche, bei der keine Intensitätsunterschiede vorhanden sind, und der Zwang, durch welchen sie sich umwandelt, liegt in dem Hinzutreten neuer Intensitätsunterschiede an das betrachtete Gebilde. Allgemeiner ist die Form: *damit etwas geschieht, müssen nicht kompensierte In-*

---

[1]) Diese Bedingung ist zwar notwendig, aber nicht zureichend, denn es können auch „kompensierte" Intensitätsunterschiede bestehen, ohne dass etwas geschieht. Auch diese Verhältnisse sind gesetzmässig geregelt, und es wird nur deshalb nicht auf sie eingegangen, um die Darstellung nicht in entbehrlicher Weise verwickelt zu machen.

tensitätsunterschiede vorhanden sein, und das Geschehen erfolgt proportional diesen Unterschieden.

Es entsteht naturgemäss die Frage nach der Rolle der *Kapazitätsgrössen* der Energie in unserem energetischen Weltbilde. Die Antwort ist, dass diesen im wesentlichen die Funktion zufällt, welche der frühere, unentwickeltere Zustand der Wissenschaft der *Materie* zugeschrieben hat. Beachten wir, dass Masse, Gewicht und Volum Kapazitätsgrössen entsprechender Energiearten sind, so erkennen wir in den alten „primären Eigenschaften der Materie" diese Faktoren wieder. Die „sekundären" Eigenschaften stellen sich gleichfalls als Kapazitätsgrössen heraus, die nur keine so enge räumliche Beziehung unter sich haben, wie die genannten.

Die Eigentümlichkeit, dass die Energiearten, nämlich Volumenergie, Gravitationsenergie und Bewegungsenergie sich stets räumlich vereinigt finden, hat zu dem Begriffe der Materie geführt. Da aber in einem gegebenen derartigen Gebilde der Betrag dieser Energieen selbst veränderlich ist, so wurde es nötig, um diese Veränderlichkeit zum Ausdrucke zu bringen, einen an sich eigenschaftslosen und daher unveränderlichen Träger jener veränderlichen Eigenschaften anzunehmen. So entstand das logische Missgebilde der heutigen Materie als eines Dinges, das allen einzelnen Objekten zu Grunde liegt, selbst aber keinerlei Eigenschaft hat, an denen es erkannt, und durch die es nachgewiesen werden kann.

Wenn es aber auch klar ist, dass durch den Materiebegriff keine befriedigende Darstellung der Verhältnisse der wägbaren Objekte gegeben werden kann, so bleibt doch die Frage zu beantworten, wie es kommt, dass jene drei Energiearten stets in demselben Raume sich vereinigt finden. Die Antwort ergibt sich aus der Untersuchung der Frage, wie sich ein Gebilde verhalten würde, wenn eine von ihnen fehlte. Wäre keine Volumenergie vorhanden, so würde das Gebilde keinen Raum einnehmen, also von uns weder wahrgenommen noch irgendwie gehandhabt werden können. Wäre Bewegungsenergie nicht vorhanden, so hätte das Gebilde keine Masse; es würde also durch die kleinsten Impulse eine unendliche Geschwindigkeit annehmen und sich gleichfalls dadurch jeder Kenntnisnahme entziehen. Hätte es endlich keine Gravitationsenergie, so würde es nicht auf der Erde verbleiben und gleichfalls für unsere Wahrnehmung verschwinden. Es ergibt sich also, dass der Zusammenhang der genannten drei Energiearten notwendig ist, damit das Objekt ein Gegenstand unserer Wahrnehmung werden kann, und dass daher nur solche energetischen Gebilde zu unserer Kenntnis kommen können, welche diese drei Arten räumlich mit einander vereinigt enthalten. Ob es auch Gebilde gibt, denen eine oder die andere dieser Energiearten fehlt, wissen wir nicht und können wir nicht wissen; da sie aber jedenfalls keinen Bestandteil unserer Welt bilden, so haben wir weder die Möglichkeit, noch auch irgend einen Grund, sie zu berücksichtigen.

So erkennen wir, dass allerdings dem Begriffe der Materie eine bestimmte Erfahrung zu Grunde liegt; sie ist nur in dieser Begriffsbildung in unvollkommener und ungeschickter Weise zum Ausdrucke gekommen. Für die wissenschaftliche Sprache ist daher auch die Fortbenutzung des Wortes Materie unzweckmässig geworden. Jene Komplexe der drei Energiearten nennen wir im Anschlusse an den vorhandenen Sprachgebrauch *Körper*. Dass von einem Körper nichts übrig bleiben würde wenn man ihm seine Eigenschaften, d. h. die in diesem Raume vorhandenen Energieen entzogen denkt, ist nun ganz verständlich, denn da der Körper nichts als ein Energiekomplex ist, so verschwindet er begrifflich, wenn man die Bestandteile des Komplexes entfernt denkt.

Es kann nicht meine Aufgabe sein, nachzuweisen, dass man die gesamte Physik, einschliesslich der Chemie und Physiologie, als Energetik völlig umfassend und erschöpfend darstellen kann. Dies wird selbst auch von den Gegnern zugegeben; sie bezweifeln nur die Zweckmässigkeit einer solchen Darstellung. Diese glaube ich aber hier und in meinen zahlreichen Lehrbüchern ausgiebig genug nachgewiesen zu haben. In sehr charakteristischer Weise macht sich die grössere Zweckmässigkeit der energetischen Darstellung gegenwärtig in der Physiologie und Biologie geltend. Diese beiden Wissenschaften haben bisher schwer unter der atomistischen Mechanistik gelitten, welche sie mit einer Unzahl von Scheinproblemen angefüllt hat; ich brauche nur an die zahllosen Vererbungstheorieen zu erinnern, welche dadurch alle mit der Eigenschaft ausgestattet waren, dass sie weder bewiesen noch widerlegt werden konnten, und welche daher eine unerschöpfliche Quelle von ergebnislosen Diskussionen gebildet haben. Gegenwärtig beginnt man endlich einzusehen, dass durch die Zurückführung der Probleme auf ihre energetische Grundlage alle jene Scheinprobleme ausgeschaltet werden, und die Wissenschaft derart wieder in den Stand gesetzt wird, reelle Fragen zu stellen und reelle Antworten darauf zu suchen und zu finden.

Allerdings umfasst die Energetik in ihrer gegenwärtigen Gestalt noch nicht alle die Mannigfaltigkeiten, deren Betätigung uns in den biologischen Erscheinungen entgegentritt. Insbesondere die räumlichen und zeitlichen Modalitäten in dem Ablaufe einer nach Art und Masse gegebenen Energieumwandlung sind durch Gesetze nach Art des Ohmschen Gesetzes geregelt, in denen Material- und Formkonstanten der mannigfaltigsten Art auftreten. Die Theorie dieser Geschehnisse ist durch Fourier in seiner Theorie der Wärmeleitung begründet worden, doch ist ein bewusster Ausbau dieser Beziehungen ganz und gar eine Aufgabe der Zukunft und darf als das zur Zeit wichtigste Problem der Energetik bezeichnet werden. Die Biologie hat es überall mit derartigen Bestimmungen zu tun, und in der Einführung von entsprechenden Begriffen, wie z. B. Reinkes „Dominanten" tritt das Bedürfnis nach gedanklicher Bewältigung derartiger Aufgaben zu Tage, wenn auch darin noch kein Weg zu dessen Befriedigung angedeutet ist. Ein solcher läge erst vor, wenn irgend welche allgemeine Eigenschaft oder Gesetzmässigkeit für diese „Dominanten" ausgesprochen werden könnte.

Andrerseits ist die Anwendung der Energetik in ihrem bisherigen Umfange auf die verschiedenen Wissenschaften noch nicht im geringsten erschöpft. Als Beispiel für solchen jungfräulichen Boden, der bei der Bearbeitung unmittelbar die reichsten Früchte tragen wird, gebe ich zum Schlusse dieser Darlegungen die Skizze einer *energetischen Grundlegung der Kulturgeschichte.*

Was den Menschen vom Tiere unterscheidet, nennt man Kultur. Es besteht in allgemeinster Auffassung darin, dass dem Menschen eine viel weiter gehende Beherrschung seiner Umgebung eigen ist. Er vermag mit anderen Worten die natürlichen Geschehnisse in solcher Weise zu beeinflussen und zu leiten, dass sie einen seinen Bedürfnissen und Wünschen entsprechenden Verlauf nehmen. Diese Fähigkeit ist nicht unbeschränkt, aber der Fortschritt der Kultur kennzeichnet sich eben durch die Zunahme dieser Herrschaft des Menschen über seine Welt. Nun lassen sich, wie wir gesehen haben, alle Geschehnisse als Energieumwandlungen definieren; die Beherrschung dieser Geschehnisse ist somit unmittelbar von der Beherrschung der energetischen Verhältnisse abhängig, und die Kulturgeschichte ist die Geschichte der zunehmenden Beherrschung der Energie durch den Menschen.

Um zu erkennen, wie bestimmt diese Ergebnisse dieser sehr allgemein klingenden Betrachtung in jedem Einzelfalle sich gestalten, schematisieren wir uns energetisch die erste Entwickelung des Menschen aus dem früheren tierischen Zustände. Man ist bereit, die Benutzung von *Werkzeugen* als die erste Kulturtat, des aufstrebenden Menschengeschlechtes anzusehen. Ein Werkzeug kann aber vollgültig als ein Mittel definiert werden, *durch welches vorhandener roher Energie eine beabsichtigte Beschaffenheit gegeben wird.* Ein Werkzeug ist mit anderen Worten ein *Energietransformator,* und es ist um so vollkommener, je vollkommener es diese Transformation auszuführen gestattet.

Als erste Werkzeuge mögen wohl Stangen, Keulen und Steine gedient haben. Die Energie, welche dem primitiven Menschen (wie dem Tiere) zunächst allein zur Verfügung stand, ist die in seinen Muskeln zum Gebrauch aufgespeicherte chemische Energie seiner Nahrung. Diese Energie hat einen bestimmten Betrag und konnte in einem bestimmten räumlichen Umfange betätigt werden, der durch die Länge der

Arme für jede Körperlage bestimmt war. Dadurch, dass der Mensch einen Stab in die Hand nahm, erreichte er, *dass er den Radius seiner Muskelenergie um die Länge dieses Stabes vergrössern*, und sie somit zweckmässiger anwenden konnte. Durch die Anwendung einer Keule konnte er seine Muskelenergie in Gestalt kinetischer Energie ansammeln und auf einmal zur Umwandlung an der Stelle bringen, wo seine Keule hintraf. Hierdurch wurden Leistungen möglich, die durch unmittelbare Betätigung seiner Muskelenergie in Gestalt von Druck nicht ausführbar waren.

Einen grossen Fortschritt in zweckmässiger Transformation bedingte die Erfindung des *Werfens*. Sie vereinigt beide eben genannten Fortschritte und erweitert sie. Der Wirkungsradius der Muskelenergie nimmt sehr beträchtlich zu und gleichzeitig erfolgt durch die Summierung während des Schwunges eine *Ansammlung*. Die hieran sich schliessenden Fortschritte bestehen in der Auswahl, bezw. Gestaltung des zu werfenden Trägers der übermittelten Energie, die einerseits auf einen möglichst grossen Betrag, andererseits auf eine möglichst genaue Richtung hinausgehen. In Pfeil und Bogen erkennen wir eine weitere Ausgestaltung dieses Problems, indem die Muskelenergie zeitweilig in elastische oder Formenergie des gespannten Bogens umgewandelt wird, hauptsächlich um bezüglich der Richtung Vorteile zu haben, während die armbrustartigen Einrichtungen eine möglichst grosse Aufspeicherung der Energie zum Ziele haben, die zeitlich beliebig weit vor den Schuss ausgeführt und daher zweckmässiger gestaltet werden kann.

Eine andere Art von Energietransformation bezieht sich auf die *Konzentration* der Energie in kleinen Flächen. Lineare derartige Flächen sind *Schneiden* und punktförmige *Spitzen;* beide bewirken, dass die Muskelarbeit vermöge der Verkleinerung der Druckfläche eine um so grössere Intensität des Druckes auszuüben vermag. Das scharfe und spitze Werkzeug trennt und durchdringt daher Gegenstände, welche der Faust oder dem Steine gegenüber unverletzlich bleiben.

Durch systematische Kombination dieser Hilfsmittel ent-

stehen alsbald neue. Schwert und Spiess verbinden die Verlängerung des Armradius mit der Konzentrationswirkung von
Schneide und Spitze; mit den gleichen Einrichtungen werden
die geworfenen und geschossenen Gegenstände ausgestattet,
was den Wurfspiess und Spitzpfeil ergibt.

Alle diese Erfindungen beziehen sich auf die Verwertung
der im menschlichen Muskel gegebenen primären Energie. Es
war somit ein ungeheurer Fortschritt, als *andere* Energie-
quellen für die Zwecke des Individuums herangezogen wurden.
Einerseits handelt es sich hier um ähnliche physiologische
Energieen: Sklaven und Haustiere zur Arbeit bezeichnen
diese Stufe und zwar halte ich es für wahrscheinlich, dass die
erste Form früher erreicht worden ist. Dann aber trat auch
die Anwendung *anorganischer* Energieen ein: Feuer und Wind
werden für menschliche Zwecke dienstbar gemacht. In solcher
Weise führt ein ganz stetiger Uebergang auf Grund der
energetischen Betrachtung bis in die verwickeltsten Betätigungen unserer Tage.

Eine zweite Reihe entsprechender Betrachtungen knüpft
sich an die *Beschaffung der chemischen Energie der Nahrung,*
welche als Vorstufe der Muskelenergie für deren Erzeugung
und Verwertung eine notwendige Voraussetzung ist. Die
Ansammlung von Vorräten für solche Zeiten, in denen sie nicht
unmittelbar zu erlangen ist, bedingt in bekannter Weise die
Grundlegung der Kapitalbildung.

Auf Energietransformation beruht endlich der *Wert* im
allgemeinen. Ein und derselbe zahlenmässig gemessene Betrag
von Energie ist ja bekanntlich nicht einmal für das unbewertete
Geschehen der Natur gleichgültig: vielmehr ist eine gegebene
Energiemenge um so wandelbarer, je grösser die Intensitätsunterschiede sind, mit denen sie ihrer Umgebung gegenüber
behaftet ist. Die Wertschätzung der Energie für menschliche
Zwecke wird in ähnlicher, nur etwas verwickelterer Art durch
Intensitätsverschiedenheiten und die davon abhängigen Trans-
formationskoeffizienten bestimmt. Eine Energiemenge ist im
allgemeinen um so wertvoller, je vollständiger sie sich für
menschliche Zwecke transformieren lässt. So kann ein Stück

Steinkohle und ein Stück gebratenes Fleisch den gleichen
Betrag von chemischer Energie (gemessen sowohl als totale
wie als freie Energie) enthalten, während beide doch für
menschliche Zwecke überaus wertverschieden sind. Dies beruht
nur darauf, dass der Mensch mittelst seines Verdauungsappa-
rates die chemische Energie der Steinkohle nicht verwerten
kann, wohl aber die des Fleisches.

Dieses Verhältnis kennzeichnet die allgemeine Sachlage.
Die Natur bietet uns rohe Energieen dar, in erster Linie die
der Sonnenstrahlung, in zweiter die Transformationsprodukte
dieser Energie, welche ohne Zutun des Menschen sich gebildet
haben. Diese rohe Energie in solche Formen überzuführen,
welche den menschlichen Bedürfnissen unmittelbar angepasst
sind, ist die allgemeine Aufgabe des Menschen gegenüber
der Natur. Bei einer jeden derartigen Umwandlung geht ein
Teil der rohen Energie durch Intensitätsausgleich (der in
letzter Instanz immer auf Temperaturausgleich hinauskommt)
in die unbrauchbare Gestalt der „gebundenen" Energie über
*und nur ein gewisser Bruchteil der ursprünglichen rohen
Energie erreicht ihren Zweck.* Jede Maschine, jedes Verfahren,
schliesslich jeder intelligente Mensch, der diesen Transfor-
mationskoeffizienten verbessert, ist wertvoll, und um so wertvoller, je erheblicher die Verbesserung und je wichtiger die
Energieart für den Menschen ist, auf welche sich die Verbesserung bezieht.

Dieses *Kriterium des Wertes* ist allgemein. Es bezieht
sich ebensowohl auf die einfachsten Hilfsmittel des täglichen
Lebens, wie auf die höchsten Betätigungen der Wissenschaft
und Kunst. Die Anwendung des Gedankens auf die verschiedenen Gebiete menschlicher Betätigung würde ein Buch erfordern; so soll es hier mit dieser Andeutung sein Bewenden
haben, doch sei der Leser aufgefordert, das Prinzip auf irgend
eine Angelegenheit, die ihn besonders interessiert, anzuwenden
und sich zu überzeugen, ob und wie es seinen Zweck erfüllt.

In all den vorangegangenen Darlegungen ist von der Beziehung der *psychischen* Erscheinungen zur Energie nicht die
Rede gewesen. Ich habe bereits vor längerer Zeit meine

Ansicht ausgesprochen, dass auch die gesamte Psychologie durch die protothetische Annahme der Existenz einer psychischen Energie eine grundsätzliche Förderung erfährt. Dies wird insbesondere daran sichtbar, dass das alte Problem, wie Geist und Materie zusammen wirken können, als Scheinproblem erkannt und damit erledigt wird. Wenn nämlich einerseits kein grundsätzliches Hindernis vorhanden ist, die psychischen Erscheinungen energetisch zu begreifen, andererseits die sogenannte Materie als eine besondere Kombination von Energieen erkannt ist, so verschwindet der früher angenommene prinzipielle Gegensatz zwischen beiden Gebieten völlig und das Problem des Zusammenhanges zwischen Körper und Geist rückt in dieselbe Reihe, wie etwa das Problem des Zusammenhanges zwischen chemischer und elektrischer Energie, das in der Theorie der Voltaschen Ketten behandelt und bis zu einem bestimmten Grade gelöst worden ist.

Energetik und Kulturgeschichte.

(1909)

Als Energetik bezeichnet man bekanntlich eine wissenschaftliche Gesamtauffassung, nach welcher der physikalische Begriff der Energie als derjenige angesehen wird, welcher zur Zeit die erfolgreichste und exakteste Zusammenfassung der physikalisch-chemischen Tatsachen und Gesetze gestattet. Die Energetik wird von ihren Anhängern als die Ansicht von der Natur betrachtet, welche die bisher fast ausschliesslich herrschende *Mechanistik* erfolgreich zu ersetzen bestimmt ist, und die neueste Entwicklung der Physik, derzufolge die mechanischen Erscheinungen als Folgen elektrodynamischer Vorgänge aufgefasst zu werden beginnen, erscheint als eine wichtige Bestätigung wenigstens für die negative Seite der Energetik, die Beseitigung des wissenschaftlichen Materialismus.

Nun hat Herr Dr. Grechen in der tiefgründigen und weitschauenden Studie, welche er in der „Revue Luxembourgeoise" soeben der Energetik gewidmet hat, mit Recht darauf hingewiesen, dass diese zunächst eine Theorie der *physikalischen* Erscheinungen sei, und dass ein Zusammenhang ihrer Ergebnisse und Denkmittel mit den Problemen des *höheren* Seelenlebens nicht unmittelbar ersichtlich sei. Er hat durchaus Recht, soweit es die bisher in den Vordergrund getretene Seite der Energetik anlangt. Diese ist so jung als bewusste Weltanschauung, und wie ich bekennen muss, noch so arm an aktiven Mitarbeitern (wenn auch nicht mehr arm an aufrichtigen Anhängern), dass sie noch nicht einmal im Stande gewesen ist, die Ernte unter Dach zu bringen, welche auf dem Gebiete der physischen Wissenschaften für die Einsammlung reif ist; so ist zunächst kaum daran zu denken gewesen, auf die Urbarmachung neuer

4

Felder auszugehen, wo die vorhandenen noch nicht bewältigt werden konnten. Aber in den letzten Jahren hat sich mir die Nutzbarkeit der Energetik auf ganz anderen Gebieten, die für mich ihren Ausgang von Fragen des *Unterrichts* und der *Erziehung* genommen hatten, so deutlich, ja unwiderstehlich zur Geltung gebracht, dass ich glaube sagen zu dürfen, dass es vielleicht gerade diese höheren Gebiete sind, wo die Energetik ihre schönsten Erfolge erhoffen darf. Denn in diesen Gebieten ist das grösste Bedürfnis, das nach einem einfachen, allgemeinen und zusammenfassenden Prinzip vorhanden, welches in dem kaum entwirrbaren Für und Wider der theoretischen wie praktischen Fragen des Lebens uns jedesmal gestattet, die grossen Richtlinien zu ziehen, und bei der Ausführung unserer einzelnen Aufgaben den Weg so zu wählen, dass er uns wenigstens dem Ziele *näher* führt, und nicht davon *ab*. Dass sich die klärende und richtende Eigenschaft der Energetik mir ungesucht, ja fast gegen meinen eigenen Willen bei diesen ganz unabhängig von philosophischen Interessen unternommenen Arbeiten darbot, darf vielleicht als Entschuldigung angesehen werden, dass ich so grosse Hoffnung auf den Erfolg setze, um zu versuchen. Ihre Aufmerksamkeit für diese Gedankenreihen in Anspruch zu nehmen.

Ich erinnere zunächst kurz daran, dass der wissenschaftliche Begriff der Energie mit dem moralischen, der den gleichen Namen trägt, nur locker zusammenhängt. Energie in dem Sinne, in welchem das Wort heute ausschliesslich gebraucht wird, ist eine physikalisch messbare Grösse, welche uns am besten als *mechanische Arbeit* bekannt ist. Ebenso wie die Chemie lehrt, dass gewöhnliche Kohle, Graphit und Diamant alle drei „denselben" Stoff, nämlich Kohlenstoff darstellen, insofern als jede dieser Formen in die andere verwandelt werden kann, so lehrt uns die Physik, dass mechanische Arbeit in Wärme, Licht, Elektrizität, chemische Effekte usw. verwandelt werden kann. Und ebenso wie es nicht möglich ist, eine gegebene Menge Kohlenstoff durch die verwickeltsten Umwandlungen zu *vermehren* oder zu *vermindern*, ebensowenig ist es möglich, eine gegebene Menge Arbeit durch die verwickeltsten

Umwandlungen, die wir mit ihr vornehmen, an Menge zu vermehren oder zu vermindern. Es herrscht für beide ein *Gesetz der Erhaltung.* Was man weder schaffen noch vernichten kann; nennt man eine *Substanz;* so haben einerseits die chemischen Elemente den Charakter von Substanzen, andererseits haben ihn die *Arbeit und ihre Umwandlungsprodukte.* Diese letzteren nennt man mit einem gemeinsamen Namen *Energie,* und *Energetik* heisst die Lehre von den Gesetzen, denen diese überaus mannigfaltigen Umwandlungen der Energie in ihren verschiedenen Formen unterliegen.

Vielleicht gestattet ein anderes Beispiel noch besser, das Wesen dieser gegenseitigen Beziehungen der Energien zu erkennen. Da Arbeit, oder allgemein gesprochen, Energie irgendwelcher Art nicht *geschaffen* werden kann, so kostet sie *Geld,* wie dies z. B. daraus deutlich wird, dass man die elektrische Energie, die man von der Zentrale für Beleuchtung, Maschinenbetrieb usw. erhält, regelmässig bezahlen muss. Nun hat auch das Geld die Eigenschaft, dass es in verschiedenen Formen erscheint, die untereinander nach einem bestimmten Verhältnis äquivalent oder gleichwertig sind. So erhält man für hundert Franken achtzig Mark, und für diese zwanzig Dollars, und für diese achtzig Schillinge, und für diese wieder hundert Franken, so dass jeder dieser Beträge, einer besonderen Form der Energie vergleichbar, in jeden anderen ohne Veränderung seines eigentlichen Wertes umgewechselt werden kann.

Hier wird nun allerdings der erfahrene Reisende alsbald den Einwand erheben, dass diese Gleichwertigkeit eine blosse Theorie sei. welche den realen Verhältnissen gegenüber versagt. Denn wenn er irgend eine dieser Geldsorten gegen eine andere einwechseln will, so erhält er dafür keineswegs den theoretischen Wert, sondern er muss ein Agio bezahlen, welches je nach Umständen einen ganz erheblichen Anteil des Wertes beansprucht. Wenn man sein Geld auf einer längeren Reise einigemale umgewechselt hat, und schliesslich in die heimatliche Münze umwechselt, so sind 100 Franken keineswegs mehr 100 Franken geblieben, sondern vielleicht nur 70 geworden. Dies ist ganz richtig, aber darum haben doch die ursprüng-

4*

lichen 100 Franken ihren Wert behalten. Der Unterschied ist nur, dass ein Teil des Geldes nicht mehr in *meiner* Tasche ist, sondern in denen der Geldwechsler, welche das Agio behalten haben. Aber dort ist sein Wert genau derselbe, den er in meinem Besitze hatte, er ist nur anders geordnet. Ganz ebenso steht es mit der Energie. Auch sie kann niemals ohne Agio oder ohne Spesen in eine andre Form umgewechselt werden, so dass man für die beabsichtigte Verwendung immer weniger von ihr bekommt, als man in Gestalt von roher Energie verbraucht hatte. Dieses Agio nennt man den Nutzungskoeffizienten oder den Umwandlungswert für den benutzten Vorgang. Und ebenso, wie man mit einem kleinen Agio durchkommt, wenn man den Geldwechsel an einem grossen Orte in einem Geschäft ersten Ranges ausführt, während man unerhörte Prozente zahlen muss, wenn man dazu in irgend einem weltvergessenen Winkel des Orients gezwungen ist, so sind auch die Prozente sehr verschieden, welche man für die Transformation der Energie aus einer Art in die andere zahlen muss. Um gleich ein wohlbekanntes Beispiel zu haben, betrachten wir die elektrische Energie, durch welche die Beleuchtung dieses Saales bewerkstelligt wird. Sie stammt aus der chemischen Energie der Steinkohle, die in den Dampfmaschinen der Zentrale in mechanische Energie umgewandelt wird, nachdem sie zuerst in der Feuerung sich in Wärme transformiert hatte. Die erste Umwandlung aus *chemischer* Energie in *Wärme* ist eine fast vollständige; nur wenige Prozente gehen im Rauch verloren. Die der Wärme ist dagegen sehr viel ungüstiger; auch die besten Dampfmaschinen verwandeln nur höchstens einiges über 30 % in *mechanische Arbeit;* alle übrige Wärme muss als solche ungenutzt und unverwandelt entlassen werden. Die Umwandlung der mechanischen Arbeit in *elektrische* Energie ist wieder sehr vollständig; es gehen nur 5 bis 10 % verloren. Dagegen ist wieder die *Lichtenergie,* die wir in den Lampen aus der elektrischen erhalten, nur ein kleiner Anteil der verbrauchten Menge; die Kohlenfadenlampen geben weniger als 10 %, die Bogenlampen dagegen erheblich mehr. Verbraucht man die elektrische Energie dagegen zur Erzeugung von *mechanischer*

Arbeit, wie in der elektrischen Trambahn, so haben wir wieder einen günstigen Wechsel, denn wir brauchen nur 10 % für den Umtausch zu bezahlen und erhalten 90 % reelle Arbeit.

Das ist soweit ganz interessant, werden Sie vielleicht sagen, aber warum sollen wir gerade auf diesen Teil der unendlich ausgedehnten Wissenschaft unsere Aufmerksamkeit richten: Ich antworte: *weil diese Gesetze unsere ganze Existenz regeln,* ja erst möglich machen. Das Leben beruht auf einem beständigen Wechsel der Energie in unserem Körper; in dem Augenblicke, wo dieser Wechsel unterbrochen wird, tritt der Tod ein. Und nicht nur das *individuelle* Leben unterliegt derart ganz unmittelbar der Herrschaft der Energiegesetze, sondern auch das *soziale* Leben. Dass ich heute vor Ihnen stehe, beruht auf dem Energieaufwand der Eisenbahn, die mich von Gross-Bothen bis nach Luxemburg gebracht hat; dass Sie meine Worte hören, beruht auf der Energie, welche in Gestalt von Schallwellen von meinen Stimmbändern nach Ihren Ohren geht. Dass Sie mich verstehen, beruht auf der Energie Ihrer eigenen geistigen Tätigkeit. Das ist ja der Grund, weshalb wir alle zunächst erst Energetiker sein müssen, bevor wir irgend eine andere Weltanschauung wählen mögen, *dass nichts in der Welt vorgehen kann, ohne dass dabei Energie in verschiedenen Formen beteiligt ist.*

Lag bei der Energie die Schwierigkeit darin, dass zwar das Wort uns wenig bekannt ist, die Sache aber eine ganz alltägliche, die nur aufgewiesen zu werden braucht, um verstanden zu werden, so ist das Verhältnis bei der *Kultur* gerade umgekehrt. Das *Wort* ist uns allen geläufig, aber versuchen wir zwischen drei Menschen verschiedener Betätigungskreise ein Einverständnis darüber herzustellen, was Kultur ist, so erweist sich dies als äusserst schwierig. Es gibt unzählig viele Definitionen dieses Begriffes, die auf einen gemeinsamen Nenner zu bringen fast unmöglich scheint. Hier ist es nun, wo sich die Brauchbarkeit der Energetik bewährt, denn mir scheint, dass sie es ermöglicht, die in jenen verschiedenen Definitionen hervortretenden verschiedenen Seiten des Kulturproblems unter *einen* gemeinsamen Ausdruck zu umfassen.

Wir haben gesehen, dass alles Leben, das individuelle wie das soziale, darin besteht, dass das Lebewesen die Energie, die es in seiner Umgebung findet, für seine Zwecke benutzt, indem es sie demgemäss umgestaltet. Nun kann der Erfolg dieser Umgestaltung bei gleichem Energieaufwand klein oder gross sein, denn ein geschickter Arbeiter leistet in der gleichen Zeit vielleicht das Zehnfache, wie der ungeübte Anfänger. Meine Behauptung geht nun dahin, dass der Massstab der Kultur *der Nutzeffekt bei der Umgestaltung der rohen Energien für menschliche Zwecke ist.*

Diese Definition sieht auf den ersten Blick verzweifelt technisch aus. Das sollte aber dem unbefangenen Denker eher eine Empfehlung als eine Abschreckung sein. Leider ist bei den meisten unter uns die Unbefangheit zerstört, und zwar in erster Linie durch die Einwirkung der Schule. Es wird also noch eine Erklärung und Rechtfertigung nötig sein.

Die *antike* Kultur beruhte auf der Existenz der Sklaverei. Nur durch diese gelangten Einzelne zu der Musse und den Hilfsmitteln, welche für freie wissenschaftliche Betätigung erforderlich sind. Hieraus entstand die unwillkürliche Gleichsetzung von Sklavenbesitz und Geisteshöhe, und die Verachtung aller technischen Arbeit als sklavenmässig. Noch heute, wenn ein gereizter Philologe seinem Herzen über mangelhafte Anerkennung seiner Beschäftigung durch Männer, die Ernsthafteres zu tun zu haben behaupten, so recht Luft machen will, so versucht er, seinen Gegenfüssler durch das Scheltwort *Banause* zu zerschmettern. Natürlich ist dies nichts anderes, als ein Nachweis der eigenen Unfähigkeit, die Zeit in ihrer Entwicklung zu verstehen. Doch hat schon das Altertum selbst die Widerlegung jener ersten Voraussetzung gebracht: unter den Förderern der Kultur fanden sich zunehmend mehr und mehr Sklaven und Freigelassene, denn gerade sie setzt *Arbeit* voraus, technische wie geistige, zwischen denen ohnedies der Untrschied zunehmend geringer wird.

Es wird deshalb nötig sein, einmal zunächst das Problem der Kultur in möglichst weiter Fassung zu untersuchen. Das Ergebnis dieser Untersuchung habe ich in der oben aufgestell-

ten Definition vorausgenommen. Natürlich habe ich dies nicht
getan, als ich zum ersten Male diese Untersuchung selbst anstellte; ich bin vielmehr auf dem gewöhnlichen naturwissenschaftlichen Wege der zunehmenden Verallgemeinerung zu dem
Punkte gelangt, den ich oben bezeichnet habe. Aber im Interesse des Hörers liegt es vielleicht, dass er, wie der Bergsteiger
vor Beginn der Wanderung, die zu erreichende Spitze einmal
flüchtig von ferne erblickt. Unterwegs kann er sie nicht immer
sehen, und wenn er nicht anderweit weiss, wohin er gelangen
will und wird, so fehlt ihm die halbe Frische zur Ueberwindung von Wegschwierigkeiten. Dass es aber wirklich eine
Spitze ist, und nicht ein zufälliger Punkt, davon hat mich der
Umstand überzeugt, dass eine ganze Anzahl ganz verschieden
begonnener Wege nach oben mich immer wieder an den gleichen Fleck geführt haben, ohne dass ich es auf ihn abgesehen
hatte. Eine solche Eigenschaft kommt nur einem wirklichen
Höhenpunkt zu. Hieraus schöpfe ich auch das Vertrauen, die
Hörer einzuladen, mit mir einen dieser nicht immer ganz ebe-
nen Wege zu gehen.

Denken wir uns zurück in die wahrscheinlichen Anfangs-
zustände menschlicher Entwicklung, so haben wir vor unserem
geistigen Auge ein Wesen, das in seiner Umgebung weder
durch Stärke, noch durch Geschwindigkeit, noch durch Un-
durchdringlichkeit seiner Körperbedeckung oder sonst einen
unmittelbaren Vorzug im Kampfe ums Dasein hervorragt;
andererseits fehlt auch der Schutz gegen Aussterben, der durch
eine besonders einfache Organisation und eine besonders reichliche Vermehrung gegeben ist. Nur eine Eigenschaft zeichnet
dieses so wenig bevorzugte Wesen vor allen Mitbewerbern aus,
nämlich die Fähigkeit, *sich zunehmend von dem Einflusse des
Wechsels der Existenzbedingungen durch Schaffung neuer oder
absichtliche Erhaltung alter günstiger Verhältnisse frei zu
machen.* Während die anderen Wesen die Umwelt hinnahmen,
wie sie eben war und nur in äusserst seltenen Fällen (die wir
dann auch als Kultur zu bezeichnen Neigung haben) sie zu
beeinflussen versuchten, tritt beim Menschen charakteristisch
eine hierauf gerichtete Tätigkeit zu Tage, durch welche schliess-

lich die Herrschaft der Erde diesem schwächlichen und wenig fruchtbaren Geschlecht zugefallen ist.

Wir stellen uns den Beginn der Kultur vor, indem wir annehmen, dass der Mensch Stufe für Stufe Waffen und Werkzeuge erfunden und angewendet hat, wozu das Tier sich nicht fähig zeigte. Worin besteht nun aber das Wesen dieses Fortschrittes? Was ist das Grundsätzliche dabei? Ich finde keinen allgemeineren und gleichzeitig bestimmteren Ausdruck dafür, als dass der Mensch einen *Energietransformator nach dem anderen anzuwenden gelernt hat,* und dadurch zunächst die eigene Energie der Muskeln, sodann die der anderen Menschen (Sklaven), der Tiere, der Pflanzen und zuletzt die anorganischen Energien (Wind, Bodenschätze, Wasserkräfte) seinem Willen und seinen Zwecken untertan gemacht hat. *Der Besitz der Energie,* dieses Wort durchaus im Sinne der *physischen* Energie, des verallgemeinerten *Arbeitsbegriffes* genommen, *bedeutet die Beherrschung* der Welt, und wenn heute mehr als je der Besitz des mobilen Kapitals diese Beherrschung in erster Linie zur Folge hat, so liegt dies nur daran, dass das Kapital zurzeit die konzentrierteste und umwandlungsfähigste Form dieser Energie darstellt. *Darstellt* allerdings, und nicht *ist;* darstellt vermöge eines allgemein anerkannten Rechtsverhältnisses, welches dem Besitzer gestattet, seine Herrschaft auf grund eines papierenen Symbols (Aktien, Anteilscheine usw.) zu erhalten. In dem Augenblicke, wo diesem Symbol seine Geltung allgemein versagt wird, verschwindet auch diese Herrschaft, und sie bleibt nur bei dem tatsächlichen Besitze, d. h. der unbehinderten Verfügung über die wirklichen Energien erhalten.

Man sagt oft, durch den Verstand habe seinerzeit die Menschheit die Herrschaft über die Welt erlangt, und der Verstand bedinge auch die Vereinigung grosser Machtmengen in der Hand des Einzelnen. Dies ist bis zu einem bestimmten Umfange durchaus richtig, aber worauf ist der erfolgreiche Verstand gerichtet? Wieder nur auf Erlangung von Energie und ihre zweckmässigste Verwertung. Das Schachspiel erfordert sicherlich eine erhebliche Verstandesleistung und ein Meister-

spieler entwickelt sehr grosse Mengen hiervon bei einer Partie
mit einem ebenbürtigen Gegner. Diese Leistung ist aber nicht
auf das Energieproblem gerichtet und bleibt deshalb ausserhalb
der Kultur; diese würde eher grösser als geringer sein, wenn
niemand Schach spielen wollte.

Als irgend ein Urmensch die Erfindung machte, dass er
einen Baumast in die Hand nehmen konnte, und mittels dieses
Werkzeuges Beute zu erlegen vermochte, die noch nicht in
Handweite war, oder dass er seinem Gegner bereits einen Schlag
beibringen konnte, ehe dieser ihn überhaupt zu berühren imstande war, da wurde der erste Schritt auf dem Wege
der zweckmässigen Energietransformation gemacht. Rein rechnerisch genommen wird durch die Vermittlung des Werkzeuges
niemals die *ganze* verbrauchte Muskelenergie an den Ort und in
die Form gebracht, welche durch jenes angestrebt werden.
Aber der verminderten absoluten Menge steht eine erhöhte
Nutzbarkeit der Arbeit gegenüber. Musste der Ahne jenes Erfinders jeden mit den Händen erwürgten Bären mit Wunden
und entsprechenden Tagen oder Wochen mangelnder Arbeitsfähigkeit bezahlen, so konnte der Keulenschwinger den Bären
erlegen, ohne dass ihm die Haut geritzt wurde, und er ersparte
die Pflegetage. So konnte er in derselben Zeit und mit demselben Aufwand an Lebensenergie sehr viel mehr Bären erlegen,
als der „tapfere" Ahn, der die Transformation der Muskelenergie mittelst der Keule noch nicht auszuführen verstand.

Ganz das gleiche kann man über jeden weiteren Kulturfortschritt sagen: er besteht entweder in einer zweckmässigeren
Transformation der eigenen, körperlichen Energie, oder in der
wirtschaftlichen, d. h. zu eigenen Zwecken erfolgenden Verwertung fremder Energien. Die erste Stufe in der zweiten Richtung
ist wohl unzweifelhaft die Ausnutzung fremder *Menschenkraft*.
Denn einerseits ist die eigene Arbeit ja die einzige verfügbare
Energieform an allem Anfange gewesen und war also die nur
einzig *bekannte* Energiequelle, die sich überhaupt zweckmässig
verwerten liess; andererseits war durch die Verständigung
zwischen Mensch und Mensch das einfachste und unmittelbarste
Mittel gegeben, die fremde Energie nach einmal erlangter Ver-

fügung über sie auch dem eignen Willen gemäss zu *lenken* und zu gestalten.

Hier tritt uns zum ersten Male die bemerkenswerte Tatsache entgegen, dass durch eine *höher qualifizierte Energie* eine Herrschaft über niedere Energien ausgeübt wird, obwohl der absolute Betrag der letzteren sehr viel grösser sein kann, als der der beherrschenden Energie. Und was noch bemerkenswerter ist: alle Sklavenaufstände, d. h. alle Versuche, die *absoluten* Beträge der Energie geltend zu machen, haben mit einem Misserfolg geendet, da diesen rohen Energien die *Organisation* gemangelt hat. Nur in solchen Fällen, wo aufsteigende Klassen sich mit dem bisher regierenden *vereinigten*, wenn auch erst nach harten Kämpfen, wo also die Organisation der Energie erhalten blieb, sind dauernde Gebilde entstanden. So ist es in der Geschichte des römischen Reiches vorgegangen, und so müssen wir die Geschichte der französischen Revolution mit ihren Folgeerscheinungen lesen, in welcher die Intelligenz und Organisationsfähigkeit der höheren Klassen doch erforderlich war, um die gewaltsam erzwungene Freiheit der Massen zu befestigen.

Wenden wir uns zu den Urformen der Kultur zurück, so werden wir als zweite Stufe die Einbeziehung der *tierischen* Energien in die wirtschaftliche Gestaltung des menschlichen Lebens anzusehen haben. Während die Jagd ein unmittelbares Okkupationsverfahren ist, bezüglich dessen der Mensch sich vom Raubtier nicht wesentlich unterscheidet, tritt mit der Hegung von Haustieren eine grundsätzlich neue Technik auf, welche sich erheblich über die Handhabung fremder menschlicher Arbeitskräfte im Sklavenverhältnis erhebt. Denn es ist hier bereits ein bestimmter Betrag von *Wissenschaft* oder *Technik* (was auf dieser Stufe dasselbe ist), erforderlich, um den neuen Plan erfolgreich auszuführen. Die Tiere sind so sehr vom Menschen unterschieden, dass es eines starken Objektivierungsschrittes bedurfte, um die Behandlung ihren Bedürfnissen soweit anzupassen, dass die Hegung erfolgreich wurde. Dass diese uralte Wissenschaft nicht nur die Anfänge der Tierphysiologie, sondern auch die der physischen Geographie und Klimatologie umfasste, klingt nur für den wunderlich, der sich unter Wissenschaft nur papierene Stubengelehrsamkeit vorstellt. Wem die Definition Comtes: *savoir pour prévoir*, geläufig ist, dem wird es nicht schwer fallen, an solchen einfachen Fällen zu erkennen, dass Wissenschaft und Wirtschaft sich gegenseitig bedingen, denn die letztere ist nicht ohne Voraussicht, und daher ohne Wissenschaft denkbar. Der von Ernst Mach nach ganz anderer Seite betonte *ökonomische* Charakter der Wissenschaft tritt hier an ihren Anfängen unter besonders wirksamer Beleuchtung ans Licht.

Eine noch weitergehende Voraussicht wird von der Beherrschung *pflanzlicher* Energie erfordert. Auch hier hat natürlich zunächst das reine Okkupationsverfahren geherrscht, und man braucht sich nur vorzustellen, dass eine über mindestens ein ganzes Jahr reichende Zukunftsperspektive errungen sein musste, bevor der Gedanke des Früchtebaues überhaupt erfasst werden konnte, um einzusehen, dass es sich hier bereits um eine verhältnismässig hohe Kulturstufe mit entsprechend entwickelter Wissenschaft gehandelt hat.

Die traditionelle Hochachtung vor dem mythischen Entdecker des *Feuers* endlich bezeugt, dass der enorme Schritt, welcher in der regelmässigen Nutzbarmachung *unorganischer* Energien lag, noch in historischen Zeiten als solcher empfunden wurde und den entsprechenden Ausdruck in den Sagen von der Art der Prometheusmythe erhielt. Indessen ist die Periode der ausgedehnten und systematischen Nutzbarmachung unorganischer Energien erst eben angebrochen und kaum über hundert Jahre zurückzurechnen. Sie begann mit der Einführung der Dampfmaschine zu Beginn des neunzehnten Jahrhunderts, geht eben durch eine neue Entwicklungsstufe in der Fassung und Verwertung der Wasserkräfte, die erst durch die Elektrotechnik wissenschaftlich ausführbar geworden ist, und wird künftig das Problem der unmittelbaren Verwertung der Sonnenenergie anzugreifen haben, das von den Pflanzen gegenwärtig nur sehr unvollkommen, mit weniger als einem Hundertstel Nutzeffekt gelöst wird.

Dies ist in grossen Zügen der allgemeinste Inhalt der

menschlichen Kulturgeschichte, die derart als Geschichte der Technik erscheint. Es soll hernach noch eingehend nachgewiesen werden, dass auch die anderen Seiten der Kultur, insbesondere die Organisation des Staates und des Rechtes auf die gleichen Probleme zurückführbar ist, doch sei zunächst noch eine Bemerkung über das eben Gesagte gemacht. · Sie bezieht sich auf die eigentümliche Umkehrung, welche diese Schematisierung der Geschichte bezüglich der Einfachheit der in Frage kommenden Gebiete zeigt, wie sie durch den Entwicklungsgrad der gegenwärtigen Wissenschaft veranschaulicht wird, welche naturgemäss den einfachsten Problemen gegenüber am weitesten gekommen sind. Hiernach wären die anorganischen Verhältnisse die einfachsten und ihre Beherrschung scheint daher den Anfang aller Kultur bilden zu müssen. Zunehmend verwickelter werden die Verhältnisse des Pflanzenlebens, des Tierlebens und endlich die des menschlichen Lebens unter Eingreifen des bewussten Seelenlebens. Hiernach wäre also die Reihenfolge der Entwicklung gerade umgekehrt zu konstruieren.

Nun scheint mir aber kein Zweifel zu sein, dass die oben gegebene Schematisierung die richtige ist. Allein die Tatsache, die uns allen vor Augen steht, dass die Fassung und Beherrschung der anorganischen Energien ausschliesslich der neuen und neuesten Zeit angehört, während die Sklaverei zunehmend eingeschränkt wird, beweist, dass die entgegengesetzte Reihenfolge jedenfalls nicht geschichtlich durchführbar ist. Aber auch ein etwas tieferes Nachdenken über die massgebenden Bedingungen · lässt uns die Notwendigkeit jenes anderen Ganges erkennen. Sie liegt darin, dass die Beherrschung der anderen Energien bis zu den anorganischen eine zunehmende Fähigkeit der *Abstraktion* beansprucht, welche erst das Produkt einer bereits hoch gestiegenen Kultur sein kann. Dass ein anderer Mensch arbeiten kann, ebenso wie ich selbst arbeite, ist ein Gedanke, der nicht schwer zu fassen ist. Aber schon dass ein Tier zum Arbeiten abgerichtet und angehalten werden kann, verfehlt nicht, das Erstaunen und die Begeisterung eines jeden Kindes zu erregen, erweist sich also als etwas Unerwartetes. Dass ein Stück Holz oder gar Steinkohle arbeiten kann, liegt so ferne, dass es einiger Jahrtausende geschichtlichen Werdens bedurft hat, bis überhaupt ein solcher Gedanke in eines Menschen Kopf entstehen konnte. Und das *Gesetz von der Erhaltung der Arbeit*, welches diese Mannigfaltigkeit zuerst übersehbar und damit beherrschbar gemacht hat, ist nur 66 Jahre alt. So müssen wir den Entwicklungsgang, der sich geschichtlich wie rationell ergibt, in der Tat auch als den psychologisch motivierten anerkennen und finden in diesen mehrseitigen Ueberlegungen, welche auf den gleichen Punkt konvergieren, eine wertvolle Bestätigung für die Angemessenheit des Schemas.

Natürlich beschreibt das Schema nur die grossen Linien. Nicht nur ist die Menschheit an den verschiedenen Orten des Erdballes kulturell ganz verschieden weit entwickelt, so dass gleichzeitig verschiedene Stufen dieser Reihe bestehen; auch noch ein anderer Umstand macht das Bild verwickelter, je später wir es betrachten. Mit der Aufnahme des *neuen* grundsätzlichen Verfahrens verschwinden keineswegs sofort alle Anwendungen des alten, sondern diese erhalten sich in solchen Formen fort, welche auch unter den neuen Bedingungen noch vorteilhaft bleiben. Während z. B. die Anwendung der tierischen Arbeit bei einfachen rotierenden Maschinen, in der Industrie vollkommen verschwunden ist und auch auf dem Lande mehr und mehr (z. B. zum Dreschen) durch die Dampfmaschine ersetzt worden ist, vollzieht sich der entsprechende Verdrängungsvorgang soeben vor unserm Augen in dem Ersatz der Tiere zur Wagenbeförderung durch den Explosionsmotor. Die bisherige Teilung der zugehörigen geistigen Arbeit zwischen Mensch und Tier, wonach ein Teil derselben (die Aufmerksamkeit auf etwaige Weghindernisse) gelegentlich ganz von dem letzteren übernommen wurde, ist bei Motorwagen nicht mehr möglich, und der Mensch muss die ganze Intelligenz hergeben. Während der schlafende Kutscher nichts seltenes ist, ist der schlafende Chauffeur undenkbar. Andererseits muss der Kutscher doch immerhin über ein ausreichendes Maas von Muskelkraft verfügen, wenn es sich um die Bändigung unentwickelter Pferde handelt, während der Aufwand mechanischer Arbeit beim Motorwagenführer verschwindend klein ist gegenüber der

geistigen Arbeit. Bis durch einige Generationen eine ausreichende Anpassung an diese neuen Erfordernisse entwickelt
ist, wird daher auch die Arbeit des letzteren die erschöpfen-
dere sein.

Es gehen somit in unserer Zeit die verschiedenen Arten der
Energiebemächtigung und -beherrschung nebeneinander her,
und ausser der Frage nach der wirtschaftlichen Zweckmässigkeit spielen noch Fragen der Gewohnheit und Anpassung eine
wesentliche Rolle. Während z. B. das Telephon für den viel-
beschäftigten Geschäftsmann eine sehr grosse Energieersparnis
bedeutet, verabscheut der Künstler oder Gelehrte, namentlich
in älteren Jahren, es mit Recht. Denn seine Arbeit gipfelt in
der *Konzentration* auf ein bestimmtes Gedankengebiet, in dessen Tiefe zu gelangen selbst für den Heimischen nicht leicht ist.
Jede Ursache, welche den einmal erreichten Zustand der Vertiefung stört und damit aufhebt, bewirkt die Notwendigkeit
eines erneuten Energieaufwandes zur neuen Vertiefung. Die
Störung bewirkt also eine sehr erhebliche Energieverschwendung, selbst wenn dem Gestörten durch sie etwa ein Geschäfts-
brief erspart wird, denn er kann diesen ohne besonderen Aufwand in den langen Zeiten der Entspannung von konzentrierter
Arbeit erledigen, ohne dass alsdann der grössere Zeitbedarf für
ihn eine wesentliche Bedeutung hat. Man sieht, dass es sich
auch in solchen Ausnahmefällen immer wieder um Energieökonomie handelt, nur dass hier nicht *rohe* Energie in Frage
kommt, sondern *qualifizierte*, deren Wert (bei gegebenem Bedürfnis) mit der Seltenheit steigt, die ihrem Vorkommen anhaftet. Daher rührt bei Arbeitern solcher Art die mit zunehmendem Alter (wo die günstige Energiebeschaffenheit immer
kürzer und seltener wird) zunehmende Abneigung gegen Störungen aller Art, die oft bizarre Formen annimmt, aber durchaus einer tief begründeten Notwendigkeit entspricht.

Damit sind allerdings zunächst nur die Kulturfortschritte
im engeren technischen Sinne erörtert, und man muss fragen,
ob auch ein Zusammenhang mit der sozialen und politischen
Organisation in Familien, Stämme und Völker, mit Staaten-
und Rechtsbildung besteht. Auf den ersten Blick scheint die

Energiefrage mit diesen Dingen gar nichts zu tun zu haben, und dies wäre auch richtig, wenn es sich nur um das Gesetz der *Energieerhaltung* handelte. Aber gerade die spezifisch kulturelle Seite des Energiebegriffs ergibt den gesuchten Zusammenhang alsbald wieder als einen grundsätzlichen. Wozu dienen Organisation, Recht, Staat und wie die gesellschaftlichen Bildungen der Menschheit sonst noch heissen mögen? Sie dienen nur zur *zweckmässigeren Verwertung der verfügbaren Energien.* Positiv, indem durch die gemeinsame Betätigung zahllose Dinge erst möglich werden, die der Einzelne niemals ausführen kann; negativ, indem sie zu einer möglichst weitgehenden Verminderung der bei solcher gemeinsamer Betätigung unvermeidlichen Schwierigkeiten, Widerstände, Reibungen usw. führen. Was besagt z. B. die *Rechtsorganisation* anderes, als dass eine Einrichtung geschaffen wird, welche jedem Einzelnen ermöglicht, einen möglichst grossen Teil der ihm gehörenden Energie dem gewünschten Zwecke zuzuführen, ohne durch die Notwendigkeit der unaufhörlichen Verteidigung gegen den begierigen Nachbar zu unverhältnismässigen Opfern davon genötigt zu sein? Und was ist der Staat anderes, als eine systematische Vereinigung der Energien seiner Angehörigen zur Erreichung gemeinsamer Zwecke? So gibt es in der Tat keine Seite der gesellschaftlich-wirtschaftlichen Organisation, welche nicht unter diesen Gesichtspunkt der rationellen Energieersparnis gebracht werden könnte. Die Erfindung des Geldes hat diesen Zweck ebenso, wie die der Eisenbahnen, und ebenso wie das Faustrecht seitens der staatlichen Organisation im Interesse Aller unterdrückt worden ist, so werden die Kriege in absehbarer Zeit durch eine internationale Organisation unterdrückt werden, nachdem man einmal begriffen hat, dass diese Form der Erledigung der Schwierigkeiten zwischen Völkern von allen möglichen die unzweckmässigste, weil energiezerstörende ist. Dies gilt nicht für den Kampf selbst, in welchem der kräftigste und arbeitsfähigste Teil der Nation vernichtet oder verkrüppelt wird, sondern ebenso für die Vorbereitung auf solche Möglichkeiten, welche es dazu bringt, dass die sogenannten Kulturnationen für Kriegsvorbereitungen unverhältnismässig viel mehr ausgeben, als für die eigentlichen Kulturaufgaben, insbesondere Unterricht und Pflege der schöpferischen Wissenschaft.

Vom energetischen Standpunkte aus ergeben sich also für diese Probleme sehr weitreichende Gesichtspunkte, welche unzweideutige Antworten auf schwierige und folgenreiche Fragen geben. Fragt man, was in weitester geschichtlicher Auffassung die Bildung von Kriegstruppen und Armeen zu bedeuten gehabt hat und noch bedeutet, so ist die Antwort, dass es sich um die Form handelte, in welcher *grössere Energiemengen beweglich und verfügbar gemacht werden konnten.* Ebenso wie *menschliche* Handarbeit die erste Form war, in welcher die Arbeit organisiert werden konnte, so ist menschliche Muskelkraft die erste Form gewesen, die Energie zu *mobilisieren.* Dass die Krieger so und soviel Arbeitseinheiten an jedem Orte leisten konnten, an den sie geführt wurden, war ihr Nutzen, und die Macht ihres Führers lag darin, dass er alle diese Energien auf einen ganz bestimmten Zweck zu lenken in der Lage war. Dieser organisierten Energie gegenüber, bei welcher zudem das Güteverhältnis der Arbeit durch zweckmässige Waffen und körperliche wie geistige Uebung der Krieger möglichst hoch gesteigert war, war die nichtorganisierte Energie von Hirten- oder Ackerbauvölkern unzulänglich, selbst wenn die algebraische Summe der letzteren die grössere war.

Es bedarf nur einer kurzen Andeutung, um erkennen zu lassen, wie diese Frage nach der Menge und dem Wert der *mobilen Energie* die Völkergeschicke durch den ganzen Lauf der bisherigen Geschichte kennzeichnet. Der Menschenkraft wurde bald die der *Tiere* zugesellt, und namentlich die alte Geschichte berichtet uns von mancherlei phantastischen Experimenten mit Elephanten, Löwen usw. im Kriege. Die ausgiebige Benutzung tierischer Energie sicherte den wohlberittenen Hunnen trotz ihres niedrigen Kulturzustandes eine gefährliche Ueberlegenheit während längerer Zeit, und die grösste geschichtliche Wandlung der Kriegsführung, die Einführung des *Schiesspulvers* hat gar keinen anderen Inhalt, als dass in diesem Material eine Form der Energie verfügbar wurde, die

an Konzentration und leichter Beweglichkeit alles weit über-
traf, was bis dahin erreichbar gewesen war. Heute wird die
Körperkraft des Soldaten hauptsächlich für Marschleistungen
in Anspruch genommen, und sein Erfolg im Kampfe beruht zunächst auf seinen Schiessleistungen, d. h. auf dem Güteverhältnis, nach welchem er die von ihm geleitete Energie des Schiesspulvers ihrem zerstörenden Zwecke zuzuführen weiss. Hierbei
ist aber ein entsprechend zweckmässiges Gewehr vorausgesetzt,
und der Krieg ist in unseren Tagen ganz und gar ein *Inge-
nieurproblem* geworden. Dies ist denn auch der Grund, weshalb er verschwinden wird und muss.

Gleichzeitig hat sich aber eine andere Form der Energiekonzentration und -mobilisierung herausgebildet, welche das
mobile Kapital heisst. Die Energiemengen, welche gegenwärtig
in dieser Form zusammengefasst sind, übertreffen weitaus die
in den Armeen konzentrierten, und Geld ist für die Kriegsführung notwendiger als Soldaten. Hier vollzieht sich nun eine
höchst interessante Wiederholung geschichtlicher Veränderungen in der Parallele zwischen Heer und Kapital.

Ebenso wie zu Beginn der staatlichen Organisationen die
kleineren Verbände die eigentlichen Träger der Energiezusam-
menfassung waren und das Leben eines jeden Staates davon
abhing, dass er diese kleineren Einheiten zu grösseren Ver-
bänden zusammenzufassen vermochte, ohne dass jene wieder
auseinanderstrebten (man denke nur an die Geschichte des
heiligen Römischen Reiches Deutscher Nation), ebenso stehen
wir augenblicklich an dem Punkte der kapitalistischen Organisation, wo Einzelne und kleinere Verbände diese zunächst
allein zu ihrem Vorteil durchzuführen sich bemühen. Während
kein heutiger Staat es leiden würde, dass ein Einzelner, der die
erforderlichen Mittel hat, sich auch nur eine Armee von einigen
Tausenden bewaffneter Männer organisierte und zu seiner persönlichen Verfügung hielte, duldet derselbe Staat, dass unvergleichlich viel grössere Machtmittel in Gestalt mobilen Kapitals
in die Hände unverantwortlicher Einzelner gelangen und diesen
eine Brandschatzung der ganzen Welt ermöglichen. Es braucht
in dieser Beziehung nur an die Monopolisierung des Petroleums

durch Rockefeller erinnert zu werden, zu dessen Bekämpfung der Präsident der Vereinigten Staaten offenbar nicht ausreichende Machtmittel besitzt.

Wir haben in dieser Beziehung augenblicklich ungefähr dieselbe Lage, wie sie im Ausgange des Mittelalters bestand, wo die Führer der mobilen Landsknechtsheere praktisch die Herrscher waren. Und auch die Entwicklung wird notwendig den entsprechenden Weg nehmen, indes der Staat im Interesse seiner eigenen Existenz genötigt sein wird, die Zusammenfassung des Kapitals selbst zu übernehmen und die ungeheuren Energien, über die er dann verfügen wird, in möglichst gerechter, d. h. nach dem sozialen Wert des Einzelnen sachgemäss abgestufter Weise im Interesse seiner Angehörigen zu verwenden. Hierzu ist allerdings erforderlich, dass mit anderen Pandoragaben, die wir in dem römischen Recht erhalten haben, auch die abergläubische Scheu vor staatlichen Eingriffen in das Privateigentum verschwindet.

Es ist gegen derartige Betrachtungen oft der Einwand erhoben worden, dass durch eine Verstaatlichung des werbenden Kapitals der Fortschritt der Industrie geschädigt werden würde, indem der Anreiz des persönlichen Erwerbes fortfiele. Hiergegen braucht man nur auf die sehr grossen Opfer an Arbeit und Hingabe zu verweisen, welche die besseren unter den unmittelbaren Staatsdienern aufwenden, um auf der Beamtenleiter emporzusteigen oder auch nur, um ihrem Pflichtbewusstsein zu genügen. Ausserdem würde in unserer Zeit der Weltwirtschaft, die sich immer enger und ausgedehnter gestaltet, die Existenz des Staates so sehr von seiner technischen Leistungsfähgkeit abhängen, dass damit gleichfalls eine Sicherheit gegen Stagnation gegeben wäre. Endlich aber muss ein ganz anderer Gesichtspunkt zur Geltung gebracht werden, auf welchen die Volkswirtschaft anscheinend noch nicht in dem Masse aufmerksam geworden ist, wie dies nötig wäre.

Wir sind geneigt, die Kulturhöhe eines Volkes oder einer Zeit nach der Anzahl Zentner Kohle, Eisen und anderer Bodenschätze zu beurteilen, die in einem Jahre zu Tage gefördert werden. Die hier durchgeführte Betrachtungsweise ergibt, dass dies kein richtiger Massstab ist, solange verschwenderisch mit diesen Produkten umgegangen wird. Aus den Kohlen werden jetzt, gut gerechnet, vielleicht 12 Prozent der chemischen Energie in den Dampfmaschinen in Arbeit übergeführt und 88 Prozent gehen verloren. Es liegt durchaus im Bereiche der technischen Möglichkeit, das Güteverhältnis bei dieser Energieumwandlung auf das Doppelte zu steigern. Dies würde alsbald ebensoviel bedeuten, als wäre die gesamte Förderung an Kohle im gleichen Augenblicke verdoppelt. Hieran sieht man, wie ausserordentlich viel ausgiebiger die Mittel der eigentlichen Kultur, der wissenschaftlichen Technik sind, als die blosse Vermehrung der in Dienst genommenen Rohenergie. So müssen wir es nicht als das Ideal unserer Entwicklung ansehen, von diesen jedenfalls begrenzten Schätzen soviel als möglich in kürzester Zeit zu vertun, wie dies ein gedankenloser Verschwender macht, sondern umgekehrt unseren Stolz darin suchen, mit möglichst geringem Aufwand roher Energie unsere Kulturbedürfnisse zu befriedigen, und nicht, wie das fast überall geschieht, über den Mitteln den Zweck des Lebens vergessen.

Hiermit sind wir denn auch schon bei der Beantwortung einer anderen Frage angelangt, die sich den meisten wohl von vornherein aufgedrängt hat. Man wird wohl bereit sein, nachdem man die Tragweite des Gedankens der physischen Energie erfasst hat, diesem eine zentrale Beschaffenheit für die Gestaltung und Erfassung der äusseren, wirtschaftlichen und sozialen Seite der menschlichen Kultur zuzugestehen, aber es wird zweifelhaft erscheinen, ob man ihn auch auf *Kunst* und *Wissenschaft*, diese höchsten Blüten der Kultur, anwenden kann. Die Antwort scheint mir nicht zweifelhaft. Auch ganz ohne auf die umstrittene Frage nach der psychischen Energie einzugehen, wird man nicht verkennen, dass diese Leistungen eben *geleistet* werden müssen. Um sie zu leisten, muss eine entsprechende körperliche Organisation vorhanden sein, deren Leistungsfähigkeit wieder von zahlreichen Umständen abhängt, unter denen eine glückliche Steigerung der Produktionsfähigkeit die wesentlichste ist. Diese aber tritt nur ein, wenn eine genügende Menge *freier Energie* dem geistigen Apparat zur Verfügung steht. Wir erfahren dies besonders deutlich vom alternden Goethe, der sich oft genug über die abnehmende Produktivität der höheren Jahre beklagt hat, wenn er sie mit dem Ueberschwang seiner Jugend verglich. Er war sich ganz klar darüber, dass sich hier *zwangsweise* überhaupt nichts erreichen liess. So legte er seine Arbeit in die Morgenstunden, wo die „Fratzen des Tages" die in nächtlicher Ruhe gesammelte Energie noch nicht hatten zerstreuen können, und begnügte sich mit dem, wozu sie reichte, wenn man das Geleistete auch oft „mit der Fläche einer Hand bedecken konnte". Dass man das, was für das Alter so leicht nachzuweisen ist, als *allgemein* betrachten muss, wird bei der genaueren Analyse der Aufgabe wohl zugestanden werden. Johannes Müller, der Physiologe, musste die Insekten, an denen er die Bewegungsgesetze ihrer Glieder studieren wollte, im Zustande äusserster Mattigkeit untersuchen, damit die Bewegungen langsam genug vor sich gingen, dass ihre Koordination erkennbar wurde. Ebenso sind an dem spärlichen Energiestrom des Alters die Gesetze, welche ihn begrenzen, viel besser zu erkennen, als wenn er in der Jugend über alle Ufer tritt.

Wie alles Geschehen, reduziert sich also auch die höchste Leistung des Genius auf eine Energietransformation. Nur ist es eine Energie von grösster Seltenheit und entsprechendem Werte, in die er die niederen Formen transformiert. Der Wert aber liegt wiederum darin, dass das Produkt auf andere Menschen so einwirkt, dass diese ihrerseits ihren eigenen Energieumsatz verbessern. Das *Kunstwerk* macht uns höher, freier, glücklicher; dadurch werden auch die Leistungen unseres Tages höher, freier, sozial wertvoller. Die Chemie hat für derartige Erscheinungen den Begriff der *Katalyse* : ein Vorgang, der sonst nur träge, ja unmerklich vor sich gehen will, erlangt durch die Anwesenheit eines anderen Stoffes, der schliesslich unverändert und unverbraucht aus der Reaktion hervorgeht, eine unvergleichlich viel höhere Geschwindigkeit. So wirken die Kunstwerke auf das empfängliche Gemüt : sie steigern nicht die vorhandenen Energien ihrem absoluten Betrage nach, denn die Energie lässt sich nicht erschaffen. Wohl aber steigern sie den Umsatz der vorhandenen Energien, und statt dass diese sich unlustig zerstreuen, ohne dass etwas rechtes geschieht, wirken sie in fröhlicher Harmonie zusammen zu einem wertvollen Ziel. Oder es lagen vor diesem Ziel Hindernisse, an deren Ueberwindung man fast verzweifeln wollte: da steigert der erfrischende Atem der Kunst uns Mut und Willenskraft, und die Hindernisse werden mit leichtem Anlauf genommen. In dieser katalytischen Wirkung der Kunst sehe ich ihren sozialen Wert und ihre Bedeutung: sie ist sowohl ein Zweck, wie ein ungeheuer wertvolles Hilfsmittel.

Bei der *Wissenschaft* ist der sozialökonomische Wert noch viel deutlicher offenbar. *Eine Wissenschaft um ihrer selbst willen* gibt es nicht, wie ich immer wieder betonen muss — eine solche wäre ein blosses Spiel — sondern die Wissenschaft ist um menschlicher Zwecke willen da. Man ist schnell bei der Hand mit Schlagwörtern wie Idealismus und Utilitarismus, um einen derartigen Ausspruch, wenn auch nicht zu widerlegen, so doch in den Augen der Urteilslosen herabzusetzen. Hierbei macht man sich aber einer so offenkundigen Verwechslung zwischen egoistischen und sozialen Zielen schuldig, dass es eigentlich genügen sollte, ein für allemal auf den Unterschied hingewiesen zu haben, um derlei gedankenlose oder auf Gedankenlosigkeit Anderer berechnete Reden zum Schweigen zu bringen. Wer die Wissenschaft zu eng persönlichen Zwecken betreibt, dem ist sie die Kuh, von der Schiller spricht, ganz unabhängig davon, welches ihr Gegenstand ist. Ja, es liegt in der Natur der Sache, dass ein Wissensgebiet, welches an sich keinen grossen inneren, d. h. sozialen Wert besitzt, am ehesten einer derartigen Behandlung verfallen wird, da zu ihrem Betreiben eben äussere Gründe erforderlich sind, die in fünfundneunzig unter hundert Fällen den Broterwerb zur Unterlage haben. An der Harward-Universität wurde vor einigen Jahren, nachdem eine vollständige Wahlfreiheit der Studienfächer und Vorlesungen eingeführt worden war, eine Statistik darüber bewirkt, welche Fächer im Hinblick auf künftigen Erwerb, und welche wegen „general culture" belegt worden waren. Es ergab sich, dass philologische Fächer ausschliesslich unter der ersten Rubrik erschienen.

Wann aber wird ein gesund denkender und fühlender Mensch eine Wissenschaft mit Begeisterung betreiben? Wenn er ihren *sozialen* Wert begreift und fühlt. Wenn er sieht, wie sie ihm ermöglicht, der Menschheit ihre Lasten zu erleichtern, ihre Freuden zu erhöhen oder zu vertiefen, mit einem Worte: die Verwertung ihrer freien Energie zu verbessern. Dies kann auf tausend verschiedenen Wegen geschehen, denn es gibt keinen Punkt der menschlichen Betätigung, der nicht einer Verbesserung in solchem Sinne zugänglich wäre. Nehmen wir die abstrakteste aller menschlichen Wissenschaften, die Logik. Es sieht so akademisch aus, auf diesem Boden zu arbeiten, dass man denken könnte, wenn je eine Wissenschaft um ihrer selbst willen getrieben würde, so müsste es die Logik sein. Aber man braucht nur einen Augenblick weiter zu denken, dass durch die Entwicklung der Logik die Menge der menschlichen Irrtümer verringert werden kann, um alsbald von der praktischen Bedeutung dieser Wissenschaft überwältigt zu sein. Es bleibt vielmehr nur das Gefühl übrig, dass man sich schüchtern fragt, ob denn wirklich eine so ungeheure Ersparnis an vorhandenem Missbehagen und vergeblicher Arbeit durch menschliche Kräfte bewirkt werden kann. Der geborene Forscher glaubt: ja, und das gibt ihm die Begeisterung und Ausdauer, die zu schöpferischen Leistungen und wahren Förderungen der Wissenschaft unentbehrlich sind. Wem aber diese menschheitliche Perspektive bei der Arbeit fehlt, d. h. wer den *praktischen* Gesichtspunkt nicht findet, der wird als Kärrner suchen, dass er eben ein Plätzchen findet, wo er „ankommen" kann.

Idealismus ist nicht Zwecklosigkeit, wie die Betreiber zweckloser Dinge uns glauben machen möchten, sondern im Gegenteil: intensivstes Zweckbewusstsein; nur muss der Zweck hoch genug gewählt werden, damit er diesen Namen verdient. Und alle diese hohen Zwecke lassen sich wieder unter den einen Gesichtspunkt vereinigen: Entlastung der Menschheit von ihren Leiden und Erhöhung ihrer Freuden. Aber Entlastung bedeutet Verminderung des Energieaufwandes für den gegebenen

Zweck, also Verbesserung des Nutzeffekts, und Erhöhung der Freude bedeutet vermehrte Betätigung der edleren Energien, zufolge Freiwerdens eines grösseren Betrages der Gesamtenergie für solche Zwecke, bedeutet also schliesslich dasselbe. So kommen wir immer wieder unwiderstehlich auf den gleichen Gesichtspunkt zurück, der am Anfang unserer Betrachtungen als zentral gekennzeichnet wurde, und müssen uns überzeugen, dass wir in ihm tatsächlich einen Massstab gefunden haben, an welchem wir jede einzelne menschliche Betätigung prüfen können.

Es war nötig, die Allgemeinheit und unmittelbare Anwendbarkeit dieses Massstabes zunächst an allgemeinen Verhältnissen zu erproben, damit wir das Vertrauen gewinnen, uns seiner zu bedienen, um in vielumstrittenen und scheinbar äusserst verwickelten Fragen alsbald das Für und Wider abmessen zu können. Ich hoffe, dass der Nachweis gelungen ist: Auch das Gesetz von der Erhaltung der Energie ist zunächst mit Zweifel, Misstrauen, ja Widerspruch aufgenommen worden, und gegenwärtig wissen wir, dass es keine physische Erscheinung gibt, die nicht auf Grund dieses Gesetzes in eine bestimmte Gleichung gebracht werden könnte. So hoffe ich, gezeigt zu haben, dass der aus dem gleichen Begriffskreise entnommene Gedanke, *dass die Kultur durch das Güteverhältnis bei der Umwandlung der Rohenergien in menschlich wertvolle Formen gemessen wird*, sich als allgemeine Formel bewährt, welche in einem jeden Einzelfalle eine scharfe Fragestellung und einen bestimmten Weg zur Antwort eröffnet.

Ich habe in den vorangegangenen Betrachtungen schon gelegentlich flüchtig auf ein besonderes Problem hingedeutet, das sich in allen Kulturländern gerade in der letzten Zeit unwiderstehlich in den Vordergrund gedrängt hat. Es ist dies das Problem der *Erziehung*. Dass sich dieses Problem unmittelbar an die vorangegangenen allgemeinen Betrachtungen anreiht, geht daraus hervor, dass wir als Zweck der Erziehung die *Uebertragung unserer Kultur an die nachwachsenden Geschlechter* bezeichnen können. Diese Bestimmung umfasst alle die einzelnen Aufgaben, die wir in diesem grossen Gebiete an-

treffen, wenn wir eben unter Kultur die Gesamtheit der spezifisch menschlichen Werte verstehen.

Der gewonnene allgemeine Gesichtspunkt lässt sofort
erkennen, dass es sich um eine zweifache Aufgabe handelt.
Erstens sollen die *höchsten* Kunstwerte übermittelt werden,
d. h. die, durch welche die „Vermenschlichung" der rohen Ener-
ngien am volkommensten geleistet wird: das ist der *materiale*
Inhalt der Erziehung. Andererseits aber soll die Gestaltung
des jungen Menschen für diesen Zweck so *erfolgreich* wie möglich, d. h. unter möglichst weitgehender Vermeidung von *Energievergeudung* geschehen: hier haben wir das allgemeine Krite-
terium der *pädagogischen Methoden.* Wir wollen mit der zweiten Frage beginnen.

Wann leistet ein Mensch das meiste und beste? Jeder von
uns weiss, dass dies geschieht, wenn er gern und mit Freuden
bei seiner Arbeit ist. Wir schliessen hieraus für die Schule:
das Lernen muss in ihr so gestaltet werden, dass es seitens der
Schüler gern und mit Freuden geschieht. Dies ist nicht etwa
nur ein allgemein humanitärer Gesichtspunkt, sondern auch
durchaus ein energetischer: gern getane Arbeit hat bei weitem
den höchsten Nutzeffekt bei der Transformation. Sie sehen
wieder einmal, wie unter den Gesichtspunkten der Energetik die
scheinbar fernliegendsten Ideen zusammentreffen.

Wie sieht nun tatsächlich unsere Schule gegenüber diesem
Kriterium aus? Ich weiss nicht, wie es in Ihrem Lande ist;
in Deutschland kann man nur sagen: Leider sehr schlecht!
Dass die Freude der Kinder während des Unterrichts der Massstab für die Tüchtigkeit des Lehrers ist, wird vielleicht im
Kindergarten bereits begriffen, wo der mütterliche Instinkt der
Lehrerin unwillkürlich das Richtige findet. Aber in der Volksschule beginnt bereits das böse Gegenteil, die Schultyrannei,
und in der Mittelschule wird sie zu einer himmelschreienden
Bedrückung. Ich weiss, dass ich starke Worte brauche, aber
starke Worte müssen hier gebraucht werden, denn es handelt
sich nicht um uns selbst, sondern um die *Zukunft*, die Zukunft des Landes, der Nation, der Menschheit.

Ich habe seit einer Reihe von Jahren ein besonderes Stu-

dium aus den Lebensschicksalen der grossen geistigen Führer
der Menschheit gemacht, und hierbei insbesondere die des
neunzehnten Jahrhunderts bearbeitet, bei denen das erforderliche Material am reichlichsten und sichersten zu beschaffen
war. Sollte man es glauben, dass sie alle bis auf verschwindende
Ausnahmen ausgezeichnet schlechte Schüler in der Mittelschule
waren? Liebig ist vom Gymnasium entfernt worden, weil er absolut kein Latein lernen wollte oder konnte. Julius Robert Mayer
ist wiederholt der vorletzte in seiner Klasse gewesen. Davy weiss
von seinem Lateinlehrer nichts Besseres zu berichten, als dass
er ihn reichlich hat müssiggehen lassen. Kein einziger von
diesen Männern hat eine Aeusserung hinterlassen, in welcher
er der Mittelschule, die er durchgemacht hat, irgend etwas
Gutes nachgesagt hätte. Wir kommen also zu dem erstaunlichen Schlusse, dass die künftigen geistigen Führer der
Menschheit alle die geistige Kost mehr oder weniger bestimmt
zurückgewiesen haben, die ihnen auf der Mittelschule geboten
wurde.

Und fragt man, was ihren Widerstand hervorgerufen hat,
so ist es immer wieder der *Sprachunterricht,* insbesondere der
Unterricht in den *alten Sprachen.* Seit Menschengedenken wird
von interessierter Seite, nämlich von den Philologen, der uner-
setzliche Wert sprachlicher Studien, insbesondere der altsprach-
lichen behauptet. Diese Behauptung ist niemals bewiesen worden, und prüft man sie an der Hand der Erfahrung, so ergibt
diese genau das Gegenteil.

Hier haben wir also eine unmittelbare Erfahrung; suchen
wir sie an der Hand unseres allgemeinen Prinzips zu verstehen.
Bewirkt die Kenntnis der alten Sprachen, insbesondere ihrer
Grammatik irgend eine Vermenschlichung irgend einer rohen
Energie? Ich kann nichts derartiges erkennen, und auch die
Pädagogen, die für den Wert des sprachlichen Unterrichts ein-
treten, verzichten auf eine solche Behauptung und suchen den
Wert in der *formalen* Seite der Bildung. Wir werden schon
hieraus schliessen müssen, dass wenn ein gleicher formaler
Wert durch irgend einen anderen Wissensgegenstand erzielt
werden kann, der jenem energetischem Kriterium entspricht,

er an die Stelle des Lateinunterrichts zu treten hat. Ich brauche wohl kaum meine Ueberzeugung auszusprechen, dass einerseits in den *Naturwissenschaften,* andererseits in der *nationalen Literatur* des betreffenden Volkes, diejenigen Unterrichtsgegenstände zu finden sind, welche der energetischen Forderung genügen. Und wie verhält sich der Schüler hierzu? Jeder Lehrer weiss, dass er mit nichts so leicht eine aufmerksame Klasse, strahlende Augen und glückselige Teilnahme erreichen kann, als wenn er seine Schüler ohne Zwang und Druck die eben genannten Schätze geniessen lässt.

Aber der formale Wert! werden Sie sagen. Ich behaupte, dass der formale Wert der Sprachen unbegreiflich überschätzt wird. Alle natürlichen Sprachen sind Sammlungen von Ideen, die grösstenteils längst von der Menschheit aufgegeben worden sind. Wir sagen bis heute *Sonnenaufgang,* während wir alle überzeugt sind, dass nicht die Sonne über dem Horizont aufgeht, sondern dass sich der Erdball der Sonne entgegendreht. Gerade die ersten, kindlichsten und irrtümlichsten Vorstellungen über die Beschaffenheit der Dinge sind in der Sprache niedergelegt, und bei aller philosophischen Arbeit erschwert nichts so sehr die Gewinnung brauchbarer Resultate, als der Umstand, dass man auf das elende Werkzeug der Sprache angewiesen ist, das einem unter der Hand zerbröckelt. Darum sind bis auf den heutigen Tag die Philosophen noch nicht zur Einigkeit über die Grundsätze ihrer Wissenschaft gelangt, während alle anderen Wissenschaften, von der Mathematik bis zur Physiologie, über einen mehr oder weniger erheblichen Bestand allgemein anerkannter Prinzipien verfügen.

Es besteht für den, der beides kennt, nicht der geringste Zweifel darüber, dass z. B. aus der Chemie unvergleichlich viel mehr wirkliche Logik zu lernen ist, als aus allen Sprachen zusammengenommen, denn während eine jede sprachliche Regel durch zahllose Ausnahmen willkürlich durchbrochen wird, haben die Naturgesetze allgemeine Gültigkeit. Unter Logik aber verstehen wir nichts anderes, als die regelrechte Anwendung bestimmter Gesetze. Lernt der Schüler im Sprachunterricht, dass es keine Regel ohne Ausnahme gibt, so wird er es auch für denkbar halten, dass einmal das Wasser von selbst bergaufwärts laufen, oder dass eine Aussage und ihr Gegenteil gleichzeitig richtig sein können. Durch die sprachliche Uebung wird also nicht etwa die *Logik entwickelt,* sondern sie wird *verdorben.* Weshalb ist im Deutschen die Sonne weiblich und der Mond männlich, während in den meisten anderen Sprachen das Umgekehrte gilt? Es mag völkerpsychologische Ursachen haben, mit denen aber das Kind, das diesen Unterschied lernen muss, nichts anfangen kann; eine logische Ursache hat es nicht, sondern es ist die verkörperte Willkür.

Ich will diese Klage- und Anklagerufe nicht fortsetzen, denn ich brauche das pädagogische Gewissen unserer Zeit nicht erst zu wecken: es ist im Erwachen begriffen. Ueberall, wo ich hingekommen bin, in Amerika nicht minder als in Russland, in Frankreich nicht weniger als in England, und wie ich höre auch in Ihrem Lande ist man zu dem Bewusstsein gekommen, dass hier Reformen allergründlichster Art notwendig sind. Die Frage ist nur, welches der richtige Weg ist. Sollte es mir gelungen sein, durch die vorangegangenen Betrachtungen einen Beitrag zur Beantwortung dieser fundamentalen Frage geliefert zu haben, so werden Sie begreifen, warum die Weltanschauung der Energetik auch notwendig eine Weltanschauung des Optimismus ist.

Die Grenzen der Welt.

(1908)

Unsere Welt hat zwei Grenzen, eine untere und eine obere. Einerseits ist sie räumlich dadurch begrenzt, dass wir von den äussersten und fernsten Gliedern unserer Sternenwelt über ein gewisses Gebiet hinaus keine Kunde mehr erlangen, andererseits dadurch, dass es Gebilde geben kann und muss, die so klein sind, dass unsere Mittel der Wahrnehmung ihnen gegenüber versagen. Innerhalb dieser beiden Enden bewegt und bestätigt sich das, was wir unsere Welt nennen.

Der erste und wichtigste Schluss, den wir aus dieser einfachen Betrachtung ziehen, ist der, dass die Grenzen unserer Welt *beweglich* sind. Sie weichen nach beiden Seiten immer mehr zurück, so dass unsere Welt beständig wächst. Zuweilen in ungeheuren Sprüngen, wie etwa bei der Erfindung des Fernrohrs und des Mikroskops, welche fast gleichzeitig vor etwa dreihundert Jahren unsere Welt nach beiden Seiten um ungeahnte Gebiete erweiterten. Dann wieder langsam und stetig durch die allmähliche Verbesserung solcher und ähnlicher Erfindungen.

Woran liegt es nun, dass diese beständige Ausdehnung unserer Welt stattfindet? Offenbar daran, dass wir mehr und mehr von Dingen erfahren, die uns vorher nicht zugänglich waren. Wodurch aber werden uns die Dinge zugänglich? Dadurch, dass sie unsere Sinnesorgane beeinflussen. Auch die scheinbar rein geistigen Wege, unsere Kenntnis zu erweitern, beispielsweise durch Hören oder Lesen, beruhen auf der Betätigung des Ohrs und des Auges, sind also ganz und gar von der Tätigkeit der Sinnesorgane abhängig. Wir müssen daher

sagen, dass unsere Sinnesorgane gegenwärtig auf viel fernere
und kleinere Dinge reagieren, als sie es früher taten.

Sind denn unsere Sinne feiner geworden? Man wird im
allgemeinen geneigt sein, diese Frage energisch zu verneinen,
indem man auf die ausserordentlichen Leistungen der „Wilden"
hinweist, deren Wunder uns aus den Indianergeschichten unserer
Kinderjahre geläufig sind. Wir können diese Dinge auf sich
beruhen lassen, denn die Form einer Hefenzelle oder die Schichtungen eines Stärkekorns, welche uns bereits ein Schülermikro-
skop mit aller wünschenswerten Deutlichkeit zeigt, waren dem
„Falkenauge" oder wie sonst die edle Rothaut hiess, für die
wir uns seinerzeit begeistert hatten, durchaus unzugänglich.
Und für das Schauen in die Ferne leistet gleichfalls ein Opern-
glas vor einem mittelmässigen Europäerauge sehr viel mehr,
als ein Indianergesicht.

Lässt sich über den Weg, auf welchem wir zu solcher Erweiterung kommen, noch irgend etwas Allgemeines angeben?
Die Antwort lautet bejahend. Im allgemeinen beruht die Erweiterung unserer Welt darauf, dass wir durch irgend welche technischen Hilfsmittel *mehr Energie* aus dem betrachteten Objekt
in unseren Sinnesapparat leiten, als bei der unmittelbaren Anwendung des Sinnesapparates hineingelangen würde. Dies sieht
sehr abstrakt aus, ist aber, wie alle allgemeinen Energiefragen,
tatsächlich sehr einfach.

Alle unsere Sinnesapparate haben nämlich eine untere und
eine obere *Schwelle* der Empfindung. Das heisst, sie erkennen
und vertragen nur eine Energiemenge, die innerhalb gewisser,
meist sehr weiter Grenzen liegt. Eine geringere Energiemenge
zeigen sie nicht mehr an, eine grössere wirkt auf sie zerstörend. Diese zweite Grenze hat uns natürlich hier nicht zu
beschäftigen, da die äussersten Grenzen der wahrnehmbaren
Welt nur durch die *Kleinheit* der entsprechenden Energien bestimmt werden, nicht durch ihre Grösse. Denn die fernsten
Weltkörper, welche etwa noch über die uns bekannten äussersten Weltkörper hinausliegen, bleiben uns nur deshalb unbekannt, weil der Energiebetrag, den sie zu uns in Gestalt von
strahlender Energie senden, zu gering ist, um auch nach der

Sammlung durch die grössten Linsen oder Spiegel über die „Schwelle" unserer Gesichtsempfindung hinauszugelangen.

Diese Schwelle kann man denn auch am sachgemässesten durch die kleinste Energiemenge kennzeichnen, welche eben noch eine wahrnehmbare Empfindung hervorruft. Es besteht kein Zweifel, dass auch noch kleinere Energiemengen in unser Auge oder Ohr dringen und auch dort Veränderungen der gleichen Art hervorrufen, wie sie den wahrgenommenen Empfindungen primär zugrunde liegen. Aber wir nehmen keineswegs diese Energien selbst wahr, sondern nur gewisse Produkte ihrer, wahrscheinlich mehrfachen Transformation, insbesondere vom Empfangsapparat zum Nerv und von diesem im Zentralorgan. Wenn an irgend einer dieser Transformationsstellen die wirkende Energiemenge zu klein ist, um die Reaktion hervorzurufen, so liegt der zugehörige Eindruck unterhalb der Schwelle.

Diese Schwelle ist individuell verschieden; sie kann angeborenerweise mehr oder weniger günstig beschaffen sein; auch kann man sie durch Uebung erheblich nach rückwärts verlegen. Die oben erwähnte Sinnesschärfe mancher unkultivierter Individuen lässt sich sachgemäss als eine niedrige Schwelle bezeichnen, wobei allerdings noch mancherlei andere Fragen in Betracht kommen.

Wie wirkt denn nun beispielsweise der künstliche optische Apparat? Dass er die Schwelle an sich verändert, können wir von vornherein ausschliessen, denn diese hängt nur von der Beschaffenheit des Beobachters ab, nicht von der seines zufälligen optischen Hilfsmittels. Die Wirkung beruht vielmehr ganz und gar darauf, dass das Hilfsmittel mehr Energie aus dem Objekt sammelt, um sie dem Sinnesapparat zu übermitteln. Am einfachsten ist dies beim astronomischen Fernrohr erkennbar. Die Tiefe, bis zu der man mit einem solchen in den Weltraum eindringen kann, ist unmittelbar von der Oberfläche der Linse beziehungsweise des Spiegels abhängig. Ueberlegt man, dass die Pupille des Auges nur einige Millimeter weit ist, während die grossen astronomischen Linsen bis zu einem Meter und darüber Durchmesser haben, so hat man unmittelbar die welten-

durchdringende Kraft der beiden Apparate vor Augen. Natürlich kann durch guten oder schlechten Schliff die Güte des Bildes
in weiten Grenzen verschieden ausfallen; aber beim allerbesten
Schliff kann man jene durch den Energiebetrag gezogene
Grenze nicht überschreiten; es handelt sich also um eine
äusserste notwendige, nicht um eine zufällige Grenze.

Ganz ähnlich ist es mit dem Ohr. Es kann beispielsweise
die menschliche Stimme nur auf einige hundert Meter vernehmen, weil sie wie das Licht sich allseitig zerstreut und daher
die von der Ohrmuschel aufgenommene Energie mit zunehmender Entfernung sehr schnell abnimmt. Durch Anbringung
eines sammelnden Hörrohrs oder durch Verhinderung der Zerstreuung des Schalles mittels einer Röhre kann man viel weitere
Entfernungen überbrücken, aber immer nur in der Weise, dass
man trotz der grösseren Entfernung dafür sorgt, dass nicht
weniger Energie in das Ohr gelangt, als die Schwelle erfordert.

Während Auge, Ohr und Getast ziemlich gleich grosse oder
vielmehr kleine Energiemengen zur Ueberschreitung der
Schwelle gebrauchen, scheint diese bei den „chemischen" Sin-
nen, dem Geschmack und Geruch, viel kleiner zu sein. Doch ist
es zur Zeit nicht leicht, hier zu einer einigermassen zutref-
fenden Schätzung zu gelangen, weil man nicht weiss, welche
chemischen Vorgänge in den Empfangsapparaten dieser Sinne
staatfinden und daher auch die entsprechenden chemischen Energien nur roh schätzen kann. Indessen ist das bekannte Schulbeispiel mit dem Geruch des Moschus, der einen grossen Raum
erfüllt, ohne dass man einen Gewichtsverlust nachweisen kann,
allerdings ein Hinweis auf die Geringfügigkeit dieser Beträge.

Nun gibt es aber ausser der Energiesammlung durch einen
passenden Apparat, die uns eine ausserdem unzugängliche Welt
erschliesst, noch ein anderes grundsätzliches Hilfsmittel, dessen Tragweite noch ausserordentlich viel grösser ist. Dieses
Mittel heisst *Auslösung*.

Auch hier gewährt die Energiebetrachtung den allgemeinsten Ueberblick. Wir können vielfach solche Anordnungen einrichten, in denen irgend eine freie Energie bereit ist, sich zu
betätigen, und nur durch irgend einen Umstand, ein Hinder-

nis hieran gehindert wird. So ist beispielsweise das Schiesspulver bereit, zu explodieren, und tut dies auch jedesmal,
wenn ein sehr kleiner (aber keineswegs unbegrenzt kleiner)
Teil davon auf 300 bis 400⁰ erhitzt wird. Das Schiesspulver
hat also auch seine „Schwelle" und so hat ein jedes derartige
explosive (im weitesten Sinne) Gebilde eine solche. Können
wir daher unsere primäre Energie, die wir noch wahrnehmen
wollen, so einrichten, dass sie ein solches explosives Gebilde
betätigt (wozu ihr Betrag dessen Schwellenwert übersteigen
muss), so wird uns dieses zu einer Wahrnehmung des fraglichen Objektes befähigen.

Um diese Betrachtung alsbald anschaulich zu machen,
wenden wir uns wieder der Sternenwelt zu. Wenn man einen
photographischen Apparat auf irgend einen Ort des Himmels
gerichtet hält, und die Wirkung der einfallenden Strahlen durch
Stunden und Tage andauern lässt, so sammelt man an den verschiedenen Stellen der empfindlichen Platte die äusserst geringen
Beträge der strahlenden Energie so weit an, dass endlich auch
diese beeinflusst wird. Aber auf dieser Platte sieht man nichts,
man muss sie erst „entwickeln". Die Entwicklung besteht
nun darin, dass man das Bromsilber der Platte durch die Stoffe
des Entwicklers in einen explosiven Zustand versetzt; die Zer-
sprengung des Bromsilbers zu Brom und Silber geht dort am
schnellsten vor sich, wo vorher die Strahlung des Lichtes am
stärksten eingewirkt hat. Das Bild wird also unmittelbar nur
durch die chemische Energie des photographischen Prozesses zustande gebracht; dieser aber wird seinerseits örtlich durch
das einwirkende Licht *ausgelöst* und dadurch verrät sich das
letztere.

Selbst die *Schwelle*, welche den explosiven Vorgängen
noch anhaftet, kann bei weiterer Verfeinerung des Verfahrens
vermieden werden. Das Mittel dazu ist, statt des explosiven
Gebildes eines anzuwenden, das im *stationären Gleichgewichte*
steht, d. h. bei welchem ein Energie*strom* durch bestimmte Bedingungen geregelt ist. Der kleinste Einfluss auf diese Umstände oder Bedingungen bringt dann eine entsprechende
Aenderung des Energieflusses hervor, und da man diesen

grundsätzlich so stark machen kann, wie man will, so kann man grundsätzlich die kleinsten primären Aenderungen mit den grössten sekundären verbinden und eine beliebige Multiplikation der Wirkung eintreten lassen. Das Bolometer ist ein solches Instrument, ebenso jeder chemische Katalysator, doch würde es zu weit führen, wenn ich diese dem Unkundigen hier zu beschreiben versuchen wollte. Allerdings wird auch hier eine Grenze der Empfindlichkeit dadurch bedingt, dass das ganze Gebilde gleichzeitig auch gegen fremde Störungen entsprechend empfindlicher wird und daher nur solche Angaben machen kann und wird, die oberhalb der „Schwelle" dieser Störungen liegen. Aber im Gegensatze zu anderen Schwellen gestatten diese eine unbegrenzte Einschränkung, so dass hiernach auch die uns künftig erreichbare Welt grundsätzlich ebenso unbegrenzt erscheint.

Das gilt allerdings auch nur für unser begrenztes Wissen.

Moderne Mystik.

(1907)

Wenn wir in der russischen Lehrstunde, was sehr oft vor-
kam, irgendeinen eklatanten Unsinn gesagt hatten, so pflegte
unser Lehrer darauf zu reagieren mit den in unnachahmlichem
Tonfall gesprochenen Worten: „Eto mistizism", zu deutsch:
dies ist Mystik. Dies war meine erste bewusste Bekanntschaft
mit dem Worte, und daher mag es zu meiner Entschuldigung
dienen, dass noch heute Gedankenverbindungen aus jener Zeit
bei mir wach werden, wenn das Wort oder die Sache mir
entgegentritt. Und sie tun dies, öfter und öfter. Nicht ganz
zu meiner Freude, auch abgesehen von jenen russischen Erinnerungen, wo mir auch zuerst die schrecklichen Folgen des
babylonischen Leichtsinns unserer Urureltern gegenständlich
wurden. Denn es ist für mich ein Gegenstand lebhafter Aufmerksamkeit, wieweit dieser psychologische Rückschlag auf
die nunmehr verflossene Zeit des wissenschaftlichen Materialismus gehen wird. Er enthält eine gesunde Wendung, nämlich
das sehr schnell zunehmende Interesse am synthetischen oder
philosophischen Denken, das nach langer Geistesbrache wieder
erwacht ist. Daneben ist aber auch ein krankhaftes Element
vorhanden, eben das mystische.

Dass der Rückschlag eintreten musste, war ebenso sicher
zu erwarten, wie der Winter auf den Sommer folgt, denn die
schwingende Bewegung der geschichtlichen Geschehnisse ist
eine ganz allgemeine Erscheinung, eine der vielen naturgesetz-
lich beschaffenen Tatsachen der geschichtlichen Entwicklung.
Gleichzeitig bietet dies allgemeine geschichtliche Schwingungs-
gesetz ein schönes Beispiel für den Gegenstand selbst dar. Meist
wird es nämlich als etwas höchst Merkwürdiges angesehen, und

derjenige, der wieder einmal diese uralte Beobachtung hervorhebt, tut es nicht ohne einen Beigeschmack von mystischem Schauer, eben wegen der geheimnisvollen Beschaffenheit dieser Regel. Dem Naturforscher sind solche Schauer nicht heilig, denn er fragt sich: woher kann das rühren? Die Tatsache, dass solche Schwingungserscheinungen mit grosser Regelmässigkeit in allen möglichen geschichtlichen Entwicklungen auftreten, wobei je nach der Beschaffenheit dieser Dinge die Perioden von wenigen Jahren zu Jahrhunderten, ja Jahrtausenden verschieden ausfallen, sichert ihm den Schluss, dass es sich um eine sehr allgemeine Eigenschaft handeln muss. Und eine Untersuchung irgendeines einfachen Falles lässt alsbald erkennen, welches diese Eigenschaft ist. Es ist die Selbstregulierung.

Hierunter versteht man zum Beispiel bei Maschinen eine Vorrichtung, die die Geschwindigkeit konstant erhält. Wenn letztere durch irgendwelche Ursache zu gross wird, so wird dadurch irgendein Apparat in Tätigkeit versetzt, der verlangsamend wirkt, und umgekehrt. Nun kann der Regulator aber erst in Wirkung treten, nachdem die Geschwindigkeit zu gross, eventuell zu klein geworden ist. Die Folge ist, dass die Geschwindigkeit der Maschine in regelmässigen Schwingungen um die zu grosse und die zu kleine Geschwindigkeit oszillieren muss; denn wenn sie langsamer gemacht worden ist, so wird die verlangsamende Vorrichtung erst wieder ausgeschaltet, nachdem die Geschwindigkeit zu klein geworden ist. Und so immer wieder abwechselnd.

Damit aber irgendein Zustand ein Dauerzustand werden kann, muss er mit Selbstregulierung irgendwelcher Art ausgestattet sein. Dadurch aber hat er alsbald notwendig und natürlich die Eigenschaft gewonnen, dass er gerade wegen dieser Selbstregulierung *oszillieren* muss, und damit ist auch die ganze historische Aufgabe erledigt. Denn dass die Menschen, wo sie immer können, ihre Angelegenheiten regulieren, ist ja ihr besonderes Kennzeichen. Folglich müssen die menschlichen Angelegenheiten auch oszillieren.

Mit dieser Erkenntnis, dass alles auf „natürliche" Weise zugeht, verschwindet auch augenblicklich der mystische

6*

Schimmer, der der Sache anzhängen schien. Daraus erkennen wir: mystisch kann nur das erscheinen, was wir nicht be- greifen können.

Nun ist der Zustand, etwas nicht begreifen zu können, offenbar früher viel häufiger gewesen als heute; ja, er ist früher der regelmässige und notwendige gewesen. Daher sind die entsprechenden Gefühle uns durch unzählige Generationen angezüchtet worden, und die mystischen Empfindungen gehören zu dem Urmaterial unseres geistigen Lebens. Dieser Umstand erklärt die tiefe und starke Wirkung solcher Gefühle, die uns in das Dämmerleben der unbewussten Psyche, zu den „Müttern", hinabführen, das in unserer gewöhnlichen Existenz tief verschüttet daliegt und von unseren durchschnittlichen geistigen Regungen überhaupt nicht berührt zu werden pflegt. Diese Regungen bringen einen Empfindungsklang hervor, der aus einem ausserordentlichen Gemisch entgegengesetzter Bestimmungen besteht. Einerseits handelt es sich um uralte Besitztümer unserer Psyche, die dieser zu Zeiten eigen waren, als von der gegenwärtigen rationellen Weltauffassung noch kaum die erste Ahnung bestanden haben mag, andererseits aber sind uns diese Besitztümer durch langen Nichtgebrauch nicht nur ungeläufig, sondern auch bereits unbekannt geworden. Daher entsteht unter Umständen ein ungeheurer Einfluss dieser Dinge, während wir doch ganz genau wissen, dass sie in unserer gegenwärtigen, offenbaren Psyche keine Stelle haben.

Diese genetische Ableitung der mystischen Gefühle lässt alsbald erkennen, wann sie auftreten werden. Sie werden jedesmal erscheinen, wenn wir an der Rationalität unserer rationell aufgefassten Welt zweifelhaft werden. Schwankt der Bau unserer bewussten Welt, so kommt das Unterbewusste zur Geltung und bietet sich als das Unerschütterlichere an: nicht weil es sicherer, sondern weil es älter ist. Daher hat sich alle Mystik von jeher auf alte und älteste Zeit zu gründen gesucht und hat die Existenz von Weistümern der Vorzeit behauptet, die nur hernach durch das nüchterne Alltagsleben verschüttet worden seien. Darum lehrt auch die Mystik den einzelnen, in die Tiefen seiner Seele hinabsteigen, um dort Anleitung für sein Leben zu suchen, wenn ihn die offenkundige Weisheit dieser Welt im Stiche gelassen hat.

So tritt die Mystik einerseits im Gefolge grosser Umwälzungen, öffentlicher Unglücksfälle und ähnlicher Erschütterungen unseres regelmässigen Daseins auf. Andererseits erscheint sie, wenn die Denkmittel einer allgemein verbreiteten Weltanschauung, die wie alle menschlichen Dinge einseitig sein muss, sich erschöpft haben und nun plötzlich von allen Seiten Fragen erscheinen, die sie nicht lösen kann. Die hierbei eintretende Entwertung des gegenwärtig Rationellen bringt sofort die mystischen Tiefengefühle auf die Oberfläche.

Das Auftreten mystischer Strömungen stellt sich somit als eine Erscheinung der Selbstregulierung dar, die der Gewinnung neuer geistiger Grundlagen vorausgeht, und sie vorbereitet. Hierbei muss man noch der zeitlichen Verschiebung zwischen der allgemeinen Weltanschauung einer bestimmten Kulturschicht und Kulturperiode und der ihrer geistigen Führer eingedenk sein. Es kann leicht vorkommen und ereignet sich tatsächlich in der Regel, dass die kommende Weltanschauung bereits in einzelnen Geistern vorhanden, ja zu einem regelmässigen Bestand entwickelt worden ist, während sie der grossen Menge noch fremd bleibt. Erst wenn die gesamte Geistesbewegung an den richtigen Stellen angelangt ist, vermag sie die längst bereitliegende Nahrung sich zu assimilieren, und dann wird jenes Gedankengebiet Allgemeingut.

Aus diesen Betrachtungen folgt notwendig, dass die Mystik immer nur ein Durchgang zu neuer, rationeller Weltgestaltung ist. Sie stellt das „tiefe Sehnen der Zeit" dar, ist aber nur Symptom und nicht Inhalt. Niemals hat eine mystische Periode zu einem sachlich neuen Inhalt geführt, wohl aber hat sie die Geister vorbereitet, ihn hervorzubringen und hernach aufzunehmen, wenn er dargeboten wurde.

Die Betrachtungen über die Notwendigkeit der Periodizität bei allen mit Selbstregulation ausgestatteten Erscheinungen gestatten nun noch eine weitere Schlussfolgerung, die in ihrer Anwendung auf unser Problem dahin geht, dass jede mystische Periode, im grossen und ganzen gerechnet, schwächer und weni-

ger einflussreich ausfallen muss als die früheren. Denn wenn
wir uns auf die Ursache der Periode besinnen, so liegen sie im
Nachhinken der regulierenden Tätigkeit, die immer erst in
Aktion tritt, nachdem das schon da ist, was zu vermeiden der
Regulator eingerichtet wurde. Nun werden die Unterschiede,
die den Regulator zur Tätigkeit bringen, um so geringer sein,
je empfindlicher — um in der Sprache der Wissenschaft und
Technik zu sprechen — der Regulator arbeitet. Betrachten wir
die Menschheit, die ihre Angelegenheiten zu regulieren beständig bemüht ist, so erkennen wir in dem vorausschauenden Intellekt, der die Ereignisse kommen sieht und die entsprechenden
Massregeln zu treffen lehrt, den eigentlichen Regulierapparat.
In der Wissenschaft hat er seine entwickeltste Form angenommen, und jene Lebensgebiete, die bereits wissenschaftlich erfasst sind, erleiden daher auch die geringsten Schwankungen.
Nun ist es eine allgemeine Eigenschaft dieses intellektuellen
Regulators, dass er sich mit der Zeit vervollkommnet und empfindlicher wird. Daher wird er immer sicherer und präziser
ansprechen und wird bevorstehende Schwankungen vorausnehmen und dämpfen.

Die Anwendung dieser Betrachtungen auf den vorliegenden Fall ist offenbar. Der notwendig gewordene Wechsel der
allgemeinen geistigen Tendenzen von dem starren Mechanismus
des neunzehnten Jahrhunderts zum Dynamismus oder der Energetik des zwanzigsten kann wegen der Natur des menschlichen
Geistes nicht anders vor sich gehen, als durch ein mystisches
Zwischenstadium. Aber dieses wird geringer und weniger tiefgreifend sein, als die früheren derartigen Perioden es waren.
Bereits die Einsicht in das Wesen der mystischen Erscheinungen, die soeben dargelegt wurde, hat zur notwendigen Folge,
dass die Mystik an Gewalt über die Gemüter derer verlieren
muss, die sich diese Einsicht zu eigen gemacht haben. Hier
erkennt man besonders deutlich die Tendenz zum Wirksamerwerden der Selbstregulation; denn jene Einsicht konnte gar
nicht anders entstehen als auf wissenschaftlichem Wege, als
ein Ergebnis der angewandten Psychologie.

Als ich vor sechs Jahren das Wagnis versuchte, den berüchtigten Namen Naturphilosophie wieder zu Ehren zu bringen, geschah dies unter vollem Bewusstsein der Gefahr, die durch die mystischen Zusammenhänge dieses Namen hervorgerufen werden musste. Nun sind wir mitten in der Periode der wissenschaftlichen Mystik darin. Paracelsus wird in Deutschland wiederzubeleben versucht, Svedenborg in England von einer auf seinen Namen gestifteten Gesellschaft erforscht, und in seiner Heimat wird eine Neuausgabe seiner Werke ins Auge gefasst. In Frankreich endlich ist vor einigen Jahren der Bankerott der Wissenschaft verkündet worden, und vor mir liegt eine französische Ausgabe des englischen Alchimisten und Astrologen Robert Fludd (1574 bis 1637) als erster Band einer *Bibliothèque des sciences maudites* (Paris, H. Darogon, 1907). Und damit auch moderne Autoren nicht fehlen, so hat der Schwede Strindberg versucht, seinem Ruhm als sozial-schöngeistiger Schriftsteller noch den eines mystischen Physiko-Chemikers zuzufügen, allerdings ohne bisher auf die Wissenschaftler den gewünschten (aber vielleicht von vornherein nicht erhofften) Eindruck zu machen. Und damit die unmittelbare Anknüpfung an die Naturphilosophie vom Anfang des neunzehnten Jahrhunderts, die ganz wesentlich Mystik war, nicht fehlt, so beginnt man jetzt, Schelling, den Führer der damaligen Bewegung, von neuem zu kommentieren und als einen Führer der neuen Bewegung herauszugeben.

Aber die Geister, die hier gerufen worden sind, werden wir wieder los werden. Vielleicht nicht von heute auf morgen und übermorgen, aber gewiss bald. Die Hoffnung hierfür entnehme ich dem lebhaften Bewusstsein, das mich bezüglich der inneren Gesundheit und Lebenskraft unserer Zeit erfüllt. Einer Epoche, der es bereits gelungen ist, bis zu einem eigenen Baustil vorzudringen, kann man schöpferische Fähigkeiten nicht absprechen. Und in der Wissenschaft bringt jetzt ein jedes Jahr eine solche Masse von Entdeckungen, die die ausschweifendste Phantasie zuschanden machen, dass auch jene elementareren Triebe des menschlichen Geistes in dieser Fülle der Gesicbte reiche Nahrung finden. So denke ich, dass es diesmal kein finstertiefes Wellental der menschlichen Erkenntnis geben wird, sondern nur eine grosse, sanfte Dünung, auf der das Schifflein der allgemeinen Weltanschauung unbehindert ein gut Stück Weges zurücklegen wird. Schade nur, dass ich nicht mehr allzu viel davon zu sehen bekommen werde.

III. Methodik.

Probleme der Wissenschaftsmethodik sind mir bereits in den ersten Anfängen meiner wissenschaftlichen Arbeit entgegengetreten, und ich erinnere mich lebhaft, wie wichtig mir etwa 1884, als ich mich mit der Anordnung des damals gänzlich unübersichtlichen Stoffes der physikalischen Chemie plagte, die Entdeckung war, dass die Verschiedenheit der Wissenschaften nicht sowohl durch die Verschiedenheit der *Objekte* bedingt ist, mit denen sie sich beschäftigen, als vielmehr durch die Verschiedenheit der *Fragen,* welche sie an die Objekte (die daher auch in verschiedenen Wissenschaften dieselben sein können) zu richten lehren. Ich war damals so entzückt von dieser Einsicht, dass ich als unbekannter Chemiker einen Brief darüber an den berühmten Leipziger Philosophen und Wissenschaftsmethodiker *Wilhelm Wundt* zu schreiben wagte, der mir eine eingehende und liebenswürdige Antwort sandte, für die ich noch jetzt meine damalige Dankbarkeit empfinde, nachdem ein freundliches Schicksal mich zum langjährigen Kollegen des verehrten Meisters gemacht und mir auch noch nähere Beziehungen zu ihm gegönnt hat.

Hernach konnte ich meine methodischen Bedürfnisse weitgehend mittelst des *Energiebegriffes* befriedigen, der insbesondere für die Bewältigung des inzwischen ungeheuer gewachsenen Stoffes in der zweiten Auflage des „Lehrbuches" unschätzbare Dienste geleistet hatte. Allerdings nicht als einziges, wohl aber als allgemeinstes Prinzip. Für die Unterteilung dienten dann speziellere Momente, die sich indessen doch alle in nahe Beziehung zur Energie und zu ihren Faktoren bringen lassen.

Fragen allgemeinerer Beschaffenheit ergaben sich erst wieder, als ich in den *„Vorlesungen über Naturphilosophie"* weitere Gebiete der Wissenschaft zusammenzufassen hatte. Als ich die erste Auflage schrieb, hatte ich von *Auguste Comtes* Systematik keine Kenntnis, und so war es mir eine wertvolle Ueberraschung, als ich nachträglich feststellen konnte, dass ich mehr instinktiv als bewusst auch meinerseits die Grundlinien seiner Anordnung gefunden hatte. Nachdem ich diese kennen gelernt hatte, trat, wie natürlich, alsbald das Verbesserungsbedürfnis ein, und das, was sich automatisch bei der Anordnung des naturphilosophischen Stoffes vollzogen hatte, wurde nun bewusst durchgearbeitet.

Diese beiden Stufen finden sich in den beiden ersten der nachstehend mitgeteilten Aufsätze wiedergegeben. Der erste wurde als Vortrag auf dem internationalen wissenschaftlichen Kongress in St. Louis gehalten, zu dem ich als Vertreter der Naturphilosophie eingeladen war. Es war das eines der ersten Zeichen der durch meine „*Vorlesungen*" bewirkten Rehabilitierung dieser Wissenschaft, oder wenigstens dieses Namens. Ich hatte mich mit Freuden an dieser Zusammenkunft beteiligt, welche ein so deutlicher Ausdruck für den Internationalismus der Wissenschaft war. Allerdings entsprach die Ausführung des Gedankens nicht ganz den Absichten, da der ungeheuer ausgedehnte und lärmige Betrieb einer Amerikanischen Weltausstellung sich schlecht mit stiller Forscherarbeit vertrug. Ich erinnnere mich, dass ich meinen Vortrag minutenlang unterbrechen musste, weil draussen eine Musikbande vorüberzog. Noch schlimmer ging es mir, als ich den ausgezeichneten Botaniker *de Vries* hören wollte. Da sich die Anzahl der (äusserst primitiv hergerichteten) Auditorien für die Anzahl der Vortragenden als zu klein erwiesen hatte, so war kurzerhand durch eines derselben eine Bretterwand durchgelegt worden, um zwei daraus zu machen. Während ich mich nun bemühte, den mit nicht besonders machtvollen Stimmitteln ausgestatteten Naturforscher zu verstehen, hielt daneben ein Theologe seinen Vortrag, der nicht nur die ihm rechtlich zukommende Hälfte des Hörsaals reichlich füllte, sondern seine Schallwellen durch den Resonanzboden der Zwischenwand auch in das andere Abteil ergoss. So wurden die Mitteilungen über die Erscheinungen der Mutation und die experimentelle Bestätigung der freiwilligen Umwandlung der Arten (wenn auch nicht ganz in der Weise, wie Darwin sie angenommen hatte), durch welche die allgemeine Biologie einen sehr bedeutenden Schritt vorwärts getan hat, übertönt von der Posaune des Herrn, und ich musste es bald als hoffnungslos aufgeben, den verehrten Kollegen zu verstehen.

Insbesondere wurde der Zweck des Kongresses insofern nicht erreicht, als gar keine Vorsorge getroffen worden war, dass die aus allen Ecken der Welt zusammengekommenen Forscher auch miteinander in freie persönliche Beziehung treten konnten. Es fehlte ebenso an einem gemeinsamen Sprech- oder Versammlungszimmer für die im Augenblicke nicht Beschäftigten, wie auch an reservierten Trink- und Essgelegenheiten, wo man dem freundlichen Zufall die Vermittelung interessanter Bekanntschaften überlassen konnte. Die allabendlich unter den verschiedensten Vorwänden stattfindenden, meist äusserst opulenten „Dinners" brachten hierfür nur einen unvollkommenen Ersatz, da man dort an seinen Sitz gebunden war, und meist beiderseits einen Einheimischen fand, der zwar den liebenswürdigen Wirt machte, an dem unsereinem aber doch schliesslich weniger gelegen war, als an den von fern hergekommenen Kollegen, den vielleicht nie wieder der Zufall in so erreichbare Nähe rücken wird.

Wenn ich in der Lage wäre, etwas ähnliches organisieren zu sollen, so würde ich versuchen, hierfür eine anmutige Insel ausfindig zu machen, auf welcher die verschiedenartigsten Vertreter der Wissenschaft für acht bis vierzehn Tage unter guten äusseren wie inneren Bedingungen zusammenleben könnten, ohne allzuviel durch Vorträge in der freien Verwendung ihrer Zeit behindert zu werden. Wenn auch ein äusseres Ergebnis sich hernach kaum aufweisen liesse, so würde das innere, in der gegenseitigen Förderung durch diesen psychischen Kontakt der Einzelgebiete unserer Gesamtwissenschaft beruhende, um so erheblicher sein. Nun, vielleicht findet sich jemand, der die Mittel und das Verständnis für eine derartige Unternehmung hat.

Ich sehe, dass diese Abschweifung fast ebenso lang geraten ist, wie die Zwischenzeit bis zu dem zweiten Aufsatz über das System der Wissenschaften, den ich Mitte 1909 in den *Annalen der Naturphilosophie* veröffentlicht habe. Mittlerweile hatte ich mich mit *Comte* bekannt gemacht, und das Ergebnis war, wie natürlich, dass mein jetziges System von dem *Comtes* stärker verschieden ausfiel, als das ohne diese Kenntnis entworfene. Die wichtigste Verbesserung ist die Einbeziehung der *Logik* in das System, und zwar an erster, allgemeinster Stelle. Ebenso wurde das andere Ende, die Kulturologie, schärfer gekenn‐zeichnet.

Weiter finden sich in dieser Abteilung einige andere Vor‐träge und Aufsätze, die sich hier am besten anschliessen, weil sie methodische Fragen teils unmittelbar, teils in der Anwen‐dung behandeln. Insbesondere sind mir die Darlegungen des Verhältnisses zwischen reiner und angewandter Wissenschaft wichtig geworden.

Zur Theorie der Wissenschaft.

(1904)

Einer der wenigen Punkte, in denen die heutige Philosophie einig ist, besteht in der Erkenntnis, dass das einzige völlig Gewisse und Unzweifelhafte für einen jeden der Inhalt seines eigenen Bewusstseins ist; und zwar handelt es sich hier nicht um den Bewusstseinsinhalt im allgemeinen, sondern ausschliesslich um den *augenblicklichen* Inhalt.

Diesen augenblicklichen Inhalt teilen wir in zwei grosse Gruppen, die wir der *Innen-* und *Aussenwelt* zuordnen. Nennen wir einen Bewusstseinsinhalt irgend welcher Art ein *Erlebnis*, so schreiben wir zunächst solche Erlebnisse der Aussenwelt zu, welche ohne unsere Willensbetätigung entstehen und durch diese allein nicht hervorgebracht werden können. Derartige Erlebnisse entstehen nie ohne die Betätigung gewisser Teile unseres Körpers, die wir *Sinnesapparate* nennen; die Aussenwelt ist mit anderen Worten das, was durch die Sinne in unser Bewusstsein gelangt.

Umgekehrt ordnen wir unserer Innenwelt alle Erlebnisse zu, welche ohne unmittelbare Mithilfe eines Sinnesapparates zustande kommen. Hierher gehören vor allen Dingen alle Erlebnisse, welche wir als *Erinnern* und *Denken* bezeichnen. Eine genaue und vollständige Unterscheidung beider Gebiete ist hiermit noch nicht beabsichtigt; diese Aufgabe braucht für unseren Zweck nicht gelöst zu werden. Für diesen genügt die allgemeine Orientierung, in welcher jedermann wohlbekannte Tatsachen seines Bewusstseins wiederfindet.

Ein jedes Erlebnis hat die Eigenschaft der *Einzigkeit;* wir zweifeln alle nicht daran, dass das Wort des Dichters: „alles

wiederholt sich nur im Leben" streng genommen das Gegenteil der Wahrheit ist, und dass sich tatsächlich *nichts* im
Leben wiederholt. Um aber ein solches Urteil auszusprechen,
müssen wir in der Lage sein, die verschiedenen Erlebnisse miteinander zu *vergleichen,* und diese Möglichkeit herrscht auf
einer fundamentalen Erscheinung unseres Bewusstseins, der
Erinnerung. Vermöge der Erinnerung allein können wir verschiedene Erlebnisse miteinander in Beziehung setzen, so dass
die Frage nach ihrer Gleichheit oder Verschiedenheit überhaupt
gestellt werden kann.

Die einfacheren Verhältnisse finden wir hier bei den inneren Erlebnissen. Einen bestimmten Gedanken, etwa „zweimal
zwei ist vier", kann ich mir beliebig oft im Bewusstsein erzeugen, und neben dem Inhalte des Gedankens erlebe ich das
weitere Bewusstsein, dass ich „diesen" Gedanken schon früher
gedacht habe, dass er mir *bekannt* ist. —

Eine ähnliche, nur etwas verwickeltere Erscheinung findet
sich bei Erlebnissen, an denen die Aussenwelt beteiligt ist.
Wenn ich einen Apfel gegessen habe, so kann ich dies Erlebnis auf zweierlei Weise wiederholen. Einmal als *inneres;* ich
kann mich *erinnern,* dass ich den Apfel gegessen habe, und
kann dabei einen Teil des damaligen Erlebnisses, nämlich den
meiner Innenwelt angehörigen, willkürlich in mir von neuem
erzeugen, wenn auch mit verminderter Stärke und Eindrucks-
fähigkeit. Einen anderen Teil, die *Sinnesempfindung* selbst,
welche jenem Erlebnisse angehört hatten, kann ich nicht willkürlich in mir erzeugen, sondern ich muss, um auch in dieser
Beziehung ein ähnliches Erlebnis zu haben, wiederum einen
Apfel essen. Dies ist eine *ganze* Wiederholung des Erlebnisses,
zu welchem auch die *Aussenwelt* herangezogen ist; eine solche
steht nicht ohne weiteres in meiner Macht, sondern es ist dazu
erforderlich, dass ich einen Apfel *habe,* d. h. dass gewisse, von
mir unabhängige und der Aussenwelt angehörige Bedingungen
erfüllt sind.

Ob nun die Aussenwelt bei der Wiederholung eines Erlebnisses beteiligt ist oder nicht, hat auf die Möglichkeit des Be-
wusstseinsinhalts „Erinnerung" keinen Einfluss. Daraus ergibt

sich, dass dieser allein dem *inneren* Erlebnis angehört und dass
wir uns eines äusseren Ereignisses nur vermöge seiner inneren
Bestandteile erinnern. Die blosse Wiederholung übereinstimmender Sinneseindrücke ist dazu nicht ausreichend; wir können
denselben Menschen wiederholt sehen, ohne dass wir ihn wieder-
erkennen, falls nämlich die inneren Begleiterscheinungen infolge mangelnden Interesses so geringfügig gewesen sind, dass
ihre Wiederholung den Bewusstseinsinhalt „Erinnerung" nicht
bewirkt. Sehen wir ihn aber sehr oft, so bewirkt die häufige
Wiederholung des äusseren Eindruckes schliesslich auch die Erinnerung des zugehörigen inneren Erlebnisses.

Hieraus ergibt sich, dass für die Reaktion „Erinnerung"
eine bestimmte Stärke des inneren Erlebnisses erforderlich ist.
Dieser Schwellenwert kann entweder auf einmal erreicht werden oder durch mehrfache Wiederholung. Dabei sind die
Wiederholungen um so wirksamer, je schneller sie aufeinander
folgen. Hieraus ist weiter zu schliessen, dass der Erinnerungs-
wert eines Erlebnisses, oder seine Fähigkeit, bei der Wiederholung die Reaktion „Erinnerung" hervorzurufen, im Laufe
der Zeit abnimmt. Ferner müssen wir die obenerwähnte Tatsache in Betracht ziehen, dass die vollständig genaue Wiederholung eines Erlebnisses nie stattfindet. Die Reaktion „Erinnerung" muss somit bereits eintreten, wenn an Stelle der vollkommenen Uebereinstimmung nur eine *Aehnlichkeit* oder *teilweise* Uebereinstimmung vorhanden ist. Auch hier sind Stufen
vorhanden; Erinnerung tritt um so leichter ein, je vollkommener die beiden Erlebnisse übereinstimmen, und umgekehrt.

Sehen wir diese Verhältnisse von der physiologischen
Seite an, so werden wir sagen können: Wir besitzen zweierlei
Einrichtungen oder Organe, von denen die eine von unserem
Willen nicht abhängt, wohl aber die andere. Erstere sind die
Sinnesorgane, letztere bilden das Denkorgan. Nur die Betätig-
ungen des letzteren bilden unsere Erlebnisse oder den Inhalt
unseres Bewusstseins.

Die Betätigungen der ersteren *können* entsprechende Vorgänge des letzteren hervorrufen, doch ist das nicht immer *notwendig*: unsere Sinnesapparate können beeinflusst werden, ohne

dass wir es „merken", d. h. ohne dass der Denkapparat betätigt wird. Eine besonders wichtige Reaktion des Denkapparates ist die Erinnerung, d. h. das Bewusstsein, dass ein eben stattfindendes Erlebnis mehr oder weniger Uebereinstimmung mit früheren Erlebnissen hat; sie ist der dem Denkorgan zugehörige Ausdruck der allgemeinen physiologischen Tatsache, dass jeder Vorgang das Organ in solchem Sinne beeinflusst, dass es sich zu der Wiederholung dieses Vorganges anders verhält, als das erste Mal, und zwar in solchem Sinne, dass die Wiederholung erleichtert ist. Diese Beeinflussung nimmt mit der Zeit ab.

Auf diesen Verhältnissen beruht zunächst die *Erfahrung.* Sie ergiebt sich daraus, dass alle Erlebnisse aus einer ganzen Reihe gleichzeitiger und aufeinanderfolgender Bestandteile bestehen. Ist uns nun aus der Wiederholung ähnlicher Erlebnisse (z. B. der Folge von Tag und Nacht) ein solcher Zusammenhang bekannt und geläufig geworden, so empfinden wir ein derartiges Erlebnis nicht als ein völlig neues, sondern als ein teilweise bekanntes, und die einzelnen Teile oder Phasen desselben wirken nicht überraschend auf uns, sondern wir nehmen ihr Kommen voraus oder *erwarten* sie. Vom Erwarten bis zum *Voraussagen* ist nur ein kleiner Schritt, und so befähigt die Erfahrung uns, aus der Vergangenheit und Gegenwart die *Zukunft* zu prophezeien.

Dies ist nun auch der Weg zur *Wissenschaft,* denn diese ist nichts als systematisierte, d. h. auf möglichst einfache und übersichtliche Formen gebrachte Erfahrung. Ihr Zweck ist, aus einem Teil einer Erscheinung, der bekannt ist, den anderen, der noch nicht bekannt ist, *vorauszusagen.* Hierbei kann es sich sowohl um räumliche wie um zeitliche Gesamterscheinungen handeln. So weiss der wissenschaftliche Zoolog aus dem Schädel eines Tieres dieses zu „bestimmen", d. h. anzugeben, welcher Beschaffenheit alle übrigen Teile des zum Schädel gehörigen Tieres sind; ebenso vermag der Astronom aus einigen Beobachtungen der Orte eines Planeten seine künftigen Orte anzugeben, und zwar für eine um so fernere Zukunft, je genauer jene ersten Beobachtungen waren. Alle derartigen wissenschaftlichen Voraussagungen sind demnach *begrenzt* in be-

zug auf Zahl und Genauigkeit; ist der dem Zoologen vorgelegte
Schädel der eines Huhns, so wird er wohl die allgemein vorhandenen Eigenschaften der Hühner angeben können, wohl
auch noch, ob das Huhn einen Schopf gehabt hat oder nicht,
aber nicht seine Farbe und nur sehr unbestimmt sein Alter und
seine Grösse. Beide Tatsachen, die Möglichkeit einer Voraussagung und deren Begrenztheit nach Inhalt und Umfang
sind ein Ausdruck für die beiden fundamentalen Tatsachen, dass
unter unseren Erlebnissen sich zwar ähnliche, nie aber vollkommen übereinstimmende befinden.

Die vorstehenden Betrachtungen verlangen nach mehreren
Richtungen erläutert und erweitert zu werden. Zunächst wird
man Anstand nehmen, ein Huhn oder einen Planeten ein Erlebnis zu nennen; wir nennen sie vielmehr mit dem allgemeinsten
Namen *Dinge*. Indessen beginnt unsere Kenntnis des Huhnes
immer mit dem Erleben bestimmter Gesichtsempfindungen,
denen sich allenfalls solche des Gehörs und des Tastsinnes zugesellen. Die Gesichtsempfindungen (um zunächst bei diesen
allein zu bleiben) sind keineswegs vollkommen übereinstimmend; wir sehen das Huhn je nach seiner Entfernung gross
und klein, und je nach seiner Stellung und Bewegung ist sein
Umriss höchst verschieden. Da wir aber beobachten können,
dass diese Verschiedenheiten stetig ineinander übergehen und
gewisse Grenzen nicht überschreiten, so verzichten wir auf
ihre Beachtung und halten uns daran, dass gewisse andere
Eigentümlichkeiten (Beine, Flügel, Augen, Schnabel, Kamm
u. s. w.) beständig bleiben und nicht wechseln. Die beständigen
Eigenschaften fassen wir als ein „Ding" zusammen, und die
wechselnden nennen wir die Zustände dieses Dinges. Unter den
wechselnden unterscheiden wir noch die, welche von uns abhängen (z. B. die Entfernung) und die, auf welche wir keinen
unmittelbaren Einfluss haben (z. B. die Stellung oder Bewegung) und nennen erstere den *subjektiv* veränderlichen Anteil
unseres Erlebnisses, während der zweite die *objektive* Veränderlichkeit des Dinges genannt wird.

Dieses Fortlassen sowohl des subjektiven wie des objektiv
veränderlichen Teiles der Erlebnisse unter Beibehaltung des

ständigen Teiles und die Zusammenfassung des letzteren zu
einer Einheit ist nun eine der wichtigsten Operationen, die wir
an unseren Erlebnissen ausführen. Wir nennen sie das Verfahren der *Abstraktion* und deren Produkt, die ständige Einheit
nennen wir einen *Begriff*. Offenbar enthält das Verfahren
willkürliche sowie notwendige Anteile. *Willkürlich* oder auch
zufällig ist der Umstand, dass je nach unserer Aufmerksamkeit,
Uebung, ja je nach unserer ganzen geistigen Beschaffenheit an
einem bestimmten Erlebnis ganz verschiedene Anteile zum Bewusstsein kommen; wir können ständige Anteile übersehen und
veränderliche beachten. *Notwendig* sind die objektiven Anteile
aber alsbald, nachdem wir sie beachtet haben; nachdem wir das
Huhn schwarz gesehen haben, steht es nicht mehr in unserer
Macht, es rot zu sehen. Daraus geht hervor, dass im allgemeinen unsere Kenntnis des Uebereinstimmenden *geringer* sein
muss, als sie tatsächlich sein könnte, denn wir werden nicht
alles Uebereinstimmende beachtet haben und unser Begriff ist
dadurch zu gegebener Zeit immer *ärmer* an Bestandteilen, als
er sein könnte. Solche bisher übersehene Bestandteile der Begriffe aufzusuchen und als ständige Anteile der entsprechenden
Erlebnisse nachzuweisen, ist eine der niemals endenden Arbeiten der Wissenschaften.

Der andere Fall, dass in den Begriff Bestandteile aufgenommen worden sind, welche sich nicht als ständig erweisen,
kommt gleichfalls vor und führt zu einer anderen Aufgabe.
Man kann dann einerseits jenen Bestandteil aus dem Begriff
fortlassen, wenn weitere Erlebnisse zeigen, dass die übrigen
sich in ihnen vorfinden, oder man kann einen neuen Begriff bilden, welcher die früheren Bestandteile unter Fortlassung des
als unbeständig erkannten enthält. So gehörte lange Zeit die
weisse Farbe zum Begriff *Schwan*. Als dann die neuholländi-
schen schwarzen Schwäne bekannt wurden, konnte man entweder den Bestandteil „weiss" aus dem Begriff „Schwan" fortlassen (wie es tatsächlich geschah) oder man konnte für den
Vogel, welcher Schwan ähnlich, aber schwarz ist, einen neuen
Begriff schaffen. Welche Wahl man in einem gegebenen Falle

trifft, ist in weitem Masse willkürlich und wird von Erwägungen der Zweckmässigkeit bestimmt.

Für die Bildung der Begriffe treten somit zwei Faktoren in
Wirkung: ein objektiver und erfahrungsmässiger und ein sub-
jektiver oder zweckmässiger. Die Zweckmässigkeit eines Begriffes aber ergibt sich aus seinem Verhältnisse zu seinem
Zwecke, der nun betrachtet werden soll.

Der Zweck eines Begriffes ist seine Verwendung für die
Voraussagung. Die antike Logik hat als Typus für die Denktätigkeit den Syllogismus aufgestellt, dessen einfachstes Schulbeispiel das bekannte

> Alle Menschen sind sterblich
> Cajus ist ein Mensch
> Also ist Cajus sterblich

ist. Allgemein lautet das Schema:

> Zum Begriff M gehört der Bestandteil B
> C gehört unter den Begriff M
> Also findet sich an C der Bestandteil B.

Man darf sagen, dass dies Schulverfahren bis auf den heutigen Tag in regelmässiger Anwendung steht. Dabei muss freilich zugefügt werden, dass diese Anwendung von ganz anderer
Beschaffenheit ist, als es der antike war. Während nämlich
früher die Aufstellung des Obersatzes oder des Major als die
Hauptsache galt, und die des Untersatzes oder Minor als eine
ziemlich selbstverständliche und unschwierige Sache, so hat
sich jetzt das Verhältnis umgekehrt. Der Obersatz enthält die
Beschreibung eines Begriffes; der Untersatz spricht die Behauptung aus, dass ein gewisses Ding unter diesen Begriff gehöre. Welches Recht besteht für eine solche Behauptung?

Die nächstliegende Antwort würde sein: weil sich alle
Bestandteile des Begriffes M (eingeschlossen B) an C vorfinden, so gehört C unter den Begriff M. Ein solcher Schluss
würde zwar bindend sein, aber gleichzeitig völlig wertlos, denn
er wiederholt nur die Aussage des Minor.

Tatsächlich ist denn auch das Schlussverfahren wesentlich
anders, denn der Minor wird nicht dadurch gewonnen, dass
man *alle* Bestandteile des Begriffes M an C nachweist, sondern

nur *einige.* Der Schluss ist also nicht bindend, sondern **nur**
wahrscheinlich, und das ganze Schlussverfahren lautet: Es
finden sich gewisse Bestandteile häufig zusammen; sie werden
deshalb zu einem Begriff *M* vereinigt. An dem Dinge *C* lassen
sich einige von diesen Bestandteilen erkennen. Also werden
sich vermutlich auch die anderen Bestandteile des Begriffes *M*
an *C* vorfinden.

Auch die antike Logik hat diese Schlussweise gekannt; sie
hat sie aber unter dem Namen der unvollständigen Induktion
als die schlechteste von allen gebrandmarkt, da ihren Ergebnissen die vom Schlusse geforderte absolute Sicherheit jedenfalls nicht zukommt. Man muss indessen zugeben, dass die
ganze heutige Wissenschaft kein anderes Schlussverfahren benutzt, als die unvollständige Induktion. Denn nur sie gestattet
ein Voraussagen, d. h. die Feststellung von Beziehungen, die
noch nicht unmittelbar beobachtet worden sind.

Wie findet sich nun aber die Wissenschaft mit der mangelnden Sicherheit des Schlussverfahrens ab? Die Antwort ist,
dass die Wahrscheinlichkeit des Schlusses alle Grade von der
blossen Vermutung bis zu der von der Gewissheit praktisch
nicht mehr unterscheidbaren maximalen Wahrscheinlichkeit
durchlaufen kann. Die Wahrscheinlichkeit ist um so grösser,
je häufiger sich eine bestimmte derartige unvollständige Induktion an der späteren Erfahrung als zutreffend erwiesen hat. So
verfügen wir über eine Anzahl Sätze, welche in ihrer einfachsten und allgemeinsten Gestalt die Form haben: *Wenn an einem
Ding der Bestandteil A angetroffen wird, so findet sich daran
(in räumlicher oder zeitlicher Beziehung) auch der Bestandteil B.*

Ist die Beziehung *zeitlich,* so nennt man diesen allgemeinen Satz wohl auch das *Kausalitätsgesetz;* ist sie räumlich, so
spricht man von der *Idee* (im Platonischen Sinne) oder dem
Typus des Dinges, von *Substanz* u. s. w.

Aus den hier dargelegten Verhältnissen ergeben sich nun
leicht Antworten auf mancherlei Fragen, welche vielfach und
in sehr verschiedenem Sinne erörtert worden sind. Zunächst
die nach der allgemeinen Gültigkeit des Kausalitätsgesetzes.

Alle Versuche, eine derartige Gültigkeit zu beweisen, sind ge-
scheitert, und übrig geblieben ist nur der Hinweis, dass wir
ohne dies Gesetz der Welt gegenüber eine unerträgliche *Unsicherheit* empfinden würden. Hieraus aber ergibt sich alsbald
mit grosser Deutlichkeit, dass es sich um eine *Zweckmässig-
keitsfrage* handelt. Wir suchen aus dem stetigen Fluss unserer
Erlebnisse solche Zusammenhänge heraus, welche sich immer
wieder antreffen lassen, um, wenn der Bestandteil *A* gegeben
ist, auf das Eintreffen der Bestandteile *B* schliessen zu können.
Somit finden wir diese Beziehung nicht als „gegeben" vor,
sondern wir legen sie in unsere Erlebnisse hinein, indem wir
die Anteile, welche der Beziehung entsprechen, als zusammen-
gehörig betrachten.

Ganz das gleiche lässt sich über die räumlichen Zusammengehörigkeiten sagen. Solche Anteile, welche immer oder doch
oft nebeneinander angetroffen werden, werden von uns als „zu-
sammengehörig" aufgefasst und es wird aus ihnen ein Begriff
gebildet, der diese Anteile umfasst. Eine Frage nach dem
warum hat hier wie bei den zeitlichen Zusammengehörigkeiten
keinen bestimmten Sinn. Es gibt zahllose Zusammenvorkom-
men, auf die wir keine Aufmerksamkeit wenden, weil sie nur
einmalig oder selten sind. Die Kenntnis der Tatsache, dass
ein solches einmaliges Zusammensein vorhanden ist, führt zu
nichts, da es nicht zum Schlusse von der Anwesenheit des einen
Anteiles auf die des anderen leitet und daher kein Voraussagen
ermöglicht. Von allen möglichen und auch wirklichen Kombinationen interessieren uns daher nur diejenigen, welche sich
wiederholen und diese willkürliche, wenn auch zweckmässige
Auslese bringt den Eindruck hervor, als gäbe es nur wiederholbare Kombinationen, als herrsche mit anderen Worten das Gesetz der Kausalität oder des Typus. Wie allgemein oder beschränkt diese Gesetze herrschen, ist somit mehr eine Frage
unserer Geschicklichkeit, die konstanten Kombinationen aus
den vorhandenen herauszufinden, als eine Frage des objektiven
Naturgeschehens.

So sehen wir denn auch die Entwicklung und den Betrieb
aller Wissenschaften in solchem Sinne vor sich gehen, dass

einerseits immer mehr besondere konstante Kombinationen aufgefunden, andererseits immer umfassendere derartige Beziehungen ermittelt werden, bei welchen Anteile miteinander in
Verbindung gelangen, die man früher überhaupt nicht zusammen zu bringen versucht hatte. So vermehren sich die Wissenschaften gleichzeitig im Sinne einer zunehmenden *Vermannigfaltigung* wie in dem einer zunehmenden *Vereinheitlichung.*

Betrachten wir nun unter diesem Gesichtspunkte die Entwickelung und das Verfahren der verschiedenen Wissenschaften,
so werden wir eine rationelle Einteilung der Gesamtwissenschaft durch die Frage nach dem Umfang und der Mannigfaltigkeit der in ihnen behandelten Kombinationen oder Komplexe
finden. Beide Eigenschaften sind in bestimmtem Sinne entgegen-
gesetzt. Je einfacher ein Komplex ist, d. h. je weniger Bestandteile in ihn zusammengefasst werden, um so häufiger wird
er vorhanden sein, und umgekehrt. Man wird also alle Wissenschaften in solchem Sinne ordnen können, dass man mit der
kleinsten Mannigfaltigkeit und dem grössten Umfange beginnt,
und bei der grössten Mannigfaltigkeit und dem kleinsten Umfange endet. Die erste Wissenschaft wird die allgemeinsten
und daher ärmsten oder magersten Begriffe enthalten, die letzte
die speziellsten und daher reichsten.

Welches sind nun diese Grenzbegriffe? Der *allgemeinste*
ist das *Ding*, d. h. irgend ein willkürlich aus dem Flusse unserer Erlebnisse herausgegriffenes, wiederholtes Stück Erlebnis.
Der *speziellste* und reichste ist der Begriff der *menschlichen Gemeinschaft.* Zwischen der Lehre von den Dingen und der Lehre
von der menschlichen Gemeinschaft finden sich alle übrigen
Wissenschaften in regelmässiger Stufenfolge eingeschaltet.
Sucht man das Schema auszuführen, so ergibt sich folgende
Uebersicht:

1. Ordnungslehre
2. Zahlenlehre oder Arithmetik
3. Zeitlehre
4. Raumlehre oder Geometrie

} Mathematik

5. Mechanik
6. Physik   } Energetik
7. Chemie

8. Physiologie
9. Psychologie   } Biologie
10. Soziologie

In dieser Tabelle ist insofern eine Willkürlichkeit enthalten, als die angenommenen Stufen nach Bedarf vermehrt oder vermindert werden können. So könnte Mechanik und Physik zusammengefasst oder zwischen Physik und Chemie noch physikalische Chemie eingeschaltet werden. Ebenso kann zwischen Biologie und Psychologie etwa Anthropologie Platz finden, oder die fünf ersten Wissenschaften können zu Mathematik vereinigt werden. Wie man diese Teilungen ausführt, ist lediglich eine praktische Frage, welche jede Zeit ihren Bestrebungen gemäss anders beantworten wird; ein Streiten hierüber wäre also ziemlich zwecklos.

Wohl aber möchte ich die Aufmerksamkeit auf die drei grossen Gruppen der Mathematik, der Energetik und der Biologie (im weiteren Sinne) lenken. Sie stellen die entscheidenden regulativen Gedanken dar, welche die Menschheit bisher zur wissenschaftlichen Bewältigung ihrer Erfahrungen hervorgebracht hat. Die *Ordnung* ist der Grundgedanke der Mathematik; für die Mechanik bis zur Chemie ist der *Energie*begriff massgebend; und für die drei letzten Wissenschaften ist es der Begriff des *Lebens*. Ordnung, Energie und Leben umfassen somit die Gesamtheit der Wissenschaften.

Bevor wir in die eingehendere Betrachtung dieser Wissenschaften eingehen, wird es gut sein, noch einem Einwande zuvorzukommen, welcher auf Grund folgender Tatsache erhoben werden kann. Es gibt ausser den genannten Wissenschaften (und den zwischenliegenden) noch viele andere, wie Geologie, Geschichte, Medizin, Philologie, welche man in das obige Schema einzuordnen Schwierigkeiten findet und welche dennoch irgendwie Berücksichtigung verlangen. Sie kennzeichnen

sich oft dadurch, dass sie mit *mehreren* der genannten Wissenschaften in Zusammenhang stehen, mehr aber noch durch den
folgenden Umstand. Sie haben nicht, wie die vorgenannten
reinen Wissenschaften, die Auffindung von allgemeinen Zusammenhängen zur Aufgabe, sondern beziehen sich vielmehr
auf vorhandene komplexe Objekte, deren Entstehung, Umfang,
Verbreitung u. s. w., kurz deren zeit- und räumliche Zusammenhänge sie aufzudecken oder zu „erklären" haben. Für diesen
Zweck machen sie von den Beziehungen Gebrauch, welche
durch die erstgenannten reinen Wissenschaften zur Verfügung
gestellt werden. Diese Wissenschaften wird man deshalb am
besten die *angewandten* Wissenschaften nennen. Hierbei soll
durchaus nicht nur, oder auch nicht einmal vorwiegend an
technische Anwendungen gedacht werden, sondern es soll zum
Ausdruck gebracht werden, dass hier an einem gegebenen Objekt die gegenseitige Beziehung seiner Teile durch Anwendung
der in der reinen Wissenschaft gefundenen allgemeinen Regeln
zum Verständnis gebracht werden soll.

Weil bei einer solchen Aufgabe das Abstraktionsverfahren
der reinen Wissenschaften nicht zulässig ist (denn die bei diesen üblichen Fortlassungen gewisser Teile und die Beschränkung auf andere ist durch die Natur der Aufgabe ausgeschlossen), so stellt sich in einem gegebenen Falle meist die Notwendigkeit heraus, verschiedene reine Wissenschaften gleichzeitig
für den Zweck der Erklärung heranzuziehen.

Die Astronomie ist eine derartige angewandte Wissenschaft;
zunächst beruht sie auf der Mechanik und in ihrem instrumen-
tellen Teil auf Optik; in ihrer gegenwärtigen Entwickelung
nach der spektroskopischen Seite hin macht sie aber bedeutende Anleihen bei der Chemie. So ist denn weiter die Geschichte angewandte Soziologie und Psychologie; die Medizin
macht von allen vorangehenden Wissenschaften bis zur Psychologie Gebrauch u. s. w.

Es ist wichtig, sich die Natur dieser Wissenschaften klar
zu machen, da sie wegen ihrer zusammengesetzten Beschaffenheit sich der Einordnung in die reinen Wissenschaften widersetzen, wegen ihrer praktischen Bedeutung aber jedenfalls

Berücksichtigung verlangen. Der letztgenannte Umstand gibt ihnen ausserdem einen einigermassen willkürlichen oder zufälligen Charakter, da ihre Ausbildung vielfach von den besonderen Bedürfnissen der Zeit bedingt sind. Ihre Zahl ist, grundsätzlich gesprochen, sehr gross, da sich jede reine Wissenschaft auf vielfache Weise in eine solche angewandte umwenden lässt, wozu noch die Kombinationen zweier, dreier oder mehrerer Wissenschaften kommen. Ferner ist das Verfahren in den angewandten Wissenschaften grundverschieden von dem in den reinen, da es sich bei ersteren um die möglichst vollständige Auflösung *eines* gegebenen Komplexes in seine wissenschaftlich fassbaren Teile handelt, während die reine Wissenschaft umgekehrt *viele* Komplexe zusammen betrachtet, um aus ihnen das Gemeinsame zu entnehmen; auf die vollständige Analyse des einzelnen Komplexes aber ausdrücklich verzichtet.

In der wissenschaftlichen Arbeit, wie sie sich praktisch vollzieht, pflegen reine und angewandte Wissenschaft keineswegs scharf getrennt zu sein. Einerseits verlangen die Hilfsmittel der Forschung Apparate, Bücher und dergl. Kenntnisse und Betätigung in angewandter Wissenschaft auch beim „reinen" Forscher, andererseits kann nicht selten der „angewandte" seine Aufgabe nicht anders lösen, als indem er zeitweilig zum reinen Forscher wird und fehlende allgemeine Zusammenhänge, deren er für seine Aufgabe bedarf, selbst ermittelt, d. h. entdeckt. Eine Trennung und Unterscheidung der beiden Arten der Wissenschaft war indessen notwendig, weil bei beiden die Methode und das Ziel wesentliche Verschiedenheiten aufweist.

Um uns nun über das Verfahren der reinen Wissenschaft eingehender Rechenschaft zu geben, wenden wir uns zu der Tabelle S. 102—3 zurück und betrachten die einzelnen Wissenschaften gesondert. Als erste ist die Ordnungslehre angegeben, während man meist diese Stelle der Mathematik anweist. Indessen hat die Mathematik mit den Begriffen *Zahl* und *Grösse* als fundamentalen zu tun, während die Ordnungslehre diese noch nicht benutzt. Vielmehr dient hier als Grundbegriff das

Ding oder *Objekt,* von dem man nicht mehr beansprucht oder beachtet, als dass es ein isolierbarer und isoliert bleibender Bruchteil unserer Erlebnisse sei. Ein *beliebiger* Anteil dürfte er nicht sein; einem solchen würde nur eine momentane Dauer zukommen und die Aufgabe der Wissenschaft, aus Gegebenem Unbekanntes zu erfahren, könnte an ihm nicht zur Ausführung gelangen. Vielmehr muss dieser Anteil die Beschaffenheit haben, dass er gekennzeichnet und wiedererkannt werden kann, d. h. er muss bereits *begriffliche* Natur haben. Es können somit nur *wiederholbare* Teile unserer Erlebnisse (die ja allein Gegenstand der Wissenschaft sein können) als Dinge oder Objekte bezeichnet werden. Damit ist aber auch alles gesagt, was von ihnen erfordert wird; im übrigen mögen sie so verschieden sein, als nur denkbar ist.

Fragt man nun nach den wissenschaftlichen Aussagen, welche über derart unbestimmte Dinge gemacht werden können, so sind es insbesondere die Beziehungen der Ordnung und Zuordnung, welche eine Ausbeute ergeben. Nennen wir irgend eine begrenzte Zusammenstellung derartiger Dinge eine *Menge,* so können wir eine Menge auf verschiedene Weise *ordnen,* d. h. wir können für jedes Ding die Beziehung bestimmen, in welcher es zu den benachbarten Dingen stehen soll. Durch jede derartige Ordnung entstehen nun nicht nur die vorgeschriebenen Beziehungen, sondern eine grosse Anzahl neue, und es zeigt sich, dass, wenn die ersten Beziehungen *gegeben* sind, die anderen immer in gleicher Weise eintreten. Hiermit ist aber der Typus des wissenschaftlichen Satzes oder *Naturgesetzes* (S. 100) gegeben: aus dem Vorhandensein gewisser Ordnungsbeziehungen können wir auf das Vorhandensein anderer, die wir noch nicht nachgeprüft haben, schliessen.

Um diese Erscheinung an einem Beispiel anschaulich zu machen, denken wir uns die Dinge in eine einfache Reihe geordnet, indem wir ein Ding zum Anfangsgliede wählen, und nun diesem ein anderes als folgendes zugesellen; dem letzteren wird wieder eines zugesellt und so fort. Es ist somit die Stelle jedes Dinges in der Reihe nur in bezug auf das eine unmittelbar vorhergegangene bestimmt worden. Nichtsdestoweniger ist damit die Stelle jedes Gliedes in der *ganzen* Reihe und somit zu *jedem anderen* Gliede bestimmt worden. Dies kommt in einer Anzahl von besonderen Gesetzen zur Geltung; unterscheiden wir in leicht ersichtlicher Weise *frühere* und *spätere* Glieder, so können wir u. a. den Satz aussprechen: ist *B* ein späteres Glied in bezug auf *A,* und *C* ein späteres in bezug auf *B,* so ist *C* auch ein späteres Glied in bezug auf *A.*

Die Richtigkeit und die Allgemeingültigkeit dieses Satzes erscheint uns über jeden Zweifel erhaben. Dies liegt aber nur daran, dass wir ihn mit äusserster Leichtigkeit in zahllosen Einzelfällen prüfen können und geprüft haben. Wir kennen nur Fälle, die dem Satze entsprechen, und haben nie einen widersprechenden Fall erlebt. Einen solchen Satz deshalb als eine *Denknotwendigkeit* zu bezeichnen, scheint mir nicht sachgemäss. Denn der Ausdruck Denknotwendigkeit kann sich nur auf die Tatsache stützen, dass jedesmal, wo man den Satz denkt, d. h. sich an seine Prüfung erinnert, man immer seine Bestätigung gegenwärtig hat. *Denkbar* ist aber auch ein jeder falsche Satz; davon gibt die Tatsache, dass soviel Falsches tatsächlich gedacht wird, ein unwiderlegliches Zeugnis. Den Beweis für die Richtigkeit eines Satzes aber darauf gründen zu wollen, dass sein Gegenteil undenkbar sei, ist ein unausführbares Unternehmen, weil man jeden beliebigen Unsinn denken kann; wo man den Beweis zu führen geglaubt hat, ist immer eine Verwechselung von Denken und Anschauen, Beweisen oder Prüfen vorgekommen.

Mit diesem einen Satz ist natürlich die Theorie der Ordnung nicht erschöpft, doch handelt es sich hier nicht um die Darstellung dieser Theorie, sondern um ein Beispiel für die Beschaffenheit der Probleme der Wissenschaftslehre. So soll von weiteren Fragen noch das Verfahren der *Zuordnung* kurz erörtert werden.

Sind zwei Mengen *A* und *B* gegeben, so kann man jedem Gliede von *A* eines von *B zuordnen,* d. h. man bestimmt, dass gewissen Operationen, die mit den Gliedern von *A* ausgeführt werden, auch mit denen von *B* geschehen sollen. Nun können wir damit beginnen, dass wir einfach die Zuordnung Glied für

Glied ausführen. Dann wird einer von drei Fällen eintreten: entweder wird *A* erschöpft sein, während von *B* noch Glieder übrig sind. Oder ist *B* zuerst erschöpft. Oder endlich, *A* und *B* sind gleichzeitig erschöpft. Im ersten Falle nennen wir *A* ärmer als *B*, im zweiten *B* ärmer als *A*, im dritten sind beide Mengen gleich.

Hier tritt uns zum ersten Male der wissenschaftliche Begriff der *Gleichheit* entgegen und verlangt Erörterung. Von einer vollkommenen Uebereinstimmung beider als gleich bezeichneten Mengen kann offenbar keine Rede sein, denn wir haben ja die Voraussetzung gemacht, dass die Glieder beider Mengen von beliebiger Beschaffenheit sein können; sie können also, einzeln betrachtet, so verschieden als möglich sein. Wohl aber sind sie gleich als *Mengen*. Denn wie ich auch die Glieder von *A* ordnen mag: da jedem Gliede von *A* eines von *B* zugeordnet ist, so kann ich jede Ordnung von *A* auch an *B* ausführen, und in bezug auf die Ordnungseigenschaften lässt sich zwischen *A* und *B* kein Unterschied erkennen. So wie aber *A* ärmer oder reicher als *B* ist, hört diese Möglichkeit auf, da alsdann eine der Mengen Glieder besitzt, denen keine in der anderen Menge entsprechen, so dass die mit diesen Gliedern vorgenommenen Operationen an der anderen Menge nicht ausgeführt werden können.

Gleichheit im wissenschaftlichen Sinne bedeutet also Gleichwertigkeit oder Substituierbarkeit bei ganz bestimmten Operationen, oder für ganz bestimmte Beziehungen. Ausserhalb dieses Gebietes können die als gleich angesprochenen Dinge beliebige Verschiedenheiten aufweisen. Man erkennt in diesem besonderen Falle leicht das allgemeine Abstraktionsverfahren der Wissenschaft wieder.

Auf Grund der eben gegebenen Definitionen können wir weiter Sätze aufstellen. Ist die Menge *A* gleich *B* und *B* gleich *C*, so ist auch *A* gleich *C*. Den Beweis führt man, indem man zunächst *A* zu *B* ordnet; nach der Voraussetzung bleibt hierbei kein Glied übrig. Dann ordnet man *C* zu *B*, wobei gleichfalls kein Glied übrig bleibt. Hierbei ist jedes Glied von *A* unter Vermittelung eines Gliedes von *B* einem Gliede *C* zugeordnet,

und. diese Zuordnung bleibt erhalten, wenn man auch die Menge
B ausschaltet, d. h. A und C sind gleich. Die gleiche Schlussweise lässt sich für beliebig viele Mengen ausführen.

Ebenso kann man beweisen, dass, wenn A ärmer ist als B,
und B ärmer als C, auch A ärmer als C ist. Denn bei der Zuordnung von B zu A bleiben nach der Voraussetzung Glieder
von B übrig, und ebenso bleiben solche von C übrig, wenn man
C der Menge B zuordnet. Folglich bleiben bei der Zuordnung
von C zu A nicht nur die Glieder übrig, welche sich nicht zu
B ordnen liessen, sondern auch die den bezüglich A über-
schüssigen Gliedern von B zugeordneten Glieder von C. Auch
dieser Satz lässt sich auf beliebige Mengen erweitern und gestattet, eine Anzahl verschiedener Mengen in eine eindeutige
Reihe zu ordnen, indem man mit der ärmsten anfängt und jede
folgende so wählt, dass sie reicher als die vorangehende, aber
ärmer als die folgende ist. Auf Grund des soeben bewiesenen
Satzes folgt alsbald hieraus, dass hierdurch auch jede Menge
in bezug auf *alle* anderen Mengen so geordnet ist, dass sie
reicher als alle vorangegangenen und ärmer als alle folgenden
ist.[1])

Bei dieser Ableitung einiger wissenschaftlicher Sätze oder
Gesetze einfachster Art tritt uns das Verfahren dieser Ableitung
und die Beschaffenheit der Ergebnisse besonders klar entgegen.
Wir gewinnen einen solchen Satz, *indem wir eine Operation
ausführen und das Ergebnis derselben aussprechen.* Dieser
Ausspruch ermöglicht uns, in der Folge die Ausführung der
Operation uns zu ersparen, indem wir dem Gesetze gemäss das
Resultat unmittelbar angeben können. Hierdurch wird eine Ab-
kürzung und somit eine Erleichterung des Verfahrens erzielt,
die um so erheblicher wird, je grösser die Zahl der ersparten
Operationen ist.

Haben wir eine beliebige Anzahl gleicher Mengen, so erkennen wir durch Ausführung der Zuordnung, dass alle auf
die Ordnung bezüglichen Operationen, die wir an einer von

---

[1]) Gleiche Mengen können hierbei nicht unterschieden werden und
stellen daher nur eine Menge dar.

ihnen ausführen, an allen anderen ausführbar sind. Es genügt
also, die Ordnungseigenschaften einer dieser Mengen zu bestimmen, um alsbald die Ordnungseigenschaften aller anderen
zu kennen. Dies ist ein äusserst wichtiger Satz, der unaufhörlich zu den mannigfaltigsten Zwecken angewendet wird. So
beruht alles Sprechen, Schreiben und Lesen auf der Zuordnung
von Gedanken zu Lauten und Zeichen, und dadurch, dass wir
die Zeichen unseren Gedanken gemäss ordnen, bewirken wir,
dass unsere Hörer oder Leser die gleichen Gedanken in gleicher
Folge denken. Ebenso handhaben wir in den verschiedenen
(namentlich in den einfacheren) Wissenschaften mannigfaltige
Formelsysteme, die wir den Erscheinungen zuordnen, an Stelle
der Erscheinungen selbst, und können aus ihnen gewisse
Eigenschaften der Erscheinungen ableiten, ohne diese selbst
handhaben zu müssen. Sehr auffallend tritt uns die Kraft dieses Verfahrens in der Astronomie entgegen, wo wir durch die
Handhabung bestimmter, den verschiedenen Himmelskörpern
zugeordneter Formeln deren künftige Stellungen mit einem
hohen Grade der Annäherung vorausbestimmen können.

Von der Ordnungslehre gelangen wir zur *Zahlenlehre* oder
Arithmetik durch die systematische Entwicklung einer eben
(S. 109) angedeuteten Operation. Wir können beliebige Mengen in solcher Weise ordnen, dass stets eine reichere auf eine
ärmere folgt. Doch ist das auf solche Weise erhaltene Gebilde
in bezug auf die Anzahl und den Reichtum seiner Glieder *zufällig*. Ein regelmässiges und *vollständiges* Gebilde aller möglicher Mengen erhalten wir offenbar erst, wenn wir von einer
eingliedrigen Menge oder *einem* einfachen Dinge ausgehen, und
durch Hinzufügung je *eines* Gliedes weitere Mengen aus der
vorhandenen erzeugen. Wir erhalten hierbei die verschiedenen
Mengen gleich nach zunehmendem Reichtum geordnet, und da
wir um je ein Glied fortgeschritten sind, also die kleinsten
Stufen gemacht haben, welche möglich sind, so sind wir
sicher, keine mögliche Menge ausgelassen zu haben, welche
ärmer ist, als die reichste, bis zu welcher die Operation ausgeführt worden ist.

Dieser ganze Vorgang ist wohlbekannt; er ergibt die Reihe

der ganzen positiven Zahlen, und zwar die Kardinalzahlen. Es ist zu beachten, dass hierbei der Begriff der *Grösse* noch nicht in Betracht kommt; was wir erhalten haben, ist der Begriff der *Anzahl.* Die einzelnen Dinge oder Glieder in dieser Anzahl sind ganz willkürlich, insbesondere brauchen sie in keiner Weise *gleich* zu sein. Jede Zahl bildet einen Mengentypus, und die *Arithmetik* oder Zahlenlehre hat die Eigenschaften dieser verschiedenen Typen in bezug auf Teilung und Zusammenfügung zu untersuchen. Geschieht dies in allgemeinerer Form, ohne Rücksicht auf den besonderen Betrag der Zahl, so nennt man die entsprechende Wissenschaft *Algebra.* Andererseits hat sich durch die Anwendung von formalen Bildungsregeln über das Gebiet ihrer ursprünglichen Geltung hinaus eine Erweiterung des „Zahlkörpers" nach der anderen ergeben; so führte das Zählen nach rückwärts zur Null und den negativen Zahlen, die Umkehrung des Potenzierens zu den imaginären Zahlen. Denn der Mengentypus der ganzen positiven Zahlen ist zwar der *einfachste,* aber keineswegs der *einzig möglich,* und zum Zwecke der Darstellung anderer Mannigfaltigkeiten, wie solche in der Erfahrung angetroffen werden, haben sich diese neuen Typen als sehr brauchbar erwiesen.

Gleichzeitig liefert aber die Zahlenreihe einen überaus brauchbaren *Ordnungstypus.* Durch ihre Entstehung ist sie alsbald auch geordnet, und man bedient sich ihrer zum Zwecke der Zuordnung anderer Mengen. So sind wir gewohnt, die Seiten eines Buches, die Plätze im Theater und zahlenlose andere Mengen, die wir in irgend einer Ordnung benutzen wollen, mit den Zeichen der Zahlenreihe zu versehen, wobei die stillschweigende Annahme gemacht wird, dass die Benutzung jener zugeordneten Menge in derselben Reihenfolge geschehen soll, wie die natürlichen Zahlen aufeinander folgen. Auch die so entstehenden *Ordnungszahlen* stellen keine Grössen dar; ebensowenig stellen sie den einzig möglichen Ordnungstypus dar; sie sind aber wieder der *einfachste* von allen.

Zum Begriffe der *Grösse* gelangen wir erst in der Lehre von Zeit und Raum. Eine Zeitlehre als besondere Wissenschaft ist nicht ausgebildet; vielmehr pflegt das, was über die Zeit zu sagen ist, erst in der Mechanik aufzutreten. Indessen können wir die hier auftretenden fundamentalen Begriffe an so wohlbekannten Eigentümlichkeiten der Zeit darlegen, dass das Fehlen einer abgesonderten Zeitwissenschaft keinen Nachteil bringt.

Die erste und wichtigste Eigenschaft der Zeit (und des Raumes) ist, dass sie eine *stetige* Mannigfaltigkeit ist. Das heisst, dass jedes vorgelegte Stück der Zeit an jeder beliebigen Stelle geteilt werden kann. Bei der Zahlenreihe ist dies nicht der Fall, sie kann nur zwischen den einzelnen Zahlen geteilt werden. Die Reihe Eins bis Zehn hat nur neun Teilstellen und keine mehr; eine Minute oder Sekunde dagegen hat unbegrenzt viele Teilstellen. Es ist mit anderen Worten in dem Verlaufe irgend einer Zeit nichts gegeben, was uns hinderte, in jedem beliebigen Augenblick die bis dahin verflossene Zeit von der folgenden in Gedanken zu trennen oder zu unterscheiden. Ganz ebenso ist es mit dem Raum beschaffen, nur dass die Zeit eine einfache, der Raum eine *dreifache* stetige Mannigfaltigkeit ist.

Nichtsdestoweniger pflegen wir Zeiten und Räume mit Zahlen zu bezeichnen, wenn wir sie messen. Untersuchen wir z. B. das Verfahren beim Messen einer Länge, so besteht es darin, dass wir eine als unveränderlich angesehene Länge, den *Massstab*, so oft hintereinander auf die zu messende Strecke legen, bis wir sie zurückgelegt haben; die Anzahl dieser Auflegungen gibt uns das Mass oder die Grösse der Strecke. Es kommt also darauf hinaus, dass wir durch die Bezeichnung willkürlich gewählter Punkte auf der stetigen Strecke dieser eine künstliche Unstetigkeit auferlegen, welche es uns gestattet, sie der unstetigen Zahlenreihe zuzuordnen.

Zum Begriffe des Messens gehört aber noch die weitere Annahme, dass die von der Strecke durch den Massstab abgeschnittenen Teile *gleich* seien, und man nimmt an, dass diese Voraussetzung bei beliebiger Verschiebung des Massstabes erfüllt ist. Wie man sieht, ist dies eine noch weiter hergeholte Definition der Gleichheit, als die frühere, denn man kann tatsächlich nicht einen Teil der Strecke durch einen anderen ersetzen,

um sich zu überzeugen, ob sich hierbei nichts ändert. Ebensowenig kann man behaupten oder beweisen, dass der Massstab beim Verschieben im Raume gleich lang bleibt; man kann
nur aussagen, dass man solche Strecken, wie sie durch den
Massstab an verschiedenen Orten bestimmt werden, als gleich
erklärt oder definiert. Wird doch tatsächlich für unser Auge
der Massstab perspektivisch um so kleiner, je weiter wir uns
von ihm befinden.

An diesem Beispiele sieht man von neuem den grossen Betrag an Willkür oder freier Wahl, der in all unserer Gestaltung der Wissenschaft enthalten ist. Wir könnten eine Geometrie entwickeln, in der solche Strecken als gleich bezeichnet
werden, welche unserem Auge subjektiv gleich erscheinen, und
würden gleichfalls ein in sich konsequentes System oder eine
Wissenschaft ausbilden können. Eine solche Geometrie würde
aber eine für objektive Zwecke (z. B. Landvermessung)
äusserst verwickelte und unzweckmässige Gestalt haben, und
so bestreben wir uns, eine von subjektiven Anteilen möglichst
freie Wissenschaft auszubilden. Geschichtlich haben wir einen
derartigen Vorgang in der Astronomie des Ptolemäus und in
der des Coppernicus vor Augen. Erstere entsprach dem *subjektiven Augenscheine* in der Annahme, dass alle Gestirne sich
um die Erde drehen, erwies sich aber als sehr verwickelt gegenüber der Aufgabe, diese Bewegungen rechnerisch zu bewäl-
tigen. Letzterer gab den subjektiven Standpunkt des Beobachters, der sich als das Zentrum ansah, auf und erzielte durch
die Verlegung des Drehungszentrums in die Sonne eine enorme
Vereinfachung.

Einige Worte sind hier noch über die Anwendung der
Arithmetik und Algebra auf Geometrie zu sagen. Es ist bekannt, dass man unter bestimmten Voraussetzungen (Koordinaten) mittelst algebraischer Formeln geometrische Gebilde
derart darstellen kann, dass man aus den rechnerischen Eigenschaften der Formeln geometrische Eigenschaften der Gebilde
entnehmen kann und umgekehrt. Man muss fragen, wie eine
derartige enge und eindeutige Beziehung zwischen so verschiedenartigen Dingen möglich ist. Die Antwort lautet dahin, dass

es sich hier um einen besonders anschaulichen Fall der *Zuord-*
nung handelt. Die Mannigfaltigkeit der Zahlen ist viel grösser,
als die der Ebene oder des Raumes, denn während diese durch
zwei bezw. drei unabhängige Abmessungen bestimmt sind, kann
man beliebig viele unabhängige Zahlenreihen zusammenwirken
lassen. Man schränkt daher willkürlich die Mannigfaltigkeit
der Zahlen auf zwei bezw. drei unabhängige Reihen ein, und
bestimmt ferner deren gegenseitige Beziehungen (vermittelst
der Kosinussätze) soweit, dass gerade eine der räumlichen entsprechende Mannigfaltigkeit entsteht, die man der räumlichen
vollständig zuordnen kann. Dann hat man zwei Mannigfaltigkeiten von gleichem *Mannigfaltigkeitscharakter,* und alle Ord-
nungs- und Grösseneigenschaften der einen finden ihre „Abbildung" in der anderen.

Hiermit ist wieder ein äusserst wichtiges wissenschaftliches Verfahren gekennzeichnet, welches darin besteht, *dass*
zu dem Erfahrungsinhalte eines gewissen Gebietes eine formale
Mannigfaltigkeit gebildet wird, welcher man den gleichen Man-
nigfaltigkeitscharakter erteilt, den jener besitzt. Jede Wissenschaft erlangt hierdurch eine gewisse *Formelsprache* von entsprechender Vollkommenheit, die davon abhängt, wie richtig
man den Mannigfaltigkeitscharakter des Objektes erkannt, und
wie zweckmässig man die Formeln gewählt hat. Während diese
Aufgabe in der Arithmetik und Algebra recht vollkommen
(wenn auch keineswegs absolut vollkommen) gelöst ist,
drücken beispielsweise die chemischen Formeln nur einen verhältnismässig kleinen Teil der darzustellenden Mannigfaltigkeit
aus, und in der Biologie bis Soziologie sind kaum die ersten
Ansätze zur strengen Lösung dieser Aufgabe vorhanden.

Als eine solche universale Mannigfaltigkeit, um die Mannigfaltigkeiten des Erlebens abzubilden, dient insbesondere die
Sprache. Entsprechend ihrer Entwickelung aus Zeiten geringer
Kultur her ist sie keineswegs regelmässig und vollständig genug gestaltet, um ihren Zweck angemessen und bequem zu
erfüllen. Vielmehr ist sie ebenso unsystematisch, wie es die
Ereignisse im Leben der einzelnen Völker gewesen sind, und
die Notwendigkeit, die unendlich verschiedenen Einzelheiten

des täglichen Lebens auszudrücken, hat sich nur dadurch ausführen lassen, dass die Zuordnung zwischen Wort und Begriff ziemlich unbestimmt und nach Bedarf innerhalb ziemlich weiter Grenzen veränderlich gehalten wurde. So ist alle Arbeit in solchen Wissenschaften, welche sich wesentlich dieses Hilfsmittels bedienen müssen, wie insbesondere Psychologie und Soziologie oder allgemein Philosophie durch den unaufhörlichen Kampf mit der Unbestimmtheit und Vieldeutigkeit der Sprache auf das äusserste erschwert. Eine Verbesserung dieses Zustandes kann nur dadurch erreicht werden, dass man in dem Masse, als der Fortschritt der Wissenschaft es gestattet, an Stelle der Worte für die Abbildung der Begriffe *Zeichen* einführt, und diese mit der Mannigfaltigkeit ausstattet, welche den Begriffen erfahrungsmässig eigen ist.

Eine mittlere Stellung nehmen in dieser Beziehung die Wissenschaften ein, welche oben als Teile der *Energetik* bezeichnet worden sind. Zu den Begriffen Ordnung, Zahl, Grösse, Raum und Zeit tritt in diesem Gebiet eine neuer Begriff, die *Energie,* welcher auf jede einzelne Erscheinung in diesem ganzen Gebiete ebenso Anwendung findet, wie jene allgemeineren Begriffe. Dies rührt daher, dass eine gewisse Grösse, die uns am unmittelbarsten als *mechanische Arbeit* bekannt ist, sich vermöge ihrer Eigenschaft der qualitativen Umwandelbarkeit und quantitativen Unveränderlichkeit a's Bestandteil jeder physischen, d. h. dem Gebiete der Mechanik, Physik und Chemie angehörigen Erscheinung nachweisen lässt. Man kann mit anderen Worten jedes physische Ereignis dadurch vollständig kennzeichnen, dass man angibt, welche Mengen und Arten Energie dabei vorhanden gewesen sind, und in welche Energieen sie sich verwandelt haben. Demgemäss ist es rationell, die sogenannten physischen Erscheinungen lieber energetische zu nennen.

Dass eine derartige Auffassung *möglich* ist, pflegt jetzt allgemein zugegeben zu werden; dagegen pflegt man ihre Zweckmässigkeit in Zweifel zu ziehen, und hat dazu gegenwärtig um so mehr Recht, als eine durchgreifende Darstellung der physischen Wissenschaften im energetischen Sinne noch

8*

nicht ausgeführt worden ist. Wendet man indessen das eben gegebene Kriterium eines wissenschaftlichen Systems, die Angemessenheit der abbildenden Mannigfaltigkeit der abzubildenden gegenüber, auf diese Frage an, so ergibt sich ohne Zweifel, dass alle bisherigen Systematisierungen in Gestalt von Hypothesen, die in diesen Wissenschaften versucht worden sind, in dieser Beziehung fehlerhaft sind. Es sind bisher immer zum Zwecke der „Abbildung" der Erfahrungen Mannigfaltigkeiten verwendet worden, deren Charakter dem der abzubildenden nur in einzelnen Hauptpunkten entsprach, ohne Rücksicht auf strenge Uebereinstimmung, ja ohne bestimmte Fragestellung und Untersuchung in solchem Sinne.

Die energetische Auffassung gestattet nun jede Bestimmtheit des Abbildungsverfahrens, welche der Stand der Wissenschaft erforderlich oder zulässig macht. Für jeden besonderen Mannigfaltigkeitscharakter des Gebietes bietet sich eine besondere Energieart dar; so hat die Wissenschaft schon lange mechanische, elektrische, thermische, chemische u. s. w. Energie unterschieden. Alle diese verschiedenen Arten hängen durch das Gesetz der Umwandlung unter Erhaltung des quantitativen Masses zusammen und sind insofern einheitlich verbunden. Andererseits hat sich bisher noch für jede empirisch aufgefundene Mannigfaltigkeit der entsprechende energetische Ausdruck aufstellen lassen. Als künftiges System der gesamten Energetik ergibt sich daher eine Tabelle aller möglichen Mannigfaltigkeiten, deren die Enegie fähig ist. Hierbei ist festzuhalten, dass zufolge des Erhaltungsgesetzes die Energie eine notwendig positive Grösse ist, welche ausserdem mit der Eigenschaft unbeschränkter Addierbarkeit ausgestattet ist; diesen Charakter muss somit auch jede besondere Energieart haben.

Die sehr geringe Mannigfaltigkeit, welche diese Bedingung übrig zu lassen scheint, wird dadurch sehr erhöht, dass jede Energieart sich in zwei Faktoren zerlegen lässt, die nur der Beschränkung unterworfen sind, dass ihr Produkt, die Energie, die eben angegebenen Bedingungen erfüllt, während sie selbst viel freier sind. So kann beispielsweise ein Faktor einer Energieart ganz wohl ausser positiv auch negativ werden; es ist nur erforderlich, dass gleichzeitig auch der andere Faktor negativ wird.

Hiernach erscheint es als möglich, indem man den Faktoren der Energie alle denkbaren Mannigfaltigkeitseigenschaften zuteilt und sie dann paarweise kombiniert, worauf man diejenigen Produkte ausscheidet, welche die soeben gegebenen Bedingungen nicht erfüllen, *eine Tabelle aller möglichen Energiearten* aufzustellen. Durch den Vergleich mit den zurzeit bekannten Energiearten würde man die noch unbekannten ermitteln und ihren wichtigsten Eigenschaften nach kennzeichnen können. Der Erfahrung wäre dann nur noch die Bestimmung der spezifischen Konstanten vorbehalten. Ich habe seit einer Reihe von Jahren von Zeit zu Zeit versucht, dies Programm auszuführen, bin aber noch nicht so weit gelangt, dass eine Veröffentlichung der bisherigen Ergebnisse gerechtfertigt wäre.

Wenden wir uns nun zu den biologischen Wissenschaften, so tritt uns in ihnen als neu die Erscheinung des *Lebens* entgegen. Hält man sich frei von allen Hypothesen an die beobachtbaren Tatsachen, so erkennt man als allgemeines Kennzeichen der Lebenserscheinungen den stationären Energiestrom, der durch ein verhältnismässig konstantes Gebilde läuft. Der Stoffwechsel ist nur ein Teil, wenn auch ein sehr wichtiger, dieses Stromes; aber insbesondere bei der Pflanze wird die vorwiegende Bedeutung der Energie in ihrer unkörperlichsten Form, der Sonnenstrahlung, unmittelbar anschaulich. Daneben ist noch die Selbsterhaltung und -ergänzung nebst der Reproduktion, der Erzeugung gleichartiger Nachkommen wesentlich. Alle diese Eigenschaften müssen vorhanden sein, damit ein Organismus zustande kommt; sie müssen aber auch vorhanden sein, wenn der erkennende Mensch imstande sein soll, durch wiederholte Erfahrung sich den Begriff irgend eines bestimmsten Organismus, sei es ein Löwe oder ein Schimmelpilz, zu bilden. Es kommen ja auch andere Organismen vor, welche diesen Bedingungen nicht entsprechen; sie führen wegen ihrer Vereinzelung aber nicht zu einem Speziesbegriff, sondern werden als „Missbildungen" oder „Monstra" von der wissenschaft-

lichen Betrachtung (ausser zu besonderen Zwecken) ausgeschlossen.

Während die Organismen meist mit Energiearten arbeiten,
welche wir aus der anorganischen Welt gut kennen, finden sich
bei den höheren Formen Organe, welche zweifellos Energie-
übertragungen bewirken oder vermitteln, für welche wir aber
noch nicht angeben können, welche besondere Energieart sich
in ihnen betätigt. Man nennt diese Organe Nerven, und ihre
Funktion ist regelmässig die, dass sie, nachdem am einen Ende
gewisse Energiearten auf sie eingewirkt haben, sie am anderen
Ende *auslösend* auf dort vorhandene Energien wirken, die sich
dann in ihrer besonderen Weise betätigen. Dass energetische
Aenderungen während des Vorganges der Nervenleitung sich
auch im Nerv abspielen, darf als bewiesen angesehen werden;
wir werden also berechtigt sein, von einer *Nervenenergie* zu
sprechen, wobei es dahingestellt bleiben mag, ob hier eine
Energie besonderer Art, oder etwa chemische Energie oder
endlich eine Kombination mehrerer Energien vorliegt.

Während diese Vorgänge sich durch Reizung des Nerven
und seine entsprechende auslösende Reaktion in dem Endappa-
rate (z. B. einem Muskel) objektiv nachweisen lassen, finden
wir bei uns selbst mit einigen Nervenvorgängen verbunden eine
Erscheinung neuer Art, die wir *Selbstbewusstsein* nennen.
Aus der Uebereinstimmung unserer Reaktionen mit denen anderer Menschen schliessen wir mit wissenschaftlicher Wahrscheinlichkeit, dass auch diese Selbstbewusstsein besitzen; den gleichen Schluss gestatten wir uns auch für einige höhere Tiere.
Wie weit nach unten Aehnliches vorhanden ist, lässt sich mit
den heutigen Mitteln nicht feststellen, da die Analogie der
Organisation und des Verhaltens sehr schnell abnimmt; doch
ist die Reihe angesichts des sehr grossen Sprunges zwischen
Mensch und Tier vermutlich nicht sehr lang. Auch sprechen
mancherlei Gründe dafür, dass die graue Rindensubstanz im
Gehirn mit ihren charakteristischen Pyramidenzellen das anato-
mische Substrat dieser Art nervöser Tätigkeit ist.

Die Lehre von den Vorgängen des Selbstbewusstseins bildet
nun den Hauptpunkt der Psychologie. In diese Wissenschaft

gehören auch diejenigen Gebiete, welche gewöhnlich der Philosophie zugerechnet werden, insbesondere die Logik und Erkenntnistheorie, während die Aesthetik und noch mehr die Ethik zu den sozialen Wissenschaften zu rechnen sind.

Letztere befassen sich mit den Lebewesen, insofern sie sich zu Gruppen mit gemeinsamen Funktionen zusammenfassen lassen. An die Stelle der Individualpsyche tritt hier eine *Kollektivpsyche*, welche vermöge des Ausgleiches der individuellen Verschiedenheiten der Angehörigen einfachere Verhältnisse aufweist als jene. Hieraus ergibt sich insbesondere die Aufgabe der Geschichtswissenschaft. Die Vorgänge in der uns zugänglichen Welt sind teils durch physische, teils durch psychologische Faktoren bedingt, und an beiden lässt sich eine einseitige Veränderlichkeit in der Zeit nachweisen. So entsteht einerseits eine Himmels- und Erdgeschichte, andererseits eine Geschichte der Organismen bis zum Menschen aufwärts.

Alle Geschichte hat zunächst die Aufgabe, vergangene Tatbestände mittelst der von ihnen übrig gebliebenen Wirkungen festzustellen. Wo solche nicht vorhanden sind, bleibt nur die Analogie als höchst zweifelhaftes Mittel übrig, sich eine Vorstellung von jenen Tatbeständen zu machen. Hierbei ist indessen zu erwägen, dass ein Ereignis, welches keine nachweisbaren Spuren hinterlassen hat, auch für uns keinerlei Interesse besitzt, denn dieses ist unmittelbar proportional dem Betrage der Aenderung, welche das Ereignis am Vorhandenen bewirkt hat. — Mit der Feststellung der früheren Tatbestände ist indessen die Aufgabe der Geschichtswissenschaft ebensowenig erschöpft, wie etwa die Aufgabe der Physik mit der Feststellung eines einzelnen Tatbestandes, etwa der Temperatur eines bestimmten Ortes zu bestimmter Zeit. Vielmehr haben die einzelnen Tatbestände zur Ermittelung der allgemeinen Eigenschaften der Kollektivpsyche zu dienen, und die vielumstrittenen historischen Gesetze sind solche der Kollektivpsychologie. Ebenso wie die physikalischen und chemischen Gesetze dazu ermittelt werden, um mit ihrer Hilfe den Ablauf künftiger (etwa experimentell oder technisch hervorzurufender) physikalischer Geschehnisse vorauszusehen, so sollen die historischen

Gesetze die Gestaltung und Beherrschung der sozialen und politischen Entwickelung ermöglichen. Wir sehen, dass die grossen Staatsmänner zu allen Zeiten eifrig Geschichte für diesen Zweck studiert haben und entnehmen daraus die Sicherheit, dass es trotz der Einwendungen zahlreicher Gelehrter historische Gesetze gibt.

Vergegenwärtigen wir uns nach diesem schnellen Ueberblick den durchmessenen Weg, so erkennen wir folgende allgemeinen Verhältnisse. Jedesmal besteht die Ausbildung einer Wissenschaft darin, dass durch bestimmte Abstraktionen aus der Erfahrung *Begriffe* gebildet und miteinander in Beziehung gesetzt werden, wodurch eine gedankliche Beherrschung gewisser Seiten unserer Erlebnisse ermöglicht wird. Solche Beziehungen heissen je nach dem Grade ihrer Allgemeinheit und Zuverlässigkeit Regeln oder Gesetze. Ein Gesetz ist um so wichtiger, je mehr Bestimmtes es von möglichst vielen Dingen aussagt, und je genauer es daher die Zukunft ermitteln lässt. Jedes Gesetz beruht auf einer unvollständigen Induktion und ist daher der Modifikation durch die Erfahrung ausgesetzt. Hieraus ergibt sich ein doppeltes Verfahren bei der Entwickelung der Wissenschaft.

Einmal werden die tatsächlichen Verhältnisse darauf untersucht, ob sich zwischen ihnen nicht ausser den bekannten noch neue Regeln oder Gesetze, d. h. konstante Beziehungen zwischen einzelnen Eigentümlichkeiten ermitteln lassen. Dies Verfahren ist das *induktive*, und zwar ist die Induktion wegen der Unbegrenztheit aller möglichen Erfahrung stets eine *unvollständige*.

Sodann wird die induktiv gefundene Beziehung auf Fälle angewendet, die noch nicht untersucht worden sind. Namentlich gelangen solche Fälle zur Untersuchung, die sich aus der Kombination mehrerer induktiver Gesetze ergeben. Wenn diese vollkommen sicher sind, und ausserdem die Kombination richtig ausgeführt ist, so hat auch das Ergebnis Anspruch auf unbedingte Geltung. Dies ist der Grenzfall, dem sich alle Wissenschaften anzunähern bestrebt sind; nahezu erreicht ist er in den einfachsten Wissenschaften, in der Mathematik und gewissen Teilen der Mechanik. Man nennt dies Verfahren das *deduktive*.

Im tatsächlichen Betriebe jeder Wissenschaft wechseln nun beide Forschungsmethoden beständig. Das beste Mittel, neue erfolgreiche Induktionen zu finden, besteht in der Ausführung einer Deduktion, eventuell auf sehr mangelhafter Grundlage und der nachmaligen Prüfung derselben an der Erfahrung. Zuweilen kommen dem Forscher die Glieder seiner Deduktion gar nicht zum Bewusstsein; man spricht in solchen Fällen vom wissenschaftlichen *Instinkt*. Andererseits haben wir von grossen Mathematikern mancherlei Nachricht darüber, dass sie ihre allgemeinen Gesetze auf induktivem Wege, durch Probieren und Betrachtung einzelner Fälle, zu finden pflegten, und dass die deduktive Ableitung aus anderen bekannten Gesetzen eine davon unabhängige Operation ist, die zuweilen erst viel später glückt. Ja es gibt auch heute eine Anzahl mathematischer Sätze, welche das zweite Stadium noch nicht erreicht haben, und daher zurzeit einen rein induktiv-empirischen Charakter haben. Der Anteil solcher Gesetze im Bestande der Wissenschaft wächst sehr schnell mit dem Aufsteigen in der Reihe (S. 102).

Eine andere Eigentümlichkeit, welche hier erwähnt werden mag, ist die, dass in der Reihe alle vorangehenden Wissenschaften den Charakter der *angewandten* Wissenschaften (S. 104) gegenüber den folgenden annehmen, indem sie überall für deren Betrieb notwendig sind, aber nicht zu ihrer eigenen Vermehrung, sondern zur Hilfe bei letzteren bestätigt werden.

Fragen wir uns zum Schlusse, welchen Einfluss auf die Gestaltung der Zukunft solche Untersuchungen, wie sie eben im Umriss skizziert worden sind, haben können, so kann folgendes gesagt werden. Bisher ist es als ein völlig unkontrollierbares Ereignis angesehen worden, ob und wo ein grosser und einflussreicher Mann der Wissenschaft sich entwickelt hat. Man ist wohl im klaren darüber, dass ein solcher zu den kostbarsten Schätzen gehört, welche ein Volk (und schliesslich die Menschheit) besitzen kann; die bewusste und regelmässige

Züchtung derartiger Seltenheiten ist aber nicht für möglich gehalten worden. Während dies auch jetzt noch für den ganz
ausserordentlichen Genius zutrifft, sehen wir in den Ländern
älterer Kultur, zurzeit hauptsächlich in Deutschland, ein Er-
ziehungssystem an den Universitäten in Wirksamkeit, durch
welches eine regelmässige Ernte an jungen Männern der Wissenschaft erzielt wird, welche nicht nur das überkommene
Wissen beherrschen, sondern auch die *Technik des Entdeckens*.
Hierdurch ist das Anwachsen der Wissenschaft sicher und
regelmässig gemacht und ihr Betrieb auf eine höhere Basis
gehoben worden. Diese Wirkungen sind bisher wesentlich
nach empirischem, ja zufälligem Verfahren erzielt worden.
Eine Aufgabe der Wissenschaftslehre ist, auch diese Tätigkeit
regelmässig und systematisch zu machen, so dass der Erfolg
nicht mehr von der zufällig vorhandenen besonderen Begabung
für die Bildung einer „Schule" allein abhängig ist, sondern
auch durch weniger originale Köpfe erzielt werden kann. Auch
dem hervorragend Begabten aber wird durch die Beherrschung
der Methode der Weg zu erheblich höheren Leistungen eröffnet,
als er ohne diese erreichen könnte.

Das System der Wissenschaften.

(1909)

Die verschiedenen Auflösungen des Problems, wie die Gesamtheit der menschlichen Wissenschaften anzuordnen sei, hat während der wenigen Jahrhunderte, seit welchen von einer wirklichen Wissenschaft im modernen Sinne die Rede sein kann, beständige Aufmerksamkeit erregt und eine grosse Anzahl von Löseversuchen veranlasst. Unter diesen hat sich der Grundgedanke *Auguste Comtes*, dass man die Wissenschaft nach dem abnehmenden Masse des Umfangs ihrer grundlegenden Begriffe ordnen müsse, so dass man etwa mit der Wissenschaft anfängt, deren Begriff den grössten Umfang hat, und dann unter regelmässiger Einengung des Umfanges durch Spezialisierung des Inhaltes stufenweise zu den anderen Wissenschaften fortschreitet, als der brauchbarste, weil naturgemässeste bewährt. Denn da die *Begriffe* das eigentliche Material der Wissenschaften ausmachen, so muss die Systematik der Begriffe auch die Systematik der Wissenschaften ergeben.

Nun fehlt allerdings noch bis auf den heutigen Tag die erste *Elementtabelle* der Begriffe, welche ähnlich wie die von *Lavoisier* aufgestellte Tabelle der chemischen Elemente einen Ueberblick gäbe, welche von den vorhandenen Begriffen als nicht weiter analysierbar anerkannt werden müssen, und daher die Bestandteile aller anderen, der zusammengesetzten Begriffe bilden. Ebenso wie in der Chemie hat eine solche Tabelle die Eigenschaft, dass ein jedes Glied darin seine Stellung nur auf Widerruf bekleidet, d. h. dass jeder Begriff, den wir zurzeit noch als elementar ansehen, sich möglicherweise bei späterer Analyse als zusammengesetzt erweisen kann. Eine solche Elementtabelle würde die Aufstellung der rationellen Wissenschaftstabelle sehr bedeutend erleichtern. Sie kann aber nicht aufgestellt werden, bevor man sich Klarheit über die *Verbin-dungsgesetze* der Begriffe geschaffen hat. Diese Gesetze sind bekannt, was ihre praktische Anwendung betrifft, doch weiss ich nicht, ob sie jemals systematisch aufgestellt und erörtert worden sind. So habe ich diese Arbeit für meine eigenen Zwecke tun müssen und werde ihre Ergebnisse später an geeigneter Stelle mitteilen, sowohl was die Verbindungsgesetze der Begriffe, wie auch was die Tabelle der Elemente anlangt. Hier gedenke ich nur eine vorläufige Anwendung in Gestalt einer Umarbeitung der *Comte*schen Tabelle der Wissenschaften vorzulegen.

Der erste Punkt, welchen *Comte* und seine Nachfolger übersehen zu haben scheinen, obwohl er von grundsätzlicher Bedeutung ist, bezieht sich auf die Unterscheidung von *reiner* oder *freier* und *angewandter* Wissenschaft. Allerdings hat alle Wissenschaft in letzter Linie nur den Zweck der Anwendung, denn eine Wissenschaft ohne eine solche, genauer ohne den Zweck der *Vorhersagung*, verdient nicht den Namen einer solchen und gehört in das Gebiet der persönlichen Liebhabereien, die für die Gesamheit kein Interesse haben und von ihr daher keine Unterstützung fordern können. Hierbei ist natürlich nicht von unmittelbarer praktischer Benutzung, etwa zum Bau von Fabriken oder zur Verbesserung der Rechtspflege die Rede, sondern nur davon, dass die *Möglichkeit* vorliegt, das erworbene Wissen in irgend einer für die Menschheit wichtigen Angelegenheit zu verwenden. In der Wissenschaft muss mit anderen Worten sehr viel „auf Lager" gearbeitet werden, damit im gegebenen Augenblicke, wo das praktische Bedürfnis die zugehörigen allgemeinen Kenntnisse erforderlich macht, diese bereit liegen, und nicht erst errungen werden müssen. Diesen Zweck des Auflagerarbeitens hat eben die *reine* Wissenschaft, welche deshalb stets so bald als möglich eine systematische *Uebersicht* der in ihr denkbaren Fragen zu beschaffen unternimmt, um zu erkennen, welche Fächer noch unbearbeitet sind, damit diese alsbald ausgefüllt werden. Die angewandten Wissenschaften dagegen beziehen sich auf den unmittelbaren Bedarf und werden daher nicht durch Gründe der Systematik, sondern durch solche des Bedürfnisses zur Ausfüllung vorhandener Mängel und Lücken geführt.

Hieraus ergibt sich Zweck und Grenze des *Comte*schen Systems. Es kann sich bei diesem von vornherein nur um *freie* Wissenschaft handeln, da die Bedürfnisse der angewandten von so vielen Umständen abhängig sind, dass neben alteingesessenen Anwendungen beständig neue entstehen, wie z. B. die Aeronautik. Im Gegensatz zu diesen angewandten Wissenschaften sind die freien nur durch den Gesichtspunkt der Systematik bestimmt, welche das Ordnungsprinzip bezüglich des Lagers darstellt und ohne welche eine regelmässige Benutzung der dort vorhandenen Vorräte nicht ausführbar wäre. Hieraus wird der methodisch-ökonomische Charakter der reinen Wissenschaft, den *Mach* seit langer Zeit immer wieder betont hat, auch von anderer Seite deutlich erkennbar.

Die reinen Wissenschaften kommen also durch einen ähnlichen Auslesevorgang zustande, wie die Begriffe selbst, deren Bearbeitung sie enthalten. Aus der Gesamtheit des Wissens suchen wir zunächst dasjenige heraus, welches sich auf gewisse allgemeinste Begriffe bezieht, wiederholen dann das Verfahren an zunehmend weniger allgemeinen, und bilden aus jeder dieser Gruppen einen besonderen Begriff, eben den der fraglichen Wissenschaft. So enthält eine jede Systematik der Wissenschaft insofern ein Element der Willkür, als wir, so lange die Analyse und Systematik *aller* Begriffe noch nicht durchgeführt worden ist, über die Angemessenheit der benutzten engeren Begriffsbildungen nicht völlig sicher sein können. Aber das aufgestellte Ordnungsprinzip selbst gewährt uns die Mittel, entsprechend der fortschreitenden Entwicklung dieser grundlegenden Kenntnisse, das bisherige System zu verbessern.

Comte scheint sich über diese Notwendigkeit, die angewandten Wissenschaften grundsätzlich von der Systematik auszuschliessen, da sie der Einordnung in das System der reinen Wissenschaften sich begrifflich widersetzen, nicht hinreichend klar geworden zu sein, denn in seiner Tabelle finden sich angewandte Wissenschaften (wie die Astronomie) neben den reinen vor. Hier handelt es sich offenbar um eine Nach-

wirkung der traditionellen praktischen Einteilungen, wie sie
an den Universitäten und in den Lehrbüchern üblich sind.
Solche Nachwirkungen treten regelmässig auch bei schöpferischen Geistern und auf dem eigensten Gebiete ihrer Reformen auf, so dass wir uns stets auf sie gefasst machen müssen.
Obwohl *Comte* sich nicht scheute, eine Anzahl existierender
„Wissenschaften" aus seiner Tabelle fortzulassen, um diese in
seinem Sinne regelmässig zu gestalten, hat er doch nicht ganz
die nötige Unbefangenheit sich zu erringen gewusst. Seine
Tabelle enthält die folgende Gesamteinteilung:

Mathematik (Kalkul, Geometrie, Mechanik);

Astronomie (geometrische und mechanische);

Physik (Barologie, Thermologie, Akustik, Optik, Elektro-
logie);

Chemie (anorganische, organische);

Physiologie (Struktur, Klassifikation, Pflanzen, Tiere, intellektuelle und affektive Ph.);

Soziale Physik (Struktur der menschl. Gesellschaft, Grundgesetz der menschl. Entwicklung, Geschichte der Zivili-
sation).

Dieses Schema ist auch von *Comtes* Nachfolgern im wesentlichen beibehalten worden, denn die Zerlegung der Physiologie
in Physiologie im engeren Sinne und Psychologie, wie sie *H.*
Spencer vorgenommen hat, und die von demselben herrührende
Umtaufung der „sozialen Physik" in *Soziologie* sind zwar in
der Folge allgemein angenommen worden, ändern aber an der
Sache nichts wesentliches.

Meine eigenen Versuche, eine befriedigende Systematik
der Wissenschaften herzustellen, die mich bereits vor zwanzig
Jahren gelegentlich des Entwurfes eines Systems der allgemeinen Chemie beschäftigt hatten,[1]) nahmen seit etwa einem

---

[1]) Als wesentliches Ergebnis meiner damaligen Ueberlegungen erkannte
ich, dass die Wissenschaften sich nicht durch die Gegenstände unterscheiden, welche sie bearbeiten, sondern durch die Seiten oder Besonderheiten der Gegenstände, auf welche sie ihre Aufmerksamkeit richten oder
ihre Fragen beziehen. Ein bestimmter Gegenstand kann von vielen verschiedenen Wissenschaften (in verschiedener Beziehung) untersucht werden

Dezennium bestimmtere Formen an und fanden ihre erste praktische Anwendung gelegentlich der Herausgabe meiner Vorlesungen über Naturphilosophie (1902). Seitdem habe ich die (für mich sehr wichtige) Entdeckung gemacht, dass die Logik, die besser und allgemeiner *Mannigfaltigkeitslehre* zu nennen ist, eine noch allgemeinere Wissenschaft ist, als die Mathematik, so dass sie in dem obigen System den *ersten* Platz zu beanspruchen hat, und als ich mich vor nicht langer Zeit an die systematische Bearbeitung der energetischen Soziologie zu machen begann, um über die Benutzung des Energiebegriffes für die Systematik dieser Wissenschaft eine Anschauung zu gewinnen, entdeckte ich weiterhin, dass nicht nur die Basis, sondern auch der Gipfel der *Comte*schen Pyramide eine Abänderung erfordert. Ich fand nämlich, dass eine Anzahl elementarster und allgemeinster Erscheinungen, welche zweifellos nicht mehr der Psychologie zuzurechnen sind, nicht unter den Begriff der Soziologie als der Wissenschaft von den *kollektiven* Erscheinungen bei den Menschen passen. Dieses sind insbesondere die Erscheinungen, welche dem vorsozialen Stadium der menschlichen Entwicklung angehören, auf welche die Soziologen allerdings bereits Rücksicht genommen haben (weil man um sie nicht herumkommen kann und darf), ohne sie doch angemessen im System der Soziologie unterbringen zu können.

Es handelt sich hierbei, wie man leicht erkennen kann, nicht bloss um eine willkürliche Namen- oder Titelfrage, sondern um die Notwendigkeit einer grundsätzlichen Verschiebung des Begriffes und der Definition jener Wissenschaft, welche *Comte* an die Spitze seiner Pyramide gestellt hatte, und in welcher auch er den Umstand der *Vergesellschaftung* als massgebend für die Begriffsbildung angesehen hatte. Wir werden mit anderen Worten fragen müssen, welches denn der Begriff ist, durch den jene oberste Wissenschaft umfassend genug gekennzeichnet ist, um auch das vorsoziale Gebiet der dahingehörigen Erscheinungen zu umfassen.

---

eine bestimmte F r a g e kann aber nur von e i n e r Wissenschaft gestellt werden.

Diesen Begriff möchte ich in dem *spezifisich Menschlichen* erkennen, durch welches der Verlauf der natürlichen Vorgänge eine Wendung genommen hat, die niemals ohne Betätigung des Menschen eintritt, und die daher die Eigenschaft hat, den Menschen bestimmt vom Tier zu unterscheiden. Es ist bereits seit langem erkannt und von vielen Seiten darauf hingewiesen worden, dass es sich beim Menschen um die weitgehende Beeinflussung der Aussenwelt im Sinne seiner Zwecke handelt, während das Tier der Aussenwelt gegenüber wesentlich passiv dasteht. *Ganz passiv* allerdings nicht, denn es geniesst Nahrung und wehrt sich gegen anorganische und organische Feinde, was alles Beziehungen zur Aussenwelt mit mehr oder weniger deutlicher Veränderung derselben sind. Schliesslich ergibt sich als einzigen durchgreifender Unterschied, dass die Werkzeuge, vermittelst deren das Tier seine Beeinflussung der Aussenwelt bewirkt, *angewachsen* sind, d. h. Körperteile des Tieres darstellen, während der Mensch sein dazu erforderliches Werkzeug als *gesonderte Objekte* in die Hand nimmt und fortlegt, wie es die Umstände erfordern. Also die Benutzung des Werkzeugs im engeren Sinne, oder in wissenschaftlicher Sprache, des Energietransformators ist das spezifisch Menschliche, und die entsprechende willkürliche Energieumwandlung kennzeichnet alle Betätigungen in diesem höchsten Gebiete.

Es ist natürlich in weitem Umfange willkürlich, wie man eine solche Wissenschaft nennen will. Es bieten sich zunächst Zusammensetzungen mit „Techne" an, doch gehören offenbar auch die höheren sozialen Gebilde, wie Recht und Staat, in dieselbe Wissenschaft hinein und dabei würden sich unerwünschte Begriffsverengungen bei jenem Worte nicht vermeiden lassen, bei denen jene Gebiete zu kurz kämen. Als zweckmässigsten Namen finde ich schliesslich den der *Kulturwissenschaft,* welcher ebenso das vorsoziale, wie das soziale Gebiet, wie auch etwa ein künftiges Gebiet übersozialer Beziehungen umfassen kann, und gleichzeitig den Gegensatz zum Tierischen genügend hervortreten lässt. Der einzige Uebelstand, der indessen nur äusserlicher Natur ist, besteht darin, dass das Wort *Kultur* bereits soweit ein tägliches Wort geworden ist, dass ein Name wie

Kulturologie, obgleich dem Namen Soziologie sogar in seiner hybriden Beschaffenheit vergleichbar, zunächst einen etwas komischen Klang hat. So etwas verschwindet indessen schnell und ich werde mich daher nicht scheuen, neben Kulturwissenschaft der formalen Uebereinstimmung mit anderen Namen, wie Physiologie und Psychologie wegen auch Kulturologie zu sagen.[1])

Somit ergibt sich als die neue Tabelle der reinen Wissenschaften die folgende Uebersicht:

I. Die Grundwissenschaften. Hauptbegriff *Ordnung.*
    1. Mannigfaltigkeitslehre und Logik;
    2. Mathematik;
    3. Geometrie und Phoronomie.

II. Die physischen Wissenschaften. Hauptbegriff *Energie.*
    4. Mechanik;
    5. Physik;
    6. Chemie.

III. Die biologischen Wissenschaften. Hauptbegriff *Leben.*
    7. Physiologie;
    8. Psychologie;
    9. Kulturologie.

Die 3×3-fältige Symmetrie ist wesentlich zu Memorierzwecken eingehalten worden, da die mitgeteilten Rubriken keineswegs alle bereits vorhandenen Abstufungen der Wissenschaften erschöpfen, geschweige denn die künftig möglichen. Ich möchte nicht des Aberglaubens verdächtigt werden, als hielte ich ein derartiges Problem für erschöpft und die gefundene Anordnung für endgültig, wenn sich eine solche symmetrische Aufstellung hat durchführen lassen.

Die sehr zahlreichen Fragen, zu denen eine solche Aufstellung alsbald führt, sollen an dieser Stelle noch nicht aufgenommen werden, da ihre Behandlung die Kenntnis der eingangs erwähnten Untersuchungen über die „Begriffschemie"

---

[1]) Während ich dies schreibe, kann ich beobachten, wie bei mir selbst der anfängliche gefühlsmässige Widerstand gegen dieses Wort verschwindet.

sowie denNachweis der Angemessenheit der erzielten Resultate voraussetzen würde. Nur ein Punkt soll flüchtig berührt werden, nämlich der nach der Unterkunft der Philosophie. Einen Teil, die Logik, fanden wir ganz zu unterst. Erkenntnistheorie dürfte wohl in der Psychologie unterzubringen sein, da ihre Ergebnisse die unmittelbaren Folgen der Sinnesphysiologie in der Anwendung auf die psychischen Erscheinungen darstellen. Ethik, Rechtsphilosophie u. s. w. sind bereits als Bestandteile der Soziologie oder der Kulturwissenschaft erkannt worden. Das gleiche dürfte für die allgemeine Wissenschaftlehre gelten, da deren sozialer Charakter nicht bezweifelt werden kann. Denn bereits eine einzelne Wissenschaft besteht längst nicht mehr in *eines* Menschen Kopf, sondern in jenem merkwürdigen Organismus von Köpfen, Büchern, Apparaten u. s. w., der zur Existenz einer jeden Wissenschaft gehört.

Theorie und Praxis.

(1904)

Wenn ein Vortrag über das Verhältnis von Theorie und Praxis einigen Wert haben soll, so muss verlangt werden, dass der Vortragende von *beiden* etwas versteht. Nun werden Sie vielleicht bereit sein, mir einige Kenntnis der Theorie zuzugeben, wobei jedem Praktiker unbenommen bleiben mag, sich unter Theorie etwas so Himmelblaues und Unbrauchbares vorzustellen, als er immer mag; bezüglich der Praxis habe ich mich aber erst auszuweisen. Deshalb möchte ich vorausschicken, dass ich seit einer Reihe von Jahren auch Gelegenheit gehabt habe, gewisse Seiten der praktischen Tätigkeit des Chemikers recht eingehend kennen zu lernen. Es handelte sich hiebei um die Frage, wie gewisse Reaktionen, die man im Laboratorium studiert und auszuführen gelernt hat, sich bei dem Versuche verhalten, sie für die Ausführung im grossen Massstabe geeignet zu machen. Hiebei habe ich die Erfahrung, gemacht, dass es mit der sogenannten Haupterfindung in derartigen Fällen bei weitem nicht getan ist, dass vielmehr,. bevor das Kind lebensfähig werden kann, noch eine ungezählte Menge Nebenerfindungen zu machen sind. Die Laboratoriumserfindung ist wie ein Samenkorn, ohne welches der Baum nicht erwachsen kann. Aber das Samenkorn allein macht keinen Baum; der braucht geeignetes Erdreich, Feuchtigkeit, Sonnenschein, Pflege, Veredlung u. s. w.; und selbst, wenn dies alles an ihn gewendet worden ist, kann noch immer ein Sturm oder Frost ihn vernichten und alle Hoffnungen zu Schanden machen.

Derartige Dinge sind es, deren Kenntnis der Praktiker der chemischen Technik beim theoretisch ausgebildeten jungen Chemiker, den er etwa in seinen Betrieben verwenden will, vermisst. Und da sie von vitaler Bedeutung für die Praxis selbst sind, so ist er geneigt, die ganze theoretische Ausbildung als zwecklos und höchstens für einen Professor geeignet anzusehen.

Dies alles mag zugegeben werden; wir werden uns nur fragen: war es immer so, und muss es immer so bleiben? Um eine Antwort zu finden, müssen wir allerdings ein wenig weiter ausgreifen.

Die chemischen Gewerbe sind so alt wie die Kultur, denn sie bilden einen wesentlichen Bestandteil derselben. Backen und Brauen, die Herstellung und Behandlung der Metalle und Farben sind Arbeiten, ohne deren Kenntnis wir uns noch kein menschenmässiges Dasein vergegenwärtigen können, und sie sind alle chemischer Natur. Ihre damalige Handhabung beurteilen wir heute als rein praktisch; wir werden nicht geneigt sein, jenen entfernten Vorfahren irgend welche theorischen Kenntnisse zuzuschreiben. Ich glaube, dass wir jenen ehrwürdigen Herrschaften damit ein grosses Unrecht tun würden. Sie waren Theoretiker in gleichem Sinne, wie es heute auch jeder ist, der sich mit Stolz einen Praktiker nennt, und die gescheitesten unter ihnen, welche jene Künste weiter zu entwickeln wussten, waren sogar Theoretiker höherer Ordnung.

Was haben denn jene Leute gewusst und getan? Sie haben beispielsweise gewusst, dass, wenn sie das Mehl mit Wasser zu Teig angerührt hatten und diesen dann gleich buken, sie ein zähes und kleisterartiges Brot erhielten, während, wenn sie den Teig, womöglich in einem recht oft benutzten Backtrog, einen Tag stehen liessen, das erbackene Brot viel lockerer und wohlschmeckender geriet. Wir können uns heute vorstellen, wie leicht diese Entdeckung durch den Zufall nahegebracht wurde, und wie oft sie an verschiedenen Stellen und zu verschiedenen Zeiten gemacht sein mag; wir brauchen eben nur anzunehmen, dass der gewöhnliche Gang der früheren Brotbereitung durch irgend ein Ereignis unterbrochen worden war, so dass der stehengebliebene Teig erst am anderen Tage gebacken werden konnte. Wie oft diese unwillkürliche Beobachtung gemacht sein mag, bevor der erste kühne Geist auf den Gedanken geriet, den Vorgang *willkürlich* zu wiederholen, lässt sich kaum ausdenken; genug, es geschah schliesslich. Was er sich dabei gedacht hat, ist gleichfalls unbekannt, vielleicht dass über Tag die Heinzelmännchen irgend etwas mit dem Teige vornehmen, was sie bei Tage nicht tun, und dass deshalb der Teig über Nacht stehen muss. Und wenn er den entsprechenden Versuch machte, trat jedesmal der Erfolg ein, nur nicht, wenn er einen neuen Backtrog anwendete. Da wird er sich vielleicht gedacht haben, dass sich die Heinzelmännchen an diesen nicht herangetrauten, weil er ihnen fremd war, und wird, um sie anzulocken, etwas vom alten Teig oder dem alten Troge dazu getan haben. Und siehe da, sie waren gekommen, denn nun gelang das Brot wieder. Dies war, was wir heute eine „überraschende Bestätigung der Theorie" nennen würden.

Sie werden fragen, wozu ich Ihnen Märchen vorphantasiere, da wir doch zu ernsthafter Unterredung zusammengekommen sind. Nun, ich meine es ernsthaft genug; was ich Ihnen eben im Märchengewande geschildert habe, ist ein ungemein wichtiger Vorgang, der sich alle Tage vollzieht, und von dem aller Fortschritt der Theorie wie der Praxis abhängt. Untersuchen wir einmal genauer die Stufen jener technischen Entwickelung, indem wir sie bis auf unsere Zeit ergänzen. Da sehen wir in erster Linie die Tatsache, dass gewisse Vorgänge unter gewissen Bedingungen eintreten, während sie sonst nicht stattfinden. Um also solche Vorgänge, falls sie aus irgend einem Grunde erwünscht sind, hervorzurufen, muss man zunächst wissen, *dass* sie überhaupt willkürlich hervorgerufen werden können, und dann muss man die *Bedingungen* kennen, unter denen sie eintreten. Wir können uns heute, wo jeder, vielleicht in übertriebener Weise, von der Gesetzlichkeit alles Naturgeschehens überzeugt ist, gar nicht vorstellen, was das für ein ungeheurer Schritt im menschlichen Denken war, eine solche Regelmässigkeit überhaupt zu bemerken und an sie zu glauben, und was für ein Wagnis darin lag, derartige Ereignisse, deren Eintreten man irgend welchen unbekannten Mächten zuzuschreiben gewohnt war, nach eigener Willkür hervorrufen zu wollen. Noch bis auf den heutigen Tag erleben wir ähnliches in etwas anderer Gestalt; jeder von uns wird sich seines ungläubigen Erstaunens erinnern, als er die erste Nachricht von den alles durchdringenden X-Strahlen oder von der ununterbrochenen Wärmeentwicklung des Radiums erfuhr, von der Umwandlung dieses letzteren im Helium zu schweigen!

Wenn einer solche Bahnbrecher entdeckt, dass er ein Stück der freien und wilden Natur unser seine Botmässigkeit bringen kann, indem er gewisse Voraussetzungen oder Bedingungen erfüllt, so hat er zunächst nichts als die Tatsache, dass auf das Vorhandensein der Bedingungen der Vorgang eintritt. Diese Bedingungen bilden aber regelmässig ein ganzes Bündel von sehr verschiedenartigen Faktoren, von denen einige für den Vorgang wesentlich sind, andere nicht. Diese beiden Klassen zu sondern, erscheint leicht, ist aber in der Tat eine Aufgabe von nie völlig zu erschöpfender Schwierigkeit. Vergegenwärtigen wir uns doch das Beispiel, von dem wir ausgegangen waren. Unser heutiges Wissen darüber besagt, dass die Brotgärung des Teiges durch gewisse Spalt- und Sprosspilze hervorgerufen wird, und dass sie jedesmal eintritt, wenn vermehrungsfähige Kulturen dieser Pilze dem frischen Teig auf irgend eine Weise einverleibt werden. Dies geschieht unter anderem durch die Ueberreste von früheren Operationen, die in den Spalten des alten Backtroges verblieben sind, oder durch Zufügung von altem, mit jenen Pilzen erfülltem Teig. Dies nennen wir die Theorie der Brotgärung. Jener märchenhafte Erfinder hatte dafür die Theorie von den Heinzelmännchen, und sie ergab unter seinen Umständen ganz denselben praktischen Erfolg wie unsere Pilztheorie, nämlich die Möglichkeit, jederzeit richtiges Brot zu bereiten. Wenn zu ihm etwa einer der Leute gekommen wäre, deren Beruf es ist, die wissenschaftlichen Theorien populär zu machen, und ihm die Pilztheorie mit aller Anschaulichkeit vorgetragen hätte: ich fürchte, er hätte ihn nicht zu Ende gehört, sondern in der Sorge, dass die Heinzelmännchen durch die Missachtung des Theoretikers erzürnt werden möchten, hätte er den Mann unsanft zur Tür hinausbefördert.

Da haben wir die Aufklärung, welche wir brauchen: der Praktiker ist immer auch ein Theoretiker, nur hat er eine besondere, oft eine ihm persönlich eigene Theorie. Ich bin weit davon entfernt, zu behaupten, dass diese Theorie immer falsch ist. Sie kann unter Umständen richtiger, d. h. den Tatsachen besser angepasst sein als die zur Zeit von der Wissenschaft angenommene. Einen derartigen Fall kennen wir genau: es war die Theorie, die sich der praktische Arzt Julius Robert *Mayer* über die auffallend rote Farbe des Venenblutes unter den Tropen gemacht hatte, die ihm bei den Aderlässen an der Mannschaft des holländischen Schiffes, auf dem er Dienste leistete, aufgefallen war. Sie hat ihn schliesslich zur Entdeckung des mechanischen Wärmeäquivalents und des ersten Hauptsatzes der Energetik geführt. Derartige Fälle sind allerdings nicht häufig; sie sind vielmehr äusserst selten. Ungleich häufiger sind unzulängliche Theorien seitens der *Theoretiker;* nur findet deren Verbesserung meist nicht durch den Praktiker, sondern durch andere Theoretiker mit anderen Theorien statt.

Wir wollen nun zu der wichtigen Frage übergehen: Wodurch sind derartige schlechte Theorien unzulänglich?

Wir haben gesehen, dass die Theorie von den Heinzelmännchen für die Operation des Backens im allgemeinen ebenso zweckmässig ist wie die Pilztheorie, denn unter Anwendung der einen wie der anderen werden richtige Resultate erhalten. Hieraus entnehmen wir zunächst, dass, wenn eine Theorie insofern Bestätigung findet, als ein von ihr vorhergesehenes Ereignis tatsächlich eintritt, sie darum noch nicht richtig zu sein braucht, sondern beliebig unsinnig sein kann. Dies ist zwar eine Selbstverständlichkeit; ich habe es aber doch erwähnt, weil man das gegenteilige Argument so oft anwenden sieht und hört. Immer wieder wird einem gesagt: die Theorie (z. B. die Atomtheorie) muss doch richtig sein, denn sie gestattet, so viele Tatsachen zu erklären und vorauszusehen.

Aber diese Einsicht enthebt uns nicht der Antwort auf die Frage: Wie muss die falsche Theorie beschaffen sein, um richtige Resultate zu ergeben? Denn jede beliebige falsche Theorie tut dies ja nicht.

Die Antwort ist, dass eine jede Theorie aus einer *grösseren Anzahl von Bestandteilen* zusammengesetzt ist, von denen einige richtig, andere falsch sein können. Finden sich unter den Bestandteilen diejenigen vor, welche für das Resultat wesentlich sind, so werden die falschen Bestandteile im allgemeinen nichts schaden, so lange sie nicht die Wirkung der richtigen verhindern. Beim Brotbacken ist es wesentlich, dass den Pilzen genügend Zeit für ihre Entwicklung und Wirkung gegeben wird; aus welchem Grunde man diese Zeit gibt, ist ganz unwesentlich, wenn sie nur gegeben wird. Deshalb führt die Theorie von den Heinzelmännchen, welche die Aufbewahrung des Teigs über Nacht erfordert, zu dem richtigen Ergebnis, und jede andere Theorie würde es tun, durch welche in gleicher Weise die nötige Zeit gesichert würde.

Da aber die Zeit es nicht allein tut, sondern vorhandene Pilzkulturen nötig sind, so muss die Theorie ausserdem noch einen Bestandteil enthalten, welcher die Anwesenheit dieser Kulturen in irgend einer Weise sichert. Dies geschieht durch irgend eine Annahme, die etwa die Benutzung des alten Backtroges oder den Zusatz von altem Teig vorschreibt. Sind diese Bestandteile der Theorie gegeben, so ist es wieder ganz gleichgültig, welche anderen Bestandteile mit ihnen verbunden werden, so lange diese nur nicht eine unmittelbare Vernichtung des Ergebnisses bewirken.

Aber auch diese Theorien werden zu Falle gebracht, wenn man die Pilzkultur nicht in dieser Gestalt, sondern etwa in der Gestalt einer Agarplatte zu dem frischen Teige bringt. Dann bleibt nur die heutige Theorie übrig, dass es sich um chemische Wirkungen der von den Pilzen entwickelten Enzyme handelt. Welche Umgestaltung diese Theorie künftig erleiden wird, muss der Entwicklung der Wissenschaft überlassen werden; dass sie unverändert bleiben wird, ist nichts weniger als wahrscheinlich.

Was ist nun aus allen diesen Betrachtungen zu lernen?

Zunächst, *dass es gar keinen Praktiker gibt, der ohne Theorie arbeitet.* Die Grundlage aller praktischen Arbeit ist die Erkenntnis, dass auf bestimmte Bedingungen ein bestimmter

Erfolg kommt. Eine absolut genaue Wiederholung der Bedingungen, die etwa bei einem ersten Versuch obgewaltet
haben, ist nicht möglich, denn inzwischen ist Zeit verstrichen,
und all die zahllosen Dinge, die sich in der Zeit ändern, sind
inzwischen anders geworden. Gelingt es trotzdem, den Versuch zu wiederholen, so können wir schliessen, dass jene veränderten Dinge für den Erfolg nicht wesentlich waren, und
dass in dem Bündel der wiederholbaren Bedingungen sich diejenigen befinden, welche jedenfalls erfüllt sein müssen, um
den Erfolg zu sichern. Hier pflegt der Praktiker Halt zu
machen, denn er hat ja erreicht, was er braucht: er kann die
Sache machen. Das Herausklauben der wissenschaftlichen Besonderheiten kann er ruhig dem Professor überlassen.

Nun aber tritt plötzlich der Fall ein, dass die Sache
nicht mehr geht. Woran das liegt, kann man nicht sagen,
denn anscheinend ist ganz ebenso verfahren worden wie früher,
und es ist ganz unerklärlich, warum die langbewährte Praxis
plötzlich zu versagen beginnt. Die Ursache kann offenbar nach
zwei Richtungen liegen. Entweder enthalten die scheinbar
gleich hergestellten Umstände nicht mehr die notwendige Bedingung, oder es ist eine nue Bedingung hinzugekommen,
welche den Erfolg vernichtet.

Was ist da zu tun? Jetzt tritt der *Professor* in seine
Rechte. Er hat inzwischen die scheinbar überflüssige Arbeit
getan, aus dem ganzen Bündel von Bedingungen, die der Praktiker erfüllt, eine nach der anderen fortzulassen und den Erfolg
zu beobachten. Bleibt das Ergebnis ungeändert, wenn er die
Bedingungen *A, B, C* u. s. w. fortlässt, so schliesst er, dass sie
unwesentlich sind; umgekehrt findet er *X, Y, Z wesentlich,*
denn er kann diese nicht fortlassen, ohne den Erfolg zu vernichten. Jetzt kann er dem Praktiker sagen: Es fehlt vermutlich *X* oder *Y oder Z,* und dieser kann seinen Betrieb nach
solcher Richtung revidieren. Oder, wenn *X, Y* und *Z* doch
vorhanden sein sollten, so kann der Professor inzwischen eine
Untersuchung darüber gemacht haben, welche *schädlichen*
Faktoren es gibt, und es ist eine neue Unterlage für eine Untersuchung und eventuelle Verbesserung vorhanden. So ist es

immer möglich, den Fall aufzuklären. Zuweilen mag dies lange Zeit dauern, denn auch der Professor ist nur ein Mensch, und auch für ihn gilt das Wort, dass man auf das Einfachste immer erst zuletzt kommt. Aber er weiss, wie er sich zu benehmen hat, um schliesslich den Erfolg zu erreichen, und somit ist er oft zuletzt der bessere Praktiker von beiden.

Ich mache mich darauf gefasst, meine Herren, dass mancher unter Ihnen dazu den Kopf schüttelt und sich das Seine dazu denkt. Denn es sind in der Tat die Fälle nicht selten, wo der Theoretiker mit grosser Sicherheit sagt: Hieran muss es liegen, und hernach erweist es sich, dass er geirrt hat. Aber in solchen Fällen kann man immer nachweisen, dass der Theoretiker eben vorschnell geurteilt hat, dass er Bedingungen übersehen hat, welche in der Praxis, sagen wir im Grossbetriebe, immer vorhanden sind, während sie etwa bei seinen Experimenten kleinen Massstabes nicht ins Gewicht fallen. Dann muss er den Betrieb selbst untersuchen und wird dort die Lösung des Problems finden. Dass diese schliesslich wirklich gefunden wird, darf als äusserst wahrscheinlich bezeichnet werden. Denn das, was ich Ihnen eben dargelegt habe, ist das *allgemeine Forschungsverfahren der Wissenschaft*, das in gleicher Weise auf die abstraktesten wie die konkretesten Aufgaben angewendet wird. Vor etwa zwei Jahren habe ich versucht, die allgemeine Methode der wissenschaftlichen Forschung übersichtlich zu entwickeln, die Methode, welche ich von den grossen Meistern unserer Wissenschaft gelernt, in meinen eigenen Arbeiten ausgeübt, und nach welcher ich die Arbeiten zahlreicher Schüler geleitet habe. Ich muss bekennen, dass ich den grösseren Teil dieser letzteren Tätigkeit ohne bewusste Kenntnis der Methode, mehr instinktiv an der Hand der klassischen Beispiele ausgeführt habe. Als ich mich aber später im Interesse meines Unterrichtes auf die allgemeinen Regeln der Methode besonnen habe, kam gerade das heraus, was ich Ihnen vorher als das natürliche Verfahren des Theoretikers geschildert habe; man ermittelt, was für den Zusammenhang der Erscheinungen *notwendig* und *zureichend* ist (wobei meist noch die zweite Frage nach den quantitativen Beziehungen auftritt), und je vollständiger und richtiger diese Fragen beantwortet werden, um so besser ist die Aufgabe gelöst.

Der Praktiker unterscheidet sich somit vom Theoretiker in dieser Hinsicht nur dadurch, dass er *früher zu fragen aufhört.* Er begnügt sich mit der Ermittelung der *zureichenden* Bedingungen, stellt aber nicht die Frage der *Notwendigkeit.* Aber auch der Theoretiker sündigt oft nach der gleichen Richtung, und habe ich bisher von der Unzulänglichkeit der Praxis gesprochen, so will ich nicht unterlassen, auch über die Unzulänglichkeit der Theorien ein Wörtlein zu sagen.

Wie wir gesehen haben, ist das Verfahren von Theorie und Praxis zunächst ganz dasselbe; es handelt sich darum, einen Gegenstand oder Vorgang so genau kennen zu lernen, dass man ihn willkürlich hervorrufen oder leiten kann. Ein Unterschied entsteht nur später insofern, als der Praktiker sich mit der Erreichung dieses Zieles begnügt, während der Theoretiker über das unmittelbare Bedürfnis der Praxis den Gegenstand nach allen ihm zugänglichen Beziehungen untersucht. Den Vorteil, den hernach auch die Praxis aus den Ergebnissen dieser wissenschaftlichen Neugier gewinnen kann, haben wir eben kennen gelernt. Die Ursache solcher Arbeit ist, dass eben erst auf Grundlage einer möglichst vielseitigen Kenntnis des vorhandenen Tatbestandes eine ausreichende zusammenfassende Theorie gebildet werden kann. Für diesen Zweck sind unter Umständen die scheinbar fernstliegenden und nebensächlichsten Seiten der Frage zu bearbeiten, deren Zusammenhang mit dem praktischem Problem nirgends unmittelbar ersichtlich ist. Hier führt eine Frage zu der andern, und schliesslich sieht sich oft der Forscher weit ab von der ursprünglichen Richtung geführt. Alle solche Arbeit geschieht nur zu dem Zwecke der Theorie, und diese erscheint somit als das eigentliche Ziel der wissenschaftlichen Untersuchung.

Dies ist nun der Punkt, an welchem Gefahren drohen, die keineswegs immer vermieden worden sind. Die theoretische Arbeit kann schliesslich so weit führen, dass nicht nur die praktische Aufgabe aus dem Auge verloren wird — dies ist kein Fehler, sondern ein Vorzug — sondern dass die gesamte

Realität des ursprünglichen Problems verschwindet und die Untersuchung den Boden der tatsächlichen Verhältnisse überhaupt verliert. Ein Beispiel aus einer nicht sehr weit hinter uns liegenden Zeit der Chemie wird dies Ihnen anschaulich machen. Vor einiger Zeit beschäftigten sich die Chemiker zunehmend mit den sogen. *tautomeren Stoffen*, d. h. mit solchen, die nach ihrem chemischen Verhalten mehrere Konstitutionsformeln mit gleichem Rechte beanspruchen können; ich erinnere nur an den Acetessigester. Nun ist zur Erklärung dieser Eigentümlichkeit von der einen Seite die Theorie aufgestellt worden, dies rühre daher, dass ein labiles Wasserstoffatom beständig zwischen zwei verschiedenen Lagen in demselben Molekül oszilliere, woraus sich die beiden verschiedenen Konstitutionen ergeben. Von anderer Seite ist dagegen die andere Theorie aufgestellt worden, dass ein derartiger Stoff ein Gemisch aus den beiden Isomeren sei, welche sich besonders leicht ineinander verwandeln. Es wurden mancherlei Gründe für und wider angeführt; da aber keiner sich als durchschlagend erwies, so hörte der Streit schliesslich ohne bestimmtes Ergebnis auf. Es wäre mit viel besserem Erfolg durchgeführt worden, wenn man sich von vornherein gefragt hätte, welcher *tatsächliche* oder *experimentelle* Unterschied bestehen müsste, je nachdem die eine oder die andere Ansicht richtig wäre. Denn wenn ein solcher Unterschied gar nicht angegeben werden konnte, so hatte auch der Unterschied der Formeln keinen Inhalt. Es wäre so, als hätte jener Theoretiker des Brotbackens einen Gegner gefunden, der da behauptet hätte, dass nicht Heinzelmännchen, sondern Nachtelfen den Teig über Nacht gut machen.

Solche Untersuchungen und Streitigkeiten über unwesentliche und daher unentscheidbare Fragen sind es nun, welche die Achtung des Praktikers der Theorie gegenüber vermindern. Und es muss zugegeben werden, dass auch in unserer naturwissenschaftlichen Zeit, die so lange und energisch alle Philosophie von der exakten Arbeit fern zu halten sich bemüht hat, derartige Theorien oder Hypothesen ohne realen Hintergrund eine sehr bedeutende Rolle gespielt haben und noch

spielen. Ich brauche mich über diesen Gegenstand nicht eingehender auszusprechen, denn in dieser Stadt lebt der Mann,
dem wir mehr als irgend einem anderen Klarheit über solche
Fragen der wissenschaftlichen Methodik verdanken; ich meine
Ernst Mach. In seinen Schriften, z. B. in der eben erschienenen
fünften Auflage der „Mechanik" oder in seinen populären Vorträgen, finden diejenigen unter Ihnen, die nicht den Vorzug persönlicher Belehrung durch ihn genossen haben, klarere und ein-
dringlichere Darlegungen der hier in Betracht kommenden Verhältnisse, als ich sie irgend geben könnte. Nur eine praktische
Frage lassen Sie mich noch beantworten, nämlich die: wie
erkennt man am leichtesten derartige Hypothesen oder unreale
Theorien? Die Antwort ist sehr einfach: prüfen Sie die Sätze
oder noch besser die Formeln, zu denen diese Theorien führen,
Glied für Glied darauf, ob von lauter aufweisbaren oder messbaren Grössen die Rede ist. Sowie nach Abscheidung solcher
realer Grössen andere nachbleiben, die keiner Messung oder
keines Nachweises fähig sind, so erkennen Sie, dass die Theorie
von Dingen redet, von denen man beliebiges aussagen kann,
und dass sie somit ein *überflüssiges* Element enthält, das zum
Wesen der Sache (bei dem vorhandenen Stande des Wissens)
nicht gehört. Von solchen überflüssigen Elementen aber muss
jede praktische Theorie, d. h. jene Theorie, welche auf die
Achtung des Praktikers Anspruch erhebt, völlig frei sein.

Man kann vielleicht fragen, ob es derartige Theorien überhaupt gibt. Die Antwort muss zweifellos bejahend lauten. Die
*Thermodynam*ik ist eine solche Theorie, und wie Ihnen allen
bekannt ist, gibt es keine Theorie, die sich mit dieser an
Fruchtbarkeit der Anwendungen und Zuverlässigkeit der Ergebnisse messen könnte. Die Anwendung der gleichen Prinzipien, welche der Thermodynamik diese Vorzüge gegeben haben,
auf die anderen Gebiete der Physik und auf die Chemie ist das,
was ich *Energetik* nenne.

Andererseits gibt es eine grosse Menge anderer Theorien,
die in hoher Achtung stehen, in denen sich aber solche unkontrollierbare Bestandteile nachweisen lassen, und die deshalb in
mehr oder weniger weitem Umfange willkürlich sind. Ich

nenne, um nur ein paar grosse Beispiele zu kennzeichnen, die Aethertheorie des Lichtes (oder der elektromagnetischen Schwingungen) und die Atomtheorie. Diese Theorien enthalten jedenfalls richtige Bestandteile, denn sie sind ja gebildet worden, um bestimmte Erfahrungstatsachen auszudrücken, und insofern diese richtigen Bestandteile benuzt werden, gaben sie auch richtige Resultate. Falsche Resultate entstehen, wenn man die willkürlichen Bestandteile in irgend einer Weise willkürlich verfügt und hiervon nun als wie von Tatsachen ausgeht. Die vielfachen Irrtümer, an denen beispielsweise die Geschichte der Anwendung der Atomtheorie auf die organische Chemie reich ist, lassen die Unsicherheit derartiger Schlüsse deutlich erkennen. Dies kommt auch in dem üblichen Stil der chemischen Abhandlungen zum unwillkürlichen Ausdrucke; man findet immer wieder die Bemerkung, dass diese oder jene Folgerung aus der Theorie eine „überraschende" Bestätigung durch den Versuch erfahren habe. Diese Ueberraschung ist ein ungewolltes Zugeständnis dafür, dass man das Zutreffen der Schlussfolgerung nur mit sehr geringer Zuversicht erwartet hatte.

Hier ist nun auch das Gebiet, in welchem die Theorie regelmässig Förderung und Verbesserung durch die Praxis erhält. Erörterungen über Fragen, welchen keinerlei Tatsächlichkeiten zu Grunde liegen, finden in der Praxis keinen Boden und werden durch deren Einfluss früher oder später ausgeschaltet, wenn man auch bekennen muss, dass dieser Einfluss sich zuweilen erst sehr spät geltend macht.

Von solchen Fragen muss man scharf diejenigen unterscheiden, die sich zwar auf Tatsächlichkeiten, aber auf solche, die der gegenwärtigen Praxis fern liegen, beziehen. Derartige Fragen in den Hintergrund drängen zu wollen, hat die Praxis kein Recht; es wäre auch in ihrem eigenen Sinne nicht praktisch. Denn was heute noch eine rein wissenschaftliche Frage ist, kann morgen die Grundlage einer wichtigen Technik bilden. Ich brauche Sie in dieser Beziehung nur an die Geschichte des Gasglühlichtes und des Azetylens zu erinnern.

Fassen wir alles zusammen, was die bisherigen Betrachtungen ergeben haben, so erkennen wir, dass Praxis und Theorie, Technik und Wissenschaft anfänglich gar nicht getrennt waren; beide entstammen dem gleichen Ursprunge, nämlich dem Bedürfnis, die Zukunft vorauszusehen und vorauszubestimmen. Erst später ist eine Trennung eingetreten, in dem die Theorie anfing, das Ueberflüssige zu fragen und darauf die Antwort zu suchen, während die Praxis sich mit der Kenntnis des täglich Notwendigen begnügte. Aber im Laufe der Zeit stellt es sich mehr und mehr heraus, dass dieses Ueberflüssige gerade das Notwendigste ist. Es ist genau wie das Kapital für einen Betrieb. Zunächst erscheint es, dass man nur so viel Kapital braucht, als für die Beschaffung der nötigen Einrichtungen und die Durchführung des Betriebes erforderlich ist, und unter dieser Voraussetzung, dass überflüssiges Geld überflüssig sei, werden sehr viele Unternehmungen begonnen. Der gewiegte Praktiker weiss aber, wie notwendig das Ueberflüssige, in diesem Falle ein gehöriges Mehr von Kapital ist. So lange die Verhältnisse unverändert bleiben, mag es gehen. Sie *bleiben* aber nicht unverändert, und bald kommen Zeiten, wo die vorberechneten Aufwendungen überschritten werden müssen, wo Aussenstände nicht einlaufen, und wie alle diese Schwierigkeiten heissen. Dann geht die Sache zugrunde, die sich vortrefflich entwickelt hätte, wenn die erforderlichen Reserven vorhanden gewesen wären. *Solches technisches Reservekapital stellt eben die Wissenschaft dar.* So lange alles beim Alten bleibt, braucht ein technisch gut eingefahrener Betrieb keine Wissenschaft. Aber wo bleibt denn irgend etwas beim Alten? In der Technik am wenigsten. Und so muss diese immer wieder auf die Reserven zurückgreifen, welche die Wissenschaft für sie bereit gestellt hat. Allerdings sind diese nicht besonders für die Technik gesammelt, aber sie stehen dieser zugebote wie jedem anderen, der von ihnen Anwendung machen will, denn sie stellen, wie ich dies schon bei anderer Gelegenheit betont habe, ein Kapital dar, das sich umso schneller vermehrt, je mehr es in Gebrauch genommen wird.

Nach diesen allgemeinen Betrachtungen, die ich in der Weise des Theoretikers vielleicht schon viel zu lang ausgespon-

nen habe, möchte ich doch auch nicht versäumen, einige konkrete Fragen zu besprechen, die mir als Chemiker, Lehrer und
technischem Erfinder nahe liegen. Ein Blick über die heutigen
Verhältnisse der verschiedenen Kulturländer zeigt uns grosse
Verschiedenheiten in der Entwicklung der Technik. Gewisse
Zweige derselben, die in einzelnen Ländern blühen, gehen in
anderen zurück, denen man keine geringere Kulturhöhe zusprechen darf, und umgekehrt. Setzt uns die enorme Entwicklung der Vereinigten Staaten nach gewissen Richtungen in Erstaunen, so erkennen wir bei näherem Zusehen, dass auch derartige sprungweise Fortschritte nicht auf allen Gebieten gleich
schnell zu erreichen sind. Insbesondere die chemische Industrie
zeigt die wohlbekannte charakteristische Erscheinung, dass sie
sich umsomehr in Deutschland konzentriert, je verwickelter
und mannigfaltiger die auszuführenden Operationen sind.

Nun, in diesem Kreise brauche ich nicht erst darzulegen,
dass die Entwicklung der deutschen technischen Industrie, die
heute zu einem praktischen Weltmonopol Deutschlands für eine
grosse Anzahl von chemischen Produkten, insbesonders die
synthetischen organischen Verbindungen, geführt hat, auf
einen ganz bestimmten Punkt zurückgeführt werden kann: auf
die *Gründung des chemischen Unterrichtslaboratoriums durch
Liebig*. *Liebig* und seine Schüler sind es gewesen, welche die
wissenschaftlichen Grundlagen für diese Entwicklung gelegt
haben; die Schüler seiner Schüler waren die energischen und
kenntnisreichen Männer, welche auf diesen Grundlagen das
glänzende und dauerhafte Gebäude errichtet haben, das wir
alle bewundern müssen, wie sich auch sonst unsere Gefühle
dieser Erscheinung gegenüber gestalten mögen. Und zwar war
es nicht *Liebig* der Forscher, *Liebig* der Entdecker, dem dies
zu verdanken ist, sondern ganz und gar *Liebig der Lehrer*. Die
ausserordentliche *schulebildende Kraft*, welche *Liebig* besessen
und unter den grössten äusseren Schwierigkeiten entfaltet hat,
ist in letzter Analyse der Quell gewesen, aus dem alles weitere
erflossen ist. Wollen wir also einen hohen Zustand der Technik erhalten oder, wo er fehlt, herstellen, so werden wir die

Frage stellen: *Was ist für die Entstehung und das Gedeihen einer lebensfähigen wissenschaftlichen Schule erforderlich?*

Man wird antworten: zunächst ein hervorragender wissenschaftlicher Mann. Dies ist unzweifelhaft richtig, ist aber nur ein Teil der Antwort. Wir finden in der Tat Männer allerersten Ranges, die trotz eigener glänzender Tätigkeit keine *Schule* gebildet haben, d. h. die entweder nicht vermocht oder nicht gewollt haben, einen grösseren Kreis von jüngeren Arbeitsgenossen im Sinne ihrer eigenen Arbeiten zu beeinflussen. Wir brauchen uns nicht weit nach Beispielen umzusehen: *Gauss, Faraday* und *Helmholtz* sind solche. Keiner von diesen Männern hat trotz grösster eigener Leistungen eine Schule gebildet. Und wenn man auch bei *Faraday* einwenden wollte, dass er sein ganzes Leben lang Angestellter der Royal Institution gewesen ist, deren Organisation die Ausbildung von Schülern nicht gestattet oder nicht vorgesehen hat, so ist dagegen zu bemerken, dass *Faraday,* wenn ihm die Ausbildung von Schülern ein dringendes Bedürfnis gewesen wäre, eben eine andere Stellung gesucht und gefunden hätte, in der er dies Bedürfnis hätte befriedigen können. Er hat es nicht getan. Bei den beiden anderen fällt auch dieser Einwand fort, denn beide waren deutsche Universitätsprofessoren und hatten also berufsmässig Studenten zu unterrichten.

Wir müssen also zugeben, dass das Vorhandensein höchster wissenschaftlicher Begabung nicht ausreicht, um den Mann zur Schulebildung zu befähigen. Andererseits kann man leicht Beispiele finden, nach welchen es sich erweist, dass bereits eine mittlere Begabung zur Schulebildung genügt. Gustav *Magnus* war sicher kein Physiker ersten Ranges, unbeschadet der Tüchtigkeit, die man ihm zuschreiben darf, und er hat dennoch eine ungemein einflussreiche Schule gehabt, denn fast die ganze Physikergeneration des letzten Vierteljahrhunderts in Deutschland ist aus seiner Schule hervorgegangen. Und um ein Beispiel aus einem ganz anderen Gebiete menschlicher Betätigung zu geben: während ein so grosser Meister wie *Böcklin* völlig der Fähigkeit ermangelte, Schüler auszubilden, hat der als Maler doch recht mässige *Piloty* gleichzeitig vier so verschiedene hervorragende Meister, wie *Lenbach, Defregger, Gabriel Max* und *Hans Makart* auszubilden vermocht. Also hervorragende Begabung ist zwar ein gutes Hilfsmittel für die Entwicklung einer Schule, aber sie ist nicht unbedingt notwendig; eine mässig hohe Begabung reicht aus, wenn die anderen Bedingungen gegeben sind.

Welches sind nun diese Bedingungen? Hier sehe ich mich genötigt, von der Chemie in ein ziemlich abgelegenes Gebiet überzutreten, nämlich das der Psychologie. Es soll nur ein ganz kurzer Spaziergang sein, und ich denke, dass ich nur an allbekannte Tatsachen zu erinnern brauche; aber nötig ist es doch.

Ich möchte nämlich betonen, dass von allen Seiten der menschlichen Geistesbetätigung unter unseren heutigen Verhältnissen keine eine relativ unvollkommenere Entwicklung erfährt als die *Fähigkeit, zu wollen.* Auf zehn Menschen mit hervorragendem Intellekt kommt höchstens einer mit hervorragendem Willen. Darum werden bei gegebenem Menschenmaterial sich umso höhere Leistungen erzielen lassen, je vollständiger dieser Defekt ergänzt wird.

Hier macht sich nun weiter die psychologische Tatsache geltend, dass Menschen mit nicht hervorragend entwickelter Willensfähigkeit zu viel erheblicheren Leistungen gebracht werden können, als sie für sich ausführen würden, wenn sie sich einem mit hervorragender Willenskraft begabten Menschen anschliessen und sich vor ihm führen lassen. Der Wille ist mit anderen Worten in einem sehr erheblichen Umfange übertragbar. *In der Uebertragung des Willens von dem willenskräftigen Lehrer auf den in dieser Richtung noch unentwickelten Schüler liegt das Hauptgeheimnis der schulebildenden Kraft.*

Hiebei kann noch eine zweifache Möglichkeit unterschieden werden. Entweder erfüllt der Lehrer den Schüler gänzlich mit seinem eigenen Willen; dann wird dieser dem Meister erhebliche Hilfe leisten können und später auch allein im Sinne des Meisters arbeiten, indem er seine Gedanken, so gut er vermag, weiterführt. Dies ist die unvollkommenere Form der Schulebildung, denn in diesen Voraussetzungen liegen bereits die Bedingungen für ein baldiges Ende der ganzen Bewegung enthalten. Sie hört auf, wenn der persönliche Einfluss des Lehrers aufhört, oder wenn seine Gedanken erschöpft sind. Solche Erscheinungen sind in der Geschichte der Wissenschaft gar nicht selten; die Beispiele wollen Sie mir erlassen.

Oder der Lehrer sieht seine Hauptaufgabe darin, neben der intellektuellen Ausbildung auch die *Fähigkeit des Wollens* in seinem Schüler zu entwickeln, so dass diese übrig bleibt, auch nachdem der persönliche Einfluss des Lehrers nach der Willens- oder Gedankenseite bereits aufgehört hat. *Das ist der ideale Typus des Lehrers.* Er ist, wie alle Ideale, selten und meist nicht ganz vollkommen entwickelt. Denn ein solches Verhalten legt dem Lehrer einige Opfer auf. Er muss nicht selten zusehen, wie sein Schüler vermöge der in ihm entwickelten Willensenergie im Verein mit seiner intellektuellen Ausbildung seinem Lehrer voraneilt und sich dann zuweilen sogar die Aufgabe stellt, im Interesse seines eigenen Fortkommens den Lehrer möglichst in den Hintergrund zu drängen. Andererseits wird er allerdings durch die ethisch feiner Veranlagten seiner Schüler oft überreichlich belohnt, indem diese den Dank für das intellektuelle Glück ihrer erfolgreichen Entwicklung, das sie vorwiegend ihrer eigenen ehrlichen Arbeit zuzuschreiben haben, auf den Lehrer übertragen, unter dessen Mithilfe sie es sich erworben hatten.

Wie das auch gehen mag, auf die Tätigkeit eines solchen Lehrers während seiner grossen Zeit hat es keinen Einfluss, denn diese steht unter der Wirkung eines weiteren Faktors, der gleichfalls nicht fehlen darf, und den ich auch in allen Fällen habe nachweisen können, in denen mir möglich war, die erforderlichen Nachrichten zu beschaffen. Dieser Faktor heisst *Begeisterung* des Lehrers für seinen Gegenstand. Ohne den Ueberschuss von Energie, der sich in der vollständigen Hingabe des Mannes an die selbstgewählte Aufgabe, unter Missachtung äusserer Vorteile, ja der Gesundheit kennzeichnet, ist es nicht möglich, derartige Empfindungen bei dem Schüler wachzurufen, und damit fällt das ausgiebigste Hilfsmittel fort, auf dem die Bildung der Schule beruht.

10*

Ausser diesen drei Grundbedingungen gibt es noch einige andere, wie Organisationstalent, rednerische Begabung, persönliche Liebenswürdigkeit u. dgl.; sie sind mehr oder weniger nützlich, scheinen aber nicht von so massgebender Bedeutung zu sein wie die erstbesprochenen. Nur auf einen Punkt möchte ich im Zusammenhang mit einer früheren Bemerkung noch hinweisen. Soll die Schule von Dauer sein, so muss dem Lehrer eine nicht geringe Weite und Mannigfaltigkeit des wissenschaftlichen Denkens und eine gewisse Unbefangenheit bezüglich eigener Ansichten eigen sein. Eine persönliche Schule lässt sich zwar auch in einem ziemlich engen wissenschaftlichen Gedankenkreise bilden; sie wird aber bald aussterben. Je mannigfaltiger die Aufgaben sind, für die sich der Lehrer interessiert und seine Schüler zu erwärmen weiss, umso länger wird sein Einfluss dauern. Kommt dazu seinerseits die Fähigkeit, sich dem begabten und erfolgreichen Schüler gegenüber rechtzeitig *zurückzuziehen* und ihn, nachdem er gehen gelernt hat, seinen eigenen Beinen mehr und mehr zu überlassen, so sind die Bedingungen der Bildung einer dauernden Schule gegeben. Aeussere Umstände spielen hiebei keine sehr erhebliche Rolle mehr; die Schüler, welche aus Amerika, England oder Spanien zu *Liebig* pilgerten, wussten zuweilen von Giessen nichts mehr, als dass es irgendwo in Deutschland liege.

Die hier besprochenen Eigenschaften eines erfolgreichen Lehrers sind einigermassen verschieden bezüglich ihrer Entwicklung mit dem Lebensalter. Während Begeisterung eine Eigenschaft der frühen Jugend ist, wird man auf Weitsichtigkeit und Unbefangenheit erst in späteren Jahren rechnen können, wobei indessen namentlich die letztere in höherem Alter wieder leicht schwindet. So findet sich der Schwerpunkt der Lehrertätigkeit bei verschiedenen Männern je nach ihrer Persönlichkeit in verschiedenem Alter, jedoch am meisten immerhin in den jüngeren Jahren des Mannesalters. Gegen Ende des Lebens pflegt die Lehrfähigkeit viel früher zu erlöschen als die wissenschaftliche Produktivität.

Hieraus ergibt sich, so theoretisch diese Betrachtungen auch aussehen mögen, ein überaus wichtiges praktisches Resultat, dessen Beachtung ich namentlich allen denen an das Herz legen möchte, die direkt oder indirekt mit der Leitung der wissenschaftlichen Angelegenheiten des Landes zu tun haben. Es heisst: *gebt der Jugend freie Bahn!* Liebig war durch die Gunst seines Grossherzogs auf die dringende Empfehlung Alexander v. *Humboldts* mit 21 Jahren Professor in Giessen geworden, zum Entsetzen aller ordentlichen Leute, und wie glänzend hat sich dies Wagnis bewährt!

Natürlich werden Sie mich fragen, wie das zu machen ist. Die Ausführung ist leichter, als man denken sollte. Als Beispiel nehme ich das, was mir am nächsten liegt, mein eigenes Institut. Amtlich sind dort für rund 80 Studenten drei Assistenten angestellt. Die Zahl erscheint vielleicht hoch, sie ist aber in der Tat zu klein, da mindestens ein Drittel der Studenten mit selbständigen Arbeiten beschäftigt ist und solche den Assistenten natürlich unverhältnismässig viel mehr in Anspruch nehmen als einfache Uebungspraktikanten. Indessen, wenn die Assistenten sich Mühe geben, so können sie den Dienst leisten. Nun befolge ich seit einer Reihe von Jahren die Gewohnheit, ausser diesen *amtlichen* Assistentenstellen noch zwei bis vier *private* zu unterhalten. Diese Privatassistenten werden nicht etwa für meine persönlichen Forschungen in Anspruch genommen; diese pflege ich auch selbst auszuführen, sondern sie sind an der *Unterrichtstätigkeit* beteiligt und entlasten so die amtlich angestellten Assistenten. Für jeden von ihnen, die amtlichen wie die privaten, bleibt dadurch reichlich freie Zeit, um sich wissenschaftlich zu entwickeln, selbständige Arbeiten auszuführen und alles zu tun, um aus sich soviel zu machen, als irgend möglich ist. Meine Herren! Wenn ich auf irgend etwas in meiner wissenschaftlichen Tätigkeit stolz bin, so bin ich es auf die glänzende Reihe der Männer, die ich in jungen Jahren aus dem Kreise ihrer Mitstrebenden ausgewählt und in ihrer freien wissenschaftlichen Entwicklung gefördert habe. Diese Reihe beginnt mit den Namen *Arrhenius, Nernst, Beckmann, Leblanc, Bredig* und *Luther,* und ich hoffe, sie ist noch nicht abgeschlossen.

Aehnliches ist so leicht zu machen! In erster Linie ist es

natürlich Sorge des Staates, hier das Erforderliche zu tun und die Assistentenstellen nicht als Dienststellen mit voller Belastung, sondern als die wichtigsten Ausbildungsstätten des künftigen Professors zu betrachten und sie daher in solcher Zahl anzusetzen, dass jedem stets genügend freie Zeit für die eigene Entwicklung übrig bleibt. Es ist ja so wenig Geld dazu erforderlich, und dies Geld ist so enorm gut verzinst. Und wo äussere Gründe eine schnelle Entwicklung in dieser Richtung verhindern, da kann die *private* Tätigkeit so leicht eingreifen. Fünfzehnhundert Kronen jährlich, während dreier Jahre aufgewendet, reichen aus, um dem Staate und der Wissenschaft gegebenenfalls einen Forscher ersten Ranges zu sichern, der im anderen Falle im Einerlei irgend einer niederen Arbeit untergegangen wäre. Und für den Professor, dessen Urteil für die Wahl des jungen Mannes massgebend ist, gibt es keinen edleren Sport, als aus der Schar der ihm anvertrauten Jünglinge mit aller Sorgfalt den wirklich besten herauszufinden. In Amerika wird soeben ein ähnliches Experiment im grössten Massstabe ausgeführt: einige von den vielen Millionen, welche *Carnegie* dort der Wissenschaft zur Verfügung gestellt hat, dienen dazu, um mit ihren Zinsen junge, von den Professoren ausgewählte Männer der freien wissenschaftlichen Arbeit zuzuführen.

Vielleicht werden hier sich bedenkliche Stimmen vernehmen lassen, die da sagen: durch solche Stellen schaffen wir nur ein wissenschaftliches Proletariat, denn es können doch nicht alle Professoren werden. Dagegen ist zu sagen, dass aus solchen Leuten, die als die besten unter ihresgleichen von den dazu kompetentesten Männern ausgewählt worden sind, niemals Proletarier werden. Wissenschaftliche Proletarier entstehen, wenn ungenügend begabte Jünglinge mit dürftigen Stipendien, welche sie zwingen, den grössten Teil ihrer Zeit dem Lebenserwerb zu widmen, sich durch ihre Studienjahre quälen und mit minderwertigen Kenntnissen schliesslich aus Mitleid durch das Examen gelassen werden. Aber ein Mann, dessen Begabung bereits offenbar ist, der ferner jahrelang die Möglichkeit gehabt hat, seine Kenntnisse und Fähigkeiten auf das

Höchste zu steigern, wird immer seinen Platz im Leben finden. Wird er nicht Professor, so verwertet er seine Fähigkeiten in irgend einem anderen Gebiete wissenschaftlicher Tätigkeit, z. B. in der Technik. Ausserdem muss betont werden, dass der Bedarf nach wissenschaftlicher Mitarbeit in unserer Zeit auf allen möglichen Gebieten, insbesondere denen der staatlichen und kommunalen Verwaltungen, in rapider Zunahme befindlich ist, und dass andererseits durch die zunehmende· Intensitätssteigerung des Unterrichts an Universität und technischer Hochschule eine Vermehrung der Lehrstellen notwendig gemacht wird, ganz abgesehen von der notwendigen Vermehrung, die bereits durch die Zunahme der Studierenden gegeben ist.

Schauen Sie, meine Herren, doch nach England. Um die immer gefährlicher gewordene Konkurrenz Deutschlands auf verschiedenen Gebieten der Technik abzuwehren, weiss man auf der ganzen Linie nur *ein* Mittel, und das heisst: Steigerung der wissenschaftlichen Ausbildung. Neben den alten Universitäten Oxford und Cambridge sind jetzt in Manchester, Liverpool, Leeds, Birmingham u. s. w. eine ganze Reihe neuer entstanden, die im Gegensatz zu den literarischen Tendenzen jener die naturwissenschaftliche Forschung in¹ erster Linie pflegen. Und in Amerika macht man sich ernstlich die Hoffnung, wie man in einzelnen Gebieten der Technik das alte Europa überflügelt hat, so auch in der reinen Wissenschaft das gleiche zu erreichen in dem klaren Bewusstsein, dass eine dauernde technische Ueberlegenheit nur auf wissenschaftlicher Grundlage möglich ist. *Wenn es sich also darum handelt, die Entwicklung irgend einer Technik zu fördern, so gibt es dazu wirklich kein sichereresMittel als die Förderung der reinen Wissenschaft;* sie allein schafft, wie ich das eben entwickelt habe, die nötige geistige Kapitalgrundlage für eine gesunde Entfaltung.

Also, wenn ich aus diesen allgemeinen Erörterungen einen praktischen Vorschlag zu machen mir erlauben darf: wenn Sie gleichzeitig für die Wissenschaft und für die Technik, für die Theorie und für die Praxis etwas tun wollen, so gründen Sie statt der Studentenstipendien *Assistentenstipendien*. Sie haben dabei die eine viel grössere Sicherheit, dass das Geld zweck-

mässig angewendet wird, und gleichzeitig würden die Erfolge
schneller eintreten und ganz bedeutend erheblicher sein.

Nun möchte ich noch schliesslich mit einigen Worten auf
das zurückkommen, womit ich zu Beginn meines Vortrages
mein Unternehmen rechtfertigen wollte. Zwischen der wissenschaftlich-technischen Ausbildung auf der Hochschule und der
erfolgreichen technischen Betätigung liegt noch ein breiter
Zwischenraum in der Ausbildung des jungen Mannes, den zu
überbrücken es noch nirgendwo eine allgemeine Lehranstalt
gibt. Die Ausbildung auf der Hochschule kann unmöglich so
ins Einzelne gehen, dass dem künftigen Soda- oder Porzellan-
Fabrikanten die Besonderheiten seines Betriebes beigebracht
werden könnten.

Am nächsten kommt noch die wissenschaftliche Ausbildung
bildung dem technischen Zwecke in dem Forschungslaborato-
rium einer Farbefabrik, wo die synthetisch-organischen Arbeiten der Hochschule fast unmittelbar fortgesetzt werden können.
Aber derartige Fabriken brauchen auch *Betriebschemiker;* sie
helfen sich damit, dass sie diese aus dem Rohmaterial, den von
der Hochschule gekommenen Chemikern, *selbst ausbilden.* Ein
solches Verfahren ist gut ausführbar, wo der Bedarf an Chemikern sich in der Nähe der Hundert, darüber oder darunter, bewegt, aber nicht in kleineren Betrieben. Das Gleiche gilt für
zahlreiche andere Industrien, welche wissenschaftliche Hilfs-
kräfte brauchen. Meist sind deren nur einige wenige nötig, und
was man haben will, ist ein bereits ausgebildeter Mann, der
sich in einigen Tagen oder Wochen in den Betrieb einarbeiten
kann, nicht ein blosser Anfänger.

Es besteht somit ein unzweifelhaftes Bedürfnis nach einer
Ausbildungsgelegenheit für ausstudierte Männer, die sich der
Technik widmen wollen, welche sich zwischen Hochschule und
Betrieb einschiebt, und wo insbesondere die eigentlich tech-
nisch-wirtschaftlichen Kenntnisse und Fertigkeiten erworben
werden können. Zunächst ist es ganz klar, dass die Hochschulen mit dieser Aufgabe nicht belastet werden können; soll
noch eine Fachschule für jede besondere Industrie mit ihnen
verbunden werden, so entsteht ein Koloss, der nicht mehr

lebensfähig ist. Sodann aber treten die unmittelbaren wirtschaftlich-pekuniären Interessen in diesem Stadium derart in den Vordergrund, dass schon dadurch sich eine solche Anstalt zur Angliederung an die allgemeinen, sagen wir meinetwegen idealeren Zwecken gewidmete Hochschule nicht eignen würde.

Schon vor einiger Zeit habe ich nun darauf hingewiesen, dass einzelne Gebiete der Technik bereits aus eigener Kraft diese Aufgabe zu lösen begonnen haben.

So hat sich eine Gruppe von grossen Fabriken, die sich mit der Herstellung von Sprengstoffen, Waffen und Munition beschäftigen, zur Gründung eines gemeinsamen wissenschaftlich-technischen Instituts vereinigt, welches gleichzeitig zweien Zwecken dient. Einerseits werden in diesem Institute solche wissenschaftliche Arbeiten ausgeführt, welche für die verschiedenen Betriebe selbst von unmittelbarem oder mittelbarem Nutzen sind; andererseits finden die Männer, welche unter der Leitung des Direktors mit derartigen Arbeiten beschäftigt gewesen sind, früher oder später Verwendung und Anstellung in den betreffenden Fabriken.

Dieser Grundgedanke scheint mir nun der mannigfaltigsten Entwicklung fähig. Wenn die beteiligte Industrie derartige Ausbildungs- und Forschungsstätten für ihre Zwecke errichtet, so erreicht sie das, was jene sehr grossen chemischen Fabriken unter ihren abnorm günstigen Verhältnissen erzielen. Wie mannigfaltig eine solche Anstalt benutzt werden kann, etwa zur Prüfung und Ausbildung von Erfindungen, zur Beschaffung wissenschaftlicher Grundlagen für die Beeinflussung der Gesetzgebung, zur Ausarbeitung allgemein verbindlicher analytischer Methoden u. s. w. wird Ihnen, meine Herren Praktiker, wahrscheinlich alsbald besser vor Augen treten, als ich es Ihnen entwickeln könnte. Es handelt sich um die Benutzung des Prinzips, dem die grossen chemischen und elektrotechnischen Fabriken ihre Erfolge verdanken: *kommerzielle Organisation der wissenschaftlichen Arbeit.*

Mit dieser Anregung lassen Sie mich schliessen. Ich fürchte, mich schon zu weit in praktischen Fragen vorgewagt zu haben, zu deren allseitiger Beurteilung mir die Grundlagen fehlen. „Leicht bei einander wohnen die Gedanken, doch hart im Raume stossen sich die Sachen", werden Sie mir mit dem Dichter zurufen. Ich weiss das, meine Herren, aus eigener Erfahrung. Aber ich weiss auch, dass gerade wegen seiner Leichtigkeit der Gedanke die Pflicht hat, in die freie Luft der Möglichkeiten hinauszufliegen. Kann er von seiner Höhe auch nicht jede Einzelheit erkennen, so gewinnt er doch andererseits eine leichtere Uebersicht über das Ganze. Und so schliesse ich nicht ohne die Hoffnung, dass auch hier aus der Theorie sich einiges für die Praxis ergeben könnte.

Die Technik des Erfindens.

(1907)

Als Schiller die erste Fassung seiner „Bürgschaft" an Goethe zur Kritik übersandte, schrieb er dazu: „Ich bin neugierig, ob ich alle Hauptmotive, die in dem Stoffe lagen, glücklich herausgefunden habe. Denken Sie nach, ob Ihnen noch etwas beifällt; es ist dies einer von den Fällen, wo man mit grosser Deutlichkeit verfahren und beinahe *nach Prinzipien erfinden kann.*" Die bemerkenswerten letzten Worte drücken aus, wie sehr Schiller selbst von der Möglichkeit frappiert war, dass man nach Prinzipien, dass heisst gemäss bestimmten technischen Regeln, erfinden könnte, während sich ihm doch ein solches Verfahren selbsttätig anbot. Die allgemeine Auffassung wird auch noch heute sich nicht erheblich von der damaligen Schillers entfernen, und ein Erfinden nach Regeln, handele es sich nun um poetische oder technische Werke, kommt uns wie ein innerer Widerspruch vor. Wir sind gewohnt, die entsprechenden „Einfälle", wie es ja dies Wort selbst ausdrückt, für etwas zu halten, was man nicht kommandieren kann, sondern von der Gunst der Stunde erhoffen muss.

Dieser etwas mystischen Auffassung steht nun eine in ihrer groben Nüchternheit ganz besonders wirksame Tatsache entgegen, nämlich die, dass das Erfinden bereits in weitem Umfange geschäftlich organisiert ist. Ich will nicht davon reden, dass seinerzeit Edison nach Ausarbeitung seiner grossen Erfindungen von einer kapitalkräftigen Gesellschaft „gegründet" worden ist, mit der ausgesprochenen Hoffnung, dass nicht nur die bereits vorhandenen Erfindungen ausgebeutet, sondern auch reichlich neue von gleichem Kaliber hervorgebracht werden würden. Der zweite Teil der Spekulation hat bekanntlich versagt: bei Edison ist die mit ungewöhnlichen Leistungen auf

intellektuellem Gebiete meist verbundene Erscheinung gleichfalls eingetreten, dass das hochorganisierte Gehirn sich in
jungen Jahren mit einer oder einigen wenigen ausgezeichneten
Leistungen zu erschöpfen pflegt und während der ganzen späteren Existenz nichts Gleichwertiges mehr hervorzubringen vermag, zumal wenn jene Jugendleistungen, wie dies meist geschieht, mehr instinktmässig und ohne bewusste Betätigung
einer Methode hervorgebracht waren. Was aber in solchem
Sinne bei Edison nicht gelungen war, gelingt bei uns in
Deutschland mit einer grossen Zahl von Leuten weit mässigeren
Kalibers. In den grossen Industrieen, den Maschinenwerk-
stätten, den elektrotechnischen Werken und vor allen in den
chemischen Fabriken befinden sich Erfinderlaboratorien in ganz
regelmässigem Betriebe und die scharf rechnenden kaufmän-
nischen Verwaltungen derartiger Anstalten finden die sehr erheblichen Ausgaben dafür sachgemäss verwendet, denn sie würden sie sofort streichen, falls sie mit ihnen nicht auf ihre Rechnung kämen.

Nun könnte man diese Einrichtungen so auffassen, dass
es sich um eine Art systematischer Benutzung des Zufalls handele, von dem das Auftreiben einer Erfindung abhängen mag.
Schon Priestley, der am Ende des achtzehnten Jahrhundert die
Chemie mit einer ungewöhnlich grossen Anzahl chemischer Entdeckungen bereicherte, hat sein Verfahren mit dem eines
Jägers verglichen, der aufs Feld und in den Wald geht, unge-
wiss was und ob er überhaupt etwas finden würde. Aber bekanntlich betreibt man die Jagd auch systematischer, als sie
hier geschildert wird, und insbesondere für das Vergnügen
fürstlicher Personen weiss man den Zufall auszuschalten und
durch Sicherheit zu ersetzen. Einen solchen fürstlichen Weg
zur Erfindung gehen wir jetzt; statt eines Spazierganges auf
gut Glück veranstalten wir ein regelmässiges Treiben, und es
gehört bereits eine gewisse Ungeschicklichkeit des Schützen
dazu, um das eingekreiste Wild zu verfehlen.

Worauf beruht nun die Verbesserung des zufälligen Verfahrens bei der Jagd? Offenbar darauf, dass man die zufälligen
Bewegungen des einzelnen Jägers, die nur ein geringes Gebiet

der ganzen Fläche decken, innerhalb deren sich das Wild befindet, durch ein vollständiges Bestreichen der fraglichen Fläche mittelst Treibern oder Schützen ersetzt. Es wird mit anderen Worten dem Wilde keine Möglichkeit gelassen, unentdeckt zu bleiben. Ganz ebenso ist die Technik des heutigen Erfinders. Er umfasst das ganze Feld der Möglichkeiten und treibt dieses systematisch ab. So sollte ihm kein Wild entgehen können, das überhaupt vorhanden ist, — wenn nur das leidige Vorbeischiessen nicht wäre.

Ich will das Bild gleich ins Praktische übersetzen. Wenn ich hierbei wissenschaftliche Arbeiten ebenso häufig oder häufiger zu Worte kommen lasse, als technische Erfindungen, so hat dies den äusserlichen Grund, dass wir von den Einzelheiten der ersteren meist genauere Kunde haben; im übrigen halte ich auf Grund persönlicher Erfahrungen in beiden Gebieten beide Dinge für so ähnlich, dass man sie vollkommen sachgemäss als wesensgleich für unsere Zwecke behandeln kann. Als Beispiel wähle ich eine ältere Arbeit des berühmten Botanikers W. Pfeffer über die Schwärmsporen gewisser Algen. Die männlichen Blüten dieser Pflanzen entsenden nämlich Sporen, welche eine selbständige Bewegung im Wasser haben und mit grosser Sicherheit in die weiblichen Blüten zu schlüpfen wissen. Pfeffer stellte sich die Frage, ob vielleicht diese Bewegungen durch irgend einen Stoff verursacht sein mögen, den die weiblichen Blüten aussenden. Er zerrieb deshalb eine Anzahl dieser Blüten, brachte den Saft in ein Glasröhrchen und siehe da, die Schwärmsporen gingen ebenso bereitwillig und präzis in die Glasröhren, wie in die weiblichen Blüten. Damit war die Frage bejahend beantwortet; nun aber entstand die weitere Frage: welcher Stoff tut dies? Eine unmittelbare chemische Analyse der Blüten war hoffnungslos, da diese viele Dutzende verschiedener organischer Verbindungen enthielten, die aufzufinden und einzeln zu kennzeichnen auch dem geschicktesten Chemiker nicht gelungen wäre. Man musste also von der anderen Seite herankommen und bekannte Stoffe auf ihr Anlockvermögen für die Schwärmsporen untersuchen. Das hätte aber bei den vielen Tausenden organischer Verbindungen, die bekannt

sind, ebensoviele tausende einzelne Versuche bedeutet, an deren
Ausführung wegen des Zeitbedarfes gar nicht zu denken war.
Pfeffer ging daher *zusammenfassend* vor, indem er einfach
alle Stoffe, die auf dem obersten Brett des Präparatenschrankes
standen, zusammenmischte und mit dieser Mischung den Versuch anstellte. Ebenso verfuhr er mit dem nächsten Brett und
so fort, bis er eine Mischung fand, welche anlockend wirkte.
Nehmen wir an, es seien hundert Stoffe auf diesem Brett gewesen, so musste es einer von diesen gewesen sein. Er teilte
daher die ganze Anzahl in die Fünfzig rechts und die Fünfzig
links und erfuhr so mit höchstens zwei Versuchen, welche fünfzig Stoffe es sicher nicht waren. Die Gruppe mit dem wirksamen Stoffe wurde wieder geteilt, und so wurde das Wild
immer enger eingekreist, bis es erlegt wurde: es war Aepfel-
säure.

Dies ist nun das ganze Geheimnis: man teilt das ganze
Feld der Möglichkeit in einzelne Teile, die man technisch beherrschen kann und untersucht einen Teil nach dem anderen
auf sein Verhältnis zum Problem. So muss man den Teil notwendig finden, wo sich die Lösung antreffen lässt.

Man wird vielleicht einwenden, dass man die Angelegenheit bereits sehr genau kennen muss, um eine solche systematische Einteilung des ganzen Feldes vornehmen zu können.
Doch habe ich das Beispiel gerade gewählt, um zu zeigen, dass
in der Tat *jede* Einteilung brauchbar ist, wenn sie nur Aussicht gibt, das ganze Feld zu decken. Was kann es Aeusser-
licheres geben, als die Einteilung der chemischen Stoffe nach
dem Brett, auf welchem die Flasche mit dem Präparat steht?
Und doch genügte dies lächerliche Prinzip zur Lösung eines
höchst subtilen Problems.

Wenn man will, kann man das Verfahren in eine gelehrte
Form bringen. Man ermittelt, welche Umstände oder Faktoren
a, b, c, d usw. an der fraglichen Erscheinung beteiligt sind.
Nennt man diese E, so wird ein solches Verhältnis durch die
allgemeine Gleichung $E = f(a, b, c, d \ldots)$ ausgedrückt,
welche besagt: die Erscheinung E ist eine Funktion von a, b,
c, d, usw. Um die Beschaffenheit der Wirkungsweise dieser

Faktoren kennen zu lernen, verfährt man am sichersten so, dass man einen von ihnen, beziehungsweise eine Gruppe ändert und dabei alle anderen unverändert lässt. Die beobachteten Veränderungen an der Erscheinung rühren dann von diesem Faktor her und man kann seine Wirkungsweise studieren. Ist a erledigt, so verfährt man ebenso mit b, und so fort, bis an das Ende. Dann kennt man die ganze Angelegenheit und kann seine Massnahmen so treffen, dass der beste Erfolg erreicht wird. Ich mache mich darauf gefasst, dass man mir sagen wird: das sind ja gar keine Erfindungen und Entdeckungen, die man auf solche mechanische Weise macht. Das Genie ergreift unbewusst sofort das Richtige. Dies ist ein Aberglaube, und ein sehr schädlicher dazu. Wo irgend wir persönliche Aufzeichnungen über die Arbeit unserer Ersten haben, finden wir, dass sie so angestrengt gearbeitet haben, wie nur irgend einer von uns, und vor allem mit viel grösserer Hingabe. Die vier Noten, mit welchen Beethovens fünfte Symphonie anfängt: „So klopft das Schicksal an die Pforte", sind Stufe für Stufe bis zu ihrer imposanten Einfachheit erarbeitet worden, wie es. uns die Skizzenbücher des Meisters lehren. Jeder Meister ist nur dadurch einer geworden, dass er mit der Arbeit an seinen Leistungen nicht früher, sondern *später* aufhörte, als die anderen, dass er noch zu bessern fand, wo die anderen längst zufrieden waren mit dem, was sie erreicht hatten.

Schädlich aber ist jener Aberglaube deshalb, weil er den Anfänger veranlasst, sein Heil im glücklichen Zufall zu suchen. Ich habe recht reichlich Gelegenheit gehabt, diese Kinderkrankheit bei den jungen Forschern zu beobachten, die ich auf ihren ersten Schritten in die Technik des Entdeckers begleitet habe. Wenn ihnen der systematische Weg gezeigt wurde, auf dem das Problem stufenweise einzukreisen war, so konnten sie es sicher sich nur selten versagen, von den zahllosen Möglichkeiten gleich eine zu ergreifen, in der stillen Hoffnung, dass sie „instinktiv" gerade das Richtige treffen würden, weil eben jeder begeisterte Anfänger bescheidentlich hofft, ein bischen Genie zu sein. Das gab dann regelmässig Enttäuschungen und verlorene Zeit. Denn jener systematische Weg sichert nicht nur

Erfolg, sondern auch, ins grosse gerechnet, die **grösste Er-**
sparnis von Zeit und Energie, wie jeder Kenner der Wahr-
scheinlichkeitsrechnung es sich leicht ausrechnen kann.

Einen *wissenschaftlichen Instinkt* gibt es allerdings, d. h.
ein unbewusst verlaufendes Denken, das aus vielen Möglichkeiten zu der Wahl einer zweckmässigen leitet. Aber wie wir
in der Biologie jeden Instinkt als das Züchtungsergebnis einer
langen Auslese ansehen, so entwickelt sich der wissenschaftliche Instinkt erst auf Grund einer längeren Erfahrung in den
späteren Stadien der Laufbahn. Dann kann er allerdings das
Verfahren sehr abkürzen, aber nicht ohne die Gefahr der Einseitigkeit im Denken und Schliessen.

Wird nun an der Hand des Rezeptes jeder Mensch künftig
zum erfolgreichen Entdecker ausgebildet werden können? wird
der Leser ungläubig fragen. Die Antwort ist: nein, ebensowenig wie jeder Mensch zu einem guten Geiger oder Feinmecha-
niker ausgebildet werden kann. Damit man jenes Schema erfolgreich anwenden lernt, muss ein ausreichendes Mass von
Phantasie und von positiven Kenntnissen vorhanden sein; die
erste befähigt, den Jagdplan zu entwerfen, die letzteren tun
die Treiberdienste, um die Lösung aus ihren Verstecken heraus-
zuscheuchen. Aber wenn es auch nicht ein jeder zur Vollkommenheit lernen kann, gelernt kann das Entdecken jedenfalls
werden. Ich habe mich davon zu meinem Schrecken im eigenen
Hause überzeugen müssen. Unter der Nachwirkung der eigenen täglichen Lehrarbeit pflegte ich meinen Jungen bei Tische
allerlei kleine Aufgaben technischer Art zu stellen mit der Aufforderung: nun erfinde mir einmal, wie das zu machen ist. Sie
haben das so geschwind gelernt, dass ich mich zu Zeiten vor
Erfindungen nicht retten konnte.

So wird es mit dem Erfinden gehen, wie mit allen anderen
Künsten und Fertigkeiten. Anfänglich der Vorzug einiger
weniger unabhängiger Geister, erweisen sie sich als auf Schüler
und Nachfolger übertragbar, wenn auch zunächst noch sehr
unvollkommen. Dann werden sie mehr und mehr Gemeingut,
und schliesslich gehören sie für jedermann zur regelmässigen
Ausstattung des geistigen Hausinventars, wie Lesen und

Schreiben. Am Zweiradfahren haben wir eine solche Entwicklung vor unseren Augen sich vollziehen gesehen; mit dem Entdecken und Erfinden sind wir auf ähnlichem Wege. Aber wenn
auch der allgemeine Zustand eine derartige fortschreitende Vervollkommnung aufweist, so wird es doch zu jeder Zeit Unterschiede in der Fertigkeit geben, mit welcher die Einzelnen das
gemeinsame Gut zu handhaben und zu verwerten verstehen. Es
liegt aber im Sinne aller dieser Entwicklungen, dass solche
Unterschiede eine Tendenz zeigen, geringer zu werden, wie
dies bei allen Kulturfortschritten zu beobachten ist.

———

Elemente und Verbindungen.

(1904)

Aus einem Sturme von mannigfaltigen und lebhaften Empfindungen richte ich meine Worte an Sie. Ich habe die Ehre,
zu einem Zuhörerkreise zu reden, in welchem sich Männer befinden, die ich seit lange als meine Lehrer zu verehren, als meine
Vorbilder in unserer gemeinsamen Arbeit für die Wissenschaft
zu bewundern gewohnt bin. Aber noch mehr als die Gegenwart,
so glänzend sie ist, ergreift mich die Vergangenheit, die mit
diesem Orte verbunden ist. Wie hätte ich, als ich vor nicht
langer Zeit gewohnt war, mir beinahe täglich aus Faradays
Arbeiten Klärung und Förderung bei meinen eigenen Bemühungen zu suchen, mir träumen lassen, dass ich einmal berufen
sein könnte, wenn auch nur eine kurze Stunde lang an derselben Stelle zu sprechen, wo Er die unzähligen Erlebnisse seiner
unermüdlichen Arbeit, seines vor keiner Schwierigkeit zurück-
schreckenden Forschungstriebes und vor allen Dingen seiner
unerbittlichen, gegen sich selbst am meisten unerbittlichen
Wahrheitsliebe zum ersten Male der Oeffentlichkeit zu über-
geben pflegte!

Dem Epigonen bleibt im solchen Falle nur übrig, sich, soviel er kann, mit dem Geiste des Meisters zu erfüllen und aus
diesem Geiste heraus seinen bescheidenen Beitrag zu dem
grossen Bau der Wissenschaft heranzubringen. Aber hier entsteht wieder eine neue Schwierigkeit. Welchen Gegenstand
sollte ich wählen? Ueberall, wo ich in meinem eigenen Arbeits·
gebiete Umschau halte, finde ich die Spuren Faradays. Von der
Elektrochemie brauche ich nichts zu sagen; ich glaube, ich
habe kein Wort der wissenschaftlichen Sprache häufiger ge-

schrieben und gesprochen, als das Wort „Ion", das in dieser Halle zum ersten Male in seiner jetzigen Bedeutung gebraucht worden ist. Aber auch in anderen Problemen, denen ich mich gewidmet habe, finde ich überall seine glückliche Hand und sein helles Auge vor. Die *Katalyse,* deren Erforschung mich in den letzten zehn Jahren beschäftigt hat, verlor unter seinen Händen und in dem Gebiete, in welchem er sie untersuchte, den Zauber des Unverständlichen und Geheimnisvollen, der sie umkleidet hatte, und gewann den für den Naturforscher schöneren Reiz eines der ernsten Arbeit zugänglichen Problemes. Und in einer anderen Sache, die einen grossen Teil meiner wissenschaftlichen Energie in Anspruch genommen hat, in der Frage nach der *Energie* selbst, finde ich den verehrten Meister als Wegebahner, als den ersten, der seine experimentellen Arbeiten durchweg von dem Gedanken der Erhaltung und der wechselseitigen Umwandlung der verschiedenen Energiearten hat leiten lassen.

Es ist dies eine Seite von Faradays Wesen, auf welche vielleicht die Aufmerksamkeit noch nicht in solchem Masse gelenkt worden ist, wie sie es verdient. Wenn auch unzweifelhaft der entscheidende Schritt, der Nachweis der *quantitativen Proportionalität* der verschwindenden und entstehenden Energiearten, erst später durch Mayer und Joule getan worden ist: die praktische Erkenntnis dieser Verhältnisse ist bei Faraday zweifellos vorhanden gewesen. Es besteht ja ein grosser Unterschied zwischen der Erkenntnis einer wissenschaftlichen Wahrheit, die dem Entdecker für *seine* Arbeit genügt, und der Entwicklung dieses Gedankens, welche für seine erfolgreiche Uebertragung an *andere* erforderlich ist. Wie in anderen Fällen — ich erinnere nur an die heute jedermann geläufige Idee der Kraftlinien — hat sich Faraday hier mit der ersten Stufe begnügt. Dass er aber diese erste Stufe erreicht, und dass er sie bewusst und regelmässig bei seinen Arbeiten benutzt hat, geht zweifellos aus zahlreichen Bemerkungen hervor, die uns seit den ersten Jahren seines selbständigen, wissenschaftlichen Denkens erhalten sind. Und ein genaueres Studium seiner Arbeitspläne und Notizen zeigt uns, dass in der Tat Faraday, seitdem er wissenschaftlich

11*

selbständig geworden war, sich immer wieder die Frage stellte:
wie kann ich eine gegebene „Kraft" in eine gegebene andere
„Kraft" verwandeln? Noch seine letzten, resultatlos gebliebenen
Versuche, die Gravitation unmittelbar in elektrische oder magnetische Vorgänge überzuführen, sind von demselben Leitgedanken veranlasst.

So habe ich denn, um in den Spuren des Meisters zu wan-
deln, mich an seine allerersten Probleme gehalten. Noch bevor
er hier an der Royal Institution Vorlesungen gehalten hat,
stellte er in seinem 25. Jahre seine ersten Versuche in der
Kunst des „Lecturers", in der er hernach so Grosses geleistet
hat, in einem kleinen Verein, der City Philosophical Society
an, indem er dort einen Kursus über Chemie hielt. In der
sechzehnten Vorlesung, nach der Beschreibung der Metalle,
schliesst er mit folgenden allgemeinen Betrachtungen:

„To decompose the metals, then, to reform them, to change
them from one to another, and to realise the once absurd notion
of transmutation, are the problems now given to the chemist for
solution. Let none start at the difficult task, and think the means
far beyond him: everything may be gained by energy and perse-
verance". Und indem er schildert, wie im Laufe der Geschichte
die Mittel zur Abscheidung der Metalle als ihren Verbindungen immer ausgiebiger und wirksamer geworden sind, erwähnt
er die damals noch in frischer Erinnerung befindlichen Entdeckungen seines grossen Lehrers Davy mit den Worten:

„Lastly, glance but at the new, the extraordinary powers
which the chemist of our own nation put in action so succesfully
for the reduction of the alcalies and the earths, and you will not
longer doubt, that powers still progressive and advanced may
exist, and put at some favourable moment the bases of the
metals in our hands".

Wenn ich diesem Winke zu folgen versuche, und die Frage
nach der Natur der chemischen Elemente und ihrer Verbindungen zum Gegenstande unserer Betrachtungen mache, so bin
ich auch hierin nicht der erste. Ich glaube nicht zu irren, dass
derjenige Forscher, dem zum ersten Male die Auszeichnung der
Faraday-Vorlesung zu teil wurde, dass *Jean Baptiste Dumas* vor

etwa 30 Jahren den gleichen Gegenstand behandelt hat. Immerhin scheue ich diese Wiederholung nicht, jede Generation von
Forschern muss sich immer wieder von neuem mit diesem fundamentalen Problem unserer Wissenschaft auseinandersetzen.
Und in der Weise, wie dies geschieht, macht sich der Fortschritt selbst wieder geltend. Faraday stand noch ganz unter
dem Einflusse der grossen Entdeckungen Davys und ihm stellte
sich der Fortschritt in ähnlicher Gestalt dar. Dumas seinerseits
empfand als die wichtigste Errungenschaft der Wissenschaft
seinerzeit die Systematik der organischen Chemie, wie sie sich
in der Lehre von den homologen Reihen konzentriert hatte; so
erschienen ihm die chemischen Elemente als vergleichbar der
Kohlenwasserstoffradikalen, und er versuchte, die ähnlichen
Elemente in ebensolche Reihen zu ordnen, in denen die Atomgewichte um konstante Beträge zunahmen. Wie bekannt, haben
sich diese Betrachtungen schliesslich zu der grossen Verallgemeinerung entwickelt, welche wir Newlands, Lothar Meyer und
Mendelejew verdanken, und wenn sie auch das Problem der
Zerlegung der Elemente nicht gelöst haben, so haben sie sich
doch als ein mächtiger Faktor für die allgemeine Entwicklung
der Wissenschaft erwiesen.

Welches wird nun der Gedankenkreis sein, aus welchem ein
heutiger Chemiker die neuen Bestandteile zur Erörterung der
alten Frage nehmen wird? Die Physiker sind bald mit einer
Antwort bei der Hand; die älteren bauen die Elemente auf
mechanische Weise aus Atomen irgend einer primären Materie
auf, die neueren tun dies auf *elektrischem* Wege. Die Chemiker
(oder doch einige unter ihnen) werden diesen Bemühungen
zwar mit Hochachtung, aber doch mit einer gewissen Scheu
zusehen. Denn eine Erfahrung, die über Jahrhunderte zurück-
reicht, hat ihnen gezeigt, dass derartige, aus anderen Wissenschaften genommene Hypothesen sich immer über kurz oder
lang als unzureichend erwiesen haben. Diese konnten zwar
gewisse Seiten der Tatsachen gut zum Ausdruck bringen,
mussten dabei aber andere Seiten, die dem Chemiker ebenso
wichtig sind, ausser acht lassen, und so endeten sie immer in
Unzulänglichkeit bezüglich der chemischen Probleme. Hieraus

ergibt sich die Regel, nur *chemisches* Material für die Arbeit zu verwenden, und dieser Regel gedenke ich heute zu folgen.

Während Dumas für seinen Zweck die Chemie seinerzeit um ihre wichtigsten Resultate befragt hatte, muss ich das gleiche mit der Chemie meiner Zeit tun. Welches ist nun der wichtigste allgemeine Fortschritt in unserer Wissenschaft? Ich zögere nicht zu antworten: die Entwicklung der *chemischen Dynamik*, oder die Lehre von dem Verlauf der chemischen Vorgänge, sowie die vom chemischen Gleichgewicht. Was kann nun die chemische Dynamik über unser altes Problem, die Natur der chemischen Elemente sagen?

Die Antwort auf diese Frage lautet sehr merkwürdig und ich werde, um Ihnen die Wichtigkeit, die ich in dieser Untersuchung zuschreiben möchte, gleich zu kennzeichnen, das Resultat vorausnehmen. *Auf Grund der chemischen Dynamik ist es möglich, ohne weitere Voraussetzungen die stöchiometrischen Grundgesetze abzuleiten,* d. h. das Gesetz der konstanten Proportionen, das der multiplen Proportionen und das der Verbindungsgewichte. Die chemische Dynamik kann somit dasselbe leisten, was man bisher nur mit dem Bilde der Atomtheorie hat erreichen können. Sie hat in dieser Beziehung die Atomtheorie entbehrlich gemacht.

Ich weiss, meine Herren, dass ich mich mit dieser Behauptung auf einen ziemlich vulkanischen Boden begebe. Es wird nur sehr wenige von Ihnen geben, welche mir nicht entgegenhalten würden, dass sie mit den Atomen ganz zufrieden sind und gar kein Bedürfnis haben, diesen Begriff durch irgend einen anderen zu ersetzen. Hierzu kommt noch, dass in diesem Lande vor fast genau einem Jahrhundert die moderne Atomtheorie das Licht der Welt erblickt hat, und dass viele in diesem Kreise vor kurzer Zeit die Zentenarfeier der Atomtheorie mitgefeiert haben und sich dabei der enormen Fortschritte wieder bewusst geworden sind, welche auf dem Boden dieser Theorie in unserer Wissenschaft entstanden sind; es sind also grosse Ansprüche an ihre wissenschaftliche Objektivität, die ich hier stellen muss. Aber ich habe doch keinen Augenblick gezögert, Ihnen, meine Herren, die Ergebnisse meiner

'Arbeit vorzulegen. Denn einerseits fühle ich mich vollkommen sicher, dass mir in diesem Kreise die erforderliche wissenschaftliche Objektivität entgegengebracht wird; und andererseits habe ich die Gelegenheit mit Freuden begrüsst, meine Gedanken zuerst dem Kreise vorzulegen, von dem ich die strengste Kritik ihrer Richtigkeit und Bedeutung zu erwarten habe. Denn wenn sie nichts taugen sollten, so werden sie hier am schnellsten dem Orcus überliefert werden, bevor sie Zeit gehabt haben, Schaden anzurichten. Ist andererseits in ihnen ein richtiger Kern enthalten, so werden sie hier am sichersten von ihren unhaltbaren und unexakten Bestandteilen befreit werden und am schnellsten die Gestalt annehmen, in welcher sie der Wissenschaft dauernd nützen können. Und nun zur Sache.

Der erste Begriff, von dem hier auszugehen ist, ist der des *Gleichgewichtes.* Ursprünglich bezieht sich dieses Wort auf den Zustand einer Wage, wenn an beiden Armen das gleiche Gewicht hängt. Dann hat man es auf Kräfte aller Art übertragen, und meint damit den Zustand, in welchem die vorhandenen Kräfte keine Bewegungen hervorbringen. In der Chemie ist die Bedeutung noch weiter geworden, da das Ergebnis der sogenannten chemischen Kräfte im allgemeinen nicht eine Bewegung ist, sondern eine Aenderung in den Eigenschaften der Körper; so kommen wir zu der allgemeinen Definition, *ein Gleichgewicht ist ein Zustand, welcher von der Zeit unabhängig ist.*

Damit ein solcher Zustand besteht, muss vor allen Dingen die Temperatur und der Druck konstant sein; dann erleidet auch das Volum und die Entropie keine Aenderungen. Nun liegt hier das bemerkenswerte Naturgesetz vor, dass ein solcher, von der Zeit unabhängiger Zustand nur bestehen kann, wenn überall in dem betrachteten Körper die Eigenschaften den gleichen Wert haben. Einen solchen Körper nennen wir *physikalisch homogen.* Inhomogene Körper, wie z. B. eine Lösung, deren Konzentration an verschiedenen Stellen verschieden ist, oder ein Gasgemisch, dessen Zusammensetzung an verschiedenen Stellen verschieden ist, können nur vorübergehend existieren und gehen freiwillig in den Zustand der Homogenität über.

Wir wollen unsere weiteren Betrachtungen ausdrücklich auf diesen Zustand beziehen und haben daher künftig nur mit Körpern und Systemen von Körpern zu tun, die sich im Gleichgewicht befinden und daher homogen sind.

Nun wird man vielleicht einwenden, dass in einem geschlossenen Raume flüssiges Wasser und Wasserdampf nebeneinander beliebig lange im Gleichgewicht bestehen können, während das System doch nicht homogen ist, sondern aus zwei heterogenen Anteilen, dem Wasser und dem Dampf, besteht. Hier tritt uns der neue Begriff der *Phasen* entgegen, den wir Willard Gibbs verdanken.

Derartige zusammengesetzte Systeme bestehen nämlich im Gleichgewichtszustande aus einer *endlichen Anzahl* von Teilen, von denen jeder *für sich* die Bedingung der Homogenität erfüllt. Hierbei sind im allgemeinen Druck und Temperatur überall gleich, während das spezifische Volum und die spezifische Entropie in den verschiedenen Teilen verschieden sind. Jeden dieser Teile, in welchem ein bestimmter Wert dieser spezifischen Eigenschaften besteht, heisst nun eine *Phase*. Hierbei werden solche Teile auch als *eine* Phase gerechnet, welche zwar räumlich voneinander getrennt sind, aber übereinstimmende spezifische Eigenschaften haben. So sind die Kügelchen der Butter in der Milch, obwohl in einem Glase dieser Flüssigkeit zu vielen Millionen vorhanden, doch nur eine Phase neben der wässerigen Lösung von Kaseïn und Milchzucker, welche die zweite Phase bildet.

Jedes System, das aus einer einzigen Phase besteht, hat zwei Freiheiten. Dieser Satz gilt unter der Voraussetzung, dass auf das Gebilde ausser thermischer und Volumenergie keine andere Energieart einwirkt, dass wir also von den Wirkungen der Gravitation, Elektrizität, Oberflächenspannung u. s. w. absehen. Er erinnert an den berühmten Satz von W. Gibbs, der unter dem Namen der Phasenregel bekannt ist, unterscheidet sich aber von ihm dadurch, dass hier auf die Anzahl der sogenannten Bestandteile gar keine Rücksicht genommen ist. In der Tat gilt der Satz sowohl für irgend ein chemisches Element, z. B. Sauerstoff im Zustande der grössten Reinheit, wie für irgend ein beliebiges homogenes Gemisch, etwa ein Glas Tee mit Rum. Solange Sie bei dem letzteren nur eine Phase, die flüssige, zulassen, können Sie den Zustand nur nach zwei Ricthungen, etwa Druck und Temperatur, willkürlich ändern; sind diese aber festgestellt, so ist eine weitere Aenderung nicht möglich, denn jede Aenderung erfordert jetzt entweder die Betätigung einer anderen Energie oder die Bildung einer zweiten Phase.

Die Möglichkeit, einen solchen Körper im Zustande einer einzigen Phase zu belassen, ist im allgemeinen *begrenzt.* Wenn man bei gegebener Temperatur den Druck erniedrigt, so wird sich aus einer Flüssigkeit oder einem festen Körper schliesslich ein Dampf bilden; ebenso wird durch Temperaturerniedrigung ein Gas flüssig und eine Flüssigkeit fest werden. Somit wird für jedes System, das aus einer einzigen Phase besteht, sich ein Gebiet von Drucken und Temperaturen bezeichnen lassen, innerhalb dessen es existieren kann. Derartige Gebiete brauchen nicht allseitig begrenzt zu sein; so wird man für Gase nach der Seite der hohen Temperaturen und niedrigen Drucke keine Grenzen ihres Zustandes erwarten, und ebensowenig bei festen Körpern nach der Seite der niedrigen Temperaturen und hohen Drucke. Aber nach gewissen Seiten hat jede Phase ihre Grenzen und die meisten dieser Grenzen sind uns bereits experimentell zugänglich.

Was geschieht nun an der Existenzgrenze irgend einer Phase? Die Antwort lässt sich ganz allgemein geben: *es entsteht eine neue Phase.* Somit grenzen die Existenzgebiete der verschiedenen Phasen, die sich auseinander bilden können, überall aneinander und die Grenzlinien dieser Gebiete stellen die gleichzeitigen Werte von Temperatur und Druck dar, bei denen zwei Phasen nebeneinander bestehen können.

· Die Bedingung, dass zwei Phasen nebeneinander bestehen sollen, ist also gleichwertig mit dem Verzicht auf einen Freiheitsgrad. Gleichzeitig ist aber eine neue Veränderlichkeit oder Freiheit entstanden, nämlich das Verhältnis, in welchem die eine Phase in die andere umgewandelt worden ist. In dieser

Beziehung unterscheiden sich nun die verschiedenen Körper sehr wesentlich.

Während nämlich im allgemeinen bei der Umwandlung der einen Phase in die zweite die Eigenschaften beider Phasen eine stetige Aenderung erleiden, gibt es einzelne Körper, bei denen dies nicht der Fall ist. Wenn wir beispielsweise *Meerwasser* bei konstanter Temperatur in Dampf verwandeln, ändert sich während dieses Vorganges einerseits die Dichte des flüssigen Rückstandes um so mehr, je mehr Dampf wir entstehen lassen, andererseits ändert sich auch der Dampf, indem sein Druck und seine Dichte immer kleiner wird. Verwandeln wir dagegen *destilliertes Wasser* in Dampf, so bleiben sowohl die Eigenschaften des flüssigen Rückstandes wie die des entstehenden Dampfes während der ganzen Umwandlung unverändert.

Körper der ersten Art nennen wir *Lösungen,* solche der zweiten Art wollen wir *hylotrope* Körper nennen. Sie werden fragen, warum wir sie nicht *chemische Individuen* oder *Substanzen* nennen. Die Antwort ist, dass der Begriff der hylotropen Körper ein wenig weiter ist, als der des chemischen Individuums. Im übrigen aber ist in der Tat das wesentlichste Kennzeichen des chemischen Individuums das, dass bei seiner Ueberführung aus einer Phase in die andere sowohl der Rückstand wie die neue Phase während der ganzen Ueberführung ihre Eigenschaften nicht ändern. Alle Kennzeichen, welche wir für die Reinheit eines Stoffes besitzen, sowie alle Methoden, die wir für die Reinigung anwenden, kommen auf diese Eigentümlichkeit heraus, wie man sich beim Nachdenken über einzelne Fälle überzeugen kann.

Stellen wir in rechtwinkligen Koordinaten diese Verhältnisse dar, indem wir als Abszissen die in die zweite Phase übergeführten Bruchteile des untersuchten Körpers, als Ordinate seine unabhängige Variable (Druck oder Temperatur) nehmen, so erhalten wir im Falle des hylotropen Körpers das Bild einer horizontalen Geraden (Fig. 1). Ist dagegen der Körper nicht hylotrop, so erhalten wir im allgemeinen eine zwar stetige, aber nicht horizontal verlaufende Linie, die im übrigen sehr ver-

schiedene Formen haben kann. So wird beispielsweise ver-
dünnte Schwefelsäure bei der Umwandlung in Dampf bei kon-

Fig. 1.   Fig. 2.

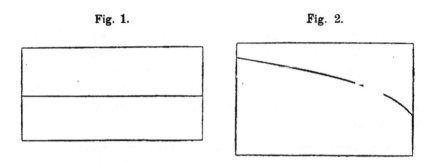

stanter Temperatur eine Linie von der Gestalt der Fig. 2 ergeben.

Wird eine andere Temperatur gewählt, so entsteht eine
ähnliche Linie, die höher oder tiefer liegt, je nachdem die
Temperatur höher oder tiefer ist. Ganz entsprechende Linien
erhält man für die Verdampfungstemperaturen bei konstantem
Druck oder die *Siedepunkte,* die *Erstarrungspunkte* u. s. w.
Wir werden künftig meist die gegenseitige Umwandlung der
flüssigen und dampfförmigen Phasen betrachten, weil hier die
Verhältnisse am mannigfaltigsten sind, und wir daher keine
Gefahr laufen, wesentliches zu übersehen.

Wie ändert sich nun eine Lösung bei der teilweisen Ver-
dampfung? Die Antwort ist, dass der *Rückstand* immer *weni-*
ger flüchtig sein muss als die ursprüngliche Lösung. Denn
wäre dies nicht der Fall, so würde die Umwandlung der Lösung
in Dampf bei gegebener Temperatur oder gegebenem Drucke
explosiv erfolgen; dies soll aber ausgeschlossen sein, weil wir
nur Gleichgewichtszustände betrachten.

Es kann hier vielleicht eingewendet werden, dass die Betrachtung hierdurch nicht nur auf Gleichgewichtszustände im
allgemeinen, sondern insbesondere auf Zustände *stabilen* Gleich-
gewichts allein beschränkt werden soll. Dazu ist zu sagen, dass
labile Gleichgewichte nur eine mathematische, keine physische

Existenz haben, und sich daher in unseren auf experimenteller Grundlage ruhenden Betrachtungen von selbst ausschliessen. Immerhin ist es erwähnenswert, dass in solchem Sinne die hylotropen Systeme Zustände *indifferenten* Gleichgewichtes darstellen.

Umgekehrt wird das Destillat, wenn wir es wieder in den flüssigen Zustand versetzen, notwendig flüchtiger sein, als die ursprüngliche Lösung war. Hieraus folgt, dass die Eigenschaften des Rückstandes und des Destillates im Diagramm bezüglich ihrer Zusammensetzung sich nach entgegengesetzten Richtungen ändern.

Nun können wir uns eine immer weiter fortgesetzte Scheidung in Rückstand und Destillat nach ihrer Flüchtigkeit vorgenommen denken, und es entseht hierbei die Frage, wohin ein derartiger Prozess führen wird. Zwei Antworten sind möglich. Es kann entweder der Rückstand immer höher, das Destillat immer niedriger sieden, so dass die Trennung zu keinem Ende führt, oder es werden schliesslich Rückstände und Destillate erhalten, deren Flüchtigkeit sich durch Wiederholung der Operation nicht weiter vermindern oder vermehren lässt. Den ersten Fall kann man als experimentell ausgeschlossen ansehen, denn es ist eine sehr allgemeine Erfahrung, dass es nicht möglich ist, an einem gegebenen Körper irgend eine Eigenschaft unbegrenzt zu steigern. Es muss also der zweite Fall eintreten. Wenn aber die Flüchtigkeit eines Destillates sich durch weiteres Destillieren nicht mehr ändern lässt, so setzt dies voraus, dass die ganze Menge dieses Destillates bei *konstanter Temperatur destilliert*, d. h. dass ein *hylotroper* Körper vorliegt. Das gleiche gilt für den Rückstand. Ferner ist es auch noch möglich, dass konstant siedende Zwischenprodukte sich beim Destillieren haben abscheiden lassen; deren Anzahl ist aber im allgemeinen endlich und meist nicht gross. Fassen wir alles zusammen, so kommen wir zu dem Ergebnis

Lösungen lassen sich immer in eine endliche Anzahl hylotroper Körper trennen.

Eine weitere Erfahrung sehr grossen Umfanges zeigt, dass man aus diesen hylotropen Körpern wieder die Lösungen mit ihren ursprünglichen Eigenschaften zusammensetzen kann. · Es ist allerdings noch nicht zweifellos bewiesen, dass dies *immer* möglich sein muss. Wir müssen daher unsere Betrachtungen auf den Fall beschränken, dass diese Voraussetzung zutrifft. Alsdann besteht eine *eindeutige* Beziehung zwischen den Eigenschaften der Lösungen und der Natur und dem Mengenverhältnis der hylotropen Stoffe, in die man sie zerlegen und aus denen man sie zusammensetzen kann, oder jede Lösung von bestimmten *Eigenschaften* hat auch eine bestimmte *Zusammensetzung*.

Wir können daher die Eigenschaften einer Lösung als eindeutige Funktion ihrer Zusammensetzung darstellen. Beschränken wir uns der Einfachheit wegen auf Lösungen mit *zwei* Bestandteilen, und tragen die Eigenschaften aller nach beliebigen Verhältnissen aus diesen Bestandteilen zusammensetzbaren Lösungen als Ordinaten auf die Zusammensetzung als Abszissen ab, so erhalten wir eine Kurve, die erfahrungsmässig *stetig* verläuft. Es ist dies ein besonderer Fall des allgemeinen Stetigkeitsgesetzes aller Naturerscheinungen.

So sind beispielsweise die Siedepunkte aller möglichen Lösungen aus zwei hylotropen Stoffen durch eine stetige Kurve darstellbar, welche von dem Siedepunkte des einen zu dem des anderen verläuft. Beschränken wir uns auf die einfachsten Fälle, so haben wir für diesen Verlauf die durch I, II und III bezeichneten, Fig. 3. Nehmen wir eine beliebige Lösung, z. B. die durch die Abszisse *a* gegebene, so können wir aus dem Verlaufe der Kurve ihr Verhalten beim Sieden, d. h. bei der Bildung einer zweiten, gasförmigen Phase unter gegebenem konstanten Druck voraussagen. Denn da der Rückstand notwendig einen höheren Siedepunkt haben muss, so muss seine Zusammensetzung sich nach

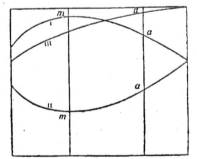

Fig. 3.

der Seite ändern, nach welcher die Siedekurve ansteigt. Dies ist bei II und III nach rechts, bei I nach links der Fall. Die entgegengesetzte Abweichung zeigt die Zusammensetzung des Dampfes.

Wenden wir diese Betrachtung auf die Abszisse m der Kurve II und III an, so gibt sie keine Entscheidung. Denn da der Siedepunkt von II der höchste von allen möglichen ist, so kann er überhaupt nicht steigen, d. h. es gibt keine Veränderung, welche diese Lösung erfahren könnte. Sie muss sich deshalb wie ein hylotroper Körper verhalten.

Die gleiche Betrachtung gilt für den Fall III. Hier ist die Lösung m die mit dem niedrigsten Siedepunkte. Da nun das Destillat immer niedriger sieden soll, als die ursprüngliche Lösung, eine solche Lösung aber überhaupt nicht vorhanden ist, so muss das Destillat den gleichen Siedepunkt haben, wie die Lösung, d. h. auch diese Lösung verhält sich hylotrop. Hieraus entnehmen wir den allgemeinen, von Konowalow und Gibbs gefundenen Satz, dass ein Maximum oder Minimum (ein ausgezeichneter Punkt) des Siedepunktes nur einer hylotropen Lösung angehören kann. Das gleiche gilt für den Dampfdruck, und es lässt sich leicht beweisen, dass ein gleicher Satz auch für den Uebergang zwischen fest und gasförmig wie zwischen fest und flüssig gilt.

Hier haben wir also einen anscheinenden Widerspruch: Lösungen waren nach der Definition solche Körper, die beim Uebergange in eine andere Phase *nicht* hylotrop sind, während eben von hylotropen Lösungen die Rede war. Der Widerspruch wird aufgehoben, wenn wir eine Reihe von Siedepunktskurven betrachten, welche bei verschiedenen Drucken aufgenommen worden sind. Wir finden alsdann, dass in den meisten Fällen die Abszisse des ausgezeichneten Punktes sich durch die Aenderung des Druckes verschieben lässt. Diese fundamentale Tatsache wurde zuerst durch Sir Henry Roscoe festgestellt und hat sich seitdem als ein sehr wichtiges Kriterium für den Begriff des chemischen Individuums erwiesen.

Zeichnen wir eine Anzahl von Siedepunktskurven, die verschiedenen Drucken entsprechen, untereinander, so erhalten wir

im allgemeinen das Bild Fig. 4,
indem der Ort der ausgezeichneten Punkte irgend eine Kurve
bildet. Als besonderer Fall ist
unter den unendlich vielen Möglichkeiten der gegeben, dass
dieser Ort durch eine vertikale
Gerade dargestellt wird. *Dann
ist die Zusammensetzung vom
Drucke unabhängig, und sowie
dieser Umstand vorliegt, nennen
wir den betreffenden Stoff ein
chemisches Individuum.*

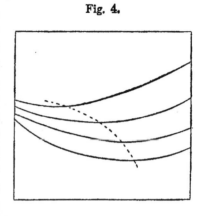

Fig. 4.

Wir sehen also, dass zwischen einer Lösung und einem
chemischen Individuum ein Zusammenhang besteht; letzteres
ist ein ausgezeichneter Fall der ersteren. Andererseits gewinnen
wir eine vollständige Definition des chemischen *Individuums;*
ein solches liegt vor, *wenn ein Körper über ein endliches Gebiet
von Temperaturen und Drucken hylotrope Phasen bildet.*

Nun lassen sich erfahrungsmässig Körper mit dieser Eigenschaft sehr oft aus anderen derartigen Körpern nach Art der
Lösungen zusammensetzen. Wenn dies der Fall ist, so folgt
aus der eben gegebenen Definition des chemischen Individuums,
dass diese Zusammensetzung nach einem bestimmten konstanten
Verhältnis der Bestandteile erfolgen muss, welches innerhalb
eines gewissen Umfanges unabhängig vom Drucke und von der
Temperatur ist.

*Hiermit ist das erste stöchiometrische Gesetz, das Gesetz
der konstanten Proportionen, aus dem Begriff des chemischen
Individuums abgeleitet.* Wie Sie gesehen haben, ist diese Ableitung ausserordentlich einfach: die Art, wie man experimentell ein chemisches Individuum herstellt, bringt die Konstanz
der Zusammensetzung mit Notwendigkeit mit sich.

Ueberschreitet man das Gebiet, in welchem die Beziehung
der Hylotropie gilt, so nimmt der Körper die Eigenschaften
einer Lösung an, d. h. er lässt sich durch die Bildung anderer
Phasen in verschiedene Anteile sondern. Wir pflegen dann zu

Fig. 5.

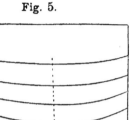

sagen, dass sich die Substanz im Zustande des Zerfalles oder der Dissoziation befindet. Graphisch stellt sich dies so dar, dass der Ort der ausgezeichneten Punkte nicht mehr geradlinig vertikal verläuft, sondern eine seitliche Abweichung zeigt (Fig. 5).

Nun gibt es gewisse Substanzen, bei denen solche Uebergänge in ein Gebiet, wo sie sich wie Lösungen verhalten, noch nie beobachtet worden sind. *Solche Substanzen nennt man Elemente.* Elemente sind mit anderen Worten *Substanzen, welche unter allen bekannten Bedingungen nur hylotrope Phasen zu bilden vermögen.*

Hieraus geht hervor, dass sich alle beliebigen Stoffe schliesslich in Elemente zerlegen lassen müssen. Der allgemeinste Fall, der uns gegeben ist, ist der einer Lösung. Alle Lösungen lassen sich in eine endliche Anzahl von Bestandteilen zerlegen, wobei jede Lösung mindestens zwei solche Bestandteile gibt, die innerhalb eines gewissen Gebietes nur hylotrope Umwandlungen zeigen, also chemische Individuen sind. Diese verwandeln sich wieder bei Ueberschreitung ihrer Existenzgebiete in Lösungen, und diese lassen sich weiter in Bestandteile auflösen, bis schliesslich die letzten Bestandteile ihr Existenzgebiet über den ganzen Umfang der uns experimentell erreichbaren Zustände erstrecken. Die Tatsache, dass die Beziehung zwischen einer Lösung und ihren Bestandteilen eindeutig ist, führt zu dem Grundsatze, *dass jede Verbindung nur auf eine Art in Elemente zerlegbar ist,* und dies ist, zusammen mit der eben gegebenen Definition der Elemente, die Quelle *des Gesetzes von der Erhaltung der Elemente,* von der Tatsache, dass nie aus einem Element *A* ein Element *B* erhalten worden ist. In der Tat würde eine derartige Umwandlung der Voraussetzung widersprechen, dass ein Element ein Stoff ist, der nur hylotrope Phasen bilden kann.

Ich möchte an dieser Stelle einen Augenblick Halt machen, um einige geschichtliche Tatsachen zu erwähnen. Die Frage, ob man ausserhalb der Atomhypothese eine Erklärung für die stöchiometrischen Gesetze finden kann, ist bisher fast immer nur gestellt worden, um sie zu verneinen. Soweit meine Kenntnis reicht, hat sie nur ein einziger Mensch mit der Hoffnung bearbeitet, ein positives Resultat zu erreichen. Ich glaube nicht, dass Vielen von Ihnen sein Name bekannt sein wird: er heisst *Franz Wald* und ist Chemiker an den Eisenwerken zu Kladno in Böhmen. (Jetzt ist er Professor an der technischen Hochschule in Prag. 1910).

In den eben dargelegten Betrachtungen verdanke ich Wald zwei wesentliche Gedanken. Einerseits, dass die Definition der Begriffe Stoff und Element eine in gewissem Sinne willkürliche ist; sie hat die Aufgabe, einen kurzen Ausdruck für die Methoden unserer analytischen und synthetischen Tätigkeit zu geben. Während ursprünglich eine jede Lösung dasselbe Recht hat, betrachtet und untersucht zu werden, gelangen wir *durch unsere Trennungsmethoden* praktisch auf Stoffarten, die wir als Substanzen und Elemente bezeichnen. Der andere Gedanke, durch welchen Wald allen anderen Forschern einen richtigen Weg geöffnet hat, ist der, dass der Begriff der Phase allgemeiner ist als der des chemischen Individuums, und dass daher die Ableitung der stöchiometrischen Gesetze ohne weitere Hypothesen mit Hilfe dieses Begriffes ausgeführt werden muss. Ich weiss nicht, ob Wald die von mir angestellten Betrachtungen als in seinem Sinne liegend anerkennen wird; mir aber ist es ein unabweisliches Bedürfnis, an dieser Stelle jenem einsamen Forscher, der seit vielen Jahren unentwegt sein Ziel verfolgt, den Ausdruck meiner Hochachtung und meiner dankbaren Verpflichtung darzubringen.

Von den stöchiometrischen Gesetzen bleiben uns noch zwei abzuleiten, das der *multiplen Proportionen* und das der *Verbindungsgewichte*. Ich finde es zweckmässig, die Reihenfolge umzukehren, und erst das zweite Gesetz zu behandeln. Es besagt bekanntlich, dass jedem chemischen Element sich ein bestimmtes relatives Gewicht zuschreiben lässt, so dass alle Verbindungen zwischen den Elementen nur im Verhältnis dieser Gewichte oder von deren rationalen Vielfachen stattfinden können.

· ·Denken wir uns drei Elemente A, B und C gegeben, welche sowohl paarweise untereinander zu binären Verbindungen zusammentreten, wie auch eine Verbindung ABC bilden können, und zwar nehmen wir der Einfachheit wegen an, dass jedesmal nur eine Verbindung vorhanden ist. Wir stellen erst die Verbindung AB her; nach dem bereits bewiesenen Gesetz der konstanten Proportionen gibt es ein ganz bestimmtes Verhältnis zwischen den Gewichten der Elemente A und B, nach welchem diese Verbindung sich bildet. Nun verbinden wir AB mit C und erhalten die Verbindung ABC. Zwischen beiden muss wieder ein ganz bestimmtes Gewichtsverhältnis bestehen, und setzen wir A gleich der Einheit, so haben wir für B und C gewisse Zahlen, die wir ihre Verbindungsgewichte in bezug auf A nennen können. Nun verbinden wir A mit C zu AC, wobei wieder das Gesetz der konstanten Proportionen zur Anwendung kommt, und lassen aus AC und B die ternäre Verbindung ACB entstehen. Nach der vorher ausdrücklich gemachten Voraussetzung, dass zwischen den Elementen und ihren Verbindungen die Beziehung *eindeutig* ist, muss ACB identisch mit ABC sein, und daher müssen beide auch ihre Elemente in gleichem Verhältnis enthalten. Hieraus folgt, dass AC nicht beliebig zusammengesetzt sein kann, sondern die Elemente A und C in demselben Verhältnis enthalten muss, wie sie sich aus der Synthese von ABC vermittelst AB und C ergeben haben. Man kann mit anderen Worten aus den beiden Bestimmungen der Verhältnisse $A:B$ und $AB:C$ das Verhältnis der noch nicht untersuchten Verbindung AC vorausberechnen, und ebenso das Verhältnis der unbekannten Verbindung BC, indem man jedem der Elemente ein bestimmtes, etwa auf A als Einheit bezogenes Verbindungsgewicht zuschreibt. *Die auf A bezogenen Verbindungsgewichte haben auch für solche Verbindungen Geltung,* *in denen A nicht vorkommt.* Dies aber ist nichts anderes als das Gesetz der Verbindungsgewichte.

Aus dem Gesetz der Verbindungsgewichte kann man nun das der mutiplen Proportionen leicht entwickeln. Können alle Verbindungen sich nur nach Verhältnis der Verbindungsgewichte bilden, so wird ein Stoff *AB* von dem Elemente *B* nur die dem Verbindungsgewichte entsprechende Menge aufnehmen können, um eine zweite Verbindung mit mehr *B* zu bilden. Diese Betrachtung kann fortgesetzt werden, und man erhält das allgemeine Resultat, dass auch beliebige ganzzahlige Multiple der Verbingungsgewichte in den Verbindungen vorkommen können.

Werfen wir einen Blick zurück auf die Denkoperationen, die wir zur Erlangung des letzten Resultates ausgeführt haben, so lassen sie sich auf das gleiche Verfahren zurückführen, durch welches der erste und zweite Hauptsatz der Energetik so fruchtbar geworden sind. Ebenso wie die Aenderung der gesamten Energie und der verfügbaren oder freien Energie bei irgend einem Vorgange nur vom Anfangs- und Endpunkte abhängt, nicht aber vom Wege, und daher, wenn wir zwei verschiedene Wege kennen, immer eine Gleichung zwischen beiden aufgestellt werden kann, aus der sich eine neue Beziehung ergibt, so bin ich bei meinem Schlusse verfahren. Da die Beziehung zwischen der Verbindung und ihren Elementen eindeutig ist, so kann ich die Verbindung auf beliebigen Wegen herstellen, und ich muss dabei zu demselben Resultat kommen. Folglich kann ich zwischen den verschiedenen Wegen Gleichungen aufstellen, und diese führen unmittelbar zum Gesetz der Verbindungsgewichte.

Dies ist nun der Hauptpunkt der Betrachtungen, meine Herren, die ich Ihnen heute vorlegen will. Es schliessen sich mehrere Fragen unmittelbar an, insbesondere die nach den isomeren Verbindungen und den allotropen Formen der Elemente. Ich habe sie gleichfalls im Sinne der eben dargelegten Grundlagen untersucht, und ich kann versichern, dass ich irgend unüberwindliche Schwierigkeiten oder unheilbare Widersprüche gefunden habe; vielmehr lassen sich auch diese Tatsachen gut der allgemeinen Auffassung anschliessen. Es würde nur zu viel

Zeit in Anspruch nehmen, wenn ich auch diese Fragen eingehend
besprechen wollte.

Wohl aber möchte ich noch einige Worte über die Natur
der Elemente sagen, da auch über diese fundamentale Frage sich
einige neue Gesichtspunkte ergeben. Faraday hat während seiner ganzen wissenschaftlichen Laufbahn immer wieder den Gedanken betont, dass wir die Materie nur durch ihre Kräfte kennen, und dass, wenn wir diese von der Materie fortgenommen
denken, nicht etwa ein träger Träger nachbleibt, sondern gar
nichts. Da er an der Atomtheorie festhielt, so war er genötigt,
diesen Gedanken in der Form auszudrücken, dass die Atome
nur mathematische Punkte seien, von denen Kräfte ausgehen,
oder in denen sich die Richtungen der Kräfte schneiden; er
traf hierin mit den älteren Ansichten von Boscowich zusammen.
In die Sprache der heutigen Wissenschaft übersetze ich diese
Anschauung derart, dass ich sage: was wir Materie nennen,
ist nur ein Komplex von Energien, die wir in demselben Raume
vorfinden. Hierbei sind wir noch völlig frei, ob wir den Raum
stetig mit Energie erfüllt denken, oder ob wir die Energie
mit räumlicher Periodizität ausstatten wollen, d. h. eine körnige
oder atomistische Struktur der Energieerfüllung des Raumes
annehmen wollen. Die Entscheidung der Frage ist eine rein
experimentelle Angelegenheit. Offenbar gibt es eine sehr grosse
Anzahl von Naturerscheinungen, und ich rechne auch die chemischen dazu, bei denen man mit einer *stetigen* Erfüllung des
Raumes alle Tatsachen darstellen kann. Ob es andere Tatsachen
gibt, welche ohne die Annahme einer räumlichen Periodizität
nicht darstellbar sind, kann ich bei meinem begrenzten Wissen
nicht entscheiden wollen; ich kann nur sagen, dass ich keine
kenne. (Inzwischen sind solche gefunden worden. 1910.)

Wie stellt sich nun von diesem allgemeinen Standpunkte
aus die Frage nach den chemischen Elementen dar? Die Antwort finden wir, wenn wir uns darauf besinnen, dass die chemischen Elemente von den Verbindungen nur dadurch unterscheiden, dass die Grenzen ihrer Existenzgebiete oder die Umstände, unter denen sie die Eigenschaften von Lösungen annehmen, nicht bekannt sind. Wenn wir uns also darüber klar

werden, welche besonderen energetischen Eigenschaften zur Bildung des Begriffes des chemischen Individuums geführt haben, so werden wir auch eine allgemeine Auffassung der Elemente finden.

Die Antwort ist, dass jeder Stoff, um als Individuum isolierbar zu sein, sich von den in bezug auf die Zusammensetzung benachbarten Lösungen dadurch unterscheiden muss, *dass ihm ein Minimum an freier und umwandelbarer Energie zukommt.* So haben wir gesehen, dass beispielsweise ein Maximum des Siedepunktes vorhanden sein muss, damit der Körper hylotrop ist; ein solches bedeutet aber immer ein Minimum der freien Energie.

Die verschiedenen Substanzen unterscheiden sich nun voneinander durch den Umstand, dass ihre spezifischen Energiefaktoren auch unter gleichen äusseren Umständen, wie Druck und Temperatur, *verschieden* sind. So ist jeder Stoff von jedem anderen durch ein eigenes spezifisches Volum, eine eigene spezifische Entropie, eine eigene spezifische Elektrizitätsmenge (das elektrotechnische Aequivalent) u. s. w. verschieden. Wieviele von diesen Faktoren sich als unabhängige Veränderliche betrachten lassen, vermag ich nicht zu sagen. Wir wollen der Anschaulichkeit wegen annehmen, dass zwei unabhängig Veränderliche vorhanden sind. Ich mache diese Annahme nur wegen der graphischen Darstellung meiner Betrachtungen und keineswegs, weil ich diese Zahl für wahrscheinlicher halte als eine andere. Da ich aber aus dieser Zahl weiter keine Schlüsse ziehen werde, so wird die Annahme keine Fehler bewirken.

Denken wir uns nun diese beiden unabhängigen spezifischen Eigenschaften in ein rechtwinkliges Koordinatensystem gebracht, so werden die verschiedenen Elemente je einen einzelnen Punkt in der Koordinatenebene einnehmen. Wir legen die Ebene horizontal und tragen die Werte der freien Energie vertikal auf: dadurch erhalten wir eine entsprechende Anzahl von Punkten im Raume, welche die Elemente darstellen. Zwischen den Koordinaten der Elemente liegen die der Lösungen, die die ganze übrige Ebene vollständig ausfüllen, und dazwischen gibt es eine endliche Anzahl sekundärer Punkte, welche den *Ver-*

bindungen angehören; diese wollen wir zunächst ausser acht lassen. Wird für jeden Punkt die entsprechende freie Energie aufgetragen, so werden wir eine zusammenhängende Fläche erhalten, über deren Form wir eine allgemeine Anschauung gewinnen können. Weil nämlich die freie Energie der Elemente immer kleiner ist; als die aller angrenzenden Lösungen, so hat die Fläche die Gestalt, welche die Decke einer Tropfsteinhöhle zeigt; jedem untersten Punkt eines Stalaktiten entspricht ein Element.

Wie könnten wir nun von einem Elemente zu einem anderen gelangen? Offenbar müssen wir zu diesem Zwecke an einer Seite des Stalaktiten in die Höhe gehen, bis wir auf einen benachbarten übergehen können. Das heisst, wir müssen die freie Energie des räumlichen Komplexes, den wir ein Element nennen, so stark vermehren, dass wir über die Passhöhe gelangen, welche uns vom nächsten Stalaktiten trennt. Nun sind aber die Möglichkeiten, die Energie in einem gegebenen Raume zu konzentrieren, begrenzt: wir können z. B. nicht ein Gas bis zu einem beliebig hohen Drucke zusammenpressen, denn bei wenig über 30 000 Atm. beginnen auch unsere härtesten Metalle zu fliessen und es gibt keine Apparate mehr, in denen wir die Operation ausführen könnten. Aehnliche Hindernisse treffen wir, wenn wir etwa elektrische Energie unbegrenzt konzentrieren wollen u. s. w. Wenn wir also nicht ein Element in ein anderes verwandeln können, so liegt dies meiner Meinung nach nur daran, dass wir nicht die erforderliche Energiekonzentration herstellen können, um über die Passhöhe von einem Stalaktiten zum anderen zu gelangen.

Die Geschichte der Wissenschaft zeigt, dass in dieser Betrachtung jedenfalls ein richtiger Bestandteil enthalten ist, denn die Isolierung der Elemente ist unmittelbar eine Folge der gesteigerten Möglichkeit gewesen, die Energie zu konzentrieren. Das glänzendste Beispiel hierfür bietet die Herstellung der Alkalimetalle durch H. Davy.

Ich hätte nicht gewagt, meine Herren, Ihnen diese Betrachtungen vorzulegen, die sich noch ganz im embryonalen Zustande befinden, wenn nicht in jüngster Zeit sich eine sehr unerwartete Anwandlung von ihnen gezeigt hätte. Schon vor einigen Jahren hatte ich meinem alten Freunde W. Ramsay auf seine Frage, wie ich mir nach meinen energetischen Anschauungen die Natur der Elemente denke, diese Gedanken skizziert. Ich hatte sie dann über anderen Arbeiten vergessen, bis im vorigen Jahre bei einer persönlichen Begegnung Ramsay mich an sie erinnerte und daraufhinwies, dass seine so rätselhaft erscheinende Entdeckung der Umwandlung des Radiums in Helium in ihrem Lichte zusammenhängend und verständlich werden könnte. In der Tat ist es so; und zwar gestaltet sich die Auffassung folgendermassen:

In dem Gebiete unserer Höhle, wo sich die Elemente mit dem höchsten Verbindungsgewicht befinden, werden die Stalaktiten zunehmend kürzer, und schliesslich bilden sie nicht mehr herunterhängende Zapfen, sondern nur Ecken an der schrägen Decke. Während an den eigentlichen Stalaktiten ein Wassertropfen nur bis zur untersten Spitze fliessen kann, und dort bleiben muss — ein Bild für die Stabilität des betreffenden Elementes, — so wird an einer solchen Stelle der Tropfen nur eine momentane Verzögerung erfahren, dann aber weiterfliessen.

Solche Elemente haben also nur eine Existenz, die zeitlich beschränkt ist. Da jedenfalls ungeheure Energiemengen erforderlich sind, um ein gewöhnliches Element in ein anderes zu verwandeln, denn die bisherigen Energiekonzentrationen haben dies noch nicht bewirken können, so müssen auch ungeheure Energiemengen frei werden, wenn ein solches unbeständiges Element sich in ein beständiges verwandelt. Dies macht uns verständlich, woher die alle gewohnten Verhältnisse übersteigenden Energiemengen stammen, welche das Radium beständig ausgibt. Insbesondere der Umstand, dass es sich in Helium verwandelt, also in ein Element, dessen Stalaktit ausserordentlich tief herunterhängt (wie wir aus der Unfähigkeit des Heliums schliessen müssen, irgendwelche Verbindungen zu bilden), lässt derartige sehr grosse Energiemengen geradezu erwarten.

Die Wärmeentwicklung des Radiums ist bekanntlich nur

die letzte Form der entwickelten Energie; dazwischen treten andere Formen von Energien und Elementen auf, die als Strahlungen, Emanationen u. s. w. beschrieben worden sind und in deren Erforschung sich der Scharfsinn und die experimentelle Geschicklichkeit einer Anzahl hervorragender Forscher glänzend zur Geltung gebracht hat. Vielleicht ist hier der Hinweis gestattet, dass wir es nicht unwahrscheinlich mit neuen Energieformen, analog der Elektrizität oder Wärme zu tun haben. Dass solche beim Abbau der ungeheuer konzentrierten Radiumenergie entstehen, ist von vornherein zu erwarten, ebenso dass wir noch nicht die Mittel haben, sie *dauernd* als solche aufzubewahren. Ist doch beispielsweise die Aufbewahrung einer elektrischen Energiemenge von einigen Tausend Volt Spannung über einige Monate oder gar Jahre eine Aufgabe, an deren Lösbarkeit mit den heutigen Mitteln man zweifeln darf.

An dieser Stelle, meine Herren, lassen Sie mich schliessen. Ich habe mich hier auf ein Feld gewagt, auf dem ich durch eigene Arbeit noch kein Recht zu urteilen mir erworben habe, und ich sehe vor mir Männer, die eine sehr viel genauere und umfassendere Kenntnis dieser neuen Gebiete besitzen, als ich. Ich bitte daher, diese Anregungen in dem gleichen Sinne aufzufassen, in welchem der unvergleichliche Meister Faraday seine eigenen Spekulationen auffasste: *als Fragen, die man an die Natur stellt.* Sagt sie ja, so dürfen wir auf dem eingeschlagenen Wege weitergehen. Sagt sie *nein,* nun so suchen wir einen anderen Weg.

Zusatz. (*Mitte Mai* 1904.)

Nachdem Anfang April 1904 der vorstehende Vortrag niedergeschrieben und gegen Ende dieses Monates in englischer Sprache veröffentlicht worden war, habe ich im Gespräche mit Fachgenossen mancherlei auf den Inhalt bezügliche Fragen zu beantworten gehabt, aus denen ich entnommen habe, dass es mir nicht ganz gelungen ist, den Gegenstand mit aller wünschenswerten Klarheit und Vollständigkeit darzustellen.

Nun muss ich von vornherein betonen, dass es sich in diesem Vortrage nur um den ersten Versuch handelt, die neugewonnenen Gesichtspunkte auf das Problem anzuwenden. Die

genaue Durcharbeitung dieser Gesichtspunkte nach ihrer Tragweite, nach dem Inhalte der ausdrücklich und stillschweigend
benutzten experimentellen Voraussetzungen, nach den Grenzen
der Schlussfolgerungen, die man aus den verschiedenen Voraussetzungen ziehen kann und dergleichen ist eine Aufgabe,
welche eine längere und namentlich geschlossenere und un-
gestörtere Arbeitszeit erfordert, als mir inzwischen zur Verfügung gestanden hat. Ich habe den Wunsch und die Absicht,
diese Arbeit mit aller Sorgfalt und Genauigkeit, deren ich fähig
bin, auszuführen. Dass ich inzwischen diese erste Skizze veröffentlicht habe, hat neben äusseren Gründen noch insbesondere
den inneren, dass mir mit ihrer Hilfe durch die bei den Fachgenossen hervorgerufene Reaktion jene genauere Durcharbeitung leichter und vollständiger gemacht werden wird.

Als Schwerpunkt der ganzen Darstellung wird man leicht
die Ableitung des *Gesetzes der Verbindungsgewichte* erkennen,
wie sie S. 178 durch die Betrachtung der zwischen drei Bestandteilen möglichen Verbindungen gegeben ist. Gegen diese Darstellung ist mir von sehr hochgeschätzter Seite eingewendet
worden, dass der Beweis nur dann gültig sei, wenn ich nachweisen könne, dass bei der Einwirkung von C auf AB nicht
etwa ein Ueberschuss von A oder von B abgeschieden werde,
da in solchem Falle natürlich nicht von dem Verbindungsver-
hältnis in der Verbindung AB auf das in der Verbindung ABC
geschlossen werden könne.

Die Antwort auf diesen Einwand ist allerdings bereits in
meiner Darstellung vorhanden, tritt aber, wie ich gern zugebe,
nicht deutlich genug in den Vordergrund, um sich dem Leser
alsbald darzubieten. Sie liegt in der wiederholt hervorgehobe-
nen experimentellen Tatsache, *dass Elemente und zusammengesetzte Stoffe sich in bezug auf die hier in Betracht kommenden Verhältnisse sich nicht grundsätzlich unterscheiden,* wie denn
die Definition der Elemente (S. 176) nur eine rein experimentelle mit einer von der technischen Entwicklung abhängigen
variablen Grenze ist. Nun können die Elemente, eben wegen
der experimentell erwiesenen Eigenschaft ihrer „Unzerlegbar-
keit", bei ihrer Vereinigung zu Verbindungen niemals Reste

von irgend anderen Stoffen geben; es wird daher aus zwei Elementen A und B nicht eine Verbindung AB und ein Rest irgend eines dritten Stoffes C entstehen, sondern die einzigen Möglichkeiten sind, dass entweder bei einem willkürlich gewählten Verhältnis, in welchem man A und B aufeinander wirken lässt, eines der Elemente A oder B im Ueberschusse bleibt, oder dass beide gerade in dem Verhältnis genommen sind, in welchem sie sich zu AB verbinden, so dass nur der reine Stoff AB entsteht.

Das experimentelle Gesetz, welches mit jener allgemeinen Ableitung des Gesetzes der Verbindungsgewichte in nächster Beziehung steht, ist somit das, dass auch bei der Wechselwirkung zwischen *zerlegbaren* Stoffen es zwischen ihnen je ein bestimmtes Verhältnis gibt, in welchem zwei verschiedene Stoffe ohne Rest einen dritten ergeben. Allgemeiner wird man das fragliche experimentelle Gesetz so aussprechen können, dass infolge der chemischen Wechselwirkung aus m gegebenen Stoffen n neue entstehen können, wo m und n im allgemeinen *verschieden* sein können. Ist n kleiner als m, so spricht man von Verbindung, ist es grösser, so nennt man es eine Zerlegung. Im Falle $m=n$ benutzt man oft den Ausdruck Wechselzersetzung.

Diese Veränderung der *Anzahl* der Stoffe, aus denen nach der Reaktion das Gebilde besteht, ist demgemäss die fundamentale Tatsache, ohne deren Geltung das Gesetz der Verbindungsgewichte nicht allgemein ableitbar wäre. Die Ableitung ist daher nur gültig, wo die Voraussetzung erfüllt ist. Nun kann man aber *jeden* gegebenen Stoff bei *solchen* Reaktionen entstehen oder verschwinden lassen, bei denen sich die Anzahl der Stoffe ändert, so dass man jeden Stoff unter die Wirksamkeit des Beweises bringen kann; der Beweis ist also allgemein. Dies hängt ersichtlicherweise damit zusammen, dass man erfahrungsmässig den gleichen Stoff durch sehr verschiedenartige Reaktionen erhalten kann; jede dieser Reaktionen gibt eine bestimmte Beziehung und die Koexistenz aller dieser Beziehungen ist nur unter der Voraussetzung des Gesetzes der Verbindungsgewichte möglich.

Vielleicht wird der Gedanke, der diesen Betrachtungen zu grunde liegt, noch anschaulicher, wenn ich auf den Zusammenhang dieses Schlussverfahrens, mit der mehr als hundert Jahre älteren hinweise, durch welche Jeremias Benjamin Richter ein ähnliches, wenn auch engeres Problem gelöst, und damit das erste Beispiel des Gesetzes der Verbindungsgewichte entdeckt hat. Richter hat bekanntlich aus der *Fortdauer der Neutralität* bei der Wechselwirkung neutraler Salze den Schluss gezogen, dass bei dieser Wechselwirkung keiner der beiden Stoffe, aus denen man die Neutralsalze bilden kann, nämlich weder Säure noch Basis im *Ueberschusse* entsteht, dass somit beide Stoffe sich nur nach bestimmten, nur von ihrer Natur abhängigen Masszahlen miteinander zu Neutralsalzen vereinigen. Da ferner diese Fortdauer der Neutralität ein allgemeines, von der besonderen Art der beteiligten Säuren, Basen und Salze unabhängiges Phänomen ist, so erweisen sich die gefundenen Masszahlen als allgemeine, von der Natur des anderen Bestandteiles unabhängige Naturkonstanten.

In ganz ähnlicher Weise, wie hier die Fortdauer der Neutralität, besitzt die Tatsache der *Aenderung der Anzahl der Stoffe* infolge chemischer Reaktionen die Eigenschaft, bestimmte Zahlenbeziehungen in den Verbindungsverhältnissen der beteiligten Stoffe notwendig zu machen. Wenn aus den Stoffen *AB* und *C* ein *einheitlicher* Stoff *ABC* wird, so müssen notwendig bei der Zerlegung von *ABC* die Bestandteile *A* und *B* in dem gleichen Verhältnis erzeugt werden, wie sie aus der Verbindung *AB* erhalten werden können, da sonst eben nicht der eine Stoff *ABC*, sondern ein Gemenge von diesem mit einem der Bestandteile oder mit zweien erhalten worden wäre.

Es handelt sich, wie ich schon bei früherer Gelegenheit betont habe, um ein ganz ähnliches Problem, wie es in der theoretischen Kristallographie gelöst worden ist. Nimmt man beispielsweise den Zonenzusammenhang der Kristallflächen oder ihre gegenseitige geometrische Ableitbarkeit als erfahrungsmässig gegeben an, so kann man hieraus das Gesetz der rationalen Achsenschnitte oder der multiplen Tangentenwerte der Neigungswinkel als notwendige geometrische Schlussfolgerung ableiten. Ebenso handelt es sich hier um einige sehr allgemeine empirische Tatsachen, die man zur Ableitung der stöchiometrischen Gesetze anwenden kann. Weder hier noch dort liegt eine Ableitung a priori vor, zufolge deren der Erscheinung ein von ihr unabhängiges Gesetz auferlegt wird. Vielmehr findet in beiden Fällen nur ein geometrischer, bezw. mathematischer Zusammenhang statt, der anfangs nicht unmittelbar ersichtlich war, den man aber ziemlich selbstverständlich zu finden die Neigung hat, nachdem man einmal auf die vorhandene nahe Beziehung hingewiesen worden ist und sie begriffen hat.

Die stöchiometrischen Grundgesetze und die Atomtheorie.

(1909)

Es ist bekanntlich üblich, die stöchiometrischen Grundgesetze aus der Atomtheorie abzuleiten. Nun hatte aber die Atomtheorie bis *Dalton* bereits über zweitausend Jahre bestanden,
ohne dass dieser Schluss aus ihr gezogen worden wäre, und
wenn auch die älteren Kenntnisse in der Chemie zu dürftig und
unregelmässig waren, um jene Folgerung zu ermöglichen, so
war sie doch in der zweiten Hälfte des achtzehnten Jahrhunderts
weit genug gekommen. Gegen Ende dieser Zeit hat denn auch
J. B. Richter ein Dezennium vor *Dalton* für die Salze das Gesetz der Verbindungsgewichte *ohne* Mitwirkung der Atomtheorie gefunden und aus den in seinen letzten Schriften vorhandenen Ansätzen können wir leicht erkennen, dass ihm die
Ausdehnung seines Gesetzes auf die Gesamtheit der chemischen
Verbindungen gelungen wäre, wenn ihn nicht ein allzu früher
Tod, den er sich durch seine rücksichtslose Hingabe an die
Forschung zugezogen hatte, mitten in dieser Arbeit unter-
brochen hätte.

Hieraus gehen zwei Tatsachen hervor. Die eine ist, dass
die Atomtheorie *allein nicht hinreicht,* um die stöchiometrischen
Gesetze zu ergeben. Es gehört noch ein besonderer, und zwar
ein *experimenteller* Gedanke dazu, den erst *Dalton* auf die
Atomtheorie anzuwenden gewusst hat. Die zweite ist, dass die
Atomtheorie *nicht nötig* ist, um die stöchiometrischen Gesetze
zu ergeben. Denn *Richter* hatte ein wichtiges Kapitel daraus
ohne jede Anwendung der Atomtheorie klargestellt und war im
Begriffe, auf gleiche Weise das ganze Gebiet aufzuklären.

Ich werde nun in folgendem zeigen, dass der experimentelle Gedanke, welcher *Dalton* befähigte, aus der Atomtheorie die stöchiometrischen Gesetze zu entwickeln, an sich bereits hinreicht, um dieses Ziel auch *ohne Hilfe* der Atomtheorie zu erreichen. Und zwar handelt es sich hierbei um *denselben* Gedanken, welchen *Richter* für seine partielle Ableitung dieser Gesetze benutzt hat, und dessen allgemeinere Auffassung in den erwähnten weiteren Arbeiten angebahnt wird.

Der Gedanke, welchen *Dalton* zur Atomtheorie der Alten hinzugefügt hat, um sie für die Ableitung der stöchiometrischen Gesetze tauglich zu machen, ist der, *dass die Atome eines gegebenen Elements alle unter einander genau gleiche Beschaffenheit, insbesondere genau gleiches Gewicht haben.* Denn nur, wenn letzteres der Fall ist, kann man im Sinne *Daltons* von einem Atomgewicht sprechen. Wären etwa die Atome des Schwefels innerhalb einer Grenze von rund zehn Prozent verschieden schwer, so würde auch das Atomgewicht des Schwefels etwa zwischen 30·5 und 33·5 schwanken, statt genau 32·06 zu betragen.

Dalton war sich über die wesentliche Beschaffenheit dieses Gesichtspunktes klar, wenn ihm vielleicht auch die ganze Tragweite desselben nicht aufging. In seinem *New System of Chemical Philosophy* schreibt er (S. 142): „Ob die letzten Teilchen eines Stoffes, wie Wasser, alle gleich sind, d. h. von derselben Gestalt, demselben Gewicht usw., ist eine Frage von einiger Wichtigkeit. Aus dem, was wir wissen, haben wir keinen Grund, eine Verschiedenheit dieser Teile zu vermuten; besteht eine solche aber im Wasser, so muss sie gleicherweise bei den Elementen bestehen, welche das Wasser bilden, nämlich dem Wasserstoff und Sauerstoff. Wären nämlich einige Wasserteilchen leichter als andre, und würde ein Teil der Flüssigkeit bei irgend einer Gelegenheit von solchen leichteren Teilchen gebildet, so müssten sie das spezifische Gewicht des Wassers beeinflussen: ein Umstand, der nicht bekannt ist. Aehnliche Bemerkungen können über jeden andern Stoff gemacht werden; wir werden daher schliessen, *dass die letzten Teilchen aller homogenen Stoffe völlig gleich in Gewicht, Gestalt usw. sind.*

Mit andern Worten: jedes Atom Wasser ist gleich jedem andern Atom Wasser; jedes Atom Wasserstoff gleich jedem andern Atom Wasserstoff usw."

Der Sperrdruck des vorletzten Satzes rührt von *Dalton* selbst her zum Zeichen der Wichtigkeit, die dieser jenem Schlusse beilegte. Seine Nachfolger haben diese experimentelle Begründung von *Daltons* wichtigem Zusatz zur Atomtheorie allerdings meist übersehen, und man wird in den meisten gegenwärtigen Lehrbüchern vergeblich nach einem Hinweis auf die Erfahrungstatsachen suchen, durch welche man die Atomtheorie erst zur Ableitung der stöchiometrischen Gesetze brauchbar macht.

Diese Erfahrungstatsache besteht darin, *dass ein jeder reine Stoff bei allen seinen Umwandlungen ohne andersartigen Rest in seine neuen Formen übergeht.* Für den Fall der Aenderung der Formarten wird diese Eigenschaft als so wesentlich angesehen, dass sie zur *Definition der Reinheit oder Einheitlichkeit* des betreffenden Stoffes dient: der Chemiker kristallisiert oder destilliert seinen „unreinen" Stoff so lange um, unter Beseitigung der Anteile, die sich abweichend verhalten, bis das von *Dalton* aufgestellte Kriterium der Gleichheit der Atome, nämlich die *Konstanz der Eigenschaften,* erreicht ist. Umgekehrt gibt es gar kein andres Kennzeichen für die Reinheit eines Stoffes, als eben diese Konstanz seiner Eigenschaften. Mit einem Namen, der in neuerer Zeit zunehmend mehr in Gebrauch gekommen ist, bezeichnet man dieses Verhalten als *Hylotropies: ein reiner Stoff ist ein solcher, der hylotrope Umwandlungen gestattet,* d. h. der beim Uebergang in eine andre Formart unter konstanten Bedingungen von Druck und Temperatur sich vollzieht, und dabei seine Eigenschaften unverändert beibehält, wie gross oder klein auch der umgewandelte Anteil sein mag. Umgekehrt wird ein physikalisch homogener Stoff, der diese Eigenschaft *nicht* besitzt, als eine *Lösung* angesprochen, und man weiss, dass eine solche durch gebrochene Destillation oder Kristallisation in zwei oder mehr reine Stoffe, d. h. in solche mit hylotropen Umwandlungen zerlegt werden kann.

Das *Dalton*sche Kriterium geht indessen noch weiter. Vor-

sichtige Forscher über Atomgewichte (z. B. *Marignac*) haben
nicht unterlassen, die Einheitlichkeit der Elemente, an denen sie
ihre Untersuchungen ausführten, dadurch zu prüfen, dass sie
ihre Stoffproben *teilweisen chemischen Umwandlungen* (z. B.
teilweisen Fällungen mittels eines geeigneten Reagens) unterzogen, und sich überzeugten, dass die *zuerst* und die *zuletzt* gefällten Anteile wirklich gleiches Atomgewicht haben. Diese Prüfung auf Einheitlichkeit kommt in letzter Linie darauf hinaus,
dass die ersten und die lezten Anteile des gefällten Stoffes
gleiche *Löslichkeit* haben. Andre entsprechende Trennungen beruhen auf andern Eigenschaften, z. B. Reaktionsgeschwindig-
keiten; sie kommen aber alle auf die allgemeine Forderung
hinaus, dass beim sukzessiven Durchführen irgend eines Um-
wandlungsvorganges die verschiedenen zeitlichen Anteile, die
bei dieser Umwandlung erhalten werden, völlig konstante Eigenschaften aufweisen müssen, damit man den sich umwandelnden
Stoff als einen reinen oder einheitlichen Stoff, auf den man
jene Schlussfolgerung bezüglich der Beschaffenheit seiner
Atome anwenden darf, anzusprechen das Recht hat. Um also
jenen Schluss anzuwenden, muss man vorher experimentell
den Stoff als hylotrop in dem eben definierten allgemeinen
Sinne nachweisen.

Somit besteht die Anwendung des Atombegriffes auf das
Problem der stöchiometrischen Gesetze aus zwei Teilen, einem
theoretischen oder hypothetischen und einem experimentellen.
Der erste besagt, dass es Atome gibt, der zweite beweist, dass
sie alsdann gleich sein müssen, insofern sie von einem bestimmten Stoffe stammen. Beide zusammen ergeben die stöchiometrischen Gesetze.

Wenden wir uns nun zu den Forschungen *J. B. Richters*,
die bedeutend älter sind, als die *Daltons*. *Richter* ging, wie bekannt, von der Tatsache aus, dass neutrale Salze unter einander
bei allen vorkommenden Wechselzersetzungen neutral bleiben,
und leitete hieraus in vorbildlich genialer Weise das Gesetz ab,
dass Säuren und Basen sich nur nach Verhältnis bestimmter
relativer Verbindungs- oder Aequivalentgewichte vereinigen
können. Er erkannte, dass nur unter dieser Voraussetzung das

Fortbestehen der Neutralität möglich ist. Denn die Neutralität verbürgte, dass bei der Wechselzersetung keine von den vorhandenen Säuren und Basen im Ueberschusse nachbleiben konnte, sondern dass sie sich gegenseitig genau neutralisierten. Sei *AB* eines der fraglichen Salze, so beweist *Richters* „Urphänomen", das Fortbestehen der Neutralität, dass *A* und *B* immer gleichzeitig in äquivalenten Mengen an der Wechselzersetzung teil nehmen, und nie in irgend einem andern Verhältnis. Denn ein jedes andre Verhältnis würde einen nachbleibenden Ueberschuss von *A* oder von *B* verursachen, und dann könnte die Lösung nicht mehr neutral bleiben.

Man erkennt, dass das *Richter*sche Urphänomen in ganz naher Beziehung zu der experimentellen Erweiterung der antiken Atomtheorie steht, welche *Dalton* bewirkt hatte. Auch *Daltons* Ueberlegung beruht in letzter Analyse darauf, dass beim Eintritt irgend eines Stoffes in eine chemische Verbindung dieser Eintritt stets *vollständig* erfolgt, auch wenn der Stoff zusammengesetzt ist, da andernfalls bei teilweiser Verbindung ein Rest hinterbleiben würde, der sich wegen des vorhandenen Ueberschusses an dem weniger verbrauchten Bestandteil anders verhalten müsste, als der ursprüngliche Stoff. Gerade solche Fälle sollen aber ausdrücklich ausgeschlossen werden, da sie sich auf „unreine" Stoffe beziehen.

Die von *Richter* bereits erkannte Erweiterung seines Gesetzes bezieht sich auf die gegenseitige Substitution der Metalle in ihren Salzen. *Richter* begriff, dass auch dieser Vorgang durch bestimmte Verbindungsgewichte geregelt wird, denn bei solchen Substitutionen (die Metallsalze wurden damals als Verbindungen der Oxyde mit den wasserfreien Säuren angesehen) ist stets gerade soviel Sauerstoff für die Oxydation des Metalls vorhanden, dass das enstehende Oxyd die Säure genau sättigt. Die entscheidende Tatsache, die der Fortdauer der Neutralität bei der Wechselzersetzung der Salze entspricht, ist die glatte Bildung des neuen Salzes, ohne Sauerstoffentwicklung oder Säureüberschuss, und man erkennt, dass es sich hier wieder um einen Fall handelt, wo ein zusammengesetzter Stoff (Säure

plus Sauerstoff, d. h. das Anion der Sauerstoffsäure) restlos
oder als Radikal aus einer Verbindung in die andre übergeht.

Es hat gerade ein Jahrhundert gedauert, bis die Ueberlegung *Richters*, der sie selbst nicht zu Ende führen konnte,
wieder aufgenommen und durchgeführt wurde. Angeregt durch
die Arbeiten *Franz Walds* wies ich nach[1]), dass man *Richters*
Schlussweise auf chemische Verbindungen aller Art ausdehnen
kann, wenn man sich auf das Urphänomen der *integralen Reaktion* stützt, d. h. auf die experimentelle Tatsache, dass zusammengesetzte Stoffe, wenn sie nur der Definition des reinen
Stoffes (S. 191) genügen, ohne Aenderung ihrer Zusammensetzung in chemische Verbindung treten. *Die Fortdauer der
Neutralität bei der Wechselwirkung neutraler Salze erscheint
demgemäss nur als ein Sonderfall des allgemeinen Gesetzes der
integralen Reaktionen und dadurch geht der Sonderfall der
Aequivalentgewichte bei Säuren und Basen in den allgemeinen
Fall der Verbindungsgewichte bei chemischen Vorgängen aller
Art über.*

Nun ist aber dieses experimentelle Gesetz der integralen
Reaktionen, welches die Ableitung der stöchiometrischen Gesetze ohne Mitwirkung der Atomtheorie gestattet, gerade dasselbe expererimentelle Gesetz,, welches *Dalton* benutzt hatte,
um die notwendige Voraussetzung für die Ableitung der
stöchiometrischen Gesetze aus der Atomtheorie zu beweisen.
Hieraus ergibt sich, dass *beide* Ableitungen auf *derselben*
experimentellen Tatsache beruhen, d. h. im Wesen identisch
sind, nur dass die *Dalton*sche den Umweg über die Annahme
der Atome geht, während die *Wald-Ostwald*sche keiner weiteren Annahme bedarf. Wir haben also wieder ein sehr auffallendes Beispiel für den allgemeinen Satz aus der Psychologie der
Wissenschaft, dass man nämlich auf das Einfachste immer erst
zuletzt kommt.

Bekanntlich ist durch die Forschungen der neuesten Zeit die
Existenz der Atome insofern nachgewiesen worden, als die

---

[1]) Journ. Chem. Soc. 85. 506. (1904). — Prinzipien der Chemie, S.
379. Leipzig. 1907.

körnige oder diskrete Beschaffenheit der wägbaren Stoffe in einer Anzahl unzweideutiger Fälle experimentell aufgezeigt worden ist, wobei insbesondere die massgebenden Zahlenwerte der entsprechenden Eigenschaften sich übereinstimmend mit den Forderungen der kinetischen Theorie erwiesen haben. Es ist sehr bemerkenswert, dass diese langgesuchte Bestätigung der Atomhypothese keineswegs auf dem Felde gefunden worden ist, auf welchem man sie so lange als unersetzbar angesehen hat, nämlich dem stöchiometrischen, sondern dass Erscheinungen ganz andrer Art erst den Beweis ermöglicht haben. Wir begreifen jetzt, warum das nicht anders sein konnte. Die Existenz der stöchiometrischen Gesetze hat, wie wir jetzt einsehen, mit der Existenz oder Nichtexistenz der Atome gar nichts zu tun. Denn da die atomistische Ableitung sich derselben tatsächlichen Grundlage bedient, wie die unmittelbare, so ist die Einbeziehung der Atome nicht wesentlich. Sie dienen wie ein willkürlicher Koeffizient bei der Ausrechnung einer Gleichung, der zwar die Rechnung in gewissem Sinne erleichtert (wenn auch nicht vereinfacht), aus dem Resultat sich aber heraushebt.

Die Schicksale des Atoms.

(1907)

Wann das Atom geboren ist, wissen wir nicht; wir wissen nur, dass dies vor mehr als zweitausend Jahren geschehen sein muss. Im Besitz des sagenhaften Philosophen Demokrit finden wir es bereits als ein wohlentwickeltes, rundliches Wesen. Es existierte freilich nur in seinem geräumigen Kopf; aber diesen luftigen Aufenthaltsort in Menschenköpfen hat es seitdem durchaus bevorzugt. Erst in allerjüngster Zeit hat es ihn zu verlassen unternommen; mit welchem Erfolg und mit welchen Folgen, werden wir später sehen.

Demokrit ragte unter den griechischen Philosophen zweifellos durch ganz ausgezeichnete naturwissenschaftliche Kenntnisse hervor; auch war er, wie sein Beiname des „lachenden" Philosophen bezeugt, Optimist. Dies ist eine Gemeinschaft, die sich als dauernd und daher kausal bedingt erwiesen hat. Sein geistiger Schüler und Fortsetzer Epikur war Naturforscher und Optimist, und bis auf den heutigen Tag lässt sich der Typus des heiteren Naturforschers verfolgen. Dass in der Tat beide Dinge, Optimismus und Naturwissenschaft, zueinander gehören, lässt sich leicht begreifen. Abgesehen davon, dass die Entwicklungstheorie uns die Ueberzeugung gibt, dass alles Gute, Edle, Schöne, was unsere arme Erde trägt, vom Menschen im Schweisse seines Angesichts und im Aufschwung seiner Seele geschaffen worden ist, und wir somit der fröhlichen Hoffnung leben dürfen, dass wir, ein jedes an seinem Teil, diese Errungenschaften immer weiter erhöhen und veredeln können — abgesehen von diesen allgemeinen Gründen, liegen noch persönliche zum Optimismus für jeden vor, der sich die Erforschung der Natur zur Lebensaufgabe gemacht hat. Die Dummheiten nämlich, mit denen er auf seinem Wege zu kämpfen hat, sind nicht die der anderen Menschen, die sich dem Politiker, dem Lehrer, jedem, der unmittelbar auf andere Menschen wirken will, entgegenstellen. Sondern es sind nur seine eigenen Dummheiten, und diesen gegenüber ist ein jeder zu einer milden Auffassung des Tatbestandes geneigt und lässt sich von ihnen das Leben nicht verbittern.

So hat denn auch der selige Demokrit heiter die Seifenblasen seiner Atome steigen lassen und sich die Welt aus lauter kleinen Kügelchen zusammengesetzt gedacht, die wie ein Mückenschwarm durcheinanderschwirren, sich stossen und schieben, und dadurch alle Wirklichkeit bilden. Sogar wie das angefangen hat, weiss er uns zu berichten: Anfangs seien alle Atome in parallelen Bahnen gefallen; dann sei ein Anstoss gekommen, der einige von ihnen abgelenkt habe, und dadurch ist dann das Gewirre dieser Welt angegangen. Woher der Anstoss oder die Ablenkung kam, sagt er uns nicht. Die neuere Mechanik weiss auch dafür keine Möglichkeit, und so bezeichnet der sonst so gehaltene Kant jene Demokritsche Annahme kurzweg als eine Unverschämtheit.

Demokrit bildete aus seinen Atomen ebenso den Körper wie die Seele; der letzteren teilt er nur ganz besonders feine und glatte Atome zu. Diese monistische Eigenschaft hat die Atomtheorie allerdings nur in ihrer ersten Jugend besessen. Die Linie, die von Plato bis in die christlich-mittelalterliche Philosophie und darüber hinaus in gewisse Richtungen der heutigen Universitätsphilosophie führt, hat einen gründlichen Schnitt zwischen Körper und Seele gemacht, und erst in unseren Tagen, wo das Atom sich mehr und mehr vergeistigt hat, tritt der Demokritische Gedanke von der Wesensgleichheit von Körper und Geist durch die Energetik wieder in das Gebiet der Denkbarkeit zurück. Zwar hat ihn schon der mechanistische Materialismus des neunzehnten Jahrhunderts auszuführen gesucht, aber nur, um zu erkennen, dass mit seinen Mitteln die Aufgabe unlösbar ist, wie dies Du Bois-Reymond mit seinem „Ignorabimus" bezeugt hat.

Im Sinne dieser weiten Trennung zwischen Körper und

Seele sehen wir nun im Mittelalter die Seele immer feiner, die
Atome immer gröber werden. Wir wissen nicht, wie Demokrit
sich das Zusammenhalten der Atome in den festen Körpern
gedacht hat; von der Newtonschen Idee der allgemeinen Anziehung hatte er natürlich ebensowenig eine Ahnung wie die
mittelalterlichen Atomisten. Als mit dem Beginn der Neuzeit
die naturwissenschaftlichen Forschungen wieder aufblühten,
traten alsbald diese Fragen in den Vordergrund. Aus Demo-
krits Kügelchen wurden nun mehr oder weniger verwickelte
Maschinchen, die mit Spitzen und Haken, Haaren und Schlin-
gen ausgestattet waren und mittelst dieser Werkzeuge einander
beeinflussten und banden. Auch Galilei zerbricht sich über diese
Frage den Kopf und glaubt, den Luftdruck als ein Hindernis
gegen Zerreissen und Zerbrechen auffassen zu dürfen. Aus
den Schriften der damaligen Chemiker, die in dem Lehrbuch
Lemerys zusammengefasst wurden, lässt sich ein anerkennens-
wert hoher Grad der Entwicklung dieser mechanischen Atomistik entnehmen, in dem sogar sehr spezielle chemische Erscheinungen auf dieser Grundlage „erklärt" wurden.

Von diesen immerhin etwas lebensgefährlichen Appendices
wurden indessen die Atome glücklich und radikal durch die
Newtonsche Anziehungstheorie operiert. Wenn man ihnen die
gleiche Art des gegenseitigen Näherungsbestrebens zuschrieb,
wie sie sich zwischen den Weltkörpern hat nachweisen lassen,
so brauchte man auf einmal den ganzen komplizierten Apparat
nicht mehr. Was Lichtenberg von der Medizin zu sagen pflegte:
„Neue Mittel heilen gut", das gilt auch in der Wissenschaft von
neuen Theorien. Sie treten stets mit dem Anspruch des All-
heilmittels auf und werden auch als solche angenommen, bis
erst später die Ernüchterung folgt.

So durften die Atome sich wieder runden wie die Weltkörper, und statt Liebe und Hass, wie Empedokles es wollte,
brauchten sie nur mehr Anziehung und (elastische) Abstoss-
ung zu betätigen.

Einen gewaltigen Aufschwung nahm die Atomtheorie vor
fast genau hundert Jahren in den Händen des Chemikers John
Dalton, der aus dieser Annahme eines der wichtigsten quanti-

tativen Gesetze der Chemie, das Gesetz der Verbindungsgewichte, herleitete. Ihnen zu Ehren werden diese Grössen denn auch seitdem Atomgewichte genannt. Dieser Einfluss war so gross, dass bis auf den heutigen Tag die ganze Chemie im Sinne des Atombegriffes sich entwickelt hat. Es gibt noch keine andere Sprache, die Gesamtheit aller dieser Erscheinungen zu beschreiben, als die der Atomistik, und erst in der allerjüngsten Zeit haben vereinzelte Forscher angefangen, hie und da den Boden der Wissenschaft von diesen Blumen der Phantasie zu befreien.

Auch die Physik blieb nicht lange zurück. In der kinetischen Gastheorie, die in dem jüngst verstorbenen Hofrat Boltzmann einen ihrer geistvollsten Förderer und leidenschaftlichsten Verteidiger gehabt hat, erkennen wir zunächst die Demokritische Atomistik mit ihrem Schwirren und Stossen wieder, nur dass der ganze Apparat der inzwischen entwickelten theoretischen Mechanik ins Feld geführt wird. Ueber jenen prekären „ersten Anstoss" geht die Kinetik allerdings vorsichtig hinweg, und sie hat das Recht dazu.

Nun aber beobachteten wir ein seltsames Schauspiel. Das chemische Atom vermag seine Rundung nicht beizubehalten. Gewisse Tatsachen der Isomerie, die Verschiedenheit der Eigenschaften bei gleicher Zusammensetzung, lassen sich nicht anders gedanklich bezwingen, als indem man auf die Kugelgestalt verzichtet. Nachdem das Kohlenstoffatom unter den Händen Kekulés und Butlerows sich vergeblich zu einer langen Semmel gestreckt hatte, wird es durch van't Hoff und Le Bel zu einem Tetraeder umgeformt und vermag in dieser Gestalt die Ansprüche zu befriedigen, die der Chemiker stellen muss. Die anderen Elemente kommen nicht so schnell zu einer endgültigen Gestaltung, und die ganze Geometrie, beziehungsweise die Formenreichtümer des Baukastens müssen herhalten, um für die chemischen Mannigfaltigkeiten das entsprechende Bild zu liefern.

Das physikalische Atom entwickelt sich nach entgegengesetzter Richtung. Die Kugel erweist sich als zu bestimmt geformt, um den Ansprüchen der Forschung sich genügend anzuschmiegen. Biegsame Wirbel, Punkte, Mannigfaltigkeiten im Aether, schliesslich nur ein ganz allgemeines lokales An-derssein von unbestimmtester Beschaffenheit sind die Begriffe, auf die die Kinetik sich zurückgedrängt sieht. Es ist ein unaufhaltsamer Verflüchtigungsprozess.

Noch schlimmere Gefahren sind indessen in neuester Zeit dem chemischen Atom erstanden. Die glänzende Linie jüngster Entdeckungen, die durch die Sterne Röntgen, Becquerel, Curie, Ramsay, Rutherford, Soddy bezeichnet ist, hat auá das Atom berührt, mit dem Erfolg, dass es ganz unerwartete explosive Eigenschaften angenommen hat. J. J. Thomson, der berühmte Physiker von Cambridge, hat durch genial erdachte Metho-den verstanden, Grösse und Gewicht jener Korpuskeln zu messen, die als die Träger der Röntgen-Strahlen und ver-wandter Erscheinungen angesehen werden. Welches Triumph-geschrei hätten die Atomisten erhoben, wenn er dieselbe Grösse gefunden hätte, die die kinetische Theorie schon lange berechnet hatte! Aber es ging ihm wie Saul. Statt seines Vaters Esel, nämlich die alten runden Atome, zu finden, fand er ein Königreich, nämlich das Elektron. Das, was er fand, war nämlich zweitausendmal kleiner als das kleinste Atom, wie es die kinetische Theorie angenommen hatte.

Was nun?

Es blieb nichts übrig, als die „gewöhnlichen" Atome aus vielen, vielen Elektronen zusammenzusetzen, wie etwa der Saturnring als aus einzelnen getrennten Steinen bestehend an-genommen wird. Mit der alten schönen Einfachheit war es endgültig vorbei.

Aber ein anderer Gewinn entstand. Das Radium mit seinen unerhörten Eigenschaften zwang die Atomisten ohnedies dazu, die Atome nicht wie bisher als unveränderlich anzusehen. Das Radium, obwohl wir es als ein „Element" auffassen müssen, verschwindet und bildet andere „Elemente", die auch ihrerseits früher oder später von der Bühne des Lebens abtreten müssen. So konstruierte man verwickelte Gebilde von der Art der Son-nensysteme, die, meist im stationären Gleichgewicht, doch durch labile Zustände hindurchgehen müssen, wobei immer eine gewisse Anzahl von ihnen ihren Zusammenhalt verlieren und sich explosiv in jene anderen Formen verwandeln. Und diese Eigenschaften, die man zunächst nur dem Radium und seinen Verwandten zuschrieb, ist man geneigt, jetzt allen Elementen zuzuschreiben, so dass alle Atome nicht nur als höchst zusammengesetzt, sondern als im Innern unbeständig und plötzlicher spontaner Zerschmetterung unterworfen angesehen werden. Ungemütlich, nicht? Man hätte nicht denken sollen, dass der Einfall des heiteren Demokrit so anarchistische Folgen nach sich ziehen würde. Aber es gibt einen Trost.

Die grosse Wandelbarkeit des Atombegriffes, die in dieser etwas kinematographisch geratenen Uebersicht seiner Schicksale zutage getreten ist, scheint zweifellos zu beweisen, dass es von jeher nur ein sehr unvollkommenes Abbild der Wirklichkeit gewesen ist. Er enthält zweifellos richtige Bestandteile; daneben aber sehr viele überflüssige, und die letzteren bedingen seine Wandelbarkeit. Mein wissenschaftsmethodisches Glaubensbekenntnis aber gebe ich mit den alten Worten des Dekalogs: Du sollst dir kein Bildnis oder Gleichnis machen. Bete sie nicht an und diene ihnen nicht. Wie aber dies strenge Gesetz erfüllen? Darauf weiss ich nur die Antwort: durch die reine Mannigfaltigkeitslehre und die reine Energetik.

Perspektiven der modernen Naturwissenschaft.

(1909)

Wenn man einen Blick in die kommende Entwicklung der Naturwissenschaft tun will, so sind es zwei anscheinend verschiedene Fragen, die sich alsbald geltend machen. Einerseits kann nämlich gefragt werden, welche innere Entwicklung die Wissenschaft selbst nehmen wird, und andererseits, welches der Anteil sein wird, den die Wissenschaft an der Gesamtkultur der Menschheit hat. Beide Fragen sollen ins Auge gefasst werden; sie werden sich dabei als sehr nahe verwandt erweisen.

Was die erste Frage anlangt, so darf man feststellen, dass, so glänzend auch die Entwicklung der Naturwissenschaften im vorigen Jahrhundert gewesen ist, wir doch zweifellos erst am Anfange der naturwissenschaftlichen Epoche der Weltgeschichte stehen. Das will sagen, dass in noch unvergleichlich höherem Grade als bisher die Wissenschaft sich aller Tatsachen und Verhältnisse bemächtigen wird, die uns umgeben und auf unsere Existenz Einfluss haben, um sie zu assimilieren und unter ihre Herrschaft zu bringen. Um ganz zu verstehen, was das heisst, müssen wir einige allgemeine Betrachtungen über Beschaffenheit und Zweck der Wissenschaft vorausschicken.

Auf die Frage: wozu treiben wir Wissenschaft? weiss ich nur eine Antwort: *um zu prophezeien*. Sinn und Bedeutung der Wissenschaft lassen sich vollständig durch die Definition erschöpfen, dass sie uns befähigt, die Zukunft vorauszusehen. Fügen wir hinzu, dass sie das *einzige* Mittel ist, welches sich für diesen Zweck bewährt hat, so wird ihre gewaltige Kulturbedeutung alsbald offenbar. Denn alles vernünftige Handeln beruht auf der Voraussicht der Zukunft; auch bei der kleinsten bewussten Bewegung müssen wir das Ergebnis voraussehen, damit wir einen Grund haben, sie auszuführen. Was ausserhalb dieser Sphäre liegt, gehört zu den unbewussten Gebieten des Instinkts und der Reflexvorgänge und hat nichts mehr mit bewusstem Leben zu tun.

Verstehen wir nun unter Natur den gesamten Inhalt unserer Erlebnisse, so sehen wir, dass auf Naturwissenschaft, d. h. auf Voraussichten über das Verhalten unserer Welt, die gesamte Möglichkeit unserer Existenz beruht. So erscheint die Naturwissenschaft als die wahre und wesentliche Grundlage alles Menschentums. Unsere Herrschaft über die Natur, die uns erst das menschenmässige Leben ermöglicht, besteht aber nicht darin, dass wir der Natur unseren Willen aufzwingen: dies können wir nicht. Sondern sie besteht darin, dass wir wissen, wie die Natur selbst sich unter gegebenen Bedingungen verhalten wird: diese Bedingungen stellen wir her, wenn uns das Ergebnis ihres Verhaltens erwünscht ist, und wir suchen sie zu vermeiden oder zu beseitigen, wenn uns das Ergebnis in irgendeinem Sinne nachteilig ist. Dass Holz verbrennt, wenn es an der Luft erhitzt wird, ist eine Voraussagung, die wir auf Grund unserer wissenschaftlichen Kenntnisse machen können. Haben wir das Bedürfnis, uns zu wärmen, so stellen wir die Bedingungen her, dass dieser Vorgang stattfindet. Haben wir umgekehrt das Bedürfnis, die Gegenstände aus Holz unverändert zu erhalten, wie die Möbel unserer Zimmer und die Wände unserer Häuser, so tragen wir Sorge, dass an ihnen jene Bedingungen nicht eintreten. Aber das Holz unverbrennlich zu machen, liegt nicht in unserer Gewalt, und ebensowenig liegt es in unserer Gewalt, dem Holz die Wärme, die es liefern kann, anders als durch eine Verbrennung zu entnehmen.

So verhält es sich mit allen Naturgesetzen: sie sagen uns, was unter gewissen Verhältnissen geschehen wird, und ermöglichen uns nur dann eine Beeinflussung der Zukunft, wenn wir diese Verhältnisse beeinflussen können. Dass auf einem Felde

Weizen und nicht Klee im nächsten Sommer wachsen wird, können wir bewirken, indem wir Weizenkörner und nicht Kleesamen ins Feld bringen. Dass aber der nächste Sommer trocken oder feucht, warm oder kalt sein wird, können wir nicht bewirken, weil wir die entsprechenden Umstände nicht beeinflussen können.

Nun besteht unser ganzes Leben aus einem wirren Gemenge von Dingen, die wir vorausgesehen haben, und solchen, bei denen uns dies nicht möglich war. Die bisherige Entwicklung der Wissenschaft erlaubt uns, den letzten Satz durch das Wort „noch" zu ergänzen und zu sagen, dass es sich um Dinge handelte, die wir *noch* nicht voraussehen konnten. Dies involviert die Vorausnahme (auch eine Prophezeiung!), dass die bisher der Wissenschaft noch nicht unterworfen gewesenen Dinge späterhin gleichfalls unter ihre Herrschaft gelangen werden, dass wir beispielsweise infolge einer höheren Entwicklung der Meteorologie künftig auch die Witterung des nächsten Jahres werden voraussagen können, wie wir schon jetzt mit einiger Wahrscheinlichkeit die Witterung des nächsten Tages vorraussagen können. In den Tropen, wo die meteorologischen Bedingungen einfacher sind, als in den gemässigten Zonen, ist dies letztere schon lange möglich. Auch bei uns gibt es gewisse Gegenden, in denen eine Wetterprognose viel zuverlässiger zu machen ist, als in anderen.

Es bedarf keines Nachweises, wie viel sicherer und besser das Leben gestaltet werden kann, je mehr wir die Zukunft voraussehen können. Diese Erkenntnis macht sich mit elementarer Gewalt selbst bei den niedersten Völkern geltend, denn überall finden wir gewisse ausgezeichnete Personen unter ihnen, die sich die Fähigkeit der Prophetie zuschreiben und ein entsprechendes hohes Ansehen geniessen. Zwischen den Zauberern und Priestern niederer Kulturen und den Vertretern der Wissenschaft unserer Zeit erstreckt sich eine stetige Entwicklung hin: diese sind aus jenen hervorgegangen. Denn auch bei den Zauberern der unentwickelten Völker besteht eine gewisse Summe von Naturkenntnis, d. h. ein bestimmtes Mass zuverlässiger Voraussagung auf Grund wirklicher Kenntnis der

Naturerscheinungen. Und andererseits darf der gewissenhafte Beobachter unserer Zeit nicht leugnen, dass auch innerhalb unserer der Wissenschaft gewidmeten Anstalten noch mancherlei Reste des alten Zauberwesens vorhanden sind, denen zufolge Wirkungen angenommen und geglaubt werden, nicht weil eine exakte wissenschaftliche Untersuchung sie als vorhanden nachweist, sondern weil man von jeher überzeugt gewesen ist, dass solche Wirkungen vorhanden sind. Das auffälligste Beispiel dieser Art ist die Meinung von der zauberhaften Wirkung der lateinischen und griechischen Sprache auf die Entwicklung der Intelligenz. Eine unabsehbare Menge junger und frischer Energie wird in unseren Schulen diesem Aberglauben zum Opfer gebracht, ohne dass jemals ein ernsthafter Nachweis von der Wirklichkeit jener geglaubten und mit dem Fanatismus des Glaubens verteidigten Wirkung erbracht worden wäre. Es ist vielmehr leicht, das Gegenteil nachzuweisen, sobald man die Tatsachen unbefangen prüft.

Diese letzte Betrachtung führt uns unmittelbar auf einen wesentlichen Punkt für die bevorstehende Entwicklung der Wissenschaft. Man kann ihn dahin kennzeichnen, *dass die Gesamtwissenschaft immer mehr den Charakter der Naturwissenschaft annehmen wird.* Gegenwärtig pflegt man hergebrachterweise die Geisteswissenschaften von den Naturwissenschaften zu unterscheiden; die geschichtliche Betrachtung der Grenzlinie zwischen beiden aber lässt erkennen, dass es sich nicht um den Gegensatz zweier konstanter Gebiete des Wissens, sondern um den Gegensatz zwischen alter und neuer Methode handelt. Am charakteristischsten hierfür ist, dass die spezifischste aller Geisteswissenschaften, die Wissenschaft vom Geiste selbst oder die *Psychologie* seit einigen Jahrzehnten eine ausgeprägt naturwissenschaftliche Beschaffenheit angenommen hat, und dass die Einrichtung eines modernen psychologischen Instituts wie die einer physikalischen oder physiologischen Anstalt aussieht. Ebenso macht sich das Eindringen der naturwissenschaftlichen oder experimentellen Methode in die Geschichtswissenschaft, ja in die Jurisprudenz geltend. Beide werden als Sonderkapitel der Soziologie erkannt, als Betätigungen der menschlichen *Kollektivpsyche,* welche ihrerseits ebenso einer naturwissenschaftlichen Forschung zugänglich ist, wie die Individualpsyche.

Worin liegt nun der Unterschied der Methode, welcher den Gegensatz zwischen der Geisteswissenschaft im älteren Sinne und der Naturwissenschaft im neueren und allgemeineren Sinne bedingt? In den Gebieten, von denen eben die Rede war, liegt er in der allgemeinen Anwendung des *Entwicklungsbegriffes.* Die alte Wissenschaft ist die Wissenschaft vom Sein, die neue ist die vom Werden. Handelte es sich für die alte Wissenschaft um die Ueberlieferung eines ganz bestimmten Bestandes von Kenntnissen gegebener Objekte, die als absolut oder unveränderlich angesehen wurden, so handelt es sich bei der modernen Wissenschaft umgekehrt immer wieder um die Frage: wie ist das Vorhandene geworden? Hierbei ist bereits die Voraussetzung gemacht, dass es sich nirgend um Unveränderliches handeln kann. Somit kennzeichnet das Wort „absolut" in sehr deutlicher Weise den Gegensatz zwischen alter und neuer Methode: überall, wo es noch vorkommt, darf man sicher sein, dass es sich um einen Rest der ersteren handelt.

Sobald man aber die Voraussetzung macht, dass die Dinge sich veränderen, so entsteht auch die Frage nach den Faktoren, die bei solcher Veränderung tätig gewesen sind. Da die Antwort auf diese Frage auch alsbald eine Antwort auf eine entsprechende Frage bezüglich der Zukunft gibt, so erkennt man alsbald den grundsätzlichen Zusammenhang des Entwicklungsbegriffes mit der *prophetischen* Eigenschaft der Wissenschaft, und erkennt, dass beim Mangel jenes Gesichtspunktes auch diese Eigenschaft nicht zur Geltung kommen kann.

Man erkennt weiter, dass ein absoluter Gegensatz beider Methoden nur schematisch besteht, und dass einzelne Andeutungen des Entwicklungsbegriffes in rudimentärer Form auch innerhalb des älteren Wissenschaftsbetriebes sich antreffen lassen. Auch wenn man beispielsweise die Geschichte als die Lehre von der Verwirklichung eines göttlichen Planes betrachten wollte, so würde diese Auffassung etwas einer Entwicklungsreihe Aehnliches enthalten, nur dass die Ursache der eintreten-

den Veränderungen *ausserhalb* der betrachteten Welt angenommen und daher die Möglichkeit einer Voraussagung vernichtet würde, ausser durch unmittelbare Mitteilung seitens
jener göttlichen Führung. Kennzeichnend für die moderne
Wissenschaft ist nun, dass sie überall den Versuch macht, die
beobachteten Veränderungen aus den Faktoren zu begreifen,
die sich *innerhalb* der bekannten Welt vorfinden, und dass sie
daher ihrer Voraussagungen ausschliesslich auf die dort ange-
troffenen Erscheinungen zu begründen sich bemüht.

Scheinbar gar nicht vom Entwicklungsgedanken berührt erscheinen die *exakten* Naturwissenschaften, die Physik und die
Chemie. Die hier zahlreich bekannt gewordenen Gesetze pflegen
als von der Zeit gänzlich unabhängig angesehen zu werden,
indem man beispielsweise überzeugt war (und noch vielfach
ist), dass das Gesetz von der Erhaltung der Masse seit dem
Anfange aller Zeiten gegolten hat und bis an das Ende aller
Zeiten gelten wird. Eine Entwicklung scheint nur bezüglich
unserer Kenntnis dieser Gesetze vorhanden zu sein, die bekanntlich nach langer Vorbereitung seit wenigen Jahrhunderten in
immer mehr beschleunigtem Tempo fortschreitet.

Indessen mahnen uns gerade die jüngsten Fortschritte auf
dem Grenzgebiete beider Wissenschaften auch hier zur Vorsicht. Ganz ähnlich dem Gesetz von der Erhaltung der Masse
in der Physik hat in der Chemie das Gesetz von der Erhaltung
der *Elemente* gegolten. Ja, dieses letztere Gesetz ist als so
„selbstverständlich" angesehen worden, dass man es meist gar
nicht erst der Mühe für wert hielt, es ausdrücklich auszusprechen. Nun haben bereits seit längerer Zeit Astronomen,
denen die verschiedenen Himmelskörper seit mehr als einem
Jahrhundert als Repräsentanten der verschiedenen Entwicklungs-
stufen veränderlicher Gebilde gegolten haben, auf Grund spek-
tralanalytischer Befunde die Möglichkeit erörtert, dass auch die
chemischen Elemente einer kosmischen Umbildung und Entwicklung unterworfen sein mögen. Aber erst unseren Tagen
war es vorbehalten, in den *radioaktiven Elementen* derartige
Fälle der Umbildung der unmittelbaren Untersuchung zu unterziehen. Jetzt wissen wir in der Tat von vielen Stoffen, welche

den allgemeinen Charakter der chemischen Elemente besitzen,
dass sie zeitliche Veränderungen erfahren, gerade so, wie ein
berühmter Botaniker vor wenigen Jahren eine Pflanze in dem
Augenblicke ertappt und der Beobachtung unterworfen hat, in
welchem sie ihre Umwandlung aus der bisherigen Spezies in
eine (oder vielmehr in mehrere) neue vollzog.

Wir werden also sachgemässer die Gesamtheit der Naturerscheinungen so aufzufassen haben, dass wir von keinem der
bekannten Gesetze eine absolute Zeitlosigkeit behaupten dürfen.
Wir werden vielmehr eine durchgehende Abstufung aller möglichen Beschaffenheiten anzunehmen haben. Von den schnell
veränderlichen Kombinationen verwickelter Verhältnisse (z. B.
in der Meteorologie), an denen ausser dem Stetigkeitsgesetze
so gut wie gar nichts dauernd Gesetzmässiges vorhanden ist,
bis zu den mathematischen und logischen Gesetzen, deren zeitliche Veränderlichkeit wir zwar formal *annehmen*, uns aber
durchaus nicht *vorstellen* können, gibt es stetige Uebergänge.
In der Chemie ist bei den Elementen soeben, wie erwähnt, ein
solcher Uebergang gefunden worden; dies lässt erwarten, dass
später mit zunehmender Feinheit der Messung und Beobachtung
auch andere scheinbar konstante Dinge sich als veränderlich erweisen werden. Es lässt sich beispielsweise noch kein Grund erkennen, warum der Ausdehnungskoeffizient der Gase immer
gleich $1/_{273}$ bleiben soll, wie wir ihn seit 60 oder 70 Jahren
kennen. Denn da wir nicht wissen, von welchen Umständen
gerade dieser Zahlenwert bestimmt wird, dürfen wir auch nicht
behaupten, dass die bestimmenden Umstände sicher in allen
Zeiten dieselben bleiben werden.

So finden wir hier denselben Relativismus vor, der uns auf
anderem Wege bereits als wesentliches Kennzeichen der modernen wissenschaftlichen Auffassung entgegengetreten war. Man
kann nicht in Abrede stellen, dass er vielen, durch Jahrhunderte
festgesetzten Denkgewohnheiten entgegentritt, und daher findet
sich auch oft genug eine mehr oder weniger scharf ausgesprochene Abneigung, seine weitgehenden Konsequenzen anzuerkennen. Aber wiederum lehrt uns die Geschichte der
Wissenschaft, dass diese Auffassung stets nur Fortschritte, nie

Rückschritte gemacht hat; daher ist gar nichts anderes zu erwarten, als dass sie sich mit der Zeit des Gesamtgebietes der
Wissenschaft bemächtigen wird. In gleicher Richtung, nur viel
langsamer, geht das Eindringen des Relativismus in unsere
praktische Lebensauffassung vor sich; hier lässt die Leidenschaft, mit welcher das „Absolute" in allen Gestalten gefordert
und verteidigt wird, die Wirkung alter Denkgewohnheiten
deutlich erkennen. Denn die praktische Philosophie, wie sie
als Lebensgewohnheit oder Lebensweisheit besteht, bleibt hinter
der theoretischen immer um eine beträchtliche Zeit zurück, ebenso wie die gegenwärtige Volksmedizin die wissenschaftlichen
medizinischen Anschauungen vor 100 und mehr Jahren darstellt. Aber auch dies ist ein Zeichen der fortschreitenden
Wissenschaft, dass das populäre Vertrauen in ihre Ergebnisse
immer mehr zunimmt, und daher die Zeitspanne für das Eindringen ihrer neuen Ergebnisse in das allgemeine Bewusstsein
immer kleiner wird.

Ein Wort mag noch über die innere Entwicklung der
Naturwissenschaften gesagt werden. Das Hauptinteresse bezüglich allgemeiner Probleme bezieht sich hier auf die Frage,
wie weit *Hypothesen* nötig oder nützlich sind. Mit grosser
Uebereinstimmung wird, namentlich von den älteren Vertretern
behauptet, dass ohne Hypothesen die wissenschaftliche Arbeit
nicht ausführbar sei, während eine jüngere und kleinere, aber
an Zahl zunehmende, Gruppe entgegengesetzter Ansicht ist. Hier
wird namentlich betont, dass solche Hypothesen oder Annahmen, deren Elemente der Prüfung durch Versuch oder Beobachtung nicht unmittelbar zugänglich sind, als methodisch
verwerflich angesehen werden müssen, da Aussagen über
Worte, denen nichts aufweisbares entspricht, überhaupt keinen
sachlichen Zweck haben. Zulässig, ja notwendig sind dagegen
solche Annahmen, bei denen mögliche oder wahrscheinliche
Beziehungen zwischen aufweisbaren Dingen vorausgenommen
werden, um sich dafür klar zu werden, wie die Prüfung am
besten anzustellen ist. Solche Vorausnahmen, die nur der
Prüfung zugängliche Elemente enthalten, werden zum Unterschiede von den Hypothesen im engeren Sinne *Protothesen* ge-

nannt. Da bisher weder die Fachwissenschaft noch auch die Philosophie diese Fragen an der Hand des vorhandenen geschichtlichen Materials erfahrungsmässig bearbeitet hat, so sind die Verhandlungen über diesen fundamentalen Punkt bisher nur wenig in die Tiefe gegangen. Doch hängt offenbar die Frage, *wie das Forschen zu lehren sei*, weitgehend von der Vertiefung dieser Probleme ab.

Dass aber die *Forschung* gegenwärtig methodisch *gelehrt* wird, darf als das charakteristischste Kennzeichen unserer Wissenschaftsepoche angesehen werden. Anstatt als ein unkontrollierbares Geschenk aus höheren Sphären angesehen zu werden, gilt die Leistung des Forschers heute ebenso als erlernbar, wie Radfahren und Violinespielen. Grosse und mannigfaltige wissenschaftliche Anstalten haben die Organisation des Forschungsunterrichtes und gleichzeitig die Organisation des Entdeckens durchgeführt und geben ein Zeugnis ab für die zunehmende Durchdringung unseres ganzen Lebens mit Wissenschaft.

IV. Psychologis und Biographie.

Die energetische Auffassung der psychologischen Erscheinungen stellt ein besonders auffallendes Beispiel von der bereits
erwähnten Eigenschaft der Energetik dar, sich unbewusst und
fasst wider Willen als erklärendes Prinzip in die Auffassung
anscheinend ganz fernliegender Gebiete einzudrängen. Nachträglich ist es ja ganz klar, dass die Begriffe der Energielehre
sich in allen den einzelnen Wissenschaften zur Geltung bringen
müssen, welche in der Pyramide der Wissenschaften (S. 129)
die höheren Schichten bilden und als solche auf den niedrigeren
ruhen. Demgemäss hat sowohl die Physiologie, wie auch die
Psychologie und die Kulturwissenschaft ihre energetischen
Grundlagen. Dies wird weiter unten noch viel eingehender entwickelt werden. Aber damals, als mir die ersten Ueberlegungen
nach solcher Richtung keimten, war ich über diese allgemeinen
Verhältnisse noch ganz und gar nicht im klaren, und die damals
tatsächlich eingetretene Befruchtung meiner allgemeinen Anschauungen durch die Energetik war ein davon ganz unabhängiges spontanes Ergebnis.

Seine Quelle lag in erster Linie in meinen persönlichen
Bedürfnissen und Nöten. Ich habe bereits angegeben, dass
ziemlich bald nach der allgemeinen Konzeption des energetischen Weltbildes und der ersten, mit leidenschaftlicher Hingabe betriebenen Durchführung dieser Betrachtungsweise im
Gebiete der anorganischen Wissenschaften (insbesondere gelang es mir damals, durch dieses Denkmittel in das Chaos der
elektrochemischen Erscheinungen Licht und Ordnung zu bringen, wovon der zweite Band der zweiten Auflage meines Lehrbuches Zeugnis ablegen mag) die bislang in mässigen Grenzen
gebliebenen Erschöpfungszustände sich plötzlich sehr stark

14*

steigerten. Im Herbst 1895 hatte ich auf der Lübecker Versammlung deutscher Naturforscher und Aerzte meinen energetischen Programmvortrag über die Ueberwindung des wissenschaftlichen Materialismus gehalten. Er war von dem damaligen ersten Vorsitzenden, *J. Wislicenus*, der mit der Mehrzahl der Fachgenossen meine Gedanken für eine arge Verirrung hielt, aus Vorsicht ganz an den Schluss jener Zusammenkunft gelegt worden; trotzdem war sie noch ziemlich vollzählig geblieben, um den Ketzer zu hören. Denn eigentlich hätte der Vortrag an eine viel frühere Stelle gelegt werden müssen, da die Energetik als allgemeiner Diskussionsgegenstand in den vereinigten Abteilungen für Mathematik, Physik und Chemie zur Debatte stand. Diese Debatten waren in überaus lebhafter, ja zuweilen fast stürmischer Form vor sich gegangen und hatten mit einer so schroffen Absage fast sämtlicher Fachgenossen (auch einiger, die mir bis dahin persönlich nahe gestanden hatten) geendet, dass mein einziger Mitkämpfer G. Helm sich veranlasst fühlte, öffentlich hiergegen zu protestieren. Meinerseits empfand ich mich, auch wenn ich nur mit mir selbst in meinen innersten Gedanken Zwiesprache hielt, keineswegs als Besiegter, denn mir war aus den mannigfaltigen Aeusserungen der Gegner kein einziger Gedanken entgegengetreten, der mich von der Unrichtigkeit oder auch nur Zweckwidrigkeit meiner Ansichten überzeugt hätte. Dies geschah auch nicht, als hernach bald die mathematischen Physiker *Planck* und *Boltzmann* in den Annalen der Physik scharfe Absagen an die Energetik veröffentlichten. Zwar einige begangene Rechenfehler konnte ich nicht in Abrede stellen; grundsätzliche Denkfehler dagegen haben sich nach allen den mannigfaltigen Anwendungen der Energetik, die inzwischen erfolgt sind, nicht herausgestellt.

Diese Beanspruchungen meiner Energievorräte waren nicht die einzigen, die neben denen durch die regelmässige Arbeit als Lehrer, Forscher und wissenschaftlicher Schriftsteller an mich herangetreten waren; auch andere Gebiete meines persönlichen Lebens hatten grosse Anforderungen an mich gestellt. So war es durchaus erklärlich, dass mit dem Ende des Jahres 1895 die

Erschöpfung soweit gegangen war, dass ich für das Sommer-
semester 1906 die akademische Tätigkeit gleichzeitig mit aller
anderen Arbeit unterbrechen und durch vollständige Ruhe
wieder soviele Energievorräte sammeln musste, um wenigstens
einen Teil meiner Arbeiten wieder aufnehmen zu können. Ich
habe bereits berichtet, wie und in welchem Umfange dies geschah (S. 3), und wie in den einige Zeit später eintretenden
persönlich kritischen Zeiten energetische Betrachtungen mich.
den Weg innerhalb verwickelter Verhältnisse finden liessen.

Ich habe diese Dinge hier erwähnt, weil aus ihnen als
wissenschaftliches Produkt die psychologische Energetik hervorgegangen ist, deren Anwendungen sich von da ab ebenso durch
die praktische Gestaltung meines Lebens und meiner Arbeit,
wie durch die Auffassung allgemein menschlicher Dinge gezogen haben. Eine erste allgemeine Formulierung haben diese
zunächst am eigenen Leibe durchexperimentierten und erprobten Anschauungen in der *„Theorie des Glückes"* gefunden, die
sich unten als erste Abhandlung dieses Teils mitgeteilt findet.
Sie ist während mehrerer Jahre durch sehr angestrengtes Nachdenken ausgearbeitet worden; niedergeschrieben habe ich sie auf
Einladung des Herausgebers einer amerikanischen Vierteljahrs-
schrift, des „International Quarterly", *F. A. Richardson.* Obwohl diese Arbeit nach meinem subjektiven Urteil einer meiner
selbständigsten Leistungen ist (oder vielleicht eben deshalb),
musste ich damals nicht nur über ein Jahr auf den Abdruck des
Manuskriptes, sondern noch bis heute auf die Bezahlung des ver-
einbarten Honorars warten. Etwas bekannter als durch jene anscheinend nicht weit verbreitete Zeitschrift wurde die Theorie
des Glückes durch einen Vortrag in Wien, an den sich eine
ziemlich leidenschaftliche Polemik *Boltzmanns* geschlossen
hatte, sowie durch den Abdruck in deutscher Sprache in meinen
Annalen der Naturphilosophie. Immerhin ist die Kenntnis jener
Anschauungen nicht über einen engeren Kreis hinausgedrungen,
denn als ich sie in dem kurzen Aufsatze: *Zum Falle Wangel,*
der hier im Anschluss an die Hauptabhandlung gleichfalls abgedruckt ist, auf den praktischen Fall einer hochgeschätzten
Schauspielerin anwendete, die ihren Beruf plötzlich verlassen

und sich der Heilsarmee zugewendet hatte, erhielt ich Zuschriften, welche die grosse Ueberraschung der Leser über diese
Gedanken zum Ausdrucke brachten. So wurde mir u. a. geschrieben: „Ihr Artikel hat auch hier viele Köpfe in Bewegung
gesetzt. Meine Freunde und ich kommen nach mancher heissen
Diskussion zu dem Schlusse: wenn das richtig ist, was Sie
sagen, so wäre die revolutionierende Tatsache gegeben, dass
wir Menschen es in der Hand haben, durch eine bewusste
Steigerung aufgewendeter Energieen unsere Glücksbasis erheblich zu verbreitern. In der stillen Stube habe ich an der
Hand Ihrer Glücksgleichung eine Reihe mir noch gedächtnis-
mässig im Detail gegenwärtiger Erlebnisse aus dem vorigen
Jahre nachgeprüft und zu meiner lebhaften Befriedigung völlige
Uebereinstimmung gefunden. Auch bei meinen Freunden trifft
dies zu. Sie können sich vorstellen, dass wir uns, wie jeder
denkende Mensch seit jener Zeit in merkwürdiger Erregung
darüber befinden, dass das menschliche Glück nicht nur erreichbar ist, sondern auch bewusst verbreitert werden kann.“

Angesichts solcher Wirkungen scheint es keine übermässige
Beanspruchung der Geduld des Lesers, wenn ich noch einige
weitere ganz kurze Aufsätze hier abdrucken lasse, die das ange-
schlagene Thema nach einigen anderen Richtungen varriieren;
sie werden dazu beitragen, die praktische Anwendung der einfachen Gleichung zu erläutern und dadurch ein gewisses Vertrauen in ihre tatsächliche Brauchbarkeit zu erwecken.

Der nun folgende Aufsatz über *Persönlichkeit und Unsterblichkeit* schlägt verwandte Gedanken an, wenn auch ihre energetische Seite hier mehr in den Hintergrund tritt. Er ist die
deutsche Uebersetzung eines Vortrages, zu dem ich während
meiner Tätigkeit als „Austauschprofessor“ im Winter 1905/06
an der Harvard-Universität durch die Verwaltung der „Ingersoll Lectureship“ eingeladen wurde. Diese Vorlesung ist durch
Miss Caroline Haskell Ingersoll zur Erinnerung an ihren Vater
George Goldthwait Ingersoll gestiftet worden mit der Bestimmung, dass sie sich auf die Unsterblichkeit des Menschen beziehen, und das die Wahl des Vortagenden nicht durch sein
religiöses Bekenntnis oder seinen Beruf beschränkt sein soll,

sondern ebensowohl auf Geistliche wie auf Laien fallen darf. Obwohl ich die massgebende Persönlichkeit (den damaligen Präsidenten *Eliot*) auf die allgemeine Beschaffenheit meiner Ansichten hingewiesen und ihm freigestellt hatte, die Aufforderung zurückzuziehen, wurde diese dennoch aufrecht erhalten, unter dem Hinweis, dass die Wahrheit nur durch eine möglichst allseitige Behandlung des Problems zutage treten könne.

Nach der statutenmässig vorgeschriebenen Veröffentlichung des Vortrages in englischer Sprache (Individuality and Immortality, Boston and New York, Houghton, Mifflin & Co. 1906), entstand eine ziemlich lebhafte Erörterung in der Tagespresse, die mir auch eine Anzahl persönlicher Zuschriften und sonstiger Aeusserungen brachte. Als bemerkenswertestes Moment unter diesen hebe ich den Umstand hervor, dass mir von mehreren, *in hohem Lebensalter stehenden* Personen ihre sachliche Uebereinstimmung mit meinen Ansichten in warmen Worten ausgesprochen wurde. Da sich unter diesen Männern und Frauen einige befanden, die persönlich kennen gelernt zu haben zu den wertvollsten Bereicherungen meines Lebens gehört, so ist mir durch diese Anerkennung eine Art objektiver Bestätigung für die Angemessenheit meiner Auffassung geworden. Hieran hat mich auch der Umstand nicht zweifelhaft gemacht, dass mich ein Bostoner Kirchenblatt wegen ebendieser Auffassung kurzweg für einen Sohn Satans erklärt hat. Auch die Stiftungsverwaltung, insbesondere der ehrwürdige Präsident *Eliot* musste damals grosse Anfechtungen erdulden.

Dass schliesslich die Erfahrungen an *eigenen* Erlebnissen unwiderstehlich dahin drängten, die gewonnenen Einsichten auch auf das Verständnis *anderer* Lebensschicksale, insbesondere von Naturforschern und Universitätslehrern anzuwenden, wird nach dem mitgeteilten keiner besonderen Erklärung bedürfen. Die sehr mannigfaltigen und wohl auch praktisch wichtigen Ergebnisse solcher „psychographischer" Untersuchungen habe ich inzwischen in einem Buche*) zusammengestellt, das sich schnell nicht nur einen ausgedehnten deutschen Leserkreis ge-

---

*) Grosse Männer. Leipzig, Akadem. Verlagsgesellschaft 1909. Zweite Auflage 1910.

wonnen hat, sondern auch eben im Begriffe ist, im französischen und englischen Sprachgebiete seinen Einfluss auszuüben. Dem gegenüber hat es einiges Interesse, die ersten literarischen Gestaltungsversuche dieser Gedanken kennen zu lernen, die ich in den beiden Stücken: *Zur Biologie des Forschers* (zuerst in der Deutschen Revue abgedruckt) veröffentlicht habe. Wie die Kenner des ausführlichen Werkes bemerken werden, habe ich eine Anzahl hier angeschlagener Gedanken in dem ausführlichen Werke noch nicht weiter entwickeln können; dies sei dem in Arbeit befindlichen zweiten Bande der „Grossen Männer" vorbehalten.

Den Schluss bilden endlich zwei biographische Aufsätze. Die Genesis des ersten geht auf die S. 162 abgedruckte Faraday-Vorlesung in London zurück. Einer meiner Hörer, ein österreichischer Staatsangehöriger, hatte alsbald über meine Hervorhebung seines Landsmannes *Franz Wald* bei so besonderer Gelegenheit an die österreichische Botschaft berichtet und dadurch die heimische Unterrichtsverwaltung auf jenen einsamen Forscher aufmerksam gemacht, der sich ein halbes Leben lang vergeblich nach rein wissenschaftlichen Lebensaufgaben gesehnt hatte. Es bedurfte nur noch einiger kleinen Rucke, nämlich eines persönlichen Vortrages an zuständiger Stelle und des hier wieder abgedruckten Aufsatzes in der Oesterreichischen Chemiker-Zeitung, um das Eis zu brechen und den äusseren Anlass zu geben, dass dem verdienten Manne eine Professur in Prag übertragen wurde.

Ueber den letzten Aufsatz endlich genügt die Angabe, dass er für den Jubeldoppelband geschrieben wurde, den *Arrhenius'* Freunde und Schüler ihm zum fünfzigsten Geburtstage, dem fünfundzwanzigsten Geburtstage seiner Theorie der freien Ionen und dem ersten (oder exakter nullten) Geburtstage des für ihn und von ihm erbauten Nobelinstitutes in Stockholm gewidmet haben. Einige Stellen aus einem früheren Aufsatze sind in diesen Abdruck eingeschaltet worden.

Theorie des Glücks.

(1904)

Aus den 1900 erschienenen gesammelten Briefen von Fried-
rich Nietzsche ergibt sich eine Tatsache, die mir zuerst sehr
auffallend erschien. Während die älteren Briefe voller Klagen
über seine Verhältnisse, seine Gesundheit u. s. w. sind, hören
diese Klagen einige Jahre vor seinem geistigen Zusammen-
bruche auf und machen einer fröhlicheren, ja dithyrambischen
Stimmung Platz, obwohl seine Gesundheit immer schlechter
wurde und auch seine äusseren Verhältnisse keine Verbesserung
aufwiesen.

Später habe ich erfahren, dass es sich hierbei um eine all-
gemeine Erscheinung handelt. Die progressive Paralyse, welcher
Nietzsche verfallen war, bringt bei den Patienten mit grosser
Regelmässigkeit derartige Glücksgefühle hervor. Solche
Kranke fühlen sich allmächtig; sie halten sich für irgend welche
ausgezeichnete Persönlichkeiten und haben beständig die Empfindung, dass sie nur zu wollen brauchen, um ausserordentliche
Taten zu tun oder Genüsse zu erlangen; eine Kontrolle über die
Ergebnisse ihrer phantastischen Unternehmungen führen sie
nicht aus. War damit jener besondere Fall unter eine allgemeine Regel gebracht, so bestand für mich doch noch die Frage,
auf welche Weise diese armen und unheilbaren Kranken zu
einem Ziele, dem *Glücke*, gelangen, welches geistig normale,
ja hervorragend begabte Menschen während ihres ganzen
Lebens mehr oder weniger vergeblich anstreben. Auch war in
dieser Tatsache der Nachweis gegeben, dass eine früher*) von
mir entwickelte Auffassung, nach welcher die dauernde Emp-

---

*) Vorlesungen über Naturphilosophie, Leipzig 1902, S. 388.

findung der Lust oder das Glücksgefühl durch erfolgreiche
Energiebetätigung bewirkt wird, unvollständig ist und einer
Ergänzung bedarf, um sich zu einer allgemeinen Theorie des
Glückes zu entwickeln. Denn bei dem Paralytiker kann von
erfolgreicher Energiebetätigung offenbar nicht die Rede sein.
Auch gibt es Zustände des tatenlosen Dahinlebens oder Träu-
mens, die zweifellos von ihren Trägern als Glück empfunden
werden und die gleichfalls jener Auffassung widersprechen.

Ich habe mich deshalb bemüht, zunächst die verschiedenen
Arten des Glückes zu ermitteln und sie systematisch zu sammeln. Dann habe ich jene obenerwähnte Auffassung derart zu
vervollständigen versucht, dass sie auch die Fälle umfasst, welche
sich nicht unmittelbar unter die ursprüngliche Definition bringen
liessen und habe die entsprechenden Ergänzungen ausgeführt.
Ich bin dadurch schliesslich zu einem Ausdruck gelangt, der
mir umfassend genug erscheint. Ich will die einzelnen Stufen
dieser schwierigen und oft unterbrochenen Untersuchung hier
nicht wieder darstellen, sondern von den geprüften und untersuchten Formeln nur die eine angeben, bei welcher ich schliesslich stehen geblieben bin, weil ich sie nicht weiter zu verbessern weiss.

Die beiden entscheidenden Faktoren für die Entwicklung
von Glücksempfindungen beim Menschen sind folgende:
Erstens die *Energiebetätigung*. Hierbei ist das Wort Energie
nicht im moralischen, sondern im *physikalischen Sinne* gebraucht. Die betätigte Energiemenge kann kurzweg der Menge
der vom Organismus ausgeschiedenen Kohlensäure proportional
gesetzt werden. Diese Grösse ist das Mass der Arbeit, welche
der Körper getan hat, zum Teil als mechanische oder geistige
Betätigung, zum Teil als der zur Erhaltung des Lebens unentbehrliche Aufwand für die Entwicklung der Körperwärme, für
die Durchführung der Herztätigkeit und die Betätigung aller
übrigen normalen Lebensfunktionen. Vielleicht ist die abge-
schiedene Kohlensäuremenge kein vollkommen strenges Mass
der betätigten Energie, denn diese hängt noch ein wenig von
der Art der Nahrung und von einigen Nebenreaktionen im Organismus ab. Doch sind die hier möglichen Abweichungen so

gering, dass wir sie ohne Fehler vernachlässigen können. Denn wenn ich auch später meine Anschauungen in die Gestalt einer mathematischen Formel bringen werde, so muss ich doch schon jetzt hervorheben, dass von einer exakten *quantitativen* Prüfung dieser Formel nicht die Rede sein kann. Wir können zur Not angeben, dass wir uns in einem Zustande glücklicher fühlen, als im anderen, aber ein eigentliches Mass hierfür haben wir nicht. Wir können nicht sagen, dass wir gestern $3^1/_2$ mal glücklicher waren, als heute. So wird denn auch die mathematische Formel nur die Bedeutung haben, dass sie die *Reihe der Intensitäten* der Glücksempfindungen zum Ausdruck bringt, mehr aber werden wir von ihr nicht verlangen können. Deshalb wird der oben angedeutete physiologische Fehler von keiner Bedeutung für unsere Untersuchung sein.

Der zweite positive Faktor für das Glück ist der Umstand, *dass das, was geschieht, unserem Willen entspricht.* Auf den Inhalt des Willens kommt es dabei nicht an; dieser kann vernünftig oder unvernünftig sein, er kann zu einer Förderung oder auch zu einer Schädigung unserer Gesundheit, ja zuweilen sogar zu einer Vernichtung unseres Lebens führen. Massgebend ist nur, dass geschieht, was wir eben wollen: dann fühlen wir uns glücklich.

Um für diesen Faktor auch ein Mass zu haben, setze ich ihn proportional der *willensgemäss bestätigten Energiemenge.* Es scheint unzweifelhaft, dass mit der Stärke der Willensbetätigung auch die Menge der im Gehirn verbrauchten Energie proportional geht. Ein erschöpftes Gehirn kann keine erhebliche Willenskraft mehr aufbringen, und eine aussergewöhnliche Willensbetätigung bewirkt auch eine aussergewöhnliche Ermüdung. Hierbei ist freilich zu beachten, dass verschiedene Menschen offenbar verschieden leicht ihre Energievorräte in Gestalt von Willen betätigen können, so dass dem gleichen, in Kalorieen gemessenen Energieverbrauch sehr verschiedene Willensbetätigungen entsprechen können. Dies bringt einen persönlichen Faktor in die Gleichung, über den später noch mehr zu sagen sein wird. Die Brauchbarkeit der Gleichung

wird indessen hierdurch nicht aufgehoben, denn dieser persönliche Faktor kommt auch für die anderen Energiebetätigungen
des Menschen, insbesondere seine Empfindungen in Frage, so
dass das Bild zwar etwas verschoben, nicht aber bis zur Unbrauchbarkeit verzerrt wird. Hierüber wird uns die spätere, im
einzelnen durchgeführte Diskussion der Gleichung Auskunft
geben.

Nennen wir nun E die *willensgemäss* betätigte Energiemenge W die während der gleichen Zeit *widerwillig* betätigte
Energiemenge, so finde ich den nachstehenden Ausdruck als
die angemessenste Darstellung der Tatsachen, wobei G das
Glück bedeutet:

$$G = (E+W) (E-W) \text{ oder } G = E^2-W^2.$$

Ich muss befürchten, dass der Leser in dieser Formel nur
eine Spielerei sehen wird, die, wie so oft derartige wissenschaftliche Spielereien, eine mathematische Form angenommen hat.
Ich möchte daher hier gleich die Versicherung einschalten, dass
es sich um eine Form der Veranschaulichung beobachteter und
nachweisbarer Tatsachen handelt, die vor allen in Gestalt von
Worten gegebenen Formeln wenigstens den Vorzug der Klarheit besitzt. Wenn ich ferner hinzufüge, dass ich selbst in
ernsten Lebenslagen, welche Entschlüsse von weitreichender
Wirkung für meinen Zustand und den meiner Familie erforderten, durch die Anwendung dieser Formel mir die schwierige
Entscheidung zwischen mehreren Möglichkeiten sehr erleichtert
habe und dass ich dadurch die Entscheidung, soweit ich bisher
urteilen kann, in richtiger Weise getroffen habe, so glaube ich
genug gesagt zu haben, um den Leser wenigstens einen Versuch machen zu lassen, diese Darstellung genauer kennen zu
lernen. Und nun gehe ich zur Diskussion der Formel über.

Da E die willensgemäss und W die widerwillig betätigte
Energie ist, so ist $(E+W)$ die gesamte betätigte Energie, soweit sie mit dem Willen in Beziehung steht. Es ist zu beachten,
dass diese nur ein Bruchteil der im ganzen Organismus betätigten Energie ist. Für die unbewussten physiologischen Funktionen, wie Blutkreislauf, Verdauung u. s. w. wird ausserdem
im Organismus eine bedeutende Energiemenge verbraucht;

unsere Gleichung sagt zunächst, dass diese für das Glücksgefühl *nicht* in Frage kommt. Dies scheint mit dem Umstande im Widerspruch zu stehen, dass junge Menschen und Tiere, bei denen auch diese Energiebeiträge besonders gross sind, sich auch im allgemeinen viel glücklicher fühlen, als alte. Doch liegt dies ausschliesslich an dem mit dem Willen verbundenen Anteil. Man braucht ein solches junges Wesen nur durch Einsperren oder sonstige Fesselung an der Ausgabe willensgemässer Energie zu hindern, ohne seine physiologischen Energieumsätze zu beeinträchtigen, um sich sofort zu überzeugen, dass es sich alsbald unglücklich zu fühlen beginnt. Ebenso ist der Schlaf, in welchem sich der Energieumsatz naturgemäss auf den physiologischen Anteil einschränkt, an sich nicht von Glücksgefühlen begleitet, weil er eben bewusstlos ist. Dass stark ermüdete Menschen beim Einschlafen ein Wohlgefühl haben, rührt ersichtlicherweise nur von dem Aufhören der willenswidrigen Energieausgabe her, und dass wir angenehme Empfindungen nach tiefem Schlafe haben, tritt auch nur ein, wenn wir Aussicht haben, die inzwischen angesammelten Energievorräte willensgemäss zu betätigen. Der Gefangene wacht deshalb nicht mit Freuden auf, begrüsst aber den Schlaf als eine Unterbrechung seines Unglücks. Umgekehrt geht der in erfolgreicher Arbeit befindliche Mensch ungern schlafen, wacht aber mit Freuden auf.

Der zweite Ausdruck *(E—W)* bedeutet den U*nterschied* zwischen der Energiemenge, welche *willensgemäss* und der, welche *widerwillig* betätigt worden ist. Er hat einen positiven oder negativen Wert, je nachdem E grösser oder kleiner ist als W. Ein negativer Wert bedeutet naturgemäss das Entgegengesetzte des Glücks, das Unglück. Die Formel bringt die Tatsache zum Ausdruck, dass wir bereit sind, allerlei Dinge auf uns zu nehmen, welche wir an sich nicht tun oder leiden wollen, mit denen aber andere Dinge verbunden sind, die unserem Willen entsprechen. Willensgemässe und widerwillige Betätigung verhalten sich also wie positive und negative Grössen, indem sie einander vermindern oder aufheben können. Hierbei ist wieder ein starker persönlicher Faktor vorhanden; es gibt

Menschen, insbesonder solche, die während ihres Lebens nur wenig Widerstand erfahren haben, welche einen solchen unverhältnismässig viel stärker zu empfinden scheinen, als eine willensgemässe Energiebetätigung. Solche werden durch das kleinste Hindernis unglücklich. Ebenso gibt es gedrückte Existenzen, die bereits das blosse Aufhören der täglichen Bedrückung als ein Glück empfinden. Diese Tatsachen lassen sich dadurch zum Ausdruck bringen, das der *Nullpunkt* oder das *Niveau,* von welchem ab die positiven und negativen Energiebetätigungen gerechnet werden müssen, durch diese allgemeinen Lebensgewohnheiten des betreffenden Individuums bestimmt wird. Wenn nämlich gewisse willensgemässe oder willenswidrige Vorgänge regelmässig und ohne besonders eintretende Anstrengung erfolgen, so verschwinden sie aus dem Bewusstsein und bleiben nicht mehr Objekte einer Willensempfindung. Hierauf ist also bei der Abmessung sowohl von E wie von W stets Rücksicht zu nehmen.

Nennen wir *(E—W)* den *willensgemässen Ueberschuss,* so können wir die Bedeutung unserer allgemeinen Formel mit den Worten aussprechen: *das Glück wächst sowohl mit der gesamten Energiebetätigung, wie mit dem willensgemässen Ueberschuss.* Da *(E+W)* nie negativ werden kann, so ist das Auftreten von Unglück allein davon abhängig, dass W grösser als E wird. Unglück tritt nur ein, wenn der willensgemässe Ueberschuss negativ wird, d. h. wenn die widerwillig betätigte Energie mehr beträgt, als der willensgemässe Anteil. Unendlich kann indessen weder das Glück noch das Unglück werden.

Wir wollen nun unsere Formel zunächst dazu benutzen, um die praktische Frage zu beantworten: was muss ich tun, um möglichst glücklich zu werden? Die Antwort ist offenbar: beide Faktoren *(E+W) sowie (E—W)* müssen gleichzeitig so gross als möglich werden. Wenn dies nicht angeht, so muss man suchen, mindestens einen der beiden Faktoren so gross wie möglich zu machen. Hieraus ergeben sich entsprechende Typen des Glückes, die wir der Reihe nach betrachten wollen.

Erster Fall, *(E+W)* ist sehr gross. Diesen Typus möchte ich nach seinem geläufigsten Beispiel das *Heldenglück* nennen.

Es ergibt sich hieraus, dass der Mensch alle ihm entgegenstehenden Hindernisse überwindet und allseitig seinen Willen durchsetzt. Solche Menschen haben einerseits die äusseren Verhältnisse der Völker geändert, wie Alexander von Makedonien und Napoleon I., andererseits haben sie grosse Fortschritte in der Kultur und Wissenschaft bewirkt, und es scheint keinem Zweifel unterworfen zu sein, dass sie während ihrer Tätigkeit sich wiederholt sehr glücklich gefühlt haben. Jedenfalls haftet ihnen ein ausserordentlich starkes Streben an, ihre Gedanken in Wirklichkeit umzusetzen, und dass grösste Unglück, dass ihnen begegnen kann, ist der Zwang, hierauf zu verzichten, wie z. B. Napoleon auf St. Helena.

Indessen ist diese Art Glück natürlich nicht auf die vereinzelten Menschen beschränkt, deren Tätigkeit leicht erkennbare Spuren in der Geschichte der Menschheit zurückgelassen hat. Das Mass der Willensbefriedigung gegenüber widerstehenden Verhältnissen wird ja durch diese Verhältnisse selbst bestimmt, und so mag ein Bauer, der sich zum reichsten Manne des Dorfes emporgearbeitet hat, die gleiche Befriedigung empfinden, wie ein Eroberer, welcher ein Land unterjocht hat. Sodann aber ist zu beachten, dass unter allen Umständen die Grösse W einen *endlichen* Wert hat und dass daher auch bei sehr grosser gesamter Energiebetätigung der Glückswert kleiner und kleiner wird, je mehr die Widerstände W sich dem willensgemässen Betrage E annähern.

Ferner tritt uns hier bereits eine Frage entgegen, die wir später auch immer wieder in Betracht werden ziehen müssen, die Frage nach der *Dauerhaftigkeit* des so erlangten Glückes. Zunächst gilt ja der Ausdruck nur für die Zeit, während welcher die fraglichen Energiebetätigungen erfolgen. Später bewirkt das Bewusstsein, das betreffende Glück erlebt zu haben, noch während einiger Zeit eine Fortdauer jener Glücksempfindung, einen Nachklang, der indessen seiner Natur nach immer schwächer und schwächer werden muss. Es ist mir zweifelhaft, was auch die Dichter hierüber sagen mögen, dass selbst eine sehr starke *einmal* erlebte Glücksempfindung ausreichen wird, um ein ganzes Leben mit Glanz zu erfüllen. Vielmehr ergibt ein einmaliges derartiges Erleben mit grosser Wahrscheinlichkeit den Wunsch, dass diese Erlebnis sich wiederholen möge. Gelingt dies, so beginnen die abschwächenden Wirkungen der *Gewohnheit* sich geltend zu machen, und die Intensität der Glücksempfindung nimmt mit jeder Wiederholung ab. Es dient, mit anderen Worten der bereits erreichte Zustand als Nullinie oder Niveau, auf welchen die weiteren Erlebnisse bezogen werden, und ein in ganz gleicher Weise sich wiederholendes Glück wird schliesslich derart als normaler Zustand empfunden, dass sein Ausbleiben nicht etwa den neutralen Gefühlston wieder herstellt, sondern den Eindruck eines Unglücks macht.

Diese Eigentümlichkeit in unserer psychischen Organisation, die übrigens auch schliesslich unglückliche Zustände erträglich macht, bringt nun grosse Verschiedenheiten in der Dauerhaftigkeit hervor, welche dem auf verschiedenen Wegen erlangten Glücke zukommt. Hiernach wird denn auch der Wert der Mittel, sich Glück zu verschaffen, beurteilt. Es ist keinem Zweifel unterworfen, dass auch der Säufer sich glücklich fühlt, wenn er sich in den Zustand des Rausches versetzt hat. Wir pflegen den Wert solcher Glücksempfindungen sehr niedrig anzusetzen, weil sie das Individuum zu Grunde richten, welches sich diese Art des Glückes häufig verschafft, und nennen derartige, mit einer Schädigung des Individuums und der Gesamtheit verbundene Arten der Glücksbeschaffung Laster. Das indessen nicht alle mit Selbstschädigung verbundenen glückbringenden Betätigungen als lasterhaft angesehen werden, ergibt sich aus dem Beispiel, dass wir den Gelehrten oder Staatsmann, der im Interesse der Wissenschaft oder seines Volkes seine Gesundheit ruiniert, des höchsten Lobes wert halten, wenn nur eben die Ergebnisse dieser Tätigkeit der Allgemeinheit einen wesentlichen Nutzen bringen. Hieraus folgt dann auch weiter ein grosser Unterschied der Nebenwirkungen beider Methoden. Der Lasterhafte befindet sich zwischen den Zeiten, in denen er sein Glück geniesst, meist unwohl; einerseits leidet er unter den physiologischen Folgen seiner Handlungen, andererseits empfindet er die Missbilligung seiner Umgebung als einen Widerstand. Derjenige, welcher seine Gesundheit dem allgemeinen

Interesse zum Opfer bringt, kann allerdings auch die erste dieser Quellen der Unlust nicht verstopfen; dagegen bringt die Anerkennung seiner Handlungen durch seine Mitmenschen ein additionelles Glücksgefühl zur Entwicklung, da es das Gefühl des Widerstandes vermindert und das der willensgemässen Energiebetätigung vermehrt. Gelingt es daher dem, der unter Billigung seiner Umgebung willensgemäss oder glückbringend handelt, ausserdem die Schädigung seines Organismus durch übertriebene Beanspruchung zu vermeiden, so ist ihm ein Glück von grosser Stärke nicht nur, sondern auch von grosser Dauer beschieden.

Diese Dauer hängt ausser von den eben dargelgten Umständen noch von objektiven Verhältnissen ab. Es gibt Quellen solchen Glücks, die nur *einmal* fliessen, und solche, die *dauernd* sich betätigen. Gewiss wird sich der, der mit Gefahr des eigenen Lebens einen Menschen gerettet hat, darüber glücklich fühlen, aber er kann auf derartige Ereignisse nicht den Glücksbedarf eines ganzen Lebens begründen wollen. Umgekehrt kann ein Forscher, der sich irgend einer Wissenschaft hingibt, darauf rechnen, dass die Quelle seines Glücks, die Lösung wissenschaftlicher Probleme, objektiv gesprochen, niemals aufhören wird zu fliessen; er muss sich höchstens darauf gefasst machen, dass seine eigenen Fähigkeiten schliesslich ihren Dienst versagen werden. Es liegt demnach im Interesse eines dauernden Glücks, dass man solche Gegenstände seiner Willensbetätigung sucht, welche durch diese Betätigung selbst nicht erschöpft werden. Die dauerhaftesten Objekte dieser Art, welche ich kenne, sind einerseits die Wissenschaft, andererseits die Verbesserung der Schicksale der Nebenmenschen. —

Wir wenden uns nun zur Diskussion der allgemeinen Glücksformel wieder zurück und fassen die bisherigen Ergebnisse zusammen. Die höchsten Glücksempfindungen sind hiernach jedenfalls an hohe Werte des *ersten Faktors (E+W)*, also an hohe Werte der gesamten Energiebetätigung geknüpft, denn eine noch so günstige Differenz $E-W$ kann einen niedrigen Wert der Summe nicht kompensieren. Hohe Werte der Energiebetätigung setzen aber einen günstig, mindestens normal funktionierenden Organismus voraus. Hieraus leuchtet der unvergleichlich grosse Wert der *Gesundheit* für das Glück ein. Denn wenn auch ein schwächlicher Organismus durch angemessene Verminderung der W-Werte noch ein verhältnismässig günstiges Glücksprodukt erzielen kann, so wird er sich doch im allgemeinen mit geringeren oder seltener genossenen Beträgen an Glück begnügen müssen.

Was nun den *zweiten Faktor (E—W)* in der Glücksgleichung anlangt, so lehrt er zunächst, dass auch bei sehr hohen Werten von E ein negatives Resultat, also Unglück entstehen kann, wenn W noch grösser ist. Dies ergibt zunächst die Theorie des gefühlsmässigen Pessimismus (nicht des theoretischen, der mit dem Glücksgefühl unmittelbar gar nichts zu tun hat). Ein solcher Pessimist — als Beispiele seien Lord Byron, Leopardi und Schopenhauer angeführt — betrachtet das Leben überhaupt als eine unverständliche und bedenkliche Angelegenheit, d. h. er hat eine so lebhafte Empfindung für die zu erwartenden Widerstände, dass er deren Wirkung antizipiert und in dem Gedanken lebt, dass sie jedenfalls sich immer grösser ausweisen werden, als die willensgemässen Anteile der von ihm ausgegebenen Energie. Ebnso sieht er in seiner Umgebung wesentlich Zwang, Unrecht und Grausamkeit, so dass ihm auch objektiv die W-Werte weitaus als die überwiegenden erscheinen. Eine derartige Auffassung des Lebens führt sehr leicht in pathologische Erscheinungen hinüber, mit denen wir uns später beschäftigen wollen.

Aber auch bei normaler Gefühlsbeanlagung ist nicht zu leugnen, dass das Leben, namentlich soweit es von anderen Personen abhängig ist, sehr mannigfaltige und beträchtliche Widerstände mit sich bringt. Es entsteht hieraus die Frage nach den Mitteln, sie zu vermindern oder zu beseitigen. Hierfür gibt es zwei Wege. Einmal kann man sich die Hilfsmittel verschaffen und bereit halten, auftretende Widerstände unschädlich zu machen oder zu verringern, anderseits kann man sich in Verhältnisse begeben, wo Widerstände nicht oder nur selten zu erwarten sind. Beide Wege werden von den Menschen beschritten, besonders häufig der erste.

Das allgemeinste Hilfsmittel in diesem Sinne ist in unserer heutigen Kultur das *Geld*. Es ermöglicht uns, Widerstände aller Art, die sich unserem Willen widersetzen würden, zu beseitigen. Zunächst dient es dazu, erwünschte Dinge, die anderen gehören, in unseren Besitz zu bringen, indem es den Widerstand des bisherigen Besitzers aufhebt. Andererseits kann man es verwenden, um natürlich oder zufällig vorhandene Widerstände unmittelbar zu beseitigen und den Betroffenen von ihrer Wirkung zu befreien.

Diese Bedeutung gewinnt das Geld dadurch, dass es mehr und mehr zum allgemeinsten Ausdrucke der *Macht* wird. Es stellt die aufgesammelte und in die Verfügung eines Einzelnen gebrachte Energie in ihrer umwandlungsfähigsten Form dar. Der allgemeinere Begriff, dem das Geld untergeordnet ist und dem jene Wirkung auf das Glück in noch umfassenderer Weise innewohnt, ist der der *Macht,* denn Macht ist tatsächlich nichts als Energiebesitz oder Verfügung über Energie. Ob es sich um die Macht eines Herrschers über ein Land und seine Bevölkerung, oder um die Macht eines Redners über seine Zuhörer handelt: immer hat der Inhaber der Macht die Möglichkeit, eine entsprechende Menge Energie, die in anderen Personen der Gegenständen vorhanden ist, seinem Willen gemäss zu ¡iten. Da nun das Geld das allgemeinste, wenn auch glückcherweise noch nicht vollkommen allgemeine Aequivalent für lle anderen Arten von Macht oder Energieverfügung ist, so ewährt sein Besitz die allgemeinste, wenn auch glücklicherreise nicht vollsommen allgemeine Verfügung über die andert ¡eit vorhandenen Energieen.

Hieraus ergibt sich, dass für Menschen, welche in ihrem ¿eben die auftretenden Widerstände möglichst beseitigen wollen, er Besitz von Geld eines der wichtigsten Hilfsmittel ist, und ¡ der Erkenntnis dieser Tatsache ist der allgemeine Wunsch er meisten Menschen nach diesem Besitz begründet. Es ist ur zu beachten, dass nach Erreichung einer gewissen mässigen ïöhe der Gewinn an Glück durch die Vermehrung des verügbaren Besitzes immer kleiner und kleiner wird. Denn die ¡Funktion des Geldes besteht ganz vorwiegend in der Beseitig-

15*

ung von Hindernissen. Damit wirklich ein erheblicher Glückswert erzielt wird, sind ausserdem noch ·die *positiven* Faktoren erforderlich, welche früher (S. 215) erörtert worden sind, und bei
deren Mangel tritt bei grossem Geldbesitz eine charakteristische
Verlegenheit des Besitzers darüber ein, was er schliesslich damit anfangen soll. Am auffallendsten sind diese Erscheinungen
bei solchen Menschen, die den besten Teil ihres Lebens ausschliesslich mit der Erwerbung von Geld zugebracht haben,
ohne dabei Sorge dafür zu tragen, andere Neigungen und Bedürfnisse, wie Kunst, Wissenschaft, Wohltätigkeit auszubilden.
Solche Personen wissen sich schliesslich meist nicht anders zu
helfen, als indem sie den Gelderwerb an sich, ohne Rücksicht
auf seine Anwendung, zum Inhalt ihres Willens machen; auch
diese Erscheinungen pflegen äusserst leicht in das Pathologische
umzuschlagen. Noch schlimmer sind oft die im Reichtum auf-
gewachsenen Kinder solcher Menschen daran, wenn auch ihnen
jene anderen, dauerhafteren Willensinhalte nicht anerzogen
worden sind, da ihnen auch der Reiz des Erwerbens an sich
nicht einmal bekannt ist. —

Das andere Mittel, die Grösse W klein zu machen, besteht
darin, dass man sich in solche Lebensverhältnisse begibt, in
denen Widerstände möglichst wenig auftreten. Dies ist zuletzt
das Glück der kleinen Existenzen, das „Glück in der Hütte"
oder das Glück der Bescheidenheit und Zufriedenheit. Hier
kann auch bei recht kleinen Werten der gesamten Energiebetätigung noch ein ansehnlicher Betrag an Glück erreicht werden,
weil die negative Grösse in dem Ausdruck *(E+W) (E—W)*
sehr klein sind und somit nur positive Beträge übrig bleiben,
die zudem, wie die Gleichung E^2-W^2 lehrt, im quadratischen
Verhältnis mit der willensgemäss betätigten Energie wachsen.
Da die meisten Widerstände im Leben von der Einwirkung
anderer Menschen herrühren, so bildet die Grundlage des auf
solchem Wege erreichbaren besten Glücks ein erfolgreich tätiges
Leben in verhältnismässiger Einsamkeit. Der höchste Typus
dieser Art ist das Glück, welches der in der Stille wirkende
Philosoph, der Künstler (falls er nicht persönlich auf das Publikum zu wirken hat, etwa ein Dichter oder Maler), der Forscher

geniesst und welches nach zahlreichen vorhandenen Zeugnissen sehr bedeutende Werte annehmen kann. Hier ist ausserdem der Betrag von E oft ziemlich hoch. Wird er geringer, so gelangen wir zu dem Menschen, der ohne Bedürfnis hervorragender Leistung in dem Betriebe seines Berufes und im Leben mit seiner Familie Befriedigung findet. Das äusserste Mass der Befreiung von möglichen Widerständen wird endlich durch denjenigen erreicht, der seine Lebensbedürfnisse auf solche beschränkt, die durch die einfachsten und zugänglichsten Hilfsmittel befriedigt werden können und der sich auch in anderer Beziehung so unabhängig wie möglich von ausser ihm liegenden Faktoren macht. Dies ist der Typ des Stoikers, des Einsiedlers. Dass auch auf solchem Wege ein nicht unbeträchtliches Glück erreichbar ist, beweist das immer wiederkehrende Auftreten dieses Typus in dem ganzen Verlaufe der Geschichte. In solchen Zeiten, wo die äusseren Verhältnisse besonders unsicher sind und ein von ihnen abhängiges Glück daher besonders leicht zerstörbar ist, tritt diese Form der Glückssicherung sehr häufig auf und führt zu vollständigen Organisationen, wie Anachoreten, Mönchsorden und dergleichen.

Hier ist auch der Ort, einige Worte über den Einfluss der Mitmenschen auf das Glück des Einzelnen zu sagen. Erfahrungsmässig bilden die Beziehungen zu anderen Menschen, insbesondere während gewisser Altersstufen, einerseits die Quelle intensivster Glücksempfindungen, andererseits die der Störung und Zerstörung des Glückes zugänglichsten Stellen, also die Quellen tiefstempfundenen Unglücks. Man kann daher fragen, was weiser sei, jenes Glück auf die Gefahr des Unglücks hin anzustreben, oder beiden lieber aus dem Wege zu gehen. Die Antwort wird von der allgemeinen Disposition des betreffenden Menschen abhängen. Ein pessimistisch veranlagter Mensch wird sicher besser tun, seine Beziehungen zu anderen Menschen möglichst wenig eng zu gestalten, also z. B. nicht zu heiraten. Die Aussicht, dass er etwa durch das Glück einer befriedigenden Ehe geheilt wird, ist sehr gering, und misslingt die Heilung, so entsteht für den anderen Teil eine Quelle starker Bedrückungen. Für einen optimistisch empfindenden Menschen ist dagegen die Herstellung reichlicher Beziehungen zu anderen Menschen empfehlenswert; auch pflegt sie ohnedies instinktiv von solchen Personen gesucht zu werden. Da aber derartige Beziehungen stets mit wechselnden Beträgen von Gewinn und Verlust betrieben werden, so ist es am zweckmässigsten, durch Einbegreifen eines grösseren Kreises eine Art von Selbstversicherung gegen allzu grosse einzelne Verluste eintreten zu lassen.

Um einen derartigen Lebensplan auszuführen, muss man allerdings auch noch die Voraussetzung erfüllen, dass man selbst dem Kreise, in dem man sich befindet, soviel Wertvolles zu bieten vermag, dass die Beziehungen dauernd aufrecht erhalten werden können. Verfolgt man diesen Gedanken weiter, so ergibt sich als ausgiebigste und dauerhafteste Quelle des Glückes für einen Menschen von optimistischer Gesamtstimmung die Arbeit im Dienste eines möglichst grossen Kreises, einer Berufsgruppe, eines Standes, eines Volkes, schliesslich der gesamten Menschheit. —

In den bisherigen Betrachtungen ist im allgemeinen die Voraussetzung gemacht worden, dass die Intensität des Gefühls für die willensgemässen und willenswidrigen Energiebetätigungen sich innerhalb der gewöhnlichen oder normalen Grenzen bewegt. Zwar hat es sich bereits als nötig erwiesen, auf die hier vorhandenen Verschiedenheiten, die sich als optimistische und pessimistische Gemütsstimmung kennzeichnen, hinzuweisen, doch waren extreme Fälle noch nicht systematisch betrachtet worden. Wir wenden uns nun zu diesen. Sie kennzeichnen sich einerseits als vereinzelte, aber noch nicht als krankhaft angesehene Gemütsstimmungen, andererseits als ausgesprochen pathologische Erscheinungen.

Da die Beträge der in unserer Gleichung vorkommenden Grössen, wie schon bemerkt, nicht nach ihrem absoluten Werte, sondern nach dem Anteil, der von ihnen *empfunden* wird, zu bemessen sind, so kann ein und derselbe objektive Zustand von dem einen als ein hohes Glück, von dem anderen als ein schweres Unglück empfunden werden. Der Weg zum Glück liegt nach dieser Ueberlegung in der Steigerung der Empfindung für E, den willensgemässen Anteil, und einer Verminderung der Empfindung für W, den willenswidrigen Anteil.

In dieser Beziehung spielen zunächst Philosophie als Lebensweisheit sowie Religion eine grosse Rolle. Die meisten derartigen Systeme legen das Schwergewicht auf den zweiten Teil der Aufgabe, die Verminderung der Empfindung für W. So lehrt die antike Stoa, die äusseren Güter des Lebens zu verachten, damit ihr Fehlen nicht als Unglück empfunden wird. Noch weiter geht in dieser Beziehung die indische Philosophie, welcher ausserdem das Mittel der Erweiterung des Gefühls der Persönlichkeit oder des Ich auf einen möglichst grossen Kreis von Wesen als ein Mittel zu dem gleichen Zweck vollkommen geläufig ist. Andere Religionen, wie das Christentum, fügen der Nächstenliebe und der Verachtung dieser Welt noch die Hoffnung auf ein vollkommen willensgemässes oder seliges Leben nach dem Tode hinzu.

Ausser den gewöhnlichen Wirkungen der Religion auf den durchschnittlichen Menschen gibt es nun noch wohlbekannte andere Wirkungen, die nur an einzelnen sich betätigen und diese in einen Zustand versetzen, den man als den der Erweckung, der Heiligung, der Bekehrung u. s. w. bezeichnet. Diese Zustände haben für uns ein besonderes Interesse dadurch, dass sie denen, die sich darin befinden, ungewöhnlich hoch entwickelte Glücksempfindungen vermitteln. Man hat diesen Erscheinungen in neuerer Zeit eine besondere Aufmerksamkeit gewidmet, und es hat sich hierbei herausgestellt, dass der Ablauf derartiger Vorgänge mit sehr grosser Regelmässigkeit erfolgt. Es gehen stets tiefgehende Depressionszustände voran; der Mensch fühlt sich unglücklich, sündig, verworfen, verdammt und er vermag sich aus eigener Kraft nicht aus diesem Zustande zu erheben. Hier werden also die W-Grössen ausserordentlich stark empfunden. Dann tritt plötzlich, meist in kürzester, bis auf eine Minute angebbarer Zeit ein entgegengesetzter Zustand ein. Der Mensch hat die Empfindung, als wenn auf einmal alle die unerträglichen Lasten von ihm genommen werden, indem er einer höheren Macht vertrauen kann, die alles, was er vergeblich zu tun versuchte, für ihn tut. Es ist hier nicht der Ort, zu untersuchen, worauf diese Empfindung beruht; es genügt der Nachweis, dass auch hier das Eintreten des religiösen Glückes mit dem Verschwinden der Widerstandsempfindung ursächlich zusammenhängt.

Aber noch auf anderen, weit entlegenen Gebieten des menschlichen Seelenlebens findet sich die gleiche Reaktion wieder. Dass die Widerstandsempfindungen dauernd infolge pathologischer Veränderungen des Gehirns verschwinden können, ist bereits eingangs als eine charakteristische Erscheinung bei der progressiven Paralyse erwähnt worden. Den entgegengesetzten Zustand bietet der *Neurastheniker* dar. Bei diesem sind die Widerstandsempfindungen exzessiv gesteigert; er ist ausser stande, den kleinsten Entschluss zu fassen, weil er die entgegenstehenden Widerstände nicht überwinden kann, und er gehört daher zu den unglücklichsten Menschen, die es gibt.

Endlich lassen sich die Widerstandsempfindungen *vorübergehend* durch die Anwendung gewisser Stoffe, insbesondere gewisser Narcotica, auf den Organismus ausschalten. Das hieraus sich ergebende Glücksgefühl ist die Ursache dafür, dass bereits in sehr niedrigen Stufen der Kultur derartige Stoffe bekannt werden und entsprechende Anwendung finden. Ausser dem *Alkohol* haben Aether, Haschich, Opium u. s. w. diese Wirkung. Dass nicht alle Narcotica in solchem Sinne übereinstimmend reagieren, geht daraus hervor, dass Chloroform nicht so wirkt, ja eher unangenehme Empfindungen hervorruft.

Ich zögere nicht, die Alkoholfrage im sozialen Sinne als wesentlich bedingt durch die eben dargelegten Verhältnisse aufzufassen. Der Proletarier findet im Alkohol wenn auch nicht das einzige, so doch das am leichtesten zu erlangende Mittel, sich die ihm sonst so spärlich zugemessenen Glücksgefühle zu verschaffen, und es entspricht seiner geringen intellektuellen Entwicklung, wenn er sich den vorübergehenden und trügerischen Charakter dieses Mittels nicht so eindringlich ins Bewusstsein ruft, um auf seine Anwendung zu verzichten. Man wird sogar ganz allgemein behaupten können, dass die Benutzung berauschender Narcotica sich auf solche Menschenklassen beschränkt, welche sich zweckmässigere und dauerhaftere Formen des Glückes nicht oder nicht mehr verschaffen können. Daher ist es umgekehrt eine wesentliche Aufgabe der Erziehung, in dem jungen Menschen die Fähigkeit zu entwickeln, seine unentbehrlichen Glücksempfindungen mit Betätigungen von allgemeinem Wert zu verknüpfen.

Eine besonders schlimme Seite bei der Benutzung der Narcotica liegt darin, dass nach dem Aufhören ihrer spezifischen Wirkung nicht nur das normale Gefühl für die vorhandenen Widerstände wieder hervortritt, sondern ein sehr stark gesteigertes, wodurch zu der physiologischen Depression, welche die Folge einer derartigen Vergiftung ist, auch noch eine psychische mit entsprechenden Unglücksempfindungen tritt. Die der Erfahrung sich alsbald darbietende Tatsache, dass das schnellste Mittel zur Befreiung von diesen Empfindungen eine neue Vergiftung ist, erschwert in besonders unheilvoller Weise die Entwöhnung von derartigen Lastern.

Derartige Erwägungen liessen sich noch in sehr weitem Umfange zustellen, doch sei von ihrer weiteren Entwicklung abgesehen. Ebensowenig kann die tiefer gehende Frage beantwortet werden, wodurch denn in letzter Linie die willensgemässen Vorgänge gekennzeichnet und von den willenswidrigen unterschieden werden. Es hat sich hier wesentlich um die praktische Aufgabe gehandelt, durch die Formel ein Schema zu gewinnen, nach welchem die vorhandenen Möglichkeiten in einem gegebenen konkreten Falle im einzelnen untersucht werden können, um die Grundlage für eine notwendige Entscheidung zu gewinnen. Wenn man in einem solchen Falle zunächst den Einfluss der infolge irgend eines Entschlusses eintretenden Veränderungen auf den Betrag von E und W untersucht und daran noch die weitere Frage nach der *Dauerhaftigkeit* der so erreichbaren Verhältnisse bezüglich der Glücksempfindung knüpft, so wird man, wie ich gemäss eigener Erfahrung bezeugen kann, leichter zu einer Entscheidung gelangen, als auf dem gewöhnlichen Wege unsystematischer Ueberlegung. Zweifellos kann auch das hier gegebene Schema noch vielfach verbessert und vertieft werden; doch erleichtert es immerhin die weitere Arbeit, wenn einmal eine Grundlage vorhande nist, mag diese noch so unvollkommen sein.

Persönlichkeit und Unsterblichkeit.

(1905)

Als die grosse und unerwartete Auszeichnung an mich herantrat, zur Abhaltung der Ingersoll-Vorlesung eingeladen zu werden, hatte ich mich mit Gefühlen von ziemlich mannigfaltiger Beschaffenheit auseinanderzusetzen. Zunächst empfand ich natürlich Stolz und Dankbarkeit, mit einer so verantwortlichen Aufgabe betraut zu werden. Ferner empfand ich eine lebhafte Hochachtung nicht nur für den Mann, von dem die Aufforderung ausgegangen war, sondern auch für die Institution, unter deren Auspizien die Vorlesung gehalten wird. Denn im allgemeinen wird der Naturforscher, dessen Aufgabe es ist, die Erfahrungstatsachen ohne vorgefasste Ideen zu analysieren, seine Ergebnisse nicht im Einklange mit Anschauungen finden, die von Generationen zu Generationen überliefert worden sind und nicht nur durch ihr Alter, sondern auch durch den Einfluss verehrungswürdig erscheinen, den sie auf die Entwicklung der Menschheit ausgeübt haben. Es besteht eine gewisse Gefahr, nicht erst in der Möglichkeit derartiger Widersprüche, sondern bereits in der Tatsache, dass der Naturforscher seine scharfen und erbarmungslosen Werkzeuge auf Gegenstände anwendet, die nicht nur mit unseren innersten sachlichen Interessen zusammenhängen, sondern auch vielfach unserem Herzen teuer sind wegen ihrer Beziehung zu unseren tiefsten und ernstesten Gefühlen.

Die blosse Tatsache, dass solche Erwägungen einer naheliegenden Vorsicht die Aufforderung nicht verhindert haben, ist ein neuer Beweis dafür, wie tief der moderne Mensch davon überzeugt ist, dass die Wahrheit im letzten Ende nur Gutes tun kann. Gleichgiltig, wohin eine vorurteilsfreie Arbeit den Forscher führen mag: ist sein Werk das eines ehrlichen Mannes, so muss und wird es schliesslich zum Wohle der Menschheit wirken. Unser Wissen ist Stückwerk; aber jeder von uns ist verpflichtet, den besten Gebrauch von den unvollkommenen Kenntnissen zu machen, die er sich erworben hat und muss sich nur stets gegenwärtig halten, dass seine Ergebnisse jederzeit durch neue Tatsachen oder Gedanken verändert und ersetzt werden können. So hat die Verwaltung der Ingersoll-Vorlesung, falls ich ihre Absichten richtig verstanden habe, es für angemessen gehalten, dass der Gegenstand von jedem möglichen Gesichtspunkte aus untersucht wird, indem sie überzeugt war, dass es keinen anderen Weg gibt, uns der ganzen Wahrheit näher und näher zu bringen.

Wenn ein moderner Chemiker oder Physiker um seine Meinung über die Unsterblichkeit gefragt wird, so wird seine erste Reaktion ein gewisses Erstaunen sein. Bei seiner Arbeit treten ihm Fragen nicht entgegen, die mit dieser irgendwie im Zusammenhange stehen, und daher wird seine Antwort im allgemeinen in zweierlei Sinne ausfallen. Entweder wird er sich der religiösen Eindrücke erinnern, die ihm von seiner Jugend her im Gedächtnis geblieben sind, und die er, je nachdem, lebendig erhalten oder fast vergessen hat, und dann wird er erklären, dass derartige Fragen überhaupt keinen Zusammenhang mit seiner Wissenschaft haben. Denn deren Objekte stammen aus der unbelebten Natur. In der Physik ist dies unmittelbar ersichtlich, aber auch in der Chemie ist es so. Denn wenn es auch dem Namen nach eine *organische* Chemie gibt, so wird er betonen, dass auch die Stoffe, die in seinem Sinne organische heissen, bestimmt tot sein müssen, bevor sie ein Gegenstand seiner Untersuchungen werden. Nur der unbeseelte Teil der Welt interessiert ihn wissenschaftlich und etwaige Ansichten, die er über die Unsterblichkeit der Seele hegen mag, sind seine persönliche Angelegenheit und haben mit seiner Wissenschaft nichts zu tun. Oder er wird den Fragenden noch kürzer von seinem Stoff- und Bewegungsstandpunkte aus mit dem Hinweise erledigen, dass die Seele eine Funktion der bewegten Atome ist. In dem Augenblicke, in welchem die besondere Art der Bewegung, welche man das Leben nennt, aufhört, wird der Wert dieser Funktion Null und von einer Unsterblichkeit kann überhaupt keine Rede sein.

Die blosse Tatsache, dass ich in diesem Augenblicke vor Ihnen stehe, im Begriff, die Ingersoll-Vorlesung zu halten, zeigt Ihnen bereits, dass meiner Meinung nach mehr über die Frage gesagt werden kann, als jene beiden Antworten umfassen. Allerdings beabsichtige ich nicht, im Sinne der ersten Antwort apologetisch darzulegen, dass allerdings die physikalischen Wissenschaften über die Unsterblichkeit nichts zu sagen wissen, anderseits aber auch keine der möglichen Perspektiven ausschliessen, und dass es daher jedermann freigestellt bleibt, beliebige Anschauungen hierüber zu hegen oder Dinge zu glauben, die ihm durch Betrachtungen anderer Art nahegelegt sind. Dass ein solcher Standpunkt ein realisierbarer ist, wird durch die Tatsache bewiesen, dass selbst ein so grosser Physiker wie *Faraday* ihn während seiner langen und unvergleichlich fruchtbaren wissenschaftlichen Laufbahn festgehalten hat.

Dagegen wird es sich als nötig erweisen, den anderen Standpunkt erheblich tiefer zu prüfen, als es durch jene charakteristische Antwort des wissenschaftlichen Materialismus getan ist. Er muss bis auf seine letzten Grundlagen untersucht werden. Denn seit mehr als zehn Jahren habe ich den Satz vertreten, dass die Annahme, Materie und Bewegung seien die letzten Grundbegriffe aller Erscheinungen, oder die *Theorie des wissenschaftlichen Materialismus* sich überlebt hat, und durch eine andere ersetzt werden muss, welcher der Name *Energetik* gegeben worden ist. Die Frage nimmt somit für mich die Form an: was sagt uns die Energetik über die Unsterblichkeit?

Untersuchen wir zunächst, auf welcher Eigentümlichkeit der Unterschied zwischen dem Menschen und selbst den entwickeltsten unter den niederen Tieren besteht, so finden wir ausserordentlich verschiedene Antworten auf diese Frage. Schliesst man aber alle Betrachtungen aus, die nicht eine rein erfahrungsmässige Grundlage haben, so ergibt sich, dass der Hauptgrund des Unterschiedes in der verschiedenen *Entwicklung des Gedächtnisses* beruht. Das Gedächtnis ist die unumgängliche Voraussetzung alles Lernens und die Kultur des Menschen erhebt sich deshalb so hoch über die aller Tiere, weil sein Gedächtnis so sehr viel besser ist, als ihres. Wenn Gefahren zu vermeiden oder Bedürfnisse zu befriedigen sind, so hilft das Gedächtnis dem Meeschen in der Wahl der richtigen Handlung. Durch das Gedächtnis lernt er zwischen gut und übel zu unterscheiden. Mittelst des Gedächtnisses kann er nicht nur in die unveränderliche Vergangenheit zurückschauen, sondern er kann auch die Zukunft voraussehen und sie in einem gewissen Umfange zu seinen Gunsten gestalten. Denn wenn er sich erinnert, wie die Dinge verlaufen waren, so kann er den späteren Teil eines Ereignisses voraussehen, nachdem er den anfänglichen erkannt hat. Die Reihe aufeinanderfolgender Ereignisse, die er in einem gegebenen Augenblicke zu übersehen vermag, kann kurz oder lang sein und seine Prophetengabe daher entsprechend klein oder gross; in jedem Falle aber *kann er sich als Prophet betätigen.*

Gedächtnis im weitesten Sinne ist, wie *E. Hering*[1]) es schon vor langer Zeit ausgesprochen hat, eine allgemeine Funktion der lebenden Materie und ist in allem organischen Leben anzutreffen. In diesem Sinne bedeutet Gedächtnis die allgemeine Tatsache, dass ein jeder Organismus durch irgend einen Vorgang in solchem Sinne verändert wird, dass die Wiederholung dieses Vorganges erleichtert ist, so dass er eher eintritt oder schneller verläuft, als wenn er vorher nicht stattgefunden hätte. Welches die Ursache dieser besonderen Eigentümlichkeit ist, wissen wir noch nicht, und es ist auch nicht ganz leicht, einen analogen Vorgang vom physikochemischen Standpunkte aus zu konstruieren. Indessen lässt sich kein allgemeiner Grund erkennen, warum dies nicht einmal befriedigend möglich sein sollte, und man darf durchaus die Hoffnung hegen, dass die Wissenschaft eines Tages auch das besondere Mittel ausfindig machen wird, dessens sich die Natur für die Bildung des Gedächtnisses bedient. Wir brauchen diese Fragen indessen nicht

---

[1]) Ostwalds Klassiker der exakten Wissenschaften, Nr. 148, Leipzig, W. Engelmann.

weiter zu verfolgen, da sie mit der bevorstehenden Untersuchung nichts unmittelbar zu tun haben.

Die Aufklärung, welche wir durch eine solche Auffassung bezüglich einer Anzahl sehr allgemeiner und wichtiger Verhältnisse gewinnen, ist sehr bedeutungsvoll. Dass die Organismen Klassen und Arten bilden, erscheint bereits als eine Folge dieser Eigenschaft. Denn kein Tier und keine Pflanze würde weder für sich noch für ihre Nachkommen eine konstante Form und Funktion behalten, wenn nicht die Wiederholung eines einmal geschehenen Aktes vor jedem anderen Geschehen bevorzugt wäre. Es ist wie ein Pfad durch die Wildnis. Die blosse Tatsache, dass die Fussspuren eines früheren Wanderers sich erkennen lassen, genügt, den zweiten auf derselben Bahn zu erhalten, selbst wenn er möglicherweise einen bequemeren Weg finden könnte, falls er ihn unabhängig suchte. Der Dritte geht, wo seine Vorgänger gingen, und der Weg wird immer deutlicher sowie die Abweichung von ihm immer schwieriger, je häufiger er begangen wird. Wir können uns vorstellen, dass die Entstehung der Arten und die Erhaltung relativ konstanter Eigenschaften an ihnen in ähnlicher Weise erfolgt ist.

Ein sehr wichtiger Punkt in dieser allgemeinen Gedankenreihe ist die Uebertragung der Gedächtnisbeschaffenheit von den Eltern auf ihre Abkömmlinge. Das grosse Rätsel der Vererbung, über welches Darwin so viel nachgedacht hat, ohne zu einem entsprechenden Ergebnis zu gelangen, wird durch den Begriff des Gedächtnisses seiner Lösung merklich näher gebracht. Die allgemeine Auffassung der Zeugung und Fortpflanzung lehrt uns, dass das Leben der Abkömmlinge nichts ist als die Fortsetzung des Lebens der Eltern. Bei einfachen Zellen findet die Fortpflanzung meist in der Gestalt einer Teilung statt; erst spaltet sich der Kern und bald teilt sich die ganze Zelle in zwei gleiche Zellen. In diesem Falle ist es umöglich, zu sagen, welches die Mutter und welches die Tochter ist, denn beide bleiben während des ganzen Teilungsvorganges gleich und jede darf mit gleichem Recht der anderen gegenüber die eine oder die andere Stellung beanspruchen.

Ebensowenig darf man sagen, dass die elterliche Zelle gestorben ist, um zwei Kindern das Leben zu geben. Denn der Uebergang von dem Zustande der einzelnen Zelle zu dem zweier Zellen ist ein völlig stetiger, und man kann keinen Augenblick angeben, in welchem die alte Zelle aufhörte, zu leben. Kein Teil des Organismus kann als ein Leichnam eines Wesens bezeichnet werden, das zu existieren aufgehört hat. Es bleibt also nur übrig, zu sagen, dass das Leben der ursprünglichen Zelle unter veränderten Umständen sich fortgesetzt hat, indem nun anstelle des *einen* Individuums deren *zwei* existieren. Bleiben die Zellen verbunden, wie dies in grossen Organismen der Fall ist, die aus sehr vielen Einzelzellen bestehen, so besteht nicht der geringste Zweifel an Auffassung, dass dieser sein Leben fortgesetzt hat, wenn *auch* zu irgend einer Zeit alle seine ursprünglichen Zellen sich geteilt haben sollten und keine von ihnen als solche zurückgeblieben sein mag. Der Fall ist kein wesentlich anderer dadurch geworden, dass beide Zellen sich trennen, sei es unmittelbar nach der Teilung, sei es später.

Auf solche Weise kann das Leben bestehen bleiben, selbst wenn eine der Tochterzellen später durch irgend einen Umstand getötet wird. Denn jede neue Zelle wird sich von neuem teilen und je grösser die Anzahl der individuellen Zellen geworden ist, um so sicherer ist die Fortsetzung ihres gemeinsamen Lebens geworden. Der Tod hat hier viel von seiner Macht verloren; es können viele Zellen untergehen, und dennoch bleibt der Organismus als solcher am Leben. Erst nachdem die allerletzte Tochterzelle vernichtet ist, darf der Tod als Sieger angesehen werden.

' In der Folge dieser Gedanken sind wir bereits auf den Begriff der Unsterblichkeit gekommen; denn ein berühmter Biologe hat gerade die eben beschriebene Erscheinung Unsterblichkeit genannt. Ich gedenke nicht, diesen Gesichtspunkt anzunehmen; denn wenn auch die Möglichkeit eines vollständigen Todes durch Teilung und Trennung, allgemein durch die Dissipation des Lebens sehr erheblich vermindert wird, so wird sie doch nicht vollständig ausgeschlossen.

. .Wir können uns nämlich ganz wohl Ereignisse von so allgemein tödlicher Beschaffung denken, dass kein lebender

Organismus ihrem Einflusse entgehen kann. Dann wird der geteilte Organismus ebenso zugrunde gehen, wie der verbundene. Ob ein derartiges Ereignis bereits einmal in der Geschichte der Erde stattgefunden hat, ist unbekannt, ebenso wie es unbekannt ist, ob alles Leben auf der Erde von einer einzigen ersten Zelle stammt, oder ob sich mehrere Reihen unabhängig an verschiedenen Orten und zu verschiedenen Zeiten entwickelt haben. Selbst wenn wir das Zweite annehmen, so ist es nicht notwendig, dass inzwischen einer dieser unabhängigen Gesamtorganismen seine irdische Laufbahn abgeschlossen hat, denn es ist gleichfalls möglich, dass *alle* in Gestalt ihrer Abkömmlinge am Leben geblieben sind. Doch wie dem auch sei; es ist nicht zu schwierig, sich eine allgemeine Katastrophe vorzustellen, welche alles Leben auf der Erde zerstört und alle Abkömmlinge jener ersten Zelle oder ersten Zellen vernichtet. Und das Bestehen dieser Möglichkeit hebt das Recht auf, diese Art der Existenz Unsterblichkeit zu nennen, denn dieser Begriff enthält nicht nur die Möglichkeit einer unbegrenzten Fortsetzung des Lebens, sondern auch die Unmöglichkeit einer vollständigen Zerstörung.

Wenn wir auch in dieser Gedankenreihe dem Begriff der Unsterblichkeit begegnen, so finden wir doch keine eigentliche Unsterblichkeit hier. Und ich bin überzeugt, dass auch keiner von Ihnen sie hier gesucht hat, denn es ist nicht die materielle, sondern die spirituelle Unsterblichkeit, nach welcher Sie ausschauen. Wir kehren daher zu unserem Ausgangspunkte zurück, zum Begriff des Gedächtnisses in weitester Auffassung, wie er von *Hering* festgestellt worden ist. Wir fanden, dass die allgemeine Tatsache des Gedächtnisses sowohl die Existenz der Arten wie die Vererbung erklärte. Ihre Bedeutung reicht aber noch erheblich weiter, denn sie erklärt auch die Funktionen des Geistes.

Aus dem chaotischen Strome der Erlebnisse, welche unser Leben bilden, heben sich solche Anteile, die sich in übereinstimmender Weise häufiger wiederholen, vermöge des allgemeinen Gedächtnisses hervor, einfach infolge ihrer Wiederholung. Sie verlaufen zunehmend leichter im Organismus und bilden auf solche Weise betonte Anteile im Strome der Erlebnisse. Hier finden wir die Ursache von Reflexhandlungen, Instinkthandlungen und ebenso die des bewussten Gedächtnisses. Der gesamte Inhalt unserer Erfahrungen bezieht sich ausschliesslich auf derartige wiederholte Erlebnisse, denn nur *wiederholte* Erfahrungen sind Erfahrungen im eigentlichen Sinne des Wortes. Kenntnis erwerben wir nur durch Wiederholung und nur solche Reihen von Ereignissen, die sich in ähnlicher Weise wiederholen, können uns soweit bekannt werden, dass wir aus einem früheren Teil den späteren voraussagen können. Die Seele ist eine Sammlung solcher bekannter Reihen. Erfahren wir ein ganz neues Erlebnis, so sagen wir jedesmal, dass wir es nicht verstehen, und erst nach entsprechender Wiederholung kann es einen Teil unserer wirklichen Erfahrung bilden.

Derart erscheinen solche Teile unserer Gesamterfahrung, die sich oft in ähnlicher Gestalt wiederholen, als die wichtigsten Teile derselben, und sie sind in der Tat die einzigen, die zu kennen sich lohnt. Viele solche Wiederholungen ähnlicher Erfahrungen sind wir gewohnt durch die Annahme zu erklären, dass deren Ursachen beständig fortbestehen, und dass ihr Entstehen und Verschwinden in unserem Bewusstsein nur durch dessen verschiedene Richtung subjektiv bedingt wird. Ich betrachte den Blumentopf auf meiner Fensterbank. Dann wende ich mich zu meinem Buche und der Blumentopf verschwindet als mein Erlebnis. Doch brauche ich nur meine Augen zu wenden, und der Blumentopf ist wieder da. Was kann ich für eine bessere Annahme machen, als die, dass er inzwischen immer da gewesen ist, und es nur von mir abhängt, ob der Blumentopf einen Bestandteil meiner Erfahrung bildet oder nicht?

Auf solche Weise kommen wir zu der Ansicht von einer Existenz, welche länger dauert als unser Sinneseindruck. An sichtbaren unveränderlichen Gegenständen erscheint eine solche Annahme natürlich genug, wenn auch der willkürliche und subjektive Anteil in ihr seit den Zeiten *Berkeleys* erkannt worden ist. Aber ähnliche Ursachen veranlassen uns, den Begriff des Bestehenbleibens in viel abstrakteren Fällen zu bilden. Wenn der Chemiker Kohle zu einem unsichtbaren Gase, Kohlendioxyd, verbrannt hat, so behauptet er, dass die verbrannte Kohle nicht tatsächlich verschwunden, sondern nur durch ihre Verbindung mit dem Sauerstoff der Luft in eine andere Form übergeführt worden ist. In diesem Falle ist bereits eine solche Annahme recht weit hergeholt, da alle erkennbaren Eigenschaften der Kohle verschwunden sind, ausgenommen ihr Gewicht. Und dieses hat sich erhalten nur in dem Sinne, dass das entstandene Kohlendioxyd ebensoviel wiegt, wie die Summe der Kohle und des Sauerstoffes vor der Verbindung. Da es aber möglich ist, den Vorgang umzukehren und aus dem Kohlendioxyd genau soviel Kohle und Sauerstoff wieder herzustellen als vorher verschwunden waren, so erhalten wir eine kurze und verständliche Beschreibung der Tatsachen, wenn wir die Elemente eines zusammengesetzten Stoffes als in irgend einer unerkennbaren Form *versteckt*, aber *nicht vernichtet* innerhalb der Verbindung fortbestehend ansehen. Dies ist der eigentliche Inhalt des Gesetzes von der Erhaltung der Elemente.

Noch weniger offenbar ist das Fortbestehen des allgemeinsten Wesens, das wir in der physischen Welt kennen, der *Energie*. Mechanische Energie kann in elektrische übergeführt werden und nimmt dabei eine ganz neue Gestalt an, die mit der früheren nichts gemeinsam hat, als die Proportionalität der einerseits verschwundenen, andererseits enstandenen Menge. Ebenso kann elektrische Energie in Wärme, Licht, chemische Energie u. s. w. umgewandelt werden, wobei sie die verschiedenartigsten Formen annimmt. Beschliessen wir aber eine solche Reihe von Umwandlungen, indem wir wieder mechanische Energie entstehen lassen, so erhalten wir genau die ursprüngliche Menge, vorausgesetzt, dass wir alle Verluste vermieden oder in Rechnung gesetzt haben. Wir fassen diese Erfahrungen zusammen, indem wir sagen: Energie kann nicht geschaffen oder zerstört werden; Energie ist daher ein *ewiges* Wesen.

Es gibt noch eine Anzahl anderer Dinge, welche mit der gleichen Eigenschaft der Unzerstörbarkeit ausgestattet sind. Eine von diesen ist die *Masse*. Wir kennen keinen Umstand, durch welchen wir die Masse eines gegebenen Dinges verändern könnten. Wir mögen es abkühlen oder erwärmen; wir mögen die heftigsten chemischen Vorgänge daran stattfinden lassen;

wir mögen es in jeder anderen Eigenschaft verändern: seine Masse wird sich nicht ändern. Diese Tatsache wird gewöhnlich durch den Satz ausgesprochen, dass die „Materie" weder geschaffen noch zerstört werden kann. Da aber das Wort Materie keinen bestimmten Begriff bezeichnet und dazu mancherlei mystische Bestandteile bei genauerer Untersuchung offenbart, so tun wir besser, das Wort ganz zu meiden und unsere Betrachtungen auf genau definierte Grössen einzuschränken. Sagen wir, dass Masse weder zerstört oder geschaffen werden kann, so ist damit alles gesagt, was über den Gegenstand bekannt ist.

So kennen wir bereits zwei Dinge oder Wesen, die wir ewig oder unsterblich zu nennen wissenschaftlich berechtigt zu sein scheinen.*) Man kennt in der Wissenschaft noch andere solche Dinge, doch würde ihre Untersuchung uns nicht mehr lehren, als wir von diesen erfahren können. Wir beschränken uns deshalb auf sie. Was kann es nun bedeuten, wenn wir ein Ding ewig nennen?

Für uns bedeutet es nur, dass wir kein Ereignis kennen, bei welchem die vorhandene Masse oder Energie eines gegebenen Gebildes *geändert worden ist.* Wir schliessen aus dieser in der *Vergangenheit* liegenden Erfahrung, dass auch *künftig* kein Ereignis eintreten wird, bei welchem sich eine solche Aenderung vollziehen würde. Jedermann sieht alsbald, wie schwankend der Grund ist, auf welchem die bestbekannte wissenschaftliche Ewigkeit beruht. Dieser Grund besteht in der philisterhaftesten aller Ideen, dass, weil bisher die Dinge auf eine gewisse Weise gegangen sind, sie nie auf eine andere Weise gehen werden. Und von welcher Seite wir die Angelegenheit auch untersuchen mögen, wir kommen immer wieder auf diesen einen Punkt zurück. Man mag sagen, dass alles in der Welt durch das Verhältnis von Ursache und Wirkung bestimmt ist, dass grosse, ewige und cherne Gesetze in gleicher Weise den Weg der Sonne wie die Schwingungen des kleinsten Atoms bestimmen. Frage ich: woher weisst du das? so erhalte ich die Antwort: dies

---

*) Die Erhaltung der Masse ist neuerdings wissenschaftlich in Zweifel gezogen (1910.)

ist der allgemeinste Ausdruck unserer Erfahrungen, und ich bin wieder an demselben Punkte. Denn die Erfahrung kann uns nur sagen, wie die Dinge *früher* geschehen sind; dass sie aber ebenso in aller Zukunft geschehen werden, ist eine blosse Annahme, die mehr oder weniger wahrscheinlich sein mag, aber jedenfalls Gewissheit nicht enthält.

Dies Ergebnis wird grundsätzlich nicht durch den Umstand geändert, dass gewisse Voraussagen sich als sehr genau entsprechend den Tatsachen der späteren Erfahrung erwiesen haben. Die Bewegungen der Himmelskörper sind mit einer Wahrscheinlichkeit bekannt, die sich der Sicherheit in bemerkenswerter Weise annähert. Wir können beispielsweise gegenwärtig Sonnenfinsternisse auf die Sekunde vorausberechnen. Dies gilt aber nur für solche, die nicht weit entfernt sind. Alle solchen Voraussagen beruhen nämlich auf der Kenntnis gewisser Konstanten und sind mit solchen Fehlermöglichkeiten behaftet, wie sie die begrenzte Genauigkeit, mit welcher die Konstanten bestimmt sind, mit sich bringt. Als um die Mitte des neunzehnten Jahrhunderts die *Hansen*schen Mondtafeln auf Grund hundertjähriger vorangegangener Beobachtungen berechnet worden waren,[1]) glaubte man, dass auch die künftigen Sonnenfinsternisse mit derselben Genauigkeit vorausberechnet werden könnten, mit welcher diese Tafeln die vergangenen darstellten. Doch bereits nach zwanzig Jahren wurden die Unterschiede so gross, dass sie für die Vorausbestimmung der Finsternis rund eine Minute Unsicherheit bedingten. Dies würde für ein Jahrhundert fünf Minuten, für ein Jahrtausend fast eine Stunde ausmachen und man kann leicht die Zeit berechnen, innerhalb deren der mögliche Fehler auf einen Tag und ein ganzes Jahr ansteigt. Was wird das Ergebnis sein, wenn wir die Rechnung bis in die Ewigkeit ausdehnen wollten? Die Antwort ist einfach: ein unendlich grosser wahrscheinlicher Fehler oder überhaupt keine Wahrscheinlichkeit mehr.

Unsere Ueberzeugung von der Ewigkeit der Masse ist von

---

[1]) Für sachgemässe Nachricht über die hier obwaltenden Verhältnisse bin ich Prof. H. Bruns zu Dank verpflichtet.

ganz derselben Beschaffenheit. Selbst wenn wir die Annahme machen, dass unsere bisherigen Erfahrungen über das Verhalten der Masse in aller Zukunft keine grundsätzlichen Aenderungen erfahren werden, so dürfen wir doch nie vergessen, dass unsere Hilfsmittel, die Erhaltung der Masse bei irgend welchen Vorgängen nachzuweisen, von begrenzter Genauigkeit sind. Die Messkunst der heutigen Wissenschaft ist so weit gelangt, dass Massen auf rund ein Milliontel ihres Wertes bestimmt werden können. Nehmen wir nun an, dass in hundert Jahren eine gegebene Masse sich um nicht mehr als diesen Betrag vermindert, so können wir leicht berechnen, innerhalb welcher Zeit unser Kilogramm vollständig verschwunden sein kann. Ergibt sich beispielsweise für jemanden, der irgend eine „Theorie der Materie" entwickelt hat, eine solche Annahme als notwendig, so würden wir nicht in der Lage sein, diese Theorie auf Grund des Gesetzes von der Unzerstörbarkeit der Masse zu widerlegen. Alles, was wir sagen könnten, wäre, dass eine etwaige Aenderung der Massen in der Zeit nicht wohl grösser sein kann, als der oben angegebene Betrag, und dies auch nur unter der Voraussetzung, dass alle Massen, die wir künftig kennen lernen werden, sich ganz ebenso verhalten werden, wie die uns bisher bekannt gewordenen.

Im Zusammenhange hiermit wollen wir eine andere Klasse permanenter Wesen betrachten, die *chemischen Elemente*. Das oben angedeutete Gesetz von der Erhaltung der Elemente besagt, dass kein Mittel bekannt ist, durch welches eine gegebene Menge eines Elementes geändert und insbesondere in andere Elemente verwandelt werden kann. Gehen wir beispielsweise von einem Gramm Eisen aus und verwandeln es durch chemische Mittel in eine beliebige Reihe anderer Verbindungen, so können wir aus jeder dieser Verbindungen durch passende Mittel wieder unser Gramm Eisen zurückgewinnen, nicht mehr und nicht weniger mit den früheren Eigenschaften. Eine hypothetische „Erklärung" dieser Tatsache besteht darin, dass man annimmt, die Elemente beständen aus unveränderlichen kleinsten Teilchen, den Atomen, und dass alle chemische Verbindungen durch die Zusammenlegung solcher Atome zustande kommen, welche durch irgendwelche Kräfte, etwa Elektrizität oder Schwere, zusammengehalten werden. Da hierbei vorausgesetzt wird, dass die elementaren Atome ihre Natur in allen diesen Zusammensetzungen beibehalten, so erscheint es ganz klar, dass, wenn man die Elemente aus deh Verbindungen wieder herstellt, man sie auch in der früheren Menge und mit der früheren Beschaffenheit erhalten muss. Aber diese Betrachtung ist kein Beweis, denn die Atome haben nur eine hypothetische Existenz und die Darstellung von dem Verhalten der Elemente, welche die Atomhypothese liefert, ist deshalb auch nur eine hypothetische, während das Gesetz von der Erhaltung der Elemente ein experimentelles ist, und ein sehr genaues dazu.

Erst in den letzten Jahren hat unsere bis dahin unerschütterliche Ueberzeugung von der Ewigkeit der Elemente einen schweren Schlag erfahren. Ich meine die Entdeckung von *Sir William Ramsay*, dass das Element Radium sich in das Element Helium und noch etwas anderes, was noch nicht genau bekannt ist, umwandeln kann. Vom Standpunkt der chemischen Weltanschauung ist dies die wichtigste Entdeckung seit der des Sauerstoffes, als unsere gegenwärtigen Ansichten über die Natur der chemischen Vorgänge ihre Gestalt erhalten hatten. Denn sie besagt unzweideutig, dass wenigstens gewisse Elemente sterblich sind. Die Forschungen von *Rutherford, Soddy* und anderen haben eine ganze Reihe ähnlicher Elemente zu unserer Kenntnis gebracht, die verschiedene Lebensdauern besitzen. Einige von ihnen entstehen nur, um dieses irdische Jammertal nach wenigen Sekunden wieder zu verlassen, für andere beträgt die Lebensdauer Minuten, Stunden, Tage, Jahre und Jahrtausende. Von den anderen Eigenschaften dieser ephemeren Wesen wissen wir noch sehr wenig; sie sind hauptsächlich durch ihre mittlere Lebensdauer gekennzeichnet, welche mittels ziemlich genauer Methoden gemessen werden kann. Von diesen Tatsachen ist es kein weiter Schritt zu dem Schlusse, dass die anderen Elemente, an denen wir bisher keine Anzeichen von Sterblichkeit wahrgenommen haben, diese Eigenschaft nur unter der ausserordentlichen Langsamkeit ihres Dahinscheidens verbergen. Dieser Fall zeigt sehr deutlich, wie Dinge, die lange nur als Möglichkeiten angesehen werden mussten, die weit ausserhalb der Grenzen unserer Festlegungen liegen, Wirklichkeiten werden können, nachdem unsere Beobachtungsmittel eine genügende Verfeinerung erfahren haben.

Die Energie nimmt eine etwas sicherere Stellung ein, denn bisher hat sich noch keine Andeutung einer etwaigen Sterblichkeit oder Ausnahme von dem Gesetze von der Erhaltung der Energie gezeigt. Allerdings hat zeitweilig derselbe wunderbare Stoff, das Radium, auch die Energie bezüglich ihrer Erhaltung bedroht, und zwar nicht in solchem Sinne, dass Energie verschwindet, sondern in solchem, dass sie aus nichts zu *entstehen* schien. Bringt man ein Stückchen Radiumsalz in ein Kalorimeter, so beobachtet man, dass es Wärme ausgibt, Tage, Monate und Jahre lang, ohne Unterbrechung und mit konstanter Geschwindigkeit, die proportional seiner Masse ist. Dies erschien noch unmöglicher als die dauernde Vernichtung von Energie und das Rätsel blieb ungelöst bis zu der bereits erwähnten Entdeckung *Ramsays*. Die Transmutation des Radiums in Helium ist die Quelle der entstehenden Wärme. Ebenso wie Dampf Wärme ausgibt, wenn er sich in flüssiges Wasser verwandelt, so gibt Radium Wärme aus, indem es sich in Helium verwandelt. So kann das Gesetz von der Erhaltung der Energie aufrecht erhalten werden, und soviel ich von der Wissenschaft weiss, vermute ich, dass sie alle anderen Dinge im Weltall überleben wird. Mehr als dies darf ich mir allerdings zu behaupten nicht gestatten.

Die Summe von allen diesen Betrachtungen ist: wo irgend wir etwas über die Ewigkeit aussagen, ist diese Aussage auf eine *Extrapolation* aus endlicher Zeit und mittels Beobachtungen von begrenzter Genauigkeit begründet. Es ist ein allgemeines Gesetz, dass derartige Extrapolationen um so unsicherer werden, je weiter man sie führt. Für unendliche Zeit oder unendlichen Raum überschreitet der wahrscheinliche Fehler alle Grenzen, und das Gegenteil der Voraussage wird ebenso wahrscheinlich wie die Aussage selbst.

In der Wissenschaft sind somit keinerlei Aussagen möglich, welche sich auf unendliche Zeit und unendlichen Raum beziehen.

Für endliche Zeiten sind Voraussagungen möglich, sie sind aber mit einem gewissen Fehler behaftet, der von Fall zu Fall verschieden ist, in jedem Falle aber unbegrenzt mit der Länge der Zeit zunimmt, über welche die Voraussagung sich erstreckt.

Indessen wird die Kenntnis der Zukunft nicht allein auf dem Wege der Wissenschaft gesucht. Es gibt ausserdem religiöse Glaubenserscheinungen, Offenbarungen und ähnliche Quellen menschlicher Ansichten, und sie bringen in vielen Gemütern eine stärkere Ueberzeugung von der Wahrheit ihrer Vorhersagungen hervor, als die Wissenschaft erreichen kann. Aber der Inhalt dieser Voraussagungen ist ausserordentlich verschieden bei verschiedenen Menschen, die sich auf verschiedene derartige Quellen ihrer Ueberzeugungen stützen. Die Begrenztheit dieser Ansichten liegt also in der Anzahl der Menschen, die ihnen Glauben schenken, und es wird allgemein angegeben, dass die Erfüllung mit solchen Ueberzeugungen nur durch eine bestimmte Art der inneren, persönlichen Erfahrung bewirkt wird. Diese Lehren besitzen keine allgemeinen Beweise, welche freiwillig angenommen werden, solange kein Irrtum in ihnen nachgewiesen worden ist, wie dies bei den wissenschaftlichen Beweisen der Fall ist. Sie sind Wahrheiten nur für den, der jenes innere Erlebnis erfahren hat und dem sie durch Intuition sich offenbart haben.

Verlieren somit die wissenschaftlichen Beweise einiges an Kraft dem einzelnen gegenüber, so gewinnen sie um so mehr durch die Allgemeinheit ihrer Anerkennung. Von allen gemeinsamen Besitztümern der Menschheit ist die Wissenschaft bei weitem das allgemeinste, das unabhängigste von allen Verschiedenheiten der Rasse, des Alters und Geschlechtes. Und während religiöse Glaubenlehren immer und immer die grössten Verschiedenheiten nach Inhalt und Intensität im Laufe der Geschichte aufweisen, wächst die Wissenschaft in den verschiedenen Zeitaltern zwar bald schneller, bald langsamer, aber immer in der gleichen Richtung. Die Wissenschaft darf daher als der sicherste und dauerhafteste geistige Schatz angesehen werden, den die Menschheit besitzt. Voraussagungen, die von der Wissenschaft garantiert sind, werden als die zuverlässigsten von der intelligenten Majorität der Menschheit angenommen.

Wir wenden uns nun zu einer anderen Seite der Ewigkeit von Energie und Masse. Nehmen wir zwei verschiedene Massen und vereinigen sie, so wird die resultierende Masse sich wie die *Summe* der beiden einzelnen verhalten. Dies ist ein einfacher und unmittelbarer Fall der Erhaltung der Masse, welcher zeigt, dass die physische Addition den Gesamtbetrag der Massen nicht ändert. Aber obwohl die beiden Massen ihre *Quantität* beibehalten haben, so haben sie doch ihre *Individualität* verloren. Betrug die eine Masse ein Kilogramm und die andere zwei, so wird die vereinigte Masse drei Kilogramm betragen. Die letztere kann wiederum in eine Masse von einem und eine von zwei Kilogrammen geteilt werden. Aber alle Mittel, durch welche wir Massen bestimmen können, versagen uns die Antwort auf die Frage, ob das neue Kilogramm identisch ist mit dem alten Einkilogrammstück, oder ob es teilweise oder ganz aus der Masse der zwei Kilogramme gebildet ist. Dies ist eine allgemeine Tatsache von grosser Wichtigkeit, und sie werde daher noch durch ein anderes Beispiel belegt. Nehmen wir zwei Gläser mit Wasser und giessen dieses in ein gemeinsames Gefäss, so wird dies die Summe beider Wassermengen enthalten. Wir können nun aus dem Gefäss die beiden Gläser wieder mit Wasser füllen, aber auf Erden und im Himmel ist kein Mittel bekannt, um herauszufinden, ob das Wasser in den Gläsern dasselbe ist, welches sich vorher darin befunden hatte oder nicht. Ja, die Frage selbst nach dieser Identität hat keinen Sinn, denn es gibt kein Mittel, die einzelnen Teile des Wassers zu kennzeichnen und sie wieder zu erkennen.

Der eine oder andere könnte denken, dass, wenn wir nur die einzelnen Atome des Wassers beobachten könnten, wir sie auch identifizieren könnten. Auch diese Hoffnung muss ich zerstören. Denn die Atomhypothese geht von der Annahme aus, dass alle Atome des Wassers völlig gleich in Form und Gewicht sind und dass nur solche Eigenschaften an ihnen verschieden sein können, die auch an einem und demselben Atom verschieden sein können, wie z. B. die Richtung und Geschwindigkeit ihrer Bewegungen. Gleiches wird für jeden anderen reinen Stoff angenommen. So wird durch die Definition selbst die Identifizierung des einzelnen Atoms ausgeschlossen. Und schliesslich sind die Atome nur hypothetische Dinge; wäre also eine Identifiizierung grundsätzlich möglich, so müsste sie auch eine hypothetische bleiben.

Die gleichen Betrachtungen gelten für die Energie. Bisher ist noch kein ernsthafter Versuch gemacht worden, die Energie atomistisch aufzufassen, offenbar; weil noch kein wissenschaftliches Bedürfnis eine solche Annahme veranlasst hat. So erscheint die Identifizierung eines bestimmten Stückes Energie noch hoffnungsloser, als die eines bestimmten Stückes Masse. Kommt es mit einer anderen Menge der gleichen Energie in Berührung, so ist es ebenso vollkommen verloren, wie ein Tropfen im Ozean. Nur insofern behält es seine Existenz, als es seinen Anteil zu dem Gesamtbetrage der Energie liefert; aber umgekehrt ist auch kein Mittel bekannt, dies Zeichen seiner fortdauernden Existenz auszumerzen.

Dies Verhalten ist um so bemerkenswerter, als wir bezüglich der Identität einer gegebenen Menge Masse oder Energie nicht dem geringsten Zweifel Raum geben, so lange sie isoliert gehalten wird. Unter diesen Umständen bewahrt sie also ihre Identität oder Individualität oder Persönlichkeit, wie man es nennen will. Es ist wirklich ein seltsames Ding, dass diese Eigenschaft alsbald verloren geht, sowie das Objekt mit einem anderen gleicher Art zusammengebracht wird. Und noch seltsamer ist die Tatsache, dass jedes derartige Objekt durch einen unwiderstehlichen Impuls dazu getrieben zu sein scheint, sich unter solche Umstände zu begeben, unter denen es seine Individualität verliert. Alle bekannten physischen Tatsachen führen zu dem Schlusse, dass die *Diffusion oder gleichförmige Verbreitung der Energie* die allgemeine Tendenz aller Geschehnisse ist. Noch ist kein Vorgang beobachtet worden, und wahrscheinlich wird niemals einer beobachtet werden, bei welchem die Konzentration der Energie grösser wäre, als die gleichzeitige Dissipation. Teilweise Konzentrationen kommen oft genug vor, aber immer auf Kosten einer grösseren Dissipation, so dass die Gesamtsumme immer eine Vermehrung der Dissipation ausmacht.

Während wir über die Giltigkeit dieses Gesetzes in der physischen Welt alle nur wünschbare Sicherheit haben, kann seine Anwendbarkeit auf menschliche Angelegenheiten vielleicht in Zweifel gezogen werden. Doch wird es, wie mir scheint, bei sachgemässer Auffassung auch hier sich anwenden lassen. Die Schwierigkeit liegt zunächst darin, dass wir kein objektives und unzweideutiges Mittel haben, um Homogenität und Heterogenität in menschlichen Dingen zu messen, so dass wir ein gegebenes Gebilde nicht eingehend genug studieren können, um quantitative Schlussfolgerungen zu ziehen. Doch scheint der allgemeine Satz richtig zu sein, dass eine Zunahme der Kultur die Unterschiede zwischen der Beschaffenheit und dem Zustande der einzelnen Menschen zu *vermindern* bestrebt ist. Die Kultur gleicht nicht nur die allgemeine Lebensführung aus, sondern vermindert sogar die natürlichen Unterschiede des Geschlechtes und Alters. Von diesem Standpunkte aus muss ich Kulturbedingungen, welche die Anhäufung ungeheurer Reichtümer in den Händen einzelner Menschen gestatten, als unvollkommen ansehen.

Die Eigentümlichkeit, die vorher als ein unwiderstehlicher Trieb zur Diffusion bezeichnet worden ist, lässt sich auch im Einzelmenschen nachweisen. Wenn Triebe irgendwelcher Art sich im bewussten Wesen geltend machen, werden sie von einem bestimmten Gefühl begleitet, welches wir *Willen* nennen; glücklich fühlen wir uns, wenn wir in der Lage sind, diesen Trieben oder diesem Willen entsprechend uns zu verhalten. Wenn wir uns aber die glücklichsten Augenblicke unseres Lebens vergegenwärtigen, so finden wir sie in jedem Falle begleitet von einem merkwürdigen Verschwinden der Persönlichkeit. In dem Glück der Liebe tritt uns diese Tatsache besonders eindringlich entgegen. Aber auch wenn wir uns ganz dem Genusse eines Kunstwerkes hingegeben haben, wenn wir beispielsweise eine Symphonie von Beethoven hören, fühlen wir uns von der Bürde der Persönlichkeit befreit und durch den Strom der Musik fortgetragen, wie ein Tropfee von der Woge. Das gleiche Gefühl ergreift uns bei den grossen Eindrücken der Natur. Selbst wenn ich nur ruhig malend im Freien sitze, erlebe ich von Zeit zu Zeit einen glücklichen Augenblick, wo eine süsse Empfindung der Vereinigung mit der mich umgebenden Natur oder der Auflösung in ihr mich erfüllt, welche durch ein vollständiges Vergessen meines armen Selbst gekennzeichnet ist. Dies führt zu der Ansicht, dass Individualität Begrenztheit und Unbehaglichkeit bedeutet oder doch wenigstens eng mit derartigen unerwünschten Gefühlen verbunden ist.

Betrachten wir anderseits die Lebewesen im grossen, so finden wir, dass gesteigerte Individualität oft verbunden ist mit verminderter Lebensdauer. Wir haben bereits gesehen, dass wir verschiedene Grade der Individualität unterscheiden müssen. Das Leben irgend eines Organismus wird entweder durch Teilung oder durch den Tod begrenzt; im ersten Fall geht das eine Individuum in zwei über, im anderen Falle in keines. Beide Fälle sind als ein Untergang der Individualität zu bezeichnen, denn diese verschwindet durch die Teilung nicht weniger als durch die Vernichtung.

Anderseits können wir aber die Gesamtheit aller Abkömmlinge, die von einem Mutterorganismus herstammen, als ein Kollektivindividuum ansehen. Ein solches hat natürlich einen niederen Grad von Individualität, aber jedenfalls eine längere Dauer. In dieser Betrachtungsweise ordnen sich die Lebewesen in eine stetige Reihe mit den anorganischen Gebilden, wo wir ganz das gleiche reziproke Verhältnis zwischen Individualität und Dauer finden. Die wenigst individualisierten Dinge, wie Masse und Energie, haben die unbedingteste Dauer und umgekehrt. Das allerindividuellste Ding, von dem wir wissen, ist jedesmal der gegenwärtige Augenblick: er ist völlig einzig und wird nie wiederkehren, er ist ein absolutes Individuum. Wenn aber andere Augenblicke ihn verdrängt haben, so verliert er in unserem Bewusstsein allmählich seinen besonderen Charakter und gleicht sich den anderen Augenblicken an, um so mehr, je weiter er zeitlich zurücktritt. Schliesslich kann er von anderen

Augenblicken nicht mehr unterschieden werden, er wird vergessen und stirbt wie ein Tier oder eine Pflanze.

Verschiedene Augenblicke haben in unserem Gedächtnisse sehr verschiedene Lebensdauer. Unter der Masse von unwichtigen und gleichgültigen Augenblicken, die fast ebenso schnell sterben wie sie geboren wurden, treten einzelne hervor, deren Einfluss wir über Tage, Monate, Jahre, ja über die ganze weitere Dauer unseres Lebens verspüren. Ihr Gedächtnis hört nicht auf, solange der Mensch lebt und auf solche Weise ist die ursprüngliche Kürze des Augenblickes überwunden und er ist dauernd geworden. Ewigkeit hat er freilich auch nicht gewonnen, da seine Wirkung mit des Menschen Tode zu enden pflegt.

Wenden wir uns nun zur Unsterblichkeit beim Menschen, so treffen wir alsbald auf den Satz: alle Menschen sind sterblich, als eine der trivialsten Erfahrungstatsachen unseres Lebens. Die Frage hat also zu lauten: gibt es am Menschen etwas, was dauerhafter ist als sein Körper?

Hier ist nun zunächst zu betonen, dass die Persönlichkeit eines lebenden Menschen unvollkommen bestimmt und veränderlich ist. Im vorgeschrittenen Lebensalter sind wir nicht dieselben Menschen, die wir in unserer Jugend waren. Seele und Körper machen während des Lebens eine Reihe von Veränderungen durch, die so tiefgreifend sind, dass der Mensch in verschiedenem Alter so verschieden handelt, wie verschiedene Menschen es tun würden. Was wir die Persönlichkeit eines Menschen nennen, besteht nur in der *Stetigkeit seiner Veränderungen* und das einzige sichere Mittel, einen Menschen zu identifizieren, beruht darauf, dass man seine Existenz stetig durch die zwischenliegende Zeit nachweisen kann. Nun bedingt der Tod jedenfalls eine Unterbrechung dieser Stetigkeit, und wenn der Mensch nach seinem Tode in irgend einer Weise fortlebt, so kann es sich jedenfalls nur um eine *teilweise* Fortsetzung seiner früheren Existenz handeln.

Ferner bedeutet ein Fortleben in irgend einer Form noch nicht Unsterblichkeit. Damit ein Fortleben diesen Namen verdient, muss der überlebende Teil seine Existenz während einer *unbegrenzten* Zeit fortführen. Alsdann sind formal zwei Fälle

möglich; entweder ändert sich das überlebende während seiner
späteren Existenz ebenso, wie es sich während seines Zusammenhanges mit dem Körper geändert hatte, oder es bleibt konstant. Da alle Aenderungen der Persönlichkeit während des
gewöhnlichen Lebens sich mit Aenderungen in der körperlichen
Beschaffenheit verbunden gezeigt haben, wird gewöhnlich geschlossen, dass diese Aenderungen durch den veränderlichen
Körper bedingt waren, und dass mit dessen Fortfall auch die
Veränderlichkeit aufhört. Einem unveränderlichen Wesen
könnte man auch eine unbeschränkte Dauer zugestehen; dies
setzt aber voraus, dass dieses Wesen unter Bedingungen
existiert, unter denen es keinerlei Aenderungen oder Beeinflussungen erfahren kann. Sollte dieses Wesen dagegen mit
veränderlichen Dingen, wie lebende Menschen, in Beziehung
treten können, so könnte es eo ipso nicht unverändert bleiben,
denn Beziehung bedeutet gegenseitige Beeinflussung, d. h. Veränderung. Hiermit schliessen sich also ewige Existenz und
menschliche Beziehungen gegenseitig aus.

Sehr oft findet sich die Annahme, dass derart überlebende
Bestandteile des Menschen in einen transzendenten Zustand
übergehen, in welchem die Begriffe von Zeit und Raum keine
Geltung mehr haben. In einem solchen Falle ist eine Beziehung zu der zeitlich-räumlich bedingten lebenden Menschheit
gleichfalls ausgeschlossen, da andere als zeitlich-räumliche Beziehungen uns unverständlich bleiben müssten.

Aus diesen Betrachtungen ergibt sich der folgende Schluss:
Entweder ist das, was vom Menschen nach dem Tode fortbe-
steht, unsterblich im strikten Sinne dieses Wortes; dann könnten diese Wesen mit den Menschen nicht verkehren und ihre
Existenz würde uns für immer unbekannt bleiben. Oder es
besteht kein besonderes Wesen nach unserem Tode fort, und
dann ist ein Verkehr nach dem Tode ebenso ausgeschlossen.
Beide Fälle sind praktisch identisch, da ihr Erfolg auf die lebenden Menschen der gleiche ist; wir sind also auch ausser Stande,
zu entscheiden, welcher von beiden tatsächlich stattfindet, ja ob
beide gleich oder verschieden sind.

Wir werden somit auf die andere Alternative gedrängt, die

zunächst weniger wahrscheinlich erschien, dass nämlich tatsächlich etwas den einzelnen Menschen überlebt, was in Beziehung mit anderen, lebenden Menschen bleibt, daher der Veränderung unterworfen ist und wahrscheinlich auch bezüglich der Existenzdauer Grenzen aufweist. Gibt uns die Erfahrung hierüber Auskunft?

Jeder Mensch hinterlässt nach seinem Tode irgendwelche Veränderungen, die er an den Dingen seiner Umgebung hervorgebracht hat. Er mag ein Haus gebaut oder ein Vermögen erworben, ein Buch geschrieben oder Kinder erzeugt haben. Selbst das Kind, das bald nach seiner Geburt wieder stirbt, hinterlässt einen Eindruck auf seine Mutter, durch welchen diese verändert wird. Diese Ueberbleibsel sind durchaus persönlich oder individuell und hängen einerseits von der Beschaffenheit des Menschen ab, der sie verursacht hat: ihre Wirkung und Dauer werden anderseits bestimmt durch die Menschen und Dinge, auf welche der Einfluss erfolgt ist. Die Dauer dieser Einflüsse kann gross oder klein sein, doch sind alle dazu verurteilt, schliesslich bis zur Unmerklichkeit auszuklingen.

Das Bestreben der Menschen, derartige Einflüsse zu hinterlassen, ist ausserordentlich allgemein. Von den Kritzeleien, die der Strassenjunge an die Wand malt, bis zu den Pyramiden, welche seit Jahrtausenden ihre Botschaft sagen, finden wir Zeichen des gleichen Wunsches: *die Wirkung des persönlichen Lebens über seinen zeitlichen und räumlichen Bestand hinaus auszudehnen.* Auch fühlen wir uns nicht befriedigt durch die blosse Tatsache, dass derartige Erinnerungsmerkmale unserer Person vorhanden sind, wir wünschen auch, dass andere sie sehen und ihre Bedeutung verstehen. Der Bube kritzelt nicht Linien ohne Bedeutung, sondern die Buchstaben seines Namens oder andere Dinge, die ihn interessieren, und ebenso versäumte der Egyptische König nicht, durch Schrift und Bild seine persönliche Beziehung zu dem Riesengebäude darzulegen, welches das Andenken seiner Existenz durch die Jahrtausende zu tragen bestimmt war.

Dieser allgemeine Wunsch nach der Fortpflanzung des persönlichen Einflusses ist eng verbunden mit dem Wunsche nach der Fortpflanzung des eigenen Fleisches und Blutes. Vom individuellen und egoistischen Standpunkte aus betrachtet scheint dies ein sinnloser Instinkt zu sein. Warum sollte ich wünschen, dass irgend jemand anderes die Güter dieser Welt geniessen soll, welche zu sammeln ich man ganzes Leben verbraucht habe? Tatsächlich bedeutet es aber auch für den hartgesottensten Egoisten einen wesentlichen Unterschied, ob dieser Jemand sein Sohn oder ein Fremder ist. Für den Fremden würde er nicht einen Finger rühren, seinem Sohne ist er die grössten Opfer zu bringen bereit. Es gibt ja freilich einzelne Ausnahmen von dieser Regel, aber ein Mensch ohne elterlichen Instinkt wird zweifellos als ein Monstrum, ein ethischer Krüppel, angesehen. Auch liegt es in der Natur der Sache, dass solche Erscheinungen stets Ausnahmen bleiben müssen, da derartige Wesen entweder keine Nachkommenschaft haben oder sie untergehen lassen.

Erinnern wir uns, dass die Familie und das Volk gleichfalls Individuen sind, die allerdings von grösserem Umfange und geringerer Bestimmtheit der Abgrenzung erscheinen, als der einzelne Mensch, die nichtsdestoweniger aber sehr bestimmte Zusammenhänge aufweisen, so sehen wir, dass der Instinkt der Selbsterhaltung hier wieder einmal am Werke ist. Die Wirkungen dieses Instinktes sind verbunden und werden gesteigert durch jenen anderen Trieb zur Hinterlassung persönlicher Spuren, und durch die gemeinsame Wirkung dieser beiden Faktoren wird eine grössere oder geringere Fortsetzung unserer Existenz über den leiblichen Tod hinaus bewirkt.

Diese Verlängerung ist keine Unsterblichkeit im strengen Sinne. Denn wenn auch derartige Wirkungen die leibliche Existenz überleben, so hören sie doch im Laufe der Zeit auf, sich zu betätigen und verschwinden asymptotisch, ebenso wie die isolierten physischen Existenzen, indem sie unter Verlust ihrer Individualität in die grosse Masse der Gesamtexistenz aufgehen, und dann nicht mehr erkannt und unterschieden werden können.

Dies zeigt sich alsbald in der Folge der Generationen. Damit eine Familie forgesetzt wird, nimmt der Sohn ein Weib aus einer anderen Familie und sein Sohn tut das gleiche. Hierdurch wird die Dauer der Familie gesichert, aber auf Kosten ihrer Individualität. Durch diese notwendigen Verbindungen mit anderen Familien tritt eine Diffusion in die grosse Masse des Volkes und der Menschheit ein, und gerade dasselbe Mittel, welches die Existenz sichert, bewirkt die Diffusion.

Ebenso verhalten sich alle anderen Dinge, durch die der Einzelmensch seine Existenz über seinen Tod hinaus verlängert. Nehmen wir den besten Fall, in welchem wir unwillkürlich oft den Ausdruck „unsterblich" brauchen, den eines grossen Dichters oder Forschers. Wir nennen *Homer* und *Goethe*, *Aristoteles* und *Darwin* unsterblich, weil ihr Werk dauernde Beschaffenheit besitzt und über Jahrhunderte und Jahrtausende bestanden hat und bestehen wird. Ihr persönlicher Einfluss erweist sich solchergestalt unabhängig von ihrer leiblichen Existenz. Selbst die Tatsache, dass sie durch ihren Tod verhindert worden sind, ähnliche Werke weiterhin hervorzubringen, ist nicht so wichtig, wie sie auf den ersten Blick erscheint. Kommt ein Mann zu seinen natürlichen Jahren, so wird er im allgemeinen alles vollbracht haben, was er zu vollbringen fähig war, und sein Tod ändert dann nichts Erhebliches an der Summe seines Tuns. Nur bei *vorzeitigem* Tode fühlen wir, dass ein wirklicher Verlust vorliegt, und nur in solchen Fällen empfinden wir den Tod als grausam und ungerecht.

Es ist eine merkwürdige Tatsache, dass die Physiologie bisher so wenig getan hat, um die allgemeinen Tatsachen des Alters und Todes zu erklären.[1]) Aus allgemeinen Anschauungen ist überhaupt kein Grund zu erkennen, warum wir nicht unbegrenzte Zeit leben sollten. Denn alle verbrauchten Beträge von Stoffen und Energien könnten durch Aufnahme von Nahrung ersetzt werden, und es scheint noch keine vollständige Erklärung dafür gefunden zu sein, warum nicht der Organismus im Alter ebenso wie in der Jugend seine Nahrung in die Stoffe umzuwandeln vermag, durch welche die Fortsetzung des

---

[1]) Vergl. indessen das inzwischen erschienene Werk von E. Metschnikoff: E'tudes sur la vie humaine. Essais optimistes, Paris, A. Maloine 1907. Deutsch bei Veit & Co., Leipzig.

Lebens gesichert wird. Es macht den Eindruck, als ob entweder ein Vorrat eines notwendigen Faktors während des Lebens erschöpft wird, ohne ersetzt zu werden, oder dass irgend ein schädlicher Faktor durch die blosse Tatsache des Lebens gebildet wird, dessen sich der Organismus nicht entledigen kann. Aehnliche Umstände sind jedenfalls vorhanden und um sie auszugleichen, muss von Zeit zu Zeit ein neues Wesen in die Existenz treten. Tod und Geburt sind daher als diejenigen Mittel anzusehen, durch welche die unbegrenzte Dauer des Lebens gesichert wird.

Die Wirkung derartiger Faktoren wird überaus anschaulich gemacht durch die wohlbekannten Versuche von *Maupas* über die Fortpflanzung der Protozoen. Werden diese unter günstigen Lebensbedingungen gehalten, so wachsen sie und teilen sich ungeschlechtlich während einer längeren Zeit in regelmässiger Weise. Aber nach einer Anzahl asexueller Fortpflanzungen durch blosse Teilung verändern sie plötzlich ihr Verhalten. Sie paren sich, bilden Sporen, die sich entwickeln, und nun erst können wieder Teilungen stattfinden. Auch hier scheint entweder etwas Notwendiges, was durch die geschlechtliche Fortpflanzung hervorgerufen wird, während der Teilungen langsam verbraucht zu werden, oder es sammelt sich ein Lebenshindernis, das durch die geschlechtliche Vermehrungsform beseitigt wird.

Von diesem Standpunkte aus gesehen, erscheint der Tod nicht als ein Uebel, sondern als ein notwendiger Faktor für die Erhaltung der Rasse. Und wenn ich meine eigenen Empfindungen mit aller Aufrichtigkeit und wissenschaftlichen Objektivität untersuche, die ich für diese sehr persönliche Angelegenheit aufbringen kann, so kann ich kein Grauen mit dem Gedanken an meinen eigenen Tod verknüpft finden. Krankheit und Schmerzen sind natürlich ein Uebel und unerwünscht, und ausserdem gibt es noch mancherlei Dinge, die ich tun und erleben möchte, bevor ich sterbe. Diese würde aber für mich nur dann einen Verlust bedeuten, wenn ich später ein Bewusstsein davon hätte und es bedauerte, sie versäumt zu haben. Solche Möglichkeiten scheinen ganz ausgeschlossen zu sein.

Was meine Freunde und Angehörigen anlangt, so werden sie meinen Verlust um so weniger fühlen, je älter ich bei meinem Tode sein werde. Nachdem ich das Mass meines Lebens erschöpft habe, wird mein körperliches Abscheiden eine ganz naturgemässe Erscheinung sein, und die damit auf beiden Seiten verbundenen Gefühle werden eher die einer Erlösung als einer Belastung sein.

Von den Erscheinungen des individuellen Lebens unabhängig bleiben die Taten des Menschen bestehen. Wie lange, hängt ganz und gar von dem Grade ab, in welchem sie den Bedürfnissen des Menschengeschlechtes entsprochen haben. Taten, die diesen Bedürfnissen zuwider waren, werden so schnell wie möglich ausgewischt werden, während nützliche Taten lebendig bleiben, solange ihr Nutzen dauert. Die oben angeführten Beispiele zeigen, wie ausserordentlich lange der Einfluss eines grossen und nützlichen Menschen dauern kann, doch darf nicht übersehen werden, dass gerade dieser Einfluss der Grund ist, weshalb die Individualität des Einflusses langsam verschwindet. Das Werk wird mehr und mehr ein ununterschiedener Teil von dem Gesamtbesitz des Stammes, des Volkes, schliesslich der Menschheit. In dieser Gestalt dauert es so lange, als der Gesamtorganismus dauert, in dessen Besitz es übergegangen ist. Auch hier sehen wir also das allgemeine Gesetz der Diffusion sich betätigen und Individualität steht zur Lebensdauer in dem Verhältnis reziproker Zahlen: die eine wächst in dem Masse, wie die andere abnimmt.

Dies ist die einzige Art dauernden Lebens, welche ich im Gesamtgebiete unserer Erfahrung entdecken kann. Hierin unterscheidet sich der Mensch auf das bestimmteste von seinen tierischen Lebensgenossen, denn in keiner der niedrigeren Rassen kann das einzelne Individuum in solchem Masse seinen Beitrag nicht nur zur Erhaltung, sondern zur E n t w i c k - l u n g s s t e i g e r u n g der Rasse liefern. Die Tiere scheinen im allgemeinen keine Idee vom Tode zu haben. Ich erinnere mich einer Maus, die unbefangen über den Leichnam ihrer eben getöteten Genossin hinwegkletterte, um leichter zu ihrem Futter zu gelangen. Tiere leben aus der Hand in den Mund, ohne eine andere Voraussicht, als eine rein instinktive und unbewusste. Haustiere, die durch lange Generationen seitens der Menschen beeinflusst worden sind, zeigen zuweilen Spuren bewusster Voraussicht. Aber während ein Hund die Peitsche seines Herrn scheut, deren Wirkungen er wiederholt erfahren hat und daher voraussehen kann, scheut er nicht seines Herrn Gewehr, auch wenn dieses vor seinen Augen einen anderen Hund getötet hatte. Das menschliche Grauen vor dem Tode ist eine unmittelbare Folge unserer viel höher entwickelten Voraussicht, und es ist entstanden durch den Anblick des vorzeitigen und gewaltsamen Todes, der früher unverhältnismässig häufiger war, als gegenwärtig. Unsere ganze Kultur entwickelt sich in solchem Sinne, dass der frühe und unnatürliche Tod überall eingeschränkt wird. Wir kämpfen mit dem gleichen Eifer gegen Krankheit und Elend, wie unsere Vorfahren gegen wilde Tiere und gegen Mord gekämpft haben. So dürfen wir das noch vielfach vorhandene Grauen vor dem Tode als einen ererbten Instinkt ansehen, der sich in vorgeschichtlichen Zeiten entwickelt hatte, wo ein gewaltsamer und qualvoller Tod gewöhnlich, ja vielleicht die Regel war, und der sich in unsere Tage hinüber vererbt hat, wo seine Ursache bereits zu einem grossen Teile verschwunden ist. Denn alle Instinkte entwickeln sich langsam und werden erst fest lange Zeit, nachdem die Ursachen eingesetzt haben, unter denen sie nützlich sind. Ebenso bestehen solche Instinkte noch lange Zeit, nachdem jene Ursachen aufgehört haben und nachdem ihre Notwendigkeit und ihre Nützlichkeit verschwunden ist, ja, nachdem sie bereits angefangen haben, schädlich zu werden. Wir können uns daher eine ferne Zukunft denken, in welcher das instinktive Grauen vor dem Tode vermöge der allmählichen Entwicklung der menschlichen Rasse ganz verschwunden oder nur bei zurückgebliebenen Exemplaren erhalten sein wird.

Es bleibt noch eine letzte und wichtigste Frage zu beantworten: was wird aus der Grundlage unserer *Ethik*, wenn wir die Idee eines künftigen persönlichen Lebens aufgeben, in welchem die Sünde bestraft und die Tugend belohnt wird?

Ich zögere nicht, zu antworten, dass ich nicht nur eine

Ethik ohne diese Idee für möglich halte, sondern glaube, dass unsere ethischen Anschauungen sich ohne diese Idee zu einer höheren und freieren Stufe erheben werden. Wir wollen wieder die allgemeinen Tatsachen ins Auge fassen.

Zunächst kann kein Zweifel bestehen, dass die Natur von Grausamkeit ganz erfüllt ist. Durch das ganze Gebiet der Lebewesen, in nahezu jeder Klasse von Pflanzen und Tieren finden wir einige Spezies, welche auf Kosten ihrer Nebengeschöpfe leben. Ich meine parasitische Organismen aller Art, sei es, dass sie im Inneren ihrer Wirte leben, die sie elend machen oder töten, sei es, dass sie andere Lebewesen umbringen, um sich von ihnen zu nähren. Man denkt nicht daran, eine Katze zu bestrafen, wenn sie eine arme Maus stundenlang den Qualen des Todes aussetzt, ohne dass sie einen Nutzen davon hat, und wir finden es ganz natürlich, dass die Larven gewisser Wespen im Inneren von Raupen leben, die sie langsam von innen aus verzehren. *Der Mensch ist das einzige Wesen auf der Welt, das sich bemüht, diese Wege der Natur zu ändern, und soviel als möglich Grausamkeit und Ungerechtigkeit gegen seine Nebenmenschen und Nebenkreaturen zu vermindern.* Und aus dem Wunsche, dass dieser schwarze Fleck soweit als möglich von der Menschheit genommen wird, entstand auch die Vorstellung, dass ausserhalb unseres leiblichen Lebens eine Gelegenheit bestehen müsse, um für erlittene Uebel Ersatz und für getanes Unrecht Strafe austeilen zu können, wie dies unser Gerechtigkeitsgefühl fordert.

Aber Belohnung und Strafe nehmen ein ganz anderes Gesicht an, wenn wir die Menschheit als einen Gesamtorganismus betrachten. Dann erscheint das einzelne Individuum vergleichbar einer einzelnen Zelle in einem hochentwickelten Lebewesen. Beginnt eine solche Zelle auf ihre Nachbarn zerstörend einzuwirken, so bedeutet dies eine Bedrohung des ganzen Organismus, und wenn dieser lebenskräftig genug ist, so wird eine solche Zelle entweder aus dem Organismus ausgeschieden oder durch Einkapselung unschädlich gemacht werden. Umgekehrt werden nützliche Zellen genährt werden und Schutz finden.

Dass schädliche Wirkungen der erwähnten Art überwunden

oder verhindert werden müssen, bedeutet aber bereits eine allgemeine Beeinträchtigung des Gesamtorganismus, da er die hierfür erforderliche Arbeit besser hätte verwenden können. Es wäre daher am zweckmässigsten, die Entstehung solcher schädlicher Zellen ganz auszuschliessen und ein Wesen, welches die hierzu, erforderlichen Eigenschaften besitzt, befindet sich hierdurch in einem grossen Vorteile.

Die Anwendung dieser Betrachtungen auf den Gesamtorganismus der Menschheit liegt zutage. Strafe ist in jedem Falle ein *Verlust* und das Bestreben der zunehmenden Kultur ist nicht dahin gerichtet, die Strafen *wirksamer* zu gestalten, sondern sie *überflüssig* zu machen. Je mehr jeder einzelne Mensch von dem Bewusstsein seiner Zugehörigkeit zum grossen Gesamtorganismus der Menschheit erfüllt ist, um so weniger wird er Neigung haben, seine eigenen Zwecke und Ziele denen der Menschheit entgegenzusetzen. Zwischen der Pflicht gegenüber der Gesamtheit und dem Wunsche nach persönlichem Glücke vollzieht sich durch diese Entwicklung eine Versöhnung. und gleichzeitig gewinnen wir einen klaren und unzweideutigen Massstab zur ethischen Beurteilung unserer Handlungen und derer unserer Nebenmenschen.

Die Selbstaufopferung ist zu allen Zeiten und von allen Religionen als der Höhepunkt ethischer Vollkommenheit betrachtet worden. Niemand aber, der tiefer in die Sache einzudringen versucht hat, konnte sich der Erwägung entziehen, dass die Selbstaufopferung eine bestimmte Bedeutung haben muss, dass von ihr irgend ein Erfolg erwartet werden muss, der auf andere Weise nicht erzielt werden kann. Denn sonst wäre eine Selbstaufopferung nicht ein Gewinn, sondern ein Verlust für die Menschheit. Nur wenn sie in irgend einem allgemein menschlichen Interesse stattfindet, betrachten wir sie als gerechtfertigt. Wir bewundern einen Mann, der sich in Feuer oder Wasser stürzt, um bedrohte Menschenleben zu retten, und wir sollten mit noch regeren Gefühlen dem hilfreichen Arzt an den Ort einer Epidemie folgen, da er die Gefahr genau kennt, die ihn erwartet. Aber wenn wir einen Mann sein Leben wagen sehen, um etwa sein Geld aus einem brennenden Hause zu retten, so achten wir ihn darum nicht eben höher.

Dies zeigt, wie wir immer die *Interessen der Menschheit* im Mittelpunkte unseres ethischen Bewusstseins antreffen. So ist es denn nur ein ärmlicher und unwirksamer Notbehelf, die Menschen dadurch zu ethischem Handeln zu treiben, dass man sie mit ewigen Höllenstrafen bedroht. Der wahre Weg ist vielmehr, ein lebendiges Bewusstsein von der ganz allgemeinen Beziehung zwischen dem einzelnen Individuum und der Gesamtheit zu entwickeln, derart, dass die entsprechenden Handlungen aufhören, nur als *Pflicht* empfunden zu werden. Sie sollen vielmehr eine *Gewohnheit* und zuletzt ein *Trieb* oder *Instinkt* werden, welcher alle unsere Handlungen freiwillig, ja unbewusst im Sinne der Menschheit und Menschlichkeit lenkt. Jeder geistige und ethische Fortschritt, den wir in unserer Selbsterziehung erringen, bedeutet in solchem Sinne einen Gewinn für die Menschheit, denn er kann auf unsere Kinder, Freunde und Schüler übertragen werden, und die Ausführung entsprechender Handlungen wird ihnen infolge des allgemeinen Gesetzes der Erinnerung leichter werden, als sie uns war. Neben und über der Tatsache der *erblichen Belastung* gibt es die Tatsache der *vererbbaren Vervollkommnung*, und jeder Schritt, den wir im Schweisse unseres Angesichts in solcher Richtung getan haben, bedeutet einen entsprechenden Gewinn für unsere Kinder und Kindeskinder. Ich muss bekennen, dass ich mir keine grossartigere Form der Unsterblichkeit vorstellen kann, als diese.

Zum Fall Wangel.

(1909)

Vor mehreren Jahren las ich das Buch des berühmten amerikanischen Psychologen, William James: The Variety of Religious Experience, das inzwischen, wenn ich nicht irre, durch die sach- und fachkundige Feder W. Jerusalems ins Deutsche übertragen worden ist. Das Buch machte damals einen sehr grossen Eindruck auf mich, weil es mir wieder ein Gebiet zeigte, das der wissenschaftlichen Behandlung zugänglich ist, obwohl man auf den ersten Blick kaum etwas als der „kalten" Wissenschaft mehr entrückt ansehen möchte, als das religiöse Innenerlebnis, das von jedem, der es erfahren hat, als ein unvergleichlich lebendig-persönliches empfunden wird. Aber bereits die sehr bestimmten und ins einzelne ausgearbeiteten Vorschriften der katholischen Mystiker, um zu diesem Erlebnis zu gelangen, die in auffallendster Weise mit den entsprechenden Angaben der indischen Priester übereinstimmen, überzeugten mich, dass es sich hier um eine, ich will nicht sagen *normale,* aber doch jedenfalls *gesetzmässige* psychologische Erscheinung handeln muss. Den Schlüssel aber zur Deutung des typischen Verlaufes dieses inneren Vorganges fand ich auf einem ganz anderen Wege, und erst nachdem ich diesen Schlüssel hatte, konnte ich den allgemeinen Eindruck der naturgesetzlichen Regelmässigkeit in eine kausale Theorie jener wunderbaren Vorgänge entwickeln.

Dieser Schlüssel war wieder einmal die *Energetik,* die mir bereits so viele Tore geöffnet hatte. Ich hatte mich um jene Zeit aus sehr dringenden persönlichen Gründen mit der *Theorie des Glückes* (S. 217) beschäftigt, denn ich sah mich vor der Notwendigkeit, wichtige Entschlüsse für die äussere und innere

Gestaltung meines künftigen Lebens zu fassen und meine naturwissenschaftliche Selbsterziehung gestattete mir nicht, diese Entschlüsse festzulegen, ehe ich mir über die dazu erforderlichen
theoretischen Voraussetzungen klar geworden war. Da diese
meine Theorie (die sich beiläufig bei der eben angedeuteten
Anwendung sehr gut bewährt hat, wie eine über mehr als drei
Jahre durchgeführte Erfahrung mir gezeigt hat) für die Darlegungen über das in der Ueberschrift genannte Thema massgebend ist, so muss ich mit einigen Worten auf sie zurückkommen.

Bekanntlich ist ein jeder Vorgang, also auch alles, was ein
Mensch tun und treiben kann dadurch gekennzeichnet, dass dabei gewisse Mengen gewisser Energien umgewandelt und in
andere, minderwertige Energien transformiert werden. Von der
Gesamtenergie, die ein Mensch bei irgend einer Handlung oder
einem Erlebnis betätigt, wird im allgemeinen ein Teil willensgemäss ein anderer Teil widerwillig ausgegeben. Ueberwiegt
der erste Teil, so bewirkt der Vorgang Freude, überwiegt der
zweite, so bewirkt er Unlust. Je nachdem also die Differenz:
willensgemässe Energie minus widerwillige positiv oder negativ
(im mathematischen Sinne) ausfällt, wird der Vorgang zu
unserem Glück beitragen oder er wird es vermindern. Hierbei
sind allerdings noch die Energiemengen mit spezifischen Faktoren zu multiplizieren, welche den *bewussten* psychischen
Effekt jener Energietransformationen ausdrücken. Wir nennen
die Differenz den *willensgemässen Ueberschuss.* Er kann auch
negativ sein. Meine anfängliche Annahme, dass von dem Vorzeichen und Wert dieses willensgemässen Ueberschusses allein
das Glück abhängig sei, erwies sich bei genauerer Untersuchung als mit den Tatsachen unvereinbar. Vielmehr stellte sich
durch die Analyse konkreter Fälle heraus, dass noch ein *zweiter*
Faktor für das Glück (als Gefühl betrachtet) massgebend ist.
Es ist die *gesamte Energiemenge,* die bei dem fraglichen Vorgange transformiert wird. *Dem Produkt aus dem willensgemässen Ueberschusse und der gesamten betätigten Energiemenge ist das Glücksgefühl proportional.*

Um diese sehr abstrakt erscheinende Betrachtung alsbald

durch Anschauung lebendig zu machen, erinnere ich daran, dass junge und kräftige Menschen die grössten Energiemengen transformieren. Je nach dem Zeichen des willensgemässen Ueberschusses empfinden sie daher Lust wie Schmerz bis zur Unerträglichkeit stark. Ihre Glücksempfindungen bezeichne ich kurz als das *Heldenglück*. Der grosse Wert ihrer Gesamtenergie steigert auch einen kleinen Wert des willensgemässen Ueberschusses zu einem hohen Produkt. Umgekehrt haben alte und schwache Menschen nur geringe Energiemengen zu transformieren. Wenn sie daher noch einigermassen glücklich sein wollen, müssen sie den willensgemässen Ueberschuss so gross wie möglich, also die Widerstände, die sie zu überwinden haben, so klein wie möglich gestalten. Das ist das, was ich kurz als das *Philisterglück* (ohne jeden unfreundlichen Nebensinn) bezeichne. Zwischen diesen Extremen liegen alle anderen Glücksmöglichkeiten.

Nun ist zu beachten, dass, wie ich schon hervorhob, nur die *bewusst* empfundenen Anteile der betätigten Energien für die Glücksempfindung massgebend sind. Ist kein Bewusstsein der Widerstände vorhanden, so fühlt sich der Betreffende glücklich, wie auch sonst sein Zustand beschaffen sein mag. Ein Beispiel ist der Alkoholrausch. Dieser hat die Eigentümlichkeit, die Widerstände des Lebens unter die Schwelle des Bewusstseins sinken zu lassen (vermutlich, indem er die entsprechenden Teile des Gehirns ausser Funktion setzt) und deshalb gilt der Spruch: der Wein erfreut des Menschen Herz. Der russische Bauer, dessen Leben eine ununterbrochene Kette von Widerständen ist, kennt kein anderes Mittel, sich glücklich zu fühlen, als indem er sich durch Alkoholvergiftung die Widerstandsempfindungen fortschafft. Und wenn der Leipziger Parteitag der Sozialdemokraten es möglich gefunden hat, den Schnapsboykott auszusprechen, so hat er damit zugegeben, dass das Leben des Arbeiters bereits ausreichend andere Glücksquellen enthält, um jene trügerische entbehrlich zu machen. Denn anders wäre es hier überhaupt unmöglich, den Beschluss durchzuführen.

Was in aller Welt hat dies nun mit dem Falle Wangel zu tun? wird bereits der ungeduldige Leser fragen. Es hat dies damit zu tun, dass von allen psychologischen Methoden der Selbstbefreiung von Widerstandsempfindungen dieser Vorgang, den man die *religiöse Erweckung* nennt, bei weitem der wirksamste ist, und demgemäss Glücksempfindungen auslöst, die nach den Schilderungen derjenigen, die sie erlebt haben, alle anderen menschlichen Möglichkeiten übertreffen. Die Beschreibungen, welche wir von solchen persönlichen Ereignissen besitzen, stimmen alle darin überein, dass tiefe Depressionszustände vorangehen, bei denen die Widerstände (als persönliche Sünde und Schuld, wohl auch als Sinnlosigkeit des ganzen Weltgeschehens und dergleichen) den Unglücklichen zu Boden drücken. Die gegenwärtig so verbreitete Neurasthenie, die meist mit Willensschwund verbunden ist und dadurch das Gefühl für vorhandene, ja die Einbildung tatsächlich nicht vorhandener Widerstände sehr stark entwickelt, macht aus diesem Grunde die von ihr Betroffenen so unglücklich.

Inmitten innerhalb dieser niederdrückenden Empfindungen entsteht dann, sei es durch Anregung von aussen, sei es durch Wiederbelebung langvergessener Erinnerungen, zuweilen anscheinend ganz spontan, das Gefühl, als fielen alle diese Widerstände ab wie drückende Fesseln, und das Glücksgefühl dieser Befreiung ist so stark, dass entsprechende physische Vorstellungen wie die des Fliegens oder Schwebens ausgelöst werden. Ob dann dieser Vorgang beim Uebersetzen in die gewöhnliche Sprache so beschrieben wird, dass Gott dem Sünder alle seine Schuld verziehen hat, oder dass die Seele im Nirwana zerfliesst, ist nur ein äusserlicher Unterschied; das Entscheidende ist das Fortfallen der Widerstandsempfindungen.

Sehr lehrreich ist die Tatsache, die sich in den betreffenden Fällen fast immer angegeben findet, dass die Aufrechterhaltung des Glückszustandes nicht dauernd durchführbar ist. Namentlich am Anfange solcher Erlebnisse beklagen die Erweckten häufige Rückfälle. Gott hat sie verlassen, sie sind wieder der Welt oder dem Teufel verfallen und ähnlich beschreiben sie die allgemeine Tatsache, dass die Widerstandsempfindungen wieder bewusst werden. Der Kontrast gegen den früheren ekstatisch glücklichen Zustand macht diese Rückfälle ausserordentlich schmerzlich, und die betreffenden streben daher die Erneuerung auf jede Weise an, und erlangen auch oft eine mehr oder weniger entwickelte Fähigkeit dazu. Indessen finden sich auch in solcher Beziehung bei den Erweckten fast regelmässig die Mitteilung, dass die allerhöchsten Ekstasen nur sehr schwer und selten zu erreichen sind, was auf Grund der angegebenen psychologischen Analyse leicht verständlich erscheint. Denn es handelt sich um die *vollständige* Beseitigung aller denkbaren Widerstandsempfindungen, die ein ungemein gesteigertes Abstraktionsvermögen (ich finde kein besseres Wort) zur notwendigen Voraussetzung hat.

Wenn man die Selbsteinschätzung der durch dieses Erlebnis gewonnenen Glücksgefühle anerkennt, und ich sehe nicht ein, wer besser darüber urteilen kann, als der, der sie erfahren hat, so handelt es sich tatsächlich um die höchste Steigerung, welcher persönlich menschliches Glück fähig ist. Man hat daher zunächst auch nicht den mindesten Grund, Menschen zu bedauern, denen solche Erlebnisse gegeben sind. Da sie in hohem Masse unabhängig von äusseren Lebensverhältnissen, ja, von Hunger und Entbehrung sind (Hunger ist sogar bei den Erfahrenen ein ziemlich sicheres Mittel, sie hervorzurufen, wenn sie einmal längere Zeit ausbleiben), so ist das Schicksal der „Erweckten" auch nicht nach dem Masstabe des äusseren Lebensbehagens zu messen. Denn dieses aufzugeben, ist ihnen nicht ein Opfer, sondern ein Gewinn. Ich glaube daher, dass die Freunde und Verehrer jener hervorragenden Schauspielerin, an der sich eben ein derartiger Vorgang vollzogen hat, sich in keiner Weise beruhigen dürfen, was ihre persönlichen Empfindungen anlangt; sie ist zweifellos gegenwärtig unvergleichlich viel glücklicher, als wenige Wochen vorher.

Eine andere Frage aber ist, ob die Menschheit insgesamt solche Zustände anstreben soll. Sie haben die Besonderheit, *dass sie das betreffende Individuum von der sozialen Gesamtarbeit ausschalten.* (Die soziale Betätigung der Heilsarmee, an die im Widerspruche zu der eben ausgesprochenen Behauptung zu denken wäre, ist tatsächlich kein Gegenbeweis, doch würde es hier viel zu weit führen, wenn diese besondere Erscheinung auch noch in ihre Faktoren auseinandergelegt werden sollte; dies kann vielleicht ein andermal geschehen.) In der grossen Mehrzahl der Fälle gelingt die Wiedererzeugung der Ekstasen nur durch mehr oder weniger vollständige Isolierung oder durch gegenseitige Beeinflussung mehrerer zu gleichem Tun Versammelter. In beiden Fällen ist alle andere soziale Betätigung ausgeschaltet. Wir wissen auch, dass namentlich erweckte Frauen zwischen den Ekstasen so schwach und krank zu sein pflegen, dass sie die Hilfe anderer beanspruchen müssen, um nur am Leben zu bleiben. Auch kennen wir aus der Geschichte eine nicht geringe Anzahl von Fällen, wo die Ausbreitung dieser Erlebnisse in einer ganzen Gemeinschaft diese alsbald in den Untergang geführt hat. Denn die Selbstvernichtung erscheint als ein besonders wirksames Mittel zur Befreiung von den Widerständen des Lebens.

Das Problem des Glücks.

(1908)

Es ist mit einem eindringlichen Gedanken wie mit einer eindringlichen Melodie: sie können zuzeiten ganz lästig werden, weil man sie nicht aus dem Kopf bringt und schliesslich auch die Reden des täglichen Lebens nach ihnen absingt. So geht es mir mit dem Rhythmus des Geschehens, dessen einfache Naturgesetzlichkeit ich neulich in diesen Spalten darlegte: ich kann mich nicht enthalten, diese Betrachtungsweise auf jedes Ding anzuwenden, das mir in den Weg tritt, und das ist mir bereits so geläufig geworden, dass die Reaktion ganz automatisch eintritt, wie die richtige Kurbellenkung beim Autofahrer. Aehnliches war mir früher während meiner Professorenzeit geschehen, wo ich täglich meinen Schülern bei ihren Forschungsversuchen helfen musste: wenn mir damals irgendein wissenschaftliches Problem vorgelegt wurde, setzte sich der Teil meines Gehirns, in dem die konstruierende oder Erfinderfähigkeit untergebracht war, von selbst in Tätigkeit, auch wenn ich anders sprach und dachte, und nach einiger Zeit war die Maschine abgeschnurrt und zeigte das Resultat in Gestalt irgendeines Arbeitsplanes oder verbindenden Gedankens vor.

Was nun den Rhythmus des Geschehens anlangt, so fiel mir dieser wieder ein, als ich das Buch von Dr. Moritz Schlick: „Lebensweisheit, Versuch einer Glückseligkeitslehre" (München, C. H. Beck) durchlas. Dies ist eines der vielen Zeichen dafür, dass wir die pessimistische Periode, die seit den Tagen Lord Byrons bereits wieder zweimal hochgegangen war, nochmals glücklich überwunden haben. Der bleiche Fremdling mit dem schmerzdurchwühlten Antlitz zieht nicht mehr, selbst bei dem jüngsten Fräulein, und die Flucht aus der Grossstadt aufs Land beweist, dass man die Courage hat, sich in guter Gesellschaft zu fühlen, auch wenn man mit sich allein ist. Das ist ein sehr solider Optimismus.

Man erinnert sich vielleicht noch der beiden Bücher des ausgezeichneten Physiologen Metschnikow, der von dem Standpunkt seiner Wissenschaft aus die Uebel des menschlichen Lebens untersuchte und sie wesentlich in dem Zeitunterschied fand, der zwischen dem Eintreten neuer Existenzbedingungen unter der Anpassung an diese besteht. Nicht nur Gesetz und Rechte erben sich von unseren Voreltern fort, so dass sie mit unseren gegenwärtigen Zuständen nicht mehr im Einklang sind, sondern noch viel mehr die viel langsamer veränderlichen biologischen Bedingungen unserer körperlichen und damit unserer geistigen Existenz. So entsteht ein Widerspruch, der notwendig zum Missbehagen führen muss und die Quelle vielen Unglücks ist. Es gibt aber nicht nur die „erbliche Belastung", die den Pessimisten als wissenschaftliche Stütze ihres Standpunktes dienen muss, sondern es gibt die sehr viel wichtigere vererbbare Vervollkommnung, auf der unsere ganze Kultur im allerweitesten Sinne beruht, und dies ist ein durch und durch optimistisches Prinzip. Dr. Schlick weist gelegentlich darauf hin, indessen ohne es in hinreichend nachdrücklicher Weise zur Geltung zu bringen. Denn es handelt sich hier um nicht weniger als um eine kopernikanische Tat, eine Verlegung des moralischen Weltmittelpunktes um eine Sonnendistanz. Fast alle religiösen Weltanschauungen supponieren eine frühere goldene oder paradiesische Zeit, aus der die Menschheit durch irgendein Verschulden in ihr jetziges Elend geraten sei. Nur die Wissenschaft kehrt diese Ansicht in ihr Gegenteil um: aus unbeschreiblichem Elend hat sich die Menschheit zu ihrer jetzigen Höhe entwickelt. Man mag angesichts mancher Erscheinungen kultureller Auswüchse noch so skeptisch der Kultur der „Jetztzeit" (um das von Schopenhauer so gehasste Wort in seinem Sinne zu verwenden) gegenüberstehen: die äusseren Bedingungen eines menschenwürdigen Lebens sind doch heute sehr viel leichter zu gewinnen und werden von einer sehr viel grösseren Anzahl Menschen gewonnen, als noch vor einem Jahrhundert. Und wenn die Menschen nur wollen, können sie heute viel leichter glücklich werden als in alten Zeiten. Daher dürfen wir mit Aussicht auf Erfolg daran arbeiten, auch unseren Kindern und Enkeln ein Leben gestalten zu helfen, in dem sie noch glücklicher sein können (wenn sie ihrerseits wollen), als wir selbst waren. Das ist ein Optimismus, der unser ganzes Leben durchtränken kann.

Und dieser Optimismus ist nicht nur ein technisch-biologischer, er ist auch ein moralischer. Denn auch unsere moralischen Eigenschaften sind durch lange Geschlechter erworben; von allgemeiner Menschenliebe wussten weder die Griechen noch die Juden des Alten Testaments etwas; für sie hörte der „Nächste", den sie bestenfalls liebten wie sich selbst, an der Sprachgrenze auf. Und Gerechtigkeit war Rache. Sehr weit sind wir inzwischen nicht hierüber hinausgekommen, aber doch immerhin um ein für uns merkliches Stück, und das genügt, um uns mit guten Hoffnungen für die Zukunft zu erfüllen. Die enormen Fortschritte der Naturwissenschaft und Technik konnten gleichfalls vor einigen Jahrhunderten nicht geahnt werden, und man kann jetzt wiederum bereits die Regungen einer künftigen Zeit erkennen, in der die ethischen Fortschritte einen ebenso rapiden Lauf annehmen werden, wie ihn jetzt die technischen haben.

Damit sind wir wieder bei dem Problem unseres Verfassers angelangt, der es allerdings nicht von diesem weltweiten Standpunkt aus nimmt. Es handelt sich vielmehr um eine sehr erfreuliche Nähe, ja Unmittelbarkeit der Betrachtung, die uns überall ganz naheliegende Anwendungen auf die praktische Gestaltung unseres eigenen Lebens erkennen lässt. Die Analyse des menschlichen Handelns ergibt ihm die Lust als dessen Ursache. Natürlich muss dies Wort im allgemeinsten Sinne genommen werden. Es läuft dabei allerdings die Gefahr unter, dass sich hierbei der Sinn ein wenig verflüchtigt, denn es kommt darauf hinaus: der Mensch tut jedesmal, was er tun will. Aller Wille ist Wille zum Glück, denn wir bezeichnen das als Glück, was der Resultierenden unserer augenblicklichen Gefühle und Triebe entspricht. Diese letzteren sind aber ausgiebig biologisch bedingt.

Bei der Untersuchung dieses Gedankens und ähnlicher wird der Verfasser allerdings nicht wenig durch eine überaus häufige Wendung gestört, die zunächst nur äusserlich aussicht, für die Gesamtauffassung aber weitgehende Folgen hat. Für ihn stellt sich nämlich die „Natur" dar als ein bewusst wollendes Wesen, und er schildert ein- über das anderemal, mit welcher Schlauheit oder Rücksichtslosigkeit sie ihre Ziele zu erreichen sucht und weiss. Hierdurch beraubt er sich des grossartigsten und für den ethischen Optimismus wirksamsten Gedankens, dass nämlich alle Ethik, aller Optimismus und alles Wollen überhaupt in die sogenannte Natur erst durch den Menschen gebracht wird . Es ist eine fetischistische Auffassung, dass hinter oder in der Natur ein menschenähnliches Wesen mit menschenähnlichen Zwecken stecke. Erst wenn man sich von der gänzlichen Gleichgültigkeit der sogenannten Natur gegen alle diese menschlichen Wendungen und Wertungen überzeugt hat, beginnt man die unübersehbare Grossartigkeit des Gedankens zu erfassen, dass alles, was gut und wertvoll in und um uns ist, als *Menschenwerk* angesehen werden darf und muss, und dass wirklich der Mensch der Schöpfer alles Guten ist.

Ich wiederhole, dass ich es dahingestellt sein lasse, ob und inwieweit er stolz darauf sein kann; ich für meine Person bin es aber im Namen aller meiner Ururreltern bis zum ehrwürdigen Anthropopithecus hinauf, und für mich ist es der erhebendste Gedanke, den ich zu erfassen vermag, dass das bisschen Selbstarbeit, das ich an mir zu tun vermocht habe, als ehrlich erworbenes Erbgut auf die ganze Reihe meiner künftigen Abkömmlinge übergehen wird und muss.

Allerdings bleibt Dr. Schlick der Hauptsache nach so sehr in der Gegenwart, dass auffällige Folgen jener etwas schiefen Auffassung sich nicht geltend machen. Und was er uns über diese zu sagen hat, macht es sehr der Mühe wert, ihm zuzuhören.

Es ist die abgeklärte, der brausenden Jugend vielleicht ein wenig nüchtern erscheinende Weisheit eines Mannes, der mit wohlwollendem Auge des Arztes das Leben betrachtet und sich

immer wieder gefragt hat: Wie kann man es besser, das heisst
glücklicher machen? Nachdem er den oben angegebenen Standpunkt gewonnen hat, betrachtet er in zwei grossen Abschnitten
das Verhalten des Menschen zu sich selbst und das zu den anderen. Von diesen Betrachtungen sind mir die ersteren die sym-
pathischeren. Nicht dass ich allerwege mit ihm übereinstimmte.
Das Fehlen der energetischen Betrachtungsweise, die ich selbst
seinerzeit auf das Glückpsroblem (allerdings mit nicht viel
Glück, wie der verstorbene Hofrat Boltzmann meinte) anzuwenden versucht habe, macht sich doch insofern geltend, als
hierdurch einige weiterreichende Gesichtspunkte verfehlt werden, insbesondere was Kultur und Wissenschaft betrifft. Aber
in dem, was gegeben wird, findet sich soviel Richtiges und
Zweckgemässes, dass ich den Verfasser nur bewundern kann,
wie sicher er trotz des Fehlens jener Gesichtspunkte sich in
dem Dickicht dieser verwickelten Probleme zu bewegen weiss.
Gleichzeitig ist mir dies eine überaus wertvolle Bestätigung für
die Richtigkeit oder vielmehr Zweckmässigkeit unserer beiderseitigen Anschauungen. Wenn wir so ganz verschiedene Land-
marken gewählt haben und doch die gleiche Fahrtrichtung ein-
halten, so ergibt sich eine sehr grosse Wahrscheinlichkeit dafür, dass es sich wirklich um einen sachgemässen Weg handelt.
Welches dieser Weg ist? Ja, das ist nicht so kurz gesagt, da
muss der liebe Leser schon selbst das Buch nachlesen. Es ist
nicht dick.

Viel weniger bin ich zufrieden mit dem zweiten Teil. Aus
verschiedenen Lagern macht sich augenblicklich eine Gegenströmung geltend, die die gegenwärtig übliche Betonung des
sozialen Faktors in der Auffassung der menschlichen Angelegenheiten übertrieben findet und die organische Natur der
sozialen Gebiete in Abrede stellt. Dr. Schlick steht auf dem
gleichen Standpunkt, während ich diese Gegenströmung unter
dem Gesichtspunkt des allgemeinen Rhythmusgesetzes (schon
wieder!) auffasse als den Ausdruck eines Missbehagens über
die noch nicht vollständig gelungene Anpassung. Also, ich
meinerseits glaube an die organische Natur der sozialen Bildungen und finde in dieser Annahme so erhebliche Förderung

für mein Arbeiten und Denken im einzelnen, dass ich keinen Grund erkennen kann, einen solchen fördersamen Standpunkt zu verlassen.

Als sachgemässen Ausfluss dieser seiner Grundanschauung findet Dr. Schlick denn auch den Höhepunkt der menschlichen Beziehungen in der Liebe, dies Wort zwar im persönlichen, aber dabei doch denkbar weitesten Sinne genommen. In der Tat bleibt schliesslich zwischen vielen einzelnen und der Gesamtheit kein praktischer Unterschied, wenn der eine jedem einzelnen die gleiche Liebe entgegenbringt, die der andere der Gesamtheit zuzuwenden bereit ist.

Zwei Seelen wohnen, ach, in meiner Brust . . .

(1908)

Wie unzählig viele Jünglinge und wohl auch Männer haben in jenen Faustworten eine genaue Beschreibung ihres Innenlebens erkannt, wenn sie auch die unmittelbar darauf folgende Kennzeichnung der Beschaffenheit jener beiden Seelen nicht ganz als zutreffend empfunden haben mögen. In der Tat hat hier wieder einmal der Dichter eine allgemeine, vorher von der Wissenschaft noch nicht gesehene und anerkannte Tatsache ausgesprochen, und der Wissenschaft bleibt, wie so oft, nur übrig, nachträglich die Richtigkeit jener Entdeckung anzuerkennen und allenfalls bei dieser Gelegenheit einige Nebensachen zurechtzuschieben oder in ein anderes Licht zu stellen.

Das Vorhandensein von zwei verschiedenen Seelen, oder allgemeiner gesprochen zweier *Tendenzen* in der menschlichen Psyche ist eine sehr verbreitete Erscheinung, die um so ausgesprochener vorhanden zu sein pflegt, je fortgeschrittener im Sinne der psychologischen Entwicklung das fragliche Individuum ist. Der Bauer, der friedlich seine Scholle beackert, ebenso wie der wohlgeratene Sohn aus „guter" Familie, der den Familientraditionen gemäss sein Leben einrichtet, dessen gesamten Verlauf er mit grosser Wahrscheinlichkeit bis an sein seliges Ende voraussehen kann, ist von der Behaftung mit jenen zwei Seelen frei. Auch beim rücksichts- und ruhelosen Dollarjäger, dessen Typus uns die neue Welt kennen gelehrt hat, scheint eine beruhigende Eindeutigkeit seines geistigen Habitus vorhanden zu sein; erkennen wir doch als eine überaus regelmässige Erscheinung, dass er, auch lange nachdem er sein Ziel erreicht hat, dennoch die liebgewordene Beschäftigung des Gelderwerbs auf anderer Leute Kosten nicht aufgeben mag, eben weil nichts anderes für ihn genügenden Reiz besitzt.

Die Tatsache, dass die Zweiseelenerscheinung sich auf diejenige Menschenklasse beschränkt, von der die *Fortschritte* des Fühlens und Denkens ausgehen und die somit in irgend einer Gestalt zu Führern der Menschheit auf ihrem Entwicklungswege bestimmt ist, gibt alsbald den Schlüssel zu ihrem Verständnis an die Hand. Während nämlich alle anderen Lebewesen auf die *Erhaltung* ihrer Art und ihres Zustandes organisiert sind, wohnt dem Menschen ausserdem der Trieb nach *Entwicklung* und *Vervollkommnung* dieses Zustandes bei. Hieraus ergibt sich in seinem Leben ein Faktor, der zwar Glück, ja sehr intensives Glück bringen kann, daneben aber durchaus die Eigenschaft hat, das Behagen am *gegenwärtigen* Zustand zu zerstören. Auf dem Fehlen dieses zweiten Faktors beruht der Eindruck reinen, zweifelsfreien Glückes, den gesunde Tiere unter normalen Verhältnissen auf uns machen. Man braucht nur das Treiben einer Hühnerschar (mit dem stolzen Hahn dabei) einige Zeit ohne Hintergedanken zu beobachten, um diesen Zustand beneidenswert zu finden. Und zwar wegen der absoluten Selbstverständlichkeit, mit der sich jede Phase dieses Lebens vollzieht. Hält man dagegen das Hasten und Jagen des modernen Grossstadtmenschen sich vor Augen, so ist man bereit, als Inhaber der Weisheit des Lebens die Hühner anzusehen.

Andererseits wird aber auch der Grossstadtmensch, gleichfalls unter normalen Verhältnissen, jene Hühnerexistenz nur in Augenblicken tiefer Ermüdung für beneidenswert halten und im übrigen in dem konzentrierten Lebenskampfe seines Daseins das wahre Leben erkennen. In ihm als einem häufigeren Typus, und in dem jungen Künstler oder Forscher, der der Menschheit neue Wege bahnt als der höchsten Form dieser Menschenklasse, verkörpert sich eben jene andere Seele oder Seite der Menschheit und die Tatsache, dass solche Menschen diese besondere Art der Lebensbetätigung nicht nur frei gewählt haben, sondern sie um keinen Preis aufgeben möchten, lässt sie als Bedürfnis und somit als eine Quelle besonderer Glücksgefühle erkennen.

Jene zwei Seelen sind also die *konservative* Seele, welche zufolge jener allgemeinen biologischen Eigenschaft der Erleichterung der Wiederholten möglichst stabile Verhältnisse anstrebt, und die *fortschrittliche* Seele, welche umgekehrt auf der biologischen Eigenschaft der Selbststeigerung beruht, die beispielsweise in dem gesteigerten Wachstum stark beanspruchter Organe ihren Ausdruck findet. Jede dieser Seelen hat ihre eigene Art der Befriedigung oder des Glücks, und ich bin angenehm überrascht, auf diesem nicht vorgesehenen Wege ganz den gleichen Glückstypen zu begegnen, die ich vor einigen Jahren auf wesentlich anderer Grundlage, nämlich bei der Ausarbeitung einer energetischen Theorie des Glücks aufgefunden habe. Ich habe sie damals als das *Heldenglück* und das *Philisterglück* bezeichnet. Das erste wird durch einen Höchstbeitrag an willensgemäss betätigter Energie gekennzeichnet, während das zweite auf dem Mindestbetrag von Widerständen oder willenswidriger Betätigung beruht. Das erste Glück kann nur erreicht werden, wenn sehr grosse Beträge freier Energie verfügbar sind, gehört also der Jugend an und wird durch Krankheit oder Alter im allgemeinen ausgeschlossen, während das zweite umgekehrt das Glück der Schwachen ist. Andererseits pflegt jeder dieser Parteien das Glück der anderen nicht unbekannt zu sein, und daraus ergibt sich unter Umständen eine weitgehende Sehnsucht nach diesem.

Beim Starken wird die Sehnsucht nach dem andern Glück dann eintreten, wenn die freie Energie geringer und der bevorstehende Widerstand sehr gross geworden ist. Diesen Stimmungen pflegen wir Sympathie entgegen zu bringen, weil sie oft Folgezustände unerhörter Anstrengungen sind, welche die Erweiterung der menschlichen Grenzen in irgend einem Sinne zum Ziele gehabt haben. Umgekehrt wird auch der Schwache gelegentlich Sehnsucht nach jenen Fernen und Weiten empfinden, in denen er seine höher begabten Genossen sich so frei und leicht tummeln sieht und die ihm ewig verschlossen bleiben müssen. Auch solche Gefühle liegen im Sinne des Fortschrittes

und verdienen Teilnahme. Aber ausserdem gibt es eine einflussreiche Stimmung, die jene zweite Seele nicht als einen
normalen, ja unentbehrlichen Bestandteil der menschlichen
Organisation anerkennen will. Sie stützt sich mit scheinbarem
Recht auf alle die Unbequemlichkeiten und Schwierigkeiten,
welche die fortwährend wieder nötig werdende Anpassung an
stets neue Verhältnisse mit sich bringt, sie hat für sich die
breite, biologische Basis von dem leichteren Verlauf gewohnter,
d. h. sehr häufig wiederholter Vorgänge und appelliert daher
an tief eingewurzelte und einen langen Nachhall gebende Instinkte. Sie wird dort den meisten Anklang finden, wo die
allgemeinen Lebensverhältnisse den einzelnen noch nicht mit
der Fähigkeit schneller Anpassung an wechselnde Bedingungen
ausgestattet haben, selbst wenn die Verhältnisse (wie z. B. die
des russischen Bauern) an sich fast unerträglich sind, während
umgekehrt eine an wechselnde Existenzbedingungen gewöhnte
Industriebevölkerung auch bei verhältnismässig auskömmlicher
Lage intensiv fortschrittlich gesinnt zu sein pflegt.

Eine sehr interessante Probe auf die Richtigkeit dieses
biologischen Exempels gewähren die *Frauen*. Zunächst findet
das Wort von den zwei Seelen auf sie kaum jemals Anwendung; ja, wir haben das Bewusstsein, dass es ihrem typischen
Wesen widerspricht, dessen geschlossene Einheitlichkeit für
uns Männer einen so grossen Reiz ausmacht. So steht dem
Zweiseelen-Faust das durchaus einseelige Gretchen gegenüber,
dem der Mephisto rein instinktiv in tiefster innerster Seele ver-
hasst ist. Es unterliegt keinem Zweifel, worauf diese Einheitlichkeit zurückzuführen ist: die weibliche Seele ist ausschliesslich konservativ. Wenn man den Dichter mit seiner Gegen-
überstellung der beiden Gestalten nicht als beweisend gelten
lassen will, so wird vielleicht ein ganz modernes Experiment
die Lücke ausfüllen: die Einführung des weiblichen Stimm-
rechts bei den norwegischen Kommunalwahlen hat ein erhebliches Wachstum der politisch-konservativen Stimmen zur
Folge gehabt. Biologisch beruht dies auf dem Umstande, dass
die Betätigung der *Arterhaltung* einen so ausgedehnten und
wichtigen Raum im Leben des Weibes einnimmt, dass für die

Sorge um *Vervollkommnung* kein erheblicher Raum mehr übrig bleibt. Natürlich gibt es einzelne ungewöhnliche Frauen, bei denen fortschrittlich-schöpferische Fähigkeiten vorhanden und wirksam sind; solche pflegen aber kinderlos zu bleiben, wiederum aus naheliegenden biologischen Ursachen. Daher besteht ein natürliches Hindernis dagegen, dass sich ein solcher Typus als regelmässige Form ausbildet: er ist nicht *erhaltungsgemäss* beschaffen und sein Vorkommen muss sich darum auf einzelne Exemplare beschränken.

Auch eine andere Erscheinung, die oft genug die Aufmerksamkeit nachdenklicher Spaziergänger im Walde der Geschichte erregt hat, findet hier ihre Erklärung, nämlich das Xanthippenproblem. Ich meine die Tatsache, dass die grossen Förderer der Menschheit ganz vorwiegend unglücklich verheiratet waren, soweit sie nicht von vornherein vorzogen, unverheiratet zu bleiben, was sehr häufig zu beobachten ist. Man muss so regelmässige Erscheinungen niemals als kuriosen Zufall ansehen, sondern darf stets voraussetzen, dass man früher oder später ihre natürlichen Ursachen wird erkennen können. So auch hier. Der grosse Mann in dem hier festgehaltenen Sinne ist nur darum ein solcher, weil er ein Neuerer ist. Fesselt er eine Frau dauernd an sich, so treffen jene zwei entgegengesetzten Seelen nicht mehr in einer Brust zusammen, sondern sie sind auf zwei verschiedene Menschen verteilt, zu deren innersten, unveräusserlichstem Wesen sie gehören. Da ist denn ein Gegensatz nicht nur möglich, sondern leider notwendig und unvermeidlich, und es bedarf fast übernatürlicher Glücksumstände, damit er nicht ein unausgleichbarer Konflikt wird. Man lese beispielsweise unter diesem Gesichtspunkt die kürzlich erschienenen Briefe an Minna von Richard Wagner: dass er nach seinen frühen Erfolgen mit Rienzi ganz neue Wege suchte, statt auf der sicheren Bahn zu bleiben, entfremdete ihm die Gattin, die die Bedrängnisse der jungen Jahre freudig mit ihm geteilt hatte. Und ihre unvernünftige Eifersucht ist nur das unbewusste Zugeständnis jenes Gegensatzes und das unbewusste Gefühl der eigenen Unzulänglichkeit gegenüber den neuen Forderungen. Denn dies darf uns nicht täuschen, dass jene Männer meist in ihrer Jugend begeisterte weibliche Hingabe finden. Diese wird einfach durch den Ueberschuss an Lebenskraft hervorgerufen, der solchen Männern in der Jugend eigen ist, und der, wiederum aus allgemein biologischen Ursachen, unwiderstehlich auf die weibliche Psyche wirkt. Alle jene Xanthippen sind es erst in späterem Alter geworden, nachdem sie leidenschaftlich liebende Bräute gewesen waren.

Zum Schlusse sei noch ein Wort an jene Verse gesagt, die sich an jene Zeile von den zwei Seelen anschliessen. Nachdem die eine, konservative, vollkommen zutreffend geschildert worden ist, heisst es von der anderen, dass sie gewaltsam sich vom Dust zu den Gefilden „hoher Ahnen" hebt. Hier hat den Dichter sein sonst so sicheres Gefühl verlassen, denn gerade jene erste Seele ist die ererbte, die wir von den Ahnen haben, und die Fortschrittseele ist eine unvollkommen genug herangezüchtete, *neue*. Es handelt sich hier um einen wunderlichen perspektivischen Fehler, der unsere ganze Lebensauffassung fälscht. Vermöge eines vollkommen natürlichen Gefühles verehren wir in unseren Eltern (und durch Uebertragung in allen älteren Menschen) die höhere, durch längere Lebenserfahrung erworbene Weisheit. Dies ist aber nur richtig für dies persönliche Verhältnis. Sachlich wird die Erfahrung, die wir in dem Lebensalter besitzen werden, das unsere Eltern gegenwärtig erreicht haben, die ältere und daher unter gleichen Umständen auch die 'bessere sein. Und ganz allgemein ist die *neueste* Weisheit tatsächlich *nicht* die *jüngste*, sondern nach der Länge der Entwicklungsreihe gerechnet, im strengsten Sinne des Wortes die *älteste*. Ebenso also, wie die Entwicklungslehre uns zwingt, die Annahme eines ersten goldenen Zeitalters, aus dem die Menschheit durch eine spätere Sünde vertrieben worden ist, zu verwerfen, so zwingt uns die Entwicklungslehre, den anerzogenen Respekt vor „alter" Weisheit stark zu revidieren. Die Naturwissenschaft hat ihn tatsächlich bereits unter dem Einflusse ihrer unvermeidlichen Wahrhaftigkeit verloren.

Zur Biologie des Forschers. I.

(1907)

Die Entdecker und Förderer der Wissenschaft sind bisher wie Meteore angesehen worden, die unerwartet auftauchen, eine Zeitlang in überirdischem Glanze strahlen und dann verschwinden, wobei der Weg, den sie durchmessen haben, noch einige Zeit nachleuchtet. Aehnlich wie bei Meteoren hat man dann wohl auch beobachtet, dass sie gern in Schwärmen auftreten, so dass bestimmte Zeiten erheblich reicher als andre an diesen glänzenden Erscheinungen sind. So weit hat es die Naturgeschichte dieser Phänomene aber noch nicht gebracht, dass man wie bei den Meteoren bestimmte Perioden bezeichnen kann, in denen man ein bedeutend reicheres Erscheinen erwarten darf; doch ist es immerhin bereits mehrfach aufgefallen, dass insbebesondere in Zeiten dringenden Bedürfnisses ein Volk meist auch eine übergewöhnlich grosse Zahl genialer Forscher hervorbringt. Vielleicht die auffallendste dieser Tatsachen ist das Auftreten einer ganzen Plejade hervorragendster Mathematiker und Naturforscher zur Zeit der grossen französischen Revolution. Hier kann man nachträglich einigermassen die wirksamen Faktoren bestimmen: es ging einerseits eine Periode hoher Kultur unter einer äusserlich erfolgreichen, wenn auch innerlich ungesunden Regierung voraus, und dann entstand durch den Kampf mit dem alten Europa und durch das Auf- und Durchwühlen aller Schichten der Nation eine starke Nachfrage nach hervorragend leistungsfähigen Männern und gleichzeitig die Freigabe des Weges zu solchen Leistungen für alle, die dazu fähig waren. Wenn einer dieser Faktoren, die Bereitung des günstigen Boden *vorher* und das dringende Bedürfnis *nachher,* nicht wirksam gewesen wäre, so wäre zweifellos manche Entwicklung nicht eingetreten oder vorzeitig stehen geblieben, so dass das Gesamtergebnis ein geringeres gewesen wäre.

In unsrer Zeit ist die Wissenschaft insofern mehr und mehr in die Breite gegangen, als eine unvergleichlich viel grössere Anzahl geeigneter Männer sie als Grundlage für ihre bürgerliche Existenz gebrauchen kann. Die grossen Forscher des sechzehnten Jahrhunderts sind fast ohne Ausnahme *Dilettanten* gewesen, d. h. Männer, welche die Wissenschaft nur in ihren Musestunden treiben konnten und welche die für ihre Forschungen erforderliche Zeit und gegebenenfalls auch die äusseren Mittel sich auf irgendeine andre Weise beschaffen mussten, da die Wissenschaft ihnen diese nicht lieferte. So finden wir sie als Aerzte und Geistliche, wir sehen sie entweder im Reichtum geboren oder sich durch Bedürfnislosigkeit davon unabhängig machen. Spinoza ernährte sich durch Brillenschleifen, Lavoisier war Generalpächter, Newton wurde, um ihm eine pekuniär ausreichende Existenz zu geben, zum Münzmeister ernannt.

Von allen Berufen, die sich mit wissenschaftlicher Produktion verbinden, ist der des *Lehrers* der Wissenschaft aus äusseren wie inneren Gründen der geeignetste, und so beobachten wir, wie im Laufe des neunzehnten Jahrhunderts fast in allen Kulturländern *die Forschung das Nebenamt des lehrenden Professors*, in erster Linie des Universitätsprofessors ist. Die Entwicklung hat in verschiedenen Ländern einigermassen verschiedenartig stattgefunden; am meisten in solcher Richtung ist sie in Deutschland vorgeschritten. Bei uns ist bis vor kurzem praktisch die ganze wissenschaftliche Produktion das Werk der Universitätslehrer gewesen. Während in England beispielsweise Männer wie Darwin und Herbert Spencer Privatleute waren, die ohne die Sicherung eines akademischen Amtes aus innerem Beruf ihrer forschenden Tätigkeit nachgingen, lässt sich in Deutschland kaum eine wissenschaftlich hervorragende Leistung namhaft machen, die nicht von einem Universitätslehrer ausgegangen wäre, und ein Fall, wie der von H. Grassmann, der trotz seiner ungewöhnlichen mathematischen Leistungen es nicht zum Universitätsprofessor gebracht hat, wird als eine Anomalie, ja fast als eine Schmach für die Nation angesehen. Erst in

unsern Tagen, wo die Wissenschaft in alle möglichen Angelegenheiten des Lebens eingreift, mehren sich die Fälle, dass
wissenschaftliche Arbeiter ohne Zusammenhang mit Unterrichtsanstalten, wie praktische Aerzte, staatliche und städtische
Beamte, Fabrikchemiker, Ingenieure und andre nicht im Lehr-
berufe stehende Männer hervorragende wissenschaftliche Leistungen hervorbringen. Allerdings macht sich in solchen Fällen
alsbald die Vorstellung geltend, dass man derartige Männer,
nachdem sie ihre wissenschaftliche Leistungsfähigkeit erwiesen
haben, sobald als möglich in den Lehrberuf übertragen soll; auch
die Männer selbst pflegen eine solche Uebertragung (wenigstens anfänglich) als ein höchst wünschenswertes Ziel anzusehen, allerdings um sich hernach oft zu überzeugen, dass diese
Dinge bei näherer Kenntnisnahme doch auch weniger erfreuliche Seiten haben, als sie angenommen hatten.

Es liegt hier in der Tat eine Anomalie vor, die das zwanzigste Jahrhundert, das nach den Proben, die es in seinem
kurzen Leben abgelegt hat, in eminentester Weise das *wissenschaftliche* Jahrhundert wird heissen müssen, hoffentlich gerade
auf Grund dieser besonderen Eigenschaft beseitigen wird. So
allgemein die grundlegende Wichtigkeit der Wissenschaft, und
zwar auch der *reinen*, nicht auf unmittelbare Anwendung gerichteten Wissenschaft anerkannt wird, *so gibt es doch noch
nicht einen einzigen regelmässigen Beruf, der rein und ungetrübt
die wissenschafliche Leistung zum Ziele hat.* Man erwartet
allerdings, dass der Universitätslehrer sich auch um die Erweiterung und Vermehrung der Wissenschaft bemühen wird, und
die Berufungen und Neubesetzungen pflegen vorwiegend durch
die wissenschaftlichen Leistungen des Kandidaten bestimmt zu
werden. Aber seine *amtlichen* Verpflichtungen beziehen sich
ausschliesslich auf das *Lehren* und nie auf das Forschen. Und
dass dies nicht eine blosse Form ist, der die neue Zeit einen
andern Inhalt gegeben hat, geht aus wohlbekannten allgemeinen
Tatsachen unzweideutig hervor. Wenn der Professor auch vollständig aufhört, neue wissenschaftliche Arbeit zu produzieren,
und nur seinen Lehrverpflichtungen regelmässig nachkommt,
so wird er als ein vollwichtiges Mitglied der akademischen

Körperschaft, als einer angesehen, dem durchaus kein Vorwurf einer Pflichtversäumnis gemacht werden darf. Wenn aber umgekehrt ein Universitätslehrer seine Studenten vom Kolleg heimschicken wollte, weil er eben eine wichtige wissenschaftliche Entdeckung zu machen im Begriff ist, so würde er nicht nur sich einer mehr oder weniger energischen Rektifikation von seiten seiner vorgesetzten Behörde aussetzen, sondern auch seine Kollegen, insbesondere die der eben beschriebenen Art, würden sein Verhalten moralisch entrüstet verurteilen. Dieser Gegensatz beweist unzweideutig, dass trotz der unverhältnismässig grösseren sachlichen Wichtigkeit, die der Vermehrung der Wissenschaft gegenüber ihrer blossen Uebertragung an Schüler zukommt, *dennoch die Arbeit dieser Vermehrung selbst vom berufsmässigen „Gelehrten" nur insofern geleistet werden darf, als die Unterrichtsarbeit es gestattet.* Somit wird diese Leistung, die zu den allerwichtigsten der Menschheit gehört, immer noch als freies Geschenk von den dazu Geeigneten beansprucht, und auch in den vorgeschrittensten Kulturgemeinschaften gibt es noch keinen regelmässigen Beruf, der ausschliesslich auf freie wissenschaftliche Leistung gerichtet ist.

Dass das Bedürfnis hierzu vorhanden ist, kann nicht bezweifelt werden, denn es findet sich nicht selten befriedigt, wenn auch nicht in regelmässiger Weise. So befindet sich *Robert Koch,* der Begründer der modernen Bakteriologie, in einer amtlichen Stellung, die namentlich nach ihrer neulichen Umgestaltung ihm ganz frei die Zeit und Mittel liefert, um wissenschaftliche Arbeit nach eigenem Urteil zu leisten. Und ähnlich kann man in Deutschland wie in Amerika einzelne weitere Fälle nachweisen. Im letzteren Lande der rapiden Entwicklung hat die Einsicht in die Notwendigkeit des reinen Forscherberufes bereits zu dem Begriff des *„Research-Professor"* geführt, des Mannes, der trotz seiner Verbindung mit der Universität keine bestimmte Lehraufgabe hat, sondern je nach dem Stande seiner Arbeit oder seines Mitteilungsbedürfnisses Vorlesungen hält oder nicht; die Universität liefert ihm ihrerseits die Forschungsmittel und erwartet von der blossen Tatsache seiner Verbindung mit der Lehranstalt einen günstigen Einfluss auf den Betrieb ihrer Unterrichtstätigkeit. Der Erfolg spricht ganz zweifellos zugunsten dieser Einrichtung, da die dauernde Anwesenheit eines solchen hohen wissenschaftlichen Vergleichsmassstabes auf die Wissenschaftlichkeit der Lehrprofessoren einen stark anregenden Einfluss ausübt.

Es wird also auch in unserm Land notwendig sein, einen regelmässigen Vorrat solcher Stellungen zu haben, die dem Inhaber nur die Verpflichtung wissenschaftlicher Produktion ohne jede besondere Bindung auferlegen. Wenn, wie ich voraussetze, hervorragende Leistungen die notwendige und unumgängliche Bedingung für die Erlangung einer derartigen Stelle sind, so würde es nicht einmal einen Schaden bedeuten, wenn die Hauptleistungen *vor* der Zeit der Erlangung einer solchen Stelle liegen und später keine gleichartigen mehr zutage gefördert werden. Denn natürlich wird die Möglichkeit, durch hervorragende Arbeiten künftig einmal in eine solche Stellung zu gelangen, den jüngeren Forscher oft zu freiwilligen Leistungen und Anstrengungen veranlassen, gerade wie der Privatdozent im Hinblick auf die künftige Professur zu seinen fast unbelohnten Bemühungen angespornt wird. Man darf hier nicht vom wissenschaftlichen Idealismus reden, der solche Leistungen ohne jede Aussicht auf Belohnung bewirkt. Dieser Idealismus ist zweifellos reichlich vorhanden, wenn ich auch ihn eher als einen *Instinkt* auffassen möchte, der gerade wegen der unbewussten Natur, die allen Instinkten zukommt, um so unwiderstehlicher sich betätigt. Er kann und wird sich natürlich nur innerhalb des Gebietes betätigen, wo die entsprechenden Handlungen ausführbar sind. Bei völligem Mangel an Subsistenzmitteln oder Aussichten auf solche hilft auch ein starker Idealismus oder Instinkt nicht. Es kann aber nicht im Interesse der Nation liegen, solchen vorhandenen Idealismus oder Instinkt in seiner Betätigung zu hemmen, und so muss dafür gesorgt werden, dass in sachgemässer Abstufung dem Forscher die äussere Möglichkeit zur Ausführung seiner für die Allgemeinheit so wichtigen Arbeiten gewährt wird.

Wie im übrigen derartige Stellungen gestaltet werden, wird von äusseren Bedingungen abhängen. Meist wird der Zusam-

menhang mit einer Universität oder ähnlichen Anstalt anzustreben sein, sowohl in deren Interesse wie auch, weil die betreffende Persönlichkeit meist einen solchen Zusammenhang
wünschen wird. Hier spielt indessen die besondere geistige
Beschaffenheit des Mannes eine entscheidende Rolle, über die
alsbald einiges gesagt werden soll.

Untersucht man nämlich die Lebensschicksale und Leistungen der grossen Forscher, so treten alsbald sehr erhebliche
Unterschiede hervor. Auf der einen Seite hat man Männer
ersten Ranges, die trotz der ungewöhnlichen Bedeutung ihrer
Arbeiten und trotz ihrer Stellung als Universitätsprofessoren
dennoch keine eigentliche Schule bilden und keinen persönlichen
Einfluss ausüben. Ein solcher Mann war beispielsweise *Gauss*.
Wir wissen von ihm, dass er das Kolleglesen verabscheute;
wenn, wie es damals üblich war, die Studenten bei ihm
persönlich erschienen, um zu belegen, so pflegte er ihnen
sagen, dass die Vorlesung wahrscheinlich nicht zustande
kommen würde, um sie abzuschrecken. Auf der andern
Seite finden wir Gelehrte, welche die Mittelmässigkeit
kaum überragen und dennoch erfolgreiche Lehrer sind,
indem sie nicht nur zahlreiche, sondern auch hervorragende Schüler auszubilden verstehen. Es steht mit andern
Worten der persönliche Lehrerfolg, dies Wort in seinem besten
Sinne genommen, in keinem bestimmten Verhältnisse zur Bedeutung des Mannes als Forscher. Gäbe es nun ein Kennzeichen, an dem man die Leistungsfähigkeit im einen oder
andern Sinne erkennen könnte, so hätte man ein Mittel, jeden
einzelnen Gelehrten gerade unter solche Umstände zu bringen,
unter denen er im Sinne seiner besonderen Begabung das höchste
leistet, wozu er fähig ist. Einen Mann vom Typus *Gauss* würde
man von der Universitätsarbeit befreien, einen Mann von dem
andern Typus, der zum Beispiel durch den Physiker *Magnus*
veranschaulicht wird, würde man mit den besten und reichlichsten Unterrichtsmitteln auszustatten haben, und nicht, wie dies
mit Magnus geschah, seine Unterrichtstätigkeit von dem zufälligen Besitz eines eignen reichlichen Vermögens abhängig
sein lassen.

Aus der Gesamtheit der wissenschaftlichen Charaktere heben sich bei genauerer Untersuchung zwei Typen hervor, die an den Grenzen der vorhandenen Mannigfaltigkeit stehen. Damit will ich von vornherein betonen, dass bei weitem die tatsächlichen Fälle im allgemeinen *Zwischenglieder* zwischen diesen beiden äussersten Punkten bilden; doch ist meist die eine oder die andre Seite in dem einzelnen Manne so stark überwiegend, dass seine Zuordnung in eine der beiden Klassen nicht schwierig ist. Gleichzeitig muss hervorgehoben werden, dass, soweit meine bisherigen Untersuchungen gehen, diese typische Beschaffenheit um so stärker ausgesprochen zu sein pflegt, je bedeutender der Mann selbst ist; die Mischformen finden sich viel häufiger bei den weniger hochstehenden Forschern. Hieraus ergibt sich zunächst die *praktische* Nützlichkeit einer solchen Einteilung (ihre sachliche Richtigkeit vorausgesetzt), weil es viel wichtiger ist, die ausgezeichneten Persönlichkeiten richtig zu behandeln, als das Mittelgut, bei dem die möglichen Fehlgriffe oder Verluste nicht so schwer ins Gewicht fallen.

Diese beiden charakteristischen Typen möchte ich als den *klassischen* und den *romantischen* Typus bezeichnen. Eine derartige Namengebung hat immer ihr Missliches, weil die in dem gewählten Worte mitgenommenen Begriffszusammenhänge immer nur gewissermassen und halbwegs auf die neue Sache passen können; den eigentlichen Inhalt des neuen Begriffs kann erst eine eingehende Beschreibung und Definition liefern. Ich will daher auch mit dieser Namengebung zunächst nichts mehr bezwecken als den Blick ungefähr in die Richtung zu lenken, in der die charakteristischsten Eigentümlichkeiten der fraglichen Typen erkennbar sind.

Als den *klassischen Typus* bezeichne ich denjenigen, dessen Schwerpunkt in der möglichst weitgehenden *Vollendung* jeder einzelnen Arbeit liegt, während beim *romantischen Typus* ein *Uebermass von Ideen* zu deren Aeusserung und Geltendmachung drängt, auch bevor je einzelne von ihnen eine vollständige Durcharbeitung erfahren haben. Um alsbald eine konkrete Anschauung zu geben, nenne ich den Mathematiker *Gauss* als einen ausgeprägten Fall des klassischen Typus, während der Chemiker

Liebig ein ebenso charakteristischer Romantiker ist. Man erkennt an diesen Beispielen alsbald, dass der zweite Typ trotz
der eben gegebenen Kennzeichnung dem ersten keineswegs an
Bedeutung und Wert für die Menschheit nachzustehen braucht.
Dies liegt an bestimmten psychologischen Eigentümlichkeiten,
die mit jenen Kennzeichen auf das engste zusammenhängen.

Das Bedürfnis nach möglichst weitgehender Vollendung der
einzelnen Leistung bewirkt bei dem Klassiker eine entsprechende
Zurückhaltung in der Mitteilung unfertiger Ideen. Aus dem
Briefwechsel zwischen Gauss und seinen Freunden geht immer
wieder hervor, wie viele Dinge dieser grosse Forscher praktisch
fertig hatte, aber doch nicht an die Oeffentlichkeit bringen
wollte, weil sie ihm nicht fertig genug erschienen. Immer
wieder weigert er sich ausdrücklich, derartige Dinge zu publi-
zieren, und so musste er namentlich in der zweiten Hälfte seines
Lebens es oft geschehen lassen, dass Andre Entdeckungen veröffentlichten, die er längst in seinen Papieren hatte. Die wohlbekannte Anekdote, wonach er auf die Frage nach dem Zeitpunkte der Veröffentlichung einer gewissen Arbeit geantwortet
haben soll: „Meine Resultate habe ich schon lange, aber ich
weiss noch nicht, auf welchem Wege ich zu ihnen gelangen
werde," kennzeichnet genau dieses Schwergewicht, das er auf
die Form der Darstellung (dies Wort im höchsten methodischen
Sinne genommen) legte.

Befähigt eine derartige Charakterbeschaffenheit einerseits
ihren Träger zu den dauerhaftesten und insofern auch einflussreichsten wissenschaftlichen Leistungen, so verhindert sie ihn
doch anderseits, eine unmittelbare und persönliche Wirkung als
Lehrer auszuüben. Es war bereits erwähnt worden, wie ungern
Gauss eine derartige Tätigkeit übernahm, und man kann es leicht
verstehen, wie bedenklich seinem Charakter die Notwendigkeit
erscheinen musste, in dahinlaufender Rede mancherlei Dinge auszusprechen, deren Begründung nicht gleich oder nicht vollständig gegeben werden konnte. Denn der mündliche Vortrag,
wenn er sich nicht auf das Ablesen eines ausgearbeiteten Heftes
beschränkt, ist immer etwas Schöpferisches, und dies um so
mehr, je höher die schöpferischen Fähigkeiten des Vortragen-

den selbst entwickelt sind. Bei freier Rede ist es daher unvermeidlich, dass der Vortragende unwillkürlich ins Schaffen und Gestalten hineinkommt. Ist nun diese Tätigkeit etwas, was der Betreffende nur in tiefster Einsamkeit und Sammlung zu tun gewohnt ist, wie es gerade beim klassischen Typus zutrifft, so erscheint ihm die öffentliche Schaustellung als etwas Schamloses, ja Naturwidriges und Unmoralisches, und er sucht sie instinktmässig zu vermeiden.

Hieraus ergeben sich mehrere Schlussfolgerungen. Zunächst, dass es sich nicht um einen zufälligen Eigensinn oder eine tadelnswerte Einseitigkeit handelt, wenn ein solcher Mann der persönlichen Lehrtätigkeit möglichst aus dem Wege geht oder sich in solcher Weise mit ihr abfindet, dass seine besondere Begabung dabei keineswegs zur Geltung kommt. Forscher dieses Typus sind, zumal in Deutschland, meist gezwungen, Lehrtätigkeit zu übernehmen, wenn sie überhaupt die Möglichkeit wissenschaftlicher Arbeit erlangen wollen; meist halten sie es dann, ihrer gewissenhaften Charakteranlage entsprechend, auch für ihre Pflicht, sich solcher Arbeit nicht zu entziehen; die Resultate sind aber meist wenig erfreulicher Natur. *Helmholtz*, der gleichfalls dem klassischen Typus zuzurechnen ist, hat sogar einmal ein beredtes Loblied dieses Zwanges gesungen, durch den der Forscher genötigt wird, alljährlich einmal das Gesamtgebiet seiner Wissenschaft seinen Schülern und damit sich selbst in grossen Zügen vorzuführen. Aber diejenigen, die persönlich sich der Vorlesungen dieses grossen Mannes erinnern, bekennen, soweit sie aufrichtig sprechen, dass sie recht wenig von diesen Vorlesungen gehabt haben. Meist vergass der Meister nach wenigen Augenblicken, dass er lernbegierige Schüler vor sich hatte, denen ein systematischer Vortrag not tat, und liess sich durch den begonnenen Gegenstand in eine Untersuchung hineinführen, die er ohne Bewusstsein der Anwesenheit von Zuhörern ansetzte, weiterführte, verbesserte oder ganz von vorn begann, bis ihn das Glockenzeichen daran mahnte, dass er die vor ihm Sitzenden zu entlassen hatte. Oder er zwang sich, bei der Sache zu bleiben, und dann brauchte man kein Psychologe zu sein, um ihm die ungeheure Langeweile anzusehen, die

ihm die untergeordnete Tätigkeit des blossen Reproduzierens bekannter Dinge machte. Aehnlich wie die Vorlesungen war der
Laboratoriumsunterricht beschaffen. Man sah den leitenden
Professor nur sehr wenig im Institute, und wenn es gelang, ihn
anzureden und zum Verweilen zu veranlassen, und man trug
ihm seine Schwierigkeiten und Sorgen vor, so hörte er wohl in
abstrakter Weise hin, aber nur in den seltensten Fällen konnte
man aus den wenigen Worten, die er erwiderte, die erhoffte
Anweisung entnehmen. Meist hatte dann bei ihm wohl wieder
die auf die erhaltene Anregung hin automatisch funktionierende
Denktätigkeit eingesetzt, und es war dem gewöhnlichen Sterblichen, zumal dem Anfänger, nicht gegeben, alle die Zwischenglieder zu rekonstruieren, über die der Meister zu seiner
schliesslichen Bemerkung gelangt war. So ist es verständlich,
dass dieser ausgezeichnete Forscher, dem an Reichtum und
Originalität der Ideen kaum einer gleichkam, dennoch keinen
eigentlichen Schülerkreis ausgebildet und mit seinen Gedanken
und Methoden erfüllt hat. Nur ein völlig verwandter Geist, wie
Heinrich Hertz, konnte in hinreichend nahe Berührung mit ihm
kommen, um seiner Anregung teilhaftig zu werden, und hierbei bleibt natürlich die Frage offen, ob *Hertz* nicht auch in jeder
andern Umgebung seine Gaben in gleicher Grösse entwickelt
hätte.

So sehen wir erfahrungsmässig bestätigt, was aus allgemeinen psychologischen Gründen zu erwarten war, *dass nämlich Forscher vom klassischen Typus zu Lehrern nicht geeignet
sind.* Findet sich ein solcher daher in einer Stellung, wo ihm
das Lehren amtlich zur Pflicht gemacht wird, so kann seine vorgesetzte Behörde nichts Besseres und Verständigeres tun, als
ihn in irgend einer Form dieser Verpflichtung zu entheben und
ihm völlige Freiheit der Arbeit zu gewähren. Eine entsprechend
grössere und wertvollere Ausbeute an wissenschaftlichen Leistungen wird der reiche Lohn dafür sein. Tatsächlich ergibt sich
also, auch vom Standpunkte jener Behörde, aus einer solchen
Politik nicht nur kein Opfer, sondern ein sehr erheblicher sach-
licher Gewinn, denn für die *Lehr*tätigkeit findet sich leicht ein
besserer Ersatz, für die viel höher stehende, viel seltenere und

19*

der Nation viel wichtigere *Forscher*tätigkeit aber keiner. Zur leichteren Erkennung, ob ein junger Forscher diesem Typus angehört, dient neben der charakteristischen Beschaffenheit der Arbeiten der Hinweis, dass der Betreffende im allgemeinen zurückgezogener und wenig mitteilsamer Gemütsart zu sein pflegt und dem cholerischen oder melancholischen Temperament viel eher zuzurechnen ist als dem sanguinischen. Auch pflegt, falls er lehrend tätig ist, schon bald das Missverhältnis zwischen seiner wissenschaftlichen und seiner pädagogischen Leistungsfähigkeit auffallend in die Erscheinung zu treten.

Bei dem Forscher vom *romantischen Typus* liegen die Kennzeichen gerade nach der entgegengesetzten Seite. An Reichtum und Mannigfaltigkeit der Ideen pflegt er dem Klassiker überlegen zu sein, doch bedingt gerade diese Mannigfaltigkeit eine gewisse Sorglosigkeit in der Handhabung der Vaterpflichten ihnen gegenüber. Er wird weder ängstlich sein geistiges Eigentum an ihnen wahren, sondern sie mit vollen Händen ausstreuen und verschenken, noch wird er jedem seiner Gedanken eine volle Pflege und Entwicklung angedeihen lassen, sondern sie vielfach halbfertig in die Welt senden, einfach weil die inzwischen neu ans Licht gelangten ihn nicht dazu kommen lassen, den älteren ihr volles Recht zu tun. Solch ein Mann braucht einen Kreis von Schülern und Mitarbeitern, die sich dieser Gedanken annehmen und sie zu ihren eignen Kindern machen, und er gewinnt ihn selbst unter ungünstigen äusseren Umständen. Das beste und grossartigste Beispiel des romantischen Typus findet sich, wie erwähnt, in *Justus Liebig* verkörpert. Gegen den Widerspruch der gesamten Universität, auf die warme Empfehlung *Humboldts* von seinem Grossherzog zum Professor gemacht, hat er in wenigen Jahren sein höchst bescheiden ausgestattetes Giessener Laboratorium, das er zum allergrössten Teile aus eigenen Mitteln und aus den Beiträgen der Praktikanten unterhielt, zur ersten Lehranstalt seiner Wissenschaft in der Welt entwickelt. Aus allen Teilen der Welt eilten lernbegierige Jünger herbei, um bei ihm zu empfangen, was sie sonst nirgends finden konnten: zündende Anregung, solange sie da waren, und einen meist für ihr ganzes übriges wissenschaftliches Leben ausreichenden Vorrat von Ideen nach ihrem Fortgange. Als *Persönlichkeit* hat in der Chemie sicher kein andrer einen so tiefen Einfluss geübt und so weitreichende und mannigfaltige Fortschritte bewirkt wie *Liebig,* und es ist zweifelhaft, ob in andern Wissenschaften je ein einzelner so stark hervorgetreten ist wie er in der seinen.

Und dabei war er ganz und gar „ein Zeichen, dem widersprochen wird". Es handelt sich nicht nur um den gewöhnlichen oder normalen Trägheitswiderspruch, der sich gegen jeden wissenschaftlichen Fortschritt geltend macht und eine ganz regelmässige Erscheinung der wissenschaftlichen Kollektivpsyche ist, sondern *Liebig* hat wirklich sehr viele Behauptungen aufgestellt, die einfach falsch waren, falsch nicht nur von dem Standpunkte einer späteren, reiferen Wissenschaft, sondern selbst vom Standpunkte des Wissens seiner Zeit. Er hat Schlüsse gezogen aus ungenügend bekannten Verhältnissen und sie als erwiesene Wahrheiten behandelt, er hat Möglichkeiten wie Wirklichkeiten dargestellt, wenn sie in Uebereinstimmung mit seinen andern Ideen standen, und ist überall mit Folgerungen bei der Hand gewesen, wo sich der Klassiker noch jahrelang besonnen hätte, ob die Beweisführung überhaupt zureichend sei. *Liebig* hat mit derselben rücksichtslosen Leidenschaft, mit der er die von ihm erkannten Wahrheiten verfocht, auch seine Irrtümer verfochten, um sie dann aufzugeben, wenn sie sich auch ihm als unhaltbar erwiesen. Während dem Klassiker nichts Schrecklicheres widerfahren kann, als eines begangenen Irrtums öffentlich überführt zu werden, kommt der Romantiker leicht darüber hinweg, da er wegen der kurzen Inkubationszeit naturgemäss ein viel weniger enges Verhältnis zu jeder einzelnen seiner vielen Ideen hat.

Seinem Temperament nach ist der Romantiker vorwiegend sanguinisch, voll des ehrlichsten Enthusiasmus für seine Wissenschaft. Und nichts lässt sich leichter auf andre, namentlich auf junge Menschen, übertragen, als ehrliche Begeisterung. Es braucht nicht erst dargelegt zu werden, wie sehr eine solche Eigenschaft dazu beiträgt, den Schülerkreis zu fesseln und zu vergrössern. Verhältnismässig wenige Menschen haben die

Fähigkeit, sich aus sich selbst auf eine genügend hohe Begeisterungstemperatur zu bringen, während sehr viele es als ein Glück empfinden, in einen solchen Zustand gebracht zu werden. Hier, in der Fähigkeit dieser Uebertragung liegt die Wirksamkeit des Künstlers, aber auch die des Lehrers im höheren Sinne.

Wie sich aus dieser Darstellung ergibt, steht der Lehrerfolg des Romantikers in keinem unmittelbaren Verhältnis zu seiner wissenschaftlichen Bedeutung. Ersterer ist unmittelbar abhängig von der eignen Begeisterungsfähigkeit und der Fähigkeit der Uebertragung und setzt zwar ein gewisses Mass selbstständiger wissenschaftlicher Produktivität voraus, aber nicht notwendig einen Höchstwert davon. So erklären sich solche Fälle, wie der eingangs erwähnte des Physikers *G. Magnus,* bei dem diese spezifischen Lehrereigenschaften höher entwickelt waren als die wissenschaftliche Originalität. Dass es nicht nur auf wissenschaftlichem Gebiete so ist, wird aus der Tatsache erkennbar, dass der Maler *Piloty* gleichzeitig als Schüler in seinem Atelier beherbergte: *Drefregger, Lenbach, G. Max* und *Makart.* Jeder von ihnen ist hernach seinem Lehrer als Künstler erheblich überlegen gewesen, und jeder von ihnen hat seine Meisterschaft auf einem Wege gefunden, der anders war als der seiner Arbeitsgenossen und anders als der seines Lehrers. Ebenso finden wir, dass gerade bei den besten Lehrern vom romantischen Typus die Schüler *um so mehr andre und eigne Wege gehen,* je höher der Lehrer als solcher steht. Dies hat gleichfalls eine naheliegende psychologische Ursache.

Während nämlich der Klassiker, wenn er mit einer bestimmten Arbeit beschäftigt ist, sich ganz und gar in den entsprechenden Gedankenkreis einzuspinnen pflegt und ihn nur schwierig, selbst für die Forderungen des täglichen Lebens, verlassen kann, bedingt der Charakter des Romantikers nicht nur eine grosse Leichtigkeit im Wechsel der Ideen, sondern sogar meist ein bestimmtes Bedürfnis nach einem solchen Wechsel. So sind es denn meist verschiedenartige Probleme, die einen solchen Mann gleichzeitig beschäftigen, und an dieser Mannigfaltigkeit der Ideen nehmen auch die Schüler teil. So findet jede besondere Natur und Begabung unter ihnen leicht ein Feld, das ihr besonders zusagend ist, und so kommt es leicht, dass infolge einer derartigen glücklichen Kombination der Schüler schnell mehr leisten kann als der Lehrer. Dies ist eine der wichtigsten Wirkungen der Forscher vom romantischen Typus, und wenn auch vom Standpunkte der reinen Wissenschaft die einzelne Leistung des Klassikers im allgemeinen höher steht als die des Romantikers, so ist anderseits die auslösende oder katalytische Wirksamkeit des letzteren für die Gesamtentwicklung der Wissenschaft so eminent förderlich, dass in der Gesamtbewertung sich die höchstentwickelten Individuen beider Typen mindestens die Wage halten können.

Nachdem ich als ersten Leitfaden in der vorliegenden mannigfaltigen und schwierigen Frage mir die Begriffe des klassischen und des romantischen Typus gebildet hatte, musste ich es als die nächste und wichtigste Aufgabe ansehen, die mir persönlich genauer bekannten Forscher und Gelehrten, soweit sie ausgezeichnete Persönlichkeiten waren, mit diesen Typen in Beziehung zu setzen, um zu sehen, ob diese Begriffsbildung in der Tat geeignet ist, die vorhandene Mannigfaltigkeit zweckgemäss darzustellen. Während ich hierbei im allgemeinen die Einordnung leicht ausführbar fand, sowie eine genauere Kenntnis des Mannes gewonnen worden war, traf ich auf einen bestimmten Fall, der mir grosse Schwierigkeiten machte. Ich will den Namen nicht nennen, da der Betreffende erst kürzlich verstorben ist; sachlich lagen die Tatsachen so:

Es war ein Mann von ausgeprägter persönlicher Wirksamkeit sowohl auf jüngere wie ältere Männer. Er besass einen unbegrenzten Einfluss auf seine Studenten und ihm wurde seitens der Kollegen alles Vertrauen entgegengebracht, das nur irgendwie in Frage kommen konnte. An Begeisterung für seine Wissenschaft liess er nichts zu wünschen übrig, und auch wissenschaftliche Leistungen von recht erheblichem Werte hatten seine ganze lange Laufbahn gekennzeichnet. Solchergestalt hatte er an verschiedenen Orten grosse Schulen gebildet und zahllose Jünger seiner Wissenschaft sind durch seine Hand gegangen. Insofern war er also ein typischer Romantiker. Trotzdem, und hierin liegt der Widerspruch, hat er keine eigentliche Schule hinterlassen. Unter seinen unzähligen Schülern findet sich kein einziger, der es später zu einer ausgezeichneten Stellung in der Wissenschaft gebracht hätte, und selbst die gute Mittelware ist ihm nur sehr spärlich gelungen.

Hier fehlt also ein wesentlicher Faktor der schulebildenden Kraft im Sinne eines Liebig, und trotzdem ich frühzeitig auf jene merkwürdige Tatsache aufmerksam geworden war und mich um die Ermittlung ihrer Ursache bemüht hatte, fand ich doch sehr lange den Schlüssel nicht. Es lag daran, dass gerade infolge der faszinierenden Beschaffenheit des Mannes ein *objektiver* Bericht über die Einzelheiten seiner Art kaum zu erlangen war. Erst als nach seinem Tode die unmittelbare persönliche Wirksamkeit aufgehört hatte, kamen auch jene bestimmenden Nebenerscheinungen denen zum Bewusstsein, die sie unter dem Einfluss seiner Persönlichkeit nicht bemerkt hatten. Es stellte sich heraus, dass der charakteristische romantische Zug, die *Vorausnahme der zu erwartenden Ergebnisse* einer noch nicht angestellten Untersuchung, in diesem Falle so stark entwickelt war, dass der Lehrer seinen Schülern nicht nur die Probleme gab und die Wege zu ihrer Lösung wies, sondern auch eine ganz bestimmte Lösung erwartete und so unbewusst den Schüler zwang, seine Ergebnisse so lange zu deuten und zu wenden, bis das erwartete Resultat da war oder wenigstens da zu sein schien. Auf diese Weise erstickte er in seinen Schülern gerade den Keim des künftigen Forschers, welcher der sorgfältigsten, ja ängstlichsten Pflege bedarf: die Unbefangenheit gegenüber der Natur und die Bereitwilligkeit, jeder, auch der unerwartetsten Erfahrung Rechnung zu tragen. Kinder und junge Menschen sind dogmatisch und nur zu leicht geneigt, das zu sehen, was man sie sehen heisst. So zu sehen verstehen, dass man seinen eignen Augen traut und trauen darf, unabhängig von allen Vorurteilen, kennzeichnet den Meister gegenüber dem Schüler, und gerade dies konnte man bei jenem sonst so ausgezeichneten Manne nicht lernen. So hat dieser aus seinem sehr grossen und sicherlich auch vielfach ausgezeichneten Schülermaterial nur wenig zu machen vermocht; ja, man muss sogar vermuten, dass mancher seiner Schüler in andern Händen mehr geworden wäre, als er tatsächlich geworden ist.

Dieses Beispiel ist insofern besonders lehrreich, als es zeigt, dass auch bei einem hervorragenden Romantiker der volle Lehrerfolg ausbleiben kann, wenn einer der dazu erforderlichen Faktoren fehlt. Die typischen Eigenschaften haben zwar bewirkt, dass der Einfluss auf die Schüler sehr gross war, die einseitige Uebersteigerung einer besonderen Eigenschaft dieses Typus hat aber den sachlichen Erfolg wieder aufgehoben.

Ebenso wie der Romantiker als Lehrer unzulänglich bleiben kann, kommt es vor, dass ein Klassiker als Lehrer gewisse Erfolge erreicht. Diese verdankt er dann in erster Linie dem *systematischen* Geiste, in dem er alle Arbeit zu tun pflegt und den er daher auch bei seinem Unterricht zur Geltung bringt. Auf Schüler ähnlichen Charakters wirkt dann ein derartiger Vortrag entsprechend ein. Es ist wichtig, diesen Umstand zu bemerken, da er dazu dienen wird, scheinbare Widersprüche gegen die oben gegebenen Regeln aufzuklären.

Unverhältnismässig viel weitergehend ist indessen die Wirkung, die der Klassiker durch seine *Schriften* erzielt. Insofern diese einen bedeutenden Fortschritt enthalten, dienen sie als Grundwerke für das Studium des Gegenstandes auf lange Zeit und beeinflussen so eine ganze Anzahl der nächsten Generationen. Ein weltbekanntes Beispiel hierfür ist *Isaak Newton,* der ein ausgeprägter Klassiker war. Dies lässt sich schon aus dem vollständigen Mangel an persönlichen Schülern bei ihm schliessen und wird durch das Studium seines wissenschaftlichen Stils allseitig bestätigt. Seine „Principia" haben nicht nur der geometrischen Astronomie seitdem die Grundlage und Form geliefert, sondern auch das philosophische Denken eines ganzen Jahrhunderts bestimmt. An diesem bereits genügend weit zurückliegenden Beispiel lassen sich übrigens auch gleich gewisse Nachteile demonstrieren, die mit der klassischen Darstellungsweise verknüpft sind. Die allseitige Abrundung und Konsequenz des wissenschaftlichen Gebäudes gestattet zwar den Nachfolgern die Einzelausführung vorhandener Teile, die der Schöpfer nur allgemein angelegt, aber noch nicht durchgearbeitet hatte, sie verhindert aber geradezu für lange Zeit irgendwelche erhebliche Erweiterungen, geschweige denn Aenderungen des gesamten Planes. Hierdurch wird eine Einseitigkeit bedingt, denn auch der hervorragendste Genius kann seine Arbeit nicht von vornherein für alle spätere Entwicklung geeignet machen; er muss sie notwendig in gewissem Sinne einseitig lassen, schon um sie überhaupt durchführen zu können. So bedingt beispielsweise das unverhältnismässige Hervortreten des *Kraft*begriffes in *Newtons* Darstellung ein entsprechendes Ueberwiegen dieses Begriffes in der ganzen späteren Mechanik, und erst die harte Notwendigkeit der täglichen Erfahrung seitens der Praktiker, der Ingenieure, hat in der ersten Hälfte des neunzehnten Jahrhunderts das langsame Eindringen des *Arbeits*begriffes in die vorderste Stelle und die entsprechende (noch keineswegs ausreichend durchgeführte) Zurückdrängung des Kraftbegriffes mit sich gebracht.

So steht den Gefahren der romantischen Stilrichtung, die vorher angedeutet worden sind, auf seiten der klassischen Richtung eine nicht minder bedenkliche Gefahr, die der dogmatischen Erstarrung, entgegen. Wird man für die Schäden auf der ersten Seite zunächst die betreffenden Männer selbst verantwortlich zu machen geneigt sein, so wird man umgekehrt die Schuld an den Nachteilen des Dogmatismus viel mehr den Nachfolgern und indirekten Schülern zuschreiben. Doch darf nicht verkannt werden, dass die eigentliche Ursache beider Gefahren in der *Stilart selbst* liegt, so dass der entsprechende Vorgang jedesmal mit einer gewissen Unausbleiblichkeit wird eintreten müssen. Die Beispiele drängen sich hierfür so allseitig heran, dass ich mir versagen darf, auch nur eines noch anzuführen.

Ein sehr wesentlicher Faktor für die Ausgestaltung der beiden genannten Typen ist das Lebensalter. Die oben beschriebene persönliche Wirksamkeit des Romantikers findet sich nämlich sehr oft auf eine verhältnismässig kurze, in den *Jugendjahren* des Mannes liegende Zeit beschränkt. In gleicher Weise hört auch beim Klassiker nicht selten die Produktion in vorgeschrittenen Jahren ganz auf. Newton bietet auch hierfür ein sehr auffallendes Beispiel. Seine optischen Arbeiten veröffentlichte er in seinem dreissigsten, das Hauptwerk, die Principia, in seinem vierundvierzigsten Lebensjahre. Hernach hat er noch vierzig Jahre gelebt, ohne Neues hervorzubringen. Es liegt also bei beiden Typen der Schwerpunkt der Leistungsfähigkeit oft in verhältnismässig frühen Lebensjahren.

Dieser Umstand ist bereits mehrfach bemerkt und hervorgehoben worden. Er ist aber einerseits von so verwickelter Beschaffenheit, anderseits von so grosser Bedeutung, dass er eine gesonderte Untersuchung verlangt. Ich hoffe, in nicht zu langer Frist die entsprechenden Ergebnisse vorlegen zu können.

Zur Biologie des Forschers. II.

(1907)

Das geschichtliche Bild der grossen Forscher ist oft mit dem Anblicke eines fernen Gebirges verglichen worden, dessen Grösse man erst richtig beurteilen lernt, wenn man sich um ein bedeutendes Stück von ihm entfernt hat. Der Vergleich ist in mannigfacher Beziehung zutreffend; auch darin, dass bei dieser Betrachtungsweise eine der vorhandenen Dimensionen für das Auge verschwindet, nämlich die zeitliche. Alles, was solch ein Grosser in seinem Leben geleistet hat, erscheint bei diesem Rückblicke auf eine Fläche projiziert, nach Höhe und Breite. Dass diese Dinge zeitlich *nacheinander* zutage getreten sind, lässt sich an der historischen Silhouette nicht mehr erkennen, und die damit zusammenhängenden Verhältnisse sind die letzten, die sich dem Beschauer darstellen und von ihm beachtet werden.

Und doch bietet gerade das Nacheinander der Arbeiten eines ausgezeichneten Mannes höchst merkwürdige Erscheinungen, deren Vorhandensein aus den eben angegebenen Gründen (und auch aus andern, gleich zu erwähnenden) sehr wenig bekannt zu sein pflegt. Alle Lebewesen sind dem *Altern* unterworfen. Dies ist an sich eine sehr rätselhafte Tatsache. Aus den allgemeinen Verhältnissen des Lebens sollte man annehmen, dass ein jeder Organismus eigentlich unbegrenzt lange leben müsste können, vorausgesetzt, dass man ihm Nahrung, Luft, Wärme und alles andre, was er braucht, in genügender Menge und Beschaffenheit zu Gebote stellte. Menschen in ausreichenden Lebensverhältnissen pflegen so zu leben, und dennoch werden sie ebenso älter und sterben schliesslich, wie es die Blumen und Tiere des Feldes tun. Die Ursache lässt sich biologisch dahin kennzeichnen, dass der Organismus allmählich die Fähigkeit verliert, die dargebotenen Energien in nutzbare Gestalt zu bringen. Er verhungert trotz reichlicher Nahrung, weil er die Nahrung nicht mehr zu einem organischen Bestandteile seines Leibes machen kann.

An welcher besonderen Veränderung des Organismus dies liegt, ist noch nicht genügend aufgeklärt und muss deshalb hier dahingestellt bleiben. Die Tatsache allein wird uns bereits Anlass zu sehr wichtigen Schlüssen geben.

Bedient man sich der verhältnismässigen Gewichtszunahme des Organismus als Massstab für die fragliche Fähigkeit, die wir das *Lebenspotential* nennen wollen, so ergibt sich, dass das Lebenspotential für den jungen Organismus am grössten ist und mit zunehmendem Alter beständig abnimmt. Es wird also durch das Leben selbst entweder etwas verbraucht, was für die Assimilation nötig ist, oder es wird etwas gebildet, was für sie schädlich ist und sich im Körper anhäuft. Welche von beiden Ursachen das Lebenspotential vermindert, kann zurzeit noch nicht entschieden werden; jedenfalls liegt die Sache so, dass das „am Leben selber sterben" nicht nur eine poetische Wendung, sondern der nüchterne Ausdruck der Erfahrung ist.

Wenn also alle Leistungen des Organismus vom Lebenspotential allein abhingen, so müssten sie in den ersten Lebenstagen am grössten sein und von da ab beständig abnehmen. Dies trifft zu für die Assimilation, aber nicht für andre Leistungen. Insbesondere die geistigen Leistungen erfordern, um ausgeführt zu werden, eine vorangegangene lange Schulung und Uebung. Aehnlich wie es mit physiologischen Propagationsleistungen des Organismus sich verhält, muss erst ein ausreichender Betrag von zweckentsprechender Energie vom Organismus angesammelt worden sein, bevor die Produktion selbst beginnen kann.

Ueber den ständig abfallenden Verlauf des Lebenspotentials lagert sich also der zunehmende Verlauf der assimilierten Energie und deren Anpassung für Produktionszwecke. Nun ist aber dieser letztere Verlauf seinerseits wieder vom Lebenspotential abhängig. Das führt, wie der Mathematiker alsbald erkennt, zu einem *Maximum* der Leistung in irgendeiner mittleren Periode des Lebens, wenn die Produktionsfähigkeit einen hohen Grad erreicht hat, ohne dass das Lebenspotential bereits so tief gesunken ist, um die Leistung selbst zu verhindern. An welcher Stelle des mittleren Lebens dieses Maximum in die Erscheinung treten wird, hängt natürlich von dem besonderen Verlauf dieser beiden Komponenten ab. Hierüber wird an späterer Stelle noch einiges zu sagen sein.

Es wird wohl nicht in Zweifel gezogen werden, dass diese biologischen Verhältnisse für den eminenten Geist in ihren allgemeinen Zügen ebenso Geltung haben wie für irgendein beliebiges Lebewesen. Der eminente Geist unterscheidet sich vom Alltagsmenschen nur durch die Steigerung der menschlichen Leistungen, nicht durch irgendwelche singuläre Eigenschaften, die bei andern nicht vorkommen. Dies wird ja, abgesehen von allgemeinen Gründen, bereits durch den Umstand bezeugt, dass unmerkliche Uebergänge von dem ausgezeichnetsten bis zum geringsten Vertreter der Spezies Homo sapiens hinüberführen. So werden wir auch bei jedem Forscher zunächst eine schnelle Steigerung seiner Leistungen in jungen Jahren zu erwarten haben, woran sich eine je nach Umständen kürzer oder länger dauernde, wesentlich konstante Höhe der Produktion anschliessen kann, die, falls nicht aus andern Gründen der Tod früher eintritt, mit physiologischer Notwendigkeit bis zum endlichen Versiegen der Produktivität abfallen wird.

Die Beschaffenheit des Forschers und seiner Arbeitsweise wird ferner bestimmend dafür sein, wie früh oder spät er die Höhe seiner Leistungsfähigkeit erreichen und wie lange diese dauern wird. Betrachten wir zunächst den denkbar höchsten Typus, den Menschen, der neue Wege eröffnet, die von den seinerzeit üblichen so verschieden sind, dass niemand sonst an derartige Möglichkeiten überhaupt gedacht hat, so wird sich der Fall folgendermassen abspielen. Eine derartige Geistesbeschaffenheit erfordert zu ihrer Entwicklung nicht etwa ein grosses Mass von Kenntnis der bereits vorhandenen Wissenschaft. Dies ist so wenig der Fall, dass umgekehrt eine solche Kenntnis durch die Beschränkung des Blickes auf bestimmte, von der bisherigen Wissenschaft bevorzugte Richtungen eher *störend*

wirken kann. Dagegen wird ein Zustand, der den Geist unbefangen und frei macht und der ihn zu rücksichtsloser Prüfung
aller überkommenen Anschauungen auffordert, sich als förderlich erweisen.

Fasst man diese Faktoren zusammen, so wird man erwarten
dürfen, dass ausserordentliche Leistungen voraussichtlich vorwiegend von sehr jungen Männern ausgeführt werden.

Dies ist in der Tat das Ergebnis aller auf diesen Punkt gerichteten Beobachtungen gewesen. Vor einigen Jahren hat
R. Tigerstedt*) mit grosser Bestimmtheit auf diese Erscheinung
hingewiesen und in neuester Zeit wieder William Osler**) in
einer viel bemerkten Rede, die er im Zusammenhang mit seiner
praktischen Betätigung dieser Erkenntnis gehalten hat. Tigerstedt nennt als Beispiele Newton, Linné, Abel, Mayer, Joule,
Colding, Helmholtz, Vesalius, Scheele, Berzelius, Harvey und
viele andere. Sehr auffallende Beispiele sind Liebig und Sadi
Carnot. An der Tatsache selbst besteht also kein Zweifel, und
die Richtung, in der ihre Deutung liegt, ist bereits oben gekennzeichnet worden. Indessen verlangt die Gesamterscheinung
notwendig noch eine genauere Analyse.

Es ist bereits darauf hingewiesen worden, dass die geringe
Belastung des jungen Geistes mit überkommenem Wissen eine
der günstigen Bedingungen ist. Wenn ein älterer Forscher sich
einigermassen ein offenes Gemüt und eine sympathische Anteilnahme an den Fortschritten der Wissenschaft bewahrt hat, so
findet er nicht selten Gelegenheit, sich bei irgendeiner neuen
Entdeckung zu sagen: dies hätte ich selbst machen sollen, denn
ich bin nahe genug daran gewesen. Prüft er sich dann weiter,
warum er damals die Gelegenheit hat vorübergehen lassen, so
muss er sich meist antworten, dass er nicht den nötigen *Mut* gehabt hat, den scheinbar absurden Gedanken weiter zu verfolgen.
Eine derartige Scheu vor dem möglichen Misslingen ist um so
erklärlicher, je geringer mit zunehmendem Alter die Ausgiebig-
keit der Leistungen wegen Rückganges des allgemeinen Lebenspotentials geworden ist. Der Jugend kommen derartige Be-

---

*) Annalen der Naturphilosophie Bd 2, S. 89. 1903.
**) Ebenda, Bd. 5, S. 504. 1906.

denken nicht. Weder hat sie eine lebhafte Empfindung für die zu erwartenden Schwierigkeiten, die dem älteren Forscher aus seinen reicheren Erfahrungen nur zu vertraut sind, noch scheut sie vor einer möglichen Energieverschwendung zurück, denn Energie zu verbrauchen ist ihr an und für sich ein Genuss. So kommen denn die ungewöhnlichen Leistungen mit einer gewissen Selbstverständlichkeit zustande.

Aus dieser Analyse ergibt sich auch der besondere Charakter solcher Jugendleistungen. Er liegt im Original-Schöpferischen, im Eröffnen neuer Gedankenbahnen und in der Durchführung neuer Auffassungen. Die Wissenschaft besteht keineswegs aus derartigen Leistungen allein, ja sie könnte nicht einmal damit allein bestehen. Es gibt andere Notwendigkeiten, die umfassende Vergleiche, genaue Messungen, eindringende Uebersichten vorhandenen Materials erfordern. Derartige Leistungen setzen mit Notwendigkeit einen entsprechenden Zeitaufwand zur Beschaffung des Materials und zur Durchführung der Arbeit voraus und können somit nicht der Jugend angehören.

Aber wenn auch jene Schöpfungen nicht den *einzigen* Inhalt der Wissenschaft bilden: den *wichtigsten* bilden sie jedenfalls und es ist daher eine folgenreiche Angelegenheit, die Bedingungen für das geistige Leben der Nation so zu gestalten, dass diese Schöpfungen stets entstehen können, wo die Voraussetzung, die geignete Beschaffenheit eines Individuums einmal gegeben ist.

Prüfen wir von diesem Gesichtspunkte aus unsre Jugenderziehung, so müssen wir sie grundsätzlich als sehr unbefriedigend bezeichnen. In unsern Mittelschulen, von der Oberrealschule bis zum klassischen Gymnasium, liegt das Schwergewicht des ganzen Unterrichts im *Sprach*studium. Nun muss ich als Summe alles dessen, was ich bisher über die Unterrichtsfrage erfahren und gelernt habe, es aussprechen, *dass Sprachen so ziemlich das ungeeignetste Material zur Ausbildung jener höchsten geistigen Fähigkeiten sind, von deren Vorhandensein der Kulturzustand und der Platz einer jeden Nation in der Menschheitsgemeinschaft bestimmt wird.* Die glücklichen Griechen, deren Leistungen gerade von den eifrigsten Vertretern der linguistischen Bildung so überaus hoch gestellt werden, hatten den unbeschreiblichen Vorteil, dass sie überhaupt keine Sprache ausser ihrer Muttersprache zu lernen hatten, und schon bei den Römern, die zum Zwecke der Wissenschaft und Kunst Griechisch lernen mussten, macht sich bekanntlich ein sehr erheblicher Abfall der originalen Schaffenstätigkeit geltend. Denn das Erlernen einer Sprache fördert weder Urteilsfähigkeit noch schöpferische Tätigkeit. Die Notwendigkeit, eine Unzahl von Regeln lernen und anwenden zu müssen, die weder logisch noch systematisch begründet werden können, sondern rein zufällig und willkürlich dastehen, ist im Gegenteil ein ausserordentlich wirksames Mittel, die ersten Keime selbständiger Regungen zu unterdrücken. Bei dem gegenwärtigen schnellen Anwachsen internationaler Beziehungen auf allen möglichen Gebieten des Lebens erscheint die Erlernung wenigstens einiger lebender Sprachen als eine unvermeidliche Notwendigkeit. Es ist aber eine grobe Täuschung, wenn man dem Sprachenlernen an und für sich eine „bildende" Wirkung zuschreibt. Hierzu sind die natürlichen Sprachen viel zu unlogisch und zu unsystematisch entwickelt. Es ist, als wollte man Geometrie an den Formen der Pflanzen und Tiere lehren. Hieraus folgt, dass man in den Mittelschulen das Sprachlernen höchstens als unvermeidliches Uebel gelten zu lassen hat, das so lange ertragen werden muss, bis für den internationalen Verkehr eine streng systematische und logische künstliche Hilfssprache eingeführt ist. Dass man aber den ganzen Unterricht des heranwachsenden Jünglings auf einen derartigen zufälligen und unregelmässigen Grund baut, wie dies in den klassischen Gymnasien heute noch geschieht, bedeutet eine nicht gutzumachende Vergeudung der besten Kräfte der Nation, die nicht einmal durch ihre praktische Nützlichkeit entschuldigt werden kann. Und über den Denkfehler, der *unnütz* gleich *ideal* setzt, sollte man doch im zwanzigsten Jahrhundert hinaus sein. Welche Folgen diese systematische Verkümmerung der selbständigen und schöpferisch-produktiven Fähigkeiten unsrer Jugend durch ungeeignete Erziehung gerade in den einflussreichsten Kreisen unsers Volkes hat, tritt eben jetzt bei der Betätigung der deutschen Nation über die Landesgrenzen hinaus auf das bedenklichste zutage.

Vor einer Reihe von Jahren gelangte durch die Vermittlung eines meiner Schüler die Frage seitens der japanischen Unterrichtsverwaltung an mich, auf welche Weise man möglichst frühzeitig beim Unterricht diejenigen erkennen könne, aus denen hernach etwas Erhebliches werden würde. Es handelte sich hierbei um die Verwendung ausgedehnter Stipendien, durch die besonders leistungsfähige junge Männer unabhängig von den Vermögensverhältnissen ihrer Eltern entwickelt werden sollten, und der gewissenhafte Beamte, der sich jene Frage gestellt hatte und nach einer Antwort für sie suchte, strebte eine möglichst zweckmässige Verwendung der Mittel an. Mich frappierte die gegenständliche Zweckmässigkeit der Fragestellung, und ich habe wiederholt und intensiv über ihre Beantwortung nachgedacht, wobei ich meine Erfahrungen als Lehrer an recht verschiedenartigen Lehranstalten in Betracht zog. Das Schlussergebnis war, *dass solche Schüler Förderung in erster Linie verdienen, die nicht mit dem zufrieden sind, was ihnen die Schule an Wissen und Erklärung bietet.* Kommt der Schüler zu seinem Lehrer (oder falls dieser, was leider sehr häufig ist, ihm kein Zutrauen nach solcher Richtung einflösst, zu andern) mit Fragen, die über das von der Schule Gebotene hinausgehen, so ist bereits ein Grund, auf ihn aufmerksam zu sein. Es ist dann nicht schwer, zu entscheiden, ob dieses Fragen wirklich daher rührt, dass das Zusammenhangsbedürfnis des jungen Geistes nicht befriedigt worden war, oder ob es sich um irgendeine andre, zufällige Ursache handelt. Im ersten Falle ist die wichtigste Vorbedingung für den künftigen selbstständigen Denker, also auch den Forscher gegeben. Diese besteht *in der Neigung und Fähigkeit, zu den Erscheinungen selbständig Stellung zu nehmen.*

Es tut einem das Herz weh, wenn man sehen muss, wie der Schulbetrieb unwillkürlich und willkürlich immer wieder in Formen gedrängt wird, die gerade das Gegenteil von dem bewirken, was not täte. Das Ideal der Schule ist der stille, fleissige und vor allen Dingen gehorsame Knabe, der gleichförmig in allen

Fächern das „Klassenziel" erreicht und dem Lehrer nach keiner
Hinsicht Mühe macht. Aber wenn sich Gelegenheit bietet,
einen Blick in die Schulzeit der späteren ganz grossen Männer
zu tun, so erfahren wir, wie ausserordentlich häufig diese die
Schmach ihrer Klasse, die Sorge ihrer Lehrer und jedenfalls
höchst unbefriedigende Schüler gewesen sind. Man darf hier
nicht mit dem Einwande kommen, dass es sich um *Ausnahmen*
handelt. Wenn der übliche Schulbetrieb so gänzlich an denen
versagt, die zu den grössten Leistungen geboren sind, so kann
man vernünftigerweise daraus nur schliessen, dass er bei den
Mittelmässigen noch kläglichere Folgen erzielt, nur dass' diese
nicht sich widersetzen und daher ihren Weg in Frieden machen.

Es handelt sich wirklich um eine grundsätzliche Umkehr.
Das Ziel, den Schüler so gleichförmig wie möglich in allen
Gebieten auszubilden, wirkt in solchem Sinne, dass es schöpferische Anlagen, die nicht von einem besonders kräftigen Willen
getragen werden, erstickt, statt sie zu fördern. Daher sollte
die Schule umgekehrt besondere Begabungen, die sich nach
irgendwelcher Richtung am Schüler zeigen, alsbald zu pflegen
sich angelegen sein lassen und zu diesem Zweck ein weitgehen-
des System von Kompensationen geringer Leistungen in einzelnen Fächern durch ausgezeichnete in andern durchführen. Die
übliche Furcht vor der „Einseitigkeit" kommt mir auf Grund
meiner Lehrerfahrungen lächerlich vor. Ich habe immer gesehen, dass gerade der Einseitige, derjenige, der an irgendeinem bestimmten Gegenstande ein leidenschaftliches Interesse
nahm, seine Arbeit alsbald auf jeden andern Gegenstand auszudehnen bereitwillig war, der in einen sachlichen Zusammenhang
mit seinem Lieblingsgebiete gebracht wurde. Und es kommt so
ausserordentlich viel mehr auf ausgezeichnete Leistungen als
auf durchschnittliche an. Wir verzeihen bereitwillig dem Künstler die auffälligsten Lücken seiner sogenannten allgemeinen Bildung, falls er nur in seinem Gebiete Grosses leistet. Denn allgemeine Bildung ist eine sehr alltägliche Sache, und die Welt
wird dadurch nicht anders, ob ein Individuum mehr oder
weniger damit behaftet ist. Dagegen wird die Welt merklich
anders, wenn man sich jene ausgezeichneten Leistungen fort-

20*

denkt. Dies zeigt augenscheinlich, dass durch die grundsätzlich
versuchten und ausgeführten intellektuellen Glättoperationen
dem Schüler gerade das genommen wird, was für seine späteren Leistungen besonders wünschenswert und wertvoll ist.

Wenden wir nach diesen Betrachtungen, die sich unmittelbar aus der Psychologie der schöpferischen Leistung ergaben,
zu der Frage, welchem von den beiden Typen, dem klassischen
oder dem romantischen, solche frühe Leistungen besonders eigen
sein werden, so werden wir erwarten dürfen, dass sie beim
Romantiker vorwiegen, weil bei diesem die Zeit zwischen der
Konzeption und der Hervorbringung so viel geringer ist. Es
ist aber ziemlich sicher, dass die *Konzeption* bei beiden Typen
gleichartig in eine frühe Periode ihres Lebens fällt, denn wir
besitzen eine Anzahl Bemerkungen von unzweifelhaften Klassi-
kern, denen zufolge sie die Grundgedanken ihrer späteren Werke
bereits sehr früh erfasst hatten. Der Unterschied liegt also
wesentlich in der *Inkubationszeit,* die beim Klassiker seiner
Natur gemäss so viel länger ist.

Diese Betrachtungen werfen ferner ein Licht über eine
andere wichtige Frage, nämlich die nach der *Nachhaltigkeit* der
wissenschaftlichen Produktivität. Man muss hier vor allen
Dingen die normale Tagesarbeit von den ausgezeichneten und
originalen Leistung unterscheiden. Unser Interesse wendet sich
natürlich den letzteren in erster Linie zu, und hier muss man
zugeben, dass die Geschichte der Wissenschaft entgegen dem,
was man erwarten sollte, verhältnismässig selten das Schauspiel
bietet, dass ein Mann, dem *eine* grosse Tat gelungen ist, nun
weiterhin ähnliche Dinge in regelmässiger Folge produziert.
Wir müssen im Gegenteil auf Grund der Erfahrung feststellen,
dass auch unter den Leistungen der Besten *eine* in einsamer
Grösse hervorzuragen pflegt, während die andern, so vorzüglich sie sein mögen, doch im ganzen auf einem andern, niedrigeren Niveau stehen. Hieraus und aus dem frühen Auftreten der
ausgezeichneten Leistung muss man schliessen, dass deren erst-
malige Erzeugung durchaus nicht die weitere Erzeugung ähnlicher Leistungen *erleichtert,* sondern vielmehr sie *erschwert* oder
unmöglich macht. Mit andern Worten: die höchste schöpferische

Zeugungskraft pflegt sich *auf einmal* zu erschöpfen. Ja, es gibt eine nicht geringe Anzahl von Fällen, in denen eine dauernde Schädigung des Organismus nach einer derartigen Leistung und zweifellos auch *durch* diese nachzuweisen ist.

Hierauf deutet zunächst der nicht seltene Typus des Entdeckers, der kurz nach seiner bahnbrechenden Leistung in jugendlichem Alter gestorben ist. Der Mathematiker Abel, der Physiker Sadi Carnot sind Beispiele dieses Falles. Diese Erscheinung ist so auffällig, dass in fast allen nationalen Epen und Sagen die Gestalt des Siegfried-Achilles, des früh gefallenen herrlichen Helden, typisch ausgeprägt erscheint. Handelt es sich bei den Persönlichkeiten, die dieser Gestaltung zu Grunde liegen, auch nicht um wissenschaftliche Leistungen, so handelt es sich doch um Leistungen, die im Sinne ihrer Zeit die höchsten waren.

Wir müssen also den Schluss ziehen, dass derartige ausgezeichnete Leistungen im allgemeinen über die normalen Kräfte auch des bestbegabten Individuums hinausgehen, so dass dieses, wenn es ihm vergönnt gewesen war, solche zu vollbringen, eine dauernde Schädigung davonzutragen pflegt. Es ist natürlich nicht notwendig, dass diese alsbald zum Tode führt; wenn aber der eben gezogene Induktionsschluss richtig ist, so muss das Vorhandensein solcher Schädigungen auch in den Fällen nachgewiesen werden können, bei denen sich an die Leistung noch ein längeres Leben der schöpferischen Persönlichkeit geschlossen hat.

Hierin liegt meines Erachtens die Erklärung dafür, dass so ungemein oft auf die Berufung eines Mannes, der eben Ungewöhnliches vollbracht hat, an eine hervorragende Stelle eine Enttäuschung folgt. Allerdings pflegt diese sich nicht im öffentlichen Urteil geltend zu machen, schon weil diesem nicht der Massstab für die Höhe der Leistung alsbald zu Gebote steht. Aber in den Kreisen der Fachgenossen ist die Bemerkung: „Nun hat er alle denkbaren Mittel und macht doch nichts Rechtes damit" bei offener Aussprache sehr häufig. Erst nach längerer Erfahrung wird es dem Beurteilenden klar, dass es sich hierbei um eine regelmässige Erscheinung handelt. Als Heinrich Hertz nach der Veröffentlichung seiner bahnbrechenden Arbeiten über elektrische Schwingungen auf den Lehrstuhl der Physik in Bonn berufen werden sollte (was auch geschehen ist), hat der zurücktretende Fachgenosse Robert Clausius, gleichfalls ein Mann ersten Ranges die Bemerkung fallen lassen: „Warum beruft ihr den, der hat ja seine grosse Sache schon gemacht!" Mir ist diese Anekdote immer ein Beweis gewesen, dass Clausius, den ich persönlich nie gekannt hatte, nicht nur ein grosser Physiker, sondern auch ein grosser Psycholog gewesen ist.

Achtet man auf die eben dargelegten allgemeinen Verhältnisse, so wird man diese Erscheinung als etwas erkennen, was nicht dem einzelnen zur Last zu legen ist, sondern als etwas, was nicht leicht anders sein kann. Kommt dem hochbegabten jungen Manne seine grosse Aufgabe in Sicht, so stellt er alsbald alle seine Energie in ihren Dienst und wird nicht ablassen, bevor er das letzte aus sich herausgepumpt hat, was sein Organismus hergeben kann. Von der Widerstandsfähigkeit seiner Organisation wird es dann abhängen, ob er an dieser Leistung ganz zugrunde geht oder ob er davonkommt. Ein Invalide in gewissem Sinne ist er aber geworden, wenn auch immerhin die nachgebliebenen Reste weit mehr betragen mögen, als der gute Durchschnitt der Fachgenossen zu bieten pflegt. Aber immer noch sind die gelegentlich ausgeführten Versuche, die Erzeugung ausgezeichneter Leistungen dadurch zu lokalisieren, dass man Männer mit grosser Vergangenheit an einem Orte vereinigte, insofern fehlgeschlagen, als es sich um weitere Leistungen gleichen Kalibers seitens jener Männer gehandelt hat. Wenn etwas bei solchen Versuchen herausgekommen ist, so war es nur die Anregung zu ähnlichen Leistungen beim Nachwuchs.

Um diese allgemeinen Darlegungen an einem Beispiele zu erläutern, vergegenwärtigen wir uns die inneren Schicksale von *Julius Robert Mayer*. Beurteilt man diese unbefangen, so kann man gar nicht anders sagen, als dass er psychisch an seiner grossen Entdeckung zugrunde gegangen ist. Wir besitzen eine sorgfältige Sammlung seiner Briefe, insbesondere aus der Zeit der Konzeption seines Gedankens. Aus ihnen ist zunächst die

ungeheure Arbeit zu erkennen, mit welcher der junge Mediziner, dessen physikalisch-mathemathische Bildung von der bei
seinen Berufsgenossen typischen unzulänglichen Beschaffenheit
war, seine Lücken auszufüllen und sich klare Begriffe über
seine eigne Entdeckung zu machen bestrebt war. Denn auch
dies geht aus jenem Material klar hervor, dass Mayer sein
Prinzip geistig besass, noch bevor er es in verständlicher
Sprache ausdrücken konnte. Die vollständige Erfüllung durch
seine Aufgabe, so dass er beispielsweise nach der Ankunft seines
Schiffes im tropischen Wunderlande keine Zeit fand, sich in
diesem umzusehen, ist gleichfalls charakteristisch. Vielleicht
noch eindringlicher schildert diesen Zustand die Anekdote, wie
er nach Stuttgart zum damaligen Physikprofessor Jolly gekommen ist, um ihm seine Ansichten auseinanderzusetzen. Jolly
widersprach vom Standpunkte der zeitgenössischen Physik und
sagte schliesslich, um den zähen Schwaben ad absurdum zu
führen: „Dann müsste ja eine Flasche mit Wasser durch blosses
Schütteln wärmer werden!" Dieser ging betreten fort. Jolly
hatte die Begegnung längst vergessen, als einmal ein junger
Mann ihn im breitesten Schwäbisch anredete: „Es isch aa so!"
Es bedurfte einer längeren Auseinandersetzung, bis Jolly begriff, dass es sich um eine Antwort auf seinen damaligen Einwand handelte. Mayer hatte aus seinem eignen Verhalten unwillkürlich geschlossen, dass Jolly sich inzwischen mit dem
Problem ebenso andauernd beschäftigt hatte, wie er selbst.

Als es Mayer dann gelungen war, seine Ansichten zunächst
sich selbst klarzumachen und sie dann auch an die Oeffentlichkeit zu bringen, fand er sehr lange nur Widerspruch statt der
erhofften Anerkennung. Dies ist ja ein ziemlich allgemeines
Schicksal auch der gewöhnlichen Menschen, dass ihre Hoffnungen und Erwartungen nicht in Erfüllung gehen. Aber in
den meisten Fällen werden solche Enttäuschungen mehr oder
weniger gut ertragen, und neue Pläne und Hoffnungen lösen
die alten ab. Bei dem schöpferischen Genius versagt leider diese
Selbsthilfe der Natur. Die ungeheure Anstrengung der Produktion hinterlässt den Organismus in weitgehend geschwächtem
Zustande, und was der Durchschnittsmensch leicht erträgt,

richtet den Grossen zugrunde. So hat die unmittelbare Reaktion, die jede wirklich originale, d. h. den gebräuchlichen Anschauungen widerstreitende Entdeckung bei den Nächstbeteiligten hervorruft, nämlich die Neigung, zunächst durch Widerspruch sich der drohenden Umgestaltung der eignen Ansichten zu entziehen, auf Mayer im höchsten Grade niederdrückend gewirkt, so dass er nicht nur ein akutes Nervenleiden durchzumachen hatte, sondern für die übrige Zeit seines Lebens zur wissenschaftlichen Unfruchtbarkeit verurteilt war. Dies tritt am deutlichsten in der Tatsache zutage, dass es ihm durchaus versagt war, die Bedeutung des zweiten Hauptsatzes aufzufassen, obwohl dieser zwanzig Jahre vor seiner Arbeit entdeckt worden war und eine höchst erhebliche Ergänzung und Erläuterung seines eignen Gesetzes bildet.

So macht sich dieser höchsten Leistung der Natur im Menschen der gleiche Umstand geltend, den wir überall in den niederen Graden antreffen. Wenn die Propagation gesichert ist, so besteht kein Anlass mehr, den mütterlichen und väterlichen Organismus zu erhalten, und so sehen wir ihn oft unmittelbar nach Erledigung dieses Geschäftes zugrunde gehen. Ganz in gleicher Weise liegt nach Erzielung der Entdeckerleistung keine innere Ursache mehr vor, weshalb der durch eben diese Leistung erschöpfte und daher zu weiteren ähnlichen unfähig gewordene Organismus erhalten werden sollte. Er tritt mehr oder weniger in die Reihe der Mittelmässigen zurück, und zwar um so weiter rückwärts, je grösser und daher je erschöpfender die Leistung gewesen war.

Hier ist es, wo mit wachsender Kultur und wachsender Einsicht in die Naturgesetzlichkeit dieser Erscheinungen die Menschheit die Härte des natürlichen Vorganges zu mildern und ihren grossen Förderern das Schicksal, das schwer genug auf ihnen lastet, nach Möglichkeit zu erleichtern suchen sollte. Dies ist nicht schwer auszuführen. Ein ruhiger und sorgenfreier Lebensabend, ausgestattet mit den Mitteln, auf einem gern gepflegten Arbeitsfelde noch nach Bedarf Arbeit zu leisten, ist alles, was dafür nötig ist. Hier liegt eine Aufgabe vor, bezüglich deren die *Akademien* und wissenschaftlichen Gesellschaften, die sonst im modernen Leben keine recht sachgemässe Betätigung finden, ein dringendes und erhebliches Bedürfnis erfüllen könnten. Dies würde um so wirksamer geschehen, wenn damit gleichzeitig eine entsprechende äussere Ehrung verbunden sein würde.*)

Glücklicherweise ist der eben geschilderte Fall, wo die grosse Entdeckung unmittelbar soviel als ein Menschenleben oder noch mehr kostet, nämlich eine Reihe unglücklicher Jahre für den Wohltäter, nur die äusserste Möglichkeit. Er setzt ein Zusammentreffen einer sehr erheblichen Arbeit mit einem nicht sehr widerstandsfähigen Organismus voraus, und da die ganz grossen Dinge ihrer Natur nach selten sind, so bilden derartige tragische Fälle auch nur Ausnahmeerscheinungen. Viel häufiger geht der Organismus mit einer weniger schweren Schädigung aus der Prüfung hervor und bleibt noch längere oder kürzere Zeit zu ähnlichen, wenn auch nicht gleichwertigen Leistungen befähigt. Hier pflegt der Verlauf derart zu sein, dass das Versagen der Leistungsfähigkeit zwar nicht unmittelbar nach der Hauptleistung eintritt, wohl aber doch im ganzen viel früher, als nach dem Alter des Geschädigten zu erwarten wäre.

Ein Beispiel für diese mildere Form der Vernutzung bietet *Liebig*. Die Entwicklung seiner Wissenschaft in der Zeit seiner jungen Jahre brachte die Notwendigkeit ausgedehnter Experimentaluntersuchungen mit sich. Da sie sehr viel mechanische Arbeit und die Notwendigkeit des Zuwartens bedingten, so war

---

*) Für einen künftigen *Nobel*, der zur Belohnung für ausgezeichnete wissenschaftliche Leistungen eine Stiftung gründen möchte, gestatte ich mir hier eine entsprechende Anregung. An Stelle der in der gegenwärtigen Nobel-Stiftung üblichen *einmalichen Geldsummen*, die nicht gross genug sind, um den Empfänger unabhängig von allen anderen Einnahmen ein ruhiges und behagliches Leben zu sichern, und die nach dem Tode des Preisträgers an irgendwelche gleichgültige Erben fallen, die mit der zu belohnenden Leistung nicht das geringste zu tun haben, sollten *lebenslängliche Pensionen* abgegeben werden. Sie würden auf Grund des gleichen Kapitals viel höhere jährliche Beiträge für den Prämiierten ergeben, die ihn wirklich unabhängig machen würden, und nach seinem Tode würden sie für neue Preisträger frei werden, ohne in Hände zu fallen, für die sie nicht bestimmt waren.

eine Ueberarbeitung bei solcher Tätigkeit praktisch ausgeschlossen. Dann kam aber seine Unterrichtstätigkeit in Giessen und gegen Ende dieser Periode das neue Gebiet der Anwendung der eben gewonnenen Anschauungen in der organischen Chemie auf die Biologie der Pflanzen und Tiere. Beide Arbeiten waren von der Art, die keinen selbstregulatorischen Faktor in sich enthalten, und so sehen wir das Ergebnis, dass der wirksamste aller Lehrer, der Schöpfer des wissenschaftlichen Unterrichtslaboratoriums, als er im Alter von fünfzig Jahren nach München berufen wurde, sich dort allen und jeden Laboratoriumsunterricht verbat und seine Unterrichtstätigkeit auf Vorlesungen beschränkte, über deren nichts weniger als jugendfrische Beschaffenheit wir Zeugnisse von Zeitgenossen besitzen. Zwar vermochte er in guten Stunden und wenn es darauf ankam, noch das alte zündende Feuer zu zeigen, aber für gewöhnlich war mehr die Ermüdung sichtbar. Auch seine andre Leidenschaft, das Experiment, war verschwunden, und es ist rührend, in seinem Briefwechsel mit Wöhler zu beobachten, wie er von Zeit zu Zeit versucht, mit dem unermüdlichen Freunde auf diesem Boden Schritt zu halten, es aber in kürzester Frist wieder aufgibt. Seine gesamte Energie ist in dieser Periode seines Lebens auf die Verbreitung und praktische Geltendmachung seiner biologisch-chemischen Gedanken gerichtet, und daneben gehen Arbeiten zur Erkenntnislehre und Theorie der Forschung einher. Die wissenschaftliche Chemie jener Zeit, die sich wesentlich auf dem Boden der organischen Synthese und Systematik bewegte und für deren Entwicklung er selbst Entscheidendes getan hatte, war ihm direkt umsympathisch geworden. So hat er noch etwa zwei Dezennien gelebt, in vielen Beziehungen ein andrer als in seinen Jugendtagen.

Einen noch günstigeren Fall bietet *Helmholtz* dar. Die grosse Tat seiner Jugend, die Mitentdeckung des Gesetzes von der Erhaltung der Energie, ist nach seinem eignen Zeugnisse nicht mit dem Bewusstsein bei ihm vor sich gegangen, dass er etwas unerhört Neues zutage gefördert hätte, sondern vielmehr mit dem, dass er eigentlich Selbstverständliches vorbrächte, was nur noch nicht klar und einfach genug ausgesprochen war. Früh genug eintretende äussere Erfolge in der wissenschaftlichen Laufbahn ersparten ihm auch das Gefühl des unverdienten Zurückgesetztwerdens, und der jungfräuliche Boden seiner Arbeit über die Physik der Sinnesorgane gab seiner ausgezeichneten Begabung die Gelegenheit zu freiester Entfaltung. Nehmen wir hinzu, dass er als typischer „Klassiker" allem Hasten und Ueberstürzen abhold war, so sehen wir alle Bedingungen vereinigt, um die Anpassung des Organismus an die ungewöhnlichen, von ihm geforderten Leistungen zu erleichtern.

Nun ist es aber ungemein bemerkenswert, dass er gleichfalls im fünfzigsten Lebensjahre seine bisherige Beschäftigung mit der Sinnesphysiologie vollständig aufgibt. War er bis dahin Professor der *Physiologie* gewesen, wobei er gelegentlich noch die früher damit vereinigt gewesene Anatomie hatte übernehmen müssen, so nimmt er nun eine Berufung als Professor der *mathematischen Physik* nach Berlin an und leistet auf diesem neuen Boden wiederum Ausgezeichnetes. Natürlich handelt es sich hierbei nicht um Dinge, die ganz neu in seinen Gesichtskreis traten. Schon die Jugendarbeit hatte sich ja, wenn auch mit sehr bescheidenen mathematischen Mitteln, auf dieses Gebiet bezogen, und bei seinen physiologischen Untersuchungen war er den dabei auftretenden Problemen der mathematischen Physik gerne und erfolgreich nachgegangen. Aber er bezeugt selbst, dass ihm das frühere Gebiet, die Sinnesphysiologie, für seine persönliche Begabung und Arbeitsweise erschöpft erschien, und er, um produktiv zu bleiben, sich ein neues Arbeitsfeld habe suchen müssen.

Hieraus werden wir also schliessen dürfen, dass selbst unter den günstigsten Bedingungen die Ausführung ausgezeichneter Leistungen auf *einem einzigen* Arbeitsgebiete während eines ganzen langen Lebens nicht wohl durchführbar ist. Denn dies Beispiel steht nicht allein da. In seiner Lebensbeschreibung des grossen Physiologen Johannes Müller hat du Bois Reymond mit einiger Verwunderung darauf hingewiesen, dass dieser in der zweiten Hälfte seines Lebens das früher mit so ausgezeichnetem Erfolge bestellte Feld der Physiologie ganz verlassen hatte, um sich der beschreibenden und vergleichenden Anatomie und Entwicklungsgeschichte niederer Organismen hinzugeben. Und ähnliche Beispiele liessen sich noch zahlreich anführen.

Mir scheint diese Notwendigkeit eines Wechsels für die zweite Hälfte des produktiven Lebens gleichfalls physiologisch bedingt, ja notwendig zu sein. Sie spricht ausserdem in eindringlichster Weise für die Lokalisation der Gehirnfunktionen. Wenn durch übermässige Beanspruchung ein gewisser Teil dieses Organs zu weiteren Leistungen teilweise oder ganz unfähig gemacht worden ist, so bedingt dies noch nicht notwendig die Unbrauchbarkeit des ganzen Organs. Nun hat jeder grosse Forscher regelmässig neben seinem Hauptgebiete noch Nebeninteressen, die er während seiner grossen Zeit der alles verzehrenden Hauptaufgabe geopfert hat. Diese treten hernach mit ihren geschonten Gebieten in den Vordergrund und ermöglichen auf Grundlage der unschätzbaren Erfahrungen, die auf dem Hauptgebiete bezüglich der Ausführung wissenschaftlicher Leistungen gemacht worden sind, eine Nachblüte, die der Hauptblüte unter günstigen Umständen ziemlich nahe kommen kann.

Diese Theorie gibt gleichzeitig den Schluss in die Hand, dass das neue Gebiet dem alten *nicht zu nahe* liegen darf, da es sonst gerade wieder die geschädigten Teile des Organes beansprucheń würde. Anderseits ist es günstig, wenn es nicht zu fern liegt, damit die älteren Erfahrungen noch verwertet werden können. Soviel ich übersehen kann, stehen die Beobachtungstatsachen mit diesen Schlüssen in guter Uebereinstimmung.

Zusammenfassend wird man also über den Einfluss des Lebensalters auf die Forscherarbeit folgendes sagen können: Die ausserordentlichen Leistungen fallen ganz vorwiegend in ein sehr jugendliches Lebensalter, zwischen zwanzig und dreissig. Die Rückwirkung einer solchen Leistung auf den Forscher selbst ist in den meisten Fällen eine schwere Schädigung, doch ist eine solche nicht unbedingt notwendig. Die Schädigung ist um so grösser, je mehr die Leistung auf dem rein gedanklichen Gebiete liegt, je länger der Erfolg auf sich warten lässt und je weniger widerstandsfähig der Organismus an sich ist. Der Romantiker ist solchen Schädigungen mehr ausgesetzt als der Klassiker. Je früher die ausserordentliche Leistung erfolgt, um so grösser pflegt unter sonst vergleichbaren Bedingungen die Schädigung zu sein. Aus all diesen Gründen ist es dem Forscher meist nur möglich, *eine einzige ausserordentliche Leistung* hervorzubringen; die späteren Arbeiten werden sich von dieser um so mehr zu ihren Ungunsten unterscheiden, je mehr der schädigenden Faktoren zusammengewirkt haben.

Von den vielen praktischen Anwendungen, die sich aus diesen Untersuchungen ergeben, habe ich nur einige wenige andeuten können. Doch übersieht man alsbald, dass auch andre Fragen, wie zum Beispiel die Dienstaltersgrenze für Professoren, die Umgestaltung des Lehrauftrages mit zunehmendem Alter, die Vermeidung der Schädigungen, die den Universitäten und andern Hochschulen durch altgewordene Professoren entstehen, und viele ähnliche, auf Grund der biologisch-energetischen Betrachtung eine viel bestimmtere Beantwortung zulassen, als ihnen bisher zuteil geworden ist.

Ein österreichischer J. B. Richter.

(1907)

Im April oder Mai dieses Jahres war es gerade ein Jahrhundert, dass *Jeremias Benjamin Richter* das irdische Jammertal verlassen hat, indem ihm weder bei seinen Lebzeiten, noch nach seinem frühen Tode die Gerechtigkeit zu teil geworden ist, die vielen Geringeren, als er war, reichlich und überreichlich zugemessen zu werden pflegt. Der Mangel an Gerechtigkeit hat sich auch heuer wieder darin gezeigt, dass ihm bei dieser Gelegenheit weder ein Denkmal noch auch eine schlichte Erinnerungstafel gestiftet worden ist. Ich weiss nicht einmal, ob die chemischen Zeitschriften des Tages überhaupt gedacht haben; die Tagespresse hat es zweifellos nicht getan. Ja, noch darin kennzeichnet sich die Undankbarkeit der Nachwelt gegen einen der genialsten Denker, dass man nicht einmal genau wusste, an welchem Tage man diese hundertjährige Todesfeier hätte abhalten wollen. Denn im „Poggendorf", der biographischen Skelettsammlung der naturwissenschaftlichen Gelehrtenwelt, bleibt dahingestellt, ob sein Todestag der 4. April oder der 4. Mai 1807 gewesen ist. Nur 45 Jahre ist er alt gewesen, als er in jenem Jahre des Elends in Berlin starb.

Was hat er denn so grosses geleistet? wird nicht nur der Laie, sondern wohl auch mancher Chemiker fragen. Die Antwort ist: er war der Begründer der Stöchiometrie und er war der erste, welcher eine Erkenntnis über die Gesetze besessen hat, welche die Gewichtsverhältnisse der chemischen Verbindungen regeln. Er hat mit anderen Worten nichts geringeres getan, als dass *er als der erste Zahl und Mass in der Chemie zur Geltung brachte.* Unmässige Lobeserhebungen sind verschwenderisch über *Lavoisier* ausgestreut worden, dass er die Wage in der Chemie zur Anwendung gebracht hätte. Er war nicht einmal der erste hiezu, und bezüglich seiner Sauerstofftheorie hat er in *Mayow* einen Vorgänger gehabt, der die Grundzüge seiner Auffassung mehr als hundert Jahre früher mit aller Sicherheit ausgesprochen hat. Aber *Richter* hatte, soweit die gegenwärtige Kenntnis der Chemiegeschichte reicht, durchaus keinen Vorgänger; ja, sein Denken war so originell, dass noch heute der durchschnittliche Chemiker es nicht leicht findet, ihm zu folgen. Aus der Tatsache, dass zwei beliebige Neutralsalze beim Vermischen neutral bleiben, gleichgültig ob dabei ein Niederschlag entsteht oder nicht, schloss er, dass die Verbindung zwischen Säuren und Basen nur nach ganz bestimmten, gesetzmässigen Gewichtsverhältnissen stattfinden kann, und dass man aus der Kenntnis einiger weniger dieser Zahlenverhältnisse die übrigen voraus berechnen kann, mit der Sicherheit, dass diese Berechnung soweit zutreffen wird und muss, als nur das Neutralitätsgesetz reicht. Er schloss, dass bei der Entdeckung einer neuen Säure oder Base es genügt, ein *einziges* Salz dieses Stoffes zu analysieren, um die Grundlage für die Berechnung der Zusammensetzung aller seiner übrigen Salze zu haben. Und nicht nur auf die neutralen Salze beschränkt sich das von ihm entdeckte Gesetz. Er selbst hatte es bereits auf das Verhältnis zwischen Metallen und Sauerstoff ausgedehnt und hätte nicht der Tod seine Laufbahn kurz abgeschnitten, so hätten wir wohl von ihm selbst die Ausdehnung seines Gesetzes auf alle chemischen Verbindungen erwarten können.

Und diese grundlegende Geistesarbeit wurde nicht etwa von einem geleistet, der durch den wissenschaftlichen Lehrberuf Anregung und gewissermassen eine Verpflichtung zu solchen Arbeiten hat, sondern von einem technischen Chemiker, der in seiner schlesischen Heimat als Bergsekretär und Bergprobierer tätig war und erst sieben Jahre vor seinem Tode, nachdem er seinen grossen Gedanken nicht nur bereits entwickelt, sondern auch die Bitterkeit der Nichtbeachtung seines Geisteskindes bereits reichlich gekostet hatte, in einen mehr wissenschaftlichen Kreis gelangte. 1800 wurde *Richter* Assessor bei der Bergwerksadministration sowie Arkanist bei der kgl. Porzellanmanufaktur in Berlin. Im zehnten Bande der „Zeitschrift für physikalische Chemie" findet man sein Bildnis nach einem zeitgenössischen Kupferstich: feine, geistreiche Züge, die befreiend wirken, da sie gar nichts Verbittertes zu enthalten scheinen.

Wie bekannt haben Verkennung und Uebersehen *Richter* auch nach seinem Tode verfolgt. *Berzelius*, der als erster die ganze Tragweite seiner Entdeckung begriffen hatte, verwechselte ihn mit *Wenzel* und noch gegenwärtig findet sich zuweilen, namentlich in der französischen Literatur, das *Richter*sche Gesetz als la loi de *Wenzel* erwähnt. Erst in den Vierzigerjahren des XIX. Jahrhunderts wurde dies durch *Hess* zurechtgestellt, leider erst nachdem der Irrtum in *Kopp's* Geschichte der Chemie übergegangen war.

Das Schlimmste bezüglich der Anerkennung *Richter's* wurde allerdings durch die etwa um die Zeit seines Todes auftauchende Atomhypothese *Dalton's* bewirkt. Vor einigen Jahren habe ich das allgemeine Gesetz aufgestellt , dass wenn ein gegebenes Gebilde Formen von verschiedenem Beständigkeitsgrade bilden kann, bei der freiwilligen Umwandlung eines solchen Gebildes aus irgend einem labilen Zustande nicht alsbald die beständigste Form entsteht, sondern zunächst gerade die *wenigst* beständige aller noch möglichen Formen. Dies Gesetz gilt anscheinend nicht nur für chemische Vorgänge aller Art, sondern auch für sozial- und personalpsychologische. Wir können ganz allgemein beobachten, dass bei erheblichen geistigen Wendung n die Menschheit den durch den Einzelnen erzielten Fortschritt nie in seiner Vollständigkeit mitmacht, sondern von dem Alten, das reformiert werden soll, soviel als möglich in dem neuen Gebilde übrig lässt. Ja, bis auf den Reformator selbst erstreckt sich diese Eigentümlichkeit: auch er pflegt in seinem Werk einen „Erdenrest, zu tragen peinlich" zu hinterlassen.

Die metastabile Zwischenform, welche in dieser Sache zunächst entstand, war eben die *Dalton'sche* Atomhypothese. Sie enthielt das stöchiometrische Grundgesetz von der allgemeinen Existenz der Verbindungsgewichte, vermischt mit der unwesentlichen aber altgewohnten Korpuskularhypothese. Der Denkweise der Chemiker jener Zeit war aber gerade diese Form die willkommenste, und entsprechend der langen Dauer von zwei Jahrtausenden, während welcher sich die Korpuskularhypothese dem Denken der Menschheit hat einverleiben können, ist auch gegenwärtig bei der überwiegenden Mehrzahl der Fachgenossen die gleiche Denkweise herrschend geblieben.

Und damit bin ich auf den in der Ueberschrift angedeuteten Gegenstand gekommen. Die von *J. B. Richter* seinerzeit betätigte rein erfahrungsgemässe Denkweise, welche das erkannte Gesetz nicht auf willkürliche Vorstellungen über das „Innere der Natur", sondern auf klar erkannte, und jederzeit prüfbare *experimentelle* Tatsachen zu begründen bestrebt ist, hat für *Richter's* Problem während eines Jahrhunderts keine Nachfolge gefunden. Eine Generation der Chemiker nach der anderen wurde in dem Glauben erzogen, dass mit der Atomhypothese alle Fragen beantwortet seien, die bezüglich des stöchiometrischen Grundgesetzes überhaupt an die Wissenschaft gestellt werden konnten, und es musste ein volles Jahrhundert vergehen, ehe der Faden wieder dort aufgenommen wurde, wo ihn der Tod der Hand Jeremias Benjamin *Richter's* entrissen hatte.

Wunderlich genau ist die Parallele, in der sich die Geschichte hier gefallen hat. 1762 ist das Geburtsjahr *Richter's;* 1861 ist der Mann geboren, von dem hier die Rede sein soll. Wie *Richter* ist er alsbald nach beendetem Studium in die berg- und hüttenmännische praktische Tätigkeit, getreten, und hat in den wenigen Stunden, die ihm der anstrengende Beruf übrig gelassen hat, entfernt von anregendem wissenschaftlichen Verkehr, die abstrakteste Denktätigkeit, einsam für sich durchführen müssten. Wie *Richter* hat er vergeblich auf die allgemeine Anerkennung seiner Zeitgenossen gehofft, die ihm nur seitens Einzelner zu teil wurde. In der Vorrede des zweiten Bandes seiner „Stöchyometrie" berichtet *Richter* darüber, dass sein Verleger bei ihm Beschwerde über die Anwendung der Mathematik in der Chemie geführt habe, da gründliche Schriften jetzt nicht so beliebt seien, wie witzige. Ich kann aus eigener Erfahrung mitteilen, dass ein sehr hervorragender Fachgenosse mir einmal erklärt hat, er würde sich genötigt sehen, die Zeitschrift für physikalische Chemie abzuschaffen, wenn ich fernerhin die Abhandlungen dieses Mannes darin zum Abdruck bringen würde. „Dann würden Sie einen grossen Verlust haben", war meine Antwort, und ich nehme an, dass er seine Drohung nicht ausgeführt hat, obwohl ich mit jenen Veröffentlichungen fortfuhr. Wie *Richter* endlich ist unser Mann niemals Mitglied des Lehrkörpers einer Universität oder ähnlichen wissenschaftlichen Anstalt gewesen. Aber hier hört die Parallele glücklicherweise auf, denn er hat das Lebensalter *Richter's* bereits um ein reichliches Jahr überschritten und so ist zu hoffen, dass ihm eine zweite Periode freien wissenschaftlichen Schaffens in naher Zukunft beschieden sein möge.

Dieser Mann ist *Franz Wald,* zurzeit Chef-Chemiker der Eisenwerke zu Kladno, Böhmen. Als der Erste und lange Zeit als der Einzige hat er das Problem *Richter's* wieder aufgenommen und sich die Frage gestellt, welche allgemeinere Tatsachen liegen vor, aus denen die stöchiometrischen Gesetze, insbesondere das von dem Verbindungsgewicht der Elemente, mit Notwendigkeit folgen? In mühseliger Gedankenarbeit, deren aufreibende Beschaffenheit nur der kennt, der einmal Aehnliches versucht, wenn auch vielleicht nicht geleistet hat, rang er sich von einer Stufe zur anderen empor, bis er die volle Klarheit erreichte und erkannte, dass bereits in dem Begriffe des *reinen Stoffes* und den Tatsachen, welche zur Bildung dieses Begriffes geführt haben, die erforderlichen Elemente enthalten sind, aus denen sich das Gesetz der Verbindungsgewichte mit Notwendigkeit ergibt. Das Problem selbst ist so ungewohnt, dass ich darauf gefasst bin, von der Mehrzahl der Chemiker mit dem Hinweis abgewiesen zu werden, das ja die Atomtheorie eine so genügende Auskunft darüber gäbe, dass ein Weiteres überhaupt nicht erforderlich sei. Dass es sich aber um eine Grundlage der ganzen Wissenschaft handelt, deren Bedeutung weit über alles hinausgeht, was die Atomhypothese geleistet hat und noch leisten wird, wissen heute nicht Viele, aber die nächste Generation wird es wissen.

Bei verschiedenen Gelegenheiten habe ich bereits hervorgehoben, dass neben dem vielen Schlimmen, das das Hasten unserer Zeit mit sich bringt auch zuweilen ein Gutes zutage kommt, und dass zu diesem Guten der Umstand gehört, dass gegenwärtig selbst sehr grosse Entdecker, die ihrer Zeit weit voraus waren, noch bei Lebzeiten des Entdeckers die verdiente Anerkennung gewinnen. Die schneller gewordene Zeit holt gegenwärtig ihre Führer eben auch früher ein, und die mittlere Lebensdauer des Menschen hat sich ja mittlerweile nicht vermindert, eher vermehrt. So dürfen wir auch hoffen, dass in dem vorliegenden Falle unsere Zeit sich von ihrer guten Seite zeigen und ihren Dank in Gestalt einer angemessenen wissenschaftlichen Stellung bereits dem Lebenden darbringen wird.

Denn ich habe schon verraten, dass der Parallelismus mit *J. B. Richter* bereits im vorigen Jahre abgelaufen ist, indem Franz *Wald* dessen Lebensalter reichlich überschritten hat. So stehen auch keine Bedenken dem entgegen, dass sich diese zweite Hälfte abweichend von *Richter's* Schicksal gestaltet. Sein Vaterland, das einem *Boltzmann* und *Mach* die gebührende Stellung gewährt hatte und in solcher Beziehung selbst Deutschland vorgeschritten ist, hat das erste Anrecht auch auf diesen seinen grossen Sohn.

Svante August Arrhenius.

(1909)

Am 19. Februar 1859 wurde *Svante August Arrhenius* auf Schloss Wyk in der Nähe von Upsala geboren. Sein Vater war daselbst als Verwalter von Wyk und des daneben belegenen Universitätsbesitzes tätig. Er stammte aus einer alten landwirtschaftlichen Familie, die in Smaland, Südschweden, ansässig gewesen war; ebendaher war seine Mutter Carolina, geb. Thumberg gebürtig. Aus dem Namen des Familienhofes Arena, welcher ein Flussufer bedeutet, ist der Familienname durch die seinerzeit gebräuchliche Latinisierung entstanden.

Bald nach der Geburt seines Sohnes siedelte Vater *Arrhenius* nach Upsala über, wo ihm die gesamte Verwaltung des Grundbesitzes der Universität übertragen worden war, so dass der Sohn die Schulen der alten Universitätsstadt besuchen konnte. Er erwies sich hier als sehr früh entwickelt, so dass er als der jüngste und einer der besten seines Jahrganges sie 1876 verlassen konnte; insbesondere hatte er sich in Mathematik, Physik und Biologie ausgezeichnet. Die gleichen schnellen Fortschritte machte er auf der Universität Upsala, die er im Herbst 1876 bezogen hatte, so dass er bereits nach drei Semestern (1878) sein Kandidatenexamen ablegen konnte. Er studierte zunächst unter *Cleve* Chemie, beschäftigte sich aber gleichzeitig eifrig mit Mathematik und wendete sich von 1881 aber der Physik als Hauptfach zu. Da das physikalische Institut in Upsala damals „zu eng" für ihn war, ging er nach dem nahen Stockholm, wo ihn *Edlund* freundlich aufnahm und erheblich förderte, und erwarb in schneller Folge die Grade eines Licentiaten und Doktors der Physik. Hierfür dienten die bei *Edlund* ausgeführten Untersuchungen über das Abklingen der galvanischen Polarisation und (als Doktordissertation) die „Untersuchungen über die galvanische Leitfähigkeit der Elektrolyte", dieselbe Schrift, deren 25 jährigem Jubiläum dieser Band gewidmet ist, und welche den ersten Teil des CLX. Bändchens der „Klassiker der exakten Wissenschaften" bildet. Er war damals 25 Jahre alt. Der zweite Teil, die „Chemische Theorie der Elektrolyte" enthaltend, erschien im gleichen Jahre.

Ich werde in meinem ganzen Leben den Tag nicht vergessen, an welchem ich zum ersten Male den Namen *Arrhenius* kennen lernte. Ich hatte damals, es war im Juni 1884, an jenem einen Tage gleichzeitig ein böses Zahngeschwür, eine niedliche Tochter und eine Abhandlung von *Svante Arrhenius* unter dem Titel „Etudes sur la conductibilité des électrolytes" bekommen. Das war zu viel, um auf einmal damit fertig zu werden. Am ehesten ging es mit dem Zahngeschwür, und auch das Töchterchen bewirkte keine weiteren Schwierigkeiten, da es Mutter und Kind so gut ging, wie man es den Umständen nach erwarten konnte, und meine Rolle als Vater erst in späteren Entwicklungsstadien ernsthaft zu werden brauchte. Aber die Abhandlung machte mir Kopfschmerzen und schlaflose Stunden in der Nacht. Was darin stand, war so abweichend von dem Gewöhnlichen und Bekannten, dass ich zunächst geneigt war, das ganze für Unsinn zu halten. Dann aber entdeckte ich einige Berechnungen des offenbar noch sehr jungen Verfassers, dessen Erstlingswerk es war, in welchen dieser bezüglich der Affinitätsgrössen der Säuren zu Ergebnissen gelangt, die vollkommen mit den Daten übereinstimmten, die ich auf ganz anderem Wege gefunden hatte. Und schliesslich musste ich mich nach eingehendem Studium überzeugen, dass durch diesen jungen Mann das grosse Problem der chemischen Verwandtschaft zwischen Säuren und Basen, dem ich ungefähr mein ganzes Leben zu widmen gedachte und von dem ich bisher in angestrengter Arbeit erst einige wenige Punkte aufgeklärt hatte, in viel umfassenderer und folgenreicherer Weise als von mir angegriffen und auch teilweise schon gelöst worden war.

Man wird sich leicht vorstellen können, was für ein Durcheinander von Gefühlen eine solche Erkenntnis in einem jungen Forscher erwecken muss, der seine Zukunft erst zu machen hat und sich plötzlich auf dem Felde, das er sich so recht einsam und abseits ausgesucht hatte, einem höchst energischen Mitarbeiter gegenüber sieht. Dazu kam, dass das Werk offenbare Schwächen enthielt (die in der Folge auch von anderen Kritikern in übertriebener Weise zur Geltung gebracht wurden), so man noch mit der Möglichkeit rechnen musste, jene richtigen Ergebnisse seien nur zufällig so ausgefallen.

Nun, einige Tage Studium und Nachdenken überzeugten mich schliesslich, dass die Sache ernst zu nehmen war.

Neben jenen anfechtbaren Auffassungen enthielt sie so viele und so tiefgehende neue Gedanken, dass ich mich von ihrer fundamentalen Wichtigkeit bald überzeugen konnte. Insbesondere die Ansicht, dass die früher von mir bestimmten spezifischen Affinitätskoeffizienten der Säuren und Basen in erster Annäherung der elektrischen Leitfähigkeit proportional sein müssten, konnte einer sehr viel eingehenderen Prüfung unterzogen werden, als der Verfasser jener Schrift auf Grund des vorliegenden äusserst spärlichen Materials imstande gewesen war. So geschwind wie möglich wurde mit den damals noch sehr dürftigen Hilfsmitteln des Rigaschen Laboratoriums ein Apparat zur Messung der elektrolytischen Leitfähigkeit nach *Kohlrausch* zusammengebaut. Da eine Bestellung aus Deutschland eine Verzögerung um vier bis sechs Wochen bedeutet hätte, borgte ich mir von dem Rigaschen Telegraphenamt einen *Siemens*schen Widerstandskasten, den ich, soweit erforderlich, kopierte und baute mir das erste Exemplar jener einfachen Ausführungsform des Leitfähigkeitsapparates, die seitdem in unzähligen Wiederholungen mit (langsam ansteigenden Verbesserungen bezüglich der Bequemlichkeit des Gebrauches) für ähnliche Zwecke benutzt worden ist. Schon nach wenigen Tagen (die Ferien waren inzwischen glücklicherweise eingetreten) konnte ich eine ausgiebige Bestätigung des *Gesetzes von Arrhenius* erhalten und beeilte mich, dies wichtige Ergebnis in einer kurzen Notiz der Oeffentlichkeit durch das Journal für praktische Chemie mitzuteilen, in welcher ich auf die grosse Wichtigkeit jener Arbeit hinwies.

Die bald eintretenden Ferien (ich war damals in Riga) wurden verwendet, um den merkwürdigen jungen Mann in Upsala, wo er als Privatdozent habilitiert war, aufzusuchen, und die gegenseitige Erkennung gelang dadurch, dass letzterer mit meiner Abhandlung in der erhobenen Rechten den einfahrenden Zug im Bahnhof erwartete.

Es würde zu weit führen, wenn ich schildern wollte, wie aus jener Begegnung eine Freundschaft sich entwickelt hat, die während einer langen Reihe von Jahren gemeinsamer Arbeit und gemeinsamen Kampfes nur immer fester geworden ist, die niemals auch nur die geringste Trübung erfahren hat, und die ich als einen der wertvollsten Bestandteile meines eigenen Lebens bezeichnen muss. Nur das will ich erwähnen, dass der neue Freund im nächsten Jahre nach Riga kam, um dort mit mir zusammen die Bearbeitung des ungeheuren neuen Gebietes zu beginnen, wobei ich die Art seiner Arbeit genauer kennen lernte; später konnte ich dieses Studium seiner Psyche in Leipzig fortsetzen. Hierbei war es nun merkwürdig zu beobachten, wie er nicht etwa, wie ich es gewohnt war, Stufe für Stufe einen Punkt nach dem andern in dem vorliegenden Problem durch eine entsprechende experimentelle Untersuchung aufzuklären unternahm. Er zog es vielmehr vor, einen ganzen Tatsachenkomplex auf einmal ins Auge zu fassen und an ihm so lange herumzudenken, bis er ihn allseitig in Ordnung gebracht hatte. Man konnte gelegentlich auf eine Viertelstunde genau beobachten, wie er ein solches Problem vornahm und in konzentriertester Denkarbeit auflöste. Vielleicht waren auch hier Vorbereitungsstadien, etwa unbewusste, vorausgegangen. Aber die Hauptsache wurde doch sichtlich in sehr kurzer Zeit ausgeführt.

Für *Arrhenius'* äusseres Schicksal war jene Reise nicht ganz ohne Bedeutung. Er hatte seine Habilitation an der Universität Upsala betrieben, war dabei aber auf Schwierigkeiten gestossen, da man die von ihm vertretenen wissenschaftlichen Ansichten als sehr heterodox ansah, und die Universität sich zu kompromittieren fürchtete, wenn man einem solchen wilden Manne offizielle Unterkunft gewährte. Da mein Name bereits bekannt geworden war, durch eine Anzahl von Arbeiten auf jenem Gebiete, das damals so einsam lag, dass jeder einzelne bemerkt wurde, der sich dahin begab und dort arbeitete, und ich meine Meinung über die fragliche Leistung bereits öffentlich in unzweideutigster Weise festgelegt hatte, so entstand dadurch für jene Vorsichtigen nicht nur eine Entlastung der eigenen Verantwortlichkeit, sondern vielleicht sogar etwas, wie die entgegengesetzte Besorgnis, einen Tadel über die Hemmung eines jugendlichen Genies zu provozieren. Jedenfalls wurde nun der Habilitation kein Hindernis mehr in den Weg gelegt; sehr viel später aber schrieb mir *Arrhenius:* „Ohne Deinen damaligen Besuch wäre es nicht gegangen". Wie fremdartig die neuen Gedanken des jungen Physikers auf die führenden Chemiker jener Zeit wirkten, erwies sich noch vielfach in den nächsten Jahren, zumal nachdem noch die Dissoziationstheorie dazugekommen war, von der damals erst die Keime bestanden. Mir ist noch die Szene im chemischen Laboratorium zu Upsala vor Augen, wo der Chef, selbst ein hochbedeutender Chemiker, mich entsetzt fragte, indem er auf ein Becherglas mit einer wässerigen Lösung hinzeigte: „Und Sie glauben auch, dass dort die Natriumatome nur so herumschwimmen?" Und als ich bejahte, fiel ein schneller Blick auf mich, der einen aufrichtigen Zweifel an meiner chemischen Vernünftigkeit zum unbewussten Ausdruck brachte. Das hinderte indessen den verehrten älteren Kollegen nicht, uns beide mit echt schwedischer Gastfreundschaft zu empfangen und später das Seine zu tun, um die vorhandenen Schwierigkeiten der Habilitation beseitigen zu helfen.

In langen Gesprächen schmiedeten wir damals wissenschaftliche Pläne, um das neue Feld so schnell und erfolgreich wie möglich zu beackern. Da mir seitens des Verwaltungsrates des Rigaschen Polytechnikums, an welchem ich damals lehrte, in dankenswertester Weise ausreichende Mittel für experimentelle Arbeiten zu Gebote gestellt worden waren, so einigten wir uns bald, dass *Arrhenius* seine Forschungen in Riga fortsetzen sollte. Wir trafen uns einige Wochen später in Deutschland

auf der Naturforscherversammlung in Magdeburg und beabsichtigten, gemeinsam nach Riga zu reisen. Da wurde *Arrhenius*
durch die Nachricht von der schweren Erkrankung seines Vaters
plötzlich heimgerufen. Die Sorge erwies sich nur als zu begründet, denn der Tod trat im Frühling 1885 ein. Nachdem
fast ein Jahr durch die hieraus entstandenen Familiensorgen
verbraucht worden war, konnte *Arrhenius* endlich den Plan,
nach Riga zu kommen, ausführen, wo ich inzwischen ihm in
neuerbauten Räumen ein bequemes und zweckmässiges Arbeiten
zusichern konnte. Im Beginn des Jahres 1886 traf er ein, nachdem er durch die Vermittlung seines treuen Lehrers *Edlund*
ein ausgiebiges Reisestipendium seitens der Schwedischen Akademie erhalten hatte, und es begannen Zeiten gemeinsamer Arbeit, deren Reiz und Gehalt nur in der Jugend erlebt
werden kann.

Wir unternahmen nicht zusammen dieselbe Arbeit, sondern
jeder von uns verfolgte seinen Weg, der dem des andern allerdings nahe genug lag. Wir teilten das genügend grosse Zimmer
meines Privatlaboratoriums und konnten dort ausreichend sowohl experimentieren wie diskutieren. Neutralsalzwirkungen,
innere Reibung, elektrische Leitfähigkeit usw. waren im Gange.
Auch verkehrte *Arrhenius* viel in meinem Hause und dem
meiner Angehörigen und schon damals kam seine ungewöhnliche
Fähigkeit, sich überall durch sein sonniges Wesen Freunde zu
gewinnen, glänzend zur Geltung. Winter, Frühling und Sommer wurden bis zur Erschöpfung durchgearbeitet. Dann treun-
ten wir uns vorläufig; er setzte seine Reise nach Süddeutschland
fort und ich ging nach Rügen, um mich zu erholen.

Die wissenschaftlichen Wanderjahre führten *Arrhenius* nach
Würzburg zu *Kohlrausch,* nach Graz zu *Boltzmann,* nach
Amsterdam zu *van't Hoff* und dann wieder zu mir zurück, der
ich inzwischen (Herbst 1887) nach Leipzig übergesiedelt war.
Während dieser Zeit (Anfang 1887) entstand der Gedanke der
elektrolytischen Dissoziation, welcher die in der Doktordissertation begonnene Ideenreihe zum erfolgreichen Abschluss
brachte und von *Arrhenius'* vielen Leistungen wohl als die bedeutendste und erfolgreichste angesehen werden muss. Zuerst

wurde sie der Öffentlichkeit in einem Briefe an *Oliver Lodge,* den Vorsitzenden des damals von der British Association ernannten Electrolysis Committee, den dieser abdrucken liess, bekannt; gegen Ende desselben Jahres erfolgte die Veröffentlichung der ausführlichen Arbeit in der inzwischen gegründeten *Zeitschrift für phsikalische Chemie,* deren ersten Band sie ziert.*)

Die Veröffentlichung der Theorie der elektrolytischen Dissoziation erfolgte um eine günstige Zeit. Die Aufmerksamkeit war von mehreren Seiten, insbesondere auch durch das Messverfahren von *Kohlrausch* auf die Erscheinungen der elektrolytischen Leitung gelenkt worden; anderseits begann *van't Hoffs* Theorie des osmotischen Druckes die allgemeine Aufmerksamkeit zu erwecken, die kurz vorher publiziert worden war. In jener Theorie war damals der irrationale Koeffizient i in der Gleichung $pv = iRT$ noch stehen geblieben, dessen Deutung Schwierigkeiten gemacht hatte. Es war während seiner Arbeiten bei *van't Hoff* in Amsterdam, dass *Arrhenius* erkannte, wie durch die Auffassung dieses Koeffizienten als eines Dissoziationskoeffizienten die vorhandenen Schwierigkeiten beseitigt werden können, denn das i trat nur bei Elektrolyten auf und und war dort stets grösser als Eins. Der Nachweis an der Hand der von *Arrhenius* ergänzten und teilweise auch berich-

---

*) Es ist hier vielleicht der Ort, einen Irrtum richtigzustellen, der sich gelegentlich in die geschichtliche Darstellung dieser Verhältnisse eingeschlichen hat. Auf Grund der in meiner Magisterdissertation zehn Jahre früher aufgestellten These: „Das Wasser zersetzt alle Salze", haben wohlwollende Beurteiler mich als Vorgänger in der Entdeckung der elektrolytischen Dissoziationstheorie bezeichnen wollen. Ich darf diesen Ruhm leider nicht in Anspruch nehmen, denn wenn mir aus den damals von mir studierten Eigenschaften der Salzlösungen auch die allgemeine Notwendigkeit jenes Satzes klar geworden war, so war ich doch ausser Stande gewesen, das Postulat zu einer Theorie zu gestalten, wie dies *Arrhenius* getan hat. Auch war während unsrer gemeinsamen Arbeit in Riga von der elektrolytischen Dissoziation noch nicht die Rede gewesen; dieser Gedanke ist *Arrhenius,* wenn ich nicht irre, erst während seines Aufenthaltes in Würzburg gekommen. Dies ergibt sich auch aus den Daten: 1886 im Spätsommer verliess er Riga, während die erste Mitteilung der Theorie im Frühling 1887 erfolgte.

tigten Gefrierpunktserniedrigungen von *Raoult,* dessen Molekulargewichtsbestimmungen an Lösungen eben damals auch dem präparativen Chemiker ein weitreichendes Hilfsmittel der Forschung in die Hand gegeben hatte, dass sich unter Annahme einer Dissoziation in Ionen sowohl das *i,* wie die Gefrierpunktsanomalie der elektrolytischen Lösungen erklären und aufeinander beziehen lässt, bildet den Hauptinhalt jener grundlegenden Abhandlung von 1887; ausserdem enthielt sie noch den Hinweis auf die allgemeine additive Beschaffenheit der Eigenschaften solcher Lösungen.

Rechnet man hierzu noch die Anfang 1887 erfolgte Gründung der Zeitschrift für physikalische Chemie und die Erneuerung des physikalisch-chemischen Instituts in Leipzig unter jugendfrischer Leitung, so erkennt man eine ganze Reihe günstiger Bedingungen, welche zusammenwirkten und die Durchsetzung der neuen Ideen mit einer für eine so grundstürzende Sache höchst erstaunlichen Geschwindigkeit ermöglichten. Natürlich hat es an Widerständen nicht gefehlt, die wie immer in solchen Fällen von den älteren Herren in der Wissenschaft, und denen, die sich diesen eng anzuschliessen gewöhnt waren, ausgingen. Aber sie traten verhältnismässig wenig an die Oeffentlichkeit und liessen sich überwinden oder ertragen. Anderseits fehlte es nicht an bald eintretenden Anerkennungen und Erfolgen.

Als wichtigster Faktor für den Erfolg muss allerdings die beispiellose Fruchtbarkeit des neuen Gedankens angesehen werden. In fast atemraubender Fülle erschienen in den nächsten Jahren die Arbeiten, in denen neue Seiten des Grundgedankens fruchtbar gemacht und zur zahlenmässigen Aufklärung altbekannter aber unbegriffen gebliebener Erscheinungen verwendet wurden. Die Anwendung des Massenwirkungsgesetzes auf die Gleichgewichte der Ionen brachte zunächst das „Verdünnungsgesetz", welches das Verhalten der Elektrolyte bei der Verdünnung darstellt. In höchst feinsinniger und fruchtbarer Weise hat dann alsbald *Arrhenius* in seiner Theorie der isohydrischen Lösungen das Problem des chemischen Gleichgewichtes der Elektrolyte durchgearbeitet. Anwendungen auf die Theorie

der galvanischen Kette, der analytischen Reaktionen, der Löslichkeit der Gase und noch viele andre folgten schnell aufeinander, und kaum war, vielleicht von einem missgünstigen Gegner,
ein ·Problem gestellt, so fand sich auch seine Lösung ein.

Für 'Arrhenius war dies äusserlich wie innerlich eine höchst
wichtige Tatsache. Aeusserlich insofern, als der grosse und
mannigfaltige Erfolg es ihm erleichterte, seine Lebensstellung
so zu finden und zu gestalten, wie sie seinen wissenschaftlichen
und persönlichen Bedürfnissen entsprach. Innerlich insofern,
als ihm der grösste Teil der verzehrenden Kämpfe erspart blieb,
die sonst ein Entdecker zu ertragen hat, der zahllose altehr-
würdige Anschauungen angreifen muss und dadurch zunächst
das unwillige Erstaunen und weiterhin die aktive Gegenwirkung
derjenigen zu ertragen hat, die sich bisher in diesen Anschauungen wohl gefühlt und sie als unerschütterliche Ergebnisse
der Wissenschaft ihren Hörern und Lesern vorgetragen hatten.
Hierdurch wurde es ihm möglich, den grössten Teil seiner
Energien aus den ausserordentlichen Anstrengungen einer
solchen jugendlichen Meisterleistung zu retten und sie für die
merkwürdigen· und vielseitigen Forschungen auf andern Gebieten aufzusparen, von denen später erzählt werden wird.

'Als erster äusserer Erfolg trat nach kaum zurückgelegten
Wanderjahren, während deren Arrhenius sogar zeitweilig 'As-
sistent am Leipziger physikalisch-chemischen Institut gewesen
war, eine Berufung nach Giessen im Jahre 1891 ein. 'Arrhenius
nahm sie nicht an und brachte Liebigs Universität dadurch um
den Ruhm, innerhalb eines Jahrhunderts zweimal einen führenden Mann der chemischen Wissenschaft den ihrigen nennen
zu dürfen. Gleichzeitig wurde nämlich Arrhenius an der vor
kurzem gegründeten Stockholmer Hochschule die Stellung
eines Lehrers der Physik angetragen, die er der Tätigkeit im
Auslande vorzog. Allerdings entstanden noch einmal Schwierigkeiten, als die Lehrerstelle später dank den inzwischen beschaff-
ten Mitteln in eine ordentliche Professur umgewandelt werden
sollte. Denn bei der Bewerbung traten andre Kandidaten in den
Vordergrund, die nicht ohne Verdienste waren, wenn sich auch
ihre Leistungen nicht mit denen von Arrhenius vergleichen

liessen, und erst unter Beeinflussung seitens der ausländischen Freunde und Forscher, die seinem Arbeitsgebiete nahe standen und die Bedeutung seiner Entdeckungen daher lebhafter empfanden, als die wissenschaftlich Fernerstehenden, wurde schliesslich die Wahl auf *Arrhenius* gelenkt.

An der Hochschule entfaltete *Arrhenius* alsbald eine sehr lebhafte organisatorische Tätigkeit, die so sehr von dem schnell erworbenen Vertrauen seiner Kollegen getragen war, dass er 1897 zum Rektor gewählt, und nach Ablauf der zweijährigen Amtsperiode noch zweimal mit dem gleichen Amte betraut wurde, bis er endlich weitere Wiederwahlen im Interesse seiner wissenschaftlichen Arbeiten ablehnen musste.

Um gleich *Arrhenius'* äussere Lebensschicksale zu Ende zu erzählen, sei erwähnt, dass *Althoff,* der damalige tatsächliche Leiter des Preussischen wissenschaftlichen Unterrichtswesens, *Arrhenius* 1905 den Antrag machte, als Akademiker nach Berlin überzusiedeln. Dies war der Anlass, aus welchem *Arrhenius* von der Verwaltung der Nobel-Stiftung zum Direktor des physikalischen Instituts dieser Stiftung berufen wurde. Als solcher hat er, nachdem inzwischen noch das eigene Gebäude dieses Instituts nebst Amtswohnung nach seinen Angaben erbaut worden ist, eine äussere Stellung erreicht, die in persönlicher wie wissenschaftlicher Beziehung nichts wesentliches mehr zu wünschen übrig lässt und seinem Lande wie der ganzen Welt die Sicherheit gibt, das diese einzigartige Energie nicht vergeudet wird, wie dies früher sehr oft zu geschehen pflegte, sondern ihre Leistungen mit dem bestmöglichen Güteverhältnis ausführen kann. —

Wir verliessen die wissenschaftliche Arbeit des dreissigjährigen Forschers an der Stelle, wo sich der Grundgedanke der elektrolytischen Dissoziation der Hauptsache nach durchgesetzt hatte und ein schnell wachsender Kreis jugendlich begeisterter Mitarbeiter das Herrschaftsgebiet des neuen Gedankens fast von Tag zu Tag erweiterte. Unter solchen Umständen gewinnt eine wissenschaftliche Idee sehr bald ein eigenes Leben und man macht sich von der unmittelbaren väterlichen Gewalt ihres Erzeugers unabhängig. Von Zeit zu Zeit musste er ihr noch den Weg gegen Angriffe vereinzelter Forscher freimachen oder solchen, die sich nicht die Mühe genommen hatten, in den Sinn der neuen Auffassung einzudringen, auf die rechte Spur helfen; aber es war doch im ganzen eine mehr vergnügliche Tätigkeit, als ein verdriesslicher Kampf. Als Beispiel aus dieser Periode kann die Versammlung der British Association genannt werden, welche im Jahre 1890 in Leeds stattfand, und auf welcher die Theorie der Lösungen verhandelt wurde. Es bestand von früher her ein Komitee dafür, in welchem gewisse heimische Ansichten ganz im Vordergrunde standen, und *Arrhenius, van't Hoff* sowie ich wurden eingeladen, an den bevorstehenden Diskussionen teilzunehmen. Ich glaube, unsern Gastfreunden nicht Unrecht zu tun, wenn ich annehme, dass diese Einladung zunächst in der wohlwollenden Absicht erfolgt war, uns gründlich davon zu überzeugen, dass wir auf dem Holzwege waren und uns nach erfolgter Belehrung mit der Hoffnung auf baldige Besserung zu entlassen. Auch kamen in den ersten Tagen nur unsre Gegner zu Worte, und an dem inzwischen einfallenden Sonntage sah es so aus, als wären wir bereits wissenschaftlich totgemacht. Als dann aber, nachdem inzwischen die persönliche Rede und Gegenrede mit regstem Eifer betrieben worden war, am Montag die Vertreter der modernen Ansichten zu Gehör kamen, wendete sich das Blatt sehr bald und wir durften in Frieden und nicht ohne Triumph die Gastfreunde verlassen. Sehr wertvolle Sekundantendienste erfuhren wir von *William Ramsay,* dessen ausserordentliche Begabung damals nur wenigen bekannt war, der aber wie seitdem immer, durch seine Persönlichkeit unmittelbare Wirkungen hervorbrachte. Es wird sich wohl die Behauptung rechtfertigen lassen, dass die sehr schnelle Aufnahme, welche die neuen chemischen Ansichten trotz manchen zähen Widerstandes bei unsern sonst gegen Fremdes so konservativen Vettern fanden, auf diese persönlichen Betätigungen zurückzuführen ist. Die französischen Chemiker sind damals dem Beispiele ihrer englischen Fachgenossen nicht gefolgt und haben, statt die Angelegenheit in mündlicher Verhandlung zu klären, sie einfach abgelehnt. So ist es denn auch gekommen, dass sie bezüglich dieser Forschungen derartig im Rückstande blieben, dass sie bis heute den Vorsprung der Deutschen und Engländer noch nicht eingeholt haben.

Auf *Arrhenius'* zahlreichen Veröffentlichungen über die Dissoziationstheorie und ihre Anwendungen, die im Laufe des ersten Jahrzehnts nach ihrer Aufstellung erschienen sind, kann hier nicht einzeln eingegangen werden; die angeführte Bibliographie gibt über den Gegenstand und das Erscheinungsjahr Auskunft. Das zweite Jahrzehnt begann mit der Verwaltungstätigkeit als Rektor, der sich *Arrhenius* mit grösster Hingabe und erheblichem Erfolge während längerer Zeit gewidmet hat. Es liegt in der Natur der Sache, dass derartige Arbeit an einer ganz jungen Hochschule gleichzeitig weit anstrengender und verantwortlicher ist, als ein gewöhnliches Rektorat, das sich in den fast unveränderlichen Formen der alten Hochschulen bewegt. So braucht es uns nicht in Erstaunen zu setzen, dass um diese Zeit der Strom neuer Arbeiten ein wenig langsamer fliesst. Wohl aber fallen in diese Periode zwei neue und sehr wichtige Wendungen in seiner wissenschaftlichen Beschäftigung.

Er hatte bereits in sehr früher Zeit neben der elektrischen Leitfähigkeit der wässerigen Lösungen auch die Leitungserscheinungen unter ganz andern Verhältnissen untersucht; so erinnere ich mich, ihn 1887 in Graz mit dem Einfluss der Belichtung auf die Leitfähigkeit des Chlorsilbers beschäftigt gefunden zu haben. Um die gleiche Zeit untersuchte er die Leitung durch phosphoreszierende und beleuchtete Luft, etwas später die der Bunsenflamme, welcher Salzdämpfe beigemischt waren. Der Anlass war wieder durch Dissoziationsfragen gegeben; wie aber das meist geht, führte die Vertiefung in diese neue Sache alsbald zu ganz andern Problemen. Der Uebergang von den angegebenen Arbeiten zu der Frage nach dem Einfluss der Sonnenstrahlen auf den elektrischen Zustand der Atmosphäre (1888) ist noch unmittelbar erkennbar. Aber 1895 veröffentlicht er mit *Ekholm* eine Arbeit über den Einfluss des Mondes auf den elektrischen Zustand der Erde, im folgenden Jahre eine Abhandlung über den Einfluss des Kohlensäuregehaltes der Luft auf die Temperatur der Erde, 1898 erscheint, gleichfalls zusammen mit *Ekholm* „Ueber den Einfluss des Mondes auf die Polarlichter und die Gewitter" und „Ueber die nahezu 26 tägige Periode der Polarlichter und der Gewitter" sowie die merkwürdige, von ihm allein gezeichnete Studie „Die Einwirkung kosmischer Einflüsse auf die physiologischen Verhältnisse", welche von den Forschern der letzten Jahre, die sich mit den periodischen Erscheinungen beim Menschen beschäftigt haben, anscheinend ganz übersehen worden ist. Es folgen Abhandlungen über die Ursache des Nordlichtes, über Physik des Vulkanismus und andre aus ähnlichen Gebieten, und 1905 endlich überrascht er die wissenschaftliche Welt mit seinem zweibändigen *Lehrbuch der kosmischen Physik*.

Die Wirkung, welche dieses Werk auf die Fachleute ausübte, war mit der, welche zunächst durch die Dissoziationstheorie erfolgte, sehr ähnlich. Man war bereit, die Originalität und Freiheit der vielen neuen Gedanken zuzugeben, welche *Arrhenius* bezüglich der Fragen nach der Beschaffenheit und der Entstehung der Weltkörper aufgestellt hatte, verhielt sich aber zunächst sehr vorsichtig bezüglich der Anerkennung dieser Gedanken. Ich bin in keiner Weise befähigt oder berechtigt, ein sachliches Urteil über diese Dinge abzugeben. Aber aus allgemeinen Gründen möchte ich doch wohl die Vermutung aufstellen, dass im Laufe der Zeit immer mehr und mehr von dem, was *Arrhenius* dargelegt hat, durchdringen und in den regelmässigen Bestand der Wissenschaft aufgenommen werden wird.

Arrhenius hat diese Arbeiten bis auf den heutigen Tag fortgesetzt. In seinem „Werden der Welten", dessen schwedisches Original innerhalb eines Jahres zahlreiche Auflagen erlebte, und dem er im vorigen Jahre noch einen zweiten Band angeschlossen hat, finden sich die allgemeinsten Ansichten, zu denen er bezüglich der Entstehungsgeschichte der Erde und der andern Weltkörper gelangt ist, in anschaulichster und lebendigster Weise dargestellt. Dieses Werk wird vermutlich das bleiben, aus welchem sich die weiteren Kreise der Wissenschaftsgenossen und der an der Wissenschaft Interessierten ihre Anschauungen von dem wissenschaftlichen Habitus unsers Forschers bilden werden, und man wird wohl sagen dürfen, dass dieses Bild

ziemlich richtig sein wird. Die hervortretendsten Züge in
Arrhenius' ganzer wissenschaftlicher Laufbahn, die Unabhängigkeit und erstaunliche Freiheit des Denkens sowie die
Fähigkeit, weit auseinanderliegende Tatsachen unter gemeinsamen Gesichtspunkten zu erschauen, verbunden mit der aus-
zeichnenden Einfachheit und umfassenden Beschaffenheit der
Ergebnisse, die den Meister ersten Ranges kennzeichnet, treten
in diesem in glücklicher Zeit geschriebenen Werke so klar und
eindringlich in die Erscheinung, dass es auch dem Laien nicht
schwer fällt, die charakteristischen Züge dieser wissenschaftlichen Persönlichkeit zu erfassen.

Als auffälligste Neuerung tritt uns in den kosmogonischen
Theorien *Arrhenius'* die Einführung des *Lichtdruckes* entgegen.
Während dieser unter irdischen Verhältnissen einen so kleinen
Betrag hat, dass man lange daran verzweifelte, ihn überhaupt
sicht- und messbar zu machen, erweist er sich dem kosmischen
Staub gegenüber, dessen Dimensionen sich den molekularen
Grössen annähern, als ein sehr wirksamer Faktor, denn sein
Betrag für eine gegebene Masse nimmt proportional dem Zer-
teilungsgrade zu. Ursprünglich wurden diese Betrachtungen
verwendet, um über die merkwürdigen Bildungen der Kometen-
schweife Auskunft zu geben. Dann aber gesellte sich eine Erscheinung nach der andern hinzu, auf welche sich ein Einfluss
ergab, und gegenwärtig bildet der Lichtdruck ein äusserst
mannigfaltig wirksames Agens in *Arrhenius'* kosmologischen
Betrachtungen, dessen Wirkung so weit geht, dass vor ihm
auch die eherne Wand des zweiten Hauptsatzes nicht standzu-
halten scheint.

————————

Noch ein andres Gebiet von grösster Wichtigkeit hat *Arrhenius* in dieser späteren Periode seiner Arbeit betreten, das der
Serumtherapie und der verwandten Erscheinungen. Während
der geniale Experimentator *Ehrlich* für die Deutung der von
ihm entdeckten ebenso wichtigen wie mannigfaltigen Erscheinungen keine andern Denkmittel zur Verfügung hatte, als die

schematischen Bilder der Strukturchemie, die sich bekanntlich
überall unzulänglich erwiesen hat, um für quantitative Abstufungen einen Ausdruck zu bilden, wies *Arrhenius* darauf hin,
dass es sich hier um unvollkommene Bindungen und von der
Konzentration abhängige Gleichgewichte handelt, welche eine
grosse Aehnlichkeit mit denen besitzen, welche zwischen
schwachen Säuren und Basen bestehen.

Von allen Gedanken und Arbeiten, welche *Arrhenius* veröffentlicht hat, sind die dieser Gruppe angehörigen vielleicht am
heftigsten und andauerndsten bekämpft worden. Es ist hier
nicht der Ort, erwägen oder gar entscheiden zu wollen, auf
welcher Seite in dieser höchst verwickelten Angelegenheit künftig das meiste Recht verbleiben wird. Aber soviel darf doch
vielleicht ausgesprochen werden, dass die Betrachtung der Vorgänge zwischen Toxin und Antitoxin sowie zwischen den
andern, an jenen spezifischen Wirkungen beteiligten Stoffen
als ein von den Konzentrationen (oder vorsichtiger ausgedrückt,
von den relativen Mengenverhältnissen) abhängiges Gleichgewicht, welche *Arrhenius* eingeführt hat, in der einen oder
andern Form sich als dauerhaft erweisen wird.

Das vorstehende Bild von *Arrhenius'* wissenschaftlichen
Arbeiten soll ja nur zur Erinnerung für die dienen, welche diese
Arbeiten mit durchlebt haben: solchen, die ihnen ferne
stehen, ihre Art und ihren Inhalt darzustellen, wären ebensoviele Bogen erforderlich, als hier Seiten zur Verfügung stehen.
Gemäss einer Wendung, welche unsre Zeit in ausgesprochenen
und bewussten Gegensatz mit der unmittelbar vorangegangenen
Periode wissenschaftlicher Arbeit setzt, begnügen sich gegenwärtig, trotz der ausserordentlichen Spezialisierung der Wissenschaft, die führenden Forscher weniger und weniger damit, ein
einziges, eng begrenztes Gebiet zu bearbeiten, ja auch nur sich
im Rahmen einer einzigen der traditionellen Wissenschaftsab-
teilungen zu halten, wie sie durch das Bestehen entsprechender
Lehrstühle an den Universitäten gekennzeichnet sind. Die

grossen *synthetischen* Faktoren der Wissenschaft sind wieder
in den Vordergrund der Wirkung getreten, und so sehen wir
Arrhenius in gleichem Masse schöpferisch und neue Bahnen
öffnend in der Chemie und der Meteorologie, in der Astronomie
und Medizin sich betätigen. Die Kosmologie hat ihn zur Verfolgung geschichtlicher Studien veranlasst und auch dem unwiderstehlichen Drange nach naturphilosophischer oder sagen
wir unverfänglicher, wissenschaftstheoretischer Allgemeinbe-
trachtung, der unsre Zeit in dieser Richtung vor allem kennzeichnet, hat er sich hingegeben. So bestätigt er uns den Satz,
dass die frühzeitige Durchsetzung des grossen Neuen, das der
führende Geist der Welt gebracht hat, dass die bald eintretende
Beziehung zu begeisterten Schülern und Mitarbeitern, welche
einen Teil der Durchführungsarbeit auf ihre Schultern nehmen
und vor allen Dingen durch ihre sympathische Umgebung den
schöpferischen Organismus während seiner angestrengtesten
Periode vor vorzeitiger Erschöpfung behüten helfen, dass alle
diese äusseren und inneren Erleichterungen des „grossen Werkes" wirklich auch dahin wirken, dessen gefährliche Rückwirk-
ungen auf den erzeugenden Organismus zu vermindern und
diesem die zu weiteren Schöpfungen erforderliche Energie zu
erhalten. Der ausgedehnte internationale Kreis von Freunden
und Schülern, der sich zu *Arrhenius'* Jubelfeier um ihn versammelt, sei es persönlich, sei es durch einen Beitrag zur
Festschrift, legt ein Zeugnis dafür ab, wie sehr es unserm
Freunde gegeben war, auch von Angesicht zu Angesicht zu
wirken und überall dort, wo er geweilt hat, die lebhafteste Erinnerung zu hinterlassen.

Und damit kommen wir auf eine andere Seite von *Arrhenius'* Persönlichkeit, in welcher er gleichfalls als Vorläufer
einer neuen Zeit sich betätigt. *Arrhenius* ist durchaus ein
internationaler Gelehrter, ein Forscher, der persönlich ebenso
heimisch in Deutschland und England, in Amerika und Frankreich, in Russland und Holland ist, wie in seinem Geburts-
lande. So ist er ebenso bereitwillig, seinen dankbaren Hörern
in deutscher, wie in englischer oder französischer Sprache
seine Forschungen zu vermitteln und trotz äusserer Mängel der

Form gelingt es ihm, den wärmsten Beifall zu entzünden. Von *Arrhenius* habe ich vor zwanzig und mehr Jahren zuerst gelernt, wie man in der fremden Sprache einen grossen Teil der Grammatik (die ja ohnedies nur eine Angewohnheit, und meist sogar eine schlechte ist), durch Mut ersetzen kann und auf solche Weise sichere Wirkungen erzielt. Seine Lebensführung erinnert an die grossen internationalen Gelehrten des sechszehnten Jahrhunderts, und seine ausserordentliche Fähigkeit, sich in fröhlicher Geselligkeit die neuen Kreise nicht nur mit dem Kopfe, sondern auch mit dem Herzen zu gewinnen, bewirkt, dass überall die Augen aufleuchten und die Gesichter sich verklären, wenn *Arrhenius'* Name später wieder einmal genannt wird.

So sehen wir ein Forscherleben vor uns, das in seltenem Masse auch von persönlichem Glück erfüllt war und ist. Nicht, dass es an mancherlei persönlichem Leid gefehlt hätte. Aber er hat es mit der heiteren Frische zu überwinden gewusst, die den Grundzug seines Wesens bildet, und die riesigen Mengen geistiger Energie, die ihn zu seinen Forschungen und Entdeckungen befähigt haben, haben sich auch segensreich betätigt, wo es sich um die Ueberwindung von Krankheit und Kummer handelte. Und wenn wir ihn jetzt auf der Höhe des Lebens begrüssen, wo ihn die höchsten wissenschaftlichen Auszeichnungen unsrer Zeit, der Nobelpreis, zahlreiche Medaillen und Dutzende von Ernennungen zur Ehrenmitgliedschaft der meisten wissenschaftlichen Gesellschaften, bereits unter seinen Zeitgenossen als einen ihrer Besten kenntlich machen, wo seine äusseren und wissenschaftlichen Verhältnisse ihm nach allen Richtungen das gewähren, wonach das Herz des Forschers verlangen mag, so wissen wir, dass es kaum je einen Entdecker gegeben hat, dem jedermann, der auch nur einmal mit ihm in Berührung gekommen ist, sein wohlverdientes Glück so von Herzen gönnt, wie *Svante Arrhenius*.

V. Allgemeine Kulturprobleme.

Die fast automatische Ausdehnung der energetischen Betrachtungsweise auf Geschehnisse aller Art, von der früher (S. 10) die Rede gewesen ist, hat bereits an früheren Stellen dieser Sammlung, z. B. auf S. 43, S. 211 u. ff. Ausdruck gefunden. Nachfolgend finden sich einige Arbeiten zusammengestellt, in denen insbesondere die energetische Betrachtungsweise allgemeiner Kulturaufgaben zur Anwendung gekommen ist.

Das Hauptergebnis dieser Betrachtungsweise ist eine weitgehende Umwertung vorhandener Anschauungen. Dadurch, dass wir im zweiten Hauptsatze mit seinem Begriffe des Güteverhältnisses einen allgemeinen Massstab haben, der zwar die Werte nicht eindeutig bestimmt, aber doch in vielen Fällen ihre Abstufung einzuschätzen gestattet, haben wir ein objektives Mittel gewonnen, vielerlei Fragen zu beantworten, zu denen man bisher mehr auf grund von Ueberlieferungen oder Gefühlen „Stellung genommen" hatte, statt sie nüchtern zu prüfen und zu beantworten. Wenn ich auch durchaus nicht der Meinung bin, dass diese Fragen nunmehr allseitig und eindeutig entschieden sind (denn das ist ein unerreichbares Ziel), so bin ich doch der Meinung, dass durch die Anwendung der naturwissenschaftlichen Methode auf solche Fragen ein weit grösseres Mass von Sicherheit für ihre teilweise Beantwortung gewonnen wird, als es durch das innerlich unwissenschaftliche Verfahren der sogenannten Geisteswissenschaften möglich war.

Den Anfang bildet ein 1904 in Wien gehaltener Vortrag „Kunst und Wissenschaft", der bald darauf als Sonderheftchen (bei Veit & Co., Leipzig) erschienen war und in dieser Form völlig unbeachtet geblieben zu sein scheint. Ich

halte das, was ich damals gesagt habe, noch immer für richtig
und auch wissenswert, und habe es daher in die vorliegende
Sammlung aufgenommen. Da ich damals noch nicht die grundsätzliche Unzulänglichkeit der gegenwärtig üblichen Anschauungen so lebhaft empfunden hatte, wie ich es gegenwärtig tue,
so kann der Aufsatz auch einigermassen als ein Uebergang auf
die folgenden Stücke dienen, in denen jene nur leise anklin-
gende Note stärker ertönt.

Dies ist bereits in dem Aufsatze „Entwicklung und Renaissance" deutlich genug der Fall, der mir im Gegensatz zu
dem vorigen starken, ja leidenschaftlichen Widerspruch
eingetragen hat. Da die von den Gegnern vorgebrachten
Argumente sich indessen in der Hauptsache darauf be-
schränkten, dass meine Meinung unmöglich richtig sein
könne, da J. Burckhardt bekanntlich ganz anderer Meinung
gewesen sei, so gestatte ich mir hier die summarische
Bemerkung, dass diesem ausgezeichneten Kenner jener
Zeit doch zu sehr die Gewohnheit naturwissenschaftlichen
Denkens fehlte. Wie unwiderstehlich aber diesen innerlich
ehrlichen Forscher die Gewalt der Tatsachen aus dem Kreise
der üblichen Werturteile hinausgedrängt hat, ist aus dem
letzten Produkt seiner Lebensarbeit, der Griechischen Kulturgeschichte ersichtlich, die ihm den bleichen Zorn der Philologen und den Vorwurf der Sachunkenntnis von Leuten eingetragen hat, die ihm, intellektuell gesprochen, nicht den Bleistift zu spitzen wert waren.

Das in jenem Aufsatze angeführte Beweismaterial für die
entwicklungshemmenden Wirkungen der klassischen Vorbilder
hat sich mir inzwischen bei weiterem Nachdenken noch sehr
erheblich vermehrt; insbesondere kann ich auf die *Philosophie*
als ein Gebiet hinweisen, welches schwerer als alle anderen
unter diesem Schimmelpilz gelitten hat. Doch würde eine
einigermassen erschöpfende Gesamtdarlegung ein ganzes Buch
erfordern, das zu schreiben ich schwerlich Zeit und Geduld
finden werde. Demgemäss verzichte ich hiermit ausdrücklich
darauf, mir dieses Thema vorzubehalten.

Der folgende Aufsatz über die energetischen Elemente des

Rechtsbegriffes schliesst sich in positiver und schöpferischer Weise an die mehr kritisch-negative Tendenz des vorangegangenen an. Er wurde auf Einladung des internationalen Vereins für vergleichende Rechtswissenschaft 1909 in Berlin vor einem Kreise von Rechtsgelehrten und Technikern gehalten und rief ziemlich lebhafte Debatten hervor, in denen neben freundlicher Anerkennung der möglichen Förderung durch die Betätigung des neuen Gesichtspunktes auch unfreundliche Ablehnung laienhafter Einmischung in ein privilegiertes Gebiet zur Geltung kam. Es gereichte mir zu besonderer energetischer Freude, dass die erste Stimmung zweifellos die vorherrschende war, so dass auch hier das Wehen der neuen Zeit sich spüren lässt.

Als Beispiele, welche Mannigfaltigkeit der Anwendung energetische (und evolutionistische) Betrachtungen auf die unsere Zeit bewegenden Angelegenheiten haben, mögen die beiden folgenden Aufsätze dienen, die gleichzeitig zu Weihnachten vorigen Jahres in zweien der verbreitetsten Zeitungen (Berliner Tageblatt und Neue Freie Presse) erschienen. Angefügt ist eine kurze Skizze: werdende Wissenschaften, in welcher sich die Energetik auch als Führer auf bedenklichem Boden erweist.

Den Schluss dieser Abteilung bildet ein Vortrag, den ich 1908 in Leipzig auf der Generalversammlung der Deutschen Antiduell-Liga gehalten habe. So fernliegend das hier vorliegende Problem dem Naturforscher erscheinen mag, so eng erweist es sich mit den allgemeinen Gedankengängen verbunden, welche in diesem Buche dargelegt worden sind. Vermeidung von Energievergeudung und bewusste Anpassung an die *gegenwärtigen* Verhältnisse unter Abwendung von einer überwundenen Vergangenheit sind auch hier die Leitgedanken, welche zu einer ganz eindeutigen Stellungnahme der fraglichen Angelegenheit gegenüber führen und gleichzeitig eine rationelle Auffassung des Gewesenen, eine tiefgreifende Kritik des Vorhandenen und eine bestimmte Formulierung des zu Erstrebenden gewähren. Ich darf wohl bemerken, dass von dieser Leipziger Tagung, zu der die älteren Angehörigen der Liga mit der trüben Erwartung gekommen waren, dass die

seit einigen Jahren bemerkte Erlahmung des Interesses sich
noch weiter fortsetzen würde, vielmehr ein erneuter Aufschwung der Sache datiert, der insbesondere durch die Entstehung studentischer Vereinigungen mit gleichen Zielen gekennzeichnet ist. Dies ist gleichzeitig ein Nachweis über den
praktischen Wert solcher theoretischer Untersuchungen und
Klarstellungen.

Kunst und Wissenschaft.

(1904)

Das Verhältnis von Wissenschaft und Kunst ist immer ein wenig einseitig gewesen. Die Wissenschaft, oder wenigstens ein gewisser Teil derselben, der sich Aesthetik nennt, hat sich von Zeit zu Zeit mehr oder weniger lebhaft der Kunst angenommen und sie nach Art einer zwar nicht lieblosen, aber vor allen Dingen strengen Tante zu erziehen versucht. Die Kunst ihrerseits hat zuweilen solchen Erziehungsversuchen Gehorsam erwiesen. Dieser ist ihr aber im allgemeinen nicht sehr gut bekommen, und es wurde ihr zuletzt schlecht bei der ästhetischen Artigkeit. Sie hat dann über die Stränge geschlagen und die Tante verhöhnt, ja gehasst und möglichst das Gegenteil von dem getan, was sie gewollt hat. Da heute keine erziehungsbedürftigen Kinder in der Versammlung sind, so darf ich verraten, dass der Kunst die Aufsässigkeit gegen die Tante meist sehr gut bekommen ist. Während sie in den Tagen der Artigkeit unter der Pflege der Tante zwar sauber gewaschen und gekämmt war, aber doch ein wenig stubenluftig und blutarm zu werden drohte, wurde sie in den Tagen der Aufsässigkeit äusserst gesund und munter, wenn auch andererseits ihre Ordentlichkeit oft nicht wenig zu wünschen übrig liess. Das Ergebnis ist, dass zwar die Tante der Meinung geblieben ist, dass die Kunst ohne ihre Hilfe und Führung nicht wohl, wie es sich gehört, durch das Leben gehen kann, dass aber die Kunst ihrerseits durchaus der Meinung ist, dass die Tante besser wäre, wo der Pfeffer wächst, und dass das eigentliche Leben erst angeht, wo sie nicht immer hineinschaut.

Im Leben pflegen derartige Verhältnisse mit einem Bruch zu enden, indem der Bube endlich entläuft, wenn nicht die

Tante vorher stirbt. Das kommt daher, dass beide Teile eben älter werden, und dass dadurch der Gegensatz zwischen ihnen immer schärfer in die Erscheinung tritt. Bei dem Verhältnis zwischen Wissenschaft und Kunst kann dies nicht eintreten. Einmal, weil beide unsterblich sind, und zweitens weil sie einander nie entlaufen können. Denn wohin die Kunst auch laufen mag, überall findet sie die Wissenschaft vor. Und die Wissenschaft kann trotz des groben Undankes, den sie bisher von der Kunst erfahren hat, nicht von ihr lassen. So entsteht die Frage: ist nicht doch auf irgend eine Weise ein Auskommen zwischen beiden möglich?

Ich glaube man darf ja sagen, wenigstens ein bedingtes Ja. Es hat Momente gegeben, wo beide so friedlich und förderlich miteinander gehaust haben, wie es ein Menschenfreund nur irgend wünschen kann; ich brauche nur die Namen Lionardo da Vinci und Albrecht Dürer zu nennen. In der Brust und dem Kopfe dieser Männer bestand kein Gegensatz zwischen Wissenschaft und Kunst; eine förderte vielmehr die andere, und zwar nicht einseitig, sondern gegenseitig. Ohne ihre Wissenschaft wären jene Männer nicht die grossen Künstler gewesen, ohne ihre Kunst hätte ihnen der beste Teil des wissenschaftlichen Antriebes und der wissenschaftlichen Anschauung gefehlt.

Das sind vereinzelte Erscheinungen, werden sie sagen, und Ausnahmen beweisen die Regel. Ersteres gebe ich zu, letzteres bestreite ich. Ich kenne keine unsinnigere Behauptung, als dass Ausnahmen die Regel beweisen sollen; meine Logik, soweit ich über sie verfüge, sagt mir im Gegenteil, dass Ausnahmen die Regel entweder ganz umwerfen oder sie mindestens zweifelhaft machen. Wenn also derartige Erscheinungen auftreten, wie wir sie an jenen Männern bewundern, so haben wir sie nicht fortzuschieben mit jener Redensart, sondern wir haben zu untersuchen, wie eine so schöne und wertvolle Erscheinung zustande gekommen ist, um sie womöglich wieder hervorzurufen oder wenigstens zu begünstigen, wenn sich die Aussicht dazu bietet.

Denken wir einmal darüber nach, unter welchen Bedingungen sich die Tante mit dem Jungen gut vertragen wird. Wir haben schon feststellen müssen, dass die Sache immer hoffnungsloser wird, je älter beide werden. Dass sie umgekehrt um so hoffnungsvoller werden müsste, wenn zwar der Junge immer älter, die Tante aber immer jünger würde, bemerken wir zunächst der systematischen Vollständigkeit wegen, ohne wegen der Unmöglichkeit eines solchen Verlaufes besonderes Gewicht darauf zu legen. Aber hier wollen wir uns doch darauf besinnen, dass Kunst und Wissenschaften zwar gewisse Aehnlichkeiten mit menschlichen Wesen haben, sich aber, wie bereits bemerkt, durch ihre Unsterblichkeit erheblich von ihnen unterscheiden. Diese Unsterblichkeit bringt es mit sich, dass sie nicht nur älter, sondern von Zeit zu Zeit auch jünger werden. Da sehen wir mit einem Male Hoffnung! Wenn es sich einmal so trifft, dass die Wissenschaft eben recht jung ist, während die Kunst bereits eine gewisse Reife erlangt hat, so ist ja alles da, was erforderlich ist. Und betrachten wir die eben erwähnten Fälle, so bemerken wir, dass in der Tat beide in einer Zeit liegen, wo bei reifer Kunst die Wissenschaft, insbesondere die Naturwissenschaft, sich zu einem grossen Aufschwung vorbereitet und alle Zeichen der Jugendlichkeit zu erkennen gegeben hat.

Aber ich möchte doch den Vergleich nicht zu Tode hetzen; auch ziemt es sich für einen Angehörigen der wissenschaftlichen Zunft, nach den Regeln seines Gewerbes seine Arbeit zu machen. So will ich denn an die bisherigen Betrachtungen alsbald den Ausdruck meiner Ueberzeugung knüpfen, dass unsere Zeit ein gleich nahes Verhältnis zwischen Wissenschaft und Kunst teils schon besitzt, teils erwarten kann, wie es in jener glänzenden Zeit um den Anfang des sechzehnten Jahrhunderts bestanden hat. Und diese Ueberzeugung möchte ich begründen; dazu muss ich zunächst ein wenig von der Verjüngung der Wissenschaft sprechen.

Diese Verjüngung zeigt sich vor allen Dingen darin, dass die Wissenschaft einen grossen Teil von ihrer früheren Strenge und Härte aufgegeben hat. Noch *Goethe*, der doch überall die Rechte der Kunst gegenüber denen der Wissenschaft verfochten hat, drückt seine Ueberzeugung von der Beschaffenheit der

Naturgesetze in den immer wieder zitierten Worten von den ewigen, ehernen, grossen Gesetzen aus, nach denen wir alle unseres Daseins Kreise vollenden müssen. Ihm, und wohl auch noch den meisten heute, erscheinen die Naturgesetze als feindliche, unbarmherzige Mächte, die den armen widerstandslosen Menschen zwischen ihre Räder nehmen und ohne Rücksicht auf sein Wünschen und Flehen zermalmen. Wenn wir die wirklichen Verhältnisse beobachten, wie sie heute überall uns ungerufen entgegentreten, wenn wir sehen, wie die zerstörenden Gewalten der Natur durch des Menschen Hand gebändigt und zu seinem Nutzen und Vergnügen zu arbeiten gezwungen werden, wie Seuchen und Pest den grössten Teil ihrer Schrecken verloren haben, wie nicht nur das Behagen am Leben, sondern auch die durchschnittliche Lebensdauer durch die Fortschritte der hygienischen Wissenschaften gesteigert werden, so will uns diese Schilderung der Naturkräfte gar nicht mehr passend erscheinen. Sie kommen uns nicht wie feindliche Titanen, sondern vielmehr wie grosse kluge Elefanten vor, welche zu den wertvollsten Dienstleistungen veranlasst werden können, wenn man sie nur richtig zu behandeln weiss.

Oder wenn Sie ein anderes Bild vorziehen: unsere frühere Vorstellung von den Naturgesetzen entsprach der zwangsweisen Führung längs eines unabänderlich vorgeschriebenen Weges, der keinerlei Abweichung nach rechts oder links gestattete oder ermöglichte. Jetzt betrachten wir die Naturgesetze wie *Wegweiser* in einem breiten Gelände, das Berg und Tal, Wald und Sumpf enthält. Wir werden durch diese Wegweiser keineswegs gezwungen, gerade diesen oder jenen Weg zu gehen; ja niemand hindert uns, unmittelbar in den Sumpf hineinzusteuern. Nur belehrt uns das Naturgesetz, dass, wenn wir diesen Weg verfolgen, wir in den Sumpf geraten werden, denn es ist vor uns ein zuverlässiger Mann dagewesen, der ihn gesehen, untersucht und darüber Nachricht hinterlassen hat. Und der Fortschritt der Wissenschaft entspricht der Anbringung einer immer grösseren Anzahl von zuverlässigen Wegweisern. Manchmal hat sich der erste Forscher geirrt, und man kann ganz wohl einen Weg gehen, der früher für ungangbar gehalten

worden war. Und dann findet es sich auch wohl, dass der
erste Entdecker eines neuen Weges von allen möglichen Wegen
gerade den unbequemsten und umständlichsten gegangen ist.
Der Nachfolger hat es freilich leichter; nachdem er weiss, dass
man jedenfalls ans Ziel gelangen kann, darf er seine Zeit und
Aufmerksamkeit ungeteilt auf die Ermittelung eines besseren
Weges lenden; die Nachwelt aber weiss dem ersten Pfad-
finder um so mehr Dank, als er neben den unabwendbaren
Schwierigkeiten des Zieles noch jene zufälligen des ersten
Weges überwunden hat.

Es ist nicht sehr lange her, dass sich diese milde oder
gemütliche Auffassung der Naturgesetze allgemeiner verbreitet
hat; die vorher geschilderte Strenge hat gegenwärtig wohl
noch die Mehrheit, soweit diese *gezählt* wird. Wird sie freilich
gewogen, so dürfte ein günstigeres Ergebnis für die Vertreter
der neueren Anschauungen herauskommen. Ich bin glücklich,
hier an dieser Stelle und in diesem Zusammenhange den Namen
des Mannes nennen zu dürfen, dem nicht nur die Wissenschaft
eine entscheidende Führung nach dieser Richtung verdankt,
sondern der auch heute der unmittelbare Anlass gewesen ist,
dass ich zu Ihnen reden darf. Es ist *Ernst Mach,* der Mann,
welcher der allgemeinen Wissenschaft seit einem Menschenalter
die neuen Wege gezeigt und erläutert hat, die sie nun endlich
mehr und mehr zu gehen beginnt.

Sie werden vielleicht schon seit einiger Zeit gefragt haben,
was denn diese Betrachtungen mit der Kunst zu tun haben.
Nun, wir können sie jedenfalls unmittelbar auf die Wissenschaft von der Kunst, die Aesthetik, anwenden. Die frühere
Aesthetik, *die Aesthetik von oben,* wie sie Gustav Theodor
Fechner zu nennen liebte, war solch eine befehlende Wissenschaft. Noch heute gibt es Vertreter derselben, die den Anspruch erheben, sie sei tatsächlich eine *normative* Wissenschaft,
sie habe die Fähigkeit und daher das Recht, dem Künstler vor-
zuschreiben, was er zu tun, und insbesondere was er zu *lassen*
habe. Das ist der Standpunkt der alten Tante, und dieser wird
die Kunst um so mehr zu gehorchen sich weigern, je jugend-
licher und schaffenskräftiger sie sich fühlt.

Als eben derselbe Fechner, dieser Typus eines deutschen Professors mit schwacher Gesundheit und etwas philisterhaften Lebensgewohnheiten, der stillen Gemütes von seinem Schreibtische aus Gedanken in die Welt gesendet hat, aus denen hernach grosse Gebiete menschlicher Forschung und Entwicklung geworden sind, derselbe Fechner hat uns gezeigt, dass es auch eine *Aesthetik von unten*, eine experimentelle oder besser *erfahrungsgemässe Aesthetik* gibt, eine Wissenschaft, die nicht der Kunst befiehlt: *dies sollst Du tun,* sondern eine, die freundlich und eifrig fragt: *kann ich Dir nicht helfen?*

Ehe freilich die Kunst diese dargebotene Hilfe annimmt, wird sie fragen: kannst Du mir denn überhaupt helfen? Ist nicht vielleicht alles Eingreifen der Wissenschaft eher schädlich als förderlich, indem sie bestrebt ist, an die Stelle aus schönem Wahnsinn geborener Werke der wahren Kunst die nüchternen und dürftigen Ergebnisse verstandesmässiger Konstruktion zu setzen? So wird der Künstler es vielleicht zulassen, schon weil er es nicht hindern kann, dass sich die Aesthetik der Kunst*leichen* bemächtigt, seien diese eines natürlichen Todes gestorben oder zu dem Zwecke erst umgebracht, d. h. ihres künstlerischen Geistes beraubt, um an diesen ihre Anatomie zu betreiben. Aber an den lebendigen Leib der Kunst, d. h. an die Tätigkeit bei der Schöpfung neuer Kunstwerke, wird er sie um keinen Preis heranlassen wollen, schon wegen der Phantasie, „dass die alte Schwiegermutter Weisheit das zarte Seelchen ja nicht beleidige."

Diese Aenderung Goethes ist eine von den zahllosen, die alle den gleichen Gedanken ausdrücken, und es erscheint hoffnungslos, gegen so gewichtige Autoritäten auftreten zu wollen. Aber der Professor ist nach der massgebenden Definition der Fliegenden Blätter ein Mann, welcher anderer Meinung ist, und so bitte ich mit Geduld anzuhören, was ich nach der anderen Seite vorzubringen habe. Es ist vor allen Dingen der Umstand, *dass Kunst und Wissenschaft wegen ihrer Bedeutung für die Kultur der Menschheit von vornherein aufeinander angewiesen sind.* Und es ist zweitens der Umstand, dass in ihrem ursprünglichen Wesen *Kunst und Wissenschaft Kin-*

der derselben Eltern sind, Kinder der Not und der Freude des Lebens.

Alle Reste ältester Kultur zeigen uns die Kunst und Wissenschaft jener Zeiten unauflöslich zu einer Einheit verbunden. Sei es, dass die ersten Gesetze, die das Leben regelten und erleichterten, sich in das Gewand der Dichtung kleiden, sei es, dass die täglichen Geräte nicht in Gebrauch genommen wurden, bevor sie mit künstlerischem Ornamentenschmuck bedeckt waren — stets finden wir beide zusammen als den Ausdruck der beginnenden Herrschaft des Menschen über die ihn umgebende Natur. Die bemerkenswerteste Philosophengestalt des griechischen Altertums, *Platon,* ist durch und durch künstlerisch in der Gestaltung seiner kühnen, wenn auch falschen Gedanken und selbst der Vorgänger des eben vergangenen wissenschaftlichen Mechanismus, *Lucretius,* kleidet seine naturwissenschaftlichen Hypothesen in ein dichterisches Gewand.

So werden wir nicht zu fragen haben: wie sollen Kunst und Wissenschaft *zusammen* kommen, sondern wir müssen erst die Antwort auf die Frage haben: wie sind sie *auseinander* gekommen? Auch diese Antwort will ich vorausnehmen: sie sind auseinander gekommen, weil sie verschiedenen Schrittes gehen. Die Kunst geht immer voran: als die grosse Zeit der italienischen *Malerei* während des sechzehnten Jahrhunderts im Erlöschen war, begann die grosse Zeit der italienischen *Wissenschaft* unter der Führung des unvergleichlichen Meisters *Galilei,* und der grosse Akkord der deutschen Dichtung in der zweiten Hälfte des achtzehnten Jahrhunderts musste erst ausklingen, ehe im neunzehnten der Aufschwung der deutschen Wissenschaft eintreten konnte. In der Eroberung immer neuer Gebiete durch den menschlichen Geist ist die Kunst immer die *Führerin* gewesen. Die Wissenschaft ist hinterdrein gekommen, und so kann es nicht wundernehmen, wenn jene den Anspruch der nachhinkenden Wisseschaft, ihrerseits Führerdienste zu leisten, als lächerlich und unbescheiden zurückweist.

Wenn ein Vertreter der Wissenschaft sich nicht scheut, dieses Verhältnis auszusprechen, so dürfen Sie überzeugt sein, dass es sehr offenkundig sein muss. In der Tat, wenn wir versuchen, in allgemeinster Weise die Richtung festzustellen, in welcher die Menschheit sich hier auf Erden bewegt, so werden wir sagen: es ist die auf eine *immer weitergehende Beherrschung der Natur und auf ein immer besseres Auskommen mit den Mitmenschen* gewendete Richtung. Und das einzige Mittel, die Natur zu beherrschen und mit den Menschen zu leben, ist, ihre Eigenschaften und Wege kennen zu lernen, so dass man ihr Verhalten voraussehen, sich darnach einrichten und womöglich es beeinflussen kann.

Nun wird man wohl der Wissenschaft im allgemeinsten Sinne eine derartige Aufgabe zuerkennen, wegen der Kunst werden aber einige Zweifel berechtigt sein. Es kann auch alsbald zugestanden werden, dass Kenntnis des Menschen und der Natur nicht die eigentliche Aufgabe der Kunst ist. Ihre *Aufgabe* ist sie nicht, aber ihr *Mittel.* Und da eine Kunst ohne ihr Mittel nichts ist, so ist eine Kunst ohne Kenntnis des Wesens der Menschen und der Natur auch nichts.

Was ist denn aber eigentlich die Aufgabe der Kunst? Nun, ich weiss sehr wohl, dass es auf diese Frage ungefähr ebensoviele verschiedene Antworten gibt als Personen, die sie zu beantworten versucht haben. Es ist ein sehr dorniger Boden, den ich hier betrete; aber wir können nicht anders, wir müssen hier festen Fuss fassen, sonst kommen wir nicht weiter! Von einem nüchternen Naturforscher werden Sie nicht erwarten, dass er eine der ebenso schwungvollen wie unverständlichen Definitionen der Kunst zutage fördert, die sich hier so vielfältig finden. Aber wenn ich alles durchsuche, was ich von Kunsteinflüssen in meinem Leben gehabt habe, so lässt es sich unter folgende Beschreibung bringen: *Die Kunst soll uns in den Stand setzen, willkürlich erwünschte Gefühle hervorzurufen.*

Ich mache mich darauf gefasst, dass jetzt eine grosse Anzahl unter Ihnen in Ihrem Herzen denken, dass Sie etwas so verzweifelt Nüchternes selbst nach den bisherigen Ausführungen nicht erwartet hätten, und dass Sie nur durch Ihre Höflichkeit veranlasst werden, überhaupt sitzen zu bleiben und weiter zu hören. Sie erinnern sich der Weihestunden, die Sie mit Beethovens neunter Symphonie oder vor Böcklins Bildern

gefeiert haben, Sie wissen genau, wie die Kunst Sie empor-
gehoben hat, wenn das drückende Einerlei des Tages oder gar
menschliche Gemeinheit Ihnen die Lebensfreude ausgelöscht
und die trüben Schleier der Verstimmung über Ihren Tag ge-
breitet hatten. Und alles dieses soll durch jene nüchternen
Worte umschlossen werden?

Ich hoffe, Sie, meine verehrten Zuhörer, durch das, was
ich eben gesagt habe, überzeugt zu haben, dass auch bei mir
ein persönliches und Herzensempfinden der Kunst gegenüber
vorhanden ist. Wenn ich die Jahre überschaue, die ich durchmessen habe, wenn ich zurückdenke, wie ich die grossen Aufgaben der Wissenschaft, an denen ich mitzuarbeiten so glücklich war, nur dadurch zu lösen wusste, dass ich einerseits mono-
tone Kleinarbeit in weitestem Umfange übernahm, andererseits
mich einer Gegnerschaft aussetzte, die sich unter Umständen
bis zu bitterem Hasse gesteigert hat, dann weiss ich, wie mir
die Kunst immer wieder Mut und Frische gegeben hat, wie ich
schwere Ueberarbeitungen schnell und sicher dadurch zur Heilung brachte, dass ich irgendwo in reizvoller Landschaft mit
Malkasten und Feldstuhl herumzog. Wenn also einer den
Segen der Kunst erfahren hat, so bin ich es sicherlich, und
undankbar gegen diesen Segen zu sein, kommt mir um so
weniger in den Sinn, als ich mich gerade in letzter Zeit eingehender mit hierhergehörigen Arbeiten zu beschäftigen begonnen habe. So kann ich nur als ehrlicher Naturforscher oder
Philosoph sagen, dass ich bei allem Suchen keine bessere Definition habe finden können, und ich hoffe Sie in nicht zu langer
Zeit zu überzeugen, dass sie wirklich brauchbar und angemessen ist.

Zunächst darf es als ein Ergebnis der neueren Kunst-
forschung, auf das sich immer mehr und mehr Stimmen vereinigen, hingestellt werden, dass die Kunst es mit der Erweckung von *Gefühlen* zu tun hat. Fragen Sie sich selbst,
weshalb Sie die Kunst suchen und lieben, vergegenwärtigen Sie
sich das, was ich von Ihren eigenen Kunsterfahrungen Ihnen
eben in das Gedächtnis zurückzurufen versucht habe, so werden
Sie alsbald bereit sein, zuzugeben, dass durch die Kunst in

erster Linie Gefühle erweckt oder vorhandene gesteigert werden, und dass in diesen Gefühlen das Wesentliche der Kunstwirkung liegt. Aber, werden Sie einwenden, das sind nicht *gewöhnliche* Gefühle, das sind ganz besonders *hohe* und *herrliche* Gefühle. Ganz derselben Meinung bin ich auch, und diese Meinung habe ich eben ausdrücken wollen, wenn ich die Hervorrufung erwünschter Gefühle als die Aufgabe der Kunst kennzeichnete. Sind denn etwa diese hohen und herrlichen Gefühle nicht erwünscht? Freilich, werden Sie sagen, aber „erwünscht" ist ein so nüchterner und unzulänglicher Ausdruck für das, was wir tatsächlich fühlen. Da haben wir den Punkt. Sie haben von einer Definition der Kunst, also von einer *wissenschaftlichen* Arbeit, eine *künstlerische* Wirkung verlangt, nämlich die Hervorrufung einer anschaulichen Erinnerung Ihrer Kunstgefühle, und nur weil diese in den von mir gewählten Worten vermisst wurde, haben Sie die Definition ungenügend oder unpassend gefunden. Als ich dann den gleichen Inhalt mit Worten aussprach, durch welche jene Erinnerungen belebt wurden, waren Sie einverstanden.

Wir dürfen eben nicht vergessen, dass unter Kunst nicht allein die sogenannte hohe Kunst, die Kunst, besonders starke, tiefe oder feierliche Gefühle zu erwecken, verstanden sein will, sondern die gesamte Kunst in allen ihren Ausläufern, bis zum gemalten Blümchen, das unsere Kaffeetasse verschönt und zu der Halsbinde, in deren Knoten der Jüngling den Ausdruck seines innersten Wesens legt. Um dies grosse Gebiet zu decken, ist eben ein mehr neutrales Wort erforderlich, das gleichzeitig das allgemein Vorhandene kennzeichnet. Und dies allgemein Vorhandene ist, dass die fraglichen Gefühle in der Tat gesucht und angestrebt werden.

Dann werden Sie mir vielleicht den Einwand entgegenhalten, dass manche von den angestrebten Gefühlen keineswegs lobenswert seien, und dass Sie ungern den heiligen Namen der Kunst für derartige Bestrebungen hergeben möchten. Wir können ganz einig über die moralische Beurteilung solcher Bestrebungen sein, ohne dass sich daraus ein Grund ergibt, ihnen den Namen der Kunst vorzuenthalten. Es ist ebenso möglich wie bei der Kunst, dass auch die Wissenschaft zu unmoralichen Zwecken angewendet wird. Wenn ein besonders kenntnisreicher Einbrecher sein Werk mit Hilfe einer Knallgas-Stichflamme ausführt und gelegentlich bei schwierigen Fällen Thermit zu Hilfe nimmt, so kann daraus der Experimentalchemie kein Vorwurf gemacht werden. Und das gleiche gilt von der Kunst.

Um Sie mit dem, was ich durch jene Definition ausdrücken will, noch ein wenig vertrauter zu machen, will ich den Punkt noch von anderer Seite zu erreichen versuchen. Mit Ihrer Uebereinstimmung habe ich bisher das Wort Kunst in einem *engeren* Sinne gebraucht, der in früheren Zeiten nicht ohne weiteres verstanden worden wäre. Früher unterschied man die *schönen* Künste von den *nützlichen* Künsten und stellte damit eine weitgehende Aehnlichkeit zwischen beiden Arten der Betätigung fest. Dass gegenwärtig dieser Sprachgebrauch fast ganz verschwunden ist, liegt vermutlich an dem schädlichen Einflusse der normativen Aesthetik, der es nicht recht war, die praktischen Fertigkeiten mit den ästhetischen in einem Atem du nennen. Hierdurch ist denn manche schiefe Auffassung der Kunst begründet, insbesondere die noch jetzt oft genug geltend gemachte Ansicht, die Kunst im engeren Sinne müsse vor allen Dingen etwas *Unnützes* sein, und sowie sie mit irgend etwas Nützlichem verbunden sei, höre sie auf, Kunst zu sein.

Ich will mich nicht lange mit der Widerlegung dieser offenbar unhaltbaren Ansicht aufhalten, sondern mich mit dem Hinweis begnügen, dass, wenn auch die Kunst im engeren Sinne nicht den Zweck hat, technische Gebrauchsgegenstände herzustellen, sie ihre erfreuliche Wirkung doch an jedem Gegenstande betätigen kann, welchem Zweck dieser sonst noch dienen mag. Ebensowenig, wie ein Weinglas aufhört, ein Trinkgefäss zu sein, wenn man dies Gerät in einer für das Auge erfreulichen Gestalt und Farbe, also künstlerisch ausführt, ebensowenig hört etwa ein schön gemalter Theatervorhang auf, ein Kunstwerk zu sein, wenn er ausserdem den technischen Zweck erfüllt, die Bühne für die Zeit der Vorbereitung den Augen der Zuschauer zu verdecken. Es kann mit anderen Worten ein

23*

Ding gleichzeitig verschiedenen Zwecken dienen, und einer derselben kann natürlich auch der künstlerische Eindruck sein.

Wir werden uns also nicht scheuen, die Aehnlichkeit zwischen dem, was man früher Kunst im allgemeinen nannte, und der Kunst im heutigen engeren Sinne etwas eingehender zu verfolgen. In jenem weiteren Sinne heisst Kunst ein jedes *Können.* So gibt es eine Kunst des Schlittschuhlaufens und Radfahrens, eine des Drechselns, Schmiedens und Skatspielens, eine Kunst, sich in Damengesellschaft beliebt zu machen, bis zur Kunst des Lesens und Schreibens.

Das Allgemeine bei allen diesen Kunst genannten Dingen ist eine über das alltägliche hinausgehende Beherrschung irgend eines Gebietes des Geschehens derart, dass bestimmte Erscheinungen nach Belieben hervorgebracht werden können. Daher bezeichnet man auch solche willkürlich hervorgebrachte Dinge als *künstlich* im Gegensatz zu den natürlichen, die ohne Dazutun menschlicher oder sonstiger Willenstätigkeit entstehen. Hier sehen Sie alsbald den tatsächlich sehr engen Zusammenhang zwischen diesen Künsten und der Kunst im engeren Sinne eben auf Grund der vorher ausgesprochenen Definition. Letztere ist eben nur ein Sonderfall des allgemeineren Begriffes Kunst. Eine von den vielen möglichen Künsten ist unter anderen auch die Kunst, Gefühle hervorzurufen, und zwar willkürlich oder auf *künstlichem* Wege. Wenn wir uns den doppelten Gebrauch des Wortes Kunst gestatten, so können wir noch prägnanter definieren: *Kunst ist die Kunst, künstlich willkommene Gefühle hervorzurufen.*

Von diesen Gesichtspunkten gewinnt man auch leicht eine klare Einsicht in das Verhältnis zwischen dem *Naturschönen* und dem *Kunstschönen.* Jeder, der versucht hat, sich in der ästhetischen Literatur zurechtzufinden, wird gewahr geworden sein, wie diese Frage ein wahres Kreuz für die theoretischen Aesthetiker ist, da doch einerseits beide so sehr ähnliche Wirkung haben, während andererseits die ästhetischen Definitionen so gar nicht auf den Fall passen wollen. Wir werden das *Naturschöne* einfach als dasjenige an den Naturerscheinungen aufzufassen haben, *was erwünschte Gefühle in uns hervorruft.* Dass eine Naturerscheinung, die gar keine Gefühle in uns hervorruft, auch nicht von uns schön genannt werden wird, brauche ich nur zu erwähnen. Dass wir andererseits eine Natur, die unerwünschte Gefühle hervorruft, auch nicht schön finden werden, ist gleichfalls selbstverständlich. Um uns darüber klar zu werden, brauchen wir uns nur zu vergegenwärtigen, ob wir einen Sturm auf dem Meere vom Lande aus beobachten, oder von einem kleinen Boote aus, das jeden Augenblick umzuschlagen droht. Im zweiten Falle sind die durch die Naturerscheinung erregten Gefühle bei weitem die stärkeren, aber einen ästhetischen Wert werden wir nur im ersten Falle konstatieren können. Im zweiten Falle nimmt uns das Gefühl der Furcht so stark in Anspruch — wenigstens muss ich für mich bekennen, dass es so sein würde — dass wir für die Empfindungen des Grossartigen im Sturm keine Zeit und Gedanken übrig behalten. Beim Anblicke eines gemalten Seesturmes fällt die Furcht ganz und gar fort, und so können wir noch vollständiger den Eindruck der Grossartigkeit geniessen, insbesondere wenn wir vorher einige unmittelbare Erfahrungen über derartige Ereignisse gesammelt hatten, und natürlich auch nur unter der Voraussetzung, dass der Künstler es verstanden hat, gerade das zur Anschauung zu bringen, was in uns das Gefühl des grossartigen Ereignisses erweckt.

Diese Betrachtungen erklären uns auch den interessanten Entwickelungsgang, den unser Gefühl für Naturschönheit genommen hat. Es ist ja bekannt, dass z. B. unsere Fähigkeit, uns an der Schönheit der Alpen zu begeistern, recht neuen Datums ist. Sie ist erst in der zweiten Hälfte des achtzehnten Jahrhunderts entstanden und auch hier hat Goethe als einer der Bahnbrecher gewirkt. Die Schönheit der norddeutschen Marschlandschaften ist noch viel neueren Datums, ebenso die der Havelseen in der Umgebung Berlins. In allen diesen Fällen handelt es sich um Entdeckungen durch *Künstler*, die auf diese Weise der Menschheit ein noch wertvolleres Geschenk machten, als durch ihre Kunstwerke selbst. Dass aber Künstler, und nur solche, zu derartigen Entdeckungen befähigt sind, rührt eben daher, dass Künstler berufsmässig die Quellen willkommener

Gefühle zu finden und zu fassen haben, und dass sie solche in der Natur selbst erlebt haben müssen, bevor sie sie wiedergeben und anderen Menschen zugänglich machen können.

An der Hand unserer so als angemessen bewährten Begriffsstimmung wird es uns nun leicht werden, das Verhältnis der Kunst zur Wissenschaft festzustellen. Handelt es sich um die *Erweckung von Gefühlen,* so kommen zwei Wissenschaften in Betracht: einerseits, die Wissenschaft von den Gefühlen selbst, die einen Teil der *Psychologie* bildet, und andererseits die Wissenschaft von den Hilfsmitteln solcher Gefühlserregungen. Letztere bezeichnet man zusammenfassend als die *Technik* der Kunst. Da nun die Kunst sich sehr mannigfaltiger Hilfsmittel bedient, um ihre Zwecke zu erreichen, so macht die technische Kunstlehre in der Tat, ähnlich der Heilkunst, von fast allen Gebieten der *Naturwissenschaften* Gebrauch.

Dies ist also die Antwort auf die Frage, die wir oben gestellt haben, ob nämlich die Wissenschaft der Kunst überhaupt dienlich und nützlich sein kann. Sie kann es in hohem Masse. Dem Goetheschen: *„Wenn Ihrs nicht fühlt, Ihr werdets nicht erjagen"* kann man das Wort entgegenstellen: *„Wenn Ihrs nicht könnt, vermögt Ihrs nicht zu sagen".* Was Goethe gemeint hat, besagt, dass ohne *Gefühl* eine Kunst unmöglich ist. Das entspricht ganz unserer Auffassung, dass die Gefühle eben die Aufgabe der Kunst sind. Was ich mir hinzuzufügen erlaubt habe, besagt, dass dem Künstler alles Gefühl, das er selbst besitzt, nicht zur Lösung seiner Aufgabe ausreicht, wenn er nicht weiss, wie er sein Gefühl in anderen hervorrufen kann, d. h. wenn ihm die Kenntnis der *Mittel* fehlt.

Was zunächst die Gefühle des Künstlers selbst anlangt, so wird er unzweifelhaft vorziehen, sie selbst zu erleben, als sie aus einem Lehrbuch der Psychologie kennen zu lernen. Damit glaube ich einen Einwand auszusprechen, der vielleicht manchem von Ihnen auf der Zunge liegt. Das ist unzweifelhaft richtig; ebensowenig, wie man aus einem Lehrbuche lernen kann, wie die Empfindung blau oder süss beschaffen ist, ebensowenig kann man sich aus einem solchen über Gefühle unterrichten lassen wollen, die man nicht aus Erfahrung kennt. Aber dies soll die Wissenschaft auch nicht; ihre Aufgabe beginnt erst etwas später. Die verschiedenen Gefühle folgen aufeinander nicht regellos, sondern zufolge bestimmter *Gesetzmässigkeiten*. Wenn beispielsweise in Goethes köstlicher Idylle Alexis und Dora, die Schilderung, wie sich die Liebenden im Augenblicke des Abschieds gefunden hatten, sich zu höherer und höherer Glut in der Ausmalung der wonnigen Zukunft steigert und dann an der höchsten Stelle mit schneller Wendung in eine ebenso leidenschaftliche Eifersucht überschlägt, so fühlen wir lebhaft, mit welcher Sicherheit hier der Künstler das psychologische Gesetz von den Kontrastempfindungen gehandhabt hat. Vielleicht erkennt es nicht ein jeder *bewusst;* wohl aber fühlt ein jeder doch die innere Richtigkeit, ja Notwendigkeit dieses Stimmungswechsels, von dem die künstlerische Wirkung des Gedichtes abhängig ist.

Ja, hat denn Goethe selbst diese psychologischen Gesetze gekannt? werden Sie mich hier wieder fragen. Freilich hat er sie gekannt; wir besitzen Bemerkungen von ihm, in denen er gerade sein Verfahren in diesem Gedichte verteidigt gegenüber solchen, denen die von ihm gewagte Abweichung vom Gebräuchlichen zunächst nicht einleuchten wollte. Aus tausend Stellen seiner Briefe und Abhandlungen kann man sich überzeugen, wie bewusst er die psychologischen Gesetze seiner Kunst handhabte.

Aber wie ist er denn dazu gekommen? wird wieder gefragt werden; die Psychologie seiner Zeit war ja viel zu wenig entwickelt, als dass er sie hätte benutzen können. Dies ist wiederum richtig; er hat sich seine Psychologie eben *selbst* gemacht, indem er zunächst aufmerksam alle seine eigenen Erfahrungen über die verschiedenen Gefühle beobachtete und sich zum Bewusstsein brachte; jede Seite von „Wahrheit und Dichtung" gibt Auskunft über diese seine Tätigkeit, wo sich der eigenen Brust geheime tiefe Wunder öffnen. Hierzu nahm er die Erfahrungen an anderen, die er bei seinem lebhaften geselligen und sonstigen Verkehr reichlich zu sammeln Gelegenheit hatte. Nachdem er so das Material zusammen hatte, entnahm er den vorgeschriebenen Erscheinungen das Gleichartige, stellte die gegenseitigen Beziehungen der verschiedenen Gefühle, die Regeln ihres zeitlichen Ablaufes, ihre gegenseitige Beeinflussung u. s. w. fest, und setzte sich so in den Besitz derjenigen Kenntnisse, deren er für seine Kunstwerke bedurfte. Eine *systematische Ordnung* dieser Kenntnisse im Sinne eines wissenschaftlichen Lehrgebäudes hat er allerdings nicht durchgeführt; für seine unmittelbaren Zwecke genügte ihm sein stets bereites Gedächtnis und seine enorm kräftige darstellende Phantasie. Dass er aber derartigen systematischen Konstruktionen keineswegs abgeneigt war, ergibt sich aus zahlreichen Stellen seiner auf die Kunst bezüglichen Schriften; ich erinnere beispielsweise an die psychologische Klassifizierung der Kunstfreunde, die er unter dem Titel „Der Sammler und die Seinigen" versucht hat.

Das eben geschilderte Verfahren ist aber genau das der Wissenschaft; auch sie beginnt zunächst mit der *Feststellung* des tatsächlichen Materials und geht dann zu seiner *Ordnung* über, die zunächst schematisch, sodann aber womöglich genetisch ausgeführt wird.

Und hier kommen wir auch auf den Punkt zurück, von dem wir vorher zu unseren Betrachtungen über den Zweck der Kunst abgebogen waren. Ich hatte betont, dass die Kunst der Wissenschaft *vorauszugehen* pflegt: hier haben wir ein Beispiel davon. Die künstlerisch-praktische Kenntnis der Gefühle war längst vorhanden, ehe ihre wissenschaftliche Untersuchung begonnen hat. So hätte auch Goethe wahrscheinlich selbst die inzwischen entwickelte Psychologie der Gefühle von heute ziemlich trivial und kindisch gefunden, da ihm dieselben Sachen viel mannigfaltiger und feiner bekannt und geläufig waren. Es scheint daher, als sei schliesslich die Wissenschaft ganz überflüssig in all den Fällen, wo die Kunst die Vorarbeit übernommen hat.

Sie wäre es allerdings, wenn, nachdem die Menschheit einen solchen Genius wie Goethe hervorgebracht hätte, alle nachgeborenen Menschen seiner Vorzüge teilhaftig geworden wären. Wir wissen leider nur zu genau, dass dies keineswegs der Fall ist. Daher sind auch die sehr weitgehenden psychologischen Kenntnisse, die Goethe besass, sein persönliches Eigentum geblieben und mit ihm dahingegangen. Seine Werke enthalten nur die Ergebnisse der *Anwendung* seiner Kenntnisse **auf** *besondere* Fälle, nicht aber diese Kenntnisse selbst. Mit der Wissenschaft ist es anders. Deren Aufgabe betrachten wir nicht als vollendet, wenn nicht der Entdecker auch die Ergebnisse seiner Forschung der Welt in einer solchen Gestalt mitgeteilt hat, dass sie Gemeingut aller derer werden können, welche sich mit den gleichen Problemen beschäftigen. Wenn der Forscher seine Kenntnisse selbst geheim halten wollte und nur die Ergebnisse der Anwendung derselben der Welt mitteilte, wie das vorübergehend im siebzehnten Jahrhundert von einigen Mathematikern geschah, so würden wir ihn solange als Schuldner der Allgemeinheit betrachten, bis er auch jene Mitteilungen gemacht hat, und wir gestehen ihm nicht einmal das *Recht* zu, solche Dinge für sich zu behalten.

Für die Kunst hat daher die Unterbringung bestimmter Kenntnisse im Gebiete der Wissenschaft die Bedeutung, **dass** von nun an jeder kommende Künstler diesen ganzen Inhalt zu seiner Verfügung hat, und ihn nach Bedarf handhaben kann. Er braucht hernach bei weitem nicht den grossen Betrag von ursprünglicher Begabung und persönlicher Erfahrung, um psychologisch eben so richtig zu arbeiten, wie es **nur** einzelne auserwählte Künstler vorher gekonnt haben. Er kann daher unter sonst gleichen Umständen bessere und eindrucksvollere Kunstwerke hervorbringen, als er ohne diese Kenntnis imstande wäre, und die Kunst selbst wird daher durch diese wissenschaftliche Hilfe mittelbar auf eine höhere Stufe gehoben.

Vielleicht wird das, was ich Ihnen hier nahe legen möchte, noch deutlicher an einem anderen Beispiele, einem aus der Malerei. Die Lehren des *perspektivischen Zeichnens* waren den Malern bis zum Anfange des sechzehnten Jahrhunderts unbekannt. Dass trotz dieses Mangels mancherlei ausgezeichnete Gemälde hergestellt wurden, ist allgemein bekannt. Auch haben einige besonders geschickte Zeichner und sorgfältige Beobachter leidlich richtige Perspektiven fertig gebracht. Aber daneben gab es auch eine grosse Anzahl verunglückter

Versuche in sonst sehr guten Bildern, die deren Wirkung bedeutend herabdrücken. Seitdem gleichzeitig die deutschen und italienischen Maler jener Zeit dann die geometrischen Konstruktionen ersonnen und in wissenschaftliche Ordnung gebracht hatten, nach denen man perspektivisch richtige Zeichnungen ausführen kann, ohne dass es dazu einer besonderen künstlerischen Begabung bedarf, hat die Kunst nicht etwa durch die Mechanisierung eines wichtigen Elements Rückschritte gemacht sondern erhebliche Fortschritte; ein Zeugnis dafür ist der ausserordentliche Eifer, mit welchem die beiden grossen Maler jener Zeit, Dürer und Raffael, die Wissenschaft der Perspektivkonstruktion sich anzueignen und sie zu entwickeln bestrebt waren. Umgekehrt hat die zunächst zu rein künstlerischen Zwecken entwickelte Lehre von dem Zusammenhang der perspektivischen Gestalten zu einem wichtigen Gebiete der Geometrie geführt, nämlich zu der synthetischen Geometrie, dem Teile derselben, in welchem sich die erste selbständige Entwickelung dieser Wissenschaft über das von den Griechen Erreichte hinaus betätigt hat.

Mit diesen Betrachtungen sind wir bereits in das zweite Kapitel der Beziehungen zwischen Kunst und Wissenschaft, zu den wissenschaftlichen Mitteln der künstlerischen Technik, gelangt.

Dass bezüglich des künstlerischen Könnens das Wissen, also allgemein die Wissenschaft von massgebender Bedeutung wird, braucht kaum noch im Einzelnen dargelegt zu werden. Der Maler hat sichtbare Naturerscheinungen so darzustellen, dass die Gefühle, welche diese unmittelbar in uns erregen würden, möglichst lebhaft durch die Nachbildung erregt werden. Dazu braucht er nichts nötiger, als eben die Kenntnis dieser Erscheinungen selbst. Nun kann er sie sich durch fleissige Beobachtung der Natur erwerben; wir haben aber eben an dem Beispiele der Perspektive gesehen, wie auch die fleissigste Beobachtung bei weitem nicht in bezug auf Vollständigkeit und Richtigkeit an die wissenschaftliche Arbeit heranreicht. Weitere Beispiele, die dasselbe beweisen, findet man auf Schritt und Tritt. Dem Anfänger ist es beispielsweise ausserordentlich schwer, die Wellenbewegung des Wassers zu angemessenem Ausdruck zu bringen, weil eben die Erscheinung so beweglich ist, dass er keines der beständig wechselnden Bilder festhalten kann; ebenso erscheinen ihm die Farben von einer verwirrenden Mannigfaltigkeit. Weiss er, dass jede Wellenbildung sich in die Uebereinanderlagerung mehrerer regelmässiger Wellensysteme auflösen lässt, so erkennt er bald auch diese Systeme etwa bei der Betrachtung des bewegten Meeres wieder, er versteht nun die verwirrende Mannigfaltigkeit zu übersehen und kann sie daher auch wiedergeben. Was die Farbe anlangt, so braucht er nur einmal sich aus den Gesetzen der Lichtbewegung den Schluss konstruiert zu haben, dass die ihm zugewendete *Brust* der Welle das aus dem Wasser kommende Licht, also die Eigenfarbe des Wassers (oder die Farbe des etwa unter flachem Wasser befindlichen Bodens), aufweisen muss, während der *Rücken* der Welle das Licht des darüber befindlichen Himmels *spiegelt,* also dessen Farbe zeigen muss, und zwar um so mehr die Farbe des Zenits, je näher die Welle dem Beschauer ist und je höher er über ihr steht, um auch diese Mannigfaltigkeit in ihre Bestandteile aufgelöst und sich ihre Darstellung ermöglicht zu haben.

Nun werden Sie mir vielleicht einwenden: der Maler malt ja durchaus nicht nur, was er gesehen hat, sondern auch viele Dinge, die es gar nicht gibt, wenigstens für das leibliche Auge, wie schwebende Engel oder Genien, allegorische Göttergestalten und allerlei andere Erzeugnisse der bildenden Phantasie. Hierauf ist zu antworten, dass derartige Gestalten doch nichts sind als Zusammensetzungen oder Umbildungen sichtbarer Erscheinungen. Ferner ist in Betracht zu ziehen, dass früheren Jahrhunderten die physikalischen und physiologischen Unmöglichkeiten derartiger Gebilde durchaus nicht bewusst waren. Uns, denen diese Widersprüche auffallender sind, machen solche Bilder auch einen zunehmend geringeren künstlerischen, d. h. gefühlsmässigen Eindruck. Die Allegorie wird zurzeit nur noch bei offiziellen und formellen Gelegenheiten in Dienst genommen; bei gewissen phantastischen Richtungen der modernen Malerei, wo gleichfalls Unwirkliches dargestellt wird, handelt es sich wieder um tatsächlich Erlebtes, nämlich die halb traumhaften Betätigungen des Zentralorgans, die ohne äussere optische Reize eintreten. Derartige freikombinierte Erinnerungsbilder der gestaltenden Phantasie haben zweifellos auch gewisse Gemeinsamkeiten, deren Wiedergabe entsprechende Gefühle beim Beschauer hervorruft. Auch hier liegt wohl wieder ein Fall vor, an welchem die Kunst Erfahrungstatsachen handhabt, deren Bewältigung die Wissenschaft noch nicht versucht hat.

Was ich eben für die Kunst der Malerei darzulegen versucht habe, wobei ich gar nicht einmal auf den offenkundigen Einfluss der Wissenschaft, auf die materielleren Seiten der Technik, das Farbmaterial, die Bindemittel, Malgründe u. s. w. eingegangen bin, das lässt sich an allen anderen Künsten in ähnlicher Weise darlegen. Dass z. B. die europäische Musik, die auf der Harmonie beruht, hierin einen ganz und gar wissenschaftlichen Boden besitzt, bedarf nur einer Andeutung. Auch hier machen wir die Beobachtung, dass der schaffende Künstler der Wissenschaft vorauseilt. Ueber die logische Verbindung der Harmonien in ihrer Aufeinanderfolge gibt es zwar einzelne Untersuchungen, aber soviel mir bekannt, ist es noch nicht gelungen, die musikalischen Mittel unserer Klassiker, einschliesslich Beethoven, vollständig wissenschaftlich aufzuklären. Ich zweifle nicht daran, dass dies künftig möglich sein wird, und wir werden dann erkennen, dass jene grossen Meister auf Grund ihres hochentwickelten musikalischen Gehörs Gesetze befolgt haben, von deren Existenz sie selbst keine bewusste Ahnung gehabt haben. Aehnlich wie bei der Perspektive wird es dann möglich sein, durch Anwendung dieser Gesetze Musikstücke zu schaffen, die durch ihre innere Richtigkeit auf uns einen ebenso überzeugenden künstlerischen Eindruck machen werden, wie eine gut ausgeführte Perspektive. Der Künstler jener Zeit wird aber keine Mühe mehr auf diese Seite seiner Arbeit zu wenden haben, die ihm heute noch zu den schwierigsten gehört, und er wird um so freier seinen Stoff zum Ausdruck seiner Gefühle gestalten können.

Meine verehrten Zuhörer! Ich kann in der kurzen Zeit eines Abendvortrages Sie nicht einmal auf einem eiligen Wege durch alle Hallen der Kunst führen, um Ihnen überall die enge Verschwisterung zwischen ihr und der Wissenschaft zu zeigen. Dass eine solche besteht und bei entsprechender Untersuchung überall nachweisbar ist, darf ich Sie auf Grund eigener Erfahrung versichern, und nach dem, was ich Ihnen bereits dargelegt habe, nehme ich an, dass es Ihnen nicht schwer fallen wird, dieser Versicherung Glauben zu schenken. So möchte ich nur noch zum Schlusse, wie der Maler bei der Vollendung seines Bildes, einige Schritte zurücktreten, um das Ganze im Zusammenhange, ungestört von den Einzelheiten, zu überschauen.

Fragen wir wie bei der Kunst nach der *allgemeinsten Aufgabe der Wissenschaft,* so lässt sich die Antwort noch kürzer geben: sie besteht im *Prophezeien.* Alle die mannigfaltige Arbeit, welche die Wissenschaft treibt, hat im letzten Ende das Ziel, uns die Möglichkeit zu geben, künftige Vorgänge vorauszusehen. Fast unser ganzes Leben besteht ja in solchen Voraussichten, fast alles, was wir tun, geschieht, damit künftig gewisse Ereignisse eintreten oder andere vermieden werden, und die Erziehung jedes Menschen besteht darin, ihn mit möglichst grosser Sicherheit Voraussichten machen zu lehren, dass er seine Handlungen darnach einrichten kann. Die *sicherste* Voraussicht aber gewährt uns überall erst die *Wissenschaft,* denn sie stellt ja allgemein die gegenseitige Abhängigkeit oder Aufeinanderfolge der Ereignisse aller Art fest.

Nun arbeitet auch der Künstler für die Zukunft. Ich meine dies nicht in solchem Sinne, dass er erst vielleicht nach seinem Tode zu Anerkennung gelangen mag, sondern ganz unmittelbar. Ehe er sein Kunstwerk beginnt, hat er bereits eine Vorstellung, was es wohl werden wird, aber er muss erst eine ganze Reihe zueckmässiger Handlungen verrichten, ehe die ersten Spuren seines Werkes in die Erscheinung treten. Und hernach ist es auch nicht in einem Augenblicke 'fertig. Er muss es verlassen und wieder aufnehmen, er muss es verbessern und umgestalten. Alle diese Dinge kann er nicht tun, ohne dass ihm der Erfolg gegenwärtig ist, *bevor* er die dazu erforderliche Handlung ausgeführt hat. Er muss also überall in die Zunkunft schauen und wird es um so sicherer tun, je wissenschaftlicher er seine Kunst auffasst und treibt.

Das ist in der Tat ein so naher Zusammenhang, dass er ein untrennbarer genannt werden muss. Ich will nicht behaupten, dass alle Künstler sich dieses Zusammenhanges bewusst sind, und darnach ihre Kunst betreiben; ja ich muss leider die Vermutung aussprechen, dass er vielen nicht nur fremd ist, sondern dass manche sogar ablehnen, ihn anzuerkennen und zu betätigen. Dies steht im Zusammenhange mit Fragen, die ich neulich an anderer Stelle erörtert habe. Auch der Praktiker in der industriellen Technik hat wie der in der Kunst zuweilen die Neigung, die Wissenschaft gering zu achten, weil vielleicht einige ihrer Vertreter einmal Unsinn gemacht haben. Ich habe mich bemüht, darzulegen, wie auch der entschiedenste Verächter der Wissenschaft unter diesen Praktikern doch in seiner Weise ein Theoretiker, d. h. ein Wissenschaftler ist, wenn auch nur ein sehr unvollkommener. Ebenso haben jene der Wissenschaft abgeneigten Künstler auch eine Wissenschaft eigener Art. Diese dient ihnen, wenn sie im übrigen etwas rechtes können, ausreichend für *ihre* Zwecke, sie gestattet ihnen aber meist nicht, zu den betreffenden Fragen einen weiteren und allgemeineren Standpunkt zu gewinnen. Dies aber gestattet die Wissenschaft, denn es ist ihre Aufgabe. Ich bitte Sie, einen schnellen Rückblick über die Besprechungen dieses Abends zu werfen: Nicht wahr, Sie werden sich erinnern, dass nicht das geringste Verwerfungsurteil über irgend eine Art oder Richtung der Kunst gefallen ist, ohne welche sonst doch ein theoretischer Kunstvortrag beinahe unmöglich ist? Das ist ja der grosse Segen der Wissenschaft, dass sie erstens durch ihre Aufgabe der Allgemeinheit schon von vornherein verpflichtet ist, alles zu verstehen, und daher auch nach dem alten Worte alles zu verzeihen, soweit überhaupt von Verzeihen die Rede sein kann. Der andere, besondere Segen liegt darin, dass ein jeder Künstler und ein jeder

Kunstfreund an der Hand der gewonnenen wissenschaftlichen Klarheit über das Wesen und den Zweck der Kunst sein eigenes und das fremde Kunstwerk fragen kann: *Welche Gefühle vermagst Du zu erwecken, wie schöne und starke und willkommene?* Und wenn er sich die Antwort zu geben versucht, so wird ihm das ausgeprägt subjektive Element in dieser zum Bewusstsein kommen, und er wird sich sagen, dass ein anderer ganz wohl weniger stark oder stärker fühlen könnte, als er. Das wird ihn zur Milde gegen anders Fühlende stimmen, denn Gefühle lassen sich nicht kommandieren, sie müssen mit Hingebung und Liebe entwickelt werden. Und mit diesem Friedensglockenklang wollen wir unsere Betrachtungen schliessen.

Entwickelung und Renaissance.

(1908)

Lange Zeit war es mir verborgen geblieben, dass das geschichtliche Ereignis, welches wir Renaissance d. h. Wiedergeburt zu nennen pflegen, tatsächlich eine Unterbrechung und Störung war, durch welche eine vorhandene natürliche Entwicklung auf gewissen Gebieten in einer äusserst folgenreichen und nachteiligen Weise vernichtet worden ist. Betrachten wir beispielsweise die italienische Malerei des vierzehnten Jahrhunderts. Bei *Giotto* erkennen wir ein Stück eigener und innerlicher Entwicklung der Malerei. Die Befreiung von den engen Fesseln der überkommenen byzantinischen Ausdrucksformen setzt in der hoffnungsvollsten Weise ein. Mit dem Nachdruck eines lange zurückgedrängt gewesenen Bedürfnisses bricht sich das Leben seine Bahn in die Kunst. Trotz der kindlichen Hilflosigkeit der Mittel, die sich beispielsweise in dem erfolglosen Kampf um eine auch nur annähernde perspektivische Wahrheit der Darstellung verrät, ist es doch gelungen, ein andres und wichtiges Gebiet, den Ausdruck des Seelenlebens in Gesicht und Gebärde, zugänglich zu machen und innig rühren uns jene ersten keuschen Versuche, die Regungen des Herzens durch die Kunst dem Beschauer zu entschleiern. Diese Richtung des künstlerischen Inhaltes lässt sich bis in Raffaels Jugendwerke verfolgen und erkennen.

Was aber wird daraus? Betrachten wir die Erscheinungen ohne die traditionelle Bewunderung, als ehrliche Beschauer und Forscher, so sehen wir folgendes: Die Entdeckung der Ueberreste der antiken Plastik in Rom zerstört mit einem Male jene natürliche Entwicklung. Statt nach dem Ausdruck des Seelenlebens zu suchen, das jene Zeit erfüllte, werden die gangenen Zeit als unerreichbare und absolute Muster aufgenommen und verwertet: das Ergebnis ist eine theatralische, unaufrichtige, ja lügenhafte Darstellungsweise. Das Ziel, die Ausdrucksformen für das Leben der eigenen Zeit zu finden, wäre mehr und mehr erreicht worden, wenn nicht jener scheinbar abkürzende, in Wahrheit aber in die Irre führende Abweg eingeschlagen worden wäre, welcher das zu Erreichende als ein bereits Erreichtes vortäuschte, das nur übernommen zu werden brauchte, um das Sehnen und die Bedürfnisse der Zeit zu erfüllen. Man hatte im eigentlichsten Sinne Steine statt Brot erhalten; und die alsbald einsetzende Verfallzeit der an der Antike orientierten italienischen Malerei und Plastik gab die Probe auf das Exempel, nur dass die Entstehungsursache dieser Krankheit bisher immer ganz wo anders gesucht wurde. Lebendig blieb nur der Zweig, der sich mit der Erforschung und Bewältigung der Probleme des Lichtes und der Farbe befasste, und der in der Venetianischen Malerei seine beste Entwicklung fand. In diesem Zweig erkennen wir auch eine fortgesetzte Entwicklung, die bis auf die Gegenwart reicht. Denn hier lag keine antike Tradition vor, weil glücklicherweise die griechischen Bilder im Laufe der Zeit praktisch vollständig zugrunde gegangen waren, während das widerstandsfähigere Material der plastischen Werke den zerstörenden Einflüssen der Zeit und der Kriegsläufte getrotzt hatte, um leider viel zu früh entdeckt zu werden.

Und wenn wir diese Linien bis auf die neueste Zeit verfolgen, so finden wir dasselbe Resultat. Die inzwischen entdeckten wenigen Ueberreste antiker Malerei haben keinen bestimmten Stil zum Ausdrucke gebracht, d. h. keine bestimmten Wege gewiesen, wie die Probleme der Kunst gelöst worden sind und fernerhin gelöst werden können. Das Ergebnis ist, dass wir heute eine blühende Kunst der Malerei haben, in welcher sich das Leben der Gegenwart, unser eigenes Leben, das uns beglückt und schmerzt, von dem wir ein Teil sind, in mannigfaltigster Weise ausspricht. Zwar sind wir von den antiken Einflüssen auch hier nicht frei geblieben, aber diese Erkenntnis ist jetzt wohl allgemein gewonnen worden, dass uns diese Einflüsse keinen Segen gebracht haben: je enger sich eine ·Zeit künstlerisch an die Antike ·anzuschliessen gesucht hat, ·um so unfruchtbarer, kälter, lebensferner, kurz langweiliger sind ihre künstlerichen Produkte gewesen.

Anderseits stehen wir in bezug auf die Plastik noch im wesentlichen auf dem Boden der Renaissance, d. h. der Zerstörung einer bodenständigen Entwicklung durch das antike Ideal. Und darum haben wir in unsrer Zeit noch keine eigene plastische Kunst, wenn auch sehr hoffnungsvolle Ansätze dazu. Man werfe doch einen Blick auf die herrlichen Bildwerke, welche die französische und deutsche Kunst bis zum fünfzehnten Jahrhundert hervorgebracht hat, und · vergleiche sie mit dem trostlosen Verfall der späteren Zeiten. Hier war ebenso wie bei den italienischen Malern eine bodenständige Kunst in schönster Blüte erstanden, in welcher die schrankenlose Gedankenphantastik des Nordländers sich mit strengster Gesetzlichkeit der kirchlichen Formen, in denen die damalige Kunst lebte und leben musste, auf das glücklichste und fruchtbarste betätigte. Und wie ein Frühlingsfrost kam dann das antike Vorbild und zerstörte alle diese Keime. Erst in allerneuester Zeit beginnen sich die Künstler auf ihre eigentliche Aufgabe zurückzubesinnen und die Namen Meunier und Klinger zeigen, dass unsre so unendlich fruchtbare Zeit auch hier wieder genug innere Energie angesammelt hat, um den Ausdruck ihres eigenen Wesens zu suchen und zu finden.

Soll ich noch von der angewandten Kunst, insbesondere von der Architektur reden? Hier wird die Sache absurd. Der klassische Stil des griechischen Tempels mit seinen steinernen Säulen, seinem steinernen Dachgebälk, ja mit jeder Einzelheit der dekorativen Ausstattung ist nichts als eine Surrogatkunst, eine Uebersetzung der ursprünglich in Holz konzipierten und ausgeführten Formen in den Stein, in ein Material mit ganz anderen Eigenschaften. Weil bei uns Stein kostbarer ist, als Holz, so erscheint uns dies als eine Veredlung. Aber wer aufmerksamen Auges noch heute den Süden durchwandert, der wird bemerken, dass der wohlhabende Kleinbürger, der seinen Nachbarn imponieren möchte, sein steinernes Haus der-

art antünchen lässt, dass es wie ein hölzernes aussieht. Bei
der Waldarmut des Südens ist dort eben das Holz das edlere,
Material und Stein das geringere. Umgekehrt ist die gothische
Baukunst ganz und gar aus der Natur des verwendeten Materials, Haustein und Backstein, hervorgewachsen und steht daher an innerem, organischem Wert turmhoch über jenen blind-
lings angebeteten Vorbildern. Man lasse einmal beispielsweise
das Innere der Regensburger Walhalla mit ihrer trostlosen
Leere trotz aller mühseligen Pracht unbefangen auf sich wirken
und trete dann in eine gothische Kirche — es braucht durchaus nicht gerade der Kölner Dom zu sein — und man wird
den Unterschied zwischen künstlicher Kunst und lebender
auf Nimmervergessen erlebt haben.

Auch hier ist es erst unsrer Zeit vorbehalten geblieben,
sich aus der freiwilligen Sklaverei (eine solche ist die
schlimmste von allen) des antiken Ideals zu befreien. Nachdem zunächst die gewaltig emporstrebende Technik mit ihrem
neuen Material, insbesondere Eisen und Glas, ganz neue Forderungen und Möglichkeiten geschaffen, und in ihren Bauten
ohne Rücksicht auf irgendwelchen historischen Stil zu verwirk-
lichen gewusst hat — man nehme beispielsweise die Pracht
einer modernen Bahnhofshalle unbefangen auf — dringt das
gleiche Stilprinzip auch überall in die Privatbauten, das tägliche Gebrauchsgerät, die ganze Formgestaltung unsers äusseren Lebens ein, und was lange Jahrhunderte nicht erreicht
hatten, ist dem unsern vorbehalten zu gestalten: eine eigene
Formensprache, die unser Leben zu einem künstlerischen, d. h.
unser Gefühl erquickenden Ausdruck bringt.

Was für das antike Vorbild gesagt worden ist, gilt natürlich in gleicher Weise für jeden historischen Stil. Der durch
die grundverkehrte Erziehung verkrüppelte Kunstsinn des
deutschen Bildungsphilisters weiss bis auf den heutigen Tag
kein aufrichtigeres Lob, als „stilvoll", womit stets eine mehr
oder weniger gelungene Nachahmung irgendeines vergangenen
oder fremden Musters gemeint ist, sei dies nun altdeutsch oder
japanisch, englisch oder Biedermeier. Diese armen Leute
wissen nicht mehr, was ihnen unmittelbar gefällt und müssen

24*

sich daher an irgendwelche historische oder ethnographische Einzelheiten halten, um doch einen Anhaltspunkt zu haben. Dass die Kunst dazu da ist, dass man sich an ihr *freut* (welches Wort hier die ganze Stufenleiter der willkommenen Gefühle, von ernstester Erhebung bis zum tollsten Scherz, umfassen soll), und dass sie daher kein andres Kriterium hat, als wie stark sie uns zu rühren vermag, haben sie nie erfahren oder getrauen sich nicht, es zu glauben. Und so muss man sie bei ihrer papierenen Kunstauffassung lassen, bis eine jüngere Generation mit gesünderer Empfindung das Wort hat.

Also sollen wir uns um die Kunst der Vergangenheit gar nicht kümmern? höre ich hier entrüstet rufen. Nun, wenn wir die schlimmen Zerstörungen uns zu Gemüt führen, welche der Historismus in der Kunst angerichtet hat, so würde es mindestens einen hoffnungsvollen Versuch bedeuten, den entgegengesetzten Weg einzuschlagen. Und wer das Kunstleben unsrer Zeit mit ruhigem und liebevollem Auge verfolgt, der wird nicht umhin können, zu gestehen, dass selbst die radikale Abwendung von aller Tradition, welche als Grundsatz grosser und einflussreicher Künstlergruppen gilt, mehr Gewinn als Verlust gebracht hat. Wenn die sog. grossen Kunstschätze Europas, ich meine kurzweg die Inhalte der staatlichen oder fürstlichen Galerien von Paris und Berlin, von Madrid und Dresden usw., bei nächster günstiger Gelegenheit nach Amerika verkauft würden, so wäre allen Beteiligten geholfen. Denn da seinerzeit durch das Eindringen der Antike die bodenständige Entwicklung unsrer Kunst doch unterbrochen worden ist, so müssen wir sie neu zu gestalten beginnen und sind auf dem besten Wege dazu. Den Amerikanern wäre aber auf der Suche nach ihrer eigenen Kunst (die man komischerweise durch Schutzzölle von unglaublicher Höhe zu züchten versucht) das genauere Studium der früheren Stadien sehr hilfreich. Denn auf diesem Boden gilt gleichfalls das Fouriersche biologische Grundgesetz, das nämlich jede individuelle Entwicklung in abgekürzter Weise durch die Entwicklungsreihe der Art hindurchgehen muss. Wir haben die letztere bis zum Uebermass, ja bis zu vollständiger Funktionsstörung gehabt, und es mag

Sache der künftigen neuen Besitzer sein, sich jene Beeinflussung in vernünftigeren Dosen zu ordinieren.

Denn mit der Kunst sollte es sein, wie mit der Wissenschaft. Beider Entwicklungsgang ist ja in der Hauptsache der gleiche. Die Eroberung neuer Gebiete der Innen- und Aussenwelt für ihre Zwecke betreiben beide, und zwar mit dem allgemeinen Ergebnis, dass nachdem eine bestimmte Eroberung durch einen einzelnen geglückt ist, alsbald die Gesamtheit diese als gemeinsames Gut der Gesamtwissenschaft, bezw. der Gesamtkunst zu übernehmen das Recht hat, und es auch tut. So erinnere ich mich, vor etwa 20 Jahren ein jetzt in der Nationalgalerie hängendes Bild von Flickel gesehen zu haben, in welchem die Sonnenflecken auf dem rotbraunen Boden eines Buchenwaldes zum ersten Male mit voll überzeugender Wirkung dargestellt waren. Ich will nicht auf die leicht verständlichen technischen Mittel eingehen, mit denen die Wirkung erreicht wurde. Wenn auch das grosse Publikum eben nur die Wirkung sah: die beteiligten Kunstgenossen stellten alsbald fest, worauf sie beruhte, und in den nächsten Jahren sah man auf allen Ausstellungen zahllose vorzüglich gemalte Sonnenflecken im Buchenwalde. Aehnliches geschieht immerfort und nur wenn es sehr auffällig wird, nennt man es eine Schule oder Richtung.

Auf solche Weise geht also eine ganz bestimmte und immer wachsende Summe von künstlerischen Mitteln oder „Begriffen" in den allgemeinen Besitz über, und wenn auch in einem einzelnen Künstler stets nur ein Teil davon zur Wirkung kommt, so darf doch das lebendige Vorhandensein dieses Schatzes in der Gesamtheit der Künstlerschaft einer gegebenen Zeit mit Grund angenommen oder vorausgesetzt werden. Dann aber ist es auch nicht mehr nötig, diese Dinge bei denen zu suchen, die sie zuerst gefunden, ebensowenig, wie wir in der Schule Galileis Fallgesetze mit seiner schwerfälligen Mathematik lehren. Jeder erste Entdecker muss seiner Zeit den Tribut zahlen und macht das, was er zuerst macht, in gewissem Sinne unvollkommen. Die Nachfolger, die (genügendes Wissen und Können vorausgesetzt) mit geschonten Kräften vor dasselbe

Problem treten, haben es viel leichter, den gleichen Gedanken vollkommener und oft auch einfacher und wirksamer durchzuführen, denn aus naheliegenden psychologischen Gründen kommt man auf das einfachste immer erst zuletzt.

Dies führt uns auf die Frage, wie sich denn die *Wissenschaft* zu jenem plötzlichen Eindringen der Antike in den Anschauungskreis der nordischen Völker verhalten hat. Hierauf darf geantwortet werden, dass dieser anscheinend bereits einen robusteren und einheitlicheren Organismus dargestellt hat, denn von einem Parallelvorgang zur Kunstrenaissance lässt sich in der Wissenschaft nichts erkennen, und die übliche Parallelisierung des Aufschwunges beider Gebiete in dem fünfzehnten Jahrhundert unserer Zeitrechnung ist keine sachgemässe Darstellung der tatsächlichen Verhältnisse.

Denn der jungen Wissenschaft gelang es, ihre neugewonnenen Bahnen einzuhalten und die Ansprüche der Antike wenigstens in vielen Punkten erfolgreich zurückzuweisen. Dies rührt in erster Linie daher, dass es sich bei jenen Einflüssen nicht um eine so plötzliche Erscheinung handelte, wie in der Kunst. Vielmehr hatten sich Reste griechischen und römischen Schrifttums durch das ganze Mittelalter fortgepflanzt und als in jener Zeit ein neuer Geist sich zu regen begann, hatte er es mit einem wohlbekannten, teilweise erschöpften Gegner zu tun. In Galileis „Discorsi" erscheint der törichte Simplicius durchaus als ein Vertreter der Aristotelischen Physik, wie sie damals verstanden wurde, und der Kampf der „neuen Wissenschaft" wird bewusst gegen die Burg der klassischen Ueberlieferung gerichtet.

Diese wurde indessen damals keineswegs allseitig erobert. Achtet man beispielsweise darauf, dass die *Geometrie* bis an den Anfang des neunzehnten Jahrhunderts wissenschaftlich höchst unfruchtbar blieb, während die Analysis sich insbesondere durch Leibniz und Newton in märchenhafter Weise entwickelt hatte, so erkennt man leicht die vorher beschriebenen Einflüsse wieder. Für die Geometrie lag ein ausführliches antikes Muster im Euklid vor, während weder die Griechen, noch die Römer die Analysis regelmässig entwickelt hatten. Daher war die Entwicklung der letzteren frei, während die der ersteren durch das antike Vorbild gehemmt war. Dies ist so recht ein Schulbeispiel für diesen Einfluss, da es sich um zwei eng benachbarte Wissenschaften handelt, und dazu die Geometrie beim Beginnen des Rennens mit einem riesigen Vorsprung gestartet ist. Nirgend sonst zeigt sich so deutlich, *dass Entwicklung und Renaissance konträre Gegensätze sind.*

Diese Darlegungen erheben nicht den Anspruch der allseitigen Neuheit, und ich muss bekennen, dass ich durchaus nicht klar darüber bin, was in ihnen eigenes Produkt und was Erinnerung aus vergessenen Quellen ist. So gebe ich gern alle Autorenrechte preis, wenn es mir nur gelingt, den Leser von der sachlichen Richtigkeit dieser Betrachtungen zu überzeugen. Insbesondere werden jedem Nietzschekenner aus den „Unzeitgemässen Betrachtungen" die Anklagen des noch jungen Denkers gegen den lebensfeindlichen Historismus ins Gedächtnis kommen. Hier bäumt sich zum ersten Male seine Selbständigkeit des Urteils in erheblicher Sache gegen traditionelle Wertungen auf. Nietzsche war unmittelbar aus der klassischen Philologie hergekommen und es ist lehrreich zu betrachten, wie ihm hier zum ersten Male an seiner philologischen Gottähnlichkeit bange wird. Denn er betrachtet im überlieferten Sinne seiner Wissenschaft die Historie noch ganz klassisch-Rankisch als eine Schilderung dessen, wie es eigentlich gewesen ist. „Es gibt einen Grad von Schlaflosigkeit, von Wiederkäuen, von historischem Sinne, bei dem das Lebendige zu Schaden kommt und zuletzt zugrunde geht, sei es nun ein Mensch, oder ein Volk oder eine Kultur." Aber wenn es weiter heisst: . . . . „Der Handelnde . . . . ist auch immer willenlos; er vergisst das meiste, um eins zu tun, er ist ungerecht gegen das, was hinter ihm liegt, und kennt nur ein Recht, das Recht dessen, was jetzt werden soll", so schlägt bei ihm der historisch verdorbene Philologe wieder durch. Ungerecht gegen das Vergangene! Ich muss gestehen, dass ich mir hierbei keinen klaren Gedanken machen kann. *Welches Recht in aller Welt hat denn die Vergangenheit?* Welches könnte sie überhaupt haben? Ihr ganzer Wert und Anspruch besteht ja nur darin.

dass aus ihr die Gegenwart entstanden ist. Und insofern unsre Lebensbedingungen fortdauernd andre werden, ist es nicht nur unser Recht, sondern eine wichtige Pflicht, diejenigen Urteile, die den neuen Daseinsbedingungen nicht mehr gemäss sind, schleunigst und gründlichst zu beseitigen. Aber bald schlägt doch bei Nietzsche die Kraft der neuen Einsicht wieder durch, und insbesondere sein Schlusskapitel über die Jugend verdient, immer und immer wieder gelesen zu werden. „Den Gefahren der Historie nachspürend, haben wir allen diesen Gefahren uns am stärksten ausgesetzt befunden: wir selbst tragen die Spuren der Leiden, die infolge eines Uebermasses von Historie über den Menschen der neuern Zeit gekommen sind, und gerade diese Abhandlung zeigt . . . . ihren modernen Charakter, den Charakter der schwachen Persönlichkeit. Und doch vertraue ich der inspirierenden Macht, die mir anstatt eines Genius das Fahrzeug lenkt, ich vertraue der Jugend, dass sie mich recht geführt hat, wenn sie mich jetzt zu einem Proteste gegen die historische Jugenderziehung des modernen Menschen nötigt, und wenn der Protestierende fordert, dass der Mensch vor allem leben lerne und nur im Dienste des erlernten Lebens die Historie gebrauche. Man muss jung sein, um diesen Protest zu verstehen, ja man kann, bei der zeitigen Grauhaarigkeit der jetzigen Jugend, kaum jung genug sein, um zu spüren, wogegen hier eigentlich protestiert wird. Wenn schon, wie Gibbon sagt, nichts als Zeit, aber sehr viel Zeit dazu gehört, dass eine Welt untergeht, so gehört auch nur Zeit, aber noch viel mehr Zeit dazu, dass in Deutschland, dem ‚Lande der Allmählichkeit‘, ein falscher Begriff zugrunde geht. Immerhin: es gibt jetzt vielleicht hundert Menschen mehr, als vor hundert Jahren, welche wissen, was Poesie ist; vielleicht gibt es hundert Jahre später wieder hundert Menschen mehr, die inzwischen gelernt haben, was Kultur ist, und dass die Deutschen bis jetzt keine Kultur haben, so sehr sie auch reden und stolzieren mögen. Ihnen wird das so allgemeine Behagen der Deutschen an ihrer ‚Bildung‘ ebenso unglaublich und täppisch vorkommen, als uns die einstmalig anerkannte Klassizität Gottscheds oder die Geltung Ramlers als eines deutschen Pindar. Sie werden urteilen, dass diese Art Bildung nur eine Art Wissen um die Bildung, und dazu ein recht falsches und oberflächliches Wissen gewesen ist. Falsch und oberflächlich nämlich, weil man den Widerspruch zwischen Leben und Bildung ertrug, weil man das Charakteristische an der Bildung wahrer Kulturvölker gar nicht sah: dass die Kultur nur aus dem Leben herauswachsen und herausblühen kann, während sie bei den Deutschen wie eine papierne Blume aufgesteckt oder wie eine Ueberzuckerung übergegossen wird und deshalb immer lügnerisch und unfruchtbar bleiben muss. Die deutsche Jugenderziehung geht aber gerade von diesem falschen und unfruchtbaren Begriffe der Kultur aus . . . . ihr Resultat, recht empirisch-gemein angeschaut, ist der historisch-ästhetische Bildungsphilister, der altkluge und neuweise Schwätzer über Staat, Kirche und Kunst, das Sensorium für tausend Anempfindungen, der unersättliche Magen, der doch nicht weiss, was ein rechtschaffener Hunger und Durst ist. Dass eine Erziehung mit jenem Ziele und diesem Resultate eine widernatürliche ist, fühlt allein der Instinkt der Jugend, weil sie noch den Instinkt der Natur hat, der erst künstlich und gewaltsam durch jene Erziehung gebrochen wird."

Der dritte Teil eines Jahrhunderts ist vergangen, seit jene Worte aus einem gequälten Herzen geschrieben worden sind, und wieviel ist inzwischen besser geworden? Trostlos wenig. Noch immer ist das äusserste, wozu sich die Vertreter der Naturwissenschaften, die am meisten unter jener Unwirklichkeit des Bildungszieles leiden, aufzuraffen vermögen, die schüchterne Bemerkung, dass ihrer Wissenschaft doch kein geringerer Bildungswert innewohnt, als dem altphilologischen Unterrichte. Dass dieser letztere Unterricht nicht nur keinen vergleichbaren, sondern überhaupt einen *negativen* Bildungswert hat, dass man, kurz gesagt, vom Sprachenlernen eher dümmer als klüger wird, davon ist vielleicht eine sehr grosse Anzahl unserer Zeitgenossen im Grunde ihres Herzens überzeugt. Wer aber derartiges auszusprechen wagt, verfällt der gesellschaftlichen Aechtung, die für jeden bereit gehalten wird, der öffentliche Geheimnisse verrät.

Vor einiger Zeit habe ich in Wien in solchem Sinne vor einem Kreise von fünfhundert Zuhörern gesprochen. Niemals in meiner langen Laufbahn als öffentlicher Redner bin ich öfter und stürmischer durch minutenlangen Beifall unterbrochen worden und niemals vorher habe ich so das Bewusstsein gehabt, vollständig das auszusprechen, was die vielköpfige Menge vor mir dachte und fühlte. Das ist mir ein Zeichen, dass es vorwärts geht. Es ist ein wunderlich Vergnügen für einen, der die Mittagshöhe seines Lebens überschritten hat, in der bevorstehenden Zeit gerade die Zeit zu erkennen, in deren Mitte er selbst gerne gelebt hätte, während er sich mit seiner eigenen Zeit beständig im Widerspruche fühlen musste. Aber vielleicht ist dies gerade eines der wirksamsten Mittel, den einzelnen aus dem Persönlichkeitsbewusstsein zum Menschheitsbewusstsein hinaufzuführen.

Die energetischen Elemente des Rechtsbegriffes.

(1909)

Ueber die Grundlagen des Rechtswesens und damit auch der Rechtswissenschaft gibt es eine grosse Anzahl einander widersprechender Ansichten, unter denen der Kampf anscheinend noch nicht entschieden ist. Die nachfolgenden Betrachtungen haben den Zweck, von einer bisher kaum beachteten Seite aus Material für die Erledigung dieser Fragen beizubringen. Es handelt sich um die Anwendung eines allgemeinen Begriffes auf das Rechtswesen, der allerdings zunächst in der Physik entstanden ist, seine Einflüsse aber bereits auf die Philosophie, Psychologie und Soziologie erstreckt hat und von dem in diesen Gebieten eine ähnliche klärende und vereinheitlichende Wirkung erhofft werden darf, wie er sie in der Physik und Chemie bereits ausgeübt hat. Dieser Begriff ist der der *Energie*.

Es soll zunächst mit aller Bestimmtheit hervorgehoben werden, dass in dieser ganzen Untersuchung ausschliesslich von dem physikalisch, *als Arbeit oder alles, was aus Arbeit entsteht und in Arbeit umgewandelt werden kann,* definierten Begriff der Energie handelt. Die mit dem gleichen Worte bezeichnete Charaktereigenschaft steht mit dem physikalischen Begriff der Energie insofern im Zusammenhange, als sie einen erheblichen Vorrat psychischer Energie (die ich als eine der Formen der allgemeinen Energie auffasse) zur Voraussetzung hat. Aber wir werden es in der bevorstehenden Untersuchung nicht mit jener Charaktereigenschaft zu tun haben, sondern mit einer genau messbaren und aufweissbaren Grösse, eben der physikalisch definierten Energie, jener Grösse, auf deren

Umgestaltungen sich alle Vorgänge der Aussenwelt zurückführen lassen. Nach meiner Meinung ist der gleiche Begriff
auch geeignet, die Vorgänge der *Innenwelt* zu umfassen; da
aber diese Ansicht bestritten wird, und auch kein wesentlicher
Gebrauch von ihr in den bevorstehenden Darlegungen gemacht
werden soll, so werde ich Ihre Zeit nicht für eine Begründung
dieser besonderen Ansicht in Anspruch nehmen. Es genügt die
Einsicht, dass tatsächlich alle Geschehnisse der Aussenwelt
sich als Umwandlungen, d. h. zeitliche wie räumliche Veränderungen gewisser Energiemengen darstellen lassen.

Diese Einsicht ist gegenwärtig mehr und mehr ins allgemeine Bewusstsein übergetreten, und insbesondere hat sich
auch die Rechtswissenschaft gezwungen gesehen, den gleichen
Boden im Gebiete der Gesetzgebung zu betreten. Es ist wohl
den meisten von Ihnen erinnerlich, welche Schwierigkeiten
vor etwa einem Dezennium die Frage des Elektrizitätsdiebstahls
gemacht hatte. Es handelte sich um die Entwendung eines
Wertobjektes von zweifellos physischer, d. h. nicht geistiger
Beschaffenheit, auf welches dennoch die traditionelle Definition
der „beweglichen Sache" sich nicht anwenden lassen wollte.
Dies lag daran, dass dieser Definition eine Theorie von der
Beschaffenheit der Aussenwelt zugrunde lag, nämlich die
mechanistische, nach welcher als letzte Realitäten materielle
Objekte, wägbare und tastbare, d. h. mechanisch nachweisbare
Einheiten gelten. Gegenwärtig wird ganz allgemein neben der
Materie die Energie als Realität anerkannt, und so hat denn
auch die Gesetzgebung die elektrische Energie als privates
Eigentum in derselben Weise geschützt, wie irgend welche
andere tast- und wägbaren Wertobjekte. Es ist nicht schwer,
nachzuweisen, dass es sich auch bei diesen in letzter Linie um
die in ihnen vorhandenen Energieen handelt, und für mich ist
es eine meiner wichtigsten wissenschaftlichen Aufgaben, die
Durchführbarkeit dieser energetisch-monistischen Weltanschauung im einzelnen nachzuweisen. Heute aber kann ich mich
damit begnügen, dass die Energie, wenigstens in einer ihrer
Formen auch amtlich von der Gesetzgebung insofern als etwas
Wirkliches oder Reales anerkannt wird, als ihre Eigenschaft,

Eigentum sein zu können, in der Rechtsbildung ihren Ausdruck gefunden hat.

Tatsächlich liegt eine solche Anerkennung in anderen Sonderfällen bereits seit Jahrhunderten vor. Beispielsweise beruht der Wert eines natürlichen Wassergefälles, das etwa zum Betreiben einer Mühle benutzt wird, ausschliesslich auf der Energie oder Arbeitsfähigkeit des fliessenden Wassers. Wenn ein oberer Anwohner des Baches ihn ableitete, sein Gefälle ausnutzte, und dem unteren Nachbar zwar die ganze Wassermenge ungeschmälert, aber auf dem unteren Niveau wieder zuführte, so würde er ihm gleichfalls nichts *materielles* entzogen haben, denn er liefert ihm ja ebensoviel Wasser, als er vorher empfangen hatte. Er hat aber dem Wasser seine Energie oder Arbeitsfähigkeit entzogen, die in seiner höheren Lage der Wassermenge begründet war, und dadurch den unteren Anwohner ausser Stand gesetzt, seinerseits dem Wasser diese Energie oder Arbeit zu entnehmen. Das Gesetz gestattet eine solche Beeinträchtigung der „Wasserkraft" nicht, d. h. es schützt dem Anlieger die Energie des Wassers, während es ihn gleichzeitig zu verpflichten pflegt, die Wasser*menge* den unterhalb wohnenden Anliegern ungeschmälert zu übermitteln.

So liessen sich noch andere Beispiele anführen, welche das unbewusste Eindringen des Energiebegriffes in das Rechtsleben erkennen lassen, und die Herausarbeitung der bereits vorhandenen Rechtsverhältnisse, welche wie in diesem Falle tatsächlich den Schutz des Eigentums an, oder Anspruches auf Energie zum Gegenstande haben, wäre eine interessante Aufgabe. Ich muss mich begnügen, sie hier anzudeuten, da der Energiebegriff noch weit tiefer greifende Beziehungen zum Rechtswesen hat, die bis auf dessen letzte Wurzeln gehen. Man kann sich eine vorläufige Anschauung hiervon verschaffen, wenn man folgende Gedanken an einander hält: Erstens ist das Recht eine *soziale* und kulturelle Erscheinung. Zweitens lässt sich Grund und Zweck der Sozialisierung, jeder Kultur überhaupt auf die allgemeine Formel bringen, *dass sie eine immer vollständigere Besitzergreifung und bessere Verwertung der vorhandenen Energieen zum Ziele hat.* Folglich ist auch als Zielpunkt des Rechtes, und damit als Urheber für dessen Entstehung und Entwicklung die Verbesserung der Energiebetätigung anzunehmen.

· Ich bin mir sehr klar darüber, m. H., dass Sie sich zunächst gegen eine solche Auffassung zu sträuben geneigt sind. Man hat die Anwendungen des Energiebegriffes bisher so ausschliesslich auf die physikalischen Erscheinungen beschränkt, dass es wie eine unbegründete Analogiespielerei aussieht, wenn man ihn auf so spezifisch geistig-kulturelle Erscheinungen anwendet, wie das Recht eine ist. Aber bereits in der Biologie ist seit langem der Energiebegriff zu Hause. Ich will nicht darauf eingehen, dass er sogar durch Ueberlegungen bezüglich der Vorgänge an Lebewesen *entstanden* ist: sowohl *Robert Mayer* wie *Helmholtz* waren Mediziner und haben beide das Gesetz von der Erhaltung der Energie auf ganz ähnliche Weise durch die Untersuchung der Vorgänge des Lebens gefunden. Aber gerade gegenwärtig, wo biologische Fragen nach allen Richtungen die Gemüter beschäftigen, erweist sich, dass durch die reine und unbedingte Aussprache der Energiebeziehungen auch die klarste und bestimmteste Problemstellung und damit der Weg zum unbehinderten Fortschritt der Wissenschaft gefunden wird. Und um ein ganz nahe liegendes Beispiel aus einer Kulturwissenschaft anzuführen: dieselben Forderungen bezüglich der Erziehung der Jugend, welche eine sachgemässe Anwendung der Energieggesetze uns aufstellen lässt, stimmen fast wörtlich mit den Forderungen überein, die ein so genialer Empiriker, wie der Schulrat *Kerschensteiner* in München als Endergebnis einer lebenslangen Erfahrung formuliert und in weitestem Umfange an den Münchener Stadtschulen als zweckentsprechend bewährt hat.

Ueberzeugender noch als solche praktische Beispiele werden in dem Kreise, zu dem ich heute zu reden die Ehre habe, wissenschaftlich-logische Betrachtungen wirken. Es ist Ihnen allen geläufig, dass alle Begriffsbildungen dem Gesetz von dem entgegengesetzten Verhältnis des *Umfanges* und *Inhaltes* unterworfen sind: je zahlreicher die Dinge sind, die ein Begriff umfasst, desto ärmer muss der Inhalt dieses Begriffes sein, und umgekehrt. Die Begriffe der Gleichheit, der Ordnung, der Negation, mit denen die Logik operiert, gehören zu den umfassendsten, denn sie finden auf fast alle Dinge, die es gibt, Anwendung; sie sagen aber auch am wenigsten über das einzelne Ding aus. Umgekehrt enthalten Begriffe, wie Schwefelsäure oder Diebstahl, zwar eine grosse Anzahl Elemente oder Kennzeichen, und wenn ich sie auf einen gegebenen Fall anwende, so ist damit sehr viel Einzelnes gesagt. Es gibt aber verhältnismässig nicht viele Fälle, in denen eine Anwendung dieser Begriffe zutreffend ist, denn alle anderen chemischen Verbindungen oder alle anderen dem Recht unterworfenen Vorgänge enthalten andere Kennzeichen, als die Begriffe Schwefelsäure oder Diebstahl, und sind dadurch von deren Umfang ausgeschlossen.

Stellt man nun eine Systematik der allgemeinen Begriffe auf, so erweisen sich die der Logik als die allergemeinsten. Es folgen die der Mathematik, der Physik, der Chemie, Biologie, Psychologie und zuletzt die der Wissenschaft von den besonderen Eigenschaften der *Menschen,* im Gegensatz zu den Tieren, Pflanzen und leblosen Objekten. Eine solche Wissenschaft sollte Anthropologie heissen, und wird auch künftig vielleicht so genannt werden, obwohl der Name gegenwärtig nur auf einen sehr kleinen Teil von ihr angewendet wird, nämlich den naturhistorischen. Aber ausser der Physis des Menschen, die die gegenwärtig so genannte Anthropologie bearbeitet, ist wichtiger, weil charakteristischer in wissenschaftlicher Beziehung seine *Psyche,* und die Lehre von der Kollektivpsyche, wohl auch Soziologie genannt, ist demgemäss auch wichtiger, als die physische Menschenkunde. Am besten wird man gegenwärtig die hier gekennzeichnete Gesamtwissenschaft als *Kulturwissenschaft* oder *Kulturologie* bezeichnen, wenn man nicht einen neuen Namen, der sich die Beziehung zum Menschen ausdrückt, wie z. B. *Anthropik* (nach Analogie von Physik) bevorzugt.

Die eben genannten Wissenschaften stehen nun in solchem Verhältnis zu einander, *dass eine jede speziellere und höhere*

die Begriffe der niederen und allgemeineren in sich aufnimmt.
So beherrschen die logischen Begriffe alle Wissenschaften, die
es gibt, während der Begriff des Lebens ausser in der Biologie
für die er charakteristisch ist, nur noch in den höheren Wissenschaften, der Psychologie und der Anthropik zur Anwendung
kommt, in den niederen, von der Logik bis zur Chemie dagegen keinen Platz findet.

Nun ist der Begriff der Energie der, welcher charakteristisch für die Physik und Chemie ist, insofern er bei diesen
Wissenschaften zuerst auftaucht und überall in ihnen Anwendung findet. Logik und Mathematik sind noch zu allgemein,
um einen mit so besonderen Kennzeichen ausgestatteten Begriff,
wie die Energie, entwickeln zu können. Nach den eben dargelegten Verhältnissen muss eben dieser Begriff auf alle höheren
Wissenschaften, nämlich Biologie, Psychologie und Anthropik
seine Anwendung finden, und seine Bedeutung für den gegenwärtigen Ausbau dieser Wissenschaften liegt darin, *dass er von
den verwendbaren allgemeinen Begriffen der speziellste und
daher der reichste ist.* Das bedeutet, dass die Anwendung des
Energiebegriffes in diesen höheren Wissenschaften alles das
über jede besondere Erscheinung auszusagen gestattet, was an
Besonderheiten im Energiebegriff enthalten ist. Ebenso also, wie
es eine juristische Logik gibt, die nichts als eine spezielle Anwendung der allgemeinen Logik ist (oder doch sein sollte), so
gibt es auch eine juristische Energetik, die sich aus der Sub-
summierung der vom Recht umfassten Dinge unter den sie
sämtlich umfassenden, weil so viel allgemeineren Begriff der
Energie ergeben muss.

Um nun aber eine solche Subsumption angemessen ausführen zu können, müssen wir zunächst uns klar darüber werden, wo wir die Erscheinungen des Rechtes und die Wissenschaft davon unterzubringen haben. Es kann kein Zweifel bestehen, dass das Recht eine rein menschliche Erscheinung ist
und daher der Anthropik oder Kulturwissenschaft angehört.
Demgemäss werden wir die Grundlinien der juristischen Energetik auffinden, wenn wir uns darüber klar geworden sind,
welche Anwendung erstens der Energiebegriff auf die mensch-

lichen Dinge im allgemeinen findet, und welches Gebiet der menschlichen Dinge zweitens das Recht behandelt.

· Was nun den ersten Punkt betrifft, so müssen wir ziemlich weit ausholen. Ich erinnere daran, dass die Energie bestimmten Gesetzen unterworfen ist, welche das besondere Verhalten dieser Grösse allen anderen gegenüber kennzeichnen. Sie unterliegt einerseits dem Gesetz der *Erhaltung*, andererseits dem Gesetz· der *Umwandlung*. Beides scheint sich zu widersprechen, denn was sich erhält, kann sich nicht umwandeln. Die Lösung dieses scheinbaren Widerspruches beruht darauf, dass nicht eine jede vorhandene Energie mit allen ihren Eigenschaften bestehen bleibt (wäre dies der Fall, so würde überhaupt nichts in der Welt passieren), sondern dass nur *eine* von den Eigenschaften der Energie, nämlich ihre *Menge* sich erhält, während alle anderen Eigenschaften an ihr sich ändern können. Dass man ein solches Gesetz aussprechen kann, beruht folglich darauf, dass man die Energie *messen* kann, und erst nachdem man dies gelernt hatte, konnte das Gesetz von der Erhaltung der Energie, oder genauer, das Gesetz von der Erhaltung der *Energiemenge* ausgesprochen werden.

Dieses Gesetz wird auch so formuliert, dass Energie weder erschaffen noch vernichtet werden kann. Von dieser Seite erkennen wir bereits, dass wir hier eine allgemeine Defination des *Wertes* oder des *Guten* finden werden, denn was man beliebig erzeugen kann, hat keinen Wert. Wenn der Mühlenbesitzer in unserem früheren Beispiele dem Wasser mit Erfolg befehlen könnte, dass es sich von unten auf das Niveau seines Stauteiches begeben soll, so wäre es für ihn ohne Bedeutung, in welchem Niveau sein oberer Nachbar es entlässt und diese Verhältnisse wären deshalb auch niemals Gegenstand eines Rechtes geworden. Nun bedingt aber die Erhebung des Wassers einen Aufwand von Arbeit, d. h. den Verbrauch der entsprechenden Energiemenge, und da diese nicht aus nichts erschaffen werden kann, muss sie irgendwoher genommen werden, d. h. die Energie repräsentiert einen ganz bestimmten *Wert,* der der Menge und der Höhe des Wassers proportionale ist.

Diese Umwandlungsfähigkeit unter Erhaltung der absoluten Menge stellt nun eben die Mannigfaltigkeit in der Einheit dar, durch welche der Energiebegriff geeignet wird, die oben geschilderte zusammenfassende Wirkung über die unabsehbare Vielfältigkeit der physischen Erscheinungen auszuüben. Die elektrischen Lampen, die uns heut Abend leuchten, strahlen *Licht*energie aus. Diese entsteht aber erst innerhalb der Lampe aus der *elektrischen* Energie, welche ihr durch die Leitung aus der Zentrale zugeführt wird. In der Zentrale stellt man die elektrische Energie mittels der Dynamomaschine aus *mechanischer* Energie her, welche die dort aufgestellten Dampfmaschinen abgeben. Diese arbeiten durch die *Wärme*energie, welche in den Dampfkesseln vom Wasser aufgenommen und in Gestalt hochgespannten Dampfes in die Maschinen übergeführt wird. Die Wärme ihrerseits wird unter den Kesseln durch die Verbrennung der Steinkohle erzeugt, d. h. sie ist ein Umwandlungsprodukt der *chemischen* Energie der Kohle und des Sauerstoffs, und diese endlich ist ein Umwandlungsprodukt der *strahlenden Energie* der Sonne, welche vor vielen Jahrtausenden auf die Erde gefallen ist und dort den Pflanzenwuchs erzeugt hat, dessen Rückstände uns in der Steinkohle vorliegen. Weiter vermögen wir die Kette nicht rückwärts zu verfolgen, denn wir wissen nicht, woher die Sonne ihre Energie hat.

Hiermit ist ein Kreis geschlossen, denn von der Lichtenergie ausgehend sind wir wieder zur Lichtenergie gelangt. Gemäss dem Gesetz von der Erhaltung der Energie sollte man demgemäss erwarten, dass unsere Lampen uns auf jeden Zentner verbrauchter Kohle soviel Licht geben sollten, als Sonnenlicht erforderlich war, um soviel Pflanzenstoffe zu erzeugen, dass ein Zentner Kohle daraus wurde. Stellen wir die entsprechende Rechnung an, so ergibt sich, dass die Lichtmenge, die wir hier gewinnen, viel weniger als ein tausendstel von der Lichtmenge ist, die seinerzeit in die Farrenkrautwälder der Steinkohlenzeit gefallen war. Wäre jene Erwartung richtig, so müssten wir ja mit diesem Licht soviel Pflanzen wachsen lassen können, dass wiederum ein Zentner Kohle (oder die entsprechende Menge von Pflanzenstoffen, die die gleiche

Verbrennungswärme ergeben) entsteht. Hiervon kann auch nicht im entferntesten die Rede sein, denn bei diesem Licht gedeiht auch nicht der kümmerlichste Grashalm.

Dies sieht wie ein schreiender Widerspruch aus, ist es aber nicht. Jenes Erhaltungsgesetz besagt nämlich folgendes: wenn die Energie A sich vollständig in die Energie B verwandelt, so ist die Menge B gleich der Menge A. Tatsächlich tritt dieser einfachste Fall verhältnismässig selten ein, und meist verwandelt sich eine Energie A gleichzeitig in mehrere andere B, C, D usw. Dann gilt natürlich die entsprechende Beziehung, dass die *Summe* der Energieen B+C+D+usw. gleich der Energie A ist, oder im allgemeinsten Falle, wenn mehrere Energieen gleichzeitig sich umwandeln, dass die Summe der verschwindenden Energieen gleich der Summe der entstehenden ist. Wie man leicht erkennt, ist diese allgemeine Fassung des Gesetzes von der Erhaltung der Energie oder des *„ersten Hauptsatzes"* eine notwendige Folge der zuerst ausgesprochenen besonderen, und der erfahrungsmässigen *Summierbarkeit* der Energie, denn man kann immer die beteiligten Energieen so teilen, dass je eine verschwindende und eine entstehende Menge einander gleich sind; die Summen einer beliebigen Anzahl gleicher Grössen sind aber gleichfalls einander gleich.

Der erste Hauptsatz regelt somit insgesamt die Energiebilanz, indem er eine Beziehung ausspricht, die unter allen Umständen gewahrt bleibt, wie auch die einzelnen Umsätze beschaffen sein mögen. Darüber hinaus erhebt sich aber die Frage: welches sind dann die Bedingungen, damit eine Energieumwandlung eintritt, und in welchem Verhältnis entstehen dabei die verschiedenen Energieen? Die Antwort hierauf gibt der *„zweite Hauptsatz"* der Energielehre oder Energetik; sie ist viel weniger einfach auszusprechen, als der erste Hauptsatz und nimmt je nach den besonderen Umständen sehr verschiedene Formen an.

· Für unsere Zwecke können wir uns mit einer ziemlich einfachen Seite dieses zweiten Hauptsatzes begnügen, nämlich dass im allgemeinen bei der Umwandlung einer Energie A

niemals die ganze vorhandene Menge davon in eine andere
Energie B übergeführt werden kann, sondern nur ein bestimmter Bruchteil, der von den besonderen Verhältnissen des Falles
abhängt. Man veranschaulicht sich diese Tatsache am besten
unter dem Bilde des Geldwechsels. Der Wert von 100 Mark
ist jedenfalls gleich 125 Lire; wenn man aber in einem kleinen
italienischen Neste einen Hundertmarkschein zu wechseln versucht, so bekommt man, wenn überhaupt der Wechsel möglich
ist, bedeutend weniger. Die 100 M. behalten auch beim Wechseln durchaus ihren Wert; von diesem Wert erhalte ich aber
nur einen Bruchteil in Gestalt italienischer Münze und das
übrige bleibt in der mir unzugänglichen Tasche des Wechslers.
Ganz ebenso verfährt die Natur bei der Umwechslung der
Energie, nur dass sie ein noch sehr viel höheres Agio zu fordern pflegt. Von der chemischen Energie der Steinkohle in
der elektrischen Zentrale gewinnen wir nicht mehr als einige
zwanzig Prozent mittels der vollkommensten Dampfmaschine
von dreifacher Expansion und der ganze grosse Rest geht auf
Spesen für diese Umwandlung hin. Und ebenso müssen wir
bei den anderen Schritten Spesen zahlen, teils sehr hohe, teils
mässige. Daher kommt es dann, dass am Schlusse einer längeren Kette solcher Umwandlungen nur mehr ein kleiner Bruchteil der ursprünglichen Energie für unsere besonderen Zwecke
übrig bleibt. Alle die andere Energie ist keineswegs verschwunden, wir können ihren Verbleib bis auf den letzten Rest
nachweisen. Aber sie ist gleichsam in die Taschen des Wechslers übergegangen, d. h. sie hat sich in Formen umgewandelt,
die für unsern Zweck unbrauchbar sind, weil sie sich nicht
mehr transformieren lassen wollen. Auch wenn der Bildhauer
sein Werk vollendet hat, liegt ein sehr grosser Anteil seines
Marmorblocks in Gestalt von Trümmern und Abfall da, die
sich nicht mehr in Kunstwerke überführen lassen. Das Gewicht
des Marmors ist dasselbe geblieben, denn das Werk mitsamt
den Spänen wiegt sicherlich genau so viel, wie der ursprüngliche Block. Die *Nutzung* des Blockes aber, oder das Verhältnis des Gewichtes des Kunstwerkes zu dem Gewicht des ganzen
Blockes ist aber jedenfalls kleiner als Eins oder ein echter

Bruch: nie kann der Künstler den Block in sein Werk überführen ohne dabei einen Teil davon in wertlosen Abfall zu verwandeln.

Dieser Bruchteil der rohen Energie nun, den man in die gewünschte Form überführen kann, oder das *Güteverhältnis* der betreffenden Umwandlung, wird durch jenes allgemeine Gesetz geregelt, welches man den zweiten Hauptsatz nennt. Wir brauchen auf die mathematische Form dieses Gesetzes nicht einzugehen, sondern bedürfen nur folgender allgemeinen Erkenntnis. Das durch den zweiten Hauptsatz angegebene Güteverhältnis ist ein *theoretisches Ideal*, das wir nie in einer wirklichen Maschine erreichen. Jedesmal ist das tatsächliche Güteverhältnis einer beabsichtigten Umwandlung kleiner, als der theoretische Grenzwert. Es ist aber möglich, jede Maschine, die zu solcher Umwandlung dient, immer mehr und mehr zu vervollkommnen, so dass sie sich dem theoretischen Ideal mehr und mehr nähert. Die ältesten Dampfmaschinen, die praktisch angewendet wurden, ergaben als Güteverhältnis für die Umwandlung der Wärme in mechanische Arbeit kaum ein Hundertstel; die übrigen 99 Prozent gingen als unbrauchbare Wärme von niedriger Temperatur davon. Die gegenwärtigen Dampfmaschinen sind also mindestens zwanzigmal *besser*, als die alten.

Hier sind wir nun mitten in unserem Problem darin. Auch die Tiere und Pflanzen betreiben ihr ganzes Leben durch die Umwandlung der Energie: die Pflanzen, indem sie die Sonnenenergie sammeln und in chemische verwandeln, die Tiere, indem sie die von den Pflanzen gesammelte chemische Energie sich aneignen und für ihre Zwecke verbrauchen. Während aber im übrigen die Lebensweise der Pflanzen und Tiere durch die Energiebeschaffenheit ihrer Umgebung bestimmt wird, und sie ausser der Energie für ihre Nahrung nur noch verschwindend geringe Mengen für ihre anderen Lebensbetätigungen verbrauchen, hat sich der Mensch ungeheure Mengen roher, d. h. als solche in der Natur vorkommender Energieen angeeignet und transformiert sie in der mannigfaltigsten Weise für seine Zwecke. Ein Beispiel dafür haben wir bereits kennen gelernt.

Der Unterschied zwischen Mensch und Tier besteht somit in diesem entgegengesetzten Verhältnis zur äusseren Energie: das Tier ist von ihr abhängig und passt sich den vorgefundenen Bedingungen an; der Mensch dagegen macht sie von sich abhängig und passt die Umgebung seinen Bedürfnissen an. *Diese Anpassung erfolgt durch Energietransformation*, und es gibt keine Handlung oder Betätigung, die sich nicht also solche kennzeichnen liesse. Der Inhalt aller menschlichen Tätigkeit besteht somit in der Besitzergreifung der rohen Energieen und in ihren Transformationen für besondere menschliche Zwecke. Das Ergebnis der Transformation ist je nach den angewendeten Mitteln weniger oder mehr vollkommen und der Fortschritt der Kultur kennzeichnet sich demgemäss nach den beiden Richtungen: *es wird immer mehr und mehr rohe Energie okkupiert, und deren Transformation wird immer vollkommener und vollkommener.*

Ich brauche diese Sätze für die Technik nicht zu beweisen; sie sind allgemein angenommen, sobald sie ausgesprochen sind. Wohl aber haben Sie ein Recht, von mir zu verlangen, dass ich Sie auch z. B. für das Recht beweise. Und damit kommen wir zum Hauptpunkt dieser Darlegungen.

Damit Recht ensteht, sind offenbar mehrere Personen, mindestens zwei, notwendig. Und zwar erweist sich als Quelle aller Rechtsbeziehungen ein *Willensgegensatz zwischen verschiedenen Personen,* der sich auf dasselbe Objekt bezieht, wobei das Wort Objekt im weitesten Sinne zu nehmen ist. Es besteht kein Zweifel, dass beim Beginn menschlicher Geschichte solche Willensgegensätze ebenso geschlichtet wurden, wie sie bei den Tieren und Kindern noch heute geschlichtet werden: nämlich durch Kampf. Somit gilt sicherlich im geschichtlichen Sinne der Satz, dass Macht vor Recht geht.

In diesem primitiven Stadium können wir zwei Fälle unterscheiden. Entweder sind die beiden Gegner an Kraft ziemlich gleich. Dann wird zunächst ein jeder neue Einzelfall eines Willensgegensatzes einen neuen Kampf hervorrufen. Hierbei stellt sich aber heraus, dass die Opfer, welche beide Teile beim Kampfe in Gestalt von Anstrengung und Wunden

bringen, durch die Erringung des Objektes nicht immer auf-
gewogen werden. Dann wird früher oder später die fundamentale Erfindung gemacht, durch irgend eine vorgängige Beseitigung der Möglichkeit von Willensverschiedenheiten (z. B.
durch räumliche Teilung der Jagdgründe) jene Opfer ohne
grossen anderweitigen Verlust zu vermeiden. Es ist bekannt,
dass bereits manche Tiere diese Erfindung gemacht haben
und ihre Jagd-, bezw. Weidegründe gegen einander abgrenzen.
Hierdurch werden Willensgegenstände für gewöhnlich vermieden; allerdings wird dann eine Verletzung dieser Ordnung
oder dieses Rechtes durch den Nachbarn um so leidenschaftlicher bekämpft. Es liegt durchaus im Sinne dieser Entwicklung, dass hernach solche Reaktionen gegen die Rechtsverletzung nicht nur durch den unmittelbar Betroffenen betätigt
werden, sondern dass sich hieran auch Nachbarn beteiligen,
die zwar an dem besonderen Falle kein Interesse haben, wohl
aber eines daran, dass das Recht im allgemeinen nicht verletzt
wird.

Der zweite Fall liegt vor, wenn der eine Teil bedeutend
stärker ist, als der andere. Dann wird nach wenigen Versuchen, die sehr nachteilig für den schwächeren Teil geendigt
haben, ein Widerstand nicht mehr gewagt werden, und es
stellt sich die Regel heraus, dass im Konfliktsfalle jener stärkere Teil stets seinen Willen durchsetzt. Auch diese Regel
wird ein *Recht* mit dem gleichen Kennzeichen, wie das erst-
beschriebene, nämlich dass es eine stets giltige Norm darstellt,
nach welcher in jedem Einzelfalle gehandelt wird. Auch das
Kennzeichen trifft zu, dass nach der Festsetzung eines solchen
Verhältnisses Verletzungen desselben mit besonderem Nachdruck bekämpft werden. Ein solches Verhältnis bedeutet gleichfalls eine Energieersparnis seitens beider Beteiligten, denn der
Stärkere erspart die Anstrengung zur gewaltsamen Durchsetzung seines Willens, und der Schwache erspart die Nachteile,
die ihm durch den Ueberwinder im Kampfe zugefügt werden.

Man erkennt an dieser Elementaranalyse der Rechtsbildung, dass in jedem Falle die Lösung des Problems vorliegt,
den *Ausgleich zweier entgegengerichteter Willensbetätigungen*

mit einem Minimum von Energieaufwand zu bewirken. Dieses
Streben zur Energieersparnis haben wir bereits als Wurzel
aller technischen Kultur erkannt; hier finden wir es als Wurzel
der Rechtsbildung wieder.

Soweit also die Analyse bisher gegangen ist, dürfen wir
das Recht definieren als das Verfahren, Willensgegensätze
zwischen verschiedenen Personen energetisch möglichst vorteilhaft auszugleichen.

Als Grundlage des Ausgleiches dienen die jeweils vorhandenen *Macht*verhältnisse. Das Recht erkennt das Vorhandensein eines solchen bestimmten Verhältnisses an und erspart daher die jedesmal wiederholte Feststellung desselben: hierin
liegt der angestrebte energetische Vorteil. Allerdings bedingt
das Verfahren gleichzeitig gewisse Unvollkommenheiten, die
für alle Rechtsbildungen charakteristisch sind.

Es enthält nämlich die stillschweigende Voraussetzung,
dass die einmal erfolgte Feststellung des Machtverhältnisses
dauernd richtig bleibt. Denn da das Recht eben den Zweck hat,
die wiederholte Messung des Verhältnisses zu ersparen, so
bleibt zunächst nur die Annahme übrig, dass das einmal gefundene Verhältnis auch dauernd seinen Wert behält. Tatsächlich ändert sich aber jedes Ding in der Welt, und so muss
notwendig über kurz oder lang die getroffene Feststellung
falsch werden. Dies führt zu einem charakteristischen Widerspruch, der allen Rechtsbildungen anhaftet, und dessen Auflösung als zentrales Problem der Rechtswissenschaft angesehen
werden muss. Einmal soll das Recht das gefundene Verhältnis
dauernd *fixieren,* andererseits wird aber eben durch diese
Fixation das Recht unfehlbar über kurz oder lang zum *Unrecht*
und hebt sich selbst auf.

Diese Sachlage ist allerdings dem Recht nicht besonders
eigentümlich, sondern haftet allen menschlichen Institutionen an.
Diese enthalten sämtliche Festsetzungen über Dinge, die ihrer
Natur nach der Veränderung unterworfen sind, und bedingen
daher Nebeneinrichtungen von solcher Beschaffenheit, dass der
eintretenden Veränderung rechtzeitig Rechnung getragen wird.
Wir brauchen zu diesem Zwecke nur die höchste Blüte mensch-

licher Kultur, die Wissenschaft, ins Auge zu fassen. Sie hat das Dauernde in der Erscheinungen Flucht zu ermitteln und hat diese Arbeit in einem sehr respektablen Umfange ausgeführt. Aber die Ausführung ist überall nur *provisorisch* und wir betrachten mit Recht den Wissenschaftler als zurückgeblieben und erkenntnistheortisch unreif, der in irgend einem Gebiete menschlichen Wissens absolute Geltung für die dort geltenden Gesetze beansprucht. Wie in der Wissenschaft liegen die Dinge im Staatswesen, in der Technik, im Unterricht und in allen anderen Gebieten menschlicher Betätigung; überall müssen mir unsere jeweiligen Kenntnisse und Fertigkeiten so anwenden, als wären sie feststehend, und überall bemühen sich gerade die tüchtigsten und scharfsinnigsten Vertreter dieser Gebiete darum, die Unvollkommenheiten der augenblicklichen Lösungen des Problems zu entdecken und besseres an deren Stelle zu setzen.

Wenden wir uns wieder zum Recht, so haben wir erkannt, dass das Recht die dauernde Feststellung der vorhandenen Machtverhältnisse ausführt, um den Aufwand für immer wiederholte neue Feststellungen zu ersparen. Aendern sich die Machtverhältnisse, so folgen die Rechtsverhältnisse keineswegs, sondern bleiben zunächst unverändert. Dies dauert so lange, bis der Unterschied zwischen dem *rechtlichen* und dem *tatsächlichen* Verhältnis so gross geworden ist, dass der dadurch für den einen Teil bedingte Energieverlust den Aufwand für eine neue Feststellung des Rechtsverhältnisses aufwiegt. Sind dann noch die nie fehlenden Trägheitswiderstände durch eine mehr oder weniger weitgehende Ueberschreitung in gleicher Richtung überwunden, so tritt der Urquell der Rechtsbildung, nämlich die Feststellung der Machtverhältnisse, wieder in Tätigkeit und es entsteht ein neues Recht.

Dieser Urquell kann wieder in derselben Gestalt erscheinen wie am ersten Anfange, nämlich als *Kampf*. Dies ist der Zustand, in welchem die Rechtsbeziehungen zwischen den unabhängigen Staaten sich gegenwärtig befinden, wo der Krieg als Mittel auftritt, die tatsächlich vorhandenen Machtverhältnisse bei Willensverschiedenheiten bezüglich desselben Objektes festzustellen. Indessen beginnt auch hier ein Vorgang sich geltend zu machen, der in dem zwischen einzelnen Menschen und kleineren Gruppen geltenden privaten Recht sich längst vollzogen hat, nämlich die Ersparnis des entsprechenden Energieaufwandes durch sachgemässe *Voraussicht*. Könnte man das Ergebnis eines beabsichtigten Krieges genau voraussehen, so wäre es eine grobe Energievergeudung, wenn man den Krieg mit seinen enormen Verlusten an Menschen und Gütern wirklich ausführen wollte, und niemand wäre so töricht, etwas so sinnwidriges zu unternehmen. Vielmehr würde der Schwächere ohne physischen Zwang sich dem Willen des Stärkeren fügen, wie wir uns alle den Naturgesetzen fügen, wobei das Mass dieses Nachgebens durch die Nachteile begrenzt ist, die er durch seinen Widerstand, wenn er auch schliesslich überwunden wird, dem Gegner zufügen könnte. Wenn wir in Europa seit einem Menschenalter Frieden haben, so ist dies eine Folge der zunehmenden Sicherheit in der Voraussicht der Folgen etwaiger kriegerischer Unternehmungen. Da diese Voraussicht im allgemeinen nur zunehmen kann, so steigert sich auch mit naturgesetzlicher Notwendigkeit die Aussicht auf zunehmende Vermeidung der Kriege zwischen kultivierten Nationen. Denn Kultur bedeutet ja Vermeidung von Energievergeudung.

Zwischen den Individuen innerhalb des Staates wird gegenwärtig diese notwendige unaufhörliche Korrektur der bestehenden Rechtsverhältnisse im Sinne der sich verändernden Machtverhältnisse durch die Arbeit der *Gesetzgebung* bewerkstelligt. Während im siebzehnten und achtzehnten Jahrhundert die Korrektur nur durch blutige Revolutionen erzielt werden konnte, sind die in der ersten Hälfte des neunzehnten Jahrhunderts erfolgten Revolutionen sehr viel unblutiger gewesen und seit mehr als einem halben Jahrhundert hat der grössere Teil der europäischen Menschheit gelernt, die mit solchen Vorgängen verbundenen Energievergeudungen zu vermeiden. Wesentlich hierfür ist ein Apparat, der jene Korrektur ohne allzu grosse Retardation bewerkstelligt, nämlich eine Volksvertretung, die entsprechend den tatsächlichen Machtverhältnissen zusammengesetzt ist und diese auch wirksam zum Ausdruck zu bringen vermag. Je empfindlicher (im physikalischen Sinne) ein solches Organ ist, d. h. je schneller und genauer es auf die Veränderungen der tatsächlichen Verhältnisse reagiert, um so geringer werden die Energievergeudungen, die infolge mangelhafter Anpassung auftreten und nur durch eine bessere beseitigt werden können.

Das allgemeine Verhältnis, das wir bezüglich der Rechtsbildung und -entwicklung kennen gelernt haben, findet seine Anwendung auch auf die Fälle, in denen geltendes Recht missachtet und verletzt wird. Den Fall, dass dies durch eine wirkliche Verschiebung der Rechtsgrundlage, nämlich der Macht, verursacht wird, haben wir bereits erörtert; er bewirkt eine Aenderung des Rechtes. Der andere Fall der Rechtsverletzung, wo Unkenntnis der Missachtung der tatsächlichen Verhältnisse die Ursache ist, lässt dagegen das geltende Recht unverändert und ruft nur die elementare Gegenwirkung zu seiner Aufrechterhaltung, nämlich die Anwendung der Gewalt gegen den Verletzer hervor. Diese Gegenwirkung nennen wir *Strafe*.

Die Strafe erscheint hiernach als ein *Ueberrest der Energiebetätigung, die für die Herstellung des Rechtes erforderlich war.* Je vollständiger die Feststellung und gegenseitige Anerkennung der tatsächlichen Machtverhältnisse in Gestalt eines Rechtsverhältnisses gewesen war, um so geringer ist die Gefahr, dass es verletzt werden wird, und um so weniger wird später die Aufwendung von Gewalt zu seiner Durchführung erforderlich sein, und umgekehrt. Ebenso werden bei eingetretener Verschiebung der vorhanden gewesenen Machtverhältnisse zunächst einzelne Handlungen auftreten, die sich mit dem geltenden Recht in Gegensatz stellen und daher Strafe provozieren. Somit wird der Strafapparat jedesmal zunehmend stärker von denen in Bewegung gesetzt werden, deren Rechte in einer gegebenen Zeit ihre tatsächliche Macht übersteigen, je näher als die Umänderung des Rechtes selbst gemäss den tatsächlichen Machtverhältnissen bevorsteht.

Neben diesen sozusagen gerechten Rechtsverletzungen, die um so geringfügiger werden, je schneller und genauer der

Apparat der Rechtsneubildung funktioniert, gibt es noch Rechtsverletzungen anderer Art, die auf der antisozialen Beschaffenheit einzelner Personen beruhen und daher rühren, dass das Recht nicht nur, ja vielmehr am wenigsten die gegenseitigen Beziehungen *einzelner* Personen umfasst, sondern ein Verhältnis grosser Gruppen: Gemeinde, Staat, Menschheit zum Einzelnen darstellt. Bei solchen Anwendungen wird die Voraussetzung gemacht, dass alle Menschen, oder mindestens alle erwachsenen Männer, vor dem Rechte, d. h. in ihrer sozialen Bedeutung, *gleich* sind und daher auch in gleicher Weise sich dessen Forderungen zu unterwerfen haben. Es handelt sich hier um ein Rechtsverhältnis der früher geschilderten Art, wo der eine Teil (Gemeinde, Staat, Menschheit) dem anderen Teil (der einzelnen Person) gegenüber bei weitem der mächtigere ist, so dass er diesem gegenüber sehr weitgehend seinen Willen durchsetzen kann. Da beständig von neuem Menschen in die bestehenden Rechtsverhältnisse hineingeboren werden, die sie vorfinden, ohne irgendwie bei ihrer Entwicklung beteiligt gewesen zu sein, so lässt sich erwarten, dass trotz der sehr energisch sich betätigenden Auslese im Sinne des sozialen Empfindens (denn die Antisozialen oder Verbrecher werden unter möglichst ungünstige Existenz- und Fortpflanzungsbedingungen gesetzt) doch immer eine gewisse Anzahl von Menschen aufwachsen, denen die vorhandenen Rechtsverhältnisse zuwider sind, und die sie deshalb häufig verletzen.

Die Reaktion der Gesellschaft solchen Einzelnen gegenüber besteht zunächst in der Anwendung von Gewalt, durch welche zunächst das geltende Recht durchgesetzt und weiterhin fernere Verletzungen tunlichst unmöglich gemacht werden sollen. Die einfachste und durchschlagendste Gegenwirkung wäre die Vernichtung des Zuwiderhandelnden, die jede künftige Rechtsverletzung seinerseits ausschlösse. Sie wird auch in den Urzuständen ausgeübt. Hier aber tritt der Umstand ein, dass auch der Rechtsverletzende selbst ein Teil der Gesellschaft ist und als solcher einen bestimmten Wert oder eine bestimmte Macht darstellt. Durch seine Vernichtung würde daher die Gesellschaft zunächst ihren Machtanteil meist überschreiten und ausserdem sich selbst einen Verlust zufügen, und so entsteht das Problem, die Gegenwirkung der Gesellschaft gegen die Verletzung des Rechtes so zu gestalten, *dass der damit verbundene Verlust ein Minimum darstellt.* Diese energetisch-ökonomische Formulierung des Strafbegriffes möchte ich als einen der wesentlichsten Punkte dieser Betrachtungen hervorbeben.

Zunächst pflegt eine Rechtsverletzung den bestimmten verletzten Personen gegenüber nachteilige Folgen zu haben. Die erste Reaktion der Gesellschaft hat demgemäss darin zu bestehen, dass diese Folgen wieder aufgehoben oder wo das nicht möglich ist, kompensiert werden. Der Dieb hat also das Gestohlene dem ursprünglichen Eigentümer zurückzugeben, und wenn er es irgendwie vernichtet hatte, dessen Wert aus seinem Eigentum zu ersetzen. Hat er kein ausreichendes bewegliches Eigentum, so stellt doch seine *Arbeitsfähigkeit* einen Wert dar, an den sich die Gesellschaft halten kann. Ferner aber hat die Gesellschaft dafür zu sorgen, dass weitere Rechtsverletzungen ähnlicher Art tunlichst vermieden werden; sie fügt daher dem Verletzer noch weitere Nachteile zu, die ihm eine Wiederholung unerwünscht machen. Hier ist es, wo die Abschreckungstheorien der Strafe zu ihrem Rechte kommen. Entsprechend dem allgemeinen energetischen Oekonomieprinzip müssen aber diese Nachteile von solcher Beschaffenheit sein, dass dabei die Gesamtenergie der Gesellschaft möglichst wenig benachteiligt wird. Dies ist ein Grundsatz, welcher anscheinend bei dem gegenwärtigen Strafverfahren überhaupt kaum berücksichtigt wird, denn die zurzeit als Hauptmittel benutzte Freiheitsberaubung ohne eine nach der besonderen Befähigung des Sträflings abgestufte nutzbringende Beschäftigung ist von ausgeprägt zweckwidriger Beschaffenheit. Sie bedingt neben dem unmittelbaren Energieverlust durch die fehlende oder ungeeignete Beschäftigung des Bestraften auch noch einen weiteren Energieverlust dadurch, dass sie diesen in einem Zustande der Gesellschaft zurückgibt, welcher ihn zu künftigen Rechtsverletzungen eher mehr als weniger geneigt macht. Aus diesen negativen Instanzen ergeben sich durch einfache Umkehrung die positiven Grundsätze des Strafvollzuges, die ich daher nicht noch einzeln zu entwickeln brauche. Der Hauptpunkt ist, dass auch der Rechtsverletzer immer noch ein Mitglied der Gesellschaft ist und daher alle Einwirkung dieser auf ihn im Sinne des geringsten dauernden Verlustes stattfinden soll.

Schliesslich sind noch einige Worte über den Begriff der *Macht* und den nahe damit zusammenhängenden des *Wertes* zu sagen. Die Macht kann man als die *Verfügung über Energievorräte* definieren. Von der Macht des Stärksten und Gewandtesten in einer Horde von Wilden bis zur Macht des Staates, der über das stärkste Heer verfügt, bis endlich zur Kapitalmacht eines Einzelnen oder eines Trustes, der auf bestimmten Gebieten die wirtschaftliche Alleinherrschaft ausübt, ist überall der Inhalt der Macht konzentrierte und bewegliche Energie; die von einem persönlichen oder organisierten Willen geleitet wird. Denn auch die geistige Macht, die etwa ein besonders begabter Volksführer ausübt, beruht darauf, dass er die Energien der unter seinem Einfluss Stehenden nach seinem Willen zu lenken vermag; ohne die Möglichkeit einer solchen Einwirkung und Energiebetätigung (z. B. bei Einsperrung) vermag auch der begabteste Führer nichts zu leisten, d. h. er hat keine Macht. So steigt auch die Macht eines Volkes und Staates einerseits mit der Menge roher Energie, die der Gesamtheit seiner Bürger zu Gebote steht, andererseits aber mit der Grösse des Güteverhältnisses, in welchem diese Rohenergien in nutzbare verwandelt werden. Da die *Wissenschaft* den allgemeinen Zweck hat, auf allen Gebieten dieses Güteverhältnis möglichst weit dem idealen anzunähern, so erkennt man auch die Ursache des grossen Einflusses, den die Entwicklung der Wissenschaft auf die Macht des Volkes hat, in welchem diese Entwicklung stattfindet.

Ebenso besteht auch das, was wir im allgemeinsten Sinne *Wert* nennen, einerseits in den Mengen verfügbarer oder in Besitz genommener Energien, andererseits aber in den Mitteln, diese aus dem rohen Zustande, in welchem sie die Natur liefert, für menschliche Zwecke zu transformieren. Eine quantitativ

gegebene Energiemenge hat ganz verschiedenen Wert, je nachdem sie der für menschliche Zwecke erforderlichen Form näher
oder ferner steht. So enthält ein Stück Steinkohle denselben
Betrag chemischer Energie, wie etwa ein Stück Braten; letzteres hat aber einen sehr viel grösseren Wert, weil es sich
unmittelbar in „menschliche" Energie umwandeln lässt, denn
wir können es verdauen, die Steinkohle aber nicht. Von diesem
Standpunkte aus stellt das *Geld* die umwandlungsfähigste Form
konzentrierter Energie dar.

M. H. In dem Umfange eines einzigen Vortrages ist es
ausgeschlossen, die grosse Mannigfaltigkeit der nutzbaren Beziehungen, in welche sich der Energiebegriff mit dem des
Rechtes bringen lässt, zu erschöpfen, und wenn ich irgend
einen Eindruck meiner Darlegungen bei Ihnen annehmen darf.
so ist es wohl am ehesten der, dass hierzu ein Buch und nicht
bloss ein Vortrag gehört. Viele Beziehungen habe ich nicht
einmal berühren können, wenn ich auch hoffe, dass manche
von diesen sich unter dem Hören selbsttätig in Ihrem Bewusstsein entwickelt haben. Einige andere mögen Ihnen entgegengetreten sein, an die ich als juristischer Laie nicht einmal
gedacht habe. Mein Zweck war, Ihnen die Fruchtbarkeit der
Gedankenverbindung *Recht-Energie* nahe zu legen; ob ich ihn
erreicht habe, müssen Sie selbst beurteilen.

Weihnachtsgedanken.

(1909)

Wenn die Quelle freier Energie, aus der alle Bewohner der Erde ihr gesamtes Leben trinken, wenn die Sonnenstrahlung am spärlichsten tropft, und demgemäss Niedergeschlagenheit und Missmut (die ein Ausdruck und eine Folge des Mangels an freier Energie sind) am schlimmsten drohen, tritt das Weihnachtsfest als erfrischendes Gegenmittel ein. Insofern ist es ein konzentrierter Ausdruck der Menschlichkeit, deren Wesen in der souveränen Verfügung über die freien Energien aller Art liegt, und die sich daher unabhängig zu machen weiss von der Beschaffenheit der Energieströmung, wie sie der Tag liefert. Will uns die Sonne nicht strahlen, so lassen wir den Lichterbaum strahlen; will die Natur uns Wärme, Farben und Düfte versagen, so zaubern wir uns diese Gaben in unser Zimmer hinein und verklären alle Genüsse durch die einzige Forderung des Tages: uns gegenseitig zu erfreuen.

Damit ist das Weihnachtsfest ein Ausdruck des unverwüstlichen Optimismus, der in der menschlichen Natur steckt, und der eine Lebensbedingung für ein jedes Geschlecht ist, das aus dem Dunklen ins Helle strebt. Es hat müde Zeiten gegeben, wo eine pessimistische Lebensauffassung nicht als eine beklagenswerte Krankheit angesehen wurde, sondern als etwas besonders Feines und Vornehmes, das nur auserlesenen Naturen eigen sein kann. Mit seiner wunderbaren Sicherheit hat Shakespeare auch diese Art Menschen gekennzeichnet und den lebendgesunden entgegengestellt. In dem zu wenig bekannten „Wie es euch gefällt", wo er die ganze spätere Waldromantik vorausgenommen hat, bringt er die urgesunde, frohverliebte Rosalinde mit dem melancholischen Meister Jaques zusammen, dessen Melancholie, wie der Herzog bezeugt, aus derselben Quelle stammt wie die des Königs Salomo.

Rosalinde: „Sie sagen, Ihr wär't ein melancholischer Gesell?"

Jaques: „Das bin ich; ich mag es lieber sein als lachen."

Rosalinde: „Die eins von beiden auf das äusserste treiben, sind abscheuliche Bursche, und sie geben sich jedem Tadel preis, ärger als Trunkenbolde."

Jaques: „Ei, es ist doch hübsch, traurig zu sein und nichts zu sagen."

Rosalinde: „Ei, so ist es auch hübsch, ein Türpfosten zu sein!"

Hier haben wir den Gegensatz zwischen dem Energieüberschuss der drängenden Jugend und der Erschöpfung eines selbstverschuldeten, frühzeitigen Alters: den Gegensatz zwischen Optimismus und Pessimismus.

Sehr merkwürdig ist die Stellung der allgemeinen Weltanschauung, wie sie uns früher die Religion und später die Wissenschaft gegeben hat, gegenüber diesem fundamentalen Gegensatz. Fast alle Religionen sind *pessimistisch,* während die Wissenschaft *optimistisch* ist. Dies kennzeichnet sich am deutlichsten darin, dass unter dem Bilde eines vergangenen goldenen Zeitalters oder verlorenen Paradieses seitens der Religionen der wünschenswerte Zustand auf Erden als in der *Vergangenheit* liegend beschrieben wird, während im Gegensatz dazu die Wissenschaft einen unaufhörlichen Fortschritt zum Besseren lehrt, der zwar von allerlei Schwankungen und Wellenbewegungen unterbrochen sein mag, in seiner Gesamtheit aber doch immer höher und höher führt. Es ist ein ganz ähnlicher Gegensatz wie zwischen der älteren Auffassung von der zentralen Lage der Erde und der Bewegung der Sonne um sie, und der gegenwärtigen Astronomie, nach der die Erde sich um die Sonne bewegt. Und es ist bezeichnend, dass im Altertum die naturwissenschaftliche Schule, die von Demokrit zu Epikur und Lucrez führt, die einzige war, die sich jene optimistische Auffassung vom beständigen Besserwerden des Lebens zu eigen gemacht hatte, während Plato umgekehrt die konstitutionelle Elendigkeit unserer irdischen Existenz lehrte und das Gute in einer phantastischen Idealwelt suchte.

Mir scheint es die wertvollste, wenngleich kaum beachtete Seite der gegenwärtigen Wissenschaft zu sein, dass sie mit dem überall eindringenden *Entwickelungsgedanken* den Optimismus von einer persönlichen Stimmung, die mit dem Schwinden der Lebensfrische und Schaffenskraft gleichfalls verschwinden mag, zu einer wissenschaftlichen Notwendigkeit gemacht hat, die ebensogut begründet ist wie das Gesetz von der Erhaltung der Energie. Denn Entwicklung bedeutet nichts anderes als beständig zunehmende Anpassung an die vorhandenen Existenzbedingungen, daher beständig zunehmendes Behagen des Einzelwesens an seinem Dasein. Und was für die ältere, grundsätzlich einen in vorgeschichtliche Zeiten zurückverlegten Fall der Menschheit aus goldenen Höhen voraussetzende Weltanschauung eine unlösbare Schwierigkeit war, nämlich die Existenz des Unvollkommenen und Bösen in der Menschheit, wird für den Naturforscher eine natürliche Erscheinung, über die er gleichzeitig milder und hilfsbereiter zu urteilen vermag.

Man kann den Grad der Durchdringung der verschiedenen Lebensgebiete mit wissenschaftlichem, das heisst höchst menschlichem Denken an dem Grade des Optimismus abmessen, der konstitutionell dort zur Geltung kommt. Die reine *Wissenschaft* selbst schreitet hier an der Spitze; in ihr besteht nirgend mehr ein Zweifel darüber, dass sie sich vorwärts und aufwärts entwickelt, und dass es nur von dem Grade der eigenen Fähigkeit abhängt, wie schnell der Fortschritt ist. Darum fühlen sich die Arbeiter an der reinen Wissenschaft (soweit sie nicht durch Nebenzwecke abgelenkt sind) so glücklich, insbesondere im Vergleich zu denen, deren Arbeitsgebiet die einzelnen Menschen sind. Denn während letztere gegen *fremde* Trägheit, Gedankenlosigkeit, Unwissenheit zu kämpfen haben und darüber oft und leicht den Mut verlieren, hat es der Forscher nur mit seiner *eigenen* Unzulänglichkeit zu tun, und über diese urteilt man milder, weil man sie besser begreift.

Umgekehrt ist die *Politik* ein Gebiet, dessen Eroberung

durch die Wissenschaft noch kaum begonnen ist. Methodisch
handelt es sich hier um eine bestimmte Art der Betätigung
der *Kollektivpsyche*, und noch geringer als die Entwickelung
der Individualpsychologie ist gegenwärtig die der Kollektivpsychologie, obwohl diese aus allgemeinen Gründen als das
leichtere und einfachere Problem angesehen werden muss. Aber
ihre Erscheinungen, wie sie sich in der allgemeinen Geschichte
betätigen, sind bisher nur vom Standpunkte der sogenannten
Geisteswissenschaften aus behandelt worden, denen es in erster
Linie auf die Hervorhebung des einzelnen an jeder Erscheinung
angekommen ist. Die Behauptung von dieser Seite, dass es
geschichtliche Gesetze überhaupt nicht gebe und geben könne,
belegt mit wünschenswertester Deutlichkeit die vollkommene
Unfruchtbarkeit der geisteswissenschaftlichen Methoden, das
heisst ihre Unbrauchbarkeit für den eigentlichen und letzten
Zweck aller Wissenschaft, die Voraussagung des Künftigen.
Aber auch hier ist es schon besser geworden. Soeben hat *Karl
Lamprecht,* der sich bewusst von dieser Denkrichtung ab- und
der exakt wissenschaftlichen, psychologischen Auffassung der
Geschichte zugewendet hat, seine Deutsche Geschichte vollendet, in der er solche Gedanken zur Geltung gebracht hat, und
gleichzeitig öffnet ein für die Erforschung der Erscheinungen
der Kollektivpsyche geschaffenes Institut der für neue Gedanken zugänglichen Jugend seine gastlichen Tore.

Auch für die Politik sollen und müssen diese allgemeinen
Ideen fruchtbar gemacht werden. Denn die Politik ist ja nichts
als die Technik der menschlichen Vervollkommnung, soweit
sie die Gesamtheit angeht, das heisst, sie ist die Betätigung
des *Willens* der Kollektivpsyche einer Nation. Dieser Wille
hat gegen zwei Nachteile zu kämpfen: Unklarheit des Inhalts
und Hindernisse der Betätigung. Während die Einzelorganismen, auch die höchsten, bereits zweckmässig in solcher Beziehung ausgebildet sind, indem ein hochentwickeltes Zentralorgan
den Willen des Gesamtwesens schnell und sicher entstehen und,
soweit die Macht des Wesens reicht, durch die vom Zentralorgan betätigten Glieder ausführen lässt, stecken die gegenwärtigen *sozialen* Organisationen noch meist in der fundamen-

26*

talen Schwierigkeit, das Zentralorgan auszubilden und es sachgemäss mit den Teilen des Gesamtwesens in Verbindung zu
setzen. Die *Parlamente* sind solche Bildungen, durch welche
die Teilwillen der einzelnen sich zu einer richtigen Resultierenden des Gesamtwillens ausgestalten sollen: wie weit sie tatsächlich von diesem Ziele entfernt sind, weiss ein jeder praktische Politiker. Und wenn endlich ein Gesamtwille zustande
gekommen ist: wie mangelhaft funktionieren nicht die aus-
übenden Organe, welche diesen Willen in einseitiger Weise
abzulenken pflegen, um ihn tunlichst in der Richtung eines
Einzelwillens zu betätigen.

So kommt es, dass in der schier unübersehbaren Mannigfaltigkeit solcher Betätigungen der einzelne Politiker nur zu
leicht den Fernblick verliert und durch Einflüsse, die bloss
vermöge ihrer Nähe gross und wichtig erscheinen, bei einer
nur geringen zeitlichen Perspektive aber alsbald wegen ihrer
Geringfügigkeit aus dem Gesichtsfelde entschwinden, in unvor-
hergesehene und unerwünschte Richtungen gedrängt wird.
Unter solchen Umständen ist es wichtig, allgemeine Gesichtspunkte zu haben, die sich auf jede Einzelfrage anwenden und
in ihr das Bessere finden lassen. Solche Gesichtspunkte ergeben
sich aus der allgemeinen Auffassung menschlichen Tuns.

Vom Tier unterscheidet sich der Mensch dadurch, dass er
nicht nur seinen allgemeinen Zustand zu *erhalten,* sondern ihn
auch unaufhörlich zu *verbessern* vermag; letzteres ist den
anderen Lebewesen versagt. Daher besteht für alle menschlichen Betätigungen ein *konservativer* Faktor und ein *fortschritt-
licher.* Den ersteren hat der Mensch mit den Tieren gemein,
der letztere ist ihm allein eigen. Aber auch wenn der Mensch
durch die Kraft seines Geistes einen beliebig schnellen Fortschritt in der Bewältigung der Natur, das heisst in seiner
Beherrschung ihrer rohen Energien erzwingen könnte, so
würde sich der Betätigung solcher Fortschritte das *biologische
Trägheitsgesetz* widersetzen, welches die bei einer gegebenen
Tendenz mögliche Geschwindigkeit des Fortschrittes ebenso bestimmt wie das physische Trägheitsgesetz die Geschwindigkeit
einer geschleuderten Masse.

Diesen Faktor gemäss scheiden sich die Menschen in *kon-servativ* gerichtete, bei denen die biologische Trägheit gross, die Entwickelungstendenz dagegen gering ist, und in *fort-schrittlich* gerichtete, bei denen die Verhältnisse umgekehrt liegen, Auf welcher Seite das eigentlich Menschliche liegt, braucht nicht nochmals dargelegt zu werden; jedenfalls ist der Begriff einer konservativen Wissenschaft ein Widerspruch in sich selbst.

Die Art, wie das vorhandene langsame Tempo des Fort-schrittes beschleunigt werden kann, ergibt sich aus dieser Analyse. Man muss einerseits die vorhandene Spannung ver-grössern. Dies bewirkt der Fortschritt der Wissenschaft, der die Masse um so schneller nachzieht, je weiter die Pfadfinder vorgedrungen sind. Andererseits muss man das biologische Trägheitsmoment tunlichst verringern. Dies geschieht dadurch, dass der Geist der grossen Masse beweglicher gemacht wird. Der Mensch ist von allen Lebewesen das anpassungsfähigste, und so sind wir eben im Begriff, uns an die inzwischen ein-getretene schnelle Entwickelung des geistigen Lebens anzu-passen. Welch enormen Einfluss hierauf die *Technik*, von der Buchdruckerei bis zur Telegraphie, gehabt hat, kann man sich kaum vorstellen. Aber vergleicht man zum Beispiel die geistige Beschaffenheit eines Droschkenkutschers mit der eines Motor-fahrers, so hat man ein anschauliches Stück dieses Vorganges aus neuester Zeit vor sich.

Hieraus aber folgt zum Schluss: von allen politischen Auf-gaben, mit denen sich der fortschrittlich gesinnte Teil der Nation befassen könnte, ist keine dringender und wichtiger als die Verminderung des biologischen Trägheitswiderstandes. *Und das souveräne Mittel hierzu ist die Schule.* Dass die Ent-wickelung des Schulwesens als erster und wichtigster Pro-grammpunkt von allen unseren fortschrittlichen Parteien auf-genommen werden möge, das ist der Weihnachtswunsch, mit dem ich diese Betrachtungen schliesse. Er hat den besonderen Vorzug, dass sachlich über ihn alle in Betracht kommenden Gruppen einig sind.

Der fliegende Mensch.

(1909)

Wenn wir uns vorstellen, wie das Sonnensystem zunächst einen Gasball gebildet haben mag, der dann langsam zuerst flüssig und dann fest geworden ist, worauf sich auf den einzelnen Gebilden des Gesamtsystems früher oder später das Leben angesiedelt hat, so verbinden wir das Auftreten des Menschen notwendig mit dem Zustande des Erdballs, in welchem er aus einem *festen* Gerüste besteht, das zum Teil vom *flüssigen* Meere bedeckt und insgesamt von der *gasförmigen* Atmosphäre umgeben ist. Die festen Gebiete bilden die ersten Siedlungsräume des Menschen, und er hat einer unabsehbar langen technischen Entwicklungszeit bedurft, bis er einigermassen in die Beherrschung auch des flüssigen Elements eingetreten ist. Der alte Hasenfuss Horaz ist noch lange hernach auf den Tod erschrocken gewesen, dass ein Mensch auf so was überhaupt hat verfallen können; gegenwärtig ist aber zum Beispiel der Verkehr über den Atlantischen Ozean eine so angenehme und sichere Sache geworden, dass ich sehr viel lieber eine Woche seefahren, als zwei Tage eisenbahnfahren möchte; es ist erstens sauberer und zweitens sicherer.

Nun steht gegenwärtig die Menschheit im Beginn der dritten Periode, in welcher sie sich auch den *gasförmigen* Teil unserer Welt zugänglich macht. Es besteht kein Zweifel, dass dies eine neue Kulturepoche bedeutet. Bisher lebten wir insgesamt *zwei*dimensional auf einer Fläche; von nun ab tritt zunehmend die dritte, räumliche Dimension als Bewegungsgebiet des Menschen hervor, und damit entstehen ganz neue Existenzbedingungen und Probleme für uns, deren Betätigung und

Lösung uns zu sehr bedeutend anderen Wesen machen wird, als wir bisher waren.

Helmholtz hat einmal, um die Natur der räumlichen Dimensionen anschaulich zu machen, sich Wesen vorgestellt, die in Räumen mit ein oder mit zwei Dimensionen existieren. Punktwesen (oder Wesen, die selbst aus einer Linie bestehen) auf einer *Linie* haben keine andere Möglichkeit, als längs dieser hin und her zu wandern. Ist A recht und B links, so kann niemals A an B vorbei, und sie können nie diese ihre räumliche Beziehung vertauschen. Es geht ihnen im Raume ebenso, wie es uns mit der Zeit geht; ist unsere Frau etwa älter als wir selbst, so gibt es keine Möglichkeit, dieses Verhältnis durch irgend eine menschenmögliche Operation umzukehren. In einem Raume von *zwei* Dimensionen können sich die auf dieses Gebiet angewiesenen Geschöpfe zwar aus dem Wege gehen, umschliesst man aber eines oder eine Gruppe von ihnen mit einer unüberschreitbaren *Linie,* so sind sie darin gefangen und können nicht heraus.

Dies ist im wesentlichen der gegenwärtige Zustand der Menschheit, insbesondere auf der festen Erde, wo sich unüberschreitbare Linien oder Grenzen ziemlich leicht herstellen lassen. Auf dem flüssigen Teil geht das nicht, und demgemäss macht sich die befreiende und menschenverbindende Kraft des Ozeans auch allseitig geltend. Ebenso wie das Wasser lösend und desintegrierend auf die festen Stoffe einwirkt, so wirkt es auch lösend auf die starren Gebilde, in denen die Menschheit sich von einander abzusondern angefangen hatte; ein zunehmend stärkerer Diffusionsvorgang zwischen den verschiedenen Gruppen ist durch das Wasser eingetreten und lässt sich auf keine Weise mehr aufhalten.

Zu diesen seit Jahrtausenden bekannten, seit Jahrhunderten aber erst wirksam gewordenen Diffusionswegen wird nun in absehbarer Zeit ein neuer durch die Luft kommen. Es entspricht dem Charakter dieses dritten Gebietes, des gasförmigen, dass sein Einfluss auf die Diffusion sich noch unverhältnismässig viel grösser erweisen wird. Ein ganz neues Verhältnis des einzelnen zur Gesamtheit ist hiervon die notwendige Folge.

Flächen grenzt man gegeneinander durch Linien ab,
Räume durch Flächen. Während es verhältnismässig leicht
war, die flächenhaften bisherigen Reiche und Länder an ihren
linearen Grenzen gegeneinander abzusondern und so Zoll-
schranken, militärische und sprachliche Grenzen aufrecht zu
erhalten, wird es nach Zugänglichmachung der dritten Dimension einfach unmöglich geworden sein, solche Trennungen
durchzuführen. Man müsste dazu ein jedes Reich mit senk-
rechten Wänden von etwa der Höhe des Montblanc umgeben
(und selbst dies dürfte auf die Dauer unzureichend sein), um
beispielsweise das unkontrollierte Hineinschmuggeln von Uhren,
Spitzen oder fortschrittlichen Gedanken zu verhindern.

Ich sehe also in der Flugmaschine in erster Linie
ein Verbrüderungsmittel der Menschheit, das an Wirksamkeit allen früheren himmelweit (im wörtlichsten
Sinne) überlegen ist. Man beachte, dass es sich hier
um eine technische Betrachtung und nicht um eine
sentimentale handelt. Die Frage, ob und wie weit eine solche
Diffusion wünschenswert sei, ist hier überhaupt nicht erhoben
worden; der Vorgang wird eben unaufhaltsam eintreten, und
damit haben wir uns abzufinden. Hieraus folgt alsbald mit
Notwendigkeit, dass alle fortschrittlich gesinnten Menschen
solcher Zukunft mit Freuden entgegensehen werden, alle
Konservativen dagegen mit Misstrauen, Abneigung und Hass.
Wenn diese letzteren Gefühle zunächst sich noch nicht geltend
gemacht, ja vielleicht kaum entwickelt haben, so liegt dies
daran, dass sich die zu erwartenden Folgen eben nicht ganz
einfach übersehen lassen. Auch glauben die Konservativen
nicht so recht an die Wirklichkeit solcher Dinge und werden
daher glücklicherweise versäumen, sie durch ihre Machtmittel
im Keime zu ersticken. Ja, die Ironie der Geschichte will es
sogar, dass seitens der konservativen Vertreter des Krieges
(der ein Ueberrest eines früheren, roheren Zustandes der
Menschheit ist und deshalb auch von denen gepflegt wird, die
irgend ein Interesse an der Erhaltung des Alten oder mindestens an der Verlangsamung des unaufhaltsamen Fortschrittes
haben) dieser neue technische Fortschritt der Menschheit mit

grossem Eifer gefördert wird, da man sich von der Eroberung
der Luft eine ganz besonders wirksame Gestaltung des künftigen Krieges verspricht. Wir wollen das gelten lassen, denn
wir sehen den schliesslichen Erfolg voraus.

Er wird darin bestehen, dass wir unter dem Zwange der
Umstände alle jene linearen Grenzen aufgeben werden, durch
welche geographisch und wirtschaftlich zusammengehörige Gebiete heute noch künstlich voneinander geschieden werden.
Welchem energetisch denkenden und empfindenden Menschen
kommt nicht der Menschheit ganzer Jammer an, wenn er sieht,
welche ungeheuren Energiemengen in den von der Natur so
wundervoll beschenkten österreichischen Ländern dafür ausgegeben werden, lineare Grenzen aufrecht zu erhalten, deren
Beseitigung niemandem irgend einen Verlust und allen einen
unabsehbaren Gewinn bringen würde, und genau dasselbe
lässt sich von ganz Europa sagen. Jede künstliche Grenze ist
immer und notwendig ein Energieräuber, denn sie braucht
erstens zu ihrer Aufrechterhaltung, zweitens zu ihrer Ueberschreitung einen Energieaufwand, der zu besseren Dingen verwendet werden kann, wenn man sie aufgibt. Und warum behält man sie bei? Aus demselben Grunde, aus welchem jeder
Frack zwei Knöpfe hinten an der Taille hat. Man knöpft nichts
damit; es gibt sogar am Frack überhaupt keine Knopflöcher,
denen diese beiden Hinterknöpfe entsprechen. Vielmehr haben
an früheren breitschössigen Röcken diese Knöpfe den Zweck
gehabt, die vorderen Winkel der Schösse zurückzuknöpfen,
damit die Oberschenkel sich freier bewegen konnten. Beim
Frack ist diese Einrichtung nicht mehr nötig, weil die fraglichen Teile bereits fortgefallen sind. Aber als rudimentäres
Organ, als unnötig gewordener, aber noch nicht abgeschnürter
Ueberrest einer früheren Entwicklungsstufe führen jene beiden
Knöpfe bis auf den heutigen Tag ein unbestrittenes Dasein,
und niemand wagt, so logisch zu sein, um seinem Schneider
ihre Anbringung zu verbieten.

Wer hat denn etwas davon, dass ich mein Geld wechseln
muss, wenn ich von Bodenbach nach Tetschen komme? Land,
Klima, Menschen, alle sind diesseits und jenseits der Grenze

dieselben, nur künstliche und energetisch unfruchtbare Verschiedenheiten sind dort von Menschen errichtet und werden
mit demselben Eifer aufrechterhalten, mit dem der Schneider
die beiden Frackknöpfe jedem gegenüber verteidigen wird, der
sie anzutasten wagt.

Und dabei sehen wir, wie eine dieser künstlichen Grenzen
nach der andern fällt. Die Weltpost führt uns mit unwiderstehlicher Gewalt zur Weltpostmarke und damit zur Welt-
münze. Das neue Deutsche Reich hat mit dem Zollverein angefangen, das heisst mit der Beseitigung eines der grössten,
der unnützen Knöpfe, die so reichlich die Narrenjacke des
weiland deutschen Bundes verschönten. Der Krieg von 1870
hat dann diesen Entwicklungsprozess nur beschleunigt, nicht
aber ihm seine Richtung gegeben; diese hatte er schon viel
früher genommen. Und es sei nicht vergessen, dass Bismarck
bis zur Erschöpfung dafür gekämpft hatte, um einem künftigen
Zollverband mit Oesterreich wenigstens einige Steine aus dem
Wege zu räumen. Kurzsichtiger Doktrinarismus und agra-
risches Schutzbedürfnis gegen drohende Konkurrenz erwiesen
sich damals noch als unüberwindliche Hindernisse.

Wenn also das Zukunftsbild der Vereinigten Staaten von
Europa denjenigen, denen die Befreiung der Menschheit von
unnötigem Uebel am Herzen liegt, als ein ferner Traum erschien, den man nicht, ohne sich wegen Phantastik zu ent-
schuldigen, seinem Freunde anvertrauen durfte, so sehen wir
sie nun durch die dritte Dimension der menschlichen Verkehrs-
möglichkeit zu einer unabweisbaren Notwendigkeit werden.
Grenzen, die man praktisch nicht mehr aufrechterhalten kann,
sind eben zum Verschwinden bestimmt, und die Frage ist nicht
mehr, ob, sondern wie und wann? Hier ist der Punkt, wo
die *praktische* Politik eintreten und ihr Werk, hoffentlich mit
einem Minimum von Reibung, ausführen wird. Hier darf
unsereins nicht mitreden.

Fassen wir zusammen, was sich unserer Betrachtung dargeboten hat, so erkennen wir in der Eröffnung einer dritten
räumlichen Dimension für den Verkehr der Menschen eine fundamentale Ursache für eine fundamentale Veränderung, zu-

nächst unserer sozialen Verhältnisse, was die gegenseitigen Beziehungen der grossen politischen Einheiten untereinander anlangt. Vorbereitet durch eine beständige Entwicklung, derzufolge ein immer grösserer und grösserer Teil der staatlichen Angelegenheiten einen internationalen, überstaatlichen Charakter annimmt (ich erinnere nur an die Wissenschaft, deren Internationalisierung bereits jetzt beinahe vollkommen erreicht ist), wird durch die Eroberung der Luft die Summe der internationalen Gemeinwerte und -Interessen eine plötzliche ungeheure Vergrösserung erfahren. Hiebei werden enorme Energiemengen, die bisher für die Aufrechterhaltung der nun unhaltbar gewordenen Grenzen verbraucht wurden, für kulturelle Zwecke frei, und werden es uns in erster Linie ermöglichen, die in der breiten Grundmasse der Völker bereitliegenden potentiellen Energien durch sachgemässe Erziehung und Entwicklung für die näheren und ferneren Kreise der Menschheit geeignet zu machen. Dies ergibt wieder eine selbsttäige weitere Steigerung der Kultur, vor allen Dingen durch eine zunehmende Sozialisierung des Denkens und Fühlens. Das Tempo dieser Entwicklung wird anscheinend in erster Linie durch das *biologische Trägheitsgesetz* bestimmt sein, das heisst durch den Umstand, dass die Anpassung eines Organismus an neue Lebensverhältnisse eine gewisse Zeit beansprucht, die nicht unter ein Minimum verkürzt werden kann. Aber auch in dieser Beziehung hat die Menschheit gegen früher erstaunliche Fortschritte gemacht und die mentale Anpassungsgeschwindigkeit des modernen Menschen ist unvergleichlich viel grösser als sie noch vor zwei Generationen war.

Soviel über die *sozialen* Wirkungen der dritten Verkehrsdimension. Es erübrigt noch, noch Worte über die vorauszusehenden *persönlichen* Wirkungen zu sagen. Auch hier kann ich mir nicht helfen: ich sehe mit heller Freude in die Zukunft.

Ich bitte den Leser, wenn er es nicht schon getan hat, bei nächster Gelegenheit die Fahrer der Autodroschken mit denen der Pferdedroschken zu vergleichen. Es sind zwei ganz verschiedene Menschenklassen. Bei den ersteren entwickelte Gesichter, scharfblickende Augen, schnelle und bewusste Be-

wegungen, grosse Reaktionsgeschwindigkeit. Bei den anderen stumpfe Formen, Langsamkeit in Worten und Gebärden, entsprechend den nicht erheblichen geistigen Anforderungen, die der Beruf stellt. Woher rührt dies? In erster Linie daher, dass der Gaul den halben Fahrverstand für den Kutscher hat, so dumm er selbst ist. Denn wenn der Kutscher schläft, so hat der Gaul immer noch so viel Verstand für beide, dass er sich und ihn vor Unfällen bewahrt. Anders der Motorfahrer. Wenn er seine Maschine auch nur einen Augenblick aus der Hand lässt, so riskiert er Glieder und Leben. Er hat also in jedem Augenblick seinen ganzen Verstand nötig und darf auch nicht das geringste der Maschine überlassen, denn dieser kommt es nicht darauf an, sich und ihn zu Grunde zu richten. So entwickelt er sich viel stärker zum eigentlichen Menschen, d. h. zu einem Wesen, das seine Muskelenergie nicht mehr zu unmittelbaren Arbeitsleistungen verbraucht, sondern nur zur Leitung grosser fremder, eroberter Energien. Warum erscheint uns der „Burlak", der russische Schiffszieher, auf so niedriger Stufe der Menschheit stehend? Weil er seine Energie bloss als Rohenergie verwertet, wie es auch der Ochs kann. Andererseits kann ich nicht anders als mit herzlichem Respekt den Mann an der Schalttafel eines grossen Elektrizitätswerkes anschauen, der nur unbedeutende Energiemengen für seine paar Griffe an den Schalthebeln verbraucht, dabei aber gegebenenfalls durch Geistesgegenwart und schnelles Urteil unabsehbares Unglück verhütet, wenn er durch solche Griffe den kaum gebändigten Riesen am Ausbrechen hindert.

So sehen wir, wie die Technik, der man so viele Schädigungen des Menschlichen im Menschen nachsagt, doch am letzten Ende in ihm den Menschenwert steigert, indem sie ihm eine menschenmässigere Betätigung eröffnet. Wie der Autofahrer vom Droschkenkutscher, wird sich der künftige Mensch vom gegenwärtigen unterscheiden. Hat schon die Benützung des Fahrrades beispielsweise den heutigen Arbeiter vielfach scharfsinniger und entschlussfähiger gemacht, so können wir von der Entwicklung der Flugmaschine eine noch unverhältnismässig viel grössere Steigerung der typisch menschlichen

Eigenschaften erwarten. Grosse Opfer hat die Menschheit bereits an todesmutigen Pionieren auf diesem Gebiete gebracht, und noch viel grössere wird sie bringen, bis ein Flug nicht mehr bedeuten wird, als eine Radfahrt. Aber das Geschlecht, das sich hernach in den Lüften tummelt, wird und muss eine höhere Klasse bilden. Nerven, Sehnen und Muskeln müssen ersten Ranges sein, um den neuen Ansprüchen zu genügen, und die sorgsamste Oekonomie der Kräfte ist eine selbstverständliche Lebensbedingung, da ein jedes momentane Versagen unmittelbare Lebensgefahr bedeutet.

Das ist bei weitem nicht alles. Es ist zu erwarten, dass der Mensch ebenso gut zu fliegen lernen wird, wie es die grossen Seevögel tun, welche riesige Geschwindigkeiten ohne Flügelschlag erzielen. Das heisst, der Motor wird nur zum Anfahren und zu einzelnen Wendungen und Erhebungen erforderlich sein; in der Hauptsache wird der Flug ohne besonderen Energieaufwand erfolgen und erhebliche Geschwindigkeiten erreichen. Hierdurch wird der Massstab der Entfernungen ein anderer, man kann viel zerstreuter und daher menschenwürdiger wohnen und leben. Die Wunden, welche die junge Technik der Menschheit durch das scheussliche Elend der Riesenstädte zugefügt hat, kann und muss die entwickeltere Technik wieder heilen.

Auch an diesem Zuge erkennen wir die starke Erleichterung und Vermehrung des Diffusionsprozesses , den der Luftverkehr vermöge der physikalischen Beschaffenheit, der Formart der Luft bewirken wird. Und wir freuen uns des Dichterwortes, das wieder einmal so undenkbar viel weiter weist, als es der Dichter selbst hat ahnen können:

Dass wir uns in ihr zerstreuen,
Dazu ist die Welt zu gross.

Werdende Wissenschaften.

(1908)

Gegenüber der traditionellen Ansicht, dass das Gebiet des Wissens von dem des Fühlens, dass der „kalte" Verstand vom „warmen" Gemüt durch eine unübersteigbare Kluft getrennt sei, ringt sich gegenwärtig eine andere Ansicht durch. Nach dieser handelt es sich um einen einseitigen Entwicklungsvorgang. Während auf früheren Stufen der Mensch *alles* mit dem Gemüt auffasste und demgemäss stets unter dem unmittelbaren Einfluss von Gefühlserregungen handelte, hat er vermöge der beständig fortschreitenden Verfeinerung und Vermannigfachung der Beziehungsapparate in dem vorderen Rindengebiet des Gehirns mehr und mehr gelernt, *den Reiz von der Reaktion zu sondern,* um die Beurteilung nicht nur der nächsten, sondern auch der weiteren Folgen zwischenzuschalten. Hierdurch werden einerseits die Gefühlsstärken vermindert, andererseits aber wird die Voraussicht und Vorausgestaltung künftiger Ereignisse entsprechend verbessert und gesteigert. Diese Voraussicht aber nennt man *Wissenschaft,* und die Vorausgestaltung nennt man *Technik.* Wissenschaft und Technik dringen gemäss der modernen Auffassung unaufhaltsam in solchem Sinne vor, dass sie der ausschliesslichen Herrschaft des Gefühls ein Gebiet nach dem anderen entreissen und ihrer eigenen, geregelten Verwaltung unterwerfen. Hieraus ergibt sich allerdings ein Widerstand seitens der verdrängten Gefühle, der mit einem Missbehagen verbunden ist. Andererseits liegt aber hier auch das Gebiet neuer Freuden vor, das ich in meiner Theorie des Glückes als *Heldenglück* bezeichnet habe. Und da jener Widerstand wesentlich vom konservativen Alter, das mit dem Heldenglück verbundene Vordringen dagegen von der fortschrittlichen Jugend ausgeht, so liegt es in der Natur der Sache, dass letzterer auf die Dauer der Sieg zufällt, denn sie ist der stärkere Teil.

Diese allgemeinen Betrachtungen sind vorausgeschickt worden, um den Boden zu ebnen für die sachgemässe Beurteilung der Bestrebungen, von denen alsbald die Rede sein soll. Vor mir liegen zwei Bücher, sehr ungleich an Inhalt und Aussehen, aber übereinstimmend darin, dass sie *Wissenschaften vertreten, die noch keine sind, aber solche werden möchten.* Zunächst haben wir in dem nüchternen graubraunen Gewande der J. J. Weberschen illustrierten Handbücher ein praktisches „Lehrbuch der Graphologie" von Rudolfine Poppée, sodann in viel phantastischerer Aufmachung eine deutsche Uebersetzung von Camille Flammarions „Unbekannte Naturkräfte", (Verlag J. Hoffmann, Stuttgart), das die Erscheinungen behandelt, die man kurz als spiritistische zu bezeichnen pflegt. Beide Bücher beanspruchen durchaus als ernsthafte wissenschaftliche Werke genommen zu werden, und sie können diesen Anspruch darauf begründen, dass sie nüchtern und mit Erfolg sich der wissenschaftlichen Methode befleissigen, nämlich zunächst die Tatsachen so objektiv als möglich zu beschreiben und sodann zusammenfassende Begriffe zu suchen, durch die diese Tatsachen in eine mehr oder weniger bestimmte gegenseitige Abhängigkeit gebracht werden, so dass man sie „begreifen", das heisst die einen aus den anderen voraussagen kann.

Wir lassen zunächst der Dame den Vortritt und werfen einen Blick in das graphologische Lehrbuch. Die Graphologie der Handschriftendeutung hat den Zweck, die Charaktereigenschaften der betreffenden Personen aus der Beschaffenheit ihrer Handschrift zu konstruieren. Insofern eine jede Handlung eines Menschen in einem gewissen Zusammenhang mit seinen Eigenschaften steht, unterliegt es keinem Zweifel, dass zwischen Charakter und Handschrift Zusammenhänge bestehen müssen. Die Frage ist, wie *eng* diese Zusammenhänge sind, und wie *eindeutig* daher die entsprechenden Schlüsse ausfallen. Hier begegnen wir nun alsbald einer sehr grossen Schwierigkeit darin, dass die methodische Voraussetzung der Graphologie, nämlich die Wissenschaft der *Charakterologie*, ihrerseits noch ganz in den Kinderschuhen steckt. Es ist in jüngster Zeit von den verschiedensten Seiten Klage darüber erhoben worden, dass die moderne physiologische Psychologie, abgesehen von der einigermassen bestrittenen Bedeutung ihrer eigenen Ergebnisse, zu einer beklagenswerten Vernachlässigung des Studiums der Gesamtpsyche geführt hat. Es ist der alte Gegensatz zwischen freier und theoretischer und angewandter Wissenschaft, der sich unter anderem in ganz gleicher Weise in der Mathematik geltend gemacht hat. Vor etwa einem Jahrzehnt entdeckten einige weitschauende Männer in Deutschland, dass die wissenschaftliche Mathematik, wie sie unter ruhmreicher Tradition in Deutschland und Frankreich an den Universitäten geübt wurde, ihre Berührung mit der Wirklichkeit so gut wie völlig eingebüsst hatte, und in blosse Scholastik, das heisst in ein an sich zweckloses Spiel des Geistes auszuarten drohte, ja teilweise schon ausgeartet war. So wurde eine energische Pflege der *angewandten* Mathematik als einzig mögliches Mittel dagegen administriert, und zwar, soweit ich beurteilen kann, durchaus mit dem erwarteten guten Erfolge. In gleicher Weise verlangt die reine oder analytische Psychologie, die die letzte Entwicklung dieser hochwichtigen Wissenschaft gekennzeichnet hat, ihr notwendiges Gegengewicht in der Erforschung der synthetischen oder angewandten Psychologie, die nicht eine einzelne Geistesfunktion, mehr oder weniger unabhängig von der besonderen Beschaffenheit des untersuchten Individuums, erforscht, sondern das Produkt der Wechselwirkung aller psychischen Faktoren, wie es im lebendigen Menschen vor uns steht. Jede geschickte Ladnerin, die den zufällig hereingeschneiten Kunden, unabhängig von seinem ursprünglichen Zweck, zum Ankauf eines Gegenstandes zu überreden weiss, an dessen Erwerb er nicht im entferntesten gedacht hatte, ist in angewandter Psychologie leistungsfähiger als mancher Psychologieprofessor. Denn sie führt ihre Operationen mit fast unfehlbarer Sicherheit nach einem bestimmten, von ihr als wirksam erprobten System aus, genau wie der Ingenieur seine Brücke konstruiert.

Diese Wissenschaft nun, die angewandte Psychologie oder Charakterologie ist es, die vorhanden sein müsste, damit auch die Graphologie eine Wissenschaft (gleichfalls eine angewandte) werden könne. Seit den vier Temperamenten der antiken Psychologen haben wir aus den Notwendigkeiten des täglichen Lebens uns zwar in einem gewissen rohen Sinne eine solche Wissenschaft entwickelt, die dann in den Charakterschilderungen der Romane und Novellen eine Art Vertiefung erfährt. Aber wieviel hiervon ist oberflächlich, ja unmittelbar irrtümlich! Andererseits hat wiederum die praktische Notwendigkeit der Pädagogik zu einigen Versuchen entsprechender wissenschaftlicher Formulierungen geführt. Aber auch hier fehlt uns noch die starke Hand und der synthetische grosse Geist, die uns die wesentlichsten Linien dieses Gebietes frei von Voreingenommenheit und fremden Schematismus zeichnen.

So muss denn auch die Verfasserung der „Graphologie" unter der ungenügenden Beschaffenheit der Grundlage leiden, auf der sie ihr Sondergebäude errichtet hat. Man darf ihr das Zeugnis nicht versagen, dass sie aus dem Gegebenen das Beste gemacht hat, was zu machen war, und dass sie insbesondere durch die Nüchternheit und Sachlichkeit ihres Urteils ein gutes Zutrauen in dessen objektive Richtigkeit erweckt. So lange aber der eben beschriebene Zustand fortdauert, muss allerdings die Graphologie mehr eine Kunst als eine Wissenschaft bleiben, d. h. die mangelhafte Grundlage der wissenschaftlichen Charakterologie muss durch das ersetzt werden, was man *Takt* oder *wissenschaftlichen Instinkt* zu nennen pflegt, das heisst die *unbewusste Anwendung der vorhandenen, aber noch nicht bekannten Gesetze.*

Von ganz anderer Beschaffenheit ist das Buch von Flammarion. Der Verfasser ist bekanntlich ein angesehener Astronom, der von seiner Wissenschaft her sich daran gewöhnt hatte, Probleme an der Grenze des menschlichen Erkenntnisvermögens in Betracht zu ziehen. Er hat schon vor vierzig Jahren versucht, die mediumistischen oder spiritistischen Erscheinungen wissenschaftlich zu fassen, und in der vorliegenden Arbeit, deren Original 1906 erschien, hat er die inzwischen angesammelten Materialien, soweit sie wissenschaftlich verwertbar erschienen, zusammengearbeitet.

Liest man das Buch in dem ernstlichen Bemühen, sich von ererbten Vorurteilen frei zu halten, so kann man sich dem Eindruck nicht entziehen, dass es sich hier um beobachtete Tatsachen handelt, die man generèll zu leugnen nicht mehr das Recht hat. Der Verfasser macht selbst mit allem Nachdruck darauf aufmerksam, dass fast alle Medien betrügen, weil sie nicht immer die gewünschten Erscheinungen hervorzubringen vermögen und dennoch den Ruf ihrer besonderen Fähigkeiten nicht verlieren möchten; so helfen sie künstlich nach, wenn es nicht gehen will, und finden es meist leicht, ihr bereitwilliges Zublikum hinters Licht zu führen. Aber nach Abzug dieser Täuschungen bleibt dennoch ein so grosser Betrag wohlkonstatierter Fälle, dass man den Versuch machen muss, sich mit ihnen ins Verhältnis zu setzen. Um ein Beispiel anzuführen, das mich persönlich besonders überzeugt hat, erwähne ich die Beobachtungen von Castez-Dégrange, die Seite 319 des Buches angeführt sind. Dieser Mann, der Vizedirektor der Kunstschule von Lyon ist und sich als permanenten Skeptiker von naturwissenschaftlicher Denkart bezeichnet, hat an sich selbst derartige Erscheinungen früh beobachtet, da er mit mediumistischen Fähigkeiten, sehr gegen seinen eigenen Wunsch, ausgestattet ist. Er hat die Tatsachen konstatiert, die Beschäftigung mit den Erscheinungen aber aufgegeben, weil für ihn nichts Vernünftigeres bei diesen Vorgängen herauskam. Später hat er die Experimente wieder aufgenommen und sehr merkwürdige Wirkungen beobachtet. Sie mögen in dem genannten Buche nachgelesen werden.

Was die „Theorie" dieser Dinge anlangt, so musste ich verlangen, dass die *energetische Weltauffassung,* die ja beansprucht, hypothesenfrei, aber zureichend die Erscheinungen beschreiben zu können, sich auch hier bewährt. In solchem Sinne lässt sich sagen, dass die mediumistischen Erscheinungen folgendermassen zusammenfassbar sind. *Gewisse Menschen vermögen ihren physiologischen Energievorrat (der bekanntlich fast ausschliesslich als chemische Energie vorhanden ist) in andere Formen zu verwandeln, die sie durch den Raum versenden und an vorgeschriebenen Stellen in eine der bekannten Energien zurücktransformieren können.* Dies geht daraus hervor, dass die Medien durch ihre Tätigkeit meist sehr erheblich erschöpft werden, das heisst ihre Körperenergie verbrauchen. Auch eine Transformation in psychische Energie scheint möglich zu sein. Die mediumistische Energieform ist bezüglich ihrer Fortpflanzungsgeschwindigkeit dem Licht vergleichbar und scheint polare Beschaffenheit zu haben, denn es gibt Personen, deren Wirkungen sich gegenseitig neutralisieren.

In dieser Zusammenfassung wird man nichts finden, was grundsätzlich den bekannten Naturgesetzen widerspräche. Es liegt also die Möglichkeit einer Wissenschaft vor. Als eine werdende muss sie noch bezeichnet werden, da es noch nicht möglich ist, die Erscheinungen ganz willkürlich hervorzurufen. Da aber anscheinend die mediumistischen Eigenschaften durchaus nicht selten sind, sondern sich fast bei jedem zweiten Menschen, wenn auch meist nur schwach, vorzufinden scheinen, so erscheint in geeigneten Händen eine geschwinde Entwicklung im wissenschaftlichsten Sinne durchaus denkbar, und sie wird vielleicht bälder eintreten, als man glaubt.

Kultur und Duell.

(1908)

In der Deutschen Anti-Duell-Liga haben sich Vertreter der verschiedensten Kreise zusammengefunden, um gemeinsam das zu bekämpfen, was sie von ihren Standpunkten aus als schädlich oder verwerflich erkannt haben, und es sind demgemäss auch sehr verschiedenartige Gründe für diese Verwerfung geltend gemacht worden. Da hierbei vielleicht der Gesichtspunkt des Naturforschers nicht so zur Geltung gelangt ist, wie er es wohl zu verdienen scheint, so werden neben dem vielen Guten und Treffenden, was von anderen Seiten her über die Frage gesagt worden ist, auch einige Betrachtungen von dieser Seite aus nicht unwillkommen sein.

Versuchen wir alsbald von dem allgemeinsten Standpunkte aus, den uns die Naturwissenschaft darbietet, ein Verhältnis zu der vorliegenden Frage zu gewinnen, so machen wir uns zunächst klar, was denn das *spezifisch Menschliche* ist, was unser Geschlecht von dem aller Tiere unterscheidet. Wir sehen hierbei absichtlich von Betrachtungen religiöser, moralischer und aller anderen Art ab, um die Frage auf rein naturwissenschaftlichem Boden zu halten. Dann lautet die Antwort folgendermassen:

Allen Lebewesen ist die Fähigkeit der *Erhaltung* eigen, da sie eben sonst nicht existieren könnten. Selbsterhaltung bezüglich des Individuums und dazu Erhaltung des Geschlechtes sind beide die notwendigen Voraussetzungen eines dauernden Bestehens, und in dieser Beziehung sind Mensch und Tier nicht verschieden. Aber dem Menschen ist ausserdem eine Eigenschaft zuteil geworden, der er seine Herrschaft über alle anderen Wesen und über die Natur verdankt: nämlich die

Fähigkeit der · Steigerung und Vervollkommnung. Beide
Eigenschaften stehen einigermassen im Gegensatz zu einander,
denn wenn etwas sich entwickeln oder vervollkommnen soll,
so muss das Vorhandene durch das Neue verdrängt werden.
Die Entwicklung tritt also notwendig mit der Erhaltung in
einen *Kampf* und im Gegensatz zu der ·Einheit und Selbstverständlichkeit, mit welcher sich das Leben der anderen Geschöpfe
abspielt, ist das menschliche Leben durch die unaufhörliche
Notwendigkeit beunruhigt, zwischen den Tendenzen der Erhaltung und denen der Entwicklung einen Mittelweg zu finden,
auf welchem einer jeden das Ihrige zuteil kommt.

Dies sind die zwei Seelen in unserer Brust, von denen der
Dichter spricht. Auf dem ältesten und· tiefsten Grunde unseres
Wesens ruht die Erhaltungstendenz, · ohne welche ein Leben
überhaupt nicht möglich wäre. Durch ungezählte Jahrtausende
sind uns die Vorgänge und Verrichtungen in Fleisch und Blut
übergegangen, welche diesen Untergrund unserer Existenz
sichern. Sie haben längst das Gebiet der bewussten Wahl-
handlungen verlassen und betätigen sich als ebenso sicher wie
unwiderstehlich wirkende Instinkte, mit denen gewaltige Kräfte
des *Gefühls* verbunden sind. So scheinen sie auf den ersten
Blick unüberwindlich, und sie sind es in der Tat auch bei den
Tieren ganz allgemein, soweit die spontane Entwicklung in
Frage kommt. Das Tier bleibt, was es ist, durch unzählige
Generationen, solange wenigstens die äusseren Lebensbedingungen die gleichen bleiben. ·Aendern sie sich, so handelt es
sich um eine Lebensfrage, ob die Anpassung an die neuen Bedingungen gelingt oder nicht, und die zahllosen untergegange-
nen Tiergeschlechter, von denen uns die Wissenschaft Kunde
gibt, sind die Denkmale solcher unzureichender Anpassungsfähigkeit.

Umgekehrt ist es beim ·Menschen. Er ist nicht *passiv* dem
Schicksal unterworfen, das ihm die Aussenwelt bereitet, sondern kann diese selbst ändern, um ihr eine solche Gestalt ·zu
geben, die ihm nach bester Einsicht die zweckmässigste erscheint. Zwar ist seine Macht begrenzt, aber alle ·Kultur
kommt im letzten Ende darauf zurück, diese Macht zu· er-

weitern. So hat er bereits sehr früh angefangen, die Raubtiere zu bekämpfen, die seine Sicherheit bedrohten, und hat diesen Kampf gegenwärtig so weit geführt, dass in kultivierten Ländern von einer Gefahr durch solche überhaupt kaum mehr die Rede ist. In neuerer Zeit hat er den gleichen Kampf aufgenommen gegen andere schädliche Lebewesen, die nicht durch ihre Grösse, sondern gerade durch ihre *Kleinheit* sich bisher seiner Beeinflussung entzogen hatten. Es sind dies die Mikroorganismen aller Art, von denen ein grosser Teil der Krankheiten bewirkt wird. Wir rechnen mit gleicher Sicherheit auf die künftige Ausrottung beispielsweise der Tuberkelbazillen, wie wir die reissenden Tiere in Europa ausgerottet haben, und die auf einzelnen Gebieten, zum Beispiel bei der Diphterie, bereits erreichten Erfolge sind von solcher Beschaffenheit, dass wir die Unterdrückung dieser gefährlichsten Volksfeinde als eine blosse Frage der Zeit ansehen. Es hängt durchaus nur von dem Betrage wissenschaftlicher Arbeit ab, welche wir darauf wenden, um jenen künftigen Zeitpunkt näher heranzurücken oder weiter zurückbleiben zu lassen.

Aber nicht nur in der Tierwelt und in den zerstörenden Ereignissen der unorganischen Natur hat der Mensch seine Gegner zu suchen, auch gegen einander müssen die Menschen sich schützen. Solange die Bevölkerung der Erde gering war und eine jede Familie praktisch einsam lebte, war der Vater und Erhalter derselben auf sich selbst gestellt, und die Kraft und Geschicklichkeit, mit welcher er sich und die Seinen gegen die Angriffe wilder Tiere und fremder Menschen verteidigte, bestimmte seinen Wert und seine Erhaltungsmöglichkeit. So wurde Kraft und Tapferkeit eine fundamentale Tugend, ohne welche eine menschliche Existenz überhaupt nicht möglich war. Noch in der Weltanschauung Homers und des ganzen klassischen Altertums finden wir diese Grundansicht als selbstverständlich, das heisst als eine Sache, die man nur auszusprechen, nicht aber zu untersuchen braucht, allgemein verbreitet. Nur derjenige wird als voller Mensch geachtet, der im Kampfe seinen Mann stellt, und Feigheit ist das schlimmste Laster, welches seinen Träger vor allen verächtlich macht.

Aber schon damals begann diese Ansicht sich als überlebt zu kennzeichnen. Die grosse Entdeckung, dass die erhaltungsgemässe Gestaltung der Aussenwelt sich bei weitem besser und rfolgreicher durchführen lässt, wenn sich mehrere, ja viele Menschen für den gleichen Zweck vereinigen, war bereits gemacht worden. Wie von allen jenen grundlegenden Fortschritten der Menschheit, die im Dunkel der vorgeschichtlichen Zeit liegen, wissen wir weder das Wann noch das Wie; wir konstatieren nur, dass die Menschheit bereits im Besitze dieses Kulturfaktors ist, wenn wir von ihr überlieferte Kenntnis gewinnen. Dass viele, ja die wichtigsten Dinge erst durch gemeinsame Betätigung erreichbar werden, brachte die Notwendigkeit der gesellschaftlichen Organisation mit sich, und wir erkennen den ersten grossen Konflikt jener zwei Seelen in der Brust des Menschen in der Notwendigkeit, den bisherigen Individualismus der Existenz durch eine gemeinsame Organisation zu ersetzen oder den Menschen zu einem „politischen Tiere" zu machen. Dieser Vorgang der Sozialisierung bedingte gerade die Bändigung jener ersten Tugend, der Kampffähigkeit. Und zwar aus doppeltem Grunde. Einmal verhinderte die feindliche Betätigung des einzelnen gegen den anderen die gemeinsame Arbeit, anderseits beraubte es die Gemeinschaft nicht nur des Mitgliedes, welches seine alten Triebe nicht bändigen konnte, sondern auch der anderen, gegen die sich diese richteten. Scharf wie der Eingriff war demnach auch die Peaktion der organisierten Gesellschaft: einsam und friedlos musste der Rückständige, der sich den neuen Existenzbedingungen nicht anzupassen vermochte, sein geächtetes Dasein verbringen und ein jedes Mitglied der Gesellschaft war verpflichtet, die Gemeinschaft womöglich von dem Störenfried zu befreien.

Dieser Vorgang der zunehmenden Vergesellschaftung ist nun das Leitmotiv der Kulturentwicklung bis auf unsere Tage geblieben. Die immer mannigfaltiger werdenden Beziehungen der Teilhaber der Kulturgemeinschaft untereinander, die Unvollkommenheit der Anpassung des einzelnen an die Erfordernisse der Allgemeinheit haben die Notwendigkeit von *Ordnung* und *Recht* ergeben, das heisst eines Verfahrens, mittelst der gemeinsamen Gewalt die Gewalt des einzelnen soweit einzuschränken, als es die gemeinsamen Interessen erforderten. Was hierbei an Freiheit gegenüber dem Nächsten verloren wurde, gewann der Mensch zehn- und hundertfach wieder durch die kulturmässig errungene grössere Freiheit gegenüber der Natur. Und nicht nur zwischen den einzelnen Individuen desselben Berufes, Standes, Landes, Volkes haben sich solche Rechtsverhältnisse entwickelt, sondern auch zwischen den einzelnen Staaten. Es ist natürlich, dass diese verhältnismässig späten Bildungen auch in der kulturell-ethischen Entwicklung, am wenigsten vorgeschritten sind. Während die Gegensätze zwischen den einzelnen Menschen in Europa schon längst der Selbsthilfe entzogen und dem regelmässigen Rechtswege derart untergeordnet sind, dass ein Verlassen dieses Rechtsweges seinerseits eine Rechtsverletzung einschliesst, so beruhen die Verhältnisse zwischen den verschiedenen Staaten Europas noch wesentlich auf dem Faustrecht und werden in letzter Instanz durch blutigen Kampf geschlichtet, ganz wie in der geschichtslosen Vorzeit ein Mensch dem anderen gegenüber sein Jagdgebiet behaupten musste, wenn dieser es nicht aus eigenem Antrieb respektieren wollte.

Aber auch hier ist der Fortschritt unaufhaltsam. Das grösste geschichtliche Ereignis des zwanzigsten Jahrhunderts ist in solcher Betrachtungsweise bisher die *friedliche Loslösung Norwegens von Schweden,* und zwar kommt der Ruhm, eine Kulturtat allerersten Ranges getan und damit ein neues Blatt in der Geschichte der Menschheit begonnen zu haben, dem *schwedischen* Volke zu, das trotz seiner physischen Uebermacht die Trennung gestattet hat, ohne sie durch Kampf und Blut verhindern zu wollen. Indem zum ersten Male ein solches politisches Ereignis ohne Blutvergiessen geschehen konnte, ist für alle Zukunft ein Vorbild gegeben worden, dessen Folgen unabsehbar sein werden. Schon jetzt macht sich bei den vorhandenen politischen Wirren im Südosten immer wieder der Gesichtspunkt stillschweigend, aber darum nicht minder eindringlich geltend, dass der Versuch einer blutigen Lösung dem

Verursacher nicht etwa eine erhöhte Achtung, sondern den allgemeinen Unwillen aller Kulturvölker zuziehen würde. Also auch im Völkerleben wird der blutige Zweikampf unwiderstehlich durch den Gedanken des Rechtes und Vertrages ersetzt.

Von diesen kulturgeschichtlichen Gesichtspunkten aus müssen wir den persönlichen Zweikampf, wie er noch heute innerhalb gewisser gesellschaftlich und beruflich abgeschlossener Kreise besteht, als einen Ueberrest früherer Kulturformen ansehen, der sich durch irgendwelche besondere Verhältnisse noch erhalten hat, obwohl sein früherer Wert längst verschwundn ist, ja sich in sein Gegenteil verkehrt hat. Die Biologie kennt diese Erscheinung, wenn sie sie auch nicht überall im einzelnen erklären kann. Unter dem Namen der *rudimentären Organe* besitzt jede organische Form, nicht am wenigsten der Mensch, .gewisse Besonderheiten, deren Vorhandensein man sich nur dadurch erklären kann, dass sie zwar früher nützlich gewesen sind, gegenwärtig aber sich trotz ihrer Nutzlosigkeit, ja Schädlichkeit nur dadurch erhalten, dass die Anpassung an die neuen Existenzbedingungen noch nicht vollständig durchgeführt ist. Es ist ja ein Grundgesetz aller organischen Wesen, dass sie sich in der Gestalt ihrer Eltern reproduzieren, so dass die eingeborene Erhaltungstendenz sich aller Abänderung widersetzt. Immer muss die Anpassung an neue Existenzbedingungen im Rückstande gegenüber den augenblicklichen Forderungen sein, weil sie ja überhaupt erst beginnen kann, nachdem die neuen Bedingungen bereits eingetreten sind, und dann noch die Erhaltungstendenz langsam überwinden muss. So darf es uns nicht wundernehmen, dass ebenso, wie unser Körper und Geist sich vielfach im Rückstande gegenüber dem unaufhaltsamen Kulturfortschritt der gesamten Menschheit erweisen, so auch in unserer gesellschaftlichen Organisation sich allerlei rudimentäre Organe finden, welche ihre Notwendigkeit, ja ihre Berechtigung überlebt haben und nur deshalb noch bestehen, weil der Anpassungsvorgang sie noch nicht erreicht und vernichtet hat.

In diese Gruppe .rückständiger Erscheinungen gehört beispielsweise das sonntägliche Raufen der Bauernburschen, das im allgemeinen um so regelmässiger auftritt, je weniger die betreffenden Bevölkerungsgruppen von der Entwicklung der allgemeinen Kultur erfasst zu sein pflegten. Dass diese ererbt-instinktiven Betätigungen mit Liebeshändeln eng zusammen-hängen, weist noch besonders deutlich auf ihre atavistische Beschaffenheit hin, auch liegt es in der Natur dieser Abstamm-ung, dass sie sich ausschliesslich im Jünglingsalter betätigen, während die älteren Bauern friedlich werden. Endlich deuten noch gewisse, streng festgehaltene Gewohnheiten, z. B. die absolute Verpönung der Schiesswaffe, überaus deutlich auf die Abstammung aus ältesten Lebensverhältnissen einer sonst ganz vergessenen Vergangenheit hin.

Ganz ähnliche Erscheinungen finden wir beim *Duell*. Auch dieses ist auf das jugendliche Alter beschränkt, und es wird auch in duellfreundlichen Kreisen als eine Anomalie an-gesehen, wenn sich ein älterer Mann zu solchen Handlungen bewogen fühlt. Die Ehrenpunkte, wegen deren duelliert wird, liegen allerdings mehr innerhalb der geschichtlichen Zeiten, indem sie ungefähr das Lebensideal des mittelalterlichen Ritters darstellen. Hier ist es auch zunächst die (wesentlich äusserlich aufgefasste) Beziehung zum anderen Geschlecht, welche die ergiebigsten Streitpunkte liefert, ferner die sogenannte Ver-letzung der persönlichen Ehre durch Schlag oder Schimpf. Es ist sehr charakteristisch, dass es sich hierbei niemals darum handelt, ob die als Schimpf empfundene Beschuldigung wahr ist oder nicht. Die Tatsache der Beschuldigung genügt, um den Zweikampf zu erfordern. Hierin gibt sich sehr deutlich die Idee des Gottesgerichtes zu erkennen, d. h. des mittelalter-lichen Verfahrens, in solchen Fällen den Zufall entscheiden zu lassen, wo die Erbringung einwandfreier Nachweise über Recht und Unrecht den Richtern unmöglich oder zu schwierig er-schien.*)

Dagegen wurde Raub und Gewalttat, namentlich an Nicht-standesgenossen, von jenem richterlichen Ehrenkodex nicht als

---

*) Dieser Gesichtspunkt wurde während der Diskussion des Vortrages von anderer Seite zur Geltung gebracht.

tadelhaft angesehen. Auch hiervon ist ein höchst charakteristisches Rudiment in dem moderneren Ritterkodex nachgeblieben. Während Spielschulden zwischen Standesgenossen nicht nur als Ehrenschulden angesehen werden, die sogar bezüglich ihrer zeitlichen Regelung ganz besonders strengen Bedingungen unterworfen sind, so kümmert sich der Ehrenkodex durchaus nicht um „gewöhnliche" Schulden, und junge Männer, die mit ihrem Leben für jene „Ehre" einzustehen bereit sind, halten es nicht für ehrwidrig, Geschäftsleute, Handwerker usw. durch Nichtbezahlen von Schulden um das Ihrige zu prellen, ebenso wie der Ritter es für einen standesgemässen Sport hielt, Kaufleute mit ihren Warenzügen zu überfallen und ihnen ihr Eigentum zu stehlen. Die Tatsache, dass sie dabei auch ihrerseits riskierten, gelegentlich totgeschlagen zu werden (wenn auch dies Risiko nicht eben gross war), ist offenbar ausreichend gewesen, um das in irgend einer Form zweifellos auch bei den Rittern vorhandene Rechtsgefühl zu befriedigen, und lässt eben hierdurch die atavistische Beschaffenheit dieses Gedanken- und Gefühlskreises erkennen.

So wird es uns nicht in Erstaunen setzen können, dass wir gegenwärtig die Ausübung des Duells auf solche Kreise beschränkt sehen, in denen Bestandteile einer fernen Vergangenheit aus irgend welchen Gründen mit besonderer Aufmerksamkeit gepflegt werden. Da nun die geistige Entwicklung der Menschheit den Weg vom Gruppenbewusstsein zum persönlichen Bewusstsein gegangen ist, so finden sich jene Atavismen stets verbunden mit besonders geschlossenen Gruppenbildungen, innerhalb deren nicht die individuelle Beschaffenheit der einzelnen Persönlichkeit und die aus dieser entspringende Beurteilung des einzelnen Erlebnisses massgebend sind, sondern ein gemeinsames, gleichförmiges Denken und Fühlen, dem sich anzupassen dem Einzelnen zur Pflicht gemacht wird und von dem abuzweichen dieser kein Recht hat. Ja, so lebhaft ist das Bewusstsein von der vitalen Beschaffenheit des Klassenbewusstseins im Gegensatz zum individuellen, dass Abweichungen des Denkens und Empfindens als unverzeihliche Vergehen angesehn werden und die Entfernung des Schuldigen aus dem

Kreise zur Folge zu haben pflegen. Halten wir diesen Tatsachen die eingangs gegebene Schilderung des spezifisch
Menschlichen im Sinne seiner *Entwicklungsfähigkeit* gegenüber, so erkennen wir wieder, dass derartige Atavismen keineswegs die wahre oder hohe Menschlichkeit darstellen, sondern
im Gegenteil die *tierischen* Ueberreste, deren Ueberwindung
das einzige Ziel unserer inneren Kultur ist.

Dass Duellgewohnheiten im *Heere* bestehen, erklärt sich
hieraus ohne weiteres. Ist doch das Heer selbst ein Organ, das
vielleicht zurzeit noch gewisse unentbehrliche Funktionen ausüben mag, für eine spätere Zukunft aber jedenfalls zum Verschwinden bestimmt ist. Denn man muss die Augen gewaltsam
schliessen, wenn man nicht erkennen will, dass der Gedanke,
Streitfälle zwischen Völkern auf dem *Rechstwege* zu schlichten,
immer mehr praktische Bedeutung gewinnt. War nicht der
Zwischenfall von Casablanca ein klassischer Fall von verletzter
„Ehre" zwischen Deutschen und Franzosen? · Und dennoch ist
von beiden Seiten der Gedanke, sich darum zu raufen, auf das
bestimmteste abgelehnt worden.

Inzwischen aber, solange Heere bestehen, scheint es auf
den ersten Blick unvermeidlich, den kriegerischen Geist dadurch zu pflegen, dass man persönliches Raufen, wenn auch
unter bestimmt geregelten Bedingungen, gutheisst und pflegt.
Eine sorgfältigere Untersuchung des Problems lässt uns allerdings alsbald andere Seiten desselben erkennen. Schon vor
vielen Jahren hat Bismarck darauf hingewiesen, dass der Krieg
nicht mehr eine Sache des persönlichen Mutes sei, sondern ein
Unternehmen, bei welchem der Techniker die massgebende
Rolle spielt, sei es in der Bewegung der Truppen, sei es in der
Beschaffung und Anwendung moderner Kriegsmittel. Somit
muss auch diese Angelegenheit dem Fundamentalgesetz aller
Technik unterworfen werden, welches verlangt, das geforderte
Resultat mit dem geringsten Aufwande zu erzielen. · Es ist
aber eine grobe Verschwendung, das in einem ausgebildeten
Offizier angelegte Kapital einem vollständigen Verluste auszu-
setzen, um in ihm die Neigung zu pflegen, auf gewisse Bean-
spruchungen (die mit seiner sonstigen Leistungsfähigkeit nichts

zu tun haben) durch den Zweikampf zu reagieren. Und die Haltlosigkeit einer solchen Begründung zeigt sich insbesondere darin, dass der Zweikampf bei den Mannschaften, die doch auch des körperlichen Mutes bedürfen, nicht nur nicht gepflegt, sondern unter harte Strafe gestellt wird. Hieraus ist erkennbar, dass es sich um ein bereits rudimentär gewordenes Organ handelt, dessen ursprünglicher biologischer Zweck verschwunden ist und das daher nur mehr *Scheinfunktionen* ausübt. Auch die praktische Betätigung dieser allgemeinen Betrachtungen ist in jüngster Zeit erfolgt, nachdem der König von Italien in seiner Armee das Duellverbot auch für die Offiziere durchgeführt hat.

In noch viel überständigerer Gestalt hat sich diese körperliche Mutprobe als Bedingung für die Zulassung zu einer bestimmten Klasse oder Kaste bei den *studentischen Korps* erhalten. Hier tritt der Widerspruch zwischen der rudimentären Beschaffenheit des Organs und den Lebensaufgaben wie Lebensbedingungen seiner Träger in unserer Zeit ganz besonders auffallend zu Tage. Auf der Universität soll der Student den grossen Fortschritt vom Schüler zum selbständig denkenden Jünger der Wissenschaft machen. Nun zeigt die Geschichte der Wissenschaft noch einfacher und deutlicher als andere Betätigungsgebiete der Menschheit, dass die Beseitigung des Alten und die Entwickelung des Neuen, Besseren durchaus das Lebenselement aller Kultur ist; so sollte auch der Student die Entwicklung und Steigerung sowohl der eigenen Persönlichkeit wie der Wissenschaft als Summe seiner Aufgaben, ja seines Daseins empfinden. Um so weniger ziemt es ihm, Anschauungen und Betätigungen zu konservieren, welche genau den Gegensatz dieses grossen Zieles darstellen. Körperlicher Mut ist keine Eigenschaft, welche der Menschheit gegenwärtig irgendwie besonders wertvoll ist; soziale Empfindung dagegen, das lebhafte Bewusstsein dafür, dass die Menschheit ein zusammenhängendes Lebewesen ist, dessen Wohlsein unendlich viel wichtiger ist als das des einzelnen Gliedes, das ist das Ideal menschlicher Gesinnung, das noch so sehr in der Zukunft liegt und das in unserer Zeit erst heimisch gemacht werden muss.

Diese Anpassung zu vollziehen, so dass an die Stelle der verstandesmässigen Erkenntnis die Begeisterung des Gemütes, ja zuletzt die instinktiv als „selbstverständlich" empfundene Handlung tritt, das ist die Aufgabe, welche allein die Jugend lösen kann, da es sich eben um einen langsam fortschreitenden Anpassungsvorgang handelt, dessen Durchführung Generation über Generation erfordern wird.

So werden wir auf Grund der bisherigen Ueberlegungen auch voraussagen können, wo sich die Duellgewohnheit am längsten halten wird: dort, wo Gruppen- und Kastengeist noch nicht durch das höher entwickelte *soziale* Denken und Empfinden ersetzt worden ist. Alle die oben erwähnten Kennzeichen der Zurückdrängung persönlichen Urteilens durch feststehende Klassenanschauungen und die daherrührende Schematisierung des Verhaltens finden sich an den studentischen Gruppenbildungen umso mehr ausgeprägt, je strenger sie am Duellwesen festhalten. Und dass dieses Festhalten mit starken, weil atavistisch festgelegten Gefühlen verbunden ist, braucht nicht erst erklärt zu werden. Aber ebensowenig kann die bewusste Entwicklung das Vorhandensein dieser Gefühle als objektiven Grund für jenes Festhalten anerkennen, so gern sie bereit sein wird, ihre subjektive Kraft im gegebenen Falle in Rechnung zu ziehen.

Ich möchte in dieser Zeit, wo ein missverstandener Individualismus mancherlei Schaden anrichtet, nicht dahin missverstanden werden, als wollte ich dem absoluten „Sich-ausleben" das Wort reden. Ich unterscheide streng zwischen Individuum und Persönlichkeit. Daran, dass ein bestimmter Mensch gerade so und nicht anders ist, daran liegt sachlich gar nichts, denn ein Individuum hat seine besondere Beschaffenheit nur dadurch, dass es in bestimmten Richtungen *beschränkt*, also unvollkommen ist. Die *Persönlichkeit* entsteht erst aus der sachgemässen Beurteilung der eigenen individuellen Nachteile und Vorzüge und der entschlossenen In-den-Dienststellung der eigenen Leistungsfähigkeit für die *Zwecke* der Gesamtheit. *Goethe*, der so viel vorausgesehen hat, hat auch diesen Gegensatz in eine Meisterformel geprägt: „*Eigenheiten, die werden schon haften. Kultiviert eure Eigenschaften"*. Eigenschaften in solchem Sinne sind Fähigkeiten, deren Ausübung der Menschheit Förderung bringt und die ihr daher wertvoll erscheinen.

Damit aber der Einzelne seine Eigenschaften in diesem edlen Sinne zur höchsten Leistungsfähigkeit entwickelt, so ist es notwendig, dass er sie pflegen kann, ohne durch ein äusseres Schema behindert zu sein. Entwicklung des Individuums zur Persönlichkeit bedeutet daher vor allen Dingen die Möglichkeit, sich selbst eigenem Urteil und Wollen gemäss zu gestalten. Denn die wertvollsten Mitglieder eines Volkes, einer jeden Gemeinschaft sind nicht die, die sich den vorhandenen Regeln und Gewohnheiten anbequemen, sondern ausschliesslich die, welche sie einer möglichst eingehenden und sachlichen Beurteilung unterziehen. Diese keinem Zweifel unterliegenden Grundsätze wende man aber z. B. auf eine im „Bummel" begriffene Schar von Korpsstudenten an und beobachte, mit welcher Genauigkeit ein möglichst unselbständiges, uniformes Verhalten gepflegt wird. Die maschinenhafte Uebereinstimmung der Bewegungen, z. B. beim Grüssen, wirkt auf den Unbefangenen unwiderstehlich komisch. Sie ist ein Ausdruck für das entsprechende geistige Verhalten, dessen Ideal das Gegenteil der Freiheit, nämlich die *Korrektheit* ist.

Dass ein Volk nicht gut beraten ist, dessen führende Männer grösstenteils in solchen Formen ausgebildet werden, soll hier nicht erörtert werden, zumal sich das Material für die Beurteilung dieser unserer Verhältnisse in jüngster Zeit reichlicher eingefunden hat, als einem Vaterlandsfreunde lieb sein kann. Man muss solche Dinge aber nicht nur beklagen, sondern man muss sie zu verstehen suchen, denn nur wenn man ihre Quelle gefunden hat, darf man hoffen, sie zu verstopfen oder in bessere Bahnen zu leiten.

Die Quelle nun, aus welcher alle Rückständigkeit fliesst, ist keine andere, als die allgemeine Erhaltungstendenz aller Lebewesen, welche die Beibehaltung von Reaktionen bewirkt, die längst aufgehört haben, zweckmässig zu sein. Die Herdennatur des Menschen, die ihn dazu veranlasst, gewohnte Wege zu gehen, wenn sie auch noch so krumm sind, ist ja immer wieder in allen Tönen von denen beklagt und verurteilt worden, welche versucht haben, die Menschheit auf irgend einem Punkte vorwärts zu bringen. Diese Herdennatur ist es auch, welche jenes trostlose und menschheitswidrige Ideal der Korrektheit hat entstehen lassen und es erhält, so lange eben die Herdennatur noch die Menschenschicksale bestimmt. Und wenn der Student sich während drei Jahren kommentmässig dem „goldenen Burschenleben" hingegeben hat und mit zerschnittenem Gesicht und einem chronischen Magenkatarrh hernach seine „Karriere" beginnt, dann ist er im allgemeinen von einer energetischen Beschaffenheit, deren hervorragendste Eigenschaft darin besteht, dass ihrer zwölf auf ein Dutzend gehen, d. h. er ist ein völlig normaler Bestandteil der betreffenden Herde. Ob es der Geist ist, der sich den Körper baut, oder ob man den Geist als eine Funktion der körperlichen Beschaffenheit ansieht: in jedem Falle korrespondieren beide, und man darf in dem ungesunden Körper keinen freien und leistungsfähigen Geist zu finden hoffen.

Warum ich diese trübe Seite unseres nationalen Lebens hier erwähne? Weil ich sehe, dass sie im *Verschwinden* begriffen ist. Leiden ohne zu klagen darf und soll man nur, wenn es sich um ein unabwendbares Schicksal handelt, zu dessen Beseitigung menschliche Kraft nicht mehr ausreicht. Aber eine junge und daher noch jugendlich schwache Entwicklung zu fördern, ist immer ein lebensfreudiges Unternehmen, wenn man dabei auch mit Unerfreulichem zu tun hat, das fortgeräumt werden muss, damit das junge Leben sich entfalten kann. In den letzten Jahren sind mir gerade aus den Kreisen der studierenden Jugend ganz andere Töne entgegengeklungen als das philisterhafte Jammerlied über die entschwundene Burschenherrlichkeit. Statt in den Studentenjahren die einzigen Jahre des Glückes zu sehen, die dem Menschen beschieden sind, und daher sie auszunutzen, um nach Möglichkeit schöne Erinnerungen zu sammeln, welche die kommenden grauen Tage erhellen sollen, statt dieser noch vor 20 oder 30 Jahren ganz unbestrittenen Auffassung des Studentenlebens erkenne ich jetzt daneben eine neue, welche die Dinge fundamental anders sieht. *Sich vorbereiten, sich aufsparen für das Grosse, was hernach der entwickelte Mann tun will,* das ist mit einem Worte das neue Ideal, das ich mit tiefer Glücksempfindung in unserer Studentenschaft wirksam sehe. Ich vermag nicht anzugeben, wie weit es verbreitet ist, aber ich weiss, das es lebt, und was noch besser ist: *ich weiss, dass ihm die Zukunft gehört.* Das deutsche Volk ist jetzt bei einer entscheidenden Wendung seines ganzen nationalen Lebens angelangt. Seit 30 Jahren haben wir begonnen, ein wohlhabendes Volk zu sein und die Zahl der Personen, welche über ein grosses Vermögen und damit über eine grosse Macht verfügen, nimmt schnell zu. Wir stehen vor der Entscheidung, welche nationalen Gewohnheiten wir für die Verwendung dieser Mittel annehmen wollen. Sieht man nun das Treiben grosser Städte von halb internationalen Charakter bei uns an, so scheint es, als wären durch den Reichtum nur die flachsten und tierischsten Instinkte entfesselt und als ständen wir vor einem Volksuntergange, wie ihn die Römer der Kaiserzeit verdient und erlebt haben.

Der Naturforscher ist kein Moralprediger; er hat nicht zu schelten, sondern zu analysieren. Und so muss er sich sagen, dass unsere neuen wirtschaftlichen Bedingungen auf ein Volk einwirken, dass sich ihnen erst anpassen muss. Dass hierbei gerade die nicht dauerhaften Gebilde zunächst sich hypertrophisch übersteigern, um so schneller ihrem notwendigen Untergange entgegenzueilen, ist eine so naturgemässe Erscheinung, dass er sie voraussagen könnte, wenn ihm diese Aufgabe gestellt würde. Die Frage ist nur, wie gross der *gesunde* Anteil des Volkes ist, der die Anpassung an die neuen Lebensbedingungen vollziehen kann, ohne unterzugehen. Wiederum biologisch begründet für diesen Anteil ist die Erscheinung, dass die starke Aenderung der Umwelt im höchsten Masse *befruchtend* und entwicklungssteigernd auf die Lebewesen einwirkt, welche sich in die neuen Bedingungen einleben können. Und darum hat mich das Auftauchen jener kraftvollen und zukunftsfrohen Gesinnung in unserer studierenden Jugend so sehr beglückt, denn hier liegt die einzige Gewähr unserer Zukunft. Bewährt sich

diese Gesinnung und findet sie zunehmend Boden unter dem
Nachwuchs, der ja nicht mehr die *unmittelbaren* Widersprüche
zwischen der für andere Verhältnisse ausgebildeten Organisation und der neuen Umwelt an sich auszugleichen hat, dann
stehen unserem Volke Jahre wahrer Grösse unmittelbar bevor.

Und darum tun wir alle auch die Arbeit, für welche wir
heute zusammengekommen sind, mit besonderer Freude.
Liegt sie doch durchaus in der Richtung dieses Fortschrittes
zum persönlichen Wert des Einzelnen vermöge seiner sozialen
Höherentwicklung im menschlichen Sinne. Und wenn wir für
unsere Ueberzeugung gegen das Duell zurzeit nur noch wenig
Widerhall in breiten Kreisen finden, wir freuen uns beinahe
dessen, weil es uns zeigt, wie viel nützliche, ja notwendige
Arbeit uns noch zu tun gegeben ist. Wer heute in den Kreisen,
in denen das Duell üblich ist, seine grundsätzliche Gegnerschaft gegen dieses Ueberbleibsel längst vergangener Zeiten auszusprechen oder gar im Ernstfalle praktisch zu betätigen wagt,
setzt sich schwereren Unbilden aus, als derjenige, welcher
sich der Unsitte ohne Widerspruch fügt. Ich glaube nicht, dass
es heute noch viele gibt, die am Zweikampf eine unmittelbare
Freude haben. Solche Kraftnaturen finden ihre Betätigung auf
dem Sportplatz, wo sie ihre Haut gegen Gleichgesinnte ris-
kieren mögen, wie denn im Herbst 1904 auf den amerikanischen
Fussballplätzen nicht weniger als 19 Studenten von ihren Spiel-
gegnern totgeschlagen worden sind. Die meisten, welche gegenwärtig ein Duell ausfechten, vor allen Dingen die studentischen
Zweikämpfer, unterziehen sich dieser Operation aus ganz
äusserlichen Gründen und nehmen die damit verbundenen
körperlichen Schädigungen hin, wie man sich einen Zahn
ziehen lässt: man liesse es viel lieber sein, aber „es geht nicht
anders". Wer dagegen sich weigert mitzutun, der muss sich
auf persönliche Kränkungen aller Art, ja auch auf materielle
Nachteile gefasst machen und kann sich leicht vor der Notwendigkeit finden, sein ganzes bürgerliches Leben neu zu gestalten.
Daher hat unsere Sache noch Bedenkliches und Gefährliches
genug, um auch den begeisterten Wagemut der Jugend zu erwecken. Sie erfordert den höchsten Grad der Selbstentäusser-

ung: zu verachten nämlich, dass man verachtet wird von solchen, welche noch heute die allgemeine Meinung machen.

Aber diese Selbstentäusserung ist auch die höchste Selbststeigerung, denn es kann nur einer sie ertragen und leisten, dessen innere Entwicklung ihn zu solcher Höhe geführt hat, dass ihm die schwer gewonnene eigene Ueberzeugung auch den Willen und das Tun bestimmt, dass es ihm unendlich viel wichtiger ist, sich selbst gegenüber als ein wahrer und treuer Mann dazustehen, als eine Nummer im Dutzend zu sein, sei dies Dutzend noch so „tadellos". Solche Männer sind es, die unser Vaterland dringender als alle anderen braucht, weil sie ihm mehr als alle anderen fehlen.

VI. Die internationale Hilfssprache.

Eigentlich gehört die Angelegenheit der internationalen Hilfssprache ganz und gar in die vorige Abteilung der allgemeinen Kulturfragen. Sie hat aber in meiner Betätigung und demgemäss auch in meinen Schriften einen so breiten Raum gewonnen, dass ich ihr eine eigene Abteilung habe einräumen müssen. Dies erschien auch aus dem Grunde zweckmässig, weil eine ganze Anzahl besonderer Verhältnisse hier aufgetreten sind, die Berücksichtung beanspruchen.

Meine Beziehung zu dieser Sache fing damit an, dass ich, ohne von den bisherigen Bestrebungen mehr als eine ganz oberflächliche Kenntnis zu haben, bei einer allgemeineren Untersuchung des Sprachproblems in meinen „Vorlesungen über Naturphilosophie" auf die gleichzeitige Erkenntnis der Notwendigkeit wie der Möglichkeit eines solchen Ausweges aus den vorhandenen, höchst unrationellen und unenergetischen Verhältnissen geführt wurde, und mich entsprechend äusserte. Diese kurze Bemerkung veranlasste Professor *L. Couturat*, den Historiker dieser Sache, mir von dem Bestehen der *Delegation für die Einführung einer allgemeinen künstlichen Hilfssprache* Nachricht zu geben und mich zur Mitarbeit einzuladen. Ich nahm bereitwillig an, und versuchte alsbald, in den mir offen stehenden Kreisen für die Sache zu werben. Das Ergebnis war zunächst geradezu abschreckend. Denn wenn man mir persönlich auch gern alle mögliche Beachtung widerfahren liess, so konnte ich doch nicht verkennen, dass der Inhalt meiner Bemühungen unbedingt abgelehnt wurde. Ich erkannte bald, dass sich hier ein dichter Filz von überkommenen Vorurteilen gebildet hatte, der durch die blinde Vorherrschaft der philologischen Anschauungen in unserem Bildungswesen eine nahezu undurchdringliche Stärke gewonnen hatte. Wie immer, wo nicht klare Urteile, sondern Gefühlsregungen auf der Grundlage eines schlechten intellektuellen Gewissens im Unterbewusstsein (das jeder Sache anhaftet, die man ohne eigene Kritik übernommen hat) das Verhalten bestimmen, wurden auch hier meine Bestrebungen nicht in ruhiger Abwägung des Für und Wider beurteilt, sondern mit einem gewissen leidenschaftlichen Nachdruck bekämpft.

Ich habe mich aufrichtigen Freunden gegenüber, die bekümmert meinen vergeblichen Anstrengungen zusahen und mich davon abzubringen versuchten, damals oft genug dahin geäussert, dass ich überaus glücklich sei, für die zweite Hälfte meiner Tätigkeit im Interesse der Allgemeinheit eine so grossartige Aufgabe gefunden zu haben, und dass ich dieser gern den Rest meiner Kräfte widmete, auch wenn ich bei Lebzeiten noch keinen Erfolg davon sehen sollte. Und gleichzeitig schilderte ich die mir wohlbekannten Erscheinungen bei der Arbeit an einer derartigen, scheinbar hoffnungslosen Aufgabe. Es ist, als hätte man auf sumpfigem Wege einen schweren Wagen bergaufwärts zu schieben. Immer wieder legt man die Schulter an, ohne dass sich die Masse auch nur um ein Millimeter zu bewegen scheint. Dann rührt sie sich endlich einmal, aber nur, um beim notgedrungenen Atemholen wieder in ihre alte Lage zurückzurollen. Dann schiebt man mit neuem Mute und bringt sie wirklich aus dem Schlamm ein wenig vorwärts. Und ist dies einmal erreicht, so weiss man, dass man durchkommen wird, dass der Wagen sicherlich bis auf die Berghöhe geschoben werden wird, sei es infolge der eigenen Arbeit, sei es durch spätere Mitarbeiter, die mit geschonten Kräften sich beteiligen, nachdem sie erst gesehen haben, dass es wirklich geht. Ist dann der Wagen endlich einmal bis auf die Höhe gelangt, so rollte er von selbst weiter.

Ganz soweit ist diese Sache allerdings noch nicht gekommen. Aber sie befindet sich gegenwärtig zweifellos im Stadium der schnelleren und schnelleren Aufwärtsbewegung, und ich glaube nicht übertrieben hoffnungsvoll zu sein, wenn ich noch zu erleben gedenke, dass er aus eigener Kraft weiter gehen wird.

Der erste der nachstehenden Aufsätze stellt meine erste öffentliche Betätigung in der Sache dar. Der Inhalt ist dem Bayrischen Bezirksverein des Vereins Deutscher Ingenieure vorgelegt worden, zu dem ich kurz vorher durch einen Vortrag auf der in München tagenden Hauptversammlung des Gesamtvereins, sowie durch den Schöpfer des Deutschen Museums, *Oskar von Miller*, in nähere Beziehung getreten war. Man kann sich keinen grösseren Gegensatz denken, als die warme Aufnahme jenes Vortrages und das höflich-verlegene Schweigen und Uebergehen auf ein weniger verfängliches Thema, welches dem Weltsprache-Vortrag folgte. Es war, als hätte ich in einen mit Watte gefüllten Kasten gesprochen, so sehr fehlte jene Spur von Resonanz.

Aehnliche Erfahrungen machte ich in nächster Zeit bei verschiedenen anderen Gelegenheiten. Doch hatte damals bereits *L. de Beaufront*, der sein eigenes System einer künstlichen Hilfssprache zu Gunsten des „Esperanto" aufgegeben hatte, in Frankreich und der Schweiz durch begeisterte und selbstlose Arbeit eine schnell sich vergrössernde Gemeinde für diese Sprache gewonnen, so dass 1905 der erste internationale Esperantokongress in Boulogne gewagt werden konnte, der die praktische Anwendbarkeit auch im mündlichen Verkehr erwies. Auch in Deutschland wurden die wenigen und vereinzelten Anhänger des Esperanto wieder ermutigt, wozu mein Eintreten für die Sache wohl einiges beigetragen hat, und die Bewegung ging deutlich aufwärts. Inzwischen war ich als erster Austauschprofessor nach Amerika gegangen und fand bei einigen gelegentlichen Versuchen einen so günstigen Boden für die Idee, dass ich einerseits eine grosse Anzahl Mitglieder für die Delegation werben, andererseits die vorhandenen Keime der Esperantosache zu schnellster Entwicklung bringen konnte. In wenigen Wochen wurde die Bewegung von Cambridge, Mass. aus, wo ich mich damals befand, über die ganzen Vereinigten Staaten getragen und über hundert lokale Esperanto-Vereine entfalteten binnen zweier Monate ihre Tätigkeit.

Ich hatte hierbei stets sorgfältig zwischen meiner Arbeit als Mitglied der Delegation und der für das Esperanto unterschieden. In Deutschland hatte ich Esperanto nur als Beispiel für die *Möglichkeit* einer künstlichen Hilfssprache benutzt. In Amerika erwies es sich aber bald, dass das blosse platonische Interesse an der Schaffung oder Auswahl einer künftigen Hilfssprache,, das damals durch die Delegation repräsentiert wurde, nicht substanziell genug war, um die Betätigung der Amerikaner festzuhalten; so hatte ich geraten und auch geholfen, die Erlernung des Esperanto zu betreiben, in der Annahme, dass wahrscheinlich die künftig von der Delegation gewählte Sprache vom Esperanto nicht soweit verschieden sein würde, dass die an dieses gewendete Mühe vergeblich gewesen wäre.

. Ich kam mit der Erkenntnis zurück, dass auch die Delegation nunmehr zur endgültigen Lösung dieser ihrer Aufgabe übergehen müsse, da die blosse Werbetätigkeit für den allgemeinen Gedanken keinen besonderen Erfolg mehr erhoffen liess. Der Vorstand der Delegation erkannte auch alsbald die Angemessenheit des Zeitpunktes an, und nachdem die statutenmässig in erster Linie vorgesehene Uebergabe der Angelegenheit an die *Assoziation der Akademieen* sich als nicht ausführbar erwies, da diese die Sache mit der Begründung der Unzuständigkeit ablehnte, so musste die Delegation, gleichfalls gemäss ihren Statuten, die Arbeit selbst übernehmen. Ueber ihren Verlauf gibt der Aufsatz: *Ein Friedenswerk,* der unmittelbar nach Schluss der Beratungen geschrieben wurde, anschauliche Auskunft.

Die weiteren Schicksale dieser Angelegenheit werden am Schlusse dieser Abteilung erzählt werden, nachdem die in den abgedruckten Aufsätzen mitgeteilten Tatbestände dem Leser bekannt geworden sind.

Die Weltsprache.

(1903)

Wenn ein Physikochemiker sich über die Angelegenheit der Weltsprache äussert, so setzt er sich der Frage aus: Wie kommt Saul unter die Propheten? oder deutlicher: Wie darf ein Naturforscher es wagen, in einer philologischen Sache seine Meinung geltend machen zu wollen? Darauf ist zunächst zu antworten, dass die Bedeutung dieser Sache weit über den Kreis der Philologie hinausgeht; es handelt sich vielmehr um ein Problem des Weltverkehrs, vergleichbar dem Telegraphen und der Eisenbahn, ja an Bedeutung beiden weit überlegen. Und da von allen menschlichen Institutionen die Wissenschaft die internationalste ist, so hat ein jeder Angehörige der Wissenschaft das unmittelbarste Interesse an der Frage, wie gross der Kreis ist, an den er sich wendet, um Belehrung zu erhalten oder zu verbreiten.

Immerhin muss ich anerkennen, dass mein Vorgehen etwas Ungewöhnliches hat; es müssen daher auch ungewöhnliche Gründe dazu Anlass gegeben haben. Diesen Eindruck möchte ich durchaus festhalten und verstärken.

Schon einige Male in meinem Leben habe ich Gelegenheit gehabt, mich für scheinbar hoffnungslose Sachen ins Zeug zu legen, und ich darf mit einigem Stolze sagen, dass diese Dinge sich schliesslich doch lebensfähiger erwiesen haben, als meine damaligen Gegner wahr haben wollten. Auch diesmal handelt es sich um eine solche Sache, bei der ich bisher fast nur auf Unglauben, Ablehnung, den Vorwurf der Phantasterei und wie alle die Wendungen sonst heissen mögen, gestossen bin: die Frage einer *Weltsprache*. Um gleich einem möglichen Missverständnis zuvorzukommen, will ich betonen, dass hiermit nicht gemeint ist, dass hinfort jedermann auf der Erde nur *eine* einzige Sprache sprechen soll. Es soll vielmehr künftig jeder *zwei* Sprachen zu lernen haben, nämlich seine Muttersprache wie bisher, und ausserdem die *allgemeine Sprache*. Damit sind zunächst alle die Einwendungen abgeschnitten, die dem Gedanken der Weltsprache auf Grund von gefühlsmässigen und künstlerischen Erwägungen gemacht worden sind. Alles das Liebe, Schöne und Hohe, das wir vollständig nur in den Lauten unserer Muttersprache sagen oder schreiben können, soll nicht beeinträchtigt werden, jede nationale Poesie und Literatur soll bleiben, was sie war. Nur für den Verkehr zwischen Menschen von *verschiedener* Muttersprache soll ein Verkehrsmittel geschaffen werden, welches über die ganze Welt dasselbe sein soll.

Schon früh hat die Menschheit eingesehen, welcher ungeheuren Leistungen sie fähig wäre, wenn nicht der grössere Teil ihrer Energie durch die Unmöglichkeit unmittelbaren gegenseitigen Verständnisses ungenutzt verloren ginge. Wie gross dieser Teil ist, lässt sich für moderne Verhältnisse annähernd schätzen; untersucht man die Lehrpläne der heutigen Mittelschulen, der Gymnasien, Realgymnasien und Realschulen, so findet man bei dem ersteren, dass fünfzig, bei den letzteren, dass über *sechzig Prozent der gesamten Schulzeit* auf die *Erlernung* von *Sprachen* gewendet wird. Wenn wir diese Beanspruchung fortfallen lassen könnten, so wäre das Ergebnis, dass wir unsere Kinder nur drei Stunden täglich in die Schule zu schicken brauchten, um ihnen im übrigen dieselbe Bildung zu geben, die sie heute in der doppelten Schulzeit erlangen.

Aber, wird man einwenden, die Sprachen haben an sich einen bildenden Wert; mit jeder Sprache zieht der Geist ein neues Kleid an. Dies Bild ist wahrer, als für die Verteidiger des Bildungswertes der Sprachen wünschenswert ist; man stelle sich nur den Geist eines heutigen Menschen vor, dessen Muttersprache deutsch ist, der etwa innerhalb einer polnisch redenden Bevölkerung seine Jugend verbracht hat, und der dann auf der Schule Lateinisch, Griechisch, Französisch und Englisch gelernt hat, und später etwa noch, von seinem Beruf gezwungen, hat Italienisch oder Holländisch dazulernen müssen. Mit seinen sieben Kleidern übereinander ist ein solcher Geist wirklich nicht besser daran, als er es mit seinem natürlichen Gewande der Muttersprache und dem Arbeitsrock der Weltsprache wäre. Ich selbst habe mich ausser mit jenen Schulsprachen noch, vermöge der Umgebung meiner Kinderjahre, mit Russisch, Lettisch und Estnisch zu befassen gehabt, und ich bin sicher, dass dieses Babylon mir nur Verwirrung, nie aber Förderung und Aufklärung gebracht hat.

Aber selbst zuzugeben, dass in der Kenntnis verschiedener Sprachen ein gewisser Bildungswert steckt, so kann dieser doch erst zur Geltung kommen, wenn man die Sprachen *wissenschaftlich* studiert, d. h. wenn man Philologe ist. Diesen Beruf haben nun aber nur verschwindend wenige Menschen: Und für *jeden* Beruf ist die Fülle der *notwendigen* Kenntnisse so gross, dass die wünschenswerten dahinter jedenfalls zurückstehen müssen. Sür den unmittelbaren Zweck des Verkehrs kommt diese Seite des Sprachenlernens gar nicht in Frage: da von tausend Menschen nicht weniger als 999 die Sprachen nur des Verkehrs wegen lernen, so hat es keinen Sinn, eine solche ungewöhnliche Arbeit zu tun, wenn sie für den *Zweck* nicht notwendig ist.

Hier entsteht nun die zweite Frage: Zugegeben, dass eine Weltsprache wünschenswert ist, ist sie denn aber auch *möglich?* Die Antwort ist: Möglich ist sie jedenfalls; in Amerika lernt jedermann, welches auch seine Muttersprache sei, Englisch, denn der gesamte Verkehr dieses ungeheuren Landes spielt sich in dieser Sprache ab.

Nun, so wollen wir alle *Englisch* lernen, ist mir damit gesagt worden. Dies ist ein Gedanke, der vielfach aufgetaucht und erwogen worden ist. Sogar ein sehr angesehener deutscher Professor hat bei feierlicher Gelegenheit einmal diesen Vorschlag gemacht und empfohlen. Ich glaube, er ist nicht durchführbar. Selbst wenn sich in Deutschland eine Mehrheit von hinreichend — nun, sagen wir einmal, selbstlos — denkenden Menschen finden würde, die das Englische als internationale Verkehrssprache anzuerkennen bereit wären, so würden sich andere Völker mit ausgeprägterer nationaler Empfindung doch zu einer solchen Selbstaufopferung nicht verstehen. Es wäre also doch keine Aussicht vorhanden, eine wirkliche Weltsprache auf solchem Wege zu erzielen, und ein Versuch in dieser Richtung wäre also von vornherein zum Scheitern bestimmt. Es sind ja nicht nur die nationalen Gesichtspunkte, die hierbei mitspielen, sondern auch erhebliche praktische Interessen. Das Volk, dessen Sprache zur Weltsprache erhoben werden würde, hätte durch diesen Umstand allein einen grossen technischen Vorteil vor allen anderen Völkern, indem seine Bücher und Zeitungen überall gelesen, seine Mitteilungen, Kataloge, Preisverzeichnisse aller Art überall verstanden werden würden, so dass kein anderes Volk, das den Trieb der Selbsterhaltung nicht gänzlich eingebüsst hat, bewusst einen solchen Schritt tun könnte. Mit der Sprache geht auch die Weltanschauung, das künstlerische und wissenschaftliche Denken auf die anderen über, welche sich dieser Sprache bedienen, und statt durch die Einführung einer allgemeinen Verkehrssprache die eigene Muttersprache gegen Beeinflussungen und Zurückdrängungen zu schützen, würde man durch die Annahme einer *lebenden* Sprache bald die eigene vernachlässigen und schliesslich verschwinden lassen. So sehr ich bereit bin, die Beiträge der Englisch redenden und schreibenden Völker zum Gesamtschatz des menschlichen Wissens und zu der schönen Literatur hoch zu schätzen, so muss ich doch mit aller Entschiedenheit betonen, dass ein *ausschliesslich* englischer Einfluss in Wissenschaft und Kunst mir für das Gesamtergebnis der menschlichen Entwickung ebenso bedenklich erscheint, wie etwa eine ausschliesslich englische politische oder kommerzielle Herrschaft über die ganze Welt. Und wenn etwa für Englisch Amerikanisch gesetzt werden sollte, so wird das Gesamturteil sicher nicht anders.

Diesen Gründen wird wohl kaum jemand widerstehen können oder wollen; wir können also die Möglichkeit, irgend eine der lebenden Sprachen zu wählen, als abgetan ansehen. Wie stände es aber mit einer *toten* Sprache, dem *Lateinischen* oder *Griechischen* etwa?

Ein derartiger Vorschlag scheint zunächst sehr viel für sich zu haben. Ist doch das Latein im Mittelalter die allgemeine Sprache der Wissenschaft und der Verkehrssprache der Regierungen gewesen. Es kommt hier nicht viel in Frage, dass etwa das Italienische noch einige Aehnlichkeit mit der Weltsprache haben würde; ein erneutes Erlernen würde auch den dieser Sprache Kundigen notwendig sein, und ein besonderer Vorteil käme den Italienern kaum zu gute.

Wenn man bei eingehenderem Nachdenken doch zu dem Ergebnis kommt, dass auch dieser Weg nicht der beste ist, so liegen die hier in Betracht kommenden Erwägungen auf einem Boden, der bisher noch nicht berührt worden ist. Es ist dies die Frage nach der grösseren und geringeren *Zweckmässigkeit* der zu wählenden Sprache, was ihre Erlernung und Anwendung anlangt.

Jeder weiss, dass die verschiedenen Sprachen in dieser Beziehung sehr verschieden sind. Italienisch ist verhältnismässig leicht zu erlernen; wer aber einmal einen Versuch mit dem Russischen gemacht hat, weiss, dass dies eine greulich schwere Sprache ist. Wenn man der ganzen Menschheit die Aufgabe auferlegen will, eine und dieselbe Verkehrssprache zu erlernen, so muss man sich klar sein, dass eine solche Sprache so leicht zu erlernen sein muss, als sich mit ihrer Brauchbarkeit immer verträgt. Erfüllen nun Latein und Griechisch diesen Anspruch leichter Erlernbarkeit? Ich glaube, die in der ganzen Kulturwelt seit einigen Jahrhunderten gemachten Versuche in dieser Hinsicht lassen gar keinen Zweifel übrig. Wenn unsere Gymnasiasten während neun Jahren dem Latein eine Arbeit gewidmet haben, die an kein einziges anderes Fach in solchem Masse gewendet wird, und wenn das Ergebnis dieser ausserordentlichen Bemühungen das ist, dass eine freie Handhabung der Sprache doch nicht erreicht werden kann, so muss zugestanden werden, dass der Weg ungangbar ist. Wir brauchen für den allgemeinen Verkehr eine Sprache, die nicht nur der Gelehrte, sondern auch der Arbeiter in der Fabrik und der Dienstmann auf der Strasse spricht; wir wollen in Belgrad einen Hemdkragen von der Ladnerin kaufen und in Norwegen den Landmann nach dem Wege fragen können, und es soll möglich sein, dass beide die allgemeine Sprache verstehen und sprechen. Das ist nur denkbar, wenn das Erlernen der allgemeinen Sprache nicht schwerer ist, als das kleine und grosse Einmaleins, so dass jeder Schüler in der Elementarschule neben Lesen und Schreiben auch die Grundlagen der allgemeinen Sprache lernen kann, und künftighin nur nötig hat, seinen Sprachschatz durch Lesen nach Bedarf zu erweitern.

Ja, ist denn das überhaupt denkbar? wird man fragen. Zur Antwort sei berichtet, was mein Kollege *Credner* im vorigen Herbst erlebt hat. Er hatte sich nach Wien begeben, um den internationalen Geologenkongress mitzumachen, und war mit einer Anzahl Festgenossen auf eine mehrwöchige Reise gegangen. Unter diesen befanden sich drei, ein *Norweger,* ein *Rumäne* und ein *Belgier,* die zufällig alle *Esperanto* gelernt hatten. *Esperanto* ist eine künstliche Sprache, die in hohem Masse den oben ausgesprochenen Anforderungen genügt. *Credner* beobachtete nun mit Erstaunen, wie diese drei Herren, die gegenseitig die Muttersprache des anderen *nicht* kannten, sich ohne Anstoss unterhielten, und zwar nicht nur in mühsamer, stockender Verständigung über wissenschaftliche Fragen, sondern in ruhigem Redefluss über alle Angelegenheiten ihres täglichen Lebens. Auf die Frage an einen der Herren, wie lange Zeit er zur Erlernung dieser künstlichen Sprache gebraucht habe, beschied er den erstaunten Frager, dass zwei bis drei Wochen ausgereicht hätten. Nun muss ich betonen, dass Herr Kollege *Credner* sich vorher gar nicht um die Frage einer Weltsprache gekümmert hatte, dass er die ihm entgegentretende Erscheinung somit vollkommen unbefangen, ja mit der Ungläubigkeit beobachtet hat, die jeder Unvertraute diesen Dingen entgegenbringt; um so wertvoller war mir seine Mitteilung.

Das ist nur *ein* Beispiel unter vielen. Schon durch das *Volapük,* den ersten Versuch einer Weltsprache, der eine zeitweilige weitere Verbreitung gefunden hatte, war in hunderten von Fällen die Möglichkeit nachgewiesen worden, dass Angehörige ganz verschiedener Sprachen sich mittelst einer gemeinsamen künstlichen Sprache ganz gut. verständigen können. Auf die Gründe, die seinerzeit das *Volapük* zum Scheitern gebracht haben, will ich nicht eingehen; hier handelt es sich zunächst um die fundamentale Frage, ob der Gedanke einer künstlichen Sprache überhaupt ausführbar ist, und diese Frage muss auf Grund der mit verschiedenen derartigen Sprachen — denn es existieren noch zahlreiche andere — gemachten Erfahrungen zweifellos bejaht werden.

Für den heutigen Menschen hat der Gedanke einer künstlichen Sprache zunächst noch etwas Abstossendes. Wir sind in der Schule daran gewöhnt worden, die Sprache als etwas Uebermenschliches mit einer Art von mystischem Schauder anzusehen, und die beim Erlernen des Lateinischen und Griechischen ausgestandenen Qualen haben nur dazu beigetragen, diesen Schauder zu verstärken. Und wenn wir die Philologen fragen, so erhält man die Belehrung, dass die Sprache ein gewachsener *Organismus,* eine *natürliche* Bildung sei, die man ebensowenig künstlich herstellen könne, wie man einen Baum oder ein Pferd herstellen kann. Ersichtlicherweise ist das letztere Argument nur ein Bild oder Vergleich und daher kein Beweis. Fragen wir, ob es denn nicht gelingt, auf künstliche Weise geistige Dinge darzustellen und zu überliefern, so haben wir in der allgemein bekannten und benutzten *Notenschrift* ein in vieler Beziehung lehrreiches Beispiel. Zunächst ist diese Schrift international; überall, wo europäische Musik bekannt ist, wird auch Notenschrift verstanden, unabhängig von der Muttersprache des Lesenden. Ferner aber ist diese Schrift ausdrucksvoll; nicht nur äusserliche Sachen, wie Tempo und Tonstärke kann sie übermitteln, sondern alle die in Worten gar nicht ausdrückbaren Tongestaltungen des Komponisten, die grossartige Leidenschaft eines *Beethoven,* die träumerische Sinnigkeit eines *Schumann,* die süsse Fülle eines *Mozart* — für alles haben diese wunderlichen Zeichen die erforderlichen Darstellungsmittel. Und wenn man sagen wollte: die tiefste Seele kann der Komponist doch nicht in Noten schreiben, die muss der wiedergebende Künstler nachschaffen, so mag das zugegeben werden; es gilt aber auch von der Wiedergabe eines

Gedichtes in irgend einer der natürlichen Sprachen. Jede Mitteilung muss ja in einem bestimmten Sinne unvollkommen bleiben, schon weil kein Mensch dem anderen vollkommen gleich ist, und daher kein Mensch den anderen vollständig verstehen kann. Aber jedes Mittel der Mitteilung ist einer steigenden Vervollkommnung fähig, und sobald ein allgemein anerkannter und bekannter Inhalt vorhanden ist, ist es auch möglich, ihm ein entsprechendes Laut- und Schriftzeichen zuzuordnen.

Die Notenschrift ist keineswegs die einzige internationale Schriftsprache. Auch das *telegraphische Morsealphabet* ist eine, die *Zahlenzeichen*, die *algebraischen* und *chemischen Formeln, die Flaggenzeichen* des internationalen Code, alle stehen international verständliche Sprachen dar, die für ein bestimmtes Gebiet von Mitteilungen vereinbart sind, und deren Einführung ebensowenig Schwierigkeit gemacht hat, wie etwa hier in Deutschland vor einigen Jahren die Einführung der mitteleuropäischen Zeit. Was war vorher nicht über diese Frage geredet worden, welche Schwierigkeiten hatte man nicht vorausgesehen, und als schliesslich die Sache ausgeführt wurde, da spürte man nicht einmal einen Ruck.

Aehnliche Beispiele lassen sich vielfach anführen, etwa bei der Umwandlung von Mass und Gewicht, die in Deutschland gleichfalls vor einigen Dezennien durchgeführt worden ist. So wird auch in der gegenwärtigen Angelegenheit der Weltsprache die Schwierigkeit nicht in der Einführung der internationalen Sprache und ihrer Erlernung selbst liegen, sondern nur in den Erörterungen bis zu dem Augenblicke, wo der Entschluss zu ihrer Einführung gefasst sein wird.

Zunächst möchte ich noch einige Fragen beantworten, die sich manchem aufgedrängt haben. Wie soll es möglich sein, eine Sprache so *einfach* zu gestalten, wie eben verlangt und behauptet worden ist? Die Antwort liegt darin, dass in den europäischen Sprachen die Inhalte, welche sprachlich wiedergegeben werden sollen, vielfach *überbestimmt* werden, und dass ferner die Sprachen Inhalte enthalten, an deren Mitteilung uns überhaupt nichts liegt. Wenn ich irgend einen deutschen Satz sage, z. B.: „die steinernen Häuser brennen nicht", so sage ich eine Menge Ueberflüssiges. Die Pluralform des Wortes „Häuser" sagt uns, dass von mehreren die Rede ist. Die gleiche Aussage, die der vorhandenen nichts hinzufügt, wird aber auch durch die Pluralform „die" am Artikel, „steinernen" am Eigenschaftswort und „brennen" am Zeitwort gemacht. Wenn ich also etwa sagen würde, „de steinern Häuser brenn nicht", so würde ich genau so viel sagen, als früher, es würde nicht das geringste undeutlich werden. Hierbei wäre aber der grosse Vorteil eingetreten, dass ich keinerlei Flexion, weder am Artikel, noch am Eigenschaftswort, noch am Zeitwort nötig gehabt hätte; ich brauchte deren Regeln also nicht zu wissen und hätte, falls mir die Sprache fremd gewesen wäre, drei Gelegenheiten, Fehler zu machen, vermieden.

Weiter habe ich gesagt, dass die Sprache Inhalte mitteilt, an deren Kenntnis niemandem etwas gelegen ist. Dies ist besonders deutlich am Geschlecht der Dingwörter. Wenn ich „*die* Rose", „*das* Veilchen" und „*der* Klee" sage, so habe ich überhaupt nicht die Absicht, durch diese Verschiedenheiten des Artikels irgend etwas zu sagen. Der Sprachforscher mag zu ermitteln suchen, auf welche Weise diese Unterschiede entstanden sind; in unserm Bewusstsein sind sie jedenfalls nicht mehr vorhanden, und wir halten an den Verschiedenheiten nur auf Grund des Trägheitsgesetzes fest. Wem dies übertrieben erscheint, den bitte ich nur an die englische Sprache zu denken; dort ist nur *ein* Artikel vorhanden, und die Geschlechtsbezeichnung ist bis auf wenige Reste verschwunden. Ein Mangel dieser Sprache ist dies sicher nicht, sondern ein erheblicher Vorzug; auch wird dadurch keinerlei Undeutlichkeit verursacht.

Natürlich kann ich mir nicht die Aufgabe stellen, die ganze Grammatik unserer Sprachen durchzugehen und die vorhandenen Mannigfaltigkeiten darauf zu untersuchen, ob sie nötig und nützlich sind, oder nicht. Diese Aufgabe ist von zahlreichen Forschern bereits eingehend behandelt worden, unter anderen von keinem geringeren als *Leibniz,* der dem Problem der Weltsprache während seines ganzen langen und reichen Lebens ein

dauerndes Interesse gewidmet hat.*) Ich kann nur das Ergebnis dieser bis auf die neueste Zeit von den verschiedensten
Seiten fortgesetzten Forschungen dahin zusammenfassen, dass
in der Tat eine ungemein weitgehende *Reduktion der Grammatik* unter dem Gesichtspunkt möglich geworden ist, dass die
Sprache zwar alles Notwendige, nicht aber das Ueberflüssige
zum Ausdruck bringen soll.

Hiermit ist zunächst ein wichtiger Gesichtspunkt gewonnen, unter dem es klar wird, dass eine künstliche Sprache
jedenfalls einfacher, logischer und regelmässiger gemacht werden kann, als irgend eine natürliche Sprache ist. Denn es
gibt eben keine Sprache, deren Grammatik keine Ausnahmen und Ueberbestimmungen besässe. Jeder weiss, dass
es eine Kleinigkeit ist, die *Regeln* irgend einer Sprache zu
lernen; die Schwierigkeit fängt immer und immer erst bei den
Ausnahmen an. Ebenso machen wir nie einen Fehler darin, ob
wir in einem gegebenen Satze das Hauptwort in der Ein- oder
Mehrzahl setzen sollen; die Fehler machen wir erst, wenn wir
die anderen Wörter nach Numerus und Genus richtig zum
Hauptwort beugen sollen. Wenn in der künstlichen Sprache
gar keine solchen Regeln vorhanden sind, so können wir sie
auch nicht verletzen, und man muss sie unwillkürlich richtig
sprechen und schreiben.

Noch schneller, als die Grammatik können wir die Syntax
erledigen. Die natürliche Reihenfolge von Subjekt, Zeitwort
und Objekt bietet sich von selbst an. Dass es in einzelnen
Sprachen anders ist, wird für die Erlernung der künstlichen
Sprache keine Schwierigkeit bieten, da es sich wieder um die
Anwendung einer sehr einfachen und naturgemässen Regel
handelt.

Zum dritten sind einige Worte über den schwierigsten
Punkt, das *Wörterbuch* der künstlichen Sprache zu sagen.
Hier lässt sich geschichtlich eine sehr klare und zweifelsfreie

---

*) S. COUTURAT, *La Logique de Leibniz* (Paris, Alcan, 1901), und
desselben *Opuscules et fragments inédits de Leibniz,* nach den ungedruck-
ten Handschriften der königl. Bibliothek in Hannover (Paris, Alcan, 1903).

Entwicklung verfolgen und nachweisen. Die ersten Versuche
zur Herstellung künstlicher Sprachen waren dadurch gekennzeichnet, dass die Wörter nach irgend welchen systematischen
Gesichtspünkten ganz neu gebildet wurden, meist so, dass
Wörter ähnlicher Bedeutung auch ähnliche Gestalt erhielten.
Die Erfahrung hat gezeigt, dass solche Sprachen sehr schwer
zu lernen und anzuwenden sind. Erst später ist man auf den
Gedanken gekommen, das *Wörterbuch der bekanntesten Sprachen* beizubehalten, und es nur im Sinne der *Regelmässigkeit*
und *Einfachheit* zu bearbeiten. Dieser Gedanke hat sich in der
Tat als der lebensfähigste erwiesen. Es gibt ja bereits eine
ganze Anzahl international verständlicher Wörter. Das Wort
Telegraph wird überall auf der Erdoberfläche verstanden werden, wo es diese Einrichtung gibt. Das gleiche gilt für *Tabak,
Post, Theater, Lampe, Limonade, Rente, Rose, Sekretär* usw.;
man kann in kurzer Frist Dutzende derartiger internationaler
Wörter zusammensuchen. Man wird natürlich diese bereits
unbewusst erlangte Einigung nicht aufgeben, da ja die erste
Eigenschaft der künstlichen Sprache die möglichst grosse
Leichtigkeit der Erlernung sein muss. Hieraus ergibt sich
denn auch jener Grundgedanke, den alle neueren Versuche
künstlicher Sprachen verfolgen, nämlch das Wörterbuch aus
dem der bekannten Sprachen, also der *germanischen* und *romanischen* zusammenzusetzen und an den Wörtern nur diejenigen
Aenderungen vorzunehmen, die zur Klarheit und Verständlichkeit erforderlich sind. Hier wird es sich namentlich um einheitliche Endungen für Eigenschaftswörter und die verschiedenen Zeiten der Zeitwörter handeln, sowie für entsprechende
Wörterklassen aus dem gemeinsamen Stamme.

Dass eine derartige Aufgabe lösbar ist, darf als zweifellos
bewiesen angesehen werden; ja, sie ist so leicht lösbar, dass
diese Leichtigkeit eines der wesentlichsten Hindernisse der
Einigung über die Wahl einer derartigen künstlichen Sprache
gewesen ist. Denn es bestehen gegenwärtig bereits mindestens
ein Dutzend verschiedener künstlicher Sprachen, denen die
eben dargelegten Grundzüge mehr oder minder vollkommen

.eigen˝ sind.*)· Und damit kommen wir zu dem letzten und wichtigsten Punkt: *Wie soll eine allgemeine Einigung über die zu wählende Sprache erzielt werden*, bezw. *wer* soll sie·feststellen?

Suchen wir auf diese·Frage zunächst eine Antwort aus den geschichtlichen Analogien, so haben wir aus den letzten Jahrzehnten·eine Anzahl ähnlicher, wenn auch nicht so weittragender Vorgänge. Ich will einen herausgreifen: die·Feststellung internationaler Einheiten für elektrische Grössen. Suchen wir das, was hier geschehen ist, auf seinen kürzesten Ausdruck zusammenzufassen, so beginnt die Entwicklung mit dem Auftreten dieses Bedürfnisses in der *reinen Wissenschaft* und seiner Lösung in dem gleichen Gebiete. Zuerst hat das Bedürfnis nach·magnetischen Einheiten wohl *Gauss* bei seinen Untersuchungen über den Erdmagnetismus gefühlt, wie denn der magnetische Verein, den er begründete, wohl als der erste internationale Verein für wissenschaftliche Zwecke bezeichnet werden muss. Durch die Mitarbeit von Wilhelm *Weber* wurden die zunächst für magnetische Zwecke gebildeten Begriffe des sogenannten absoluten Masssystems auf die Elektrodynamik ausgedehnt; *Maxwell* bewirkte in seinem berühmten Lehrbuche eine weitere wissenschaftliche Entwickelung, und als die schnell erblühende Technik sich dem Bedürfnis eines exakten Masssystems gegenüber befand, konnte die Wissenschaft ihr ein solches bereits anbieten. Zunächst nahmen nun die einzelnen Kreise der Technik aus der Wissenschaft das, was ihnen am bequemsten schien; der internationale Charakter, den aber die Elektrotechnik alsbald annahm, heischte gebieterisch Verständigung, und so tagte zunächst in Paris die erste Versammlung zur Feststellung internationaler elektrischer Einheiten, die von den Regierungen der hauptsächlich beteiligten Staaten durch Vertreter aus der Wissenschaft und der Praxis beschickt wurde. Die weitere Entwicklung brauche ich nicht zu schildern: sie ist vollkommen entsprechend jenen Anfängen vor sich gegan-

---

*) Cf. COUTURAT und LEAU: *Histoire de la Langue universelle.* 1 Bd. 8⁰, XXXII+576 S. Paris, Hachette, 1903.

gen, indem jedesmal zunächst die Wissenschaft die erforderlichen Begriffe geklärt und die Mittel zu ihrer Bestimmung
festgestellt hat, worauf die Technik sie übernommen und
durch internationale Kommissionen, zuletzt mit staatlicher
Autorität, für den allgemeinen Gebrauch zugänglich gemacht hat.

Auch in dem vorliegenden Falle wird kein anderer Weg
gangbar sein. Die Wissenschaft hat den Begriff der künstlichen Sprache erörtert, die Technik der Einzelnen, hier der
Erfinder künstlicher Sprachen und ihrer Anhänger, hat die
verschiedenen Seiten der Frage einer unbeabsichtigten, aber
darum nicht weniger wirksamen experimentellen Untersuchung unterzogen, und gegenwärtig scheint der allgemeine Inhalt der Frage soweit geklärt zu sein, dass man sicher darauf
rechnen kann, eine gute und zweckmässige Lösung der Aufgabe zur Verfügung zu haben, wenn es sich darum handelt,
eine zu wählende oder herzustellende künstliche Sprache allgemein einzuführen.

Zunächst ist noch eine mittlere Instanz zu suchen, welche
die ganze Angelegenheit soweit vorbereitet, dass den Regierungen ein fertiger, wohl durchdachter und mit der höchsten
erreichbaren wissenschaftlichen Autorität gestützter Vorschlag
unterbreitet werden kann. Wie ist dies zu erzielen?

Ich freue mich, auf diese Frage eine befriedigende Antwort geben zu können. Als im Jahre 1900 in Paris mehrere
internationale Kongresse im Anschluss an die Weltausstellung
tagten, zeigte sich die bekannte Erscheinung, die sich seitdem
bei den sich stetig vermehrenden internationalen Kongressen
immer störend bemerkbar gemacht hatte. Da standen die Männer neben einander, die sich gegenseitig das Belangreichste zu
sagen hatten, aber sie konnten sich nicht verständigen. Denn
wenn die meisten Gelehrten und Praktiker heute auch mehrere
Sprachen soweit beherrschen, dass sie Fachabhandlungen
lesen können, so ist es doch von diesem Punkte noch eine weite
und mühsame Reise zum *mündlichen* Verkehr in der fremden
Sprache. So entstand aus der Not der Gedanke der internationalen Sprache von neuem, und aus jenen Versammlungen

entwickelte sich, in erster Linie auf Grund einer von Dr. L. Leau vorgelegten Denkschrift, eine ständige *Kommission,* die für die Einführung einer allgemeinen Hilfssprache tätig zu sein hatte.

Diese Kommission hat sich zunächst über die ersten Schritte geeinigt. Es ergaben sich zwei wichtige Aufgaben: die Aufstellung eines klaren Programms und eine möglichst ausgiebige Tätigkeit für die Verbreitung des Gedankens. Was den ersten Punkt anlangt, so sind folgende Sätze das Ergebnis der Beratungen gewesen:

1) Die Hilfssprache muss ebenso den Bedürfnissen des täglichen Lebens, wie den Zwecken des Handels und Verkehrs, wie auch den Aufgaben der Wissenschaft zu dienen im stande sein.

2) Sie muss für alle Personen von elementarer Durchschnittsbildung, insbesondere für die Angehörigen der europäischen Kulturwelt leicht erlernbar sein.

3) Sie darf keine der nationalen lebenden Sprachen sein.

Im übrigen ist in Aussicht genommen, dass zu gegebener Zeit ein aus Vertretern der verschiedenen Nationen und Berufskreise unter Mitwirkung geeigneter Philologen gebildeter Arbeitsausschuss zusammentritt, um über die künftige internationale Sprache selbst zu beraten und entweder eine der vorhandenen anzunehmen, oder unter Benutzung der inzwischen gemachten Erfahrungen eine neue künstliche Sprache auszuarbeiten. Um dem Ergebnis ihrer Arbeit die zur Zeit allerhöchste wissenschaftliche Sanktion zu geben, soll die *Association der Akademieen,* jene grossartige Vereinigung, welche der lebendigste Ausdruck für die völkervereinigende Macht der Wissenschaft ist, darum ersucht werden, eine massgebende Stelle bei dieser Arbeit einzunehmen, und erst wenn dies nicht gelingen sollte, würde die *Kommission* sich allein für den Zweck organisieren.

Auf diese Weise würde eine Schwierigkeit sehr glücklich beseitigt werden, welche sich bisher als das Haupthindernis für die Entwicklung der Sache erwiesen hat. Es ist die Frage, welche von den vorhandenen oder künftigen internationalen

Sprachen denn die allgemein angenommene werden soll. So lange dies dem Belieben des Einzelnen überlassen bleibt, ist eine Einigung ausgeschlossen. So wie aber jene wissenschaftliche Autorität entschieden hat, ist der Wettbewerb vollständig beendet, und jedermann hat die Sicherheit, dass er nicht morgen wieder umzulernen hat, nachdem er heute *Volapük* oder *Esperanto* oder sonst eine der vorhandenen Kunstsprachen gelernt hat. Dann werden sich auch die Regierungen berechtigt fühlen, jene allgemeine Hilfssprache als Unterrichtsgegenstand in den Volksschulen lehren zu lassen. Ist erst dieser Punkt erreicht, so folgt das Uebrige regelmässig und naturnotwendig, und unsere Kinder oder Kindeskinder werden sich der internationalen Sprache mit derselben Selbstverständlichkeit bedienen, wie wir heute die Eisenbahn oder das Telephon benutzen.

Die andere wichtige Aufgabe der Kommission, die *Verbreitung* des *Gedankens,* ist gleichfalls um ein sehr erhebliches Stück gefördert worden. Sie hat durch Schriften, Vorträge und persönliche Arbeit ihrer Mitglieder eine Propaganda grossen Stils geübt, mit dem Resultat, dass gegenwärtig (Dezember 1903) etwa 170 verschiedene Gesellschaften, deren gesamte Mitgliederzahl nach vielen Tausenden zu rechnen ist, sich grundsätzlich der Bewegung angeschlossen haben. Unter diesen Gesellschaften befinden sich neben gelehrten Vereinigungen insbesondere zahlreiche Touristenvereine und daneben Handelskammern und ähnliche Institutionen. Diese Tatsache zeigt, dass wirklich der Gedanke der internationalen Sprache von denen gutgeheissen wird, zu deren Nutzen er zunächst ins Leben gerufen werden soll, den Gelehrten, Reisenden und den Angehörigen des Handels und der Technik.

Nach den Ländern gerechnet, steht *Frankreich* in der Anteilnahme oben an. Dies mag in erster Linie daher rühren, dass die *Kommission* ihren Ursprung und Sitz in Paris hat, wo auch ihre tätigsten Mitglieder, vor allen Dingen Prof. *Couturat,* wohnen. Dann finden sich zahlreiche Anschlüsse bei den Angehörigen der *kleineren Völker.* Hier ist die Erscheinung auf das vorhandene Bedürfnis nach dem Anschluss an die Gesamtkultur zurückzuführen, ferner wohl noch auf die Einsicht, dass gerade durch die Schaffung einer internationalen Verkehrssprache die Pflege und Erhaltung kleiner Sprachgebiete besonders erleichtert wird. Denn durch ihre *internationale* Beschaffenheit verliert ja die Hilfssprache jeden *nationalen* Charakter, und die Loslösung der Sprachenfrage von diesem Zusammenhang würde gleichfalls ein grosser Segen und eine Ersparung der gegenwärtig in den sprachpolitischen Kämpfen vergeudeten Energie sein.

In *Deutschland* hat die Bewegung für die internationale Sprache am wenigsten Fuss gefasst. Es fällt mir einigermassen schwer, den Grund hierfür ausfindig zu machen, zumal die Schaffung derartiger Sprachen von Deutschen mit besonderer Vorliebe betrieben worden ist; ich erinnere nur an das *Volapük* von *Schleyer*. Hängt dies mit dem komischen Schulstolze zusammen, den der Durchschnitts-Deutsche noch heute empfindet, wenn man ihm Komplimente über seine Beherrschung irgend einer fremden Sprache macht? In dieser Beziehung herrschen allerdings unter uns noch recht veraltete Anschauungen. Wenn man irgend Jemandem nachsagt, er spräche schlechtes Französisch, so wird das fast als ebenso ehrenrührig empfunden, als sagte man ihm nach, dass er silberne Löffel einstecke. Und die Eltern in den sogenannten besseren Ständen empfinden es noch heute vielfach als eine Notwendigkeit, ihre Töchter in dem Alter, wo sie am nettesten sind und dem Vater wie der Mutter die meiste Freude machen, in irgend ein englisches oder französisches Pensionat zu schicken, von wo sie dann mit Eindrücken und Erfahrungen zurückkommen, durch welche sie an *innerem Wert* — nun ich will sagen — nicht viel gewonnen haben.

Und doch wäre Deutschland gerade dazu ausersehen, in der bevorstehenden Entwicklung eine überaus wichtige, ja eine führende Rolle zu spielen. In bezug auf den Betrieb und die Förderung der Wissenschaften hat Deutschland fast überall die Führung; die Zahl der mit der Feder arbeitenden Deutschen ist ausserordentlich gross. Es würde sich daher von selbst eine Zentralisation in der Herstellung der internationalen

Literatur, sei es in Originalen oder in Uebersetzungen für Deutschland ergeben, wodurch die Ergebnisse deutscher Geistesarbeit, dies Wort im weitesten Sinne genommen, der Welt vollkommener zugänglich gemacht werden könnten, als dies bisher der Fall war. Die grosse Idee der *Weltliteratur*, der *Herder* und *Goethe* ihre Kräfte mit dem vollen Bewusstsein ihrer Bedeutung gewidmet haben, ist nirgends vollkommener als unter uns zur Verwirklichung gelangt, und bei uns ist der Boden bereitet, mit dem ungeheuer viel wirksameren neuen Hilfsmittel der internationalen Sprache ihn würdig durchzuführen. Wie Deutschland gegenwärtig die Universität für die ganze Welt geworden ist, so wird es künftig die Bibliothek für die ganze Welt sein können. Ich muss mich enthalten, auf alle die weitreichenden Folgen hinzuweisen, die sich hierbei ergeben würden, aber ich glaube dargelegt zu haben, dass hier neben internationalen auch nationale Interessen ersten Ranges in Frage kommen.

Die internationale Hilfssprache und das Esperanto!

(1906)

Ich betrachte es als ein besonders gutes Omen, dass ich
den bevorstehenden Vortrag in diesem stattlichen Raume (der
Aula der Berliner Handelshochschule) halten darf. Denn der
Inhalt dieses Vortrages wird, wie ich hoffe, von demselben
Geiste getragen und erfüllt sein, welcher diese neue und hoff-
nungsreiche Anstalt ins Leben gerufen hat. Es ist der Geist
der *wissenschaftlichen Praxis* oder der *praktischen Wissenschaft,* den das neunzehnte Jahrhundert vorbereitet hatte, indem es eine ungeheure Entwicklung der reinen Wissenschaft
einerseits, der reinen Praxis anderseits ermöglichte. Beide
Entwicklungen gingen zunächst ziemlich unabhängig voneinander vor sich, wenn auch die natürlichen und notwendigen
Wechselwirkungen nicht ganz ausblieben. Erst der jüngsten
Vergangenheit war es aber vorbehalten, die allseitige Erkenntnis zur Geltung zu bringen, dass die eine ohne die andere ebenso unfruchtbar bleiben muss, wie der einzelne Mann oder das
einzelne Weib. So ist denn in unseren Tagen eine regelrechte
Ehe der beiden entstanden, und wir Deutsche dürfen mit Stolz
es aussprechen, dass in unserer Mitte dieser Ehebund sein
wahres Heim gefunden hat. Nirgend in der ganzen Welt ist
die Gesamtheit der Nation so sehr von der Notwendigkeit
durchdrungen, die Praxis des täglichen Lebens ebenso wie die
der grössten nationalen Unternehmungen wissenschaftlich zu
begründen, d. h. die Geschehnisse in ihren Gesetz- und Regel-
mässigkeiten zu erkennen und sie zufolge dieser Kenntnis vorauszusehen und zu leiten. Zwar ist die Aufgabe unbegrenzt,

und auch wir müssen noch auf zahlreiche Gebiete unseres Lebens hinblicken, in die der Geist der modernen Wissenschaft noch nicht seinen Einzug gehalten hat. Aber der Vorwärtsbewegung der gesamten Nation können sich einzelne ihrer Teile nicht auf die Dauer widersetzen. So einflussreich und unbeweglich die alten Burgen scheinen: nicht ein Sturm, wohl aber die unwiderstehliche Kraft des organischen Wachstums wird die alten Mauern zuerst mit lebendem Grün umkleiden, dessen Wurzeln dann die ungefügen Steine voneinander heben und sich ihrer assimilierbaren Bestandteile bemächtigen werden, bis alles wieder in den mächtigen Energiestrom einbezogen ist, den wir das Leben nennen.

Das Wesentliche dieser neuen Bewegung liegt in der Erkenntnis, *dass der Wissenschaft alle Gebiete des Lebens zugänglich sind.* Wer hätte beispielsweise vor einem halben Jahrhundert daran gedacht, für den Handel eine *wissenschaftliche* Anstalt, entsprechend einer Universität oder technischen Hochschule, zu errichten? Und seit dieser Versuch vor wenigen Jahren von einigen weitschauenden Männern gemacht worden ist, hat er sich über alle Erwartung hinaus bewährt. Die Sorge der alten Praktiker, dass der wissenschaftlich gebildete Kaufmann *zu gelehrt,* d. h. *unbrauchbar* sein würde, hat sich als unbegründet erwiesen. Man wende auch nicht ein, dass durch eine solche Anstalt aus einem gewöhnlichen Menschen kein Genie gemacht werden kann. Das ist richtig. Aber ebenso wie ein guter Baum um so bessere Früchte trägt, je besser der Boden und das Wetter ist, ebenso kann man sicher sein, dass durch wissenschaftliche Pflege auch die geringeren Schüler mehr und bessere Früchte tragen werden, als sie getragen hätten, wenn sie bloss den Unbilden des Zufalls überlassen worden wären. Der Wert der geistigen Leistungen eines Volkes bemisst sich nicht allein nach dem, was die *grössten* Geister vollbracht haben, sondern er ist vielmehr durch die *Gesamtenergie* bestimmt, die sich erfolgreich betätigt, und hierfür kommt der bescheidene Mitarbeiter mit seinem Anteil vermöge seiner grossen Anzahl ebenso in Betracht, wie der stets nur in wenigen Exemplaren vorhandene geniale Führer.

Es hat für den in der älteren Weltanschauung Aufgewach-
senen etwas Abstossendes, ja Erschreckendes, dieses Eindringen der Wissenschaft in immer mehr Lebensgebiete, die
man bisher vorwiegend gefühlsmässig behandelt hatte. *Goethe*
hat bereits seinerzeit das Nahen dieses neuen Geistes gespürt,
viel früher als die gewöhnlichen Sterblichen, und er hat sein
Missbehagen in den ironischen Versen zum Ausdruck gebracht:

> Was man an der Natur Geheimnisvolles pries,
> Das wagen wir verständig zu probieren;
> Und was sie sonst organisieren liess,
> Das lassen wir kristallisieren!

Die beiden letzten Zeilen drücken das Missbehagen aus,
die beiden ersten aber sind wirklich das Leitwort des zwanzigsten Jahrhunderts. Wir haben keine Angst mehr vor dem Geheimnisvollen, denn Geheimnisse lassen sich aufdecken, und
die Wissenschaft gibt uns die Mittel dazu an. *Verständig
probieren!* Man kann in der Tat nicht besser und kürzer die
Technik der heutigen Wissenschaft zum Ausdruck bringen.
Wir sehen ein Problem vor uns, wir stellen seine Beziehungen
zu anderen Tatsachen fest, und wir ermitteln durch den *Versuch* womöglich, jedenfalls durch *Beobachtung*, deren gegenseitigen Zusammenhang. Eine bestimmte Anzahl von Möglichkeiten lässt sich dann aufstellen, und indem wir diese eine
nach der anderen durchlaufen, sind wir sicher, die Antwort auf
unsere Frage früher oder später durch „verständiges Probieren"
zu finden. Wie nüchtern! und doch wie begeisternd! Denn
was gibt es Begeisterndes, als erfolgreiche Betätigung!

Das ist alles ganz schön und gut, wird man sagen, aber
was hat das mit dem Problem der Weltsprache zu tun? Darauf antworte ich: Wir sind mitten darin. Denn auch dieses
Problem ist eines, dem sich früher die Wissenschaft nur selten
und scheu zu nähern gewagt hatte, weil die Erscheinung der
menschlichen Sprache gerade wegen ihrer ausserordentlichen
Verbreitung und Wichtigkeit mit dem Schleier des Geheimnisvollen, ja Uebermenschlichen umgeben erschien. Zwar gibt es
eine ausgedehnte *Sprachwissenschaft*, und durch den geschichtlich gegebenen Entwicklungsgang der europäischen Kultur hat

sich sogar eine bestimmte Art fremder Sprachkenntnis eine
ganz ausserordentliche Vorherrschaft erworben, die zwar in
den meisten Gebieten bereits einer sachgemässeren Schätzung
gewichen ist, in unserem *Unterrichtswesen* aber noch ihre
historischen Privilegien auf das zäheste verteidigt. Aber die
Art der Wissenschaft, welche sich hier betätigt, ist nicht die
moderne, welche es wagt, verständig zu probieren, sondern ist
nur ihre *Vorstufe,* welche sich begnügt, die Erscheinungen
kennen zu lernen und sie zu registrieren.

Allerdings haben einzelne führende Geister als die Fackel-
träger der kommenden Jahrhunderte die ersten Schritte in der
neuen Richtung gewagt, sie haben aber keine allgemeine Nachfolge gefunden. *Leibniz,* den ich trotz Kant für den grössten
deutschen Philosophen halten muss, hat neben anderen wissenschaftlichen Gedanken, deren Ausgestaltung das zwanzigste
Jahrhundert übernehmen wird, auch den der allgemeinen künstlichen Sprache gefasst und die massgebenden Grundsätze klar
ausgesprochen. Seitdem hat eine ganze Reihe einsamer Denker
diesen Keim fortgebildet, ihn in den verschiedensten Gestalten
lebensfähig zu machen gesucht und dabei das „verständige
Probieren" durchgeführt, welches zu einer praktischen Ausbildung nötig war. Gegenwärtig scheint diese Periode des
Probierens im wesentlichen abgeschlossen zu sein. Vermöge
der natürlichen Zuchtwahl haben sich die weniger zweckmässigen Formen, wie z. B. das *Volapük,* nur vorübergehend
am Leben erhalten können, während die zweckmässigeren mehr
und mehr an Boden gewonnen haben. In unseren Tagen hat
eine von den vielen Lösungen des Problems so sehr die Ober-
hand über die anderen erlangt, dass die Zeit erfüllt zu sein
scheint, in welcher die Menschheit diesen grossen Schritt zu
tun wagen darf.

Als ein solches Zeichen der Zeit darf ich vielleicht den
Umstand betrachten, dass der dermalige Rektor der Berliner
Universität, Herr Professor *Hermann Diels,* bei einer so
feierlichen Gelegenheit, wie der Gedächtnistag des Stifters
dieser Universität, zum Hauptgegenstand seiner Rede gerade
dieselbe Frage wählte, deren Erörterung von anderer Seite uns

heute hier vereinigt. In einer durch Gelehrsamkeit wie durch
weiten Blick gleich ausgezeichneten Darlegung wies er überzeugend nach, dass die Wissenschaft unserer Tage die unab-
weisliche Forderung einer *völlig internationalen sprachlichen
Verständigung* erheben muss. Der Gedanke der *Weltliteratur,*
den Herder und Goethe vornehmlich vom Standpunkt der *Kunst
aufgefasst* hatten, hat vom Standpunkt der *Wissenschaft* heute
eine noch viel grössere Bedeutung gewonnen. Denn von den
gemeinsamen Besitztümern der Menschheit ist keines so wahr-
haft allgemein und international wie die Wissenschaft. Alle
Mitteilung und Uebermittelung der Wissenschaft bedient sich
aber des Hilfsmittels der Sprache, *und so fordert die Internationalität der Wissenschaft unwiderstehlich die Internationalität
der Sprache.* Ueberlegen wir, dass heute einzelne wissenschaftliche Werke, insbesondere Lehrbücher, in zwölf oder mehr
fremde Sprachen sich übersetzt finden, so erkennen wir, welche
ungeheuren Mengen von Arbeit erspart werden könnten, wenn
Bücher überall auf der Erde ebenso allgemein verstanden werden könnten, wie beispielsweise *musikalische Noten* oder
Logarithmentafeln.

Professor *Diels* hat den echt wissenschaftlichen Geist, mit
welchem er diese hochwichtige Frage seit langem aufgefasst
hat, durch nichts besser bezeugt als dadurch, dass er im Laufe
der Zeit die verschiedenen Möglichkeiten einer Lösung in verschiedener Weise in den Vordergrund gestellt und erörtert hat.
Angesichts der Tatsache, dass im Mittelalter eine einzige Gelehrtensprache, das *Latein,* bestand, hat er zunächst die ihm
als Philologen nächstliegende Idee vertreten, diesen Zustand
wieder herzustellen und das Latein von neuem durch internationale Uebereinkunft zur allgemeinen Sprache der Wissenschaft zu machen. Dann hat er sich überzeugt, dass dies nicht
ausführbar ist, vornehmlich wohl wegen der grossen Schwierigkeit, diese Sprache zu erlernen. Jeder von uns, der sich
seiner Gymnasiumsjahre erinnert oder Söhne im Gymnasium
hat, weiss, dass trotz der neun Jahre angestrengten Studiums
eine solche Beherrschung des Lateinischen nicht erreicht wird,
dass der Primaner beispielsweise seine Eindrücke und Erfah-

rungen auf einer Ferienreise nach Rügen lateinisch wiedergeben oder einem Vetter in der Provinz die Geschichte des
Hauptmanns von Köpenick auf lateinisch schreiben, geschweige
denn mündlich erzählen könnte. Dann hat Professor Diels
empfohlen, Englisch als Weltsprache zu nehmen, und hat sich
später gleichfalls von der Unausführbarkeit dieses Gedankens
überzeugt. Vielleicht darf ich hier aus eigener Erfahrung hinzufügen, dass ich selbst die gleiche Ueberzeugung gewonnen
habe, nachdem ich während eines halben Jahres Vorlesungen,
Reden und Toaste in ungezählter Menge in dieser Sprache habe
von mir geben müssen. Es ist immer nur grobe Arbeit, mit
der man sich begnügen muss, wenn man als Fremder irgend
eine andere nationale Sprache handhabt, denn das unvollkommene und eigensinnige Intrument einer natürlichen Sprache
verlangt für höhere Leistungen eine vieljährige Vertrautheit
mit seinen Besonderheiten, die man sich ausserhalb der Jugend
mit ihrem frischen Gedächtnis schwerlich mehr erwerben kann.
Zuletzt ist Professor Diels in seiner vorerwähnten Rede auf
den Gedanken eines *sprachlichen Dreibundes* gekommen, indem
er Deutsch, Englisch und Französisch als gleichberechtigte
Sprachen nebeneinander anerkannt wissen will. Demgemäss
sollte jeder Deutsche, Engländer und Franzose je *zwei* fremde
Sprachen zu lernen haben, und zwar so gründlich, dass er sie
redend und hörend, lesend und schreibend frei gebrauchen
kann. Die Angehörigen der „kleineren Nationen", wie die
Italiener, alle Slawen, die Spanier, die Japaner usw. müssten,
um der Güter dieses sprachlich-kulturellen Dreibundes teilhaftig zu werden, *drei* fremde Sprachen bis zu dem gleichen
Grade erlernen. Dann würde man Bücher, die man dem
Schatze der Weltliteratur einverleiben will, nur in einer dieser
drei Sprachen zu drucken haben, um sie allen denen zugänglich
zu machen — die sich dem Vorschlage von Professor Diels
angeschlossen haben.

Herr Professor Diels erläutert seinen Vorschlag durch die
Praxis auf den Versammlungen der Assoziation der Akademien, dieser grossen internationalen Vereinigung allgemein-
wissenschaftlichen Charakters. Aber es ist sicher, dass, wenn

demnächst die Assoziation einmal in *Rom* tagt, die Praxis durchbrochen werden wird, denn man wird den Italienern ihre Muttersprache nicht in ihrem eigenen Lande verbieten wollen und können. Meine eigenen Erfahrungen auf dem letzten internationalen Kongress für angewandte Chemie in Rom haben mir gezeigt, dass ein solcher Schritt schon deshalb unmöglich ist, weil nicht alle italienischen Kollegen eine der drei genannten Sprachen soweit beherrschen, dass sie unbehindert ihre Gedanken aussprechen können. Und entsprechendes gilt für die englischen, französischen und deutschen Kollegen. Je mehr die Wissenschaft Boden unter neuen Völkern findet, die sich bisher nicht selbständig an ihrer Entwicklung beteiligt hatten, dies aber mehr und mehr tun — ich erinnere nur an die Japaner — um so mehr gleichberechtigte Sprachen werden auftreten und Berücksichtigung verlangen. Gerade der Umstand, dass im Laufe der Geschichte die verschiedensten nationalen Sprachen vorübergehend den Charakter von Weltsprachen angenommen, ihn aber immer wieder *verloren* haben, zeigt uns, dass ein solcher Weg stets eine Sackgasse gewesen ist und bleiben wird. Wir lernen von Professor Diels, dass *Babylonisch* im zweiten Jahrtausend die allgemeine Diplomatensprache gewesen ist, das später durch den Makedonier Alexander *Griechisch* die Weltsprache wurde, dann durch das *Lateinisch* des Römerreiches abgelöst wurde, aber doch nur teilweise, nämlich im Westen, während der Osten sich unzugänglich dafür erwies. Von seiner Weltherrschaft hat das Latein dann mit dem Beginn der Neuzeit den grössten Teil eingebüsst, wenn auch noch bis in unsere Tage einzelne Reste der früheren Herrschaft spürbar sind. Einen Teil dieser Herrschaft hat dann das *Französische* im achtzehnten Jahrhundert angetreten, das wieder auf der Seite des Handels und Verkehrs im neunzehnten Jahrhundert durch das *Englische* mehr und mehr verdrängt worden ist. Anderseits hat das *Deutsche* als Sprache der Wissenschaft seine gallische Schwester aus grossen und wichtigen Gebieten verdrängt, und durch den Umstand, dass unser Land die Universität der ganzen Welt geworden ist, an welcher die Besten aller Nationen ihre letzte wissenschaftliche Ausbildung suchen, ist die Kenntnis des Deutschen für jeden mit der Zeit fortschreitenden Gelehrten ein natürlicher Bestandteil seiner geistigen Ausrüstung geworden. Allerdings nur deutsch *lesen* braucht und kann er meist; *Sprechen* und *Gesprochenes verstehen* verliert sich, selbst wenn er es gelegentlich eines Aufenthaltes in unserem Lande zur Not gelernt hatte, .meist sehr bald durch Nichtgebrauch.

Was wir aus diesem schnellen Ueberblick entnehmen können und müssen, ist der Schluss, *dass nationale Sprachen nicht dazu geeignet sind, Weltsprachen zu sein.* Sie können durch politische oder andere Einflüsse vorübergehend in eine derartige Stellung gelangen, verlieren sie aber im Laufe der Zeit wieder gemäss den Aenderungen derselben allgemeinen Verhältnisse, durch welche sie seinerzeit in den Vordergrund gelangt waren. Wollen wir also wirklich eine allgemeine Sprache haben, welche von derartigen Schwankungen frei- bleibt, so müssen wir alles ausschalten, was jene Schwankun- gen bewirkt. Wid müssen mit anderen Worten die Forderung stellen, *dass die künftige Weltsprache keinerlei Zusammenhang mit politischen und nationalen Angelegenheiten hat.* Damit eine Weltsprache lebensfähig ist und bleibt, *muss sie ihrem Wesen nach neutral oder international sein.*

Wodurch hat, um ein naheliegendes Beispiel anzuführen, das metrische Mass- und Gewichtssystem die Welt erobert — denn der Anschluss von Amerika und England ist nur eine Frage der Zeit, und zwar einer nicht langen Zeit —, nachdem es in Frankreich erfunden und zuerst eingeführt worden ist? Die Antwort ist: weil es erstens *zweckmässig* ist, indem es sich unserem allgemein benutzten dekadischen Zahlensystem anschliesst, und zweitens, weil es *nicht spezifisch französisch* ist, indem seine Einheit aus den Abmessungen der ganzen Erde hergenommen war. An das dekadische System der Masse und Gewichte hat sich das auf gleicher Grundlage beruhende System der *elektrischen* und *magnetischen* Einheiten als inter- nationales Eigentum angeschlossen, das sich beständig nach anderen Seiten, z. B. dem Licht, erweitert. Man darf mit so grosser Sicherheit, als sie überhaupt in menschlichen Dingen

erreicht werden kann, voraussagen, dass dieses System in aller
Zukunft immer nur erweitert, nicht aber durch ein auf andere
Einheiten gestütztes verdrängt werden wird. Hätte man dem
System irgend eine nationale Einheit, das englische Yard oder
die französische Toise zugrunde gelegt, so wäre eine solche
Entwicklung nicht möglich gewesen, allein aus dem Grunde,
weil die natürliche Eifersucht der anderen Nationen die allgemeine Annahme einer bestimmten nationalen Einheit um so
sicherer verhindert hätte, je mehr die wechselseitige Bedeutung
der verschiedenen grossen Staaten sich infolge des europäischen,
beziehungsweise des Weltgleichgewichtes der *Gleichheit* annähert.

Mir scheint, als wenn derartige Erwägungen dem Scharf-
sinne meines verehrten Kollegen Diels nicht ganz entgangen
wären, denn bevor er das Problem der Weltsprache in seiner
Weise durch den Vorschlag des sprachlichen Dreibundes gelöst
hat, empfand er das Bedürfnis, sich mit einem anderen Lösungsversuche auseinanderzusetzen, dem gerade jener als notwendig erkannte Vorzug der Neutralität oder Internationalität
zukommt. Es handelt sich um den Vorschlag, an Stelle der
nationalen natürlichen Sprachen eine *neutrale künstliche* zur
Weltsprache zu machen. Allerdings nicht in solchem Sinne,
dass künftig nur diese eine Sprache für die *gesamten* Bedürfnisse der Menschheit dienen soll. Sondern nur in solchem
Sinne, dass diese neutrale Sprache ausschliesslich für die
internationalen Bedürfnisse der Menschheit benutzt werden soll.
Während nach wie vor jedermann vor allen Dingen seine
Muttersprache lernt, soll er in der Volksschule daneben das
Einmaleins, die Grundzüge der Naturkunde und die *Grammatik
der allgemeinen Hilfssprache* nebst einem kleinen Wörterschatz
lernen. Gemäss dem Umfange seiner künftigen internationalen
Beziehungen wird dann der heranwachsende Schüler diesen
Wörterschatz mehr oder weniger bereichern, so dass ihm tat-
sächlich nunmehr *die ganze Welt offen stehen wird.*

Was die Ausführung dieses Planes bedeuten würde,
brauche ich an dieser Stelle nicht im einzelnen darzulegen.
Nicht nur die Wissenschaft ist heute international, ebenso

sind es *Handel* und *Verkehr* geworden. Das Leben jedes einzelnen unter uns ist in der verwickeltsten und einschneidendsten Weise durch Geschehnisse bedingt, die weit draussen in der Welt vor sich gehen. Wenn „hinten weit in der Türkei die Völker aufeinander schlagen", so liefert dies nicht nur den Stoff zum Gespräch an Sonn- und Feiertagen, sondern ein jeder von uns fühlt das an irgendeiner Stelle seines eigenen Leibes, dass der einzelne Mensch nicht mit seiner Haut aufhört, sondern eine Zelle in einem riesigen Organismus ist, von dem kein Teil leiden kann, ohne dass jeder andere mit beeinflusst wird. Wie aber ein Organismus nicht dauernd lebensfähig bleiben kann, wenn nicht sein Nervensystem glatt und regelmässig funktioniert, so wird das Leben der Menschheit durch die Mittel des Verkehrs, des gegenseitigen Austausches der materiellen wie geistigen Güter, bedingt. Von allen Verkehrsmitteln ist das wichtigste aber die *Sprache.* Die biblische Geschichte vom Turmbau zu Babel veranschaulicht uns auf das lebhafteste, wie allein durch die Störung dieses Verkehrsmittels, während alle übrigen Bedingungen dieselben bleiben, die Möglichkeit einer gemeinsamen Arbeit so völlig zerstört werden kann, dass auch nicht einmal der Versuch zu ihrer Fortsetzung mehr gemacht wird. Und in unserer eigenen Zeit haben wir mehrfach beobachten können, wie führende Nationen ihre Führerschaft verloren, nur weil sie im Gefühle ihrer Superiorität versäumten, fremde Sprachen zu lernen und die fremde Arbeit auf ihrem Herrschaftsgebiete zu beachten. Sie sind im Wettbewerb denen unterlegen, welche durch genügende Sprachkenntnisse sich das von anderen Geleistete zugänglich machten und es durch ihre eigene Arbeit vermehrten.

Hierüber brauche ich nichts mehr zu sagen, denn hierüber herrscht Einigkeit in allen Lagern. Uneinigkeit besteht nur und ausschliesslich in der Frage, wie die sprachliche Einigkeit erzielt werden soll. Dass in dieser sehr weltlichen Angelegenheit eine sprachliche Dreieinigkeit nicht des Rätsels Lösung ist, glaube ich bereits gezeigt zu haben. Gerade durch die Wahl von *drei* Sprachen wird die Schwierigkeit nur verdreifacht, sowohl was die Aneignung für den einzelnen, wie die

Durchführung gegenüber der Allgemeinheit anlangt. Auch macht Professor Diels keinen Einwand dagegen geltend, dass *eine* Sprache für den Zweck sehr viel besser wäre als *drei*, sondern seine Einwände gegen die künstliche Hilfssprache beschränken sich auf Aeusserungen eines *Gefühls,* das ich im Anschluss an ein eben gebrauchtes Zitat mit den Worten ausdrücken möchte: „Nein, er gefällt mir nicht, der neue Bürgermeister!" Und dass er täglich dreister wird, gefällt meinem verehrten Kollegen gleichfalls nicht.

Dieser neue Bürgermeister ist die künstliche Sprache *Esperanto.* Nachdem bereits durch das *Volapük* bewiesen worden war, dass trotz aller Einwendungen der Philologen eine Sprache sich *künstlich* herstellen lässt, derart, dass Angehörige ganz verschiedener Nationen auf Grund ihrer Kenntnis *frei miteinander verkehren können,* hat der Scharfsinn der Erfinder nicht geruht, und wir besitzen schon eine ganze Auswahl künstlicher Sprachen, die alle mehr oder weniger für den Zweck des internationalen Verkehrs geeignet sind. Von diesen zählt zurzeit *Esperanto* bei weitem die meisten Anhänger. Auf internationalen Kongressen, 1905 in Boulogne, 1906 in Genf usw., ist das Experiment des internationalen Verkehrs auf Grund des Esperanto gemacht worden; zwanzig und mehr verschiedene nationale Sprachen waren in den mehr als tausend Teilnehmern jedes dieser Kongresse vertreten, von denen bei weitem die meisten die Sprache aus dem *Lehrbuche* und nicht durch *mündlichen* Unterricht erlernt hatten, und das Ergebnis war so gut, dass es kaum besser sein konnte. Selbst die naheliegende Furcht, dass die Engländer ihre gewöhnliche Misshandlung der Vokale auch in das Esperanto übertragen würden, erwies sich als unbegründet; die Teilnehmer versichern, dass sie in den meisten Fällen aus dem Sprachklang nicht einmal hätten erkennen können, welcher Nation der Sprecher angehörte. Also davon, dass die Sprache ein *Organismus* sei, und dass man sie daher nicht künstlich erzeugen könne, kann gar nicht mehr die Rede sein. Diese Fabel ist ebenso durch die Tatsachen berichtigt worden, wie die Lehre von der Lebenskraft ihrerzeit durch die Tatsachen berichtigt worden ist.

Nachdem *Wöhler* die erste organische Verbindung künstlich
hergestellt hatte, glaubte selbst ein Mann von der Bedeutung
Louis Pasteurs noch behaupten zu können, dass wenigstens
optisch aktive chemische Verbindungen nicht künstlich hergestellt werden könnten: dieses Geheimnis sei der Natur vorbehalten. Heute werden nicht nur solche optisch aktive Stoffe
künstlich hergestellt, sondern wir wissen sogar voraus, ob ein
noch gar nicht existierender Stoff, wenn er einmal hergestellt
sein wird, die Eigenschaft der optischen Aktivität besitzen
wird oder nicht. Und selbst die geheimnisvollste aller Lebenserscheinungen, die so recht eigentlich im Mittelpunkte der
Lebenstätigkeit stehende *Befruchtung des reifen Eis*, mit
welcher dieses zur Entwicklung eines neuen, selbständigen
Lebewesens angeregt wird, lässt sich *künstlich* durch *rein anorganische* Beeinflussungen hervorrufen, wie es uns die bahnbrechenden Forschungen von *Jaques Loeb* gezeigt haben. Wie
sollen wir derartigen Erfolgen gegenüber verzagen, ein Gebilde herzustellen, wie es eine Sprache ist, ein Gebilde, welches
auch in der gegenwärtigen Form der „natürlichen" Sprache so
ausserordentlich viel Künstliches und Willkürliches enthält?
Es ist, wie Herr Professor Diels selbst bemerkt, ganz natürlich, dass den Naturforschern ein solches Unternehmen leichter
erscheint als den Philologen; haben doch die letzteren sich
immer wieder nur mit der Untersuchung des *Vorhandenen,* nie
aber mit der Gestaltung des *Neuen* befasst, während es dem
Naturforscher die erste wissenschaftliche Regel ist, das, was
er geistig konstruiert hat, experimentell auf seine Wirklichkeit
und Brauchbarkeit zu untersuchen. Aber wenn der Philologe
noch so oft erklärt, es ginge nicht, so möchte der Naturforscher doch erst den experimentellen Beweis dafür sehen. Er
wagt es nicht nur, verständig zu probieren, er hält es vielmehr
für seine *Pflicht,* nicht eher zu urteilen, als bis er verständig
probiert hat. Und siehe da: das Experiment ist angestellt und
wiederholt worden, und die „Retortensprache" ist da, ebenso
wie der künstliche Zucker und der künstliche Indigo. Und
ebenso wie der künstliche Indigo sich vom natürlichen nur dadurch unterscheidet, dass er sehr viel reiner und besser ist

als der natürliche, so ist die künstliche Sprache einfacher und zweckmässiger als jede natürliche.

Die Entwicklung hat tatsächlich hier in ganz ähnlicher Weise stattgefunden wie in der Chemie, und der Ausdruck „Retortensprache", den Professor Diels als gefühlsmässiges Argument *gegen* jene Bestrebungen benutzt hat, wird später als ein Lob empfunden werden. Während nämlich die gegenwärtige anerkannte Philologie noch ganz und gar im *analytischen* Stadium verblieben ist, haben jene verwegenen Dilettanten, welche versucht haben, eine künstliche Sprache zu gestalten, nichts anderes getan, als die notwendige Ergänzung der analytischen Philologie, die *synthetische* Philologie ins Leben zu rufen. Eine solche Synthese ist *möglich*, da sie *wirklich* ist; denn es gibt künstliche Sprachen, wie z. B. das Esperanto, welche durchaus als lebende Sprachen anerkannt werden müssen, da sie dem regelmässigen Verkehr einer grossen Anzahl von Menschen dienen. Die scheinbar unmögliche Synthese der Sprachen aber verdankt ihre Möglichkeit einer klaren, naturwissenschaftlich-logischen Erkenntnis vom Wesen der Sprache selbst. Auf Grund einer solchen Erkenntnis ist dann die Ausführung des Werkes nicht mehr allzu schwer.

Um dies zu beweisen, muss ich auf eben die Fragen eingehen, die Professor Diels mit vollem Recht als grundlegend für die ganze Angelegenheit ansieht, vor denen er aber wegen ihrer Schwierigkeiten Halt macht, da sie in der das Innerste der ganzen Sprachwissenschaft, ja bis in die tiefsten Tiefen der menschlichen Erkenntnis hinabführen. Ich kann mich nicht vermessen, in diesen tiefsten Tiefen heimisch zu sein; aber ich wage als Naturforscher, es verständig zu probieren, wie weit ich nach dieser Richtung vordringen kann, und, soviel ich erkenne, ist dies grosse Problem, wie alle grossen Probleme, seiner Natur nach einfach genug.

Was ist das Wesen und der Zweck der Sprache? Die Antwort ist: *eine eindeutige Zuordnung von Begriffen und Zeichen.* Und zwar handelt es sich um *zwei* Zuordnungen zwischen *drei* Mannigfaltigkeiten: den *Begriffen* sind einerseits *Laute*, anderseits *sichtbare* Zeichen zugeordnet, so dass die *gesprochene* und die *geschriebene* Sprache entstehen. Wenn ich den Laut *rot* ertönen lasse, so wird jeder, der Deutsch versteht und nicht blindgeboren ist, eine ganz bestimmte Gruppe von Erinnerungsbildern in seinem Geiste hervorgerufen finden, und er wird, wenn ich ihm einen bestimmten Gegenstand zeige, sagen können, ob dieser Gegenstand den durch den Laut „*rot*" hervorgerufenen Erinnerungen, d. h. dem *Begriffe* rot entspricht. Das gleiche wird eintreten, wenn anstatt des Lautes *rot* die entsprechenden Zeichen von einem des Lesens Kundigen erkannt werden. Endlich wird zufolge dem Gesetz, dass, wenn eine Mannigfaltigkeit einer zweiten und diese einer dritten eindeutig zugeordnet ist, auch die erste der dritten in gleicher Weise sich als zugeordnet erweist, auch der Anblick des Zeichens *rot* den zugehörigen Laut, und ebenso das Hören des Lautes die Herstellung der entsprechenden Zeichen anregen. Alle Sprachen, in dem weitesten Sinne, den man sich erdenken mag, stellen sich als solche Zuordnungen heraus, und *somit kann man eine Sprache ganz allgemein als eine Zuordnung von bestimmten Zeichen zu Begriffen definieren.*

Damit nun eine solche Zuordnung ihren Zweck erfüllt, nämlich den gemeinten Begriff durch das Zeichen ausreichend und unzweideutig zu bestimmen, muss die Zuordnung, wie es die Wissenschaft nennt, *eindeutig* sein. Das heisst, ein jeder Begriff soll nur *ein einziges Zeichen* haben, und ein jedes *Zeichen* soll nur *einen einzigen Begriff* haben. Die grundlegende Bedeutung dieser Regel leuchtet alsbald ein, da ohne sie der Zweck der Zuordnung verfehlt würde. In sehr vollkommener Weise ist diese Bedingung beispielsweise bei der Zahlensprache, beziehungsweise der Zahlenschrift erfüllt. Die *vollkommenste* Mannigfaltigkeit ist hier das geschriebene Zahlensystem; hier ist die Zuordnung zwischen dem Begriff und dem Zeichen ganz und gar eindeutig, indem jede Zahl nur ein ganz bestimmtes Zeichen, und jedes Zeichen nur eine ganz bestimmte Zahlenbedeutung hat. Schon bei den *gesprochenen* Zahlen wird der Grundsatz nicht ganz streng gehandhabt: die Zahl 1253 kann eintausendzweihundertdreiundfünfzig oder auch zwölfhundertdreiundfünfzig gelesen werden; es sind also zwei *verschiedene* Lautzeichen dem gleichen Zahlbegriff und der gleichen *geschriebenen* Zahl zugeordnet. In der Telephon- und in der Droschkensprache sagt man sogar zwölfdreiundfünfzig. Offenbar ist eine solche mehrfache Darstellung desselben Begriffes ein methodischer Fehler, da sie das Gedächtnis belastet, ohne irgendeinen Gewinn zu bringen; insofern sie das Prinzip der eindeutigen Zuordnung verletzt, muss sie sogar als ein fundamentaler Fehler bezeichnet werden.

Aehnliche eindeutige Zuordnungen finden sich in den *mathematischen Formeln,* den *chemischen Zeichen* und in verschiedenen anderen Hilfsmitteln der Wissenschaft und Kunst Einen sehr lehrreichen Fall bildet die *musikalische Notenschrift* Sie ist insofern nicht ganz vollkommen, als durch den Gebrauch der verschiedenen *Schlüssel* das gleiche Notenzeichen verschiedene Töne bezeichnet, und jeder Musiker weiss, dass gerade diese Eigentümlichkeit den Gebrauch und das Lesen der Notenschrift erschwert. Aber im übrigen ist die Zuordnung eine sehr vollkommene, und der Umstand, dass wir etwa eine neue Partitur von Richard Strauss nach Boston schicken können und sicher sind, dass sie in den dortigen Symphoniekonzerten völlig sachgemäss aufgeführt werden wird, beweist, wieviel in Worten gar nicht Aussprechbares sich durch diese gänzlich *künstliche* Sprache übertragen lässt. Ich lege auf dieses Beispiel besonders deshalb ein grosses Gewicht, weil die Gegner der künstlichen Sprachen (im engeren Sinne) immer behaupten, dass sich die *feineren* geistigen Dinge nicht so weit schematisieren liessen, um eine sinn- und sachgemässe Uebertragung auf ein künstliches System zu gestatten. Hier handelt es sich um die fortgeschrittensten Regungen der künstlerischen Schöpferkraft, die mit völliger Sicherheit dem mechanischen und künstlichen Zeichensystem der Notenschrift anvertraut werden können, ohne dass es einem Musiker in den Sinn kommt, dass er durch die Anwendung dieser gesetzmässigen künstlichen Zeichen dem geistigen Inhalte seiner Kunst irgendwie zu nahe treten könnte.

Wie steht es nun mit diesen grundlegenden Forderungen bei den natürlichen Sprachen? Eine kleine Untersuchung zeigt alsbald, dass das Urteil nicht anders lauten darf als *recht schlecht*. Wenn ich im Deutschen beispielsweise „Ton" sage, so weiss zunächst niemand, ob ich darunter das verstehe, woraus man *Musik* macht, oder das, woraus man *Töpfe* macht. Hier sind zwei ganz verschiedene Begriffe zu dem gleichen Laut und, gemäss der neuen Rechtschreibung, auch zu demselben Zeichen geordnet. Anderseits bedeuten die beiden Wörter *Onkel* und *Oheim* genau denselben Begriff. Gleiche Mehrdeutigkeiten, und Ueberbezeichnungen finden sich in jeder natürlichen Sprache, meist sehr zahlreich, so dass keine von ihnen auch nur annähernd die theoretische Forderung erfüllt, die wir an eine gute Sprache stellen müssen.

Noch schlimmer steht es mit der Zuordnung zwischen *Zeichen* und *Laut*. Hier sind allerdings die verschiedenen Sprachen sehr verschieden gut entwickelt. Während Italienisch die eindeutige Zuordnung sehr weitgehend durchgeführt hat, mit anderen Worten eine fast rein *phonetische* Rechtschreibung besitzt, sind wir im Deutschen noch ziemlich weit davon entfernt, wiewohl wir uns mit schnellen Schritten, die durch die amtlichen Rechtschreibungserlasse gekennzeichnet werden, dem Ideal der phonetischen Rechtschreibung nähern. Dass diese Bewegung von ihren Führern bewusst verfolgt wird, sichert ihre Vollendung in absehbarer Zeit, womit ein erheblicher Fortschritt zur Verbesserung unserer Muttersprache geschehen sein wird. Bekanntlich ist von allen Sprachen die unvollkommenste in dieser Beziehung die *englische*. Hier ist von einer Eindeutigkeit der Beziehung zwischen Zeichen und Laut überhaupt nicht die Rede, denn die Sprache besitzt beispielsweise mindestens dreimal mehr verschiedene *Vokale* als Zeichen dafür. Bekanntlich beruht die wesentlichste Schwierigkeit für die Erlernung dieser in anderer Beziehung sehr gut entwickelten Sprache in dem Mangel an eindeutiger Zuordnung zwischen Zeichen und Laut, und diese Schwierigkeit besteht für das englische Kind ebenso wie für den Fremden, der als Erwachsener die Sprache lernt. In Amerika ist soeben eine Bewegung entstanden, die Schreibweise besser mit der Aussprache in Einklang zu bringen. Man darf kaum erhebliche Hoffnung auf Erfolg in dieser Richt-

ung hegen, weil gerade die Schreibweise des Englischen viel
konsequenter ist als seine Aussprache und daher die Aenderung der ersteren zugunsten der letzteren eine Verschlechterung
der *logischen* Seite der Sprache bedeuten würde. Auch hat die
für den gleichen Zweck schon seit längerer Zeit in London bestehende Vereinigung bisher keinen erheblichen Erfolg erzielen
können.

Endlich verlangt die Eindeutigkeit der Zuordnung, dass
ein jeder Begriff sprachlich im Satze nur *einmal* und nicht
wiederholt ausgedrückt wird. Auch diese Forderung findet
sich in den natürlichen Sprachen nicht erfüllt. Herr Professor
Diels wirft beispielsweise dem Esperanto vor, dass das Eigenschaftswort stets eine andere Endung hat als das Hauptwort,
dem es zugeordnet ist, denn jenes endet auf a, während dieses
auf o endet. Der Vorwurf beweist nur, dass dem verdienten
Philologen die *Fehler* der natürlichen Sprachen so gewohnt geworden sind, dass er sie für *Vorzüge* hält. Im Lateinischen,
Deutschen, Italienischen (aber nicht im Englischen!) muss,
falls das Hauptwort im Plural steht, auch eine ganze Reihe
zugehöriger Wörter, wie der Artikel, das Eigenschaftswort,
das Zeitwort gleichfalls den Plural ausdrücken. Dies ist zunächst *überflüssig,* weil keine dieser mehreren Formen den
Begriff klarer oder bestimmter macht. Da es überflüssig ist,
ist es auch *schädlich,* denn daher rühren bei weitem die meisten
Fehler beim Gebrauch der Sprache, wie jeder weiss, der fremdsprachige Leistungen auszuführen oder zu korrigieren hat.
Wir haben also die wunderliche Tatsache, dass die grosse Erschwerung im Erlernen der natürlichen Sprachen, die durch
jene Zuordnungen verursacht wird, überhaupt keinen angebbaren Zweck und Nutzen hat. Es ist, als wenn wir unsere Sitzgelegenheiten eigensinnig nur aus unbehauenen Baumstämmen
herstellen wollten, trotz der Unbequemlichkeiten, die eine
solche Bank verursacht, weil gehobelte· Bretter oder Lederpolster nur auf künstliche Weise hergestellt werden und nicht
ohne unser Zutun entstehen wollen.

Ich will gar nicht erst von den gänzlich bedeutungslos gewordenen drei Artikeln im Deutschen reden, die jedem Fremden eine nahezu unüberwindliche Schwierigkeit in unserer Sprache ausmachen, ohne das geringste Aequivalent an Klarheit oder Sinn für die Beanspruchung des Gedächtnisses zu liefern.

Diesen Betrachtungen, die ich beliebig lange ausspinnen könnte, beweisen, dass unsere natürlich entstandenen Sprachen dem theoretischen Ideal einer Sprache sich ebensowenig annähern, wie etwa eine natürlich entstandene Felsgrotte sich dem Ideal einer menschlichen Wohnung annähert. Ob allerdings nach der Erkenntnis des Fehlers auch seine Verbesserung gesichert ist, kann nicht ohne weiteres gesagt werden. Hier kommen alle die Faktoren in Betracht, die Professor Diels so eindringlich bezüglich des Wachstums und der Umbildung der *natürlichen* Sprachen dargelegt hat. Ich glaube allerdings, dass es leichter gehen wird, als er annimmt, weil mit der theoretischen Klarheit über Zweck und Ziel der Sprachentwicklung, die wir durch die Zuordnungstheorie gewonnen haben, auch die Bereitwilligkeit zur Vornahme von Abänderungen im Sinne der Zweckmässigkeit in den massgebenden Kreisen wachsen wird. Aber dies ist in jedem Fall ein äusserst langsamer Prozess, der eine Reihe von Generationen erfordert. So lange können die dringenden internationalen Interessen nicht warten.

Es bleibt also auch von dieser Seite nichts anderes übrig, als durch eine künstliche Sprachbildung alle die Fehler und Schwierigkeiten der natürlichen Sprachen zu vermeiden. Dass dies möglich ist, lehrt unter anderen die künstliche Sprache *Esperanto*. Sie hat wie das Englische nur *einen* Artikel, der sich weder mit dem Geschlecht, noch mit der Zahl ändert. Das Hauptwort ändert sich nur mit der Zahl und mit dem Unterschiede zwischen Subjekt und Objekt; es hat mit anderen Worten eine Form für den Plural und eine für den Akkusativ. Das Zeitwort ändert sich nur mit der Zeit, da die Zahl durch das Hauptwort und die Person durch das Fürwort ausgedrückt wird. Alle Redeteile werden durch bestimmte Endungen gekennzeichnet, so dass syntaktische Regeln so gut wie überflüssig sind; denn da die gegenseitige Beziehung der Wörter bereits durch die Endungen ausgedrückt wird, kann ihre Aufeinanderfolge beliebig frei bleiben, da sie nichts mehr zum Ausdruck zu bringen hat. Jeder Gedanke wird nur *einmal* ausgedrückt, so dass Zuordnungsfehler nicht vorkommen können. Endlich ist das Wörterbuch so gewählt, dass gleichlautende Wörter für verschiedene Begriffe ebenso vermieden sind wie verschiedene Wörter für den gleichen Begriff. Hierdurch ist es unter anderem fast unmöglich, im Esperanto einen *Kalauer* zu machen und den Gegnern der künstlichen Sprachen bleibt die Genugtuung, dass diese Geistesblüten ausschliesslich den natürlichen Sprachen auch für alle Zukunft vorbehalten bleiben.

Durch diese wenigen einfachen Grundsätze ist es möglich geworden, die Grammatik der künstlichen Sprache so einfach zu gestalten, dass man sie in einer Viertelstunde auswendig lernen kann. Ausnahmen gibt es natürlich keine und daher auch keine entsprechenden Fehlermöglichkeiten. Dagegen muss noch als ein besonderer Vorzug hervorgehoben werden, dass die im Griechischen und Deutschen so äusserst wertvolle Bildungsmöglichkeit *neuer* Wörter durch Zusammensetzung, sowie durch bestimmte Vor- und Endsilben in weitem Umfange auch dem Esperanto zugute gemacht worden ist. Auch hier ist es möglich gewesen, die natürlichen Vorbilder auf künstlichem Wege zu übertreffen. Denn während in den natürlichen Sprachen keineswegs alle derartigen Ableitungen, die formal *möglich* sind, auch von dem „Geiste der Sprache", d. h. von der eben herrschenden Gewohnheit, *zugelassen* werden, gestattet Esperanto grundsätzlich *jede* regelmässige Ableitung und Zusammensetzung. Man braucht nur einen Augenblick über die Folgen dieses Grundsatzes nachzudenken, um dessen innezuwerden, wie ausserordentlich die Sprache an Reichtum und Vollständigkeit für jede mögliche Gedankenschattierung hierdurch gewinnt. Es besteht daher für mich kein Zweifel, dass gerade für den Ausdruck wissenschaftlicher und philosophischer Arbeit eine rationelle künstliche Sprache jeder natürlichen ebenso überlegen ist, wie ein Automobil dem Fussgänger überlegen ist.

Ebenso wie die Lokomotive die Postkutsche und ihre Poesie verdrängt hat, so hat jede andere Entwicklung der

modernen Kultur gewisse Zusammenhänge gestört, mit denen
wir gewohnt waren, gefühlsmässige Werte zu verbinden. So
geht es uns heute auch mit der *Sprache*. Die nüchterne Analyse, wie sie die Wissenschaft fordert, darf in ihr nicht etwas
Unnahbares sehen, sie darf weder künstlerische noch Pietäts-
rücksichten walten lassen, wenn es sich darum handelt, ein
objektives Urteil über ihre Natur und Leistungsfähigkeit zu
gewinnen. Dem Arzte verzeihen wir es ohne Frage, wenn er
den höheren Zwecken, denen er dient, die Rücksichten und
Feinfühligkeiten des gesellschaftlichen Verkehrs zum Opfer
bringt. So dürfen wir nicht, wie Professor Diels es tut und
fordert, in der Sprache etwas Heiliges sehen, „so dass wir
unwillkürlich wie vor einem Frevel vor dem Wagnis zurück-
scheuen, die still wirkende Natur der Sprache durch solche
Treibhauskünsteleien zu vergewaltigen." Die „still wirkende
Natur" bringt den Kranken einem qualvollen Ende entgegen,
und nur die Aerzte, die seinerzeit den Frevel wagten, diese
Natur mit Messer und Säge zu vergewaltigen, haben der
Menschheit Heil gebracht, nicht aber die, denen der menschliche Leib etwas zu Heiliges war, um solche rohe Mittel daran
zu versuchen. So müssen wir uns auch über derartige Gefühle
hinwegsetzen, wenn wir der Menschheit Heilung von ihrer
langen Krankheit der geistigen Zerrissenheit schaffen wollen.
Ich muss es ganz und gar ablehnen, Gründen ästhetischer und
gefühlsmässiger Natur irgendwelches Gewicht in dieser Frage
einzuräumen, wo grössere Schätze auf dem Spiele stehen als
zufällige Gewohnheiten und daran geknüpfte unkontrollierbare
Gefühle.

Zum Schluss bleibt mir nur noch übrig, zu berichten, wie
weit die Gedanken, durch eine neutrale künstliche Hilfssprache
das grösste Hindernis zu beseitigen, das heute noch der geistigen Verbindung der gesamten Menschheit im Wege steht,
praktischen Erfolg gehabt hat. Wir müssen hier zwei Fragen
unterscheiden, die *allgemeine* und die *besondere*. Für die
allgemeine Frage, ohne Entscheidung für eine bestimmte unter
den vielen künstlichen Sprachen, wirkt seit 1900 eine in Paris
verwaltete internationale Kommission, *die Delegation zur An-*

nahme einer internationalen Hilfssprache. Diese Delegation hat zunächst den Gedanken verbreitet und Zustimmungen gesammelt. Gegenwärtig haben etwa zweihundertfünfzig Vereine aller Art, wissenschaftliche Körperschaften und Touristenklubs, Handelskammern und medizinische Gesellschaften, deren Mitgliederzahl nach vielen Tausenden zählt, sich grundsätzlich für die Ziele der Delegation erklärt. Ebenso ist die Zustimmung von über tausend Gelehrten der ganzen Welt gewonnen worden, wobei es sich ausschliesslich um Mitglieder von Universitäten und ähnlichen Anstalten, sowie wissenschaftlichen Akademien handelt. Diese internationale Kommission beabsichtigt, in naher Zukunft Schritte zu tun, um durch eine internationale Körperschaft geeigneter Art die Untersuchung und Feststellung der empfehlenswertesten künstlichen Sprache in die Wege zu leiten. Es ist hierbei gedacht, dass diese Körperschaft einen permanenten Arbeitsausschuss bildet, welcher nach erfolgter Wahl die notwendige Fortentwicklung der internationalen Hilfssprache (z. B. in der Feststellung neuer technischer und wissenschaftlicher Fachausdrücke) dauernd sichert, ebenso wie das internationale Bureau der Masse und Gewichte in Sèvres die Pflege und Entwicklung des metrischen Systems dauernd sichert. Dadurch soll die Konkurrenz der verschiedenen Systeme, die sich stets als so gefährlich für die allgemeine Durchführung derartiger Dinge erwiesen hat, geordnet und nach sachgemässer Betätigung späterhin ausgeschaltet werden. Dieser Plan ist in jeder Beziehung praktisch, denn er beruht auf den Erfahrungen, welche in weniger umfangreichen internationalen Angelegenheiten (z. B. dem elektrischen Masssystem) gemacht worden sind. Um ihn erfolgreich durchzuführen, ist ein möglichst umfassender Anschluss führender Männer und Körperschaften erforderlich.

Aus den Erfahrungen, die ich seit einer Reihe von Jahren bei der Propaganda für diese Gedanken gemacht habe, musste ich indessen entnehmen, dass für die meisten meiner Hörer diese allgemeine Sache ein wenig zu abstrakt war. Insbesondere in Amerika, wo ich bei weitem meine grössten Erfolge erzielte, gewann ich die Teilnahme erst dadurch, dass ich gleich-

zeitig mit dem allgemeinen Plan das *konkrete Beispiel* einer
künstlichen Sprache, das *Esperanto,* vorführte. So gelang es,
innerhalb sechs Wochen etwa hundert lokale Esperantogesell-
schaften über die ganze Union zu gründen. Esperanto als Beispiel habe ich gewählt, weil diese Sprache nicht nur eine der
allerbesten künstlichen Sprachen ist, die je erfunden worden
sind, sondern weil sie auch, offenbar wegen ihrer inneren Vorzüge, bei weitem die grösste Verbreitung gefunden hat. Es ist
sehr schwer, sichere Zahlen zu sammeln, aber ich glaube nicht
zu übertreiben, wenn ich von einer Drittel- bis halben Million
Esperantisten spreche, die über die ganze Welt zu finden sind.*)
Um denjenigen unter Ihnen, die noch nichts von Esperanto
wissen, eine Vorstellung davon zu geben, will ich Ihnen ein
Stückchen Esperantotext vorlesen. *Sie werden ihn alle verstehen, auch wenn Sie vorher nie ein Wort Esperanto gehört
haben.*

„La internacia lingvo Esperanto estas facile lernebla eĉ
de la personoj nemulte instruitaj. Unu horo sufiĉas ĝenerale por
lerni la tutan gramatikon, kelkaj tagoj por legi, kelkaj semajnoj
por skribi, kelkaj monatoj por paroli. Esperanto estas efektive
simpla, fleksebla, belsona kaj internacia per siaj elementoj; kun
malgranda kvanto da radikoj oni povas fari tre grandan nom-
bron da vortoj dank' al la praktika sistemo de prefiksoj kaj
sufiksoj. Tiu ĉi lingvo perfekte taŭgas por la internaciaj rilatoj,
eĉ por la literaturo kaj por la poezio. Esperanto helpos mirinde
la sciencojn, la komercon, la vojaĝojn."

Ich habe, wenn ich neben der allgemeinen Frage der
Weltsprache auch die besondere des Esperanto behandelte,
immer betont, dass eine Entscheidung der internationalen Delegation für oder gegen Esperanto weder gefallen ist, noch zurzeit getroffen werden kann; das verbietet zunächst das Programm dieser Kommission. Ich habe es aber *persönlich* stets
mehr und mehr für wahrscheinlich gehalten, dass die Ent-

---

*) Wahrscheinlich ist diese Schätzung doch bedeutend zu hoch. Die
Zahl der Personen, welche Esperanto *geläufig* handhaben, wird 10 bis 20
Tausend schwerlich überschreiten. (1910).

scheidung auf Esperanto fallen wird. Man braucht nicht erst darzulegen, dass diese Wahrscheinlichkeit in dem Masse wächst, wie die Anzahl der Esperantisten und ihr Einfluss bis zu dem Zeitpunkte zunimmt, wo die Wahl getroffen werden wird. *Ich bin nicht der Meinung, dass Esperanto unverbesserlich ist,* aber ich muss die Weisheit seines Erfinders, Dr. Zamenhof, anerkennen, dass er durchaus keine Aenderung gestattet, solange nicht eine allgemein anerkannte Körperschaft vorhanden ist, welche die nötige Autorität besitzt, um etwaige Aenderungen allgemein durchzuführen.*)

Doch dies sind spätere Sorgen. Die Hauptsache ist, dass sich allgemein die Ueberzeugung verbreitet, dass die Weltsprachenangelegenheit nicht ein Traum einiger phantastischer Köpfe ist, sondern in nüchtern wissenschaftlich-technischer Weise als ein Problem betrachtet werden muss, zu dessen Lösung jetzt die *Zeit* gekommen ist, weil die *Notwendigkeit* dazu da ist. An dem unabsehbaren Segen, welchen ein derartiges grossartiges Friedenswerk mit sich bringen würde, zweifelt ja niemand; der Zweifel bezieht sich immer nur auf die Ausführbarkeit. Ich hoffe, in überzeugender Weise nachgewiesen zu haben, dass die Ausführung durchaus im Bereich unserer Kräfte liegt. Wenn es mir gegönnt sein sollte, diesen grossen Augenblick noch zu erleben — und ich arbeite in der fröhlichen Hoffnung, dass ich ihn erleben werde —, so werde ich mich überreich belohnt fühlen für den Aufwand von Energie, den ich dieser grossen Sache gewidmet habe und noch weiterhin zu widmen bereit bin.

---

*) Diese Autorität, nämlich die *Kommission der internationalen Delegation,* hat sich inzwischen (1907) für ein verbessertes Esperanto entschieden, welches *Ido* genannt und einer regelmässigen wissenschaftlichen Entwicklung zugeführt worden ist, der sich das alte, unvollkommenere Esperanto versagt hat. (1910).

Der Kulturwert der Hilfssprache.

(1907)

Selten habe ich Gelegenheit gehabt, zu einer Versammlung
zu sprechen, die mir von vornherein so sympathisch gewesen
wäre, wie die heutige; denn ich weiss, dass so gut wie alle
Teilnehmer der Vereinigung, die heute in dieser schönen Stadt
zu tagen beginnt, *Idealisten* sind, und zwar Idealisten der Art,
die mir von allen bei weitem die liebste ist, nämlich *praktische* Idealisten. Ein Idealist ist ein Mensch, der hohe Ziele
verfolgt, deren Verwirklichung in weiter Ferne liegt. Nun
gibt es Ziele, die so hoch und fern sind, dass man auf ihre
Erreichung von vornherein verzichtet. Man hängt ihnen zwar
mit Begeisterung nach, aber die Begeisterung ist mit Wehmut wegen ihrer Unerreichbarkeit gemischt. Von solcher
Wehmut sind die Teilnehmer der heutigen Versammlung ganz
frei. Zwar weiss auch ein jeder unter uns, wie weit wir noch
von der Erreichung unserer Ziele entfernt sind. Aber niemand
von uns hat auch nur die leiseste Neigung, für sie bloss sehn-
süchtig zu schwärmen. Nein, jeder von uns hat bereits Opfer
gebracht und ist bereit, täglich neue Opfer zu bringen für die
Erreichung des in absehbarer Nähe glänzenden Zieles. Die
Opfer bestanden nicht nur in der Hergabe von Zeit und Energie für die Erlernung der internationalen Hilfssprache. Sie
bestanden in erster Linie in dem frischmutigen Widerstande
gegen unaufhörliche Ungläubigkeit, Verhöhnung und hoch-
mütiges Absprechen, denen unsere Bestrebungen noch so vielfältig ausgesetzt sind. Es ist eine sehr merkwürdige Erscheinung, dass zahllose Leute, die sich beispielsweise nicht getrauen
würden, eine ihnen unbekannte Pflanze ohne eingehende Belehrung richtig zu pflegen; doch über eine so schwierige und

verwickelte Frage, wie die einer künstlichen internationalen Hilfssprache, mit einer Sicherheit und Promptheit ihr Urteil, d. h. ihre Verurteilung aussprechen, die von einem völlig guten Gewissen zeugt. Und diese Bereitschaft, aus dem Handgelenk zu urteilen und zu verurteilen, geht bis in die höchsten intellektuellen Kreise hinauf. Die wenigen Urteile, welche wir beispielsweise über Esperanto von hervorragenden Philologen, denen sonst ihre philologische Genauigkeit über alles geht, gehört haben, enthalten die gröbsten Fehler und Missverständnisse. Wenn das am grünen Holz geschieht, was soll da am dürren des täglichen Zeitungslesers werden? Es gehört — oder darf ich bereits sagen, es gehörte bis vor kurzem? — zu dem eisernen Bestand der intellektuellen Ausrüstung jedes normalen Deutschen, alle diese Bestrebungen mit dem Lächeln mitleidiger Verachtung abzutun. Wenn es hoch kam, verstieg er sich zu der Erklärung, dass man niemals Shakespeare oder Homer in eine künstliche Sprache werde übersetzen können. Dass man eine allgemeine Hilfssprache auch zu anderen Zwecken benutzen könnte, selbst wenn jene Behauptung richtig wäre, was sie keineswegs ist, war solchen Leuten niemals in den Sinn gekommen. Noch viel weniger, dass diese anderen Dinge doch vielleicht noch wichtiger, ja sogar für die *Kultur* wichtiger sein könnten, als die Werke der schönen Literatur. Und so finden wir wieder einmal eine schlagende Bestätigung des allgemeinen Erfahrungssatzes, dass man über nichts weniger nachzudenken pflegt, als über das „Selbstverständliche". Seit dem Scheitern des „Volapük" war es selbstverständlich, dass eine künstliche Sprache unmöglich ist. Dieselben Leute, welche diesen Schluss zogen, würden es lächerlich finden, wenn man daraus, dass eine vorhandene und benutzt gewesene Brücke einmal durch einen Eisgang zerstört worden ist, den Schluss ziehen wollte, dass es nicht möglich ist, Brücken über Ströme zu bauen. Und doch beruhen beide Schlüsse genau auf der gleichen Logik: Weil es einmal missglückt ist, muss es immer missglücken. Wir aber sind nicht so ungenaue Denker. Wir schliessen vielmehr: Hat die Brücke auch nur ein Jahr gehalten, so ist damit bewiesen, dass sie möglich ist, und aus den Umständen ihres Unterganges müssen wir lernen, was wir an der neuen Brücke anders und besser zu machen haben, um ein haltbares Gebäude zu errichten. Diese Unabhängigkeit von der drückenden Macht des allgemeinen Vorurteils ist nun nicht nur eine einmalige Geistesrichtung, sondern ein dauernder Kampf, der eine immer wiederholte Hingabe an die grosse Aufgabe fordert, deren Bedeutung wir begriffen haben und deren Verwirklichung wir nicht nur wünschen, sondern auch *wollen*. Es gibt einen wohlfeilen Idealismus, der sich leicht davon überzeugen lässt, wie schön es wäre, wenn dies oder das geschähe, der aber vor jeder ernsten Tat zurückschreckt mit der Erklärung: Es ist zu schön, um wirklich zu sein. Wir denken anders, für uns heisst es: Es wird erst schön, wenn es wirklich ist. Und diese Gesinnung ist es, die ich mit dem Worte *praktischer Idealismus* bezeichnen möchte. Aus dieser Gesinnung heraus haben wir uns heute versammelt, nicht um ein Jubelfest zu feiern und uns über die Vortrefflichkeit unserer Absichten zu unterhalten, sondern um eine Truppenschau abzuhalten, deren Ergebnisse uns Anleitung geben sollen, wie wir die weitere Arbeit zu organisieren haben. Denn darüber dürfen wir uns keiner Illusion hingeben: noch ist uns das meiste zu tun übrig, und das Erreichte steht noch ganz und gar ausser allem Verhältnis zu dem, was erreicht werden soll und muss. Aber wie der Renner erst beim Anblick der weiten Bahn seine Energien sich plötzlich zu ihrer äussersten Höhe steigern fühlt, so schöpfen wir aus der Erkenntnis des ungeheuren Arbeitsfeldes, das vor uns liegt, nur die Begeisterung, welche der Ausblick auf eine unbegrenzte Betätigung mit sich bringt.

Wir dürfen ohne Ueberhebung sagen, dass ein günstiges Geschick nicht weniger als eigener Mut uns an ein Werk geführt haben, dessen Bedeutung für die künftigen Schicksale der Menschheit gar nicht hoch genug angeschlagen werden kann. Ich habe mich schon oft in der Kulturgeschichte nach ähnlichen Fortschritten umgesehen und kann nur in der *Einführung des Buchdruckes* ein Ereignis erkennen, welches der Einführung der allgemeinen Hilfssprache an die Seite zu stellen sein wird. Während aber der Buchdruck die Ergebnisse der geistigen Arbeit der Menschheit zwar in die weitesten Kreise trug, der die Sprache des Buches verstand, aber doch nicht über die Sprachgemeinschaft hinaus, so wird die künftige Hilfssprache die geistigen Schätze der *gesamten* Menschheit in *jedermanns* Bereich bringen. Und ebenso, wie heute es in unserem Lande ein unwahrscheinliches Ereignis ist, wenn ein Mensch ohne die Fertigkeit des Lesens entdeckt wird, so wird es noch einigen Generationen ein unwahrscheinliches Ereignis sein, dass zwei zivilisierte Menschen sich irgendwo in der Welt begegnen, ohne sich wenigstens über die Hauptsachen des täglichen Lebens mündlich und schriftlich verständigen zu können. Die Bedeutung des Fortschrittes, den wir anstreben und, soviel an uns liegt, herbeizuführen helfen, wird vielleicht am besten offenbar, wenn wir die Frage von dem allgemeinsten Standpunkte angreifen, den wir zu finden vermögen. Es handelt sich um ein *Kulturwerk* ersten Ranges, und so werden wir fragen: in welchem Verhältnis steht die allgemeine Hilfssprache zu dem Kulturproblem überhaupt?

Ueberblicken wir die Kulturgeschichte, so finden wir folgendes allgemeine Bild. Dem Menschen sind die natürlichen Energien als Rohmaterial gegeben, und er hat sie für seine Zwecke umzugestalten. Alles Werkzeug, alle Waffen haben keinen anderen Sinn, als dass sie Maschinen zur zweckmässigen Umgestaltung der rohen Energien sind. Der primitive Mensch hat als Energievorrat, ebenso wie noch heute das Tier, nur die Kräfte seines Leibes zur Verfügung. Aber im *Werkzeug* hat er ein Mittel, diese Kräfte zweckmässig, d. h. *ohne Vergeudung* zu benutzen. Das Eichhörnchen ist mit seinen Greifpfoten und Nagezähnen besonders gut organisiert, um die harte Schale der Haselnüsse zu öffnen. Aber es würde doch unvergleichlich schneller und leichter zu seinem Ziele gelangen, wenn es verstände, die Nuss mit einem Steine aufzuschlagen, oder einen Zweig als Hebel zu benutzen, um sie zu knacken.

Und wenn der Mensch im weiteren Gange seiner Entwicklung auch noch *fremde* Energien zu benutzen gelernt hat, so ist die Hauptaufgabe doch immer, diese rohen Energien so

31*

anzuwenden, dass ein möglichst grosser Teil davon den gewünschten und beabsichtigten Weg ging, und möglichst wenig daneben. Die alten ägyptischen Könige haben die riesigen Steinmassen ihrer Tempel und Pyramiden allerdings durch die Anwendung fremder Energien zu bewegen gewusst, und die auf uns gekommenen Bilder zeigen uns, wie Hunderte von Arbeitern die schweren Werkstücke auf rohen Schleifen zur Arbeitsstelle zerrten. Heute bewegen wir nicht nur weit grössere Massen mit Leichtigkeit, sondern wir brauchen auch bei der Bewegung gleicher Massen wie jene ägyptischen, nur einen geringen Bruchteil der damals verschleuderten Arbeit, weil wir durch Räder, Schienen und Kugellager verstehen, den verlorenen Anteil der Arbeit unverhältnismässig viel kleiner zu machen. Denn über diese allgemeine Tatsache müssen wir uns klar werden: Indem wir die Energien der Natur für unsere Zwecke umgestalten, verfahren wir, wie der Bildhauer, der vielleicht dreimal so viel Marmor zersplittert, als der beträgt, aus dem schliesslich sein Kunstwerk besteht, oder wie der Diamantschleifer, der den grössten Teil des kostbaren Minerals fortschleifen muss, damit der Rest die regelmässige Gestalt erlangt, die für seine Wirkung unerlässlich ist. Und ebenso wie der Diamantschleifer der beste ist, der die Gestaltung mit dem geringsten Materialverlust ausführt, so steht das Verfahren kulturell am höchsten, bei welchem der Energieabfall (man darf dies Wort in beiderlei Sinn auffassen, den der Wortlaut ergibt) so gering wie möglich ist.

Kultur ist also Energieersparnis in jedem Sinne, ist Vermeidung von Energieverschleuderung. Es gibt gar keinen Vorgang, bei welchem alle Energie ohne jeden Verlust einem bestimmten Zwecke zugeführt würde: jedesmal muss man einen Ueberschuss daraufgeben, der ungenutzt verloren geht. Aus dem Borne der natürlichen Energien können wir nur mit durchlöcherten Gefässen schöpfen, und die Kultur besteht darin, dies so geschickt zu tun, dass so wenig wie möglich daneben läuft.

Dies gilt für die niedrigsten wie für die höchsten Betätigungen. Der Bauer, welcher als der erste in der Gemeinde eine eiserne Pflugschar auf den alten hölzernen Haken setzte, war allen seinen Nachbarn dadurch kulturell überlegen geworden, denn er konnte seinen Acker mit derselben Arbeit weit schneller und besser bestellen, und behielt Zeit und Kraft für andere, höhere Betätigungen übrig. Und wenn heute der mit allen Mitteln unserer Zeit arbeitende Naturforscher in wenigen Tagen Entdeckungen macht und Beziehungen feststellt, deren Ausar- beitung noch vor wenigen Jahrzehnten die halbe Lebensarbeit eines gleich begabten Forschers erfordert hätte, so beruht dies auf der Energieersparnis, die ihm vermöge des Umstandes zu- gute kommt, dass er zahllose Dinge fertig zum Gebrauch er- halten kann, die sein Fachgenosse damals mühselig einzeln erst selbst bereitstellen musste.

Diese Richtung der Kulturbewegung hat einen doppelten Grund, einen persönlichen und einen allgemeinen oder sozialen. Der persönliche liegt darin, dass der willensgemäss verlaufende Anteil des Lebens für jeden einzelnen um so erheblicher wird, je grösser der Teil der ihm zur Verfügung stehenden Energie ist, den er seinen Zwecken zuwenden kann. Bei gleichem Be- trage der Gesamtenergie wird also der zweckmässige Teil um so grösser, je vollständiger, also kulturgemässer, er sie ver- werten kann. Ich habe bei anderer Gelegenheit nachgewiesen, dass mit diesem Anteil auch das wächst, was man mit dem vieldeutigen Worte *Glück* bezeichnet, und in solchem Sinne wirkt die Kultur, allerdings nur die Kultur, in der soeben ge- gebenen Auffassung, unmittelbar glückbringend.

Sodann besteht aber auch für den uns zugänglichen und für uns wissenschaftlich erfassbaren Teil des Weltalls das Ge- setz von der *Entwertung der Energie*. Zwar ist alle Energie ihrer Menge nach unveränderlich; dies ist der Inhalt des Ge- setzes von der Erhaltung der Energie, dessen Bedeutung als Grundlage alles Naturerkennens ja längst anerkannt ist. Wenn aber die Menge der Energie unverändert bleibt, so bleibt es doch ihr *Wert* nicht. Vermöge eines überaus merkwürdigen Gesetzes nimmt dieser Wert unausgesetzt ab. Denn verwerten lassen sich nur solche Energien, zwischen denen gewisse Unter- schiede, etwa des Druckes, der Temperatur, der elektrischen

oder chemischen Spannung bestehen. Nun verlaufen aber alle
Vorgänge der Natur in solchem Sinne, dass diese Unterschiede
sich freiwillig vermindern, ohne dass die Menge der Energie
dabei eine Aenderung erleidet. *Das Arbeitskapital der Welt ist
also in Werten angelegt, die einem unaufhörlichen Kursver-
lust unterworfen sind,* und es ist kein Mittel in dem ganzen
Weltall bekannt, durch welches dieser Entwertungsprozess zum
Stillstande gebracht werden könnte, und noch weniger eines,
durch welches der Kurs sich wieder steigern liesse.

Welchen Weg hat also die Menschheit zu gehen, um angesichts dieser Sachlage dennoch ihren Zustand zu behaupten oder
womöglich zu verbessern? Der Weg liegt offen vor uns: Sie
hat die vermeidbaren Energieverluste bei der Verwertung der
Rohenergien immer mehr einzuschränken, bis an die von der
Wissenschaft gewiesene Grenze. Ein Beispiel aus der Erfahrung unserer Zeit wird dies verständlich machen. Vor einem
halben Jahrhundert ergab die Dampfmaschine aus der chemischen Energie der Kohle, mittels deren man sie heizte, und
die man in mechanische Arbeit umwandelte, nur etwa *ein*
Zwanzigstel als nutzbare Arbeit; die übrigen neunzehn Zwanzigstel gingen als ungenutzte Wärme an allen möglichen Teilen
der Maschine und des Kessels verloren. Heute wird bereits
fast ein *Drittel* der Energie in nutzbare Arbeit verwandelt, oder
die Arbeit, die man früher aus sechs Zentnern Kohle erhielt,
erhält man jetzt aus einem Zentner. Der Kulturgrad der
Dampfmaschine hat sich also innerhalb dieser Zeit auf den
sechsfachen Wert erhöht.

Und damit sind wir an dem Punkte angelangt, der in
unmittelbarem Zusammenhange mit unserer heutigen Aufgabe
steht. *Die allgemeine Hilfssprache hat ihre Kulturbedeutung
darin, dass sie einer ungeheuren Energievergeudung ein Ziel
setzt, der die Menschheit bisher unterworfen war.* Indem
diese Energien freigemacht werden, können sie unmittelbar für
die noch ungelösten Kulturaufgaben der Menschheit verwendet
werden, und es entsteht ein Kulturgewinn von unabsehbarer
Bedeutung. Es ist, als wenn das Räderwerk einer alten
Maschine einmal von all dem Staub und Schmutz, den die Jahr-

hunderte daran abgesetzt haben, gereinigt und mit frischem
Oel versehen würde. Während bis dahin der grösste Teil der
Arbeit verbraucht wurde, um die alten, längst pechig gewordenen Massen, die auf den Achsen und Zähnen lagen, immer
wieder hin und her zu wälzen, wobei beständig die Gefahr
verderblicher Erhitzung bestand und die Maschine viel mehr
abgenutzt wurde, als ihrer Leistung entsprach, läuft nun alles
glatt und leise; die schädlichen Reibungen sind aufgehoben
und für nutzlose Arbeit ist keine Gelegenheit mehr vorhanden.

Beginnen wir mit dem Anfang, der Schule. Seit einigen
Jahrzehnten hören die Klagen wegen Ueberbürdung der Schüler
nicht auf, und gleichzeitig melden sich neue Unterrichtsfächer
an, welche unentbehrlich sind, um dem Schüler oder der Schülerin später es möglich zu machen, sich in der Welt zurechtzufinden. Es sind dies einerseits die Naturwissenschaften,
welche die Grundlage für das Verständnis unseres technischen
Lebens, von der Nähmaschine bis zum Telephon liefern, andererseits die sozialen Wissenschaften, wie bürgerliche Rechts-
kunde und die Elemente unserer politischen Organisation,
welche die Grundlage für unsere aktive Teilnahme an der Gestaltung unserer öffentlichen Verhältnisse bilden und so die
sicherste Gewähr für eine dauernde, tätige Liebe zum Vaterlande liefern. Wie sollen wir da den Weg zwischen der Skylla
der Ueberbürdung und der Charybdis der Unzulänglichkeit der
Schulbildung für die Erfordernisse des Lebens finden? Die
Antwort ist einfach: durch Beseitigung des fremdsprachlichen
Unterrichts. Und die Möglichkeit, diesen Unterricht zu beseitigen, haben wir durch die Einführung der allgemeinen
Hilfssprache. Gibt es eine Sprache, deren Kenntnis man bei
jedem Angehörigen unseres Kulturkreises voraussetzen kann,
so liegt kein Anlass mehr vor, die verschiedenen nationalen
Sprachen auf der Schule zu lehren. Wer ein Interesse an
ihnen nimmt, mag sie auf privatem Wege erlernen, so wie es
jetzt jedem Schüler und jeder Schülerin frei steht, Musik zu
lernen, und soviel Nutzen oder Vergnügen, wie vom Klavierspielen, mag er von ihnen erwarten. Aber ein Grund, die
Gesamtheit der höheren Schüler während vieler Jahre mit dem

Erlernen der sprachlichen Zufälligkeiten zu quälen, wird dann nicht mehr vorliegen.

Und was dies bedeutet, lehrt ein Blick auf den Schulplan irgend einer mittleren Schule. Mindestens die Hälfte der ganzen Zeit, zuweilen fast zwei Drittel davon, gehen für den Sprachunterricht dahin. Können wir diese Zeit ersparen und für kulturell wichtigere Dinge verwenden, so sind alle die schwierigen Ueberbürdungs- und Bedürfnisfragen alsbald zur Zufriedenheit aller Beteiligten, in erster Linie der Schüler, gelöst. Was dies aber dann weiter für den Wettkampf der Nation auf dem Weltmarkte bedeutet, ist so gross, dass ich nicht wage, die Folgen hier auszumalen.

Ueber den Einwand, dass man den *„bildenden Wert"* des Sprachstudiums nicht verloren gehen lassen dürfe, habe ich mich bereits wiederholt ausgesprochen. Ich stelle diesen Wert in Abrede. Ich glaube, dass ich darüber reden darf, denn ich habe mein ganzes Leben mit Unterricht aller Art, von der Bürgerschule bis zur Universität, zugebracht und darf auch behaupten, dass ich ein erfolgreicher Lehrer gewesen bin. Die Ursache, weshalb ich den Sprachen einen Bildungswert abspreche, liegt in ihrem unregelmässigen und unsystematischem Bau. Die sprachlichen Formen haben ja in gewissem Sinne logische Bedeutung. Aber diese Bedeutung ist verschüttet durch geschichtlich bedingte Zufälligkeiten, namentlich durch die persönlichen Meinungen, Irrtümer und Missgriffe der ersten, ältesten Grammatiker der einzelnen Sprachen. Goethe, der doch wahrlich das Instrument der Sprache genau kannte und sicher handhabte, klagt: *Und was ein Volk zusammen sich gestammelt, soll ewiges Gesetz für Herz und Seele sein!* So ist es nicht nur einfacher, sondern auch weit sicherer und erfolgreicher, Logik unmittelbar zu lernen, als sie in unvollkommener und irreführender Weise aus ihrem spärlichen Vorkommen in der Sprache herauszusuchen. Kinder sind dazu am wenigsten geeignet, denn bei ihnen revoltiert gerade ihr bisschen Logik gegen die unlogischen Willkürlichkeiten der Sprache. Die Sprachfehler, welche sie begehen, sind bekanntlich zum allergrössten Teile nur regelmässig gebildete

Formen, gegen deren Anwendung gar nichts anderes einzu-
wenden ist, als dass sie nicht gebräuchlich sind. Ein an solchen
Zufälligkeiten erzogener Geist hat später die grössten Schwierigkeiten, wenn es sich um die sachgemässe Erfassung natur-
gesetzlich geordneter Tatsachen handelt. Bekanntlich übertreffen die Mädchen ihre männlichen Altersgenossen regelmässig in Bezug auf sprachliche Fertigkeit, während bezüglich der Erfassung abstrakter Allgemeinheiten ihnen die Jungen
ebenso zweifellos überlegen sind. Und ebenso kann man sich
beim Vergleich von Erwachsenen überzeugen, dass sprachliche
Kenntnisse und Fertigkeiten in gar keinem bestimmten Verhältnis zur intellektuellen Leistungsfähigkeit stehen. Faraday,
einer der genialsten Naturforscher aller Zeiten, und einer der
fleissigsten dazu, hat ausser seinem mütterlichen Englisch nur
ein wenig Französisch gekonnt, und Deutsch ist ihm Zeit
seines Lebens, wie er immer wieder mit dem grössten Bedauern
feststellt, ein „versiegeltes Buch" gewesen. Umgekehrt hat
keines von den Sprachgenies, die Dutzende von Sprachen beherrscht haben, ausserdem irgend einen Gedanken hervorgebracht, der für die Menschheit von Wichtigkeit geworden
wäre. Wenn ich auch nicht so weit gehen will, dass ich sprachliche Begabung und höhere intellektuelle Leistungsfähigkeit
als sich gegenseitig ausschliessend bezeichne, so muss ich doch
betonen, dass sie noch weniger parallel gehen; das Beste, was
man im Sinne der Sprachfreunde sagen kann, ist, dass sie
unabhängig von einander sind.

Wenden wir uns von der Schulfrage zu der technischen
oder wissenschaftlichen Berufsausbildung, so sehen wir wieder
auf den ersten Blick, welche neuen Möglichkeiten uns dort
geöffnet werden. Zwar hat der durch Bücher, Zeitschriften
und Zeitungen besorgte Nachrichtendienst eine Fülle von Belehrung über die ganze Welt gebracht, aber der Segen der
Wanderjahre, den das alte Handwerk so klar erfasst und so
sicher organisiert hatte, ist doch geblieben, was er war, und
wird gerade in unseren, von Wettbewerb beflügelten Zeiten
wieder besonders lebhaft empfunden. Ob unser Sohn Künstler
oder Fabrikant, ob er Gelehrter oder Kaufmann werden will;

in jedem Falle sind wir überzeugt, dass er besser ausgerüstet
ins Leben treten wird, wenn er sich vorher unter seinen Berufsgenossen *draussen* umgesehen hat. Heute muss er einen
ganz unverhältnismässigen Aufwand von Zeit und Energie
opfern, wenn er es ermöglichen will, denn er muss die
Sprachen all der Länder lernen, die er besuchen will. Künftig
wird ihn schon seine Volks- und Mittelschule soweit vorbereitet
haben, dass er auf Grund seiner Kenntnis der allgemeinen
Hilfssprache jeden beliebigen Winkel der kultivierten Welt besuchen kann und seine ganze Energie für die Zwecke frei behält, zu deren Verfolgung er die Reise gemacht hat.

Je höher wir auf der Leiter steigen, um so wichtiger
werden die Fortschritte, welche die allgemeine Hilfssprache
uns ermöglichen wird. Dies kann nicht anders sein, denn gerade unsere höchsten Güter sind gleichzeitig die, welche der
ganzen Menschheit gehören, und welche überall die Sprache
voraussetzen. Eine Ausnahme sind nur die bildenden Künste,
welche des Wortes entraten können. Aber bereits bei der
Musik, soweit sie mit der Poesie verbunden ist, dann bei
dieser, und endlich in dem unabsehbaren Gebiete der Wissenschaft beruht, die ganze Möglichkeit der Fixierung, Aufbewahrung und Uebertragung auf der Benutzung des Wortes.
Heute sind alle diese allgemein menschlichen Schätze durch
Zufall und Willkür in die verschiedensten sprachlichen Gebiete
verteilt, und das Passieren dieser Sprachgrenzen ist mit dem
hohen Zoll der Erlernung der anderen Sprache belegt. Wenn
dieser Zustand noch irgend jemandem einen Vorteil brächte!
Dies ist aber nach keiner Seite der Fall; der Sprachzoll hat
ganz und gar den Charakter eines reinen Bewegungshinder-
nisses und Energieraubers, wie ein schlechtes Achsenlager oder
ein unergründlicher Sandweg. Erinnern wir uns unserer Betrachtungen über das Kennzeichen der Kultur, so erkennen wir
mit Schrecken, wie rückständig unsere vielgerühmte Kultur noch
am Anfange des zwanzigsten Jahrhunderts ist, und welche
ungeheuere Energievergeudung gegenwärtig gerade in allen
den Dingen getrieben wird, welche die Menschheit insgesamt
angehen, die von allen also die wichtigsten sind. Das ist die

Ursache, weshalb diese Dinge so langsam vorschreiten, obwohl die Edelsten und Besten aller Nationen sie sich am Herzen sein lassen.

Hochgeehrte Versammlung! Wir tagen heute als eine
deutsche Versammlung, so recht im Herzen Deutschlands, und
da ist die Frage berechtigt: Wie steht es mit unseren näheren
Pflichten gegen das Vaterland, wenn wir uns auf die geforderte
Weise den Interessen der gesamten Menschheit hingeben? Mir
scheint, dass es darauf nur eine Antwort geben kann. Die
Pflichten gegen das Vaterland werden mit denen gegen die
Menschheit nie in Widerspruch geraten können. Denn jedes
Land, das sich in einem solchen Widerspruch entwickeln
wollte, würde den Gegendruck seiner ganzen Umgebung hervorrufen und als Einer gegen Alle vor ihr unterdrückt werden.
Umgekehrt wird das Land, welches früher als die anderen die
grossen Bedürfnisse der Menschheit begreift und sie zu befriedigen unternimmt, als Führer den anderen voraufgehen;
Ehre und Gewinn der Führerschaft werden diesem Lande vor
allen zukommen.

Und dass es sich hierbei nicht um unbestimmte Allgemeinheiten handelt, ergibt sich alsbald bei der näheren Betrachtung
unseres Falles. Ich habe schon oft betont, dass die allgemeine
Hilfssprache die notwendige Voraussetzung für die Entstehung
einer wirklichen *Weltliteratur* bildet. Von allen Völkern der
Erde scheint aber keines mehr geeignet zu sein, die Pflege
dieses allgemein menschlichen Schatzes in erster Linie zu übernehmen, als das unsrige. Als geistige Vermittler zwischen
den Nationen haben wir uns bisher schon betätigt, wo noch
das Hindernis der sprachlichen Verschiedenheit das wirkliche
Aufblühen einer Weltliteratur unmöglich gemacht hat. Klopft
nicht jedem unter uns das Herz, wenn wir uns das Deutschland der Zukunft ausmalen, wie es *als geistige Zentrale der*
ganzen Menschheit das höchste und edelste Amt verwalten wird,
das einer Nation zufallen kann?

Ein Friedenswerk.

(1907)

Nach harter Arbeit in neunzehn Sitzungen, von denen jede rund drei Stunden dauerte, ist soeben in Paris ein Ergebnis erzielt worden, dessen Bedeutung unter allen Umständen sehr erheblich ist, selbst wenn diese auch nicht den Erwartungen entsprechen sollte, welche die Mitarbeiter daran knüpfen. Die beiden grossen Bewegungen, welche die Gewinnung einer allgemeinen *Hilfssprache* zum Zwecke haben, die des „Esperanto" einerseits und die der „Delegation" andererseits, haben sich vereinigt, um mit gemeinsamen Kräften dem gemeinsamen Ziele zuzustreben, und es kann nicht fehlen, dass die beiden Flüsse, die bereits einzeln eine recht erhebliche Bewegungsgeschwindigkeit gezeigt hatten, nunmehr nach ihrer Vereinigung zu einem Strome sich noch viel geeigneter erweisen werden, die immer noch vorhandenen Trägheitswiderstände zu überwinden. Denn die *sachlichen* Widerstände sind durch die eben erwähnten Arbeiten soweit beseitigt, als dies zurzeit in menschlichen Kräften liegt.

Während die Fortschritte der Esperanto-Bewegung durch die jährlichen internationalen Kongresse, die seit 1905 stattfinden, dem grösseren Publikum ziemlich bekannt zu sein pflegen (soweit nicht die sprachlich rückschrittlich gesinnte Presse es für besser findet, sie ihren Lesern vorzuenthalten), hat sich die Arbeit der „Delegation" bisher vorwiegend in einem engeren Kreise vollzogen, und es war von ihr nur in diesem Frühling vorübergehend die Rede, als die in Wien versammelte Assoziation der Akademien den von der Delegation (unter akademischer Vermittelung) eingebrachten Antrag, die Wahl einer Hilfssprache ihrerseits zu bewerkstelligen, wegen Unzuständigkeit ablehnte. Man kann darüber streiten, ob dieser Beschluss zweckmässig war; jedenfalls hat er die Delegation in den bereits in ihrer Konstitution vorgesehenen Fall versetzt, diese ebenso schwierige wie wichtige Arbeit selbst vorzunehmen, und über die ersten Ergebnisse dieser Arbeit soll hier berichtet werden.

Zur Orientierung sei vorausgeschickt, dass bei Gelegenheit der zahlreichen internationalen Kongresse, die sich 1900 im Anschlusse an die Weltausstellung in Paris versammelt hatten, sich das bekannte *Sprachelend,* unter dem solche Versammlungen leiden, wieder einmal auf das schmerzlichste geltend gemacht hatte. Insbesondere bei den Philosophen, die ja bekanntlich auch ohne das Hindernis sprachlicher Verschiedenheiten die allergrösste Mühe haben, einander zu verstehen, war dieser Uebelstand so schwer empfunden worden, dass sie auf seine Abhilfe sannen. Auf Grund eines von dem Mathematikprofessor *Leau* ausgearbeiteten Entwurfes wurde beschlossen, einen ständigen Ausschuss für die Frage zu bilden, der den Namen: Délégation pour l'adoption d'une langue internationale auxiliaire erhielt, und dessen Programm durch die folgenden Sätze bezüglich der Beschaffenheit der künftigen Hilfssprache festgelegt wurde:

„Sie muss ebensowohl den Bedürfnissen des *täglichen* Lebens, wie den Zwecken des *Handels* und *Verkehrs,* wie endlich den Aufgaben der *Wissenschaft* zu dienen imstande sein."

„Sie muss für alle Personen von elementarer Durchschnittsbildung, insbesondere für die Angehörigen der europäischen Kulturwelt *leicht erlernbar* sein."

„Sie darf *keine* der *lebenden* nationalen Sprachen sein."

Auf dieses Programm haben sich im Laufe der Jahre etwa *achtzehnhundert Gelehrte* (ausschliesslich Mitglieder von Universitäten und gelehrten Gesellschaften) und *dreihundert Vereine* und Verbände aller Art, teilweise mit Tausenden von Mitgliedern, geeinigt. Ende vorigen Jahres schien der Zeitpunkt gekommen zu sein, der bei der Gründung der Delegation gleichfalls vorgesehenen Entscheidung über die Wahl der künftigen

Hilfssprache praktisch näher zu treten, da aus den Kreisen der Körperschaften, die der Delegation sich angeschlossen hatten, mehrfach Zeichen von Ungeduld bemerkbar wurden und andererseits die früher vorhandene Abneigung und Gleichgültigkeit weiterer Kreise mehr und mehr einem regeren Interesse zu weichen begann. So wurde denn programmgemäss die Assoziation der Akademien aufgefordert, und als diese sich versagte, seitens der Delegation eine Abstimmung innerhalb aller von den genannten Gesellschaften und Körperschaften ernannten Abgeordneten durchgeführt, aus der eine Arbeitskommission hervorging, die ihre Sitzungen in der zweiten Hälfte des Oktober in Paris abgehalten hat.

Der genaue und ausführliche Bericht über die Bildung und Entwicklung der Delegation sowie über die Arbeiten der Pariser Kommission wird von der letzteren in kurzer Frist erstattet und der breitesten Oeffentlichkeit zugänglich gemacht werden. Die in diesem Aufsatze mitgeteilten Nachrichten haben einen ganz privaten Charakter. Doch schien es nötig zu sein, bereits jetzt eine allgemeine Orientierung über die wichtigsten Ergebnisse jener Arbeiten an die Oeffentlichkeit gelangen zu lassen, da bereits missverständliche Auffassung sich geltend gemacht haben, die im Interesse der grossen Sache so schnell wie möglich zerstreut werden sollen.

Die Kommission setzte sich aus Vertretern der englischen, französischen, deutschen, italienischen, skandinavischen und slavischen Sprachgebiete zusammen; ebenso war das Esperanto vertreten. Zwei ausgezeichnete Sprachforscher, *Baudouin de Courtenay* aus Petersburg und *Jespersen* aus Kopenhagen, leisteten der Kommission unschätzbare Dienste nach der wissenschaftlichen Seite ihrer Aufgabe und der unermüdliche Sekretär der Delegation *Couturat*, Professor der Philosophie an der Pariser Universität, hat eine fast übermenschliche Leistung in der inneren wie äusseren Organisation der Kommissionsarbeiten durchgeführt. Die Verhandlungen begannen damit, dass eine Anzahl Erfinder künstlicher Sprachen persönlich oder durch Vertreter ihre Systeme vorführten (es waren alle erreichbaren Persönlichkeiten solcher Art hierzu eingeladen worden), und dass, wo eine solche unmittelbare Vertretung nicht erlangbar gewesen war, die entsprechenden schriftlichen Dokumente erörtert wurden. So anstrengend diese Arbeit war, so wirksam erwies sie sich für die allmähliche Klärung des vorhandenen Problems. Gerade die grosse Mannigfaltigkeit der Lösungsversuche und ihre Diskussion brachte mit einer für die Teilnehmer an der Arbeit unvergesslichen Deutlichkeit die grossen Grundlinien zur Anschauung, innerhalb deren sich eine lebensfähige Lösung halten musste und liess die Fehler erkennen, welche durch Vernachlässigung der einen oder anderen dieser notwendigen Forderungen bei den vorliegenden Systemen entstanden waren.

Das Endergebnis dieser mit grosser Hingabe durchgeführten Untersuchung war, dass von den vorhandenen Systemen *keines* vollständig den Forderungen genügte, die die Kommission an die künftige internationale Hilfssprache stellen zu müssen glaubte. Gleichzeitig aber stellte sich heraus, dass das Esperanto dem aufgestellten praktischen Ideal sich soweit annäherte, dass man es als *Grundlage* der künftigen Hilfssprache annehmen konnte. Weiter wurde in vollem Einverständnisse mit den anwesenden führenden Männern des Esperanto festgestellt, dass die erforderlichen Verbesserungen sich ausführen liessen, ohne die Prinzipien von Zamenhofs genialer Erfindung zu erschüttern; vielmehr handelte es sich um eine noch konsequentere Durchführung eben derselben Prinzipien. Nach Ausführung dieser Aenderungen wird jeder Text in der neuen Form unmittelbar jedem Esperantisten verständlich sein, und es wird nur einer sehr geringen Arbeit seitens desjenigen, der das bisherige Esperanto beherrscht, bedürfen, um ihm die Handhabung der neuen Form geläufig zu machen. So wird auch die bisher bereits vorhandene Esperanto-Literatur den grössten Teil ihres Wertes behalten und die Stetigkeit der Entwicklung bleibt gewahrt. Andererseits kommen aber eine Anzahl von Schwierigkeiten in Wegfall, die sich beim Unterricht und Gebrauch herausgestellt haben, wobei ausgiebig Rücksicht auf die vorhandene Kritik des Esperanto genommen worden ist, unabhängig davon, ob diese aus den Kreisen der Freunde oder der Gegner stammte.

Die endgültige Feststellung und Redaktion dieser Bearbeitung des Esperanto ist einem zuständigen Komitee übertragen worden, das die Kommission der Delegation erwählt hat, und das insbesondere den Auftrag hat, mit dem Sprachausschuss (Lingua Komitato) der Esperanto-Organisation Fühlung zu nehmen und zu behalten. Da diesem Komitee ausser den obengenannten Sprachforschern noch derjenige Mann angehört, der nächst dem Erfinder selbst am meisten für das Esperanto getan hat, nämlich de *Beaufront*),* so erscheint eine erfolgreiche Arbeit so vollkommen gesichert, als dies überhaupt in menschlichen Kräften steht.

Wenn also bisher demjenigen, der von der Wichtigkeit einer internationalen Hilfssprache durchdrungen, sich darnach erkundigte, welche er erlernen sollte, eine aufschiebende Antwort gegeben werden musste, so wird nun binnen wenigen Monaten eine ganz bestimmte Antwort möglich sein. Denn die Periode der Konkurrenz zwischen den verschiedenen Lösungen der Aufgabe muss nun als abgeschlossen betrachtet werden, und alle, welche die Förderung des grossen Gedankens über ihre persönlichen Neigungen zu stellen bereit sind, können künftig ihre Kräfte in gleicher, durch keine gegenseitige Bekämpfung gestörter Richtung betätigen. Nicht dass die Mitarbeiter an dem Werke glaubten, dass nunmehr eine für alle Zeit unveränderliche Norm geschaffen werden würde, die von allen als ein unnahbares Idol verehrt werden müsste. Das Gegenteil ist der Fall. Wie Baudouin de Courtenay in einer demnächst erscheinenden Schrift „Zur Kritik der künstlichen Weltsprachen" überzeugend nachweist, verkörpern die Grundsätze, von denen Zamenhof sich bei seiner Erfindung hat leiten lassen

---

*) Herr de *Beaufront* hatte selbst eine Hilfssprache, *Adjuvanto,* erfunden, gab aber die Propaganda für seine eigene Erfindung zu Gunsten der Fremden auf, als er das damals fast unbekannte Esperanto entdeckte und darin eine teilweise bessere Verwirklichung seiner eigenen Grundsätze fand. Mit seinem Eingreifen begann der äussere Erfolg des *Esperanto,* das in ihm seinen zweiten Vater zu verehren hat.

(vermutlich ohne sie ausdrücklich zu formulieren) nichts anderes, als die Richtlinien, in denen sich die „natürliche", d. h. unkontrollierte Entwicklung der indoeuropäischen Sprachen ohnedies bewegt. Niemand wird zu behaupten wagen, dass diese Entwicklung gegenwärtig abgeschlossen ist, oder in irgend einer Zeit abgeschlossen sein wird. Nur muss, ebenso wie im Esperanto das gegenwärtige allgemeine Sprachbewusstsein eine sachgemässe Verkörperung gefunden hat, indem die unbewussten Beeinflussungen und Verschiebungen bewusst durchgeführt worden sind, auch für die Zukunft die *Entwicklung* selbst *organisiert* und den unregelmässigen Beeinflussungen der unbewussten Faktoren entzogen werden.

Hieraus ergeben sich wichtige und weittragende Fragen über die künftige Regelung der Entwicklung, der die internationale Hilfssprache ebenso unterworfen sein wird, wie jedes andere natürliche Ding. Denn das muss festgehalten werden, dass der unermüdliche Eifer, der sich gegenwärtig mehr als jemals auf diesem Gebiete betàtigt hat, eine ebenso *natürliche* Erscheinung ist, wie irgend ein anderes soziales Phänomen. Immer noch hat die Menschheit die Werkzeuge und Formen, deren sie für neue Zweige ihres Lebens bedurfte, sich auch zu schaffen gewusst, wenn die Zeit gekommen war. Immer noch ist sie dabei von den Vertretern des ewig Gestrigen gewarnt worden, und immer ist sie über diese Warnungen zur Tagesordnung, d. h. zur Ordnung des kommenden Tages übergegangen.

Werfe ich nach diesen zwei Wochen angestrengter Arbeit einen Rückblick auf unsere Tätigkeit in dem bescheidenen Hörsaal des Collège de France, in dem wir uns versammelten, so tritt mir plötzlich die praktische Betätigung der brüderlichen Gesinnung ins Bewusstsein, die uns zusammengeführt hatte. Kein Misston irgendwelcher Art hat diese Arbeit gestört. Erst nachträglich, wenn überhaupt, ist es uns aufgefallen, dass z. B. als Ehrenpräsident und aktiver Vorsitzender zwei Deutsche, dass als Vizepräsidenten ein Däne und ein Russe gewählt worden waren, so dass die gastfreundliche Nation, in deren Hauptstadt die Tagung stattfand, im „Bureau" überhaupt nicht vertreten war. Niemand hat auch nur **ein** Wort hierüber verloren, so sehr war ein jeder frei von Gefühlen, die nicht zu dieser Sache gehörten. Und diese, mit der Selbstverständlichkeit eines alltäglichen Naturereignisses **aufgenommene** Tatsache gibt einen kostbaren Nachweis dafür, dass bereits jetzt Menschen verschiedensten Stammes in Dingen, die sie alle gemeinsam angehen, sich so sehr als Brüder anzusehen gelernt haben, dass die trennenden Faktoren überhaupt nicht mehr über die Schwelle ihres Bewusstseins treten.

Die internationale Hilfssprache.

(1907)

In dem Wettrennen zwischen der Phantasie der Dichter und der schaffenden Tätigkeit der Forscher und Techniker um den Preis des Unerhörten bleibt die letztere in unseren Tagen leichter Sieger. Was wir uns nicht träumen zu lassen wagten, machen die Fortschritte menschlicher Schaffenskraft war, ehe wir uns dessen versehen, und der Geschmack des Lesepublikums an der phantastischen Ausmalung künftiger Möglichkeiten und Unmöglichkeiten à la Bellamy ist verschwunden, weil die Wirklichkeit grössere und tiefergehende Ueberraschungen bietet. Es ist noch kein Jahr her, da pflegte der durchschnittliche „Gebildete" bedauernd den Kopf zu schütteln, wenn er von den Aufwendungen an Energie und Geld hörte, die gewisse Phantasten an die Schimäre des lenkbaren Luftschiffes zu verschleudern so töricht waren, und heute legt er sich befriedigt zu Bett, mit dem Gefühl, dass er doch eigentlich immer geglaubt hätte, dass „wir" den Weltrekord in dieser Sache gewinnen würden.

Mit dem lenkbaren Luftschiff pflegte die Weltsprache in einem Atem genannt zu werden, und ich hoffe von Herzen, dass dies ein Omen sein möchte. Denn auch diese hat bereits eine Anzahl mehr oder weniger gelungener Flugversuche hinter sich, die wie beim Luftschiff in erster Linie dazu gedient hatten, die Unvollkommenheiten der zuerst versuchten Konstruktionen ans Licht zu bringen. Und ebensowenig wie die Notwendigkeit, in der Graf Zeppelin sich vor einigen Jahren befand, sein Luftschiff von Grund aus umzubauen, ein Beweis für die Unausführbarkeit eines solchen Apparates war, ebensowenig war die Notwendigkeit, seinerzeit auf das Volapük zu verzichten, ein Beweis für die Unausführbarkeit einer künstlichen Hilfssprache.

Denn inzwischen hat bereits auf drei internationalen Kongressen das *Esperanto* sich als eine leicht und für die mannigfaltigsten Zwecke zu handhabende Sprache erwiesen; und wenn auf dem letzten Kongress in Cambridge Gottesdienste verschiedener Konfessionen in Esperanto abgehalten wurden, so zeigt dies eklatant, wie ernsthaft dieser Fortschritt bereits von den so überaus konservativen Engländern genommen wird.

Das steht also fest als experimentell über jeden Zweifel hinausgehoben, *dass es möglich gewesen ist, eine Sprache künstlich* zu schaffen, die sich überall als ausreichend zu allen den Zwecken erwiesen hat, für die bisher die „natürlichen" Sprachen verwendet wurden. In einer Untersuchung, die Ende Oktober in Paris von einer *internationalen Kommission* (der die ausgezeichneten Sprachforscher Baudouin de Courtenay-Petersburg und Jespersen-Kopenhagen angehörten) an allen in Betracht kommenden Lösungsversuchen dieses Problems durchgeführt wurde, traten die leitenden Grundsätze einer solchen Arbeit deutlich zu tage. Alle natürlichen Sprachen befinden sich in einem Zustande fortwährender Veränderung und Entwicklung, die von verschiedenen Faktoren bestimmt wird. Summiert man nun diese Aenderungstendenzen und ihre Ergebnisse, so kommt man gerade zu den Grundsätzen, die im Esperanto ihre bestimmteste, wenn auch natürlich noch keineswegs vollendete Ausprägung gefunden haben.

So wie der Chemiker den Krystall, dessen Bildung im Schosse der Erde Jahrhunderte erfordern würde, durch Herstellung des reinsten Stoffes und Fernhaltung aller Störungen in wenigen Wochen zur vollendeten Ausbildung bringen kann, so lässt sich durch Erfassung der treibenden Tendenzen der europäischen Sprachentwicklung das reine Endprodukt in sauberer Gestalt herauspräparieren, die alles Wesentliche enthält und vom Zufälligen nur das Unvermeidliche. Es ist nicht wahrscheinlich, dass der geniale Erfinder des Esperanto sich diesen Weg zu seinem Ziel anschaulich klar gemacht hat: jedenfalls aber hat er jene Tendenzen in sich und seinem Werke so rein wirken lassen, dass bereits beim ersten Anschuss ein recht vollkommenes Produkt entstanden war.

So hat jene Kommission, die 1800 Gelehrte und 300 Gesellschaften aller Art vertrat und von diesen mit der Arbeit der Wahl und Bestimmung der besten künstlichen Sprache beauftragt worden war, beschlossen, im Prinzip das Esperanto anzunehmen. Gleichzeitig hat sie beschlossen, einige Unvollkommenheiten zu beseitigen, die bei den bisherigen Flugversuchen zutage getreten waren. Und es besteht begründete Hoffnung, dass das dauernde Komitee, das die Arbeiten der Kommission zur Reife zu bringen bestimmt ist, noch vor Jahresschluss der Welt die Hilfssprache in der Form vorlegen wird, die es nach eindringender Arbeit als die zurzeit zweckmässigste empfiehlt. Da von vornherein die Mitarbeit einiger führenden Männer das Esperanto gesichert worden war, so ist alles geschehen, um diese wichtige Arbeit zu einem guten Ende zu bringen.

Hier aber versagt die Parallele zwischen dem Luftschiff und der Hilfssprache. Während bei jenem die Hauptsache geleistet ist, wenn man den flugfähigen Apparat hergestellt hat, fängt bei der Hilfssprache die schwerste Arbeit erst hernach an. Denn es genügt nicht, dass diese Sprache besteht, sie muss auch *gebraucht* werden. Und die Vorstellungen von der Beschaffenheit der menschlichen Sprache, die uns in der Schule eingeprägt worden sind, verhindern die meisten Menschen an der unbefangenen Aufnahme dieses ungeheuren Fortschritts und erfüllen viele von ihnen sogar mit einer ganz ausgesprochenen Feindseligkeit gegen den Gedanken selbst.

Ebenso wie die Abschreiber sich einst gegen die Druckerpresse, wie der Maler sich gegen die Photographie und die Fuhrleute gegen die Eisenbahn empörten, so glauben viele sich in ihrem geistigen Haushalt gestört, wenn auch in diesem Gebiete die bewusste menschliche Technik geltend macht und für sich solche Teile der Aufgabe in Anspruch nimmt, für die die bisherigen „natürlichen" Bildungen nicht geeignet sind. Dies sind die *internationalen* Verhältnisse. Solange man sich in einem einheitlichen Sprachgebiet bewegt, ist nach einer künstlichen Sprache ein Bedürfnis nicht vorhanden. Aber wie viele erwachsene Menschen gibt es heute z. B. in Deutschland, die niemals in die Lage kämen, mit Angehörigen anderer Sprachgemeinden zu verkehren? Der ungeheure Raum, den gegenwärtig fremdsprachliche Uebungen in allen unseren Mittelschulen einnehmen, legt ein lautredendes Zeugnis von dem vorhandenen Bedürfnis ab, dessen Befriedigung fast die Hälfte der gesamten Arbeitskraft unserer Schuljugend beansprucht. Wenn dies Bedürfnis befriedigt werden könnte, ohne solche Opfer zu erfordern, so wäre für die Schule das ganze Ueberbürdungsproblem gelöst.

Die künstliche Hilfssprache hat nun die Eigenschaft eines jeden grossen technischen Fortschritts, nicht nur das Bisherige zu ersetzen, sondern weit Besseres zu liefern. Lernen unsere Kinder Englisch und Französisch, so können sie zwar in England, Nordamerika, Frankreich und Belgien sich verständigen, nicht aber in Skandinavien und Russland, in Italien, Spanien und Südamerika, von den asiatischen Ländern zu schweigen. Lernen sie dagegen die allgemeine Hilfssprache, so wird ihnen die *ganze* Kulturwelt offen sein. Mit einer Arbeit, die nur einen kleinen Bruchteil des bisher Aufgewendeten ausmacht, ist ein unvergleichlich viel grösseres Ergebnis erzielt. Denn das ist der Hauptgrund für die Einführung einer künstlichen Sprache, dass eine solche wegen ihrer vollkommenen Regelmässigkeit sehr viel leichter zu erlernen ist als jede natürliche. Gleichzeitig kann eine solche Sprache dadurch, dass alle formal möglichen Ableitungen auch wirklich zugelassen werden, sehr viel reicher und genauer gestaltet werden, als irgendeine natürliche Sprache ist. Und endlich erzielt der einzelne dadurch, dass er nur eine einzige Sprache neben seiner Muttersprache zu lernen hat, eine unvergleichlich viel bessere Beherrschung der Fremdsprache als bei dem gegenwärtigen System, wo er drei oder mehr sich einprägen muss. Man beobachte doch einmal unbefangen die Ergebnisse des vieljährigen Sprachunterrichts in unseren Schulen, und man wird erschrecken über das Missverhältnis zwischen der aufgewendeten Zeit und dem erzielten Resultat.

Allerdings ist hierbei eins vorausgesetzt, dass nämlich die gleiche Hilfssprache überall angenommen wird. Dies zu ermöglichen, ohne dass die vorhandenen nationalen Gefühle verletzt werden, ist ein zweiter wesentlicher Grund für die Wahl einer *künstlichen* Sprache. Auch sieht die Aufgabe schwerer aus, als sie wirklich ist. Denn wenn schon das Esperanto mit seinen gegenwärtigen Unvollkommenheiten in den letzten Jahren völlig international geworden ist, so ist eine noch weit schnellere Verbreitung zu erwarten, nachdem einige der störendsten Hindernisse beseitigt sind. Beispielsweise gibt es im Esperanto eine Anzahl Buchstaben, die mit einem Zirkumflex darüber geschrieben werden müssen. Das ist ein nahezu absolutes Hindernis für die Berücksichtigung dieser Sprache in der Tagespresse gewesen, und zwar um so mehr, je bedeutender die betreffende Zeitung war. Denn die grossen Zeitungen werden heute meistens mittels Setzmaschine hergestellt; diese haben aber keine derartigen Buchstaben und müssten umgebaut werden, wenn sie solche aufnehmen sollten. Ebenso pflegen diese Buchstaben nicht im Setzkasten der kleineren Zeitungen vorhanden zu sein, und ehe man sich zu ihrer Anschaffung entschliesst, wartet man lieber noch ein bisschen. Mir liegt eine ganze Tragödie eines eifrigen Esperantisten vor, der für seine gemeinnützigen Veröffentlichungen aus eben diesem Grunde auf die Dauer keine Druckerei an seinem Heimatsort willig finden konnte.

Wer hätte von vornherein an einen solchen scheinbar trivialen Umstand denken können, von dem doch so sehr viel abhängt? Hier tritt wieder die Aehnlichkeit mit dem Luftschiff zutage, das beim Versagen des unbedeutendsten Gliedes sich rebellisch zeigt. Nur wirkliche Flugversuche, d. h. nur die wirklichen Anwendungen der Sprache, bringen derartige Bedürfnisse und ihre Abhilfe ans Tageslicht. Darum war es so wertvoll für die Sache, dass die Pariser Kommission die Erfahrung der Esperantisten benutzen konnte, um solche und andere Missstände auszumerzen.

Denn das soll nicht verschwiegen werden: die esperantistische Organisation selbst hat sich dieser notwendigen Arbeit

bisher versagt. Man hat gegen jeden Versuch, Verbesserungen
einzuführen, selbst wenn sie vom Erfinder der Sprache ausgingen, sich immer wieder auf die absolute Intangibilität des
„Fundamento" (Grammatik, Wörterbuch und Chrestomathie,
wie sie vom Erfinder Zamenhof zuerst herausgegeben waren)
zurückgezogen. Als Motivierung hierfür wird immer das
Schicksal des Volapük angeführt, das an seinen Veränderungen zugrunde gegangen sei.

Gewiss, wir wollen alle aus der Geschichte lernen. Aber
um aus diesem Buch lernen zu können, muss man es zunächst
richtig lesen. Und schauen wir genauer nach, so waren es
beim Volapük nicht die *Aenderungen,* sondern der unbedingte
Widerstand des Erfinders gegen alle Aenderungen, der die
Spannung so hoch steigen liess, dass schliesslich das Ganze
zersprengt wurde. Dies trat um so leichter ein, als tatsächlich
eine ganze Menge Dinge bei jenem Versuch verfehlt waren
und daher die Aenderungn sehr tief greifen mussten. Esperanto ist dagegen von vornherein so glücklich entworfen worden, dass nur einige Punkte der Ebnung bedürfen, und dass
Texte in der neuen Form von den Kennern der alten Sprache
ohne weiteres verstanden werden.

Und dann ein Hauptpunkt. Keine menschliche Festsetzung
ist unveränderlich. Selbst die internationale Meterkommission,
die seit 30 Jahren arbeitet, ist mit ihrer scheinbar einfachen
Aufgabe, einen Stab von Platin als Längeneinheit und ein
Stück dieses Metalls als Gewichtseinheit festzustellen, bis heute
nicht erschöpfend zu Ende gekommen. Und das gereicht ihr
zum Ruhm. Denn nachdem sie allen beteiligten Staaten genau
verglichene Kopien des Urmeters mit Urkilogramms geliefert
hat, ist sie eben beschäftigt, das Urmeter mit der Wellenlänge
gewisser Lichtarten zu vergleichen, um zu erfahren, ob es nicht
vielleicht unverhoffte Aenderungen durchmacht.

Ebenso ist es undenkbar, dass ein so verwickelter Apparat
wie eine allgemeine Sprache, selbst wenn die augenblicklich
befriedigendste Form gefunden sein sollte, nunmehr unveränderlich bleiben könnte. Die menschlichen Angelegenheiten,
zu deren Ausdruck die Sprache gebildet wird, sind einer unauf-

hörlichen Veränderung unterworfen, und je genauer die Sprache diesen Aenderungen folgt, um so geeigneter wird sie für ihren Zweck bleiben. Es ist also nicht nur der gegenwärtige Zustand einer allgemeinen Hilfssprache, eindeutig festzulegen, sondern es muss auch die stetige und regelmässige Entwicklung für die Zukunft gesichert werden.

Es liegt in der Natur der Sache, dass in der ersten Zeit der Einführung eines solchen neuen Hilfsmittels die Aenderungsbedürfnisse und -notwendigkeiten bälder und dringender eintreten als später, nachdem die auffallendsten Fehler beseitigt sind. Aber es ist ein günstiger Umstand dieser nicht unbedenklichen Notwendigkeit gegenüber, dass in solch erster Zeit die Aenderungen sich auch am leichtesten anbringen lassen, weil noch nicht sehr grosse geistige und wirtschaftliche Kapitalien in diesen Werten festgelegt sind. So spricht alls dafür, nicht nur die als notwendig bereits erkannten Verbesserungen jetzt anzubringen, sondern gleichzeitig eine feste und dauernde Institution zu schaffen, der die künftige Verwaltung des neuen Sprachgutes überantwortet sein wird.

Gemäss den Erkenntnissen, die sich bei den oben geschilderten Arbeiten herausgebildet haben, wird man von der alten Philologie nicht den Fehler übernehmen, einen absoluten Kanon der Sprachrichtigkeit aufstellen zu wollen. Je grösser die Anzahl der Menschen wird, die sich der Hilfssprache bedienen, um so häufiger wird man Abweichungen und Freiheiten beobachten, die sich, wenn sie zweckmässig sind, durchsetzen werden. Das internationale Sprachamt wird dann nicht die Aufgabe haben, solche Neubildungen zu unterdrücken, sondern sie zu prüfen. Zunächst daraufhin, ob sie mit den allgemeinen Grundsätzen in Widerspruch stehen. Ist dies der Fall, so wird es eine Warnung gegen den Gebrauch erlassen. Ist dies nicht der Fall, was bei weitem häufiger vorkommen wird, so wird sie zunächst nur statistisch das Schicksal der Neubildung studieren und je nach dem Ergebnis diese als lebensfähig oder zum Aussterben bestimmt erkennen. Eine entsprechende Benachrichtigung der Allgemeinheit wird dann den Aufnahmebezw. Ausscheidungsvorgang beschleunigen und bestimmter machen. Derart bleiben Freiheit und Gesetzlichkeit auf das engste miteinander verbunden.

So hoffe ich selbst noch den Tag zu erleben, wo zur Pflege der immer mannigfaltiger und wichtiger werdenden internationalen Institutionen aller Art, die von den Regierungen der wichtigsten Länder gegründet und erhalten werden, auch das *internationale Sprachamt* gefügt wird, das die eben beschriebenen Arbeiten neben vielen anderen durchführt. Alle solche Dinge haben ihren Ursprung aus privater Initiative genommen, der die Aufgabe zufällt, die Ausführbarkeit der Sache nachzuweisen. Sowie aber diese erkannt und begriffen ist, treten die Staaten mit ihren grösseren Mitteln und ihrer grösseren Autorität ein. Bis dahin heisst es allerdings: „Freiwillige vor." Aber in Deutschland verhallt bekanntlich ein solcher Ruf nicht ungehört.

Nachwort.

Die in den letzten Aufsätzen dargelegte hoffnungsvolle Stimmung entsprach allerdings genau dem, was wir alle nach Abschluss der mündlichen Verhandlungen empfanden; leider aber nicht der Wirklichkeit, wie sie sich nach kurzer Frist herausstellte. Da mir die intimen Vorgänge des Umschwunges bei den Esperantisten unbekannt sind, so kann ich nur den äusseren Verlauf angeben. Er bestand darin, dass die Prüfung des Projektes eines verbesserten Esperanto, deren Durchführung uns während eines Monates vom Vorsitzenden des „Lingua komitato" in Aussicht gestellt worden war, sich nach mehr als zwei Monaten als noch nicht einmal angefangen erwies, und dass es dem Vorsitzenden des Arbeitsausschusses, der nach Abschluss jener mündlichen Verhandlungen die Arbeiten der Delegation weiterführte, nicht möglich war, irgend eine bestimmte Angabe darüber zu erlangen, wann denn auf die tätige Mitwirkung des „Lingua komitato" der esperantistischen Organisation gerechnet werden könne. Inzwischen war in der esperantistischen Presse eine leidenschaftliche Bewegung mit dem Feldgeschrei „ni restas fideloj" (wir bleiben treu) entstanden, welche jedes Entgegenkommen gegenüber der Delegation als ein Verbrechen an dem Heiligtum der Sprache darstellte. Briefliche Verhandlungen mit dem Erfinder des Esperanto, *Dr. Zamenhof,* blieben erfolglos und so war die Arbeitskommission genötigt, selbständig vorzugehen, was denn auch in eifriger Arbeit während der nächsten Monate geschah.

Inzwischen hatte sich herausgestellt, dass der Verfasser des Reformprojektes, das der Delegationskommission vorgelegt und von ihr mit einigen Abänderungen angenommen worden war, niemand anders war, als der *Marquis de Beaufront,* jener Mann, dem das Esperanto in erster Linie zu verdanken hatte, dass es überhaupt über seine latente Existenz in einem von niemanden gelesenen Büchlein hinausgekommen war. Ferner ergab sich, dass die angenommenen Verbesserungen in sehr vielen

Stücken mit denen übereinstimmten, welche Zamenhof selbst
im Jahre 1897 vorgeschlagen, hernach aber zurückgezogen
hatte, nachdem eine kleine Majorität sich bei der vorgenommenen Abstimmung sich gegen jede Aenderung erklärt hatte.
Statt in dieser Tatsache einen nicht misszuverstehenden Wink
zu erkennen, in welcher Richtung die Zukunft der Sache lag,
haben die führenden Zeitschriften des orthodoxen Esperantis-
mus diese Tätigkeit als ein besonders schlimmes Vergehen
de Beaufronts darzustellen gesucht, und gegen diesen einen
Feldzug von allerpersönlichster Beschaffenheit eröffnet. Nachdem endlich vom *Dr. Zamenhof* dem Arbeitskomitee der dringende Wunsch ausgesprochen worden war, für die reformierte
Sprache durchaus nicht das Wort Esperanto in irgend einem
Zusammenhange als Bezeichnung zu verwenden, einigten sich
später die Mitarbeiter an der reformierten Sprache auf den
Namen *Ido* für diese, da unter dieser Bezeichnung seinerzeit
der anonyme Verbesserungsvorschlag *de Beaufronts* der Kommission vorgelegt worden war.

Diese Arbeit ist inzwischen von der Organisation, welche
die Vertreter des Ido sich gegeben hatten, in eifriger und umfassender Gestalt weiter geführt worden. Eine Monatsschrift
„Progreso", in welcher die sprachlichen Fragen in möglichst
allseitiger Weise behandelt werden, ist alsbald gegründet worden und kann soeben auf ein zweijähriges erfolgreiches Bestehen zurückblicken. Ein mathematisches Wörterbuch liegt
gedruckt vor, andere Wörterbücher für Wissenschaft und
Technik sind in Vorbereitung und werden bald erscheinen.
Das Problem der internationalen Nomenklatur in der Wissenschaft ist aufgenommen und beispielsweise für die anorganische
Chemie bereits im wesentlichen gelöst worden. Derart bemüht
man sich, den internationalen Bedürfnissen gerade an solchen
Stellen entgegen zu kommen, an denen ein allgemeines Ver-
ständigungsmittel am dringendsten nötig ist. Diese Politik
steht in bewusstem Gegensatz zu der des Esperanto, welche
auf möglichst schnelle Verbreitung des vorhandenen Idioms
durch eine populäre Propaganda gerichtet ist und durch
Dr. Zamenhof, der seine Tätigkeit vorzugsweise der Uebersetz-

ung literarischer klassischer Werke widmet, insbesondere einen
Zug nach der Richtung der schönen Literatur erhalten hat,
welche sicher nicht die Richtung des geringsten Widerstandes
und grössten Bedürfnisses ist.

Denn dies muss immer wieder ausgesprochen werden, dass
die Durchführung der allgemeinen Hilfssprache ein *technisches*
Problem ist, vergleichbar der Weltpost und den internationalen
Masseinheiten von Länge, Gewicht und der elektrischen Grössen.
Die erste Aufgabe ist demnach, sich darüber klar zu werden,
auf welchen Gebieten ein derartiges allgemeines Verkehrsmittel
am ersten gebraucht wird. Die Antwort kann nicht zweifelhaft
sein. Das dringendste *geistige* Bedürfnis darnach besteht bei
der *Wissenschaft,* die den Charakter des reinen Internationalismus bereits vollkommen erreicht hat. Keinem Vertreter der
Wissenschaft fällt es heute ein, seine Entdeckungen etwa seinem
eigenen Volksgenossen vorbehalten und andere von deren Wohl-
taten ausschliessen zu wollen; vielmehr ist es für jeden eine
vitale Angelegenheit, das neue, was er gefunden hat, so
schnell als möglich dem internationalen Kreise der Fachgenossen bekannt zu geben. Das dringendste *materielle* Bedürfnis
für eine allgemeine Verkehrssprache andererseits besteht bei
der *Technik,* zunächst der Verkehrstechnik selbst, einschliesslich des *Handels,* andererseits aber auch bei allen Sonderge-
bieten der Technik. Denn es wird heute nur wenige Betriebe
von einiger Bedeutung geben, die nur für einen sprachlich begrenzten Kreis von Interessenten arbeiten; auch die Technik
ist in der Hauptsache gleichfalls international geworden. Und
denken wir insbesondere an die glänzendsten und auffallendsten
Fortschritte der Technik unserer Zeit, an Luftschiffahrt und
Automobilwesen, so erkennen wir auf den ersten Blick, wie
sehr diese die sprachlichen Verschiedenheiten angrenzender
Völker als störendes Hindernis empfinden müssen, da doch die
physischen Grenzen so leicht überschritten werden.

In solchem Sinne ist es den fortgeschritteneren Mitarbeitern des Weltspracheproblems, die sich der Idogruppe angeschlossen haben, durchaus keine unwillkommene Erscheinung,
dass die Anhänger des orthodoxen Esperanto sich andauernd

um jene populäre Propaganda bemühen. Denn das alte Esperanto ist eine sehr gute Vorfrucht für Ido, wie denn zur Zeit
die grosse Mehrzahl der Idisten ursprünglich Esperantisten
waren und sich der neuen Form nur wegen ihrer sachlichen
Vorzüge zugewendet haben. Ich glaube aber nicht, dass es
einen einzigen Esperantisten gibt, der zunächst Ido gelernt und
dann dieses verlassen hätte, um sich dem Esperanto zuzuwenden.

Ferner bestätigt das Vorhandensein des alten Esperanto
eine gegenwärtig noch sehr notwendige Schutzwirkung, die
dem Ido zu gute kommt. Bei jeder derartigen Bewegung
finden sich in nicht geringer Zahl Teilnehmer ein, denen ausser
der Begeisterung alles fehlt, was für die Mitwirkung an der
schwierigen Aufgabe notwendig ist. Solche Enthusiasten
finden ihre Rechnung sehr viel mehr bei der esperantistischen
Organisation, welche Gefühlsmotive bei der Führung der Angelegenheit stark in den Vordergrund treten lässt. Sie bleiben
dagegen der Idobewegung fern, in welcher bewusst die ver-
standesmässig-technische Auffassung des Problems gepflegt
wird, die ihrerseits eine starke Anziehung auf die Intellektuellen ausübt. So hat jeder das Seine.

Für solche Leser, die aus dem Mitgeteilten ein genügendes Interesse gewonnen haben, um sich eingehender mit der
Angelegenheit zu befassen und gegebenenfalls an den praktischen Arbeiten und Anwendungen teil zu nehmen, diene die
Nachricht, dass die gegenwärtige Organisation des Ido sich in
einem allgemeinen Verein verwirklicht hat, welcher *Uniono di
l'amiki di la linguo internaciona* heisst und deren Mitglied*)

---

*) Der Mitgliedsbeitrag beträgt jährlich eine Mark, bzw. einen Shilling,
$1^{1}/_{4}$ Francs, $^{1}/_{4}$ Dollar usw. Man wende sich, je nach dem Lande an:
H. Peus, Dessau; *H. Croxford*, 115 Riverview. Gardens, Barnes, Lon-
don S W: Ed Bréon, 80 rue de Paris, Vincennes (Seine); *A. Kangas* 575,
Southern Boulevard, New York; *P. Alhlberg. 37* Surbrunsgatan; Stockholm;
Frl. *G. Mönster*, Osterbrogade 54 B. 4, Kopenhagen; *P. Marcilla,* calle
Duane de Alba 5, Madrid; *P. Lusana*, 1 Piazza Cavour, Biella (Italien);
allgemeiner Schriftführer ist *A. Waltisbühl*, Bahnhofstrasse 46, Zürich.
Rückporto, bzw. internationaler Antwortschein ist beizulegen.

jedermann werden kann, der sich bereit erklärt, im Sinne der bisherigen Arbeiten der Delegation mitzuarbeiten, d. h. zunächst die Idosprache, wie sie augenblicklich besteht, in Gebrauch zu nehmen, unter Vorbehalt ihrer freien weiteren Entwicklung unter der Leitung eines von der Gesamtheit der Mitglieder gewählten Ausschusses. Dieser Ausschuss zerfällt in eine *Kommission* für die Leitung der äusseren Angelegenheiten und eine *Akademie,* welche insbesondere die Pflege und Entwicklung der Sprache selbst zur Aufgabe hat. Mein persönliches Verhältnis zu dieser Organisation besteht darin, dass die Kommission mich zu ihrem Ehrenpräsidenten ernannt hat (was ich als eine sehr grosse Auszeichnung empfinde) und dass ich aktives Mitglied der Akademie bin und in dieser Eigenschaft mich insbesondere mit der Ausbildung der chemischen Nomenklatur beschäftigt habe.

Dem aufmerksamen Leser braucht auch bei dieser Angelegenheit nicht erst dargelegt zu werden, wie sehr sie dem allgemeinen Kulturproblem der besseren Energieverwertung entspricht. Unter den grossen Aufgaben der Menschheit gibt es gegenwärtig vielleicht keine, deren Ausführung so verhältnismässig nahe liegt und deren Wirkung so gross sein wird, wie diese. Ihre Durchführung würde nicht nur der arbeitenden Menschheit eine enorme Entlastung von zweckloser Anstrengung bringen, sondern insbesondere auch durch die Herstellung reichlicherer und näherer Beziehungen zwischen den verschiedenen Völkern ein höchst wirksames Mittel zur Beseitigung *anderer* energievergeudender Hindernisse und Verschiedenheiten sein. Derjenige Teil der europäischen Menschheit, dem eine Verbesserung des Güteverhältnisses am meisten am Herzen liegt, weil er sie am nötigsten braucht, nämlich die untere arbeitende Klasse, hat demgemäss auch die grosse Bedeutung dieses allgemeinen Hilfsmittels einzusehen begonnen, und einer der eifrigsten und wirksamsten Vertreter und Verbreiter der Hilfssprache in Deutschland ist der Sozialist *H. Peus* in Dessau.

VII. Unterrichtswesen.

Wenn irgendwo von einer *Forderung des Tages* im allgemeinsten und dringendsten Sinne gesprochen werden kann, so ist es auf dem Gebiete des Unterrichtswesens. Denn obwohl dieses einen unmittelbaren und entscheidenden Einfluss auf die Leistungsfähigkeit einer jeden Nation hat, so sind die hier benutzten Methoden so weit entfernt davon, gemäss den Denkmitteln der modernen Wissenschaft ausgewählt und angewendet zu werden, dass man sich überhaupt an den massgebenden Stellen noch nicht einmal zum Bewusstsein gebracht zu haben scheint, wo und wie die entsprechenden Aufklärungen zu beschaffen sind. Als einwandfreier Beweis für diese Behauptung mag unter anderem die Tatsache dienen, dass die unterrichtlichen Fragen des Mittelschulwesens in erster Linie von Vertretern der klassischen Philologie behandelt und entschieden zu werden pflegen. Nun ist die Erziehungslehre ein Teil der angewandten Psychologie, und der klassische Philologe versteht von dieser auf Grund seiner Studien soviel, wie der Bauer von der Kunstgeschichte. Daher werden denn auch die allergrössten Sünden gegen die rationelle Pädagogik im Gymnasium begangen; in der Volksschule, in welcher seminaristisch ausgebildete Lehrer unterrichten, denen wenigstens gewisse praktische Grundlagen der Unterrichtstechnik beigebracht zu werden pflegen, wird durchgängig viel verständiger gearbeitet. Dass aber auch hier noch das Bedürfnis nach zeitgemässer Reform gross und schreiend ist, rührt in erster Linie daher, dass die freie Entwicklung des unterrichtlichen Verfahrens durch eine engherzige und verständnislose Regulierung unterbunden wird, welche jede Entfaltung ursprünglicher persönlicher Begabung hindert. Dies ist natürlich die Folge davon,

dass die massgebenden Leute in der Verwaltung des Unterrichtswesens ihrerseits wieder ihren Anschauungskreis im
Banne der Gymnasialbildung erhalten haben. So lasten die
Folgen jenes fundamentalen Fehlers auf unserem gesamten
Bildungswesen. Und nicht nur dort, sondern auch in der
Verwaltung und der Rechtspflege, deren Träger den gleichen,
beschränkenden und lebenswidrigen Einflüssen ausgesetzt gewesen sind, die vom „humanistischen" Gymnasium ausgehen,
haben wir über gleiches zu klagen.

Aus den Angaben, die ich an früherer Stelle über meine
persönlichen Schicksale gemacht habe, geht hervor, dass ich
mein ganzes Leben seit dem Beginn meiner Selbständigkeit bis
zu meinem Austritt aus der Leipziger Universität mit Unterrichtsarbeit aller Art zugebracht habe. Ich kann hinzufügen,
dass ich zwischen dem Schulabschluss und dem Universitäts-
studium bereits ein halbes Jahr lang Unterricht erteilt habe.
Denn bei meinem ersten Versuch im Sommer 1871 das Abitu-
rientenexamen am Realgymnasium in Riga zu bestehen, schei-
terte ich an ungenügenden Leistungen im — Russischen. Es
war nämlich als Einleitung für die später allseitig einsetzende gewaltsame Russifizierung zunächst ein Erlass ergangen, nach welchem kein Abgangszeugnis gewährt werden
durfte, wenn nicht im Russischen die erste Note erzielt worden war. So wurde ich für ein halbes Jahr zurückgestellt, das
ich dann, wie erwähnt, mit Privatunterricht ausfüllte, da für
das Studium der Chemie, dem ich mich damals bestimmt hatte,
damals in Riga keine Möglichkeit vorhanden war.

Ebenso habe ich nach meiner Habilitation an der Dorpater Universität allerlei anderen Unterricht erteilt und mir auf
solche Weise empirisch die Grundlagen der Technik verschafft,
deren Ergebnisse dann in meiner akademischen Tätigkeit zu
Tage traten. Denn ich darf ohne Ueberhebung sagen, dass ich
stets ein sehr guter Lehrer gewesen bin. Aus meiner Tätigkeit
am Rigaer Polytechnikum ist mir der lachende Bericht eines
Freundes in Erinnerung geblieben, der ein Gespräch zwischen
einigen polnischen Studenten angehört hatte. „Bist du schon
bei Ostwald gewesen? — Nein. — Du musst hören ihn, da

geht Chemie in Kopf wie mit Schaufel." Abgesehen von diesem subjektiven Zeugnis habe ich das objektive, das während
meiner sechsjährigen Tätigkeit in Riga die Anzahl der Chemie-
studierenden etwa sich verdreifacht hat. Und zwar war dies
eine Folge davon, dass ich die Anforderungen an die chemische
Bildung meiner Schüler ungefähr in dem gleichen Verhältnisse
gegen früher *gesteigert* hatte. Während beispielsweise früher
die Analyse eines Salzgemisches unter Klausur den Abschluss
der chemischen Studien ergab, habe ich die Ausführung einer
wissenschaftlichen Arbeit nach Art der Doktordissertation eingeführt und für diese unvergleichlich viel stärkere Beanspruchung die dankbare Hingabe meiner Studenten erzielt.

Während die Ergebnisse jener Unterrichtsarbeit nur einem
verhältnismässig begrenzten Kreise bekannt werden konnten,
hat sich die spätere Tätigkeit an der Leipziger Universität
unter den Augen der breitesten Oeffentlichkeit vollzogen und
ich darf daher davon absehen, die immer etwas missliche
Selbsteinschätzung des Erfolges vorzunehmen. Die Sache ist
nur deshalb an dieser Stelle berührt worden, weil wir bei
meinen Bemühungen um die Entwicklung unseres Unterrichtswesens nicht ganz selten entgegengehalten worden ist, dass ich
diese Dinge doch nicht als Fachmann beurteilen könne. Ich
bin sicherlich bereit, dort, wo bei mir Kenntnismangel besteht,
diesen auch zuzugeben; andererseits aber muss ich beanspruchen, als einer anerkannt zu werden, der aufgrund eigener
Erfahrungen und Erfolge über Unterrichtsfragen ein selbst-
ständiges und auch ein schöpferisches Urteil hat.

Während nun der erste Teil meines Lebens in der fast
instinktiven Anwendung einer praktischen Pädagogik, deren
Grundlagen ich übrigens zweifellos meinen Dorpater Universitätslehrern *Carl Schmidt* und *Arthur von Oettingen* verdanke,
ausgefüllt war, ist in der zweiten Hälfte eine Besinnung über
die allgemeinen gedanklichen Grundlagen solcher Tätigkeit in
den Vordergrund getreten. Den Uebergang zwischen beiden
hat meine schriftstellerische Arbeit bewirkt, für welche die
naive Betätigung einer günstigen Anlage nicht ausreicht, die
vielmehr schon aus technischen Gründen eine sachliche Auf-

klärung der unterrichtlichen Grundsätze erfordert, die für den Zweck der Darstellung zu beachten sind. Auch hier darf ich mich auf das allgemeine, öffentlich vielfach ausgesprochene Urteil berufen, das gerade die pädagogische Seite meiner wissenschaftlichen Bücher besonders freundlich hervorgehoben hat.

Für den eben angedeuteten Uebergang der naiven Praxis in die bewusste Begriffsbildung hat sich wieder einmal die Energetik als ein sicherer Führer erwiesen. Man wird in den nachfolgenden Aufsätzen leicht erkennen, ·wie mannigfaltig zunächst das Suchen nach führenden Gedanken aufgetreten ist. Erst nachdem sich herausgestellt hatte, dass ganz verschiedene Ausgangspunkte zu übereinstimmenden Ergebnissen führen, entstand zunächst die Frage, worin diese Gemeinsamkeit ihre letzte Ursache hatte, und als solche trat schliesslich unverkennbar wieder jener allgemeine Kulturbegriff, die *Energieersparnis,* in den Vordergrund. Nachdem ich mir die Aufgabe der Schule dahin formuliert hatte, dass sie zunächst der heranwachsenden Generation unsere Kultur zu vermitteln, sie ferner aber auch zur Weiterbildung dieser Kultur fähig machen müsse*), ergab sich die Anwendung der allgemeinen Kulturdefinition auf die Schulfrage unmittelbar. Aber nicht nur die Ziele, sondern auch alle einzelnen Schritte der Schularbeit werden durch jene allgemeine Bestimmung gedeckt, und der grösste Teil der schulreformatorischen Fragen lässt sich nahezu eindeutig erledigen durch die Untersuchung, auf welchem Wege jenes Ziel mit dem geringsten Energieverlust erreicht wird, indem gleichzeitig das Ergebnis, nämlich der ausgebildete Schüler, so zweckmässig wie möglich arbeiten gelernt hat.

Meine erste öffentliche Stellungnahme zu der Frage des

---

*) Es ist mir eine grosse Genugtuung gewesen, zu bemerken, wie diese Definition sozusagen stillschweigend die bisher gebräuchlichen, mehr oder weniger unbestimmt-phrasenhaften verdrängt. Ich finde sie bereits von den verschiedensten Seiten gleichsam als selbstverständlich angewendet, ohne das jemand Widerspruch gegen sie erhoben oder ihr die bisher gebräuchlich gewesenen gegenübergestellt hätte.

Schulwesens, insbesondere der Mittelschulen, geschah im Dezember 1907 in Wien auf die Einladung des dortigen Vereins für Schulreform. Der Eindruck, den meine Darlegungen auf die in grosser Anzahl anwesenden Hörer machte, war stärker, als ich ihn jemals bei anderen Gelegenheiten hervorgebracht habe, zum Zeichen, wie sehr diese unbefangene Aussprache das wiedergab, was die Hörer bereits längst im eigenen Gemüt empfunden hatten. Der Vortrag ist nachstehend abgedruckt, und im Anschluss an ihn will ich über seine nächsten Folgen berichten.

Naturwissenschaftliche Forderungen zur Mittelschulreform.

(1907)

Die Aktivlegitimation zu den nachfolgenden Worten habe ich mir auf verschiedenen Wegen erworben, und ich möchte ein paar Andeutungen darüber vorausschicken, um anzuzeigen, dass ich tatsächlich Erfahrungen von der einen und anderen Seite zu meiner Verfügung habe, welche mir die nötige experimentelle Unterlage geben zu den Schlüssen, die ich aus ihnen zu ziehen gedenke.

Erstens bin ich natürlich selbst durch die Mittelschule gegangen und meine Erinnerungen an die Erlebnisse dieser Zeit sind noch nicht verblasst; zweitens bin ich Vater dreier Söhne, welche zum grösseren Teil dieses Studium zurückgelegt haben, nur der Jüngste steckt noch darin; drittens bin ich selbst einige Zeit Mittelschullehrer gewesen, und zwar als Dozent in Dorpat an einer Realschule, die in der Organisation begriffen war und in der ich deshalb leichter und mannigfacher experimentieren konnte — ich meine pädagogisch — als es in einer bereits regulierten und „normal" verlaufenden Schule möglich gewesen wäre. Seither hatte ich mein ganzes Leben mit Unterrichtstätigkeit auszufüllen, bis ich vor einem Jahr einen Abschluss in dieser Arbeit machen musste, so dass ich mich nun mit der Ruhe des Rückschauenden die Summe aller Erfahrungen ziehen kann, die ich auf meinem langen Wege gewonnen habe. Ich habe natürlich aus allen diesen drei Quellen mannigfache Eindrücke und Gefühle über das Mittelschulwesen in mir gesammelt. Diese Eindrücke sind, was Sie nicht überraschen wird, vorwiegend peinliche und lästige Empfindungen, aktive und leidende, seltener erfreuliche und erquickliche. Ich bin auch seitdem dauernd von der Ueberzeugung erfüllt gewesen, dass hier vieles ungeeignet, ungeschickt und **vergriffen** ist und vieles besser werden könnte und müsste. Vor allem aber hat mich folgende Tatsache bei dieser Ueberzeugung erhalten.

Fragt man sich selbst oder andere erwachsene Menschen nach den Schulerinnerungen, so laufen sie folgendermassen: Die ersten Jahre der Volksschule waren nett; man ist gern hineingegangen und hat sich dort ganz wohl gefühlt. Das andere Ende der Kette bildet die Zeit des Universitätsstudiums; . Sie wissen ja: die goldene Zeit, der Höhepunkt des Lebens fällt zum grossen Teil für jene, welche die Hochschule besucht haben, in diesen Abschnitt. Aber dazwischen liegt das graue Elend der Erinnerungen, die wir aus der Mittelschule — Gymnasium oder wie die Anstalt sonst heissen mag — mit ins Leben hinausgenommen haben. Dem einen oder anderen geht es auch da glimpflicher, wenn er einen guten Lehrer gefunden hat, dem er sich persönlich anschliessen konnte, um mit seiner Hilfe das Lebensschifflein durch die vielen Klippen und den zähen Tang der Mittelschulexistenz durchzusteuern. Wem aber dieses freundliche Schicksal nicht leuchtete, der hat keine angenehmen Erinnerungen.

Wenn ich schlechte Träume habe, so finde ich mich meist in der Schule, sei es als Schüler, sei es als Lehrer, in beiden Fällen bin ich der leidende Teil. Das ist ein experimenteller Beweis, dass die Sache nicht in Ordnung ist. Denn ich glaube, die These aufstellen zu dürfen, dass alle Lebensverhältnisse, wenn sie richtig angeordnet sind, angenehme Empfindungen erwecken und später angenehme Erinnerungen hinterlassen müssen. Aber in der Pädagogik stecken noch viele in dem Stadium der Volksmedizin, wo man glaubt, je abscheulicher ein Medikament schmeckt, desto wirksamer muss es sein. Wir leiden nämlich noch heute vielfach unter der Auffassung, je unangenehmer der Unterricht dem jungen Menschen ist, desto gesünder sei er ihm auch. Das Gegenteil ist wahr: Alle Arbeiten die man gern verrichtet, bringen zehnfachen Erfolg, und deshalb sollte die Schule im wesentlichen so eingerichtet werden, dass die Arbeiten, die dort getan werden, den Schülern *Freude* machen. Dass es ausführbar ist, dafür sprechen mannigfaltige Erfahrungen, denn wo gegenseitige Freudigkeit und Förderung vorhanden ist, da lassen sich die jungen Leute zu grossen Anstrengungen bringen, da sie mit ganzem Herzen bei ihrer Arbeit sind.

Das Gefühl, dass etwas schief und unrichtig ist, war also bei mir lebhaft vorhanden und gesprächsweise habe ich es auch oft zum Ausdruck gebracht, aber mich gegenüber der Oeffentlichkeit in solchem Sinne zu äussern, habe ich bisher vermieden, weil ich nicht recht wusste, woran es eigentlich lag. Ich konnte mir keine — ich kann es nicht anders nennen — theoretische Anschauung darüber bilden, warum das System unseres Schulwesens durchschnittlich so unpraktisch ist und energetisch so mangelhafte Resultate liefert, und wo der richtige Punkt wäre, auf dem man hinsichtlich des Urteils festen Fuss fassen konnte. Erst in den letzten Jahren sind mir, und zwar gleichzeitig aus mehreren Quellen — ich kann deren drei verschiedenartige angeben — solide und allgemeine Grundlagen für die Beurteilung dieser Fragen zur Kenntnis gekommen und Sie werden mir gestatten, Ihnen diese im einzelnen vorzuführen.

Eine der Grundlagen sieht sehr abstrakt aus. Seit kurzer Zeit habe ich begonnen, die Geschichte der führenden Forscher systematisch zu studieren, um aus den Schicksalen und Existenzbedingungen die Biologie und Psychographie dieser grossen Männer festzustellen. Hier kann ich nur auf das hindeuten, was sich in dieser Sache unmittelbar auf die uns beschäftigende Schulfrage bezieht. Die grossen Männer, welche ich studiert habe, sind natürlich vorwiegend Naturforscher und Mathematiker, denn ich würde nicht die Fachkenntnis für andere Gebiete beibringen können und ich kann auch nicht finden, dass Philologen für die allgemeine Gestaltung der menschlichen Schicksale eine grosse positive Bedeutung gehabt haben.

Die Untersuchung betreffs dieser Männer hat nun ergeben, *dass die Majorität von ihnen ungewöhnlich schlechte Schüler in der Mittelschule gewesen sind,* die Sorge ihrer Eltern und die Schmach ihrer Klasse und dass sie seitens der Lehrer immer wieder die verzweiflungsvolle Frage haben hören müssen: „Was soll aus dir werden?" Um konkrete Beispiele zu nennen, erwähne ich, dass unter jenen Männern, welche an der grössten Entdeckung des vorigen Jahrhunderts, den Gesetzen der Energie, beteiligt gewesen sind, sich ganz vorwiegend schlechte Schüler finden. *Julius Robert Mayer* hat wiederholt in der letzten Bank seiner Klasse den letzten Platz eingenommen. *Justus Liebig* ist überhaupt nicht durch das Gymnasium gelangt, sondern wurde vorzeitig hinausgetan. Auf die höhnische Frage, die sein Lateinlehrer nach einer besonders schlechten Leistung an ihn richtete, was er werden wolle, hat er entgegnet: „Chemiker!" Diese Antwort hat eine ganz unbändige Heiterkeit seines Lehrers sowie der ganzen Klasse hervorgerufen. Am glimpflichsten ist es *Helmholtz*, dem Sohne eines Gymnasiallehrers, ergangen. Seine Charakteranlage war von vornherein nicht auf Revolution gerichtet, aber er gestand später doch, dass er während der Lateinstunde unter der Schulbank geometrische und optische Konstruktionen gemacht hat, die ihn mehr interessierten als Cicero. Nur zufolge der durch den Vater bestimmten Atmosphäre im Hause hat er sein Schifflein schlecht und recht durchs Gymnasium gebracht.

Diese wenigen Fälle, die mir ungesucht in die Hand fielen — ich kann aber das Material beliebig erweitern und z. B. *Davy* nennen, der auch ein äusserst schlechter Schüler gewesen ist — sind ein statistischer Beleg mit einem Verhältnis von mindestens 10 gegen 1 für die Tatsache, dass jene jungen Menschen, welche später Führer der Menschheit geworden sind, sich geweigert haben, die geistige Speise aufzunehmen, welche ihnen in der Mittelschule dargeboten wurde. Dies ist eine überaus ernste Tatsache. Man kann geschichtlich nachweisen, dass das Rohmaterial für die grossen Männer immer vorhanden ist, wenn die Zeit sie erfordert. Das trat z. B. bei der französischen Revolution auffallend zutage. Als damals jene Nation mit dem ganzen alten Europa in Streit lag und ihre sämtlichen Kräfte organisierte, waren die erforderlichen grossen Männer alsbald da. Ihre Generation stammte nicht aus dem Zeitalter der Revolution, denn ihre Kindheit lag weiter zurück,

aber sie waren da, sowie die Entwicklungsmöglichkeit für ihre
Betätigung vorhanden war. Die Weltgeschichte bietet noch
Dutzende von Beispielen ähnlicher Art. Daraus muss der
Naturforscher den Schluss ziehen, *dass das Material für die
grossen Männer immer vorhanden ist und nur zum grössten
Teil in der Schule vernichtet wird;* nur jene Wenigen, deren
Willensenergie die Beeinflussung in der Schule nicht duldet,
die sich durchkämpfen, werden jene geistigen Führer. Solche
aber, die sich haben abhobeln lassen, haben dabei die Knospen
künftiger Leistungen eingebüsst, welche sich entwickelt hätten,
wenn sie nicht zerstört worden wären. Ja, es ist ein hartes
Wort, aber ich kann nicht anders. Die geschichtliche Untersuchung führt uns zu dem Schlusse, *dass die Mittelschule eine
Anstalt ist, um den grössten Teil der im Volke vorhandenen
genialen Begabungen zu vernichten.*

Das war der eine Weg, auf dem ich zu meinem allgemeinen
Ergebnis kam. Der andere führt von einem ganz anderen
Punkt unmittelbar zu einem ganz anderen Ergebnis; hier aber
findet sich die *Erklärung* für die Tatsachen, welche ich soeben
dargelegt habe. Diesen anderen Weg führte mich wieder eines
meiner Steckenpferde, nämlich das Problem der Weltsprache.
Ich will auf diese Sache selbst hier nicht eingehen, sondern
nur erwähnen, dass ich im Zusammenhang mit ihr eingehende
Studien über die allgemeine Sprachenfrage gemacht habe. Sie
waren ursprünglich dilettantischer Natur. Aber dadurch, dass
ich mit zwei hervorragenden Sprachforschern einige Wochen
beisammen war, wo wir an dem Problem Tag über Tag zu
arbeiten hatten und wobei die verschiedenen Grundlagen der
Sprachbedeutung und Sprachentwicklung einer eingehenden
Diskussion unterzogen worden, wurde in mir eine Einsicht
entwickelt, die ich zwar schon lange gefühlt, aber nicht zu
formulieren gewagt hatte. Es handelt sich um die Einsicht
bezüglich der *ausserordentlichen Willkür und Zufälligkeit sowie von dem gründlichen Mangel an Logik und Ordnung in
allen unseren natürlichen Sprachen.* Wir werden ja alle zu
fetischistischer Verehrung der Sprache erzogen. Das zeigt sich
auch bei den Naturforschern. Als seinerzeit die Gesellschaft

deutscher Naturforscher und Aerzte eine Resolution fasste, dass der naturwissenschaftliche Unterricht in der Mittelschule zu verstärken sei, war das äusserste, was sie wagte, dass sie für die Naturwissenschaften *denselben* Bildungswert beansprucht, welchen die Sprachen besitzen.

Ich denke nun nicht so vom Bildungswert der Sprache. *Ich denke vielmehr, dass die Sprachen nicht nur keinen positiven, sondern einen entschieden negativen Bildungswert besitzen.* Ueberlegen wir uns die Sache ein wenig genauer. Eine Sprache ist, wissenschaftlich und technisch aufgefasst, ein Zeichensystem, welches wir unseren Begriffen zuordnen, um sie kennzeichnen zu können und für Mitteilungen irgendwelcher Art zur Verfügung zu haben. Es ist das eine ähnliche Zuordnung, wie die Notenschrift für die Musik und die Ziffern für alles, was mit Grössen zusammenhängt. Damt nun eine solche Zuordnung praktisch brauchbar ist, muss sie *eindeutig* sein, d. h. für einen gegebenen Begriff soll es nur *ein* Zeichen geben; für einen gegebenen Laut nur eine Art des Schreibens und umgekehrt. Wie aber ist es in unseren Sprachen? Wenn ich z. B. sage „Ton", gibt es unter Ihnen hier einen, welcher weiss, was ich dabei meine, d. h. ob ich den Ton meine, aus dem man Töpfe oder mit dem man Musik macht? Wir haben hier zu zwei verschiedenen Begriffen den gleichen Laut. Aehnlich ist es mit der Orthographie, insbesondere mit der englischen; man sagt etwas, und schreibt es ganz anders, als man es spricht. Von einer Eindeutigkeit der Zuordnung zwischen Laut und Zeichen ist da nicht die Rede. Ebensowenig drückt die Wortbedeutung den Inhalt der zugeordneten Begriffe aus. Wir sagen beispielsweise „Sonnenaufgang" und wissen doch, dass nicht die Sonne aufgeht, sondern dass sich die Erde ihr entgegendreht und die Sonne stillsteht. Der Chemiker sagt auch „Sauerstoff" und er weiss dennoch, dass der Wasserstoff eigentlich der Sauerstoff ist, denn dieser sogenannte Sauerstoff ist etwas ganz anderes. Die geschichtliche Entwicklung bedingt, dass jede Sprache eine Art fossiler Lagerstätte ist, in welcher sich die Gedanken; Vorstellungen

und Anschauungen unserer Eltern und Vorfahren petrifiziert
haben.

Das ist so mit *jeder* Sprache. Es sind darin überwundene
und verstorbene Anschauungen, Theorien und Begriffsbildungen zahlloser vergangener Generationen versteinert, und wir
müssen mit diesem alten Material arbeiten. Alle Achtung vor
unseren Voreltern! Es waren würdige Leute, aber jeder, der
an den Fortschritt der Menschheit glaubt, muss einsehen, dass,
je älter die Begriffsbildungen sind, desto dümmer und schlechter sie durchschnittlich sein müssen im Vergleich zu denen der
Gegenwart.

Mit diesem Werkzeug müssen wir also arbeiten und finden
wir einmal zufällig in einer sprachlichen Form etwas Logik in
irgend einem Sinne, dann heben wir die Hände empor und
rufen aus: „Welch tiefer Sinn steckt doch in der Sprache!"
zum Zeichen, wie ausserordentlich selten dies vorkommt. Das
ist die Sprache: ein notwendiges Uebel. Die Frage, ob das
besser gemacht werden kann, hat uns hier nicht zu beschäftigen, aber es ist doch nötig, Klarheit über die Beschaffenheit
dieses Bildungsmittels zu gewinnen.

Ich muss bestreiten, dass, wenn man sich neben der Muttersprache, welche ja das einzige Tor zur Kulturgemeinschaft
ist, noch ähnliche fossile Konglomerate anderer Völker einverleiben muss, man dadurch gescheiter wird. Ich selbst bin in
Riga geboren und habe neben der mütterlichen deutschen
Sprache noch lettisch und russisch lernen müssen, dann kam
Latein und Englisch und Französisch (am Griechischen bin ich
vorbeigekommen); ferner hatte ich bei meiner wissenschaftlichen Tätigkeit noch die italienische und holländische Sprache
zu verstehen notwendig. Soweit ich mich nun beobachtet habe,
bin ich dadurch nur dümmer geworden, denn ich musste eine
Menge Zeit verlieren, die ich hätte besser anwenden können, als
über diese Sprachenzäune zu klettern, welche die geistigen
Produkte der einzelnen Nationen gegen die Benützung durch
andere schützen. Und zu welchem Zwecke? Diese sprachlichen
Grenzen sind bloss Energieräuber. Man verbraucht seine
Kräfte, um über diese Grenzen zu kommen, hat aber dabei

nichts geleistet, was von irgendwelchem unmittelbaren Wert für die eigene Person oder für die Allgemeinheit wäre.

Daraus ergibt sich die ganz allgemeine These: *Der Sprachunterricht an und für sich ist — abgesehen von der Muttersprache, welche eine besondere Rolle spielt — ein Uebel, welches nach Möglichkeit einzuschränken ist.* Daraus ist wieder der unmittelbare Schluss zu ziehen, dass ein Gesamtunterricht, für welchen die Sprachen den Untergrund bilden, wie beim Gymnasialunterricht die klassischen Sprachen, das gerade Gegenteil von dem ist, was wir unseren Kindern beibringen müssen, um aus ihnen verständige, logisch denkende und zweckmässig mit ihrem Gehirn arbeitende Menschen zu machen. *Die Willkür in der Ausbildung und Gestaltung der Sprache, die in den zahllosen Ausnahmen von der Regel ihren Ausdruck findet, ertötet in dem jungen Gemüt das Gefühl für die Gesetzmässigkeit und für die grossartige Ordnung, die wir in der Natur bei ihrem Studium immer wieder antreffen.* Sie tötet das Kausalitätsempfinden und das Bewusstsein dafür, dass aus gegebenen Prämissen ein bestimmter Schluss folgt. Wenn Kinder instinktiv in ihrer Sprache richtig konstruieren, machen sie meist Fehler, da sie meist zufällig auf eine Ausnahme getreten sind. Die Sprachfehler der Kinder sind richtige Anwendungen der Regeln, die sie beim Sprechenlernen abstrahiert haben und die wir ihnen abgewöhnen müssen, obwohl sie logisch, d. h. gesetzmässig sind.

Ein derartiges Material ist in keiner Weise geeignet, die Bildung der Verstandestätigkeit irgendwie zu fördern. Es bringt die Ernährung mit diesem Material gerade umgekehrt die so sehr verbreiteten rhachitischen Erscheinungen auf dem geistigen Gebiete hervor, den Mangel einer kräftigen Knochenstütze beim Denken und Handeln, welcher der grösste Fehler unserer Zeit ist. Ich zögere auch nicht, diese Fälle den Mängeln in der geistigen Ernährung unserer Kinder zuzuschreiben. Das Gymnasium mit lateinischer und griechischer Unterlage steht übrigens nicht viel schlechter da als das Realgymnasium und die Oberrealschule. Denn wenn man die Lektionskataloge durchsieht, so findet man, dass bei beiden Anstalten mehr als 50 Prozent den Sprachstunden gebören, ein wesentlich kleinerer Teil der Unterrichtszeit aber frei bleibt für alle anderen Fächer, wie Mathematik, Naturwissenschaft, Heimatkunde usw.

Was ich im allgemeinen über die Sprache gesagt habe, gilt natürlich für *alle* „natürlichen" Sprachen. Wenn solche Väter, die ihre Söhne zu Kaufleuten machen wollen, sagen, es ist notwendig, dass unsere jungen Leute mit der Kenntnis der englichen und französischen Sprache ausgestattet sind, damit sie, wenn sie ins Ausland gehen, diese Sprache kennen, so ist das ein Grund, der sich hören lässt; warum wir aber auf die Einzelnotwendigkeit ein ganzes Schulsystem gründen, kann ich nicht einsehen. Die Notwendigkeit, moderne Sprachen zu lernen, ist ein Uebel, das zweifellos vorhanden ist, und es wird getragen werden müssen, solange wir nicht eine internationale Hilfssprache haben; aber den ganzen Unterricht darauf zu begründen, ist in unserer Zeit der intellektuellen Entwicklung die verkehrteste Politik, die man sich nur vorstellen kann.

Wenn wir also auf dem ersten Wege, den ich Ihnen angedeutet habe, gesehen haben, dass die Schulen, wie sie sind, nicht die Eignung besitzen, die Anlagen zu grossen und leistungsfähigen und in irgendwelchen Dingen der Menschheit vorausgehenden Männern zu entwickeln, so haben wir durch die zweite Betrachtung eingesehen, *warum* das so ist; *weil eben die heutige Mittelschule auf sprachlicher Grundlage eingerichtet ist, übt sie jenen vernichtenden Einfluss auf die Keime der grossen und bedeutenden Menschen aus.*

Man macht gelegentlich noch die Bemerkung zugunsten des Sprachunterrichts, dass man doch nur bei Kenntnis der betreffenden Sprache in das Wesen und den Geist ihres Volkes eindringen kann. Es gibt sogar eine ganze Menge Menschen, die sich nicht scheuen, zu sagen: ja, wenn nicht Englisch in der Schule gelernt wird, dann verzichten wir darauf, dass die Schüler Shakespeare in der Originalsprache lesen. Ein solches Argument kennzeichnet die Folgen der Gymnasialbildung, nämlich den Ersatz der Gedanken durch Worte. Denn wenn man Shakespeare in seiner Sprache liest, so bemerkt man, dass sein Englisch ein ganz anderes ist, als das moderne Englisch, welches in der Mittelschule gelernt wird. Also selbst wenn das Schulziel erreicht wird (was selten genug eintrifft), so wird doch durchaus nicht das poetische Verständnis des Ur-Shakespeare erreicht. Es ist nichts mit dem ganzen Eindringen in den Geist und in das Wesen fremder Völker. Nehmen Sie einen Abiturienten, welcher — ich weiss nicht, wie viele — Jahre eine Sprache, z. B. Französisch, gelernt hat, und überzeugen Sie sich, ob er denn auch Französisch sprechen kann. Die jungen Leute lernen es nicht. In Deutschland müssen sie neun Jahre Latein lernen. Können sie dann lateinisch sprechen? Es ist auch nicht daran zu denken, dass sie nach Ablegung des Examens aus einer Zeitung, die auf dem Tische liegt, eine Uebersetzung ins lateinische machen können. Was haben sie also gelernt? Ich weiss es nicht.

Auch die praktische Seite des Sprachunterrichtes bietet keinen Grund zur Annahme, dass diesem Unterricht irgendwie eine hervorragende Stelle in unserem Schulwesen einzuräumen wäre. Wir können das Experiment auch noch nach einer anderen Seite machen. Zeichnen sich denn die Menschen, die viele Sprachen gelernt haben, irgendwie durch besonders hervorragende geistige Eigenschaften aus? Dann müssten unsere Hotelportiers und die Bediensteten der Schlafwagengesellschaft, die eine ganze Anzahl Sprachen zu kennen pflegen, die intellektuelle Blüte der Menschheit sein. Da haben Sie wiederum den naturwissenschaftlichen Nachweis, was die Sprachenkenntnis bedeutet, und wie wenig sie mit der geistigen Freiheit und Leistungsfähigkeit zu tun hat.

Und nun darf ich noch auf einen dritten Weg hindeuten. Mich hat bei der Untersuchung über die allgemeinen Probleme der Erkenntnistheorie die Frage wiederholt beschäftigt, was denn das Kennzeichen einer Wissenschaft ist. Da ich — wie ich eingangs erwähnte — durch eine grosse Anzahl von Lehranstalten teils leidend, teils tätig hindurchgegangen bin, ist mir eine derartige Frage stets wichtig gewesen, auch abgesehen von ihrer wissenstheoretischen und philosophischen Bedeutung. Das letzte Resultat, in dem ich mit dem alten *Locke* meine

Ueberlegung zusammenfasse, kommt darauf hinaus, dass heute der Mensch, der eine oder einige Wissenschaften beherrscht, etwa die Rolle spielt, wie der Prophet des alten Testamentes. Die Wissenschaft ist da, um die Menschheit auf ihren Wegen zu führen, d. h. um die Zukunft vorauszusehen, und *es ist der einzige Beruf der Wissenschaft, uns zu lehren, wie aus dem Gegenwärtigen das Zukünftige zu eruieren ist.* Wo aber eine bestimmte Summe von Kenntnissen nicht in irgend einer Form zu diesem Zwecke dient, da handelt es sich um etwas anderes, nicht um Wissenschaft. Unterwerfen Sie z. B. die klassische Philologie diesem Kriterium, so sieht es sehr bedenklich aus, denn ich weiss nicht, was man durch die Versenkung in den Geist des Altgriechischen oder Lateinischen für die Beurteilung der Zukunft gewinnen kann. Höchstens kann es sich hierbei um allgemeine geschichtliche Gesetze der Kollektivpsychologie handeln, die uns Klarheit darüber verschaffen, wie die einzelnen Gruppen der Menschheit aufeinander reagieren. Dasselbe Material liefert uns aber jedes andere geschichtliche Gebiet ebenso wie das klassische Altertum.

Dass die Sprachwissenschaften selbst, soweit sie sich bloss auf die Kenntnis der Sprache beziehen, gleichfalls diesen prophetischen Charakter nicht haben oder bisher nicht besessen hatten, bedarf auch keines besonderen Beweises. Denn die Sprachforschung steht heute noch fast durchaus auf dem primitiven Standpunkte des Beobachtens und Registrierens, d. h. sie beschränkt sich darauf, vorhandene sprachliche Erscheinungen aufzufassen. Dabei sind sogar die alten Lautgesetze, welche vor einem halben Jahrhundert als erlösende Hilfsmittel begrüsst wurden, inzwischen von ihrem hohen Thron hinuntergedrängt worden und einer der wenigen fortschrittlich gesinnten Sprachforscher erklärt ganz strikt: *Es gibt keine Lautgesetze.* Somit liegt vielleicht Material für eine *mögliche* Wissenschaft vor, aber sie ist noch nicht in dem strengen Sinne vorhanden, den ich vorhin definiert habe. Erst wenn man die Beobachtungen der Massenpsyche, die aus der Sprachbildung zu holen sind, wenn man die Sprachbildungen und Veränderungen, Verschiebungen und Bedeutung, den ganzen Wandel und

die ganze Tendenz der Entwicklung der modernen Sprache zu-
sammenfasst und zur Konstruktion einer *künstlichen* Sprache
benützt, dann beginnt der prophetische Teil der Sprachwissenschaft in der auf die Zukunft gerichteten Gestaltung des vorhandenen Rohmaterials.

Davon kann natürlich in der Schule nicht die Rede sein,
und es fällt demnach alles, was an sprachwissenschaftlichen
Gründen für die Beibehaltung der Sprache als Unterrichtsmittel
und Steigerung der geistigen Entwicklung der Jugend angeführt werden kann, in dieser Beziehung weg.

Rückblickend erkennt man nun, dass alle diese Wege
konvergent sind und alle zu dem gleichen Punkte hinführen,
*dass das historisch völlig erklärliche Vorwiegen der alten
Sprachen in unserem Mittelschulunterricht ganz und gar ver-
altet ist.* Man kann geschichtlich begreifen, warum wir bisher
an diesem falschen Verfahren festgehalten haben, aber die
Geschichte gibt keine Rechtfertigung mehr dafür, dass wir es
noch ferner tun. Das Latein ist nicht mehr wie im Mittelalter
der Schlüssel zur Bildung; *im Gegenteil.* Das Sprachmaterial
ist durchaus nicht geeignet, eine logische Schulung zu bewirken
und gerade die Wirkung auf die hervorragenden Geister zeigt,
wie falsch dies Verfahren ist. Es bleibt nichts übrig als die
Konsequenz: *Soviel als möglich vom Sprachunterricht aus der
Schule fort!* Wieviel das ist, das möchte ich ziemlich radikal
beantworten.

Ich behaupte: *das Erlernen von Sprachen hat etwa dieselbe Bedeutung wie das Klavierspielen und ähnliche Fertigkeiten.* Wenn wir aber erst die Sprachen aus der Schule entfernt
haben, dann wird auch die Frage der *Ueberbürdung* gelöst sein
und niemand wird behindert werden, sein Spielbedürfnis zu
betätigen. Der Kaufmannssohn kann dann, wenn er auch
Kaufmann werden will, ohne weiteres die ihm notwendig erscheinenden sprachlichen Kenntnisse sich erwerben. Das lässt
sich nach Bequemlichkeit und Freiheit einrichten, aber der
Sprachunterricht muss aufhören, in der Schule als Hilfsmittel
der geistigen Ausbildung benutzt zu werden. Er muss durch
andere Gegenstände ersetzt werden; das sind einerseits die

Naturwissenschaften, anderseits jenes Fach, welches man kurz deutsche Sprache nennt. Alles das, was nicht durch den naturwissenschaftlichen Unterricht geliefert werden kann, die Erhebung des Gemüts, die Ausgestaltung des allgemein philosophischen Denkens, kann in die deutsche Stunde verlegt werden und die warmherzige und sachliche Lektüre unserer grossen Dichter und Denker wird den Schülern jene Gebiete erschliessen und lebendig machen, die von den Naturwissenschaften nicht berührt werden. Wir können so auch diese Seiten ihres Wesens in unseren Kindern entwickeln, die nicht unmittelbar mit der intellektuellen Ausgestaltung ihres Geistes zu tun haben.

Ein paar praktische Fragen möchte ich schliesslich noch erwähnen. Es ist zunächst die Frage, wie man Lehrer und Schüler in der Mittelschule *glücklich* machen kann. Es ist nicht nur eine Frage des Gemüts, sondern der einfachen Rechentechnik. Denn je glücklicher sie sich fühlen, desto mehr werden beide Teile leisten. Wie geht das nun? Wir fragen uns, warum denn die Studenten so glücklich sind, nicht allein jene, welche sich in traditioneller Weise dem Gesang, dem Wein und der Liebe hingeben, sondern nach meinen Erfahrungen gerade am meisten jene, welche in ihrer Arbeitsfreude ihren Lehrern, Chefs der Laboratorien u. s. w. nur in der Beziehung zu schaffen machen, dass sie ihre jungen Freunde am Abend nicht aus dem Institut hinausbekommen können. Sie sind so glücklich, *weil sie sich ihre Arbeit selbst gewählt haben* und nur das tun, was sie freut. Dieses Prinzip der Freiheit der Arbeit sollen und können wir auch in der Mittelschule praktisch durchführen, und zwar in der Form, dass eine weitgehende Kompensation minderer Erfolge durch ausgezeichnete Leistungen in allen Gebieten stattfindet.

Ueberlegen wir uns, was wir vorhin an grossen Männern beobachtet haben. Wir haben in der Schule zwei Moloche, welchen wir unsere Kinder opfern, sie heissen die *harmonische* und die *abgeschlossene* Bildung. Unter der ersten verstehen wir die möglichste Gleichförmigkeit in der Kenntnisnahme und Verschluckung des Stoffes, unabhängig von seiner *Natur*. Die gewissenhaften Lehrer im altmodischen Sinne kommen nicht aus dem Staunen heraus, dass ihre „Musterschüler" nach Abgang aus der Schule nichts Ausgezeichnetes leisten. Sie *können* es gar nicht, weil sie eben unterschiedslos alles geschluckt haben, was man ihnen eingeschüttet hat. Die grossen Leistungen auf allen Gebieten werden nicht von Leuten vollbracht, die allseitig oder harmonisch gebildet sind, sondern von *einseitigen* Menschen. Aufgabe des Lehrers ist es daher, bei jedem Schüler jenen Punkt zu finden, wo er ein lebendiges Interesse fühlt und daher gern arbeiten will, da wird er hernach auch etwas leisten. Daraus ergibt sich die entsprechende Technik nahezu von selbst. *Man sollte das System der Leib- oder Lieblingsschüler einführen.* Jeder Lehrer umgebe sich mit einem Kreise solcher Schüler, welche ein besonderes Interesse an seinen Fächern nehmen und unterstütze sie nach Kräften unter der Voraussetzung, dass er die entsprechenden Kreise der anderen Lehrer nicht mehr stören wird, als zu einer glatten Führung des Gesamtunterrichts erforderlich ist.

Die traditionelle Furcht vor der Einseitigkeit ist ganz verkehrt. Alle Leute, die im Leben etwas gemacht haben, haben es nur deshalb getan, weil sie nicht rechts noch links gesehen, sondern einzig und allein ihr Ziel im Auge gehabt haben.

Dem Deutsch-Amerikaner *Stallo,* der mehr und mehr als ein höchst selbständiger Denker bekannt wird, verdanke ich eine Bemerkung, die unsere Frage auf das treffendste beleuchtet. Er hat immer wieder betont, *dass, wenn ein Mensch irgend ein Stück wirklicher Wahrheit an irgend einer Stelle menschlichen Wissens besitzt, er den Massstab hat, mit dem er alles andere messen kann.* Stimmt das Mass, dann kann er das neue Wissen dem Schatze seines Geistes sicher einverleiben, wenn nicht, so wird er es von sich weisen. Der Schüler, welcher sich für den elektrischen Funken interessiert, wird auch Mathematik und Geometrie lernen, um die Sache besser zu verstehen, ferner auch seine Hand üben, um Apparate bauen zu können u. s. w. So ist mit der Zeit ein ganzer Kranz von Kenntnissen und Fertigkeiten um den elektrischen Funken entstanden, und wir haben dann einen Menschen, der nicht nur glücklich, sondern auch tätig und tüchtig geworden ist. Man sieht ja immer, dass jene Schüler, die das Glück gehabt haben, auf einen Lehrer zu stossen, der ihre Gaben entwickelt hat, auch später im Leben gut fortkommen und meist etwas Besonderes werden.

Das Rezept, das ich empfehle, bedeutet nichts anderes als *Individualisierung* und setzt voraus, dass sie auch technisch möglich ist. Also die Klassen dürfen nicht überladen werden mit Schülern und die Unterrichtsbehörde darf nicht als Ziel die *gleichartige* Erledigung des Klassenpensums aufstellen, sondern die Entwicklung möglichst vieler *ausgezeichneter* Individuen. Das ist ungefähr das Gegenteil davon.

Es hat wiederum seine guten Gründe, weshalb das Ideal des „harmonisch" gebildeten jungen Mannes entstanden ist, aus dem hernach nichts wird. Ein solcher Schüler ist der *bequemste* und eine Kontrolle der Leistungen lässt sich am leichtesten durchführen. Aber das bequemste ist es nur für den schlechten Lehrer, während es für den wahren Lehrer, der es durchgemacht hat, die schwerste Last ist, die ihm den besten Teil seiner Arbeitsfreude nimmt.

Das war der eine Moloch. Der andere heisst *abgeschlossene* Bildung. Die Mittelschule stellt sich alljährlich von neuem soviele Armutszeugnisse aus, als sie Maturitätszeugnisse ihren Schülern behändigt. Nachdem sie dieselben sechs bis neun Jahre kennen zu lernen Gelegenheit hatte, glaubt sie sie noch der moralischen und geistigen Misshandlung der Maturitätsprüfung unterwerfen zu müssen. Die anwesenden Aerzte wissen, was für Folgen diese Matura hat und was für eine überaus ernste Sache sie ist. Wenn ich an eine Reihe von Fällen, die sich vor meinen Augen abgespielt haben, zurückdenke, so ist es tatsächlich erschütternd, wie man sieht, dass eine Unzahl junger Leute von guter Begabung sich *durch Ueberanstrengung in der Zeit der Vorbereitung zum Maturitätsexamen die Fähigkeit des Handelns und die Freude an wissenschaftlicher Arbeit einfach vernichtet haben.* Das kann doch nicht das Ziel der Unterrichtsverwaltung sein und ich wiederhole: Die Schule soll und muss Mittel haben, während einer solch langen Arbeitszeit an ihren Schülern darüber ins klare zu kommen, ob

34*

sie sie ins Leben hinausschicken kann oder nicht, ohne an ihnen noch diese peinliche und lebensgefährliche Zwischenoperation zu vollziehen. Daher *Abschaffung des Abiturientenexamens,* und zwar so schnell als möglich. Das Resultat wird sein, dass die bisher vergeudeten Energien hernach in der Betätigung beim künftigen Berufe werden Verwendung finden können und an der Volksenergie wird durch die Aufhebung dieser Einrichtung eine unmittelbare Ersparnis von grösster Tragweite erzielt werden.

Aber einen *Abschluss* muss doch die Schulbildung haben, werden hier die Pädagogen der alten Schule sagen. Darauf muss ich erwidern: Eine Bildung, welche beansprucht, abgeschlossen sein zu können, ist das Gegenteil einer Bildung: *sie ist die systematische Borniertheit.* Nicht zugestöpselt und unfähig zur Aufnahme weiteren Wissens soll die Mittelschule ihre Zöglinge entlassen, sondern mit gesundem geistigen Magen, um die schwerere Kost der kommenden Jahre zu verdauen und mit dem gesunden Hunger der Jünglingsjahre nach mehr, immer mehr davon.

Ich brauche nicht erst zu sagen, dass das Thema der Erziehungsfrage unerschöpflich ist. So habe ich nur einige wenige Punkte hier berühren können, aber was ich gesagt habe, ist nicht ein gelegentlicher Einfall, sondern das Ergebnis eines langjährigen und eingehenden Nachdenkens. Während meiner akademischen Lehrtätigkeit sind mir immer wieder junge Leute in die Hand gekommen, deren Begabung sich unter meinen Augen entwickelt hat und bei denen ich erfahren konnte, wie ein Material aussehen muss, aus dem etwas wird. *Wie Normalschüler sahen diese Leute niemals aus.*

Zwischenbericht.

Es ist schon erzählt worden, dass der unmittelbare Eindruck dieses Vortrages sehr gross war. Er verursachte aber auch weiterhin einen so starken Nachhall, dass der Verein „Freunde des humanistischen Gymnasiums" sich veranlasst sah, eine Gegenversammlung einzuberufen, deren ausschliesslicher Zweck die „Zurückweisung" der von mir erhobenen Vorwürfe war. Entsprechend dem grossen Einflusse, den die Vertreter der mittelalterlichen Schulform innerhalb der Regierung (deren Persönlichkeiten sich fast ausschliesslich aus ihren früheren Angehörigen zusammensetzen) ausüben, wurde die Versammlung mit sehr stattlichem äusserem Apparat in der Aula der Wiener Universität und unter dem Vorsitze des Grafen Stürgkh, gegenwärtigen österreichischen Unterrichtsministers, abgehalten, und mehrere Redner nahmen dazu das Wort. Der einzige sachliche Gedanke, der zur Verteidigung der philologischen Grundlegung des Unterrichts von diesen verschiedenen Seiten hervorgehoben wurde, war der, dass ein tieferes Verständnis der Muttersprache erst dadurch bewirkt werden könne, dass man sie mit einer anderen Sprache vergleicht und zu diesem Zwecke eine solche (oder besser mehrere) lernt. Das gerade das unübertreffbare Mustervolk (in den Augen der Philologen), die Griechen, sich niemals mit dem Erlernen fremder Sprachen Mühe gegeben hat, und insbesondere durchaus keine Anwendung dieses Verfahrens in seiner Knabenerziehung kannte, blieb natürlich unbeachtet, ebenso die Frage, in welchem Verhältnis bestenfalls der so zu erzielende Gewinn mit dem darauf verwendeten Aufwande steht. Es ist ja natürlich, dass man mit der wahren Ursache, die insbesondere den mehr staatsmännisch Denkenden in der Unterrichtsverwaltung zweifellos ganz klar ist, nicht an die Oeffentlichkeit getreten ist, um sich die noch zahlreich vorhandenen Sympathieen in den mittleren und unteren Kreisen nicht zu verderben.

Der Grund nämlich, weshalb insbesondere von den Regierungen die Bevorzugung des philologischen Gymnasiums, trotz der gewaltigen Schädigungen der Volksgesamtheit dadurch aufrecht erhalten wird, ist ein rein politischer. Er wurde mir letztlich durch ein Gespräch klar, das ich mit einem Engländer hatte, der durch besondere Verhältnisse einige Jahre innerhalb der chinesischen Regierung hatte zubringen dürfen.

China zeigt nämlich den merkwürdigen Tatbestand einer ultrakonservativen Beamtenschaft, deren Rekrutierung auf völlig demokratischer Grundlage erfolgt. Dort kann auch der Sohn des geringsten Tagelöhners zu den höchsten Aemtern und Würden aufsteigen, da diese durchaus nach den Ergebnissen der öffentlichen Bewerbungen mittelst einer sehr strengen und eingehenden Prüfung verteilt werden. Man sollte beim flüchtigen Zusehen glauben, dass eine zweckmässigere und gerechtere Einrichtung gar nicht denkbar ist, und in der Tat scheint sich das chinesische Volk seit Jahrhunderten, vielleicht Jahrtausenden mit ihr durchaus einverstanden gefühlt zu haben.

Das Rezept, jene demokratische Grundlage derart zu benutzen, dass ein absolutes Kaisertum daneben bestehen kann, liegt ausschliesslich in der *Wahl der Prüfungsgegenstände*. Diese bestehen einerseits in der Kenntnis der chinesischen Amtssprache (die von der Volkssprache ganz verschieden und sehr schwierig ist) und zweitens in der Kenntnis der uralten Staatshandbücher, die eine Chronik der Regierungsmassregeln und -ereignisse enthalten. Jemand, der in diesen Gebieten die Konkurrenz seiner Mitbewerber schlägt, ist für alle Zeiten unfähig gemacht worden, an Neuerungen in Regierung und Verwaltung überhaupt nur zu denken.

Man tut den Organisatoren des chinesischen Kaisertums vielleicht zu viel Ehre an, wenn man annimmt, dass die gründliche psychologische Sachkenntnis, die aus dieser Lösung des schwierigen Problems zu Tage tritt, auf dem Vorhandensein einer wissenschaftlichen Psychologie beruhte. Vielmehr wird

es sich wohl um eine Anpassungserscheinung von mehr unbe-
wusster Beschaffenheit handeln, die gerade durch ihre wunderbare Angepasstheit sich so lange erhalten hat, während zahlreiche andere Formen über kurz oder lang verschwunden sind.
Jedenfalls aber haben wir hier in typischer Ausbildung die
gleiche politische Wirkung vor uns, welche das humanistische
Gymnasium schon seit langem zum Lieblingskinde der deutschen wie österreichischen Regierungen gemacht hat.

Ich muss es hier bei diesen Andeutungen bewenden lassen,
zumal ich in absehbarer Zeit diese ganzen Fragen viel eingehender behandeln zu können hoffe.

Es ist natürlich, dass die eben beschriebenen Vorgänge mich
alsbald mit den verschiedenen Kreisen in Berührung brachten,
die sich bei uns in Deutschland mit der Reform des Schulwesens
beschäftigen, und dass sich hieraus eine sehr ausgedehnte
Tätigkeit ergeben hat. Diese nahm zunächst vorwiegend die
Gestalt öffentlicher Vorträge an, in denen ich die verschiedenen
Seiten des Problems behandelte. Dabei stellte sich heraus, dass
tatsächlich kaum ein Gebiet des gesamten Unterrichtsbetriebes
vorhanden ist, welches ganz befriedigende Verhältnisse aufweist; am meisten ist dies noch beim Kindergarten der Fall.
Die Ursache der allgemeinen Rückständigkeit der Schulen
liegt darin, dass der *Fortschritt* in diesem Gebiete · *nicht
organisiert ist.* Während jede Fabrik, die sich im Kon-
kurrenzkampfe behaupten will, in irgend einer Form eine Ver-
suchsstelle einrichtet, in welcher Neuerungen geprüft und Verbesserungen ausgearbeitet werden, ist die Idee, auf pädago-
gischem Gebiete zu experimentieren, noch so neu, dass sie der
intellektuellen Mittelschicht direkt als absurd erscheint. Wenn
also irgendwo eine Verbesserung als unabweisbar erscheint, so
wird nicht etwa eine systematische Versuchsreihe darüber angestellt, in welchem Sinne die Verbesserung auszuführen wäre,
sondern es wird irgend eine Vorschrift, von der man die Verbesserung erhofft, an „zuständiger Stelle", d. h. am grünen
Tische ausgearbeitet und eingeführt. Der Lehrer, welcher sich
dann etwa durch die damit erlebten Folgen in seinem Gewissen
gedrungen fühlt, auf die Unzweckmässigkeit der Vorschrift

hinzuweisen, läuft jedesmal Gefahr, wegen unzulässiger Kritik der Behörde sich Zurechtweisungen oder noch übleres zuzuziehen.

Indessen hat es sich in jüngster Zeit hierin bereits ein wenig gebessert, und insbesondere der Gedanke des pädagogischen Experiments ist an einzelnen Stellen, wenn auch noch in sehr bescheidener Weise, Wirklichkeit geworden. Daher verzichte ich darauf, hier meine weiteren Schriften und Vorträge zu dieser Frage wiederzugeben, um dies zu tun, wenn mehr von positiven Ergebnissen zu berichten sein wird, und die ganze Angelegenheit einige Abrundung gewonnen hat.

Ausser den Arbeiten an der Entwicklung der Volks- und Mittelschule habe ich ferner über ähnliche Arbeiten betreffend die Hochschule zu berichten. In der ersten Sammlung meiner kleinen Schriften ist der Vortrag enthalten, den ich im Jahre 1901 in München hielt, um der Gefahr eines Staatsexamens für Chemiker entgegenzutreten. Es gelang damals, im letzten Augenblicke noch die entscheidenden Persönlichkeiten davon zu überzeugen, dass man der blühenden deutschen chemischen Wissenschaft und Technik keinen schwereren Nachteil zufügen könne, als sie der austrocknenden Wirkung einer staatlichen Schlussprüfung auszusetzen, da eine solche gerade dasjenige zerstören würde, was unsere Wissenschaft und Technik gross gemacht hatte, nämlich die originale oder schöpferische Betätigung. Wenn irgendwo und -wie das deutsche Volk Anlass zu einem Danke an mich haben sollte, so ist dies der Punkt, in welchem ich ihn am unmittelbarsten verdient zu haben glaube.

Später gewann ich dadurch eine sehr lebhafte Anregung, mich mit allgemeinen Universitätsfragen zu beschäftigen, dass ich als erster Austauschprofessor im Herbst 1905 an die Harvard-Universität in Cambridge, Mass., ging und als solcher einen genaueren Einblick in das von dem unseren so vielfach verschiedenen Universitätswesen der Vereinigten Staaten gewinnen konnte; mit dem verwandten englischen war ich durch meine vieljährigen Beziehungen zu *William Ramsay* einigermassen bekannt geworden. Nach den äusseren Ursachen, welche mir früher eine gewisse Zurückhaltung in der Kritik

heimischer Universitätsverhältnisse auferlegten, durch die eingangs erzählten Ereignisse fortgefallen sind, habe ich auch
nach dieser Richtung Anregung zu geben versucht, soweit Urteil und Einsicht reichten. Hierauf beziehen sich mehrere der
hier mitgeteilten Aufsätze. Der Schluss machen endlich einige
kürzere Abhandlungen über Unterrichtsfragen mittels des gedruckten Wortes.

Deutsche und amerikanische Universitäten.

(1906)

Während meines Aufenthalts in Amerika wie seit meiner Rückkehr in die Heimat ist wohl keine Frage häufiger an mich gerichtet worden als die nach dem Vergleich der beiderseitigen Universitäten, sowohl als Erziehungs- wie als Forschungsstätten. Ich habe immer wieder antworten müssen, dass zwar der Begriff der deutschen Universität ein ziemlich feststehender ist, der sich nicht nur in Deutschland fast unterschiedslos im inneren Wesen bei geringer Verschiedenheit der äusseren Erscheinung wiederholt, sondern auch ausserhalb des Deutschen Reiches sich gleichartig vorfindet, wo nur die deutsche Sprache die Sprache der Universität ist, dass aber die amerikanische Universität nur ein sehr unbestimmter Sammelbegriff ist, unter dem die verschiedenartigsten Gebilde zusammengefasst werden. Schon der fliessende Uebergang zwischen „University" und „College" deutet auf diese Mannigfaltigkeit hin; die persönliche Bekanntschaft mit einigen dieser Anstalten lässt gleichfalls die weitestgehenden Verschiedenheiten erkennen.

Zum Verständnis der amerikanischen Verhältnisse ist in erster Linie ins Auge zu fassen, dass die dortige Entwicklung des Universitätswesens von dem englischen Vorbild ihren Ausgang genommen hat, welches die Kolonisten hinübergebracht hatten, und das in der Gründung des amerikanischen Cambridge als einer möglichst genauen Nachahmung des englischen Cambridge seinen äusseren Ausdruck gefunden hatte. Nun haben von allen Universitäten Europas die alten englischen, Cambridge und Oxford, ihren geschichtlichen Charakter am wenigsten verändert. Wie bekannt, waren die Universitäten ursprünglich nichts als Ausbildungsanstalten für den Klerus. Die anderen Fakultäten sind nach und nach dazugewachsen, und die philosophische Fakultät, in der jetzt der Schwerpunkt der deutschen Universitäten ruht, war nur eine Vorbereitungsschule für die Beschaffung der erforderlichen Grundlagen einer höheren Ausbildung. Die Reformation hat in Deutschland hierin einen tiefen Wandel hervorgebracht, und es ist lehrreich genug, dass die alten Universitäten des protestantischen Schottland den deutschen sehr viel ähnlicher geworden sind als die des hochkirchlichen England. Während jene nämlich, entsprechend den deutschen Universitäten, in erster Linie Unterrichtsanstalten sind, die für die gelehrten Berufsarten eine möglichst zweckentsprechende Ausbildung beschaffen sollen, haben die altenglischen Universitäten bis in die neuste Zeit den Charakter als Erziehungsanstalten zu einer allgemeinen „höheren" Bildung behalten, und die reine Wissenschaft, sowohl als Lehre wie als Forschung, stand mit diesem Hauptzweck nur in einem verhältnismässig lockeren Zusammenhang.

Den gleichen Charakter findet man nun an den amerikanischen Universitäten sehr deutlich als Erbschaft ausgeprägt. An die „Highschool", die etwa unserem Gymnasium bis zum Einjährigenexamen oder je nach Umständen etwas darunter entspricht, schliesst sich das College, das wesentlich ein Internat zur wissenschaftlich-humanistischen und gesellschaftlichen Erziehung ist. Die wissenschaftliche Forschungsuniversität kann sich mit dem College verbinden und ist in der Tat praktisch stets mit einem solchen verbunden. Das Verhältnis ist aber einseitig; während es viele Colleges ohne Universitätscharakter gibt, sind die Universitäten (im deutschen Sinne) nur im Zusammenhang mit Colleges vorhanden. Allerdings macht sich auch hierin allmählich ein gewisser Gegensatz geltend. An einigen der grössten und bedeutendsten amerikanischen Universitäten besteht ein Bestreben, das College ganz abzustreifen und sich zu reinen Universitäten im deutschen Sinne zu entwickeln. Hierbei ist die Meinung, den Absolventen des College, den Bachelor of Arts, entsprechend dem deutschen Abiturienten, als den normalen Studenten anzusehen und für den Eintritt den Nachweis dieses Grades oder einer entsprechenden Ausbildung zu verlangen. Umgekehrt besteht in den Kreisen, die ihre akademische Bildung mit der Erreichung dieses Grades abgeschlossen haben oder abschliessen wollen, eine unverkennbare Abneigung gegen das universitäre Anhängsel des College, die darauf begründet ist, dass durch das Eindringen der reinwissenschaftlichen und der fachwissenschaftlichen Fortbildung das alte, sozial-humanistische College-Ideal eine unverkennbare Beeinträchtigung erfahren muss. Dies beruht vor allen Dingen darauf, dass das College in seiner bisherigen Gestalt den Schüler viel zu spät zur eigentlichen Fachbildung gelangen lässt, so dass das letzte der vier vorgeschriebenen Studienjahre im College schon jetzt möglichst zur Vorbereitung auf das spätere Fachstudium verwendet und der sog. allgemeinen Bildung entzogen wird. Es beruht ferner darauf, dass aus dem gleichen Grunde die Tendenz besteht, die vier traditionellen College-Jahre auf drei einzuschränken und auch dadurch äusserlich die Bedeutung des College herabzudrücken, indem diesem hierdurch gerade die älteste und daher angesehenste und einflussreichste Generation entzogen wird. Es ist schwer, namentlich für den Ausländer, zu ermitteln, wieviel von diesen Ueberlegungen sich bewusst und wieviel unbewusst betätigt, zumal aus naheliegenden Gründen die Existenz dieses Gegensatzes dem Fremden gegenüber möglichst verhüllt, ja abgeleugnet wird. Doch handelt es sich hier um ganz ähnliche Gegensätze, wie sie auch in Deutschland auf dem entsprechenden Boden vorhanden sind, und dass sie zu einer allmählichen Verflüchtigung gewisser, nicht mehr lebensfähiger „Ideale" führen werden, lässt sich aus der allgemeinen Entwicklungsrichtung hier wie dort mit sehr grosser Wahrscheinlichkeit voraussehen.

Entsprechend seiner Aufgabe, die allgemeine Bildung für die obere Schicht der Bevölkerung zu beschaffen, ist das College früher ganz schulmässig organisiert gewesen, und selbst an den fortgeschrittensten Anstalten dieser Art ist ein grosser Anteil dieser Organisation noch erhalten geblieben. Während früher allgemein und jetzt noch an einer grossen Anzahl von Colleges dies allgemeine Bildungsideal einen ausgeprägt philologischen Charakter mit stark theologischem Einschlag (der namentlich eine auffallende Besonderheit vieler östlicher Colleges ist) besass, bzw. besitzt, ist an einigen Anstalten in neuster Zeit eine sehr bemerkenswerte Wendung eingetreten, die uns auch für deutsche Verhältnisse sehr viel zu denken gibt. Diese Wendung besteht in der Einführung der Studienfreiheit für den College-Studenten und ist die grosse Tat des Präsidenten Eliot von der Harvard-Universität in Cambridge (Massachusetts). Die Freiheit ist nicht so zu verstehen, dass der College-Student nunmehr über die Durchführung seiner Studien nach allen Richtungen frei verfügen darf; er ist vielmehr an die Einhaltung gewisser, recht strenger Schulformen noch immer gebunden. Er ist aber frei in der Wahl der Vorlesungen, sofern sie überhaupt für Hörer seines Studienalters zugängig sind, und darf daher den Inhalt seiner Bildung ganz nach eigenem Ermessen gestalten. Zwangsfächer, wie sie in Latein und Griechisch noch fast überall in Amerika gefordert werden, bestehen für den Harvard-Studenten nicht mehr. Ich hege gar keinen Zweifel, dass durch diese Freiheit ein viel grösseres Interesse des jungen Studenten an seinen unter eigener Verantwortung gewählten Studien erweckt wird. Die andere Seite, dass nämlich solche Studenten, die entschlossen sind, den *A. B. (bachelor of arts)* mit einem möglichst geringen Aufwand von geistiger Energie zu erlangen, bald die „leichtesten" Vorlesungen. herausfinden und ausschliesslich solche belegen werden, ist seinerzeit sehr ernstlich erwogen worden, als der grosse Schritt gewagt wurde. Das Vertrauen, das damals die führenden Männer in den wissenschaftlichen Idealismus der Jugend setzten, ist nicht enttäuscht worden, und gegenwärtig denkt niemand mehr an die Möglichkeit, diesen Schritt wieder zurückzutun.

Das Schulmässige, das eben erwähnt wurde, liegt in den Mitteln, durch die der Erfolg des Vorlesungsbesuches gesichert und kontrolliert wird. Nicht nur, dass eine Beaufsichtigung des regelmässigen Erscheinens in der Vorlesung ausgeführt wird, auch das Studienergebnis wird seitens des Professors

entweder persönlich oder unter Mitwirkung eines Assistenten
durch wiederholte, mit den Vorlesungen verbundene Prüfungen
festgestellt. Diese Prüfungen bestehen meist in häuslichen
oder Klausurarbeiten, und nur solche Hörer, die sie bestanden
haben, erhalten die entsprechenden „Punkte", die zur Erreichung des Grades erforderlich sind.

Ich bin der Ueberzeugung, dass das pädagogische Experiment grossen Stils, das durch die erfolgreiche Einführung
der Vorlesungs-Wahlfreiheit in Harvard durchgeführt worden
ist, auch für die Entwicklung unserer Gymnasien von der allergrössten Bedeutung werden muss. Es besteht wohl in Deutschland kein Zweifel mehr darüber, dass an diesen mittleren Lehranstalten, namentlich was ihre oberen Klassen anbetrifft, zurzeit sehr viel auf organisatorischem Wege zu verbessern ist,
einmal dadurch, dass der Uebergang aus der engen, schul-
mässigen Bindung des Gymnasiums in die unbeschränkte Freiheit des akademischen Studiums weniger plötzlich gestaltet
wird, so dass er den Jüngling weniger unvorbereitet trifft als
gegenwärtig, sodann aber auch dadurch, dass die naturgemässen Wünsche und Bedürfnisse nach selbständiger Bestimmung der Arbeitsinteressen Raum finden. Letzteres ist so ungeheuer wichtig, dass man seine Bedeutung gar nicht übertreiben
kann, denn es handelt sich dabei um die Möglichkeit oder Unmöglichkeit, aus sich selbst das Beste zu gestalten, was man
zu werden fähig ist. Diese Selbstgestaltung kann nicht bis
zum neunzehnten oder zwanzigsten Lebensjahr aufgeschoben
werden. Es ist dringend notwendig, bereits im vierzehnten
bis sechzehnten Lebensjahre dem Jüngling Gelegenheit zu
geben, durch eine verantwortliche und folgenreiche Entschliess-
ung an der Gestaltung seiner eigenen Zukunft teilzunehmen.
Wie unmittelbar ersichtlich, ist dieses Problem in sehr glücklicher Weise durch die eben geschilderten Verhältnisse in dem
höchstentwickelten amerikanischen College gelöst, und in ähnlichen Linien wird sich auch in Deutschland die Reform des
mittleren Unterrichts bewegen müssen.

In das Innere des College-Lebens erhält der Fremde natürlich keinen ausreichenden Einblick. Die Studentenwohnhäuser

bilden stets einen erheblichen Teil des gesamten Gebäudekomplexes und sind teilweise mit unverhältnismässigem Luxus eingerichtet. Alkohol pflegt ausgeschlossen zu sein; er darf oft innerhalb einer Meile im Umkreis der Universität nicht öffentlich verkauft werden. Das Hauptinteresse erweckt der körperliche Sport in allen seinen verschiedenen Formen. Vielfach vereinigen sich die Studenten zu enggeschlossenen Korporationen, die meist durch griechische Buchstaben bezeichnet werden und ihre Angehörigen noch weit über die Universitätsjahre hinaus an sich zu fesseln wissen; sie haben in dieser Beziehung (und auch in anderen) Aehnlichkeiten mit den deutschen Korps. Die Aufnahme erfolgt unter mannigfaltigen Erschwerungen, und es ist spasshaft zu beobachten, wie sich hier abenteuerliche, ja rohe Formen ausbilden, die lebhaft an das siebzehnte und achtzehnte Jahrhundert in Deutschland erinnern.*)

Die Folge oder vielleicht auch die Ursache hiervon ist ein sehr enger, oft über das ganze Leben sich erstreckender Zusammenhang des Einzelnen mit seinem College. Von der Wanderlust des deutschen Studenten, die ihn den an einer einzigen Universität sesshaft bleibenden „Kümmeltürken" verachten lässt, sind drüben nur eben die ersten Spuren erkennbar, und zwar charakteristischerweise nicht beim College-Studenten, sondern bei dem Graduate-Man, dem Fachstudenten. Dieser sucht, wie in Deutschland, die Universität auf, an der er in seinem Fache die erfolgreichste Ausbildung zu erlangen hofft, soweit nicht pekuniäre oder persönliche Gründe mitspielen.

Ein weiterer wesentlicher Faktor für diesen Zusammenhang ist der Umstand, dass ein wichtiger und einflussreicher, ja massgebender Verwaltungskörper der Universität von den alten Graduate-Angehörigen des College, die den *A. B.* erreicht haben, gewählt und gebildet wird. Es hat somit jeder frühere Student, der seinen vierjährigen Kursus absolviert hat, später

---

*) Hier wie in vielen anderen, mit Wissenschaft und Kunst zusammenhängenden Dingen macht sich in Amerika das biologische Entwicklungsgesetz auffallend geltend, nach dem der neue Organismus alle früheren Formen des Spezies in abgekürzter Gestalt wiederholen muss.

das Recht, einen mitbestimmenden Einfluss auf die Geschicke seiner Universität auszuüben. Dies ist von grösster Wichtigkeit insbesondere für die Universitäten des Ostens, die fast alle private Stiftungen sind und in ihrer Fortentwicklung ganz und gar von freiwilligen Zuwendungen abhängen. Die alten Alumnen bilden hierbei diejenige goldführende Schicht, deren Abbau durch den Universitätspräsidenten die sichersten, wenn auch nicht immer die reichsten Ausbeuten ergibt. Meine Frage, ob diese pekuniäre Abhängigkeit von nicht leicht kontrollierbaren Faktoren nicht etwa ein schwerer Nachteil der dortigen Organisation sei, wurde mit grosser Uebereinstimmung von den verschiedensten Seiten verneint. Man hielt diese Grundlage allgemein für weit besser, als die Abhängigkeit von städtischen oder staatlichen Verwaltungen, die von politischen Stürmen beeinflusst würden und keine genügende Sicherheit für die Stabilität und Reinheit des Regiments böten.

Wenden wir uns nun zu den Fachstudien, so treffen wir dort die gewohnten vier oder fünf Fakultäten der deutschen Universitäten mit ihrer verhältnismässig selbständigen Verwaltungsorganisation an. Eine *divinity-school*, eine *law-school*, die dem Körper des College übergebaut sind, aber einen Teil der Vorlesungen mit diesem gemeinsam haben, entsprechend der theologischen, juristischen und medizinischen Fakultät in Deutschland, finden sich bei den höher stehenden Anstalten. Die philosophische Fakultät, die den Doktorgrad verleiht, wird durch die *graduate-school* dargestellt. Die letztere ist die neuste Bildung von diesen; in Harvard enthielt sie 1905/06 nicht ganz vierhundert Studenten, während die Gesamtfrequenz über fünftausend betrug.

Von diesen Fakultäten pflegt die theologische mit dem College am engsten verbunden zu sein, was bei der grossen Rolle, die die Kirchlichkeit im öffentlichen und gesellschaftlichen Leben namentlich des Ostens der Union spielt, sehr natürlich ist, aber auch noch anderweitige Gründe hat. Sehr oft ist nämlich die medizinische Fakultät des Krankenmaterials wegen von der Universität getrennt; so ist die von Cambridge im benachbarten Boston, die von Berkeley im benachbarten

San Francisco. Eine gleiche Tendenz nach der Grossstadt hat die juristische Fakultät. Bekanntlich ist das amerikanische Recht dem englischen nachgebildet und dadurch unverhältnismässig viel weniger abhängig vom römischen. Die Folge hiervon ist wieder eine viel engere Verbindung zwischen Unterricht und Praxis, und hierduch bildet auch auf diesem Boden die Grossstadt die ergiebigste Quelle von interessanten „Fällen". Eine andere den Deutschen überraschende Tatsache ist auf die gleiche Ursache zurückzuführen: während unter den deutschen Universitätslehrern nur die Juristen unaufhörlich über den „Unfleiss" ihrer Schüler klagen und nach Abhilfe dagegen suchen, ist der amerikanische Rechtsstudent berüchtigt wegen *shoptalking"*, wegen Fachsimpelns infolge leidenschaftlichen Interesses für sein Studium.

Die *graduate-school* ist, wie die philosophische Fakultät in Deutschland, vorwiegend die Ausbildungsstätte der künftigen höheren Lehrer und der selbständigen Forscher. Sie ist überall im lebhaftesten Aufschwung begriffen; in Harvard hatte sich ihre Studentenzahl in einem Jahre fast verdoppelt. Dies ist ein Beleg dafür, dass die oberen intellektuellen Schichten des amerikanischen Volkes die Bedeutung der Wissenschaft für die Weltstellung einer Nation klar erkannt haben. Man darf nicht etwa schon die üblichen Millionenstiftungen für einzelne Zwecke der Lehre und Wissenschaft als einen unzweideutigen Ausdruck dieser Erkenntnis ansehen; die amerikanischen Kollegen, die derartige Stiftungen zu aktivieren haben, klagen nicht selten über die Neigung der Stifter, das Geld möglichst in prunkvolle Bauten zu stecken und für die unscheinbareren, aber nicht weniger kostspieligen Bedürfnisse der eigentlichen wissenschaftlichen Arbeit nichts übrig zu lassen. Es handelt sich dabei also gelegentlich nur um ein Mittel, gesellschaftlichen Eindruck zu machen. Bei der völligen Abwesenheit von Orden und Titeln, die in Europa solchen Bedürfnissen dienen, haben eben andere Wege gefunden werden müssen. Aber jenes Bewusstsein von der nationalen Bedeutung der freien Wissenschaft ist nichtsdestoweniger gerade bei den besten Geistern drüben vorhanden,

und die reichen Stiftungen **Carnegies** z. B. sind ein Beweis
dafür.

Was nun die Gesamtorganisation der Universität anbetrifft,
so hat sie sich in Amerika ganz eigenartig entwickelt. In diesem
demokratischen Lande sind die Universitäten streng monarchisch
organisiert, und zwar handelt es sich hier um einen absoluten
Wahlmonarchen auf Lebenszeit, der Präsident genannt wird.
Es ist höchst bemerkenswert, dass gerade in demokratisch
regierten Ländern, z. B. in Frankreich, die Universitäten mit
dem geringsten Mass demokratischer Organisation ausgestattet
sind; dies macht sich sogar an den deutschen und noch mehr
an den französischen Universitäten der Schweiz geltend. Anderseits besitzt das typisch monarchische Deutschland die demo-
kratischste Universitätsorganisation.

Was nun auch die Gründe dieses merkwürdigen Gegensatzes sein mögen, in Amerika ist diese monarchische Form
der Hochschulorganisation anscheinend eine Notwendigkeit,
denn sie findet sich in ganz gleicher Weise bei den staatlichen
wie bei den privaten Universitäten vor. Vielleicht ist die Amts-
dauer des Präsidenten nicht überall formell lebenslänglich; praktisch ist sie es, und nur der Präsident selbst übt gegebenenfalls
ein einseitiges Kündigungsrecht aus, um in eine andere Stellung überzugehen. Die Ursache liegt wahrscheinlich in der
Notwendigkeit, den schnell sich ändernden Bedürfnissen des
rapid sich entwickelnden Landes rechtzeitig zu folgen oder womöglich zuvorzukommen. Dies kann nicht gut durch eine
Körperschaft besorgt werden, deren Mitglieder ihre Tätigkeit
nur im Nebenamt ausüben, sondern nur durch einen Mann,
dessen Lebensberuf die selbständige Leitung eines solchen Organismus ist. Mit anderen Worten, der bewegliche Charakter der
amerikanischen Universität erfordert als stabiles Element den
mit allen Machtvollkommenheiten ausgestatteten Präsidenten,
während bei der Stabilität der deutschen Universitäten ein ein-
jähriger Wahlrektor ausreicht, dessen Funktionen zu einem erheblichen Teil auf Repräsentation zusammengeschrumpft sind.

Der Form nach stehen dem Präsidenten allerdings andere
Verwaltungskörper zur Seite. Da sie aber meist wechseln, so

ergibt sich ganz natürlich aus der Kenntnis der Geschäfte und der Tradition ein gewaltiges Uebergewicht des ständigen Präsidenten. Beispielsweise besteht in Harvard neben dem Präsidenten zunächst die „corporation", deren sieben Mitglieder auf Lebenszeit gewählt sind, und daneben ein Aufsichtsrat (board of overseers), der die früheren Graduierten der Universität vertritt. Die Befugnisse dieser beiden Behörden sind keineswegs zweifellos: gewohnheitsrechtlich gilt aber keine Massregel als ausführbar, die nicht die Zustimmung beider Körperschaften gefunden hat. Man sieht, wie notwendig eine solche Organisation einen allgemeinen Vertrauensmann, eben den Präsidenten, macht.

Versuche ich, aus meiner Kenntnis der Verhältnisse ein Urteil zu gewinnen, so glaube ich allerdings, dass diese Entwicklungsform den amerikanischen Universitäten in hohem Masse nützlich gewesen ist. Sie hat in diesem demokratischen Lande die Bedeutung der hervorragenden Individualität zur Geltung gebracht, und erst durch diese Erkenntnis ist die regelmässige Entwicklung wissenschaftlicher Persönlichkeiten vorbereitet.

Für den breiteren Kreis der Universitätsprofessoren sind nämlich die Entwicklungsbedingungen gegenwärtig bei weitem noch nicht so günstig, wie sie sein sollten. Wieder infolge der Entstehung aus dem College betrachtet die Universität verwaltungstechnisch den Professor als einen Angestellten, der seine regelmässige Pflicht zu tun hat, die in der Ausübung der Unterrichtstätigkeit besteht. An vielen Anstalten kann noch der Professor auf kurze Kündigung entlassen werden, und die amerikanische Novellistik enthält gelegentlich rührende Schilderungen der grausamen Andieluftsetzung alter Professoren durch junge, ehrgeizige Präsidenten. Die grossen Universitäten haben allerdings die Unkündbarkeit der Ordinarien und auch eine regelmässige Pensionierung bei Arbeitsunfähigkeit eingeführt. Aber immer noch drückt der bloss unterrichtende College-Professor, der etwa dem deutschen Gymnasiallehrer entspricht, auf die gesellschaftliche Stellung des lehrenden Forschers, und der demokratische Instinkt gestattet keine oder nur sehr geringe

Besserstellung ·solcher ausgezeichneter Persönlichkeiten dem braven Durchschnittskollegen gegenüber. Ueberlegt man, dass bei uns der erfolgreiche Forscher im Universitätsamt nicht nur meist auskömmliche Einnahmen aus Gehalt und Kollegiengeldern bezieht, sondern ·auch eine sehr reichliche Extrahonorierung in Gestalt von gesellschaftlicher Stellung, Titeln und Orden zu erhalten pflegt, während der amerikanische Gelehrte nur Geld, und dies auch nur verhältnismässig dürftig als äussere Belohnung seiner Arbeit gewinnt, so erkennt man, dass. noch gegenwärtig drüben die rein wissenschaftliche Arbeit ebensolche persönlichen Opfer bedingt, wie bei uns vor hundert und mehr Jahren. Hat mir doch kürzlich ein junger Physiolog gesagt, dass er in zwei Monaten als praktischer Arzt dort mehr erwerben könne, als ihm die bestbesoldete Professur seiner heimatlichen Universität in einem Jahre eintragen würde. Hier liegt eine sehr grosse Schwierigkeit für die äussere Entwicklung der amerikanischen Wissenschaft an den Universitäten vor.

Eine andere Schwierigkeit liegt in der durchschnittlich viel zu ·grossen Ueberlastung der jüngeren Lehrkräfte mit Unterrichtsarbeit. Bei uns hat der Privatdozent mehr Zeit und Freiheit für seine wissenschaftliche Entwicklung, als ihm jemals später in seinem Leben zuteil wird, und er pflegt solche Vorlesungen · zu halten, die im engsten Zusammenhand mit seiner Tätigkeit als Forscher stehen. Drüben is t es gerade umgekehrt. Der junge Lehrbeamte hat meist grosse Klassen viele Stunden lang in elementaren Dingen zu unterrichten, und es gehört eine ungewöhnliche Energie dazu, unter solchen Umständen und bei einer Bezahlung, die eine angemessene Lebenshaltung kaum möglich macht, die übrigbleibende wenige Zeit an unbelohnte wissenschaftliche Arbeit zu wenden, statt Nebenerwerb zu suchen. Hier ist die bessernde Hand anzulegen, und bei der Energie und' der Begeisterung für die Fragen des Unterrichts und der persönlichen Entwicklung, die das amerikanische Volk auszeichnen, darf man darauf rechnen, dass der klaren Erkenntnis des Uebelstands auch bald die erfolgreiche Besserung folgen wird.

So zeigen uns die amerikanischen Universitäten ein Bild

regster Entwicklung, die durch das Nebeneinanderbestehen der höchsten wie der niedersten Stufen in derselben Zeit und demselben Lande eigenartig veranschaulicht wird. Für uns Deutsche ist vor allen Dingen eins daraus zu lernen, dass nämlich die Universität ein entwicklungsfähiger und daher auch entwicklungsbedürftiger Organismus ist. Wir dürfen uns rühmen, in unseren Universitäten zurzeit den höchsten Typus entwickelt zu haben, den die Hochschule bisher erreicht hat. Aber wir dürfen nicht verkennen, dass dieser Typus kein absolutes Maximum darstellt, und dass im Kampfe ums Dasein bei wechselnden Bedingungen der Organismus schliesslich im Vorteil bleiben wird, der sich die regste Anpassungsfähigkeit bewahrt hat. Die Richtung, in der die künftige Universität, sei es nun in Deutschland oder anderswo, sich entwickeln wird, liegt für jeden Kundigen offen zutage. Die Universität ist die einzige Stelle, an der die schöpferische Förderung der reinen Wissenschaft eine Pflege aus öffentlichen Mitteln findet. Bisher ist diese Aufgabe bei uns mit der Lehraufgabe vereinigt gewesen, zweifellos zum grossen Vorteil beider. Aber wenn auch beide Aufgaben künftig an einer *Anstalt* vereinigt bleiben müssen, so wird es doch nicht dauernd möglich bleiben, sie stets in einer *Person* zu vereinigen. Mit anderen Worten, es muss zwischen dem *Lehrprofessor* und dem *Forschungs*professor geschieden werden. Die persönliche Geschichte unserer grossen Forscher zeigt oft genug, welche Vergeudung kostbarster Energie dadurch entstand, dass man nicht rechzeitig diese Funktionen sondern konnte. Solche Vergeudung aber ist ein Verbrechen an der Nation; denn mehr und mehr wird jedes Volk gerade so viel Licht und Luft auf der Erde erlangen, als seine Beiträge zu dem allgemeinen geistigen Schatze der Menschheit es dazu berechtigen und befähigen.

Universitätsfragen.

(1907)

Ein bekanntes und recht oberflächliches Wort heisst, dass das Bessere der Feind des Guten sei. Mir ist es immer bei denen, die es anwendeten, wie eine Art Eigenlob erschienen, eine Selbstanerkennung, dass sie das Bessere zu erkennen vermochten. Viel häufiger hat sich mir die gegenteilige Tatsache aufgedrängt, dass nämlich das Gute der Feind, und oft genug ein grimmiger Feind des Besseren ist. Ich meine: wenn sich in irgend einer Angelegenheit ein gewisser guter Stand hat erreichen lassen, der sich womöglich während einer nicht zu kurzen Zeit bewährt hat, so wird es hernach fast unmöglich, die weitern Fortschritte, welche ja in allen menschlichen Dingen notwendig werden, auch hier zur Geltung zu bringen. Es entsteht bei denen, die ihre beste Zeit und Kraft auf jenen gegebenen Stand verwendet hatten, unwiderstehlich die Vorstellung, dass das „bewährte Alte" überhaupt das beste sei, welches jedem Aenderungsgelüst gegenüber um jeden Preis erhalten werden muss. Diejenigen, welche dann rechtzeitig auf notwendig gewordene Veränderungen hinweisen, werden als Nörgeler und Stänker moralisch verurteilt und haben es sehr schwer, die sachlichen Gründe für ihr Vorgehen zur Anerkennung zu bringen, falls ihnen dies überhaupt gelingt. Dass auf der anderen Seite die Verteidiger des Alten alle moralischen Vorzüge für sich in Anspruch nehmen, ist die notwendige Kehrseite des Verhältnisses. Subjektiv steht in solchen Fällen die Ehrlichkeit der Irritation natürlich ausser Zweifel; nur werden die Ursachen für diese falsch lokalisiert. Dass jemand, wenn man ihn in seiner behaglichen Ruhe stört, dies als unangenehm empfindet, ist menschlich berechtigt; hieraus aber die Forderung abzuleiten, dass man die ganze Angelegenheit in Ruhe lassen solle, solange der Betreffende dort sein Schläfchen hält, ist nur zulässig, wenn Dritte dadurch nicht geschädigt werden.

In einem solchen Zustande ist unser *Universitätswesen.* Wir Deutsche sind mit Recht stolz darauf, und die Anerkennung der ganzen Kulturwelt für den erreichten Standpunkt drückt sich durch den Umstand aus, dass von allen Teilen der zivilisierten Erde junge und ältere Wissenschaftler zu uns kommen, um an unsern Hochschulen die wissenschaftliche Forschung zu lernen, oder wenn sie sie schon kennen, sich einer solchen in kongenialer Atmosphäre hinzugeben. Und auf die bei uns verbrachten Jahre pflegen unsere Gäste mit unverminderten Enthusiasmus zurückzublicken, selbst wenn sie durch ihre spätere Beschäftigung in scharfe Konkurrenz mit uns geraten.

Es besteht kein Zweifel darüber, welchem Umstande wir diesen Vorzug verdanken. Es ist die *akademische Freiheit,* sowohl des Lernenden wie des Lehrenden, durch welche die Wissenschaftlichkeit gedeiht. Der Umstand, dass der Student nicht nur seine Vorlesungen frei wählt, sondern dass er auch die gewählten, wenn sie ihm nicht behagen, unbesucht lassen kann, bedingt ungewöhnlich günstige Zustände für die Aufnahme und geistige Verarbeitung des Gebotenen. So erkennt man beispielsweise, dass solcher Wissensstoff, der dem Studenten durch äusseren Zwang beigebracht werden soll, von diesem am energischsten durch passive Resistenz abgelehnt wird. Das klassische Beispiel hierfür liefert die juristische Fakultät, deren Professoren nicht aufhören, über den „Unfleiss" (warum sagen sie denn nicht einfach Faulheit?) ihrer Schüler zu klagen, obwohl sie die weitestgehenden Zwangsmassregeln für das Belegen, wenn auch nicht den Besuch ihrer Kollegien entwickelt haben. Auf der entgegengesetzten Seite stehen die Laboratorien und Seminare, insbesondere wenn sie von wissenschaftlich hochstehenden Männern geleitet werden. Hier liegt die Schwierigkeit meist darin, die Studenten am Abend rechtzeitig hinauszubekommen, und Massregeln müssen nicht getroffen werden, um den Besuch zu steigern, sondern um ihn in den durch Raum und Mittel gegebenen Grenzen zu halten.

Während so insbesondere in den Gebieten solcher Wissenschaften, die erst in neuerer Zeit entstanden sind oder eine selbständige Gestalt angenommen haben, die Verhältnisse befriedigend genug sind, was den Betrieb der reinen Wissenschaft anlangt, so hat eine andere Seite des Universitätslebens nicht nur keine Pflege erfahren, sondern ist sogar früheren Verhältnissen gegenüber in Rückstand geraten. Ich meine die Betätigung der Universitäten in den grossen Fragen, die unsere Zeit bewegen. Wo sind die Zeiten hin, da die Universitäten der Hort des *freien Wortes* waren? Wir müssen es umgekehrt erleben, dass der Vertreter einer Universität im Preussischen Herrenhause nach der Polizei ruft, um ihm missliebige philosophische Ansichten verfolgen zu lassen. Der einzige Trost bei diesem beschämenden Ereignis ist, dass es sich um die Ansichten eines anderen Professors handelt. Wo soll die wahre, opfermutige Liebe zum Vaterlande herkommen, wenn nicht jeder Staatsbürger von Jugend auf zur tätigen Anteilnahme an der Selbstverwaltung seines Landes durch sachgemässe Unterweisung über seine Pflichten und Rechte erzogen wird und diese stufenweise zu betätigen lernt? Aber wenn einmal die studentische Jugend über das ihr traditionell zugebilligte Gebiet von Wein, Gesang und Liebe hinausgreift und ihre Gefühle gegenüber den grossen Fragen des Tages zur Geltung bringt, dann gibt es immer ein bedenkliches Schütteln des Kopfes und vielweise Erörterungen darüber, dass der Student sich nicht mit politischen Fragen befassen möge. Wenn *er* nicht, wer denn sonst? Denn wer kann später in seinem Berufsleben einen segensreichen Einfluss auch nach dieser Richtung ausüben, als der Arzt, Lehrer, Geistliche usw? Kommt denn die politische Weisheit wie eine Offenbarung mit dem Augenblicke, wo das Schlussexamen bestanden ist?

Aber die Gefahren, die darin liegen, dass man den unentwickelten jungen Geist sich in dem verwickelten und aufregenden Gebiet der Politik sich betätigen lässt! höre ich ausrufen. Und vielleicht weist der Bedenklichkeitsrat noch auf die russischen Verhältnisse hin, wo die Studenten Politik mit dem unerfreulichsten Erfolge betreiben. Man kann die letzteren Bedenken teilen, muss aber dann darauf hinweisen, dass der russische Student von allen anderen der eingehendsten und strengsten Bevormundung durch die „vorgesetzte Behörde" sich erfreut oder ihr ausgesetzt ist. Es geht nicht an, den jungen Männern, die wir auf allen anderen Gebieten zu einer möglichst grossen Selbständigkeit des Urteils und der Gesinnung zu erziehen uns bemühen, gerade auf diesem Gebiet eine formale Abstinenz zu predigen. Wenn uns die Betätigung dieses Bedürfnisses nicht über den Kopf wachsen soll, so müssen wir der Bewegung selbst Form und Gestalt verleihen. Es sollen mit anderen Worten die Professoren selbst den Studenten gegenüber zu den Tagesfragen Stellung nehmen und diesen die eigene Stellungnahme in derselben Weise erleichtern, wie sie ihnen die Aufnahme der Wissenschaften erleichtern. Denn kauen und schlucken müssen auch diese die Studenten selbst.

Ich höre hier alsbald die erschrockenen und entrüsteten Rufe, dass man den heiligen Tempel der Wissenschaft nicht durch den Lärm des Tages entweihen dürfe. Ich habe bei solchen Rufen immer die traditionelle Figur des Professors aus unseren Witzblättern vor Augen, dem alle Dinge des wirklichen Lebens fremd sind und der ihnen gegenüber eine lächerliche und kränkliche Rolle spielt. Das Wissenschaftsideal, das etwa durch den klassischen Philologen des vorigen Jahrhunderts dargestellt worden ist, passt nicht mehr in unsere Zeit hinein. Wir beginnen zu begreifen, dass es ein Unsinn ist, wenn behauptet wird, die Wissenschaft müsse „um ihrer selbst willen" getrieben und gepflegt werden. Es wird kein Ding um seiner selbst willen getrieben, sondern nur um irgend welcher menschlichen Zwecke willen. Diese Zwecke können hoch oder niedrig sein, und je nachdem werden wir die mit ihnen zusammenhängenden Dinge beurteilen und bewerten. Da nun die Universität nach anderer Richtung den Zweck, den akademischen Bürger für seine spätere Verwendung im Dienste des Staates vorzubereiten, sehr stark, vielleicht manchmal zu stark betont, so bringt die Forderung, auch eine politische Bildung durch die Universität zu vermitteln, keine neue Aufgabe in das akademische Leben.

Allerdings muss zugegeben werden, dass der regelmässige Unterricht nur ausnahmsweise Gelegenheit gibt, auf die Angelegenheiten der Zeit entsprechend einzugehen. Und dies bringt mich auf einen Vorschlag, der mir ursprünglich durch ganz andere Erfahrungen und Erlebnisse gekommen war, und durch dessen Ausführung nicht nur dieses Desideratum, sondern noch zahlreiche andere eine befriedigende Erfüllung finden könnten.

Es ist dies die Einrichtung von *Gastvorlesungen*. Ich meine, dass den Studenten Gelegenheit geboten werden sollte, auch auswärtige Dozenten zu hören, ohne dass sie für diesen Zweck die andere Universität zu beziehen brauchen. Es sollten die Professoren sich den Segen der *Freizügigkeit*, den die deutschen Studenten im Gegensatz zu allen auswärtigen Kommilitonen so ausgiebig zu benutzen wissen, auch einigermassen zu Gute kommen lassen und von Zeit zu Zeit auch unabhängig von Berufungen andere Luft atmen, andere Gesichter sehen und in einen anderen wissenschaftlichen Kreis hineinkommen. Wie mancher würde durch die rechtzeitige Anwendung dieses einfachen Mittels vom frühzeitigen Verstauben und Verkümmern bewahrt werden können, wie viel leichter würde es sein, hervorragende junge Gelehrte als solche zu erkennen, welche viel bessere und breitere Grundlage würde man für Berufungen und Neubesetzungen haben! Von den Anregungen, die gegeben und gewonnen werden können, von der Gelegenheit, wissenschaftliche Meinungsverschiedenheiten durch freundschaftlichen Verkehr auszugleichen, von der Belebung endlich der akademischen Geselligkeit will ich gar nicht erst reden.

Eine Vorstellung von dem Werte einer solchen Einrichtung habe ich gewonnen, als ich für ein halbes Jahr auf der anderen Seite des Erdballes mich einem vorhandenen akademischen Kreise anschliessen durfte. Die Notwendigkeit, den oft vorgetragenen Stoff den neuen Verhältnissen angemessen neu zu gestalten, die Beeinflussung durch die ganz anderen, aber ihrerseits ebenso festgefügten akademischen Sitten, die vielen neuen Menschen, die auf dem gemeinsamen Gebiete der Wissenschaft in ihrer Weise arbeiteten, diese Dinge und noch viele andere haben mein Leben in einer Weise bereichert, wie das schwerlich auf irgend eine andere Weise hätte geschehen können. Dann aber erlebte ich dort die Einrichtung, für deren Einführung an den deutschen Universitäten ich hier das Wort ergriffen habe, als eine feste Institution. Es ist in den *Vereinigten Staaten* eine ganz regelmässige Gewohnheit, dass an den Universitäten auswärtige Professoren, d. h. solche von anderen amerikanischen Universitäten für kürzere oder längere Zeit Gastvorlesungen halten. Während meines Aufenthaltes in Cambridge siedelte der berühmte Philosoph William *James* auf einige Monate nach Palo Alto in Californien über, um an der dortigen Universität das philosophische Studium zu befruchten, und von Zeit zu Zeit konnte ich einen Kollegen von einer anderen Universität an der unsrigen hören.

Ganz dieselbe Einrichtung lernte ich an den *skandinavischen* Universitäten kennen, welche gleichfalls in einem gegenseitigen Kartell von Gastvorlesungen stehen. Durch die politischen Misshelligkeiten zwischen Schweden und Norwegen ist soeben dieser Gebrauch zwischen den entsprechenden Universitäten ein wenig abgekommen, doch ist man auf beiden Seiten der begründeten Ansicht, dass die erhoffte Anbahnung neuer guter Verhältnisse am ehesten, weil am leichtesten, auf dem neutralen und idealen Boden der Wissenschaft wird gefunden werden.

Nur wir Deutsche, die wir sonst uns mit Recht der Führung in Universitätssachen berühmen dürfen, sind in dieser Beziehung noch ganz unentwickelt. Wie sehr, ergab sich neulich, als an einer der grössten deutschen Universitäten ein Ausländer Gastvorlesungen hielt und von allen Seiten Klagen laut wurden über die unzweckmässige Vorbereitung und Bekanntmachung. Und doch liesse sich die ganze Sache so leicht und frei organisieren, wenn man nur wollte.

Ich denke mir beispielsweise folgende Einrichtung getroffen, ohne dabei zu meinen, dass nicht noch Dutzende von anderen, ebensoguten oder besseren Wegen sich finden liessen. Zwei Wochen in jedem Jahre, etwa die beiden ersten Wochen des März oder des August, werden für Gastvorlesungen frei gehalten. Dann mag ein jeder, der aus irgend einem Grunde den Wandertrieb in sich spürt, an eine andere Universität gehen, und sich dort einen Hörsaal erbitten. Da um diese Zeit die regelmässigen Vorlesungen geschlossen zu sein pflegen, während das Semester noch andauert, so sind die Voraussetzungen zu einem völlig freien Verkehr der Dozenten gegeben, soweit diese nicht durch Examina festgehalten werden. Die Studenten ihrerseits erhalten noch unmittelbar vor dem Beginn der Ferien eine neue Anregung, die sie in die freien Tage mitnehmen und dort verwerten mögen.

Wer die erfrischende Wirkung einer derartigen Untermischung kennen lernen will, gehe einmal im Herbst nach *Salzburg* auf die freie Ferienuniversität. Sie stellt zwar noch nicht das dar, was künftig die hier beschriebene Einrichtung sein und geben könnte, gewährt aber doch ein gutes Bild von der Beschaffenheit einer solchen freien Vereinigung. Die gehobene Stimmung, welche durch die Abweichung vom Gewöhnlichen hervorgerufen wird, wirkt unwillkürlich und unwiderstehlich auf Lehrer wie Hörer ein und macht die ersteren freier und kühner, die letzteren wärmer und herzlicher. Die Notwendigkeit, den Gegenstand wegen der Kürze der Zeit auf das Wesentliche zusammenzufassen, erfordert auf beiden Seiten eine gesteigerte geistige Tätigkeit. Und so hat noch ein jeder, der dies mitgemacht hat, mehr oder weniger klar empfunden, wie schön es wäre, wenn man diese gehobene und fruchtbare Stimmung auch in die heimischen Verhältnisse verpflanzen könnte.

Ausser diesem an eine bestimmte Zeit des Jahres gebundene allgemeine Austauschspiel, dem akademischen „Kämmerchenvermieten", wäre noch ein längerer Austausch auf ein oder gar einige Semester in Betracht zu ziehen. Da in solchen Fällen meist für Ersatz zu sorgen sein würde, ergäbe sich für ältere heimische Privatdozenten und Extraordinarien eine äusserst willkommene Gelegenheit, sich einmal auch in der „grossen" Vorlesung zu versuchen. Und wenn der heimkehrende Ordinarius merkt, dass er sich ein wenig anstrengen muss, um den Wettbewerb mit der jungen Kraft zu bestehen, um so besser.

für ihn wie für seine Studenten! Auch diese Form würde sich technisch sehr einfach gestalten, wenn nur der Gastprofessor die ortsüblichen Vorlesungsgelder einnehmen darf. In Amerika handelt es sich meist um Stiftungen, aus denen der Gastprofessor bezahlt wird, da es private Kollegiengelder nicht gibt. Wir brauchen daher nicht einmal auf schenkfreudige Helfer zu warten, um im Rahmen unserer alten Einrichtungen auch diese neue einzuführen.

Als der deutsch-amerikanische *Professorenaustausch* eingerichtet wurde, da hat mancher an die schönen alten Zeiten gedacht, wo das Latein die allgemeine Gelehrtensprache war und der Professor durch die ganze damalige Kulturwelt wandern konnte, sicher, an jeder Universität Unterkunft und Hörer zu finden. Ich will hier nicht darüber reden, ob und wie ein solcher Zustand wieder hergestellt werden kann. Aber ehe der *inter*nationale Professorenwechsel zur Wirklichkeit wird, sollte man doch die sehr viel einfachere Aufgabe der *intra*nationalen Professorenaustausches lösen. Dass wichtige und folgenreiche Beziehungen entwickelt werden, wenn auf solche Weise alle deutschsprachlichen Universitäten, eingeschlossen nicht nur die Oesterreichs und der Schweiz, sondern auch Dorpat in Livland und vielleicht auch noch die holländischen Universitäten, eine grosse und freie geistige Gemeinschaft bilden, braucht nur angedeutet zu werden. Die Wissenschaft wird alsdann zweifellos wiederum ihre schönste und höchste Kulturarbeit leisten: der gesamten Menschheit ihre allgemeinsten und dauerhaftesten Güter zum Bewusstsein zu bringen.

Das fünfundzwanzigjährige Jubiläum der Universität Liverpool.

(1908)

Fünfundzwanzig Jahre sind keine lange Zeit, um darüber zu jubilieren, am wenigsten für Universitäten, deren erfahrungsmässige Lebensdauer sich nach Jahrhunderten bemisst, und soweit wir jetzt beurteilen können, noch eine lange Möglichkeit hat, bevor die Existenzfähigkeit dieser Lebensform erschöpft sein wird. Dennoch besteht auch vom universitären Standpunkt aus ein besonderes Interesse an dieser Feier, da es sich hier um eine Entwicklungsform handelt, auf welche wir Deutsche allen Grund haben, aufmerksam zu sein.

Bekanntlich haben für die englischen Universitätsbedürfnisse die beiden alten Heimstätten des gelehrten Unterrichts, *Oxford* und *Cambridge*, länger ausgereicht, als die entsprechenden Anstalten in anderen Ländern. Die erste war berühmt als Stätte des philologischen Klassizismus, die andere hatte ihren höchsten Ruhm in Mathematik und theoretischer Physik (welche die Engländer Natural Philosophy nennen) erworben. In beiden sind höchst beträchtliche Reste der alten mönchischen Organisation noch am Leben geblieben und beide hatten nicht sowohl eine wissenschaftliche Ausbildung im deutschen Sinne, d. h. eine Vorbereitung zur berufsmässigen Ausübung der Wissenschaft in Lehre oder Handhabung, zum Zwecke, sondern in erster Linie die Beschaffung einer sogenannten allgemeinen Bildung für die höchsten Kreise der Nation. Die zu wissenschaftlicher Arbeit Geeigneten und Geneigten konnten dann auf dieser Grundlage sich die erforderlichen Sonderkenntnisse erwerben und hielten sich jedenfalls für ausreichend vorbereitet, gegebenenfalls alsbald an die schöpferische Arbeit zu

gehen. Hiervon rührt zweifellos zu einem guten Teile die
bemerkenswerte Originalität des Denkens und Forschens bei
den englischen Gelehrten her, aber auch nicht minder ihre Unkenntnis auswärtiger Forschung und gelegentlich eine wunderliche Hilflosigkeit Dingen gegenüber, die bereits in der Hauptsache erledigt sind. Ebenso rührt daher die Tatsache, dass
ein so kleiner Teil der schöpferischen Forscher Englands den
Universitäten berufsmässig angehörten; die meisten waren
Privatgelehrte oder Amateure, deren bürgerliche Existenz
auf ganz anderen Betätigungen beruhte, als der wissenschaftlichen.

Wesentlich für diese besondere Beschaffenheit der englischen Universitäten und des englischen Gelehrtentums ist
ferner der private Charakter jener Anstalten. Sie bestehen aus
einer Anzahl von Colleges der alten Burschen und Nationen,
aus denen sich früher alle Universitäten zusammensetzten,
welche auch der Gesamtuniversität gegenüber einen sehr hohen
Grad von wirtschaftlicher Selbständigkeit bewahrt haben. Einzelne derselben sind sehr reich; so reich, dass sie zuweilen
nicht recht wissen, wie sie das überschüssige Geld verwenden
sollen. Dagegen ist die Gesamtuniversität unverhältnismässig
arm, so arm, dass sie zur Zeit nicht weiss, wie sie die dringendsten Bedürfnisse decken soll. Dieser Unterschied scheint
in Oxford noch grösser zu sein als in Cambridge; jedenfalls
ist der Notschrei von dort deutlicher zu hören. Die Regierung
hat erst in allerjüngster Zeit begonnen, Geldmittel für diese
öffentlichen Unterrichtszwecke herzugeben; im wesentlichen
ist die Entwicklung dieser alten (und auch der neuen) Anstalten von privater Wohltätigkeit abhängig gewesen. Dies ist hier
noch mehr der Fall als in Amerika, wo neben den privaten
zahlreiche Staatsuniversitäten bestehen, die allerdings auch
nicht ohne private Nachhülfe durchzukommen pflegen.

Dass die Universität neben dem allgemeinen Bildungs-
zwecke noch andere Zwecke hat, sogar solche, welche für das
Leben der Nation wichtiger sind als Fähigkeit, politische
Reden mit klassischen Zitaten zu verschönern, ist erst vor
einem Menschenalter soweit begriffen worden, dass die Er-

kenntnis in die Tat umgesetzt wurde. Der Mann, welcher
sich die Aufgabe gestellt hat, eines der lokalen Colleges, wie
sie vielfach in den grösseren und wohlhabenderen Städten des
Landes bestanden, zu einer Universität im modernen Sinne umzugestalten, war Henry *Roscoe*, der Schüler und Freund
Robert Bunsens, und es besteht kein Zweifel, dass die Verhältnisse, welche er seinerzeit in Heidelberg kennen gelernt
hat, ihm die Anregung und die Grundgedanken für seine
Reform gaben. Es war in Manchester, derselben Stadt, in
welcher Dalton und Joule gelebt und gewirkt hatten, der erste
als Schulmeister, der zweite als Bierbrauer, und in deren ur-
alter literarischen und wissenschaftlichen Gesellschaft sie die
ersten Mitteilungen über ihre grundlegenden Entdeckungen gemacht hatten, wo dieser Keim den geeignetsten Boden fand.
Als Professor am Owens College in Manchester hat Roscoe die
Umwandlung dieser Anstalt zu einer Universität bewirkt.
Allerdings kam zunächst ein eigentümlicher Drilling zur Welt.
Die wissenschaftlichen Hilfsmittel der einen Stadt reichten
nicht aus, um die Bedingungen einer Universität zu erfüllen;
so vereinigten sich die Colleges von Manchester, Liverpool und
Leeds, die hinreichend nahe benachbart waren, um eine Gesamtuniversität, die *Victoria-University*, zu bilden, die in ge-
meinsamen Zusammenkünften verwaltet wurde. Vor einigen
Jahren waren indessen die drei Einzelorganismen soweit gewachsen, dass eine Teilung und Verselbständigung nötig wurde,
und so wurde diese vollzogen, wenn auch manche wertvolle
Beziehung dabei gelockert werden musste.

Der entscheidende Gesichtspunkt, unter welchem sich diese
Entwicklung der neuen Universitäten vollzogen hat, denen sich
noch mehrere andere, insbesondere Birmingham angeschlossen
haben, ist der des *praktischen Berufes*. So waren es meist
medizinische und technische Anstalten, welche die Kristallisa-
tionsmittelpunkte abgegeben haben, und daher fehlt keiner
dieser Universitäten eine Abteilung von Ingenieurwesen und
ähnliche Fächer. Diese Entwicklung hat sich so unwiderstehlich vollzogen, dass selbst die alten Universitäten ihr nicht
haben widerstehen können; in Cambridge fand ich zu meinem

Erstaunen bereits vor Jahren eine blühende Ingenieurabteilung und auch Oxford hat in diese Bewegung eingelenkt.

Dies erscheint mir nun als die bemerkenswerteste Seite der Angelegenheit vom deutschen Standpunkte aus. Vornehmlich infolge des Widerstandes der Vertreter der sogenannten klassischen Bildung hat bei uns die neuere Technik sich ihre eigenen Unterrichtsorgane in den technischen Hochschulen entwickeln müssen, während die alte Technik, wie z. B. die Medizin, an der Universität einen unbestrittenen Platz einnimmt. Mir scheint es keinem Zweifel zu unterliegen, dass durch diesen Umstand die deutschen Universitäten sich um eine der wichtigsten Entwicklungsmöglichkeiten gebracht haben, die ihrem Organismus zu Teil werden konnte. Wer mit aufmerksamem Auge die Stellung und Betätigung dieses edelsten unserer Organe verfolgt, weiss, dass es zwar noch wenig auffallend, aber deshalb nicht weniger bedrohlich und beängstigend Zeichen einer senilen Degeneration erkennen lässt, deren Beseitigung durch organische Zuführung neuer Lebenskeime eine unserer wichtigsten Angelegenheiten ist oder in naher Zukunft sein wird.

So war denn allerdings für die Liverpooler Universität eine Berechtigung und Begründung für die frühe Feier vorhanden, denn in unglaublich kurzer Zeit hatte sie sich aus einem unbekannten lokalen College zu einer bedeutenden Universität entwickelt, welche in einzelnen Gebieten führend vorangegangen war, wie z. B. bezüglich der Abteilung für Tropenkrankheiten unter Leitung des Malariaforschers Donald *Ross*. Die Stimmung der vielfachen Reden, die gehalten wurden, war demgemäss eine äusserst freudige und hoffnungsvolle und es besteht kein Zweifel, dass der beabsichtigte praktische Effekt, die Steigerung des Interesses der massgebenden Kreise der grossen Handelsstadt für die idealen und praktischen Aufgaben des höchsten Unterrichtes in befriedigender Weise erreicht worden ist.

Die Einzelheiten der Feier waren die üblichen. Nach einem Empfangsabend gab es am folgenden Tage das grosse Festessen und am nächsten die feierliche Promotion, wo neben einer kleinen Anzahl von Ehrendoktoren die von den Studenten und Studentinnen erworbenen Grade verliehen wurden. Der Anblick dieser Feierlichkeit war überaus prächtig, da die akademischen buntfarbigen Gewänder in den grauen Tag eine höchst wirksame farbige Belebung brachten. Der Kanzler der Universität, Lord *Derby*, in schwarzem über und über mit Goldstickereien bedecktem Ornat, nahm den mittleren Platz ein. Ihm wurde jeder Promovend einzeln durch den betreffenden Abteilungsvorstand oder sonstigen Berufenen vorgestellt, worauf er unermüdlich dessen Hand in seine Rechte nahm und unter Hersagung der vorgeschriebenen Formel die Linke darauf legte, ähnlich einer Segensspendung oder Weihung. Dies erklärt, warum nur ganz ausnahmsweise die Promotion an einem Abwesenden vollzogen wird, in welchem Falle dieser wenigstens öffentlich genannt und vom Kanzler anerkannt werden muss.

Unter den Ehrendoktoren befanden sich die Physiker und Chemiker Sir Henry *Roscoe*, Sir Oliver *Lodge*, Sir William *Ramsay*, der Physiologe *Gotch* etc.; die meisten unter ihnen hatten mehr oder weniger nahe Beziehungen zu der Universität als Professoren und dergleichen gehabt. Das Ausland war nur wenig vertreten: persönlich nur durch einen Deutschen, während auserdem ein Franzose *in absentia* promoviert wurde. Bei der Erteilung der heimischen Grade an die männlichen und weiblichen Studierenden fiel auf, wie einseitig die Beteiligung des weiblichen Geschlechtes sich den „*Arts*", d. h. den Sprachen einschliesslich Literatur und Kunstgeschichte zugewendet hatte. Die „*Science*" dagegen, Mathematik und Naturwissenschaften, sowie angewandte Wissenschaft, einschliesslich Medizin, wies fast lauter männliche Teilnehmer auf.

Für den Deutschen im höchsten Grade überraschend, ist die lebhafte und nichts weniger als festmässige Beteiligung der jüngeren Studenten auf der Gallerie an dem Festakt. Sie besteht darin, dass durch Klatschen, Pfeifen und mit gellender Stimme hinuntergerufene Witzworte die Gefühle der Freunde und Kommilitonen beim Erscheinen der Promovenden zu einem so deutlichen Ausdrucke gebracht werden, dass die Worte des Sprechers nicht selten übertönt werden. Diese

Unbotmässigkeit am Promotionstag wird als ein altes, geheiligtes Recht des englischen Studenten angesehen, und der sehr energische Vizekanzler (der etwa einen permanenten Rektor, ähnlich dem amerikanischen Universitäts-Präsidenten vorstellt) versuchte nur in den äussersten Fällen beschwichtigend einzuschreiten. Man erzählte mir, dass bei den grossen Promotionen in Cambridge und Oxford der Lärm noch sehr viel ärger sei und die respektwidrigen Zurufe gelegentlich unwiderstehliche Lacheffekte ausgelöst hätten.

Ich erkläre mir diese Erscheinung als einen Ueberrest des Gegensatzes zwischen Schüler und Lehrer, der aus der alten College-Verfassung stammt und in einzelnen Institutionen der alten Universitäten noch fortlebt. Im allgemeinen ist der englische Student unvergleichlich viel unfreier in seinem Studium und Leben als der deutsche, und das Festhalten an jener alten Sitte oder Unsitte ist wohl auch teilweise ein Ausdruck seines ungestillten Freiheitsbedürfnisses. Im Gemüte des deutschen Studenten, der längst im Professor den Kommilitonen zu sehen gelernt hat (wenn er es auch in neuerer Zeit gelegentlich wieder vergessen zu haben scheint, nicht ohne Schuld der Professoren selbst) wäre für eine derartige Betätigung weder Neigung noch Stimmung vorhanden.

Eine erzählenswerte Episode aus dem Festessen möge den Beschluss dieses Blickes in eine ziemlich fremde Welt machen. Ich sass neben dem Mayor einer benachbarten Stadt und es stellte sich heraus, dass mein Nachbar, übrigens ein feingebildeter und sehr interessanter Herr, die neuliche *Rundreise* der englischen Stadtregenten durch Deutschland mitgemacht hatte. Ich war einigermassen gespannt auf die Eindrücke, die er erhalten hatte; namentlich interessierte mich der Umstand, wie das Uebermass von Reden und Festlichkeiten von unseren nüchternen Vettern aufgenommen worden war. Meine vorsichtigen Fragen lösten indessen eine ganze Flut von Enthusiasmus aus. Ihm hatte unter anderem besonders imponiert, dass *Nürnberg,* während es sich zu einem bedeutenden Industriezentrum entwickelt, seinen geschichtlichen Charakter als Stadtbild so gut bewahrt hatte und dass nirgend ein auffallender Missklang zwischen einst und jetzt zu bemerken war. Er schloss seine begeisterten Bemerkungen über die genossenen Schönheiten mit den Worten: „Sowie ich zurückgekommen war, habe ich meinen Töchtern gesagt, sie sollen fleissig Deutsch lernen; zur Belohnung würde ich sie auf ein halbes Jahr nach Deutschland schicken. Und nun lernen sie Deutsch den ganzen Tag!"

Moderner Universitätsunterricht.

(1909)

Als seiner Zeit die alten Formen des Handwerkunterrichtes, bei denen der Lehrling ein Glied der Familie seines Meisters bildete, aufgehoben wurden, entstand neben der Verbesserung der Verhältnisse auch mancher Nachteil. Erschien es auf den ersten Blick durchaus sachgemäss, dass die zahlreichen Handreichungen im Haushalte des Meisters, die zu den gewohnheitsmässig hergebrachten Leistungen des Lehrlings gehörten, abgeschafft werden mussten, da sie für die Fachausbildung nur einen Zeit- und Energieverlust bedeuteten, so hat man später doch deutlich eingesehen, dass jener praktische Anteil am Familienleben des Meisters gleichfalls ein Teil der notwendigen Ausbildung des werdenden Mannes war und dem Lehrlinge Kenntnisse vermittelte, die sich zwar nicht auf sein Handwerk im engeren Sinne, wohl aber auf das Handwerk oder die Kunst des Lebens im weiteren Sinne bezogen und für ihn eine wichtige Vorbereitung für die künftige Führung seines eigenen Haushaltes darstellten.

Es war und ist nicht möglich, um dieser Nachteile willen wieder in die alten Formen der Zunft zurückzukehren, denn die gegenwärtige Gestaltung unseres gesamten wirtschaftlichen Lebens macht diese Rückkehr, wie jede andere, unmöglich. Wohl aber darf man sich fragen, wie man die Ausfälle gut machen kann, welche durch die eingetretene notwendige Wendung bedingt worden sind, und man gelangt zu einer sachgemässen Antwort, wenn man sich unter allgemeinen Gesichtspunkten die Faktoren klar macht, welche für eine erfolgreiche Ausbildung des Nachwuchses erforderlich sind.

Wir wollen die Antwort auf diese Sonderfrage hier nicht

suchen, denn dieses Beispiel ist nur als ein besonders einfacher Fall herangezogen worden, um eine ähnliche Wendung im wissenschaftlichen Unterricht daran zu erläutern. In diesem hat die Aufhebung der Zünfte (wenigstens in gewissem Sinne) bereits sehr viel früher stattgefunden und die persönliche Ausbildung ist durch die organisierte Schule ersetzt worden. Noch bis tief in das neunzehnte Jahrhundert aber ist es in England üblich gewesen, dass der künftige Arzt und Rechtsanwalt genau wie der Handwerkslehrling als Gehilfe beim Meister eintrat und stufenweise die Technik des Faches von den einfachsten Handreichungen ab bis zu der Vertretung des Meisters sich zu eigen machte. Ein Studium der Medizin oder Rechtswissenschaft an der Universität konnte darauf folgen, war aber nicht notwendig, um dem absolvierten Lehrling die Praxis zu eröffnen.

Wie alle menschlichen Dinge, die zu einem bestimmten Ziele führen sollen, in Zickzackbewegungen um die eigentliche Richtung dahin zu schwanken pflegen, indem bei der Erkenntnis vorhandener Richtungsfehler die Bewegung immer im entgegengesetzten Sinne *über*korrigiert wird, so wurde bei dem Ersatz jenes wissenschaftlichen Lehrlingswesens durch die systematische schulmässige Ausbildung das Zuviel an *zufälliger* Beschaffenheit in der Entwicklung des früheren Lehrlings von einem Zuviel an *systematischen* Unterricht abgelöst. Gewisse Gebiete des Universitätsunterrichtes, insbesondere in der Rechtswissenschaft, leiden bis auf den heutigen Tag an einem solchen Zuviel und verursachen daher beständige Bemühungen, die andere Seite der notwendigen Entwicklung, die Berührung mit dem eigentlichen Leben des Gebietes in seiner täglichen Betätigung, in die Ausbildung einzuführen. Andere Zweige haben diese sachgemässe und notwendige Entwicklung bereits bis zu einem sehr befriedigenden Grade zurückgelegt. Allerdings sind auch sie — insbesondere die Medizin und die Naturwissenschaften — hierdurch keineswegs auf einen Standpunkt gelangt, von dem aus sie ruhig der nachkommenden Entwicklung der anderen Gebiete zuschauen dürfen. Denn da die Beschaffenheit der täglichen Praxis, ihre Form und ihre

Anforderungen bezüglich der Kenntnisse und Fertigkeiten, einer unaufhörlichen Entwicklung unterworfen sind, so besteht die dauernde Aufgabe, die praktische Seite des Unterrichtes mit diesen Fortschritten im Zusammenhang zu halten, ja der Praxis · dort voraufzugehen, wo die Hilfsmittel und Arbeitsmöglichkeiten dies gestatten. Die Lösung dieser Aufgabe bedingt eine immer weiter gehende Sonderung der Gesamtwissenschaft in ihre einzelnen Zweige, so dass immer neue Einrichtungen getroffen werden müssen, um den Studenten die anschauliche Kenntnis solcher Fortschritte zu ermöglichen.

Hierdurch hat der moderne Universitätsunterricht einen ausgeprägten *Zug ins Praktische* gewonnen, der zunächst sich noch viel stärker entwickeln wird, und muss, weil noch sehr viel auf zurückgebliebenen Gebieten nachzuholen ist. An die Stelle der Vorlesung, welche einen auf die Persönlichkeit des Einzelnen nicht Rücksicht nehmenden *Massenunterricht* darstellt, ist das Seminar, das Laboratorium, die Klinik, und wie sonst die verschiedenartigen Anstalten zum praktischen Unterricht heissen mögen, getreten, und der Schwerpunkt der Arbeit des Studenten verlegt sich ganz und gar in diese Anstalten. Das wesentlichste bei ihnen besteht darin, dass wieder der Lehrling persönlich die Unterweisung des Meisters erfährt, der ihn das wichtigste und bedeutungsvollste lehrt, was sich lehrend übertragen lässt, nämlich das *Verfahren der Forschung*.

Denn heute genügt es nicht mehr, dass der Jünger der Wissenschaft sich das aneignet, was ausgezeichnete Männer vor ihm geleistet haben. Auch das wissenschaftliche Schaffen hat sich demokratisiert, und was früher nur einige wenige wagten und konnten, nämlich das Vorschreiten ins Unbekannte, ist jetzt für viele Berufe eine tägliche Arbeit geworden. Und die wissenschaftlichen Berufsgebiete, bei denen dies noch nicht der Fall ist, kennzeichnen sich eben hierdurch als weniger entwickelt den anderen gegenüber. Das Schaffen selbst muss also gelehrt und gelernt werden, und dieses ist nicht auf dem Wege der Vorlesung möglich, sondern nur dadurch, dass man den Schüler an die Arbeit setzt und ihn bei der Ausführung beaufsichtigt, um ihm die zahllosen Hilfen zu geben, deren

Notwendigkeit und Bedeutung eben nur bei wirklicher Arbeit zutage tritt.

Dies ist der innere Grund, weshalb sich diese Einrichtungen in den letzten Jahrzehnten so schnell vermehrt haben; die Leipziger Universität darf sich rühmen, als eine der ersten die Notwendigkeit dieses Fortschrittes erkannt und ihn mit Hilfe der Staatsregierung durchgeführt zu haben. Natürlich ist es hierbei nicht ohne Widerstände abgegangen, denn jeder derartige Fortschritt ist von der Persönlichkeit eines Lehrers abhängig, der diese Notwendigkeit zuerst erkannt hat und bei ihrer Ausführung mehr oder weniger in Widerspruch mit denen gerät, welche die bisherigen Einrichtungen für ausreichend halten. Aber Widerstände sind ja dazu da, überwunden zu werden.

Für die weiteren Kreise der Staatsangehörigen ist diese Wendung insofern von Belang, als sie den bisherigen Betrieb der Universität nicht unerheblich verteuern muss. Die Anzahl von Hörern, die von einem Professor bedient werden können, ist praktisch fast unbegrenzt, wenigstens für die gegenwärtigen Verhältnisse, wo die grösste Hörerzahl sich gegen ein halbes Tausend bewegt. Erfolgreichen Seminar- oder Laboratoriumsunterricht kann aber ein Einzelner höchstens mit zwei Dutzend Schülern durchführen. Hieraus ergibt sich die Notwendigkeit einer sehr bedeutenden Vermehrung der Lehrer. Diese Notwendigkeit wird dadurch noch weiter verschärft, dass ein solcher persönlicher Unterricht einen viel grösseren Energieaufwand seitens des Lehrers erfordert, als die blosse Vorlesung. Während demgemäss das alte, unvollkommene Vorlesungssystem bedingte, dass die Anzahl der Lehrer viel weniger von der Anzahl der Schüler abhing, als von der Anzahl der Fächer, deren Vertretung für notwendig gehalten wurde, so tritt unter der Herrschaft des Systems des persönlichen Unterrichtes die Notwendigkeit ein, die Anzahl der Lehrer im Verhältnis der Anzahl der Schüler zu steigern.

Mit dieser Notwendigkeit trifft nun in sehr erfreulicher Weise die früher erwähnte Vermannigfaltigung der Zweige zusammen, in welche sich die Wissenschaften vermöge ihrer

inneren Entwicklung spalten. Auch diese bedingt eine entsprechende Vermehrung der Lehrerzahl und es ist Sache einer
weitschauenden Unterrichtsverwaltung, diese beiden parallel-
gehenden Bedürfnisse sich gegenseitig unterstützen zu lassen.
Das schnelle Ansteigen der Unterhaltungskosten einer
Universität, das durch eine dahin gerichtete Pflege dieser
höchsten Lehranstalten verursacht wird, muss als eine durchaus normale Erscheinung bezeichnet werden. Derartige Aufwendungen sind für die kulturelle Steigerung eines Landes
von so grossem und so unersetzlichem Werte, dass sie nicht
als Opfer, sondern als im höchsten Grade lohnende Betriebs-
aufwendungen zu betrachten und zu behandeln sind. In dem
richtigen Gefühle hierfür hat es bei uns auch niemals Schwierigkeiten bei der Bewilligung der erforderlichen Gelder durch
den Landtag gegeben, und die Universität wird in ihrer Entwicklung nicht merklich von den Schwankungen betroffen, dem
die volkswirtschaftlichen Ergebnisse des Landes unterliegen.
Und die Wertsteigerung, welche alle volkswirtschaftliche Produktion durch angemessene Anwendung wissenschaftlicher Ergebnisse erfährt, ist insbesondere in Deutschland so allgemein
bekannt und anerkannt, dass eine breitere Ausführung dieses
Gedankens als Gemeinplatz empfunden werden würde.

Gegenüber dieser grossen unmittelbaren Bedeutung der
Wissenschaft besteht allerdings bei der gegenwärtigen Organisation der Universitäten noch ein sehr schwerer Mangel, der
gleichfalls durch die Uebertreibung einer an sich zweckmässigen Massregel entstanden ist. Es ist dies der zunehmende
Abschluss der Bildungsmittel der höchsten Schulen gegen
Personen mit sogenannter unregelmässiger Vorbildung. Wir
sind auf dem Wege, allgemein zu erkennen, dass der übliche
Bildungsgang durch ein Gymnasium oder eine andere neun-
jährige Lehranstalt keineswegs den Erfolg hat, die besten und
leistungsfähigsten Kräfte der Nation zu entwickeln und zu
kennzeichnen, aber es wird voraussichtlich noch lange dauern,
bis diese Erkenntnis sich hinreichend weit durchgesetzt hat, um
zu den entsprechenden praktischen Konsequenzen zu führen.
Inzwischen sollten die Universitäten und technischen Hoch-

schulen als Vermittler der höchsten Bildungsmöglichkeiten der Nation das Ihrige dazu tun, die vorhandenen Schäden zu beseitigen, und über die Zulassung ihrer Schüler autonom entscheiden, anstatt eine Instanz (das Lehrerkollegium jener Schulen) durch die Abiturientenprüfung darüber entscheiden zu lassen, welche sich doch keinenfalls als die *höhere* Instanz sich selbst gegenüber anzuerkennen gedenken.

Chemische Lehrbücher.

(1904)

Da ich mich wiederholt mit der Abfassung chemischer Lehrbücher abgegeben habe, so nehme ich, wenn sich die Gelegenheit bietet, gern ältere Werke solcher Art in die Hand, um zu sehen, wie sich die Herren Kollegen seinerzeit mit den Schwierigkeiten abgefunden haben, unter deren Last ich selbst geseufzt hatte. Es ist ein Interesse ähnlich dem, mit welchem die Frauen gegenseitig ihre Kinder betrachten, wobei es denn auch nicht fehlt, dass man das eigene trotz allem, was die anderen sagen, doch eigentlich für das beste und schönste ansieht.

Es mag wie ein Widerspruch aussehen, aber es darf doch gesagt werden: was man dabei lernt, ist vor allen Dingen Bescheidenheit bezüglich der eigenen Leistung. Sieht man nämlich, mit wie vielen Irrtümern solche Werke behaftet sind, selbst wenn sie von Männern ausgegangen sind, die ihrer Zeit die ersten ihres Faches waren, deren Gedanken die Auffassung der Wissenschaft für Jahrzehnte, ja Jahrhunderte bestimmt haben, so erkennt man, dass man bei aller Mutterliebe auch für das eigene Werk kein anderes Schicksal voraussehen darf: es wird bestenfalls ein kräftiger und einflussreicher Mann, aber hernach wird es alt und unwirksam und muss einem aus neuem Geschlechte den Platz räumen. Das ist das Los solcher zusammenfassender Werke im Gegensatze zu dem Lose, das bahnbrechenden wissenschaftlichen Originalarbeiten beschieden ist; die letzteren haben das Vorrecht ewiger Jugend. Wir können noch heute vollständig Davys Entdeckerfreude mitempfinden, wenn wir seinen elektrochemischen Forschungen nachgehen, die ihn von der Erklärung des Auftretens von Säure

und Alkali durch den galvanischen Strom aus scheinbar reinem
Wasser bis zur Entdeckung der Alkalimetalle geführt haben,
und wenn wir sehen, dass dasselbe Verfahren, durch welches
der erste Sterbliche Kalium und Natrium zu Gesicht bekam,
heute auch technisch das zweckmässigste ist, um diese Metalle
im Grossbetriebe herzustellen.

Wie anders mutet uns solchen Entdeckungsfahrten gegenüber das systematisch geordnete Lehrbuch an, sei es auch
z. B. von keinem Geringeren, als dem Reformator der Ver-
brennungslehre, *Lavoisier*, verfasst. Nur wenige Jahre älter,
als jener Bericht, macht es auf uns doch heute einen gänzlich
veralteten Eindruck, und wir sind erstaunt, dass ein an
Fehlern so reiches Werk es seiner Zeit dazu gebracht hatte,
als die Bibel der neueren Chemie angesehen zu werden.

Die Ursache dieses Gegensatzes wird klar, wenn man
sich die Verschiedenheit des Inhalts beider Produkte ver-
gegenwärtigt. Der Entdeckerbericht setzt die gesamten Kenntnisse und Anschauungen seiner Zeit als bekannt voraus, ohne
von ihnen etwas anderes zu erwähnen, als was für den vorliegenden Zweck gerade erforderlich ist. Das Lehrbuch muss
dagegen *alles* zusammenfassen, was zur Zeit für richtig gilt,
und enthält neben dem bleibend Richtigen, das vielleicht das
Verdienst des Verfassers ist, sehr viel Falsches, was nicht
seine Schuld ist, da es eben das Wissen seiner Zeit darstellt.
Daraus ergibt sich unmittelbar der sehr viel grössere Anteil
des Sterblichen in solchen Werken.

Was nun das oben erwähnte einflussreiche Werk Lavoisiers,
seinen „Traité élémentaire de chimie présenté dans un ordre
nouveau d'après les découvertes modernes" anlangt, so berichtet
der berühmte Verfasser selbst, dass es sich für ihn zuerst nur
um eine Rechtfertigung der auf Grund der neuen Anschauungen von ihm im Verein mit Fourcroy, Guyton de Morveau
und Berthollet ausgearbeiteten Nomenclatur gehandelt hätte,
die die Genannten 1787 der Pariser Akademie als „Méthode de
nomenclature chimique" vorgelegt hatten. „*Und in der Tat,
da ich mich nur mit der Nomenclatur zu beschäftigen glaubte;
da es bloss meine Absicht war, die chemische Sprache zu ver-*

vollkommnen, entstand unvermerkt unter meinen Händen, ohne dass ich es zu hindern vermochte, dieses chemische Elementarwerk.")*

Im Anschlusse an diese Entstehungsgeschichte werden nun die Grundsätze dargelegt, nach denen das Lehrbuch verfasst ist. Als erster erscheint der Grundsatz alles Lehrens, dass man vom Bekannten zum Unbekannten fortschreiten müsse. Wir wollen bei diesem Punkte in Lavoisiers Programm einige Augenblicke verweilen, weil diese Regel trotz ihres grundsätzlichen Charakters von den späteren Autoren der Lehrbücher der Chemie, insbesondere in der zweiten Hälfte des neunzehnten Jahrhunderts, immer wieder gröblich verletzt worden ist.

„Wenn wir uns zum erstenmal dem Studio einer Wissenschaft ergeben, so sind wir in Rücksicht dieser Wissenschaft in einem Zustande, der dem sehr analog ist, worinnen sich die Kinder befinden; und der Weg, dem wir folgen müssen, ist gerade der, welchen die Natur in der Bildung ihrer Vorstellungen einschlägt. Ebenso, wie dem Kinde die Vorstellung eine Wirkung der Sensation ist, die Sensation aber die Vorstellung bei ihm erzeugt, ebenso müssen auch für denjenigen, welcher die Physik zu studieren anfängt, die Vorstellungen nur eine Konsequenz, eine unmittelbare Folge einer Beobachtung oder Erfahrung sein."

Goldene Worte, welche leider die späteren Lehrbuchautoren nur zu oft ausser Acht gelassen haben! Sieht man sich nämlich die Form der Lehrbücher an, wie sie mit geringen Aenderungen während des letzten Jahrhunderts geherrscht hat, so findet man unweigerlich die Reihenfolge: Theoretische Einleitung, Beschreibung der Elemente und ihrer Verbindungen. Und die theoretische Einleitung bringt die allgemeinen Gesetze und Hypothesen (beide meist sogar mit einander vermischt und ohne dass irgend welche Obacht auf ihre Trennung gegeben würde) in einem Stile, der die Bekanntschaft mit den chemischen Einzelheiten bereits voraussetzt, während in der Be-

---

*) Cit. nach der Uebersetzung von Hermbstädt, Berlin und Stettin 1792.

schreibung der Elemente und Verbindungen jene theoretischen Anschauungen nicht nur als bekannt, sondern auch als bewiesen vorausgesetzt werden. Es findet sich daher nirgend in der ganzen Darstellung ein Platz, wo die experimentellen Grundlagen jener theoretischen Anschauungen dargelegt würden, und das ganze Lehrgebäude erhebt sich auf Fundamenten, zu deren Prüfung der Schüler niemals Gelegenheit und Anleitung erhalten hat.

Fragt man sich, wie ein so unsinniger Gebrauch hat entstehen können, da die richtigen Prinzipien bereits so lange in unserer Wissenschaft Anwendung gefunden hatten, so ist die Antwort darin zu suchen, dass die Form des *Hand*buches, wie sie insbesondere durch Leopold *Gmelin* seit 1817 in klassischer Weise für unsere Wissenschaft begründet worden ist, mit der des *Lehr*buches verwechselt wurde. Was für das erstere zweckmässig ist, wurde unbedacht auf das letztere übertragen. Und da durch das tropische Aufblühen der organischen Chemie in der 'genannten Zeit die Aufmerksamkeit der Forscher später vielmehr auf das Einheimsen der überreichen experimentellen Ernte gerichtet war, als auf die wissenschaftliche Durcharbeitung des Gewonnenen, so erklärt es sich, dass nur solche Seiten der theoretischen Chemie Aufmerksamkeit und Pflege fanden, welche bei jener Arbeit unmittelbar in Frage kamen, nämlich die Systematik der unzähligen neu hergestellten Stoffe und die Darstellung ihrer gegenseitigen genetischen Beziehungen. Nach dem hier gefundenen Schema wurde dann auch die anorganische Chemie be- oder vielmehr misshandelt; wie zwecklos dies war, erkennt man daraus, dass auch aus den im Geiste der alten Schule geschriebenen Lehrbüchern der anorganischen Chemie von heute die Strukturformeln vollständig verschwunden sind, die früher darin eine so grosse Rolle gespielt hatten. Wer schreibt noch die Ueberchlorsäure als H-O-O-O-O-Cl nach Kekulé, welche Formel Kolbe zu dem anmutigen Bilde von Münchhausens Entenfang begeisterte?

Das eben geschilderte Unwesen hat namentlich die Lehrbuchliteratur für den Studenten beherrscht; denn jeder Versuch, in der *Schule* nach einem solchen Schema zu unterrichten, musste einen denkenden Lehrer von dessen Unbrauchbarkeit überzeugen. So finden sich denn auch die **Reformbestrebungen** dort ein, wo der Lehrer unmittelbar die Aufnahme des Lehrstoffes durch den Schüler von Stunde zu Stunde beobachten kann und muss: in der Schule. Auf diesem Gebiete hat sich namentlich der vor Kurzem verstorbene *Arendt* dauernde und wesentliche Verdienste erworben. Hierdurch ist es denn auch weiteren Kreisen klar geworden, wie verschiedenartig die Zwecke und demgemäss auch die Anordnung und der Vortrag sein müssen, je nachdem es sich um ein Handbuch oder ein Lehrbuch handelt.

Ein Handbuch soll das vorhandene Wissen so vollständig und genau als möglich zusammenfassen. Demgemäss wird es nur von solchen benutzt werden, die bereits über die grundlegenden Kenntnisse des Gebietes verfügen. Für seinen Vortrag sind einerseits Kürze im Stil, andererseits Durchsichtigkeit und Uebersichtlichkeit in der Anordnung entscheidende Vorzüge. Der Leser muss das, was er sucht, ohne Schwierigkeit finden können, und er muss über den Stand der Wissenschaft an der betreffenden Stelle erschöpfend unterrichtet werden. Ein Handbuch wird daher auch nicht fortlaufend gelesen oder studiert, sondern man schlägt es nach, wie der Bedarf es verlangt. Daher darf an jeder Stelle die Kenntnis der ganzen übrigen Wissenschaft vorausgesetzt werden, und es wird gegebenenfalls durch Hinweise dafür gesorgt, dass der Leser die erforderlichen anderen Stellen leicht findet.

Ganz anders muss das Lehrbuch beschaffen sein, das den Anfänger in die Wissenschaft einführt. Auf Vollständigkeit wird notwendig und naturgemäss verzichtet, dagegen steht die Stetigkeit und der Zusammenhang der Darstellung in erster Linie. Es besteht hier die grosse Schwierigkeit die in der *eindimensionalen Beschaffenheit der Zeit* liegt. Hierdurch wird die Notwendigkeit gesetzt, dass im Vortrage auf ein gegebenes Ding immer nur ein einziges anderes Ding folgen kann. Nun aber stehen in jeder Wissenschaft die einzelnen Dinge nicht in einem einfachen, sondern einem vielfachen Zusammenhange, und eine rein lineare Abwickelung des Fadens ist dadurch unmöglich. Der Lehrer muss immer wieder zurückgreifen, um abgeschnittene Fäden wieder anzuknüpfen. Das ist also grundsätzlich zu gestatten; nur *vorgreifen* darf er nicht.

Es ist alsbald ersichtlich, dass es sich hier nicht um eine prinzipielle, sondern um eine praktische, ja künstlerische Frage handelt, wie man diese Grundsätze an dem Material der Wissenschaft betätigt. Und die Ausführung der Aufgabe ist weiterhin ganz davon abhängig, welches Mass geistiger Reife man beim Schüler voraussetzen darf. Je geringer dieses ist, um so enger ist der Kreis der Tatsachen und Zusammenhänge zu wählen, der dem Schüler geläufig gemacht werden soll. In jedem Falle ist es zweckmässiger, auf eine und dieselbe Sache nötigenfalls mehrmals zurückzukommen, als durch allzu sorgfältige Ausarbeitung angrenzender Einzelheiten das allgemeine Niveau zu verlassen und dadurch in eine stilwidrige Darstellung zu geraten.

In schwierigen Fällen habe ich für derartige Aufgaben eine Methode überaus fruchtbar, ja fast unfehlbar gefunden: sie besteht in der Befragung der *Entwicklungsgeschichte der Wissenschaft*. Durch diese ist ja die Frage beantwortet, welches die leichteren und welches die schwierigeren Erkenntnisse sind, denn die letzteren kommen notwendig *später*. So war ich neulich für den zweiten Teil meiner „Schule der Chemie" in grosser Sorge, wie ich den Begriff des chemischen Verbindungsgewichtes am naturgemässesten und leichtesten einem jungen Anfänger zugänglich machen könne. Die Antwort ergab sich aus der geschichtlichen Tatsache, dass der erste Anteil dieses Gesetzes, der entdeckt worden war, *Richters* Gesetz der Aequivalente von Säuren und Basen gewesen ist. Ich versuchte es mit diesem Wege, und der Erfolg war vollständig, was zunächst allerdings nur ein subjektives Urteil ist.

Das ist einiges von dem, was uns die alten Lehrbücher noch lehren können, nachdem sie für ihren ursprünglichen Zweck längst unbrauchbar geworden sind.

Alte Zeitschriften.

(1906)

Unvergesslich ist mir noch heute nach fast einem Menschenalter der Eindruck, den ich erlebte, als ich zum ersten Male in der Bibliothek eines chemischen Universitätslaboratoriums unbeschränkt herumstöbern durfte. Es war an der damals blühenden Universität Dorpat, wo wir Jünger der chemischen Wissenschaften unter der geistvollen und liebenswürdigen Leitung *Carl Schmidts* in die Geheimnisse der Analyse eingeweiht wurden. Mir waren während meiner Schülerzeit nur wenige chemische Werke und niemals Originalveröffentlichungen unserer Meister vor Augen gekommen; auch das chemische Laboratorium und somit die Institutsbibliothek war dem Studenten in den ersten Semestern noch verschlossen; er musste zuerst eine Prüfung in der anorganischen Chemie bestanden haben, ehe er zum Praktikum Zutritt erhielt. So kann man sich vorstellen, mit welchem Wolfshunger der von seiner Wissenschaft begeisterte Jüngling sich an den reich besetzten Tisch setzte und zunächst natürlich ziemlich wahllos alles verschlang, was ihm in die Hände fiel.

Anfangs waren es Lehrbücher und Monographien, die ich im Anschluss an vorhandene Gewohnheiten in die Hand nahm. Dann aber liess mich mein Lehrer, als ich Präparate anzufertigen hatte, nicht etwa ausgearbeitete Vorschriften ausführen, sondern er gab mir Anweisung, in den älteren Bänden der chemischen Zeitschriften die Beschreibungen nachzusehen, welche die Entdecker der herzustellenden Stoffe von ihren Versuchen gegeben hatten. So hatte ich mich durch die Untersuchungen O. L. Erdmanns, Laurents, v. Baeyers u. a. über die Oxydationsprodukte des Indigos durchzuarbeiten, um darnach die entsprechenden Präparate herzustellen.

Der erste Eindruck war betäubend, und als ich nach einigen Tagen alles durchgelesen hatte, was vorlag, hatte ich das Mühlrad im Kopfe, das der Schüler in Faust so schön beschreibt. Dann aber ging ich frisch an das Experimentieren und Präparieren; während der langen Pausen, die eine solche Arbeit notwendig mit sich bringt, las ich immer wieder eine Arbeit nach der anderen, und allmählich klärte sich das Bild, so dass ich noch jetzt eine ziemlich vollständige Erinnerung von der ganzen Angelegenheit behalten habe.

Vor allen Dingen aber habe ich ausser der Herstellung des Isatins und anderer Stoffe noch eine viel wichtigere Sache gelernt, und zwar ein Ding, für welches ich meinem unvergesslichen Lehrer ganz besonders dankbar bin. Ich hatte gelernt, dass eine jede wissenschaftliche Entdeckung das Ergebnis eines natürlichen Entwicklungsprozesses ist, der durch mehr oder weniger zahlreiche Irrtümer und nicht lebensfähige Gestalten erst zu einem dauernden Ergebnis führt. Bis dahin war mir die Tatsache, dass eine wissenschaftliche Wahrheit durch Menschen entdeckt wird, nur theoretisch bekannt gewesen; meine Vorstellung von diesem Vorgang streifte sehr nahe an die eines Wunders. Dass ich etwa selbst jemals Entdeckungen würde machen können, war mir überhaupt nicht in den Sinn gekommen; mein ganzer Ehrgeiz beschränkte sich darauf, alles das einmal wiederholen zu können, wovon ich in den Büchern gelesen hatte.

Diese Vorstellungen wurden nun vollständig revolutioniert, als ich jene Arbeiten gelesen und endlich verstanden hatte. Ich hatte den Eindruck, dass das Entdecken eigentlich eine ganz einfache Sache war. Man nahm eben nur zwei oder mehr Stoffe, die bis dahin noch nicht miteinander zur Reaktion gebracht worden waren, liess sie aufeinander wirken und sah hernach zu, was daraus geworden war.

Dieser zunächst eingetretene Ueberschwang wurde allerdings sehr bald wieder gedämpft, als mir die mannigfaltigen experimentellen Schwierigkeiten entgegentraten, die mit solchem „Nachsehen" verbunden sind, selbst wenn man den Weg mit einem Führer macht. Aber die Freude an dem Studium der Originalliteratur wurde hierdurch nicht geringer, sondern grösser. Erschien das Entdecken als eine innerhalb menschlicher Kräfte gelegene Sache, so sah ich doch auch ein, dass es doch *aussergewöhnliche* Kräfte sind, durch deren Betätigung allein solche Resultate entstehen. In das Geheimnis der Wirkungskreise dieser Kräfte einzudringen, war nun eine neue reizvolle Aufgabe geworden, für welche der Eifer durch meinen Lehrer genährt und gesteigert wurde.

Carl Schmidt war ein Schüler Liebigs und hatte in seinen jungen Jahren bahnbrechende Arbeiten gemacht. Seine mit dem Mediziner *Bidder* zusammen veröffentlichten Arbeiten über Verdauungssäfte und Stoffwechsel, welche die Entdeckung der freien Salzsäure im Magensafte brachten, sind ein dauerndes Zeugnis seiner weitreichenden wissenschaftlichen Gedankenbildung und seiner ungeheuren Arbeitskraft. In seinem „Entwurf einer allgemeinen Untersuchungsmethode der Säfte und Exkrete des tierischen Organismus" hat er die *mikroskopische Analyse* begründet. Doch gehörte er zu den Männern, die ihre gesamte Fähigkeit zu originaler Gedankenbildung bereits in verhältnismässig frühem Alter ausgeben, und zwar zweifellos durch Ueberarbeitung. Ich habe es aus Schmidts eigenem Munde, dass er während seiner physiologischen Untersuchungen, um dem Stoffwechsel seiner Versuchstiere analytisch nachzukommen, von den vierundzwanzig Stunden des Tages zwanzig am Laboratoriumstische und die übrigen vier auf einem im Laboratorium errichteten Feldbett zugebracht hat. Uebrig geblieben war ihm zu meiner Zeit seine staunenswerte analytische Geschicklichkeit, sein unermüdlicher Fleiss (den er auf Wasseranalysen richtete) und eine geradezu märchenhafte Literaturkenntnis. Wenn man ihn nach irgend einer älteren Arbeit fragte, so wusste er nicht nur Autor und Zeitschrift zu nennen, sondern er griff einfach in die Reihen seiner Bibliothek (die gleichzeitig Studierzimmer und Laboratorium war) und holte den Band heraus, welcher die gewünschte Abhandlung erhielt.

Man kann sich denken, wie dies dem strebsamen Jünger imponierte. Aber es hätte dieser und der in Schmidts Vorlesungen über Geschichte der Chemie (beiläufig die einzige Vorlesung, welche ich als Student wirklich zu Ende gehört habe) enthaltenen Anregungen nicht bedurft, denn mit dem oben geschilderten Wolfshunger nach wissenschaftlichem Lesestoff vereinigte sich damals ein Straussenmagen, der alles vertrug, indem er, was er nicht verdauen konnte, auf sich beruhen liess. Ich begann einfach, Liebigs Annalen der Chemie, Grens, Gilberts und Poggendorffs Annalen der Physik, das Journal für praktische Chemie nebst seinen Vorläufern und später auch die französischen und englischen Zeitschriftreihen Band für Band durchzulesen. Das meiste allerdings nur flüchtig, wie man eben ein unterhaltendes Buch liest; grosse Strecken müsste ich auch überschlagen, wenn sie mir ganz unzugänglich schienen. Aber insgesamt habe ich durch dieses jahrelang fortgesetzte Verfahren einen so lebendigen Eindruck von der Entwicklung der Wissenschaft bekommen, dass sich für die meisten meiner späteren Werke eine geschichtliche Darstellung von selbst ergab.

Wenn ich hier so lange von mir und meinen Erlebnissen gehandelt habe, so ist es geschehen, weil es sich um die Beschreibung einer typischen Erscheinung handelt. Es ist wohlbekannt, in welchem Masse die in der Jugend aufgenommenen Eindrücke im weiteren Leben nachwirken; der zu jener Zeit aufgelegte Einschlag zieht sich durch das ganze geistige Gewebe des späteren Menschen hindurch. So ist die *Verfügung über Quellenliteratur* mir seitdem ein unentbehrliches Bedürfnis geworden; an allen Stellen, an denen ich später zu wirken hatte, war es eine meiner ersten Sorgen, meinen Arbeitsgenossen und mir jenes unentbehrliche Hilfsmittel zu freiester Verfügung zu halten. Ich habe damals gelernt, dass die Neigung und Fähigkeit, eine Frage in ihrer geschichtlichen Entwicklung aufzufassen, für die wissenschaftliche Ausbildung des Chemikers (und jedes anderen Forschers) ähnlich wichtig ist, wie die Neigung und Fähigkeit zu sauberer und gewissenhafter manueller Arbeit.

Im Laufe der Zeit ist mir dann noch eine andere Eigenschaft entgegengetreten, die einer derartig ausgestatteten Bibliothek zukommt. Die früh erworbene Neigung, die ältere Zeitschriftliteratur im Original zu lesen, auch wenn es sich nicht um bestimmte Fragen handelte, mit anderen Worten, das *Herumschmökern* in jenen alten Bänden hatte mich von jeher zu allerlei nicht eben naheliegenden Gedanken und Versuchen angeregt. Als nun im Laufe der Zeit die Anzahl der Mitarbeiter und damit auch der Bedarf und Verbrauch von Themen für die wissenschaftliche Arbeit wuchs, erwies sich jene Gewohnheit als überaus hilfreich. Wieviel Themen für künftige Arbeiten sind mir nicht bei jener scheinbar nutzlosen Tätigkeit in die Hände gefallen! Hieraus ergab sich eine entsprechende Mannigfaltigkeit der Arbeiten, die im Laboratorium ausgeführt wurden, und damit ein Vorteil für die Studenten, den ich nicht gering anschlage.

Bei der Ausbildung zu eigener wissenschaftlicher Tätigkeit, welche jetzt (im Gegensatze zu der früher üblichen Ausbildung in der blossen Beherrschung des Vorhandenen) die eigentliche Aufgabe der Universität ist, ist das Nächstliegende, dass der Lehrer den Schüler an *seinen eigenen* wissenschaftlichen Arbeiten beteiligt und ihn so an einem Punkte in die Forschertätigkeit einführt, den er selbst eben ganz beherrscht und der ihn mit dem lebhaftesten Interesse erfüllt. Hieraus ergibt sich ein psychologisches Moment, das für den Einfluss des Lehrers von grösster Bedeutung ist, denn nichts teilt sich dem empfänglichen Gemüte des Jüngers leichter mit, als ehrliche Begeisterung des Lehrers für seine Sache. Ja wir sehen oft, dass dessen Ansichten von den Schülern viel leidenschaftlicher und rücksichtsloser vertreten werden, als von ihm selbst. Neben grossen Vorzügen hat aber dies Verfahren den Nachteil, dass es die Gefahr einer gewissen *Einseitigkeit* für den Schüler mit sich bringt. Nun gehöre ich allerdings zu den wohl noch wenig zahlreichen Leuten, denen die Redensart von der „*abgeschlossenen Bildung*" eine mit Abscheu gemischte Verachtung einflösst. Bildung ist ihrer Natur nach nie abgeschlossen, denn die Mannigfaltigkeit der Erscheinung in der Wirklichkeit ist überall unendlich, und so müsste es auch eine Bildung sein. Eine jede Bildung, die mit dem Anspruche der Abgeschlossenheit auftritt, kennzeichnet sich dadurch von vornherein als eine Scheinbildung. Der Anschein, dass es eine abgeschlossene Bildung geben könne, entsteht daher nur dann, wenn man sie auf ein eng begrenztes Gebiet beschränkt und alles andere willkürlich als nicht zur Bildung gehörig ausschliesst. Die Anwendung dieses Satzes auf konkrete Fälle mag dem Leser überlassen bleiben.

Aber wenn auch eine vollständige wirkliche Bildung nie erreichbar ist, so ist doch ein genügendes Mass von Mannigfaltigkeit in ihr sehr wünschenswert. Sind Zeit und Mittel beschränkt, so ist eine *bewusste Einschränkung* des Kreises der Bildung notwendig, und man kommt zu solideren und brauchbaren Ergebnissen, wenn man diese zunächst mehr nach der *Tiefe* als nach der *Breite* anstrebt. Denn jedes genau und sicher erkannte Stückchen Wahrheit ist hernach ein untrüglich strenger Massstab für alles andere Wissen, denn was damit in ersichtlichem Widerspruch steht, ist sicher falsch, wenn man auch den vorhandenen Fehler nicht einzeln nachweisen kann. Diesen Zustand muss der Wissenschaftler vor allen Dingen zu erreichen suchen; von da ab aber muss er weiter gehen und muss seinen Kreis erweitern mit dem Bewusstsein, dass seine Aufgabe eine unendliche und daher nie vollständig ausführbare ist.

Und damit kommen wir auf unseren Gedankenweg wieder zurück. Hat der Schüler nur den Ideenkreis kennen gelernt, in dem sich soeben die Forschungen seines Leherers bewegen, so kommt er nur zu leicht zu der Vorstellung, dass es ausserhalb desselben Beachtenswertes nicht viel gibt; er gewinnt eine „abgeschlossene Bildung" im borniertesten Sinne. Fügt man die allgemeine psychologische Tatsache hinzu, dass von solchen eifrigen Schülern gerade die *schwächsten* Seiten des Lehrers mit dem grössten Eifer übernommen zu werden pflegen, so ergeben sich anschaulich die sehr grossen Gefahren, welche die oben geschilderte natürliche Methode in der wissenschaftlichen Erziehung mit sich bringt.

Das Gegenmittel liegt auf der Hand: es besteht darin, dass man die nebeneinander arbeitenden Schüler mit möglichst *verschiedenartigen* Aufgaben aus dem grossen Gebiete der Wissenschaft beschäftigt. Ein jeder gewinnt dann die anschauliche Ueberzeugung, wie gross die Wissenschaft ist, und wie viele Probleme ausser dem seinen es in ihr gibt. Daneben lernt jeder einzelne nicht nur die Mittel und Methoden seines eigenen Problems kennen, sondern auch mehr oder weniger die seiner Nachbarn und Arbeitsgenossen. Dies ergibt einen weiteren Zuwachs an Allgemeinheit der Bildung. Und so liessen sich noch einige Punkte anführen, welche in gleichem Sinne zugunsten der Mannigfaltigkeit sprechen.

Wie ermöglicht es nun der Lehrer, diese Mannigfaltigkeit von Problemen zu gewinnen? Es gibt mancherlei Mittel dazu; *eines der wirksamsten und gleichzeitig zugänglichsten ist das „Herumschmökern" in der Bibliothek,* das ich vorher beschrieben habe. Ich habe mir, da ich nicht Tabak rauche, zur Ausfüllung verlorener Viertelstunden (z. B. der Zeit zwischen dem Augenblicke, wo zum Essen gerufen wird, bis zu dem, wo man zu essen bekommt) diesen Zeitvertreib angewöhnt, und nachträglich kann ich die Fälle nicht zählen, in denen ich so Gedanken gefunden habe, die in irgend einer Weise mich über Hindernisse befördert haben, welche ich lange Zeit nicht hatte überwinden können. Und Themen zu „Arbeiten" habe ich auf diese Weise immer in reichlichem Vorrat gehabt, trotzdem zuzeiten sehr erhebliche Ansprüche nach dieser Richtung zu befriedigen waren.

Aber es sind nicht nur die Bedürfnisse des Professors, die durch solches Herumstöbern in alter Literatur befriedigt werden. Durch das Verfolgen vergangener wissenschaftlicher Streitigkeiten, die ja nie ausgeblieben sind, gewinnt man unwillkürlich eine Art persönlicher Kenntnis vom Charakter und der Denkweise der Beteiligten sowie eine Art praktischer Erfahrung über die Klippen des wissenschaftlichen Denkens: beides Bereicherungen der eigenen Bildung, deren Wert man sehr hoch einschätzen muss. Man gewinnt ein lebhaftes Gefühl für den wissenschaftlichen und persönlichen Stil, ärgert sich gelegenlich über die Breite und Verwaschenheit in der Gedankenführung des einen, erfreut sich an der knappen Klarheit des anderen und versucht bei seinen eigenen Arbeiten das zu erreichen, was uns so erfreulich am anderen berührt hatte. Kurz: ein guter Teil des Gewinnes, den ein regelmässiger Umgang mit geistvollen und kenntnisreichen Leuten mit sich bringt, lässt sich aus einem solchen vertrauten Verhältnis mit der Sammlung alter Zeitschriftenreihen entnehmen.

Hierbei macht sich allerdings einiger Unterschied in den verschiedenen Wissenschaften geltend. In den Naturwissenschaften ist so gut wie der ganze unmittelbare Fortschritt der Forschung in den Zeitschriften enthalten. Nur verhältnismässig selten vertraut man neue Tatsachen und Gedanken zuerst den Blättern eines Buches an. Gewohnheitsmässig sucht der Naturforscher, wenn er die Literatur irgend einer Frage studieren will, ausschliesslich die Zeitschriftenliteratur ab und benutzt Bücher nur insofern, als er in ihnen einen kleineren oder grösseren Teil dieser Sammelarbeit bereits getan zu finden hofft. Aehnlich ist es auch in der Medizin, wenn auch dort bereits nicht selten Originaluntersuchungen in Buchform oder doch als selbständige Hefte erscheinen. Die anderen Wissenschaften stufen sich mehr und mehr nach der Seite des Buches ab, und in der Philosophie pflegt das letztere vorzuherrschen. Doch scheint mir überall eine Wendung auf den Anfangs geschilderten Zustand im Gange zu sein. Sie wird vor allen Dingen dadurch hervorgerufen, dass heute viel mehr als früher der einzelne angesichts der regen Mitarbeit auf seinem Gebiete das Bedürfnis empfindet, seine Ergebnisse rechtzeitig durch Veröffentlichung in Sicherheit zu bringen. Dies geschieht aber am leichtesten in einem kürzeren Zeitschriftaufsatz. Hierdurch erklärt sich gleichzeitig die ausserordentliche Breite, welche die gesamte wissenschaftliche Literatur unserer Tage angenommen hat. Sie enthält neben den vollwichtigen Goldkörnern, aus denen später wertvolle Münzen geprägt oder schöne Geräte gefertigt werden, die den geistigen Schatz der Menschheit vermehren, noch massenhaft taubes

Gestein, welches vom Strome der Zeit davon geführt wird, während die Goldkörner liegen bleiben.

Solches Gestein ist in jenen alten Bänden auch enthalten und gibt dem nachdenklichen Leser eine Anschauung von der Lagerstätte, in welcher sich die Goldkörner ursprünglich befunden hatten, und somit eine Anschauung von den Formationen der Wissenschaft, die eine gewisse Aehnlichkeit mit den geologischen Formationen erkennen lassen. Während aber in der zusammenfassenden und Lehrbuchsliteratur die aus der Geologie wohlbekannten Verwerfungen, Faltungen und anderen Störungen in der ursprünglichen Lage der Schichtungen fast unvermeidlich eintreten, die hernach deren Beurteilung unter Umständen fast unmöglich machen, gewährt die alte Zeitschriftliteratur uns einen Einblick in die ursprüngliche Schichtbildung, der durch nichts gestört und getrübt ist. Dies ist ein sehr grosser Vorzug, denn wir können hier am unbehindertsten alles lernen, was aus solcher Kenntnis gelernt werden kann, und das ist nicht wenig.

So erweisen sich die langen und äusserlich langweilig aussehenden Reihen uniformer Bände der Zeitschriften, in denen unsere wissenschaftliche Literatur zum grössten Teile in ihrer unberührtesten Form niedergelegt ist, als eines der erfolgreichsten und gleichzeitig unterhaltendsten Hilfsmittel für Betätigungen aller Art, die mit der Wissenschaft irgendwie zusammenhängen. In unserer Zeit, die sich so energisch vom engen Spezialistentum wieder ab- und erweiterten Auffassungen aller Art zuwendet, wird die Benutzung dieses Hilfsmittels sich auch notwendig mehr und mehr verbreiten, und was bisher ein Leckerbissen für einige wenige war, wird allgemeine Nahrung werden. Wie der Riese der Wissenschaft nur durch Berührung mit der mütterlichen Erde der *Erfahrung* seine Kräfte behält und machtlos wird, wenn er in die luftigen Regionen der reinen Spekulation erhoben wird, so behält die Kenntnis der Wissenschaft ihr eigentliches Leben im Geiste des einzelnen nur, wenn sie durch unmittelbare Berührung mit den Werken ihrer grossen Meister fortdauernd belebt wird.

Berzelius' Jahresbericht und die Organisation der Chemiker.

(1908)

Neulich hatte ich die grosse Freude, einen alten Studienfreund und Arbeitsgenossen wiederzusehen, mit dem ich in Dorpat seinerzeit manche Nacht bei Wissenschaft und Bier durchwacht hatte. Namentlich Anfang Juni, wenn das Wintersemester aufzuhören begann und der nordische Sommer in seiner unerhörten Plötzlichkeit, die uns jedesmal wieder überraschte, hereingebrochen war, konnte man sich kaum abends ruhig miteinander hinsetzen und zu disputieren anfangen, so war auch die Morgensonne schon wieder da, ehe es überhaupt ordentlich dunkel geworden war. Auf den Mitteleuropäer wirkt der Zauber dieser nordischen „weissen Nächte" wie ein beflügelter Rausch, wenn er sie zuerst erlebt. Aber auch auf den Eingeborenen verfehlen sie nicht ihre besondere Wirkung, und mancher Gedanke, der sich mir jetzt unter der Hand zu langen Kapiteln oder gar Büchern ausspinnt, ist mir keimhaft in solchen Nächten angeflogen.

So wurden denn zunächst die alten lieben Erinnerungen hervorgeholt, die sich leider bei mir als recht verstaubt erwiesen. Wie wenig hatte ich inzwischen an jene Jahre denken können! Neue Umgebung und neue Arbeiten, die mir zunächst Mitarbeiter aus allen Erdteilen gebracht und mich dann auch persönlich über den halben Globus geführt hatten, waren stets mehr als genug gewesen, um den Tag zu füllen, und ein Erinnerungsmensch bin ich ohnehin nie gewesen: ich hatte niemals Zeit dazu gehabt. So wollte denn mein Freund auch bald das Haus sehen, in welchem ich mich für den eben im Erscheinen begriffenen Band meines Lebens eingerichtet hatte.

In der Bibliothek sah er sich um. „Donnerwetter," sagte er, „ich weiss, dass du immer ein bischen ein Büchernarr gewesen bist, aber ich habe mir nicht vorgestellt, dass das bei dir einen solchen Umfang annehmen würde. — Ja, sagte ich, aber es ist nur teilweise die alte Büchernarrheit. Man muss heute so viele Bücher haben. Die meisten habe ich, um sie nicht lesen zu müssen. — Na, sagte er, und tippte sich auf die Stirn, es scheint bei dir von den Büchern weiter gegangen zu sein. Unwillkürlich waren wir nämlich wieder in unseren alten Dorpater Verkehrston verfallen, bei welchem durchgängig mehr Wert auf Deutlichkeit als auf Höflichkeit gelegt wurde. Ich schüttelte den Kopf und fragte: Was machst Du denn mit den Büchern, die Du dir kaufst; setzt Du dich etwa gleich hin und liest sie durch? — I wo, war die Antwort, woher soll unsereins die Zeit dazu nehmen. — Na, sagte ich, und tippte meinerseits auf die Stirn. — Man muss doch nachschlagen können, wenn man einmal plötzlich etwas braucht, erklärte er — ja, so meinst Du es? — Allerdings, ein Buch, das man sich geborgt hat, muss man lesen, wenigstens wenn man den guten Willen hat, es wieder abzugeben. Aber hat man das Buch im Schrank, so braucht man es nicht zu lesen, bevor man gerade das wissen will, wozu man es gekauft hat. — Ja, da hast Du eigentlich recht. — Und Du auch, schloss ich, denn es ist wirklich bei mir „weiter gegangen". — Du weisst ja, ich bin nicht bei der Chemie allein geblieben, und die Sachen, die ich jetzt mit Vorliebe treibe, sind im allgemeinen noch viel papierener, als die Chemie. — Die ist doch nicht papieren, meinte der Freund. — Schau hier, sagte ich, diese vier dicken Bände sind der vorige Jahrgang der Berichte der Deutschen Chemischen Gesellschaft. Da stehen die vier Bände der Zeitschrift für physikalische Chemie vom vorigen Jahr; da, und da, und da, das sind alles chemische Zeitschriften von 1907. Dort, die beiden dicken und eng gedruckten Bände sind das Chemische Zentralblatt, das auf die höchste Konzentration eingedampfte Extrakt der chemischen Arbeit eines einzigen Jahres. — Ja sooo, sagte er, und versuchte vergeblich, das Wort so lang zu dehnen, wie die Bücherreihen. — Und schau hier, sagte ich, indem ich auf die Bibliothekleiter kletterte und ein dünnes Bändchen, das erste einer Reihe von weniger als einem Meter Länge herunterholte, hier hat *Berzelius* für das Jahr 1820 den ersten *Jahresbericht der Chemie* geschrieben, in welchem er auf 163 Seiten klein Oktav nicht nur die Leistungen des letzten Jahres, sondern die mit diesen zusammenhängenden aus der Vergangenheit, und nicht nur die der Chemie, sondern auch noch der Physik, der Mineralogie und Kristallographie und endlich der Geologie in ausführlichen, höchst lesbar geschriebenen Berichten zusammengestellt hat. — Donnerwetter, sagte mein Freund wieder, das ist inzwischen ordentlich gewachsen! Von wann ist das? 1820? Nun ja, bald hundert Jahre. Aber immerhin; und wenn das weiter in solchem Verhältnis zunimmt? — Es nimmt immer schneller zu, sagte ich. — Na, dann bin ich froh, sagte er, dass ich mich nicht um das alles zu kümmern haben werde. — Und damit nahm das Gespräch eine andere Wendung.

Das Bändchen von Berzelius Jahresbericht war auf meinem Tisch liegen geblieben, und als ich es nach dem Weggange meines Freundes wieder zurückstellen wollte, blieb ich wie gewöhnlich daran hängen, denn ich kann nie der Neigung widerstehen, solche zufälligen Anlässe sich auswirken zu lassen. Ich will es auch gar nicht, denn ich habe bei derartigen Gelegenheiten so viele Funde gemacht, die in Ernst oder Spass wertvoll gewesen waren, dass ich es für einen technischen Fehler halten würde, solche ungerufene Möglichkeiten wieder zu zerstören. Auch klang der sachliche Inhalt jenes Gespräches in mir nach, zumal das Problem, wie ein moderner Mensch überhaupt noch imstande sein soll, durch den Papierozean zu schwimmen, der sich täglich neu auftut, mich oft und viel beschäftigt hatte. Ich erinnerte mich, irgendwo bei *Wöhler* gelesen zu haben, wie Berzelius, wenn er sich an den Jahresbericht machte, das Laboratorium gänzlich verliess, sich mit allen Bücher und Zeitschriften umgab, über die er zu referieren hatte und auf einige Wochen praktisch vollkommen aus der menschlichen Gesellschaft ausschied, bis er fertig war. Also auch in dieser Sache der „Ernst, den keine Mühe bleichet", die

grenzenlose Gewissenhaftigkeit, mit der dieser wunderbare
Mann jede Arbeit ausführte, die er übernommen hatte. Ueber
ein Vierteljahrhundert hat er sich immer wieder dieser stets
wachsenden Anstrengung unterzogen, und trotzdem er längst
die Physik und Geologie ausgeschaltet hatte, war der Bericht
über die Chemie mit Einschluss der Mineralogie zuletzt fast
tausend Seiten stark geworden. Und gleichzeitig war der
Jahresbericht der Boden, auf dem die Kämpfe ausgefochten
wurden, welche die letzten Jahre seines Lebens so sehr getrübt
und erschwert hatten, und welche *Wöhler* so vielen aufrichtigen
Kummer gemacht haben. Während der Name dieses treuen
Schülers und Freundes als des Uebersetzers auf dem Titelblatt
der früheren Bände zu erscheinen pflegte (der erste ist von
Gmelin übersetzt worden), hat er es später nicht mehr übers
Herz bringen können, ihn unter einen Deckel mit den heftigen
Ausfällen des alt gewordenen Meisters gegen seinen Freund
Liebig vereinigen zu lassen. Alles, was er tun konnte, war, die
Heftigkeit jener Aeusserungen so sehr zu mildern, als er nur
vermochte, wenn er die von seinem Assistenten *Wiggers* aus-
geführte Uebersetzung für den Druck durchsah.

Aber nicht jene schmerzlichen Geschichten sollen hier
wieder erzählt werden; habe ich es doch so ausführlich, als
es erforderlich erschien, an anderer Stelle*) getan. Wir
wollen uns vielmehr jene ersten Anfänge eines Verfahrens anschauen, dessen Zweckmässigkeit es inzwischen in allen anderen
Wissenschaften heimisch gemacht hat. Ich meine die Idee des
Jahresberichtes. Ich habe keine besondere bibliographische
Untersuchung darüber angestellt, wem die Erfindung dieses
wissenschaftlichen Hilfsmittels zuzuschreiben ist. Doch scheint
der Tatbestand zunächst der zu sein, dass lange Zeit hindurch
die *Chemie* die einzige Wissenschaft war, welche nach Art
des sorgfältigen Kaufmannes einen jährlichen Bücherabschluss
mit Inventaraufnahme durchführte. Die Physik hat das Beispiel erst gerade ein Vierteljahrhundert später nachgeahmt, als
die junge physikalische Gesellschaft in Berlin gegründet wurde

---

*) Der Werdegang einer Wissenschaft, Leipzig 1908, S. 128 und ff.

und durch die Herausgabe der „Fortschritte der Physik" sich
alsbald eine höchst dankenswerte Aufgabe stellte, wobei sich
allerdings auch für die Mitarbeiter ein sehr erheblicher persönlicher Einfluss ergab, dessen Wirkungen in der späteren
Spezialgeschichte dieser Wissenschaft an manchen Stellen
sichtbar werden. Die anderen Wissenschaften sind mit ihren
Jahresberichten noch viel später gefolgt.

In wessen Kopf der Gedanke des Jahresberichtes zuerst
entsanden ist, vermag ich also nach den mir vorliegenden
Quellen nicht anzugeben. Doch wird es vermutlich leicht sein,
aus den Akten der Schwedischen Akademie der Wissenschaften
um das Jahr 1820 den Urheber festzustellen, und ich glaube
die Vermutung wagen zu dürfen, dass als solcher Berzelius
selbst erscheinen wird. In den einleitenden Bemerkungen zu
seinem ersten Jahresbericht äussert er sich hierzu folgendermassen:

„Indem die Wissenschafts-Akademie heute zum erste Male,
auf den Befehl eines weisen Gesetzgebers, Rechenschaft vor
der Nation ablegt nicht allein von dem Zuwachs, welchen die
Wissenschaften während des letztverflossenen Jahres innerhalb
ihres eigenen Schosses erhalten haben, sondern auch von dem,
was von anderen Ländern her zu ihrer Kenntnis gelangt ist,
hat sie usw. usw."

Es ist also von der Schwedischen Akademie ein Gesamt-
jahresbericht über alle in ihr vertretenen Wissenschaften beabsichtigt worden. In welchem Umfange dies ausserhalb der
oben aufgezählten physischen Wissenschaften geschehen ist,
wird sich bei Gelegenheit der eben angeregten Lokalforschung
ergeben. Aus der Tatsache, dass die anderen Berichte, falls
sie überhaupt bestanden haben, anscheinend bald wieder ein-
geschlafen, und jedenfalls nicht annähernd zu der Bedeutung
gelangt sind, welche Berzelius' Jahresbericht alsbald gewonnen und durch ein Menschenleben behalten hat, glaube ich mit
Wahrscheinlichkeit schliessen zu dürfen, dass Berzelius entweder der Vater des Gedankens gewesen ist, oder mindestens
sein leiblicher Onkel. Denn unter seinen fleissigen und treuen
Händen ist erst der Gedanke gross und lebensfähig geworden

und hat inzwischen die Reise um die ganze wissenschaftliche Welt zurückgelegt. Wunderlich muss allerdings dabei berühren, dass der Kreislauf des Werdens gerade der in der Chemie für ihn eine ganze Periode *abgeschlossen* hat. Nachdem der Jahresbericht der Chemie nach Berzelius' Tode von *Liebig* und *Wöhler* übernommen worden war, ist er später durch viele Hände gegangen, wobei bei zunehmender Leibesfülle seine Gesundheit immer schlechter wurde, und vor Jahr und Tag ist er sang- und klanglos in das Reich der geschichtlichen Schatten hinabgefahren. Für unsere schnelllebige Zeit ist offenbar die Frist eines Jahres (und was darüber zur Fertigstellung an Zeit erforderlich war, was häufig nicht wenig austrug) viel zu lang, um auf den Bericht zu warten. So hat sich denn die andere, inzwischen entstandene Form des schnellstmöglich nachfolgenden *Einzelberichtes,* bei dem die jährliche Zusammenfassung der zusammengehörigen Dinge praktisch nur im Inhaltsverzeichnis ausgeführt wird, als die lebenstüchtigere erwiesen, und es werden zweifellos auf grund dieser Arbeiten hernach noch andere Zusammenfassungen entstehen, welche für passende Zeiträume (vielleicht von fünf zu fünf Jahren) eine systematische Uebersicht der geleisteten Arbeiten ergeben.

Dass die Aufgabe einer *Gesamtorganisation der wissenschaftlichen Berichterstattung* oder Zusammenfassung eine immer dringendere Notwendigkeit wird, kann niemandem, der in der Wissenschaft irgendwo tätig ist, verborgen bleiben. Diese Aufgabe ist aber gegenwärtig mehr als je von *internationalem Charakter* und bedarf eines internationalen Zusammenschlusses. Da die Bedürfnisse in den verschiedenen Wissenschaften sehr verschiedenartig sind, so wird es zunächst am besten sein, dass eine jede Wissenschaft versucht, sich ihre Organisation *selbst* zu schaffen. Für die Chemie sind die gegebenen Glieder dafür die *chemischen Gesellschaften* der verschiedenen Länder. Dass ein derartiges Zusammenarbeiten in wichtigen Fragen durchaus im Bereich der Möglichkeit liegt, hat die Regulierung der Frage der gemeinsam zu benutzenden Atomgewichte durch die internationale Atomgewichts-Kommission erwiesen, welche seit einer ganzen Reihe von Jahren ihre Arbeiten zu Nutz und Frommen der gesamten Chemikerschaft verrichtet. Um sie seinerzeit ins Leben zu rufen, erwiesen sich die chemischen Gesellschaften als ein leicht und verhältnis-mässig schnell funktionierender Apparat und trotz mancherlei ziemlich leidenschaftlichen Gegensatzes über eine Grundfrage (die der rechnerischen Einheit) stellte sich die wissenschaft-liche Disziplin gegenüber dem Beschluss des vermittelst jener Gesellschaften gewählten internationalen Gesamtkomitee als so wirksam heraus, dass (bis auf zwei oder drei Eigenbrödler, die es ja in jeder allgemeinen Angelegenheit gibt) ein vollstän-diger Anschluss auch der bisherigen Gegner an das Majoritäts-votum stattfand. Die ganze hocherfreuliche Geschichte dieser Angelegenheit gibt ein wertvolles Zeugnis dafür ab, wie gut bereits die *Technik der internationalen Organisation* für wissen-schaftliche Zwecke verstanden und mit welcher Ruhe und Sicherheit sie ausgeübt wird.

Ich schlage also vor, dass demnächst eine der führenden chemischen Gesellschaften, sei es unsere Deutsche, sei es die Londoner, Pariser oder die amerikanische, die Schwesterge-sellschaften einladet, eine Delegiertenversammlung zur Vorbe-ratung gemeinsamer Angelegenheiten einzuberufen. Als ersten praktischen Beratungsgegenstand denke ich mir eine Verein-barung, derzufolge die Mitglieder der Schwestergesellschaften die Publikationen der anderen zu einem Preise beziehen können, der die Herstellungs- und Versendungskosten nicht erheblich übersteigt. Bekanntlich ist bei Drucksachen der Herstellungs-preis des *Satzes* bei weitem der grösste Teil der Ausgabe; Papier und Druck kosten viel weniger, und daher ist eine Vergrösserung der Auflage mit recht geringen Kosten zu bewerkstelligen.

Kann auf solche Weise jedem einzelnen Chemiker, der Mitglied einer der verbundenen Gesellschaften ist, ein sehr er-heblicher Teil der laufenden Literatur verhältnismässig wohl-feil zur Verfügung gestellt werden, so bleibt ihm allerdings noch die eine und andere Schwierigkeit zu überwinden übrig. Eine grosse ist die: wenn er auch die betreffenden Druckschriften leicht erwerben kann, woher soll er die *Zeit* nehmen, sie zu lesen? Die verschiedenen Gesellschaften haben hierfür einen Referatendienst organisiert, der von Fall zu Fall mehr oder weniger vollkommen gehandhabt wird, und damit wird dieses Problem in gewissem Sinne gelöst. Denn nun kann der Chemiker aus den Referaten ersehen, was er genauer lesen muss, und dann in der betreffenden Zeitschrift (falls sie sich unter den kartellierten befindet) nachlesen. Allerdings wird hierbei sehr viel Arbeit vergeudet, da dasselbe Ding an verschiedenen Stellen vielleicht 10 oder 20 mal referiert wird.

Dann liegt noch eine andere Schwierigkeit vor, nämlich die *Sprachenfrage.* Ich brauche nicht erst wieder darzulegen, dass ich gar keinen anderen Ausweg sehe, als die Ausbildung einer künstlichen Hilfssprache. Das Esperanto geht soeben durch eine Krise, welche es verhindert, seine Annahme unmittelbar zu empfehlen, da es sich dem nötigen Fortschritt versagt. Dagegen liegt in der von der internationalen Delegation empfohlenen vereinfachten Esperanto oder „Ido" ein Hilfsmittel internationaler Verständigung vor, welches nicht unerhebliche Vorzüge vor dem alten Esperanto besitzt. Eine ausgebildete *chemische Kunstsprache* hat weder das eine noch das andere Idiom bisher entwickelt. Die Schaffung einer solchen auf grund eines eindringenden Studiums der ganzen Angelegenheit wäre eine andere, höchst fruchtbare Aufgabe der internationalen Organisation der chemischen Gesellschaften. Es erscheint bei dem bereits halb oder dreiviertel internationalen Charakter der chemischen Nomenklatur in den verschiedenen Sprachen durchaus durchführbar, diese Nomenklatur ganz international zu machen, so dass man nicht nur die Formeln, sondern auch die Namen der Stoffe gleichlautend schreibt und sogar spricht.

Doch ich fürchte, dass diese Betrachtungen bereits zu sehr als Zukunftsmusik empfunden werden. Ich kehre daher zu dem alten Berzelius zurück und zu dem, was ich in seinem alten Jahresberichte gefunden habe. Als Einleitung hat er ihm nämlich einige Betrachtungen über den allgemeinen Betrieb der Wissenschaft vorausgeschickt, die heute wieder auffallend aktuell klingen. Ich kann meinen Lesern diese bemerkens-

werten Zeilen nicht vorenthalten. Nach der Bemerkung, dass
man damals die Forderung ausgesprochen hätte, die Wissenschaft müsse als ein gegen Profane geschütztes Heiligtum der
Eingeweihten behandelt werden, und nur die Resultate dürfe
man der Menge mitteilen, fährt er mit leiser Ironie fort:

„Dieser Satz ist richtig oder unrichtig, je nach der verschiedenen Ansicht, die man von den Wissenschaften hat. Er
ist unrichtig, wenn man die Wissenschaften als eine Sammlung von Erfahrungen betrachtet, als eine Kenntnis von Phä-
nomenen, von welchen aus man die Ursachen, und von diesen
die Gesetze zu erschliessen sucht. Jede auch unbedeutende erworbene Sammlung von Kenntnissen ist dann ein intellektuelles
Vermögen, welches zu lichteren Begriffen, zu klareren Ansichten und zu grösserer Verwendbarkeit führt. Die halbe
Kenntnis, die gelehrten Vorurteile bei Dilettanten waren früher
die höchste Gelehrsamkeit; und was jetzt als ein höheres Mass
von Kenntnissen bezeichnet wird, das wird in kommenden
Zeiten nur wieder Halbheit sein.

Wenn aber andererseits die Wissenschaften a priori aus
einem allgemeinen Grundprinzip konstruiert werden, wenn die
Spekulation in entgegengesetzter Ordnung, von den Prinzipien
zu der Erfahrung herunter steigt, wenn die Verwegenheit der
menschlichen Einbildungskraft den höchsten Verstandesweg
zu gehen sucht, so schmilzt unter dem Fliegen das Wachs der
ikarischen Flügel und Missgriffe, leere Worte treten gewöhnlich an die Stelle der Wahrheit und der Ideen. Von diesem
Standpunkte aus betrachtet sollte das Studium der Wissenschaft so wenigen wie möglich vorbehalten sein, und wenn
auch jemals ein auf anderem Wege nicht gefundenes Resultat
auf diesem gefunden worden ist, so wird es doch immer der
grösste Nutzen für die Menschheit sein, wenn nicht die Spekulation, sondern bloss das Resultat allgemeines Eigentum wird."

Dies wird, wie ich hoffe, manchen Leser anregen, sich
einmal die alten Bände von Berzelius' Jahresbericht genauer
anzusehen. Es steht noch sehr viel mehr Interessantes darin!

VIII. Schluss.

Zum Abschluss dieser bunten Sammlung habe ich mir einen Bericht vorbehalten, der mit einem wesentlichen Einschnitte in meinem eigenen Leben verbunden ist, nämlich mit dem Empfange des Nobelpreises für Chemie am Schlusse des Jahres 1909. Von den mannigfaltigen Auszeichnungen, mit denen mich Freunde und Fachgenossen an wissenschaftlichen Körperschaften der verschiedensten Art erfreut und erfrischt haben, und deren Wert als Ausdruck der Schätzung seitens der kompetentesten Zeitgenossen ich sehr hoch ansetze, ist diese die höchststehende. Denn man wird dadurch in eine Aristokratie des Geistes aufgenommen, deren Mitgliederzahl schwerlich jemals das erste Hundert überschreiten wird, und deren Mitglieder aus den Besten der ganzen Welt gewählt werden.

Entsprechend dem Goetheschen Worte: Nie geschlossen, oft geründet, betrachte ich auch diese Epoche als das abrundende Finale eines Aktes meines Arbeitslebens. Allerdings bezieht es sich eigentlich auf eine frühere Periode, nämlich die der experimentellen und theoretischen Arbeit in der Chemie, die zwar noch einige Ausläufer bis in diese Tage getrieben hat, der Hauptsache nach aber doch seit bald einem Jahrzehnt abgeschlossen worden ist. Für die inzwischen begonnenen Arbeiten auf neuem Gebiete darf ich natürlich eine derart hochstehende Auszeichnung, falls ich sie überhaupt je verdienen könnte, nicht erwarten; ohnedies braucht es in so wichtigen Dingen immer erst einer gewissen Zeit, bis sich die Solidität eines Fortschrittes hinreichend ausgib und mannigfaltig erwiesen hat. Denn für den induktiven Schluss: weil

38*

jene Arbeiten gut waren, müssen es die jetzigen auf neuem Gebiete auch sein, doch ist das Material zu unvollständig .

Der mitgeteilte Aufsatz zeichnet den äusseren Rahmen dieser Sache, dies zu den wertvollsten und eindruckvollsten im ganzen Gebiete des wissenschaftlichen Internationalismus gehört. Da gehofft werden muss, dass diese grosszügige Stiftung nicht vereinzelt bleiben wird, weist das Finale entsprechend dem Charakter dieses Buches ebenso dringend wie hoffnungsvoll in die Zukunft.

Nach Stockholm.

(1909)

Es war nicht das erste Mal, dass ich nach *Stockholm* fuhr. Vor mehr als einem Vierteljahrhundert war ich von Riga aus dorthin gereist, um einen merkwürdigen jungen Menschen kennen zu lernen, der mir kurz zuvor eine Abhandlung geschickt hatte, die mich durch die erstaunliche Originalität ihres Inhaltes (sie enthielt Untersuchungen über die elektrische Leitfähigkeit und im Anschluss daran eine Theorie der chemischen Verwandtschaft) in Aufregung versetzte. Der junge Mann hiess Svante *Arrhenius.* Damals sah ich diese schönste Stadt des Nordens zum ersten Male und fand bestätigt, was Baedeker in seiner kurzsachlichen Weise vom Reisen in Schweden sagt: jeder Schwede behandelt den Fremden wie seinen persönlichen Gast.

Nachdem aus jener erstmaligen Begegnung mit Arrhenius, (die in Upsala stattfand) eine durch gemeinsame Arbeiten und Kämpfe gefestigte Freundschaft geworden war, bin ich noch mehrfach in Stockholm gewesen, zuletzt im Herbst dieses Jahres, um die Einweihung des neuen Nobel-Instituts für Physik, das Arrhenius unterstellt worden war, dessen fünfzigsten Geburtstag und den fünfundzwanzigsten Jahrestag der Theorie der freien Jonen, durch welche Arrhenius die Chemie revolutioniert hatte, feiern zu helfen. Der *Generalstreik* war gerade ausgebrochen, und es gab keine Droschken, so dass wir einige Schwierigkeiten hatten, unser Gepäck zu befördern. Ein grosser Teil der erwarteten Gäste war aus Furcht vor dem Streik ausgeblieben. Doch war alles, was wir äusserlich davon sahen, eine sehr grosse Anzahl Angler, die überall an dem Wasser sassen, um gleichzeitig die leere Zeit zu vertrei-

ben und womöglich etwas für den kargen Tisch zu fangen.
Kein Lärm, kein Gezänk, kein Auflauf, kein Blutvergiessen,
nicht nur in Stockholm, sondern im ganzen Lande. Ich
glaube nicht, dass es gegenwärtig ein einziges anderes
Volk gibt, das dies den Schweden nachmachen wird. Das
Alkoholverbot, das alsbald im ganzen Lande durchgeführt
worden war, hat zweifellos sehr viel zu diesem glänzenden
Erfolge beigetragen. Aber es bedeutet doch auch eine be-
neidenswerte Kulturhöhe gerade der unteren Schichten, dass
es durchgeführt werden konnte.

So fand ich bestätigt, was ich bereits einige Jahre vorher
ausgesprochen hatte: dass die Schweden in sozialer Kultur
gegenwärtig die führende Nation in Europa und damit in der
ganzen Kulturwelt sind. Die völlig unblutige Trennung von
Norwegen, trotzdem auf schwedischer Seite das zweifellose
physische Uebergewicht war, ist eine Kulturtat ersten Ranges
gewesen: das erste Beispiel eines solchen Vorganges in der
Weltgeschichte. Inzwischen hat die Entdeckung, dass es kulturgemässer ist, den rohen Kampf mit seiner entsetzlichen
Menschen- und Energievergeudung durch friedliches Abkom-
men zu ersetzen, bei dem beide Teile vorteilhafter abschneiden,
als beim erfolgreichsten Kriege möglich wäre, ihren Einfluss
weiter verbreitet, und die Behandlung der Angelegenheiten
zwischen den Völkern lenkt von der Nervosität des imaginären „Ehrenpunktes" auf die rationelle Auffassung der Völker-
und Menschenökonomie über.

Nun war ich nach wenigen Monaten wieder dorthin unterwegs, um die höchste wissenschaftliche Auszeichnung zu
empfangen, welche die Kulturwelt zur Zeit kennt. Durch die
Fähre Sassnitz-Trelleborg ist die Reise gegenwärtig auch im
Winter so bequem wie möglich geworden; die den deutschen
ähnlichen schwedischen Schlafwagen, die dort verkehren, sind
die bequemsten und zweckmässigsten, die ich kennen gelernt
habe; insbesondere sind sie dem amerikanischen „Pullman"
weit überlegen. Nach wohl durchschlafener Nacht erfreut
man sich des schwedischen Frühstücks, man mittagt angenehm,
allerdings vor monotoner Landschaft, und ist unversehens von

Berlin nach *Stockholm* gelangt, wo man von den Freunden empfangen wird.

Die Nobel-Stiftung rührt, wie man weiss, von Alfred *Nobel*, dem Erfinder des Dynamits, her, der einen sehr erheblichen Teil seines grossen Vermögens für wissenschaftliche Zwecke testamentarisch gestiftet hat. Das verfügbare Kapital beträgt zur Zeit über 30 Millionen Kronen, etwa 35 Millionen Mark, und wird von einem eigenen Kuratorium verwaltet, das auf dessen langsame Steigerung, entsprechend dem sinkenden Geldwert, Bedacht nimmt. Für die Organisation und deren Durchführung war und ist der Neffe des Testators, Emanuel Nobel, besonders tätig. Die jährlichen Einnahmen dienen nach Rückstellung der eben erwähnten Reserven einerseits zur Entwicklung entsprechender wissenschaftlicher Anstalten in Stockholm, andererseits und in der Hauptsache zur Erteilung von Preisen an wissenschaftliche Forscher und andere Förderer der allgemeinen Kultur. Sie sind, und das macht erst ihre Bedeutung aus, vollkommen *international* und beziehen sich auf Physik, Chemie, Medizin, Literatur und Pazifismus.

Die Verteilung dieser fünf Preise ist weitgehend dezentralisiert. Für die Physik und Chemie ist die Akademie der Wissenschaften in Stockholm zuständig, für die Medizin die in Stockholm bestehende selbständige medizinische Fakultät, das Karolinische Institut, der Literaturpreis wird von der gleichfalls in Stockholm bestehenden, schwedischen Akademie (die der französischen Akademie der vierzig Unsterblichen entspricht) und der Friedenspreis endlich vom norwegischen Storthing erteilt. Diese Körperschaften haben indessen nur die endgültige Entscheidung zu fällen, die noch durch zwei Instanzen vorbereitet wird, so dass jede Vorsorge getroffen ist, um möglichst objektive Resultate zu erzielen. Auch ist bekannt, dass (vielleicht mit ganz wenigen Ausnahmen) die Wahl stets von der überwiegenden Mehrzahl der kompetenten Zeitgenossen gebilligt worden ist, so dass jene Körperschaften ihres verantwortlichen und schwierigen Amtes mit ausgezeichnetem Erfolge gewaltet haben.

Der erste Schritt besteht darin, dass die das Vorschlagsrecht besitzenden Personen zur Einsendung motivierter Vorschläge eingeladen werden. Solche Personen sind beispielsweise für die beiden ersten Preise die Mitglieder der schwedischen Akademie der Wissenschaften (auch die auswärtigen), ferner die früheren Preisträger, endlich ausgezeichnete Fachgenossen, denen man persönlich ein gutes sachliches Urteil zutraut. Auch werden in systematischer Reihenfolge wissenschaftliche Körperschaften, wie Universitäten und Akademien gebeten, hierfür geeignete Personen zu bezeichnen.

Die eingelaufenen Vorschläge werden alsdann von einem dazu eingesetzten Sonderkomitee bearbeitet, das nicht das Recht hat, seinerseits neue Vorschläge zu machen, sondern an die vorgelegten Namen gebunden ist. Das Ergebnis wird endlich der *Akademie* übermittelt, die den entscheidenden Beschluss fasst, der mindestens einen Monat vor dem 10. Dezember, als dem Todestage Alfred Nobels, erledigt sein muss. Obwohl dieser Beschluss geheim gehalten werden soll, pflegen um diese Zeit Nachrichten von geringerer oder grösserer Sicherheit in die Presse durchzufiltrieren. Auch die gewählten Preisträger erhalten billigerweise die Nachricht unter dem Siegel der Verschwiegenheit (das bisher anscheinend nicht gebrochen wurde, denn die vorzeitigen Nachrichten pflegten von Stockholm auszugehen), damit sie sich auf die Reise vorbereiten können. Es ist für sie ein wenig unbequem, um diese Zeit den teilnehmenden Fragen von Freunden und Fernstehenden ohne Verletzung der Wahrheit auszuweichen.

Am 10. Dezember werden die Wahlen in feierlicher Sitzung in Gegenwart des Königs, der Königin und des ganzen Hofes, sowie der ausgezeichnetsten Persönlichkeiten der schwedischen Hauptstadt verkündet. Trefflicher Männerquartettgesang, den man in Schweden überall in vorzüglicher Ausführung hören kann, leitet die Feier ein. Mit dem Männerquartett in Schweden ist es nämlich wie mit dem Bier in Bayern: da sogut wie jedermann Kenner ist, so kann sich Minderwertiges überhaupt nicht vorwagen. Dazwischen die Reden: zunächst spricht der Kurator der Nobelstiftung, Graf Wachtmeister, sodann der Präsident der Wissenschaftsakademie Hildebrand,

beide schwedisch. Jeder Preisempfänger wird dann in längerer
Rede gekennzeichnet und gelobt, und es ist ein wunderliches
Gefühl, die Worte anzuhören, von denen man weiss, dass sie
Freundliches enthalten, ohne dass man mehr auffassen kann,
als einzelne Fachausdrücke, die gerade das nicht erkennen
lassen, was man gern verstanden hätte. Aber schliesslich wendet sich doch der Redner in der nationalen Sprache des Preisträgers an diesen, fasst mit kurzen Worten das Gesagte zusammen und geleitet ihn zum *Könige,* aus dessen Händen er
das Diplom, ein auf Pergament hergestelltes Kunstwerk der
Miniaturmalerei, das mit Emblemen geschmückt ist, die sich
auf das Arbeitsgebiet des Preisträgers beziehen, sowie eine mit
seinem Namen versehene grosse goldene Medaille empfängt.
Diese zeigt einerseits das Bildnis Alfred Nobels, andererseits
eine Allegorie: die Wissenschaft entschleiert die Natur. Dann
wird der eindrucksvolle Vorgang durch neuen Männergesang
geschlossen.

Unmittelbar hieran schliesst sich das *Festessen* in den
glänzenden Räumen des Grand Hotel. Auch hier begleiten
Reden das festliche Mahl, indem nach den offiziellen Einleit-
ungsreden und einem längeren allgemeinen Vortrag des Präsidenten — diesmal in französischer Sprache, damit er auch
allen Preisträgern verständlich sei — diese ihre Gefühle und
Gedanken zum Ausdruck bringen können. Dies geschieht in
der umgekehrten Reihenfolge der Erteilung, so dass diesmal
Selma Lagerlöf, die Trägerin des Literaturpreises (der als
letzter in der Reihe steht) zunächst das Wort nahm. In einem
entzückenden Märchen sprach sie ihre Empfindungen aus; ihr
folgte Prof. Kocher aus Bern, der Schöpfer der Kropfchirur-
gie, sodann ich. Dann kam Prof. Braun aus Strassburg und
endlich Marconi, dessen junge, anmutige Gattin, die mir
gegenübersass, viel mehr Lampenfieber zu empfinden schien,
als er selbst. Den Vorsitz an der Tafel führte der Kronprinz
und die jugendschöne Kronprinzessin, die durch ihr menschlich-
heiteres Wesen sich im Fluge alle Herzen zu eigen machte.
Während der Kaffee in den Nebenräumen gereicht wird, ist der
Festsaal im Handumdrehen ausgeräumt, und bald ertönen

wieder die harmonisch-kräftigen Töne vierstimmigen Männer-
gesanges. Sehr langsam geht der Abend zu Ende.

Am folgenden Tage war Festmahl im königlichen Schlosse
unter dem Vorsitze des Königspaares. Der König ist eine
hohe, sehr schlanke Erscheinung, bei der Königin hat das
mütterliche Hohenzollernblut die Züge und das väterliche die
eindrucksvolle Güte des Ausdruckes bestimmt. Der Ton des
Verkehrs ist lebhaft und frei von höfischer Steifheit.

Am gleichen Tage begann auch die Erledigung der den
Preisträgern auferlegten Pflicht, einen wissenschaftlichen Vortrag über den Gegenstand ihrer Auszeichnung zu halten.
Aeusserst charakteristisch war hierbei der Unterschied zwischen
Marconi und Braun, deren Vorträge sich unmittelbar an einander schlossen. Während der italienisch-englische Ingenieur
die Angelegenheit durchaus als technische Aufgabe behandelte,
bei der man eben alles probiert, was Erfolg zu versprechen
scheint, lag dem deutschen Professor in erster Linie daran, sich
über die theoretischen Grundlagen des Problems klar zu werden und sie seinen Hörern klar zu machen. Der hochinteressante
Vortrag Prof. Kochers brachte mir die freudige Ueberraschung,
dass die von ihm geschilderten physiologischen und pathologi-
schen Erscheinungen, die mit der Funktion der Schilddrüse
verbunden sind, unverkennbare Fälle von *Katalyse* darboten,
die sich auf denselben Gegenstand bezogen, bezüglich dessen
mir die Auszeichnung erteilt worden war und über den ich am
Sonntag sprach.

Fasse ich meine Eindrücke zusammen, so gipfeln sie in
einer intensiven Empfindung dafür, in welchem Masse *inter-*
national verbrüdernd die Wissenschaft zu wirken vermag, wie
sie denn ja auch der allgemeinste Besitz der Gesamtmenschheit
ist. Ein beneidenswertes Los ist dem schwedischen Volke zuteil geworden, dass es, nachdem es schon zweimal die wissenschaftliche Hegemonie gehabt hat (unter Linné und unter Berzelius), nunmehr diese bedeutendste aller wissenschaftlichen
Stiftungen verwalten darf. Insbesondere aber beneidete ich die
Stockholmer Kollegen um den Vorzug, in jedem Jahre mehrere
Leute ersten Ranges persönlich studieren zu können. Wie wert-

voll wäre mir eine solche stets wiederkehrende Gelegenheit für meine Studien über „grosse Männer!"

Eine andere sehr lebhafte Empfindung war die der fast unaufschiebbar gewordenen Notwendigkeit der *internationalen Hilfssprache*, die uns aus dem Babylon (wir hörten und sprachen durcheinander schwedisch, deutsch, englisch, italienisch und französisch) heraushilft. Durch die Presse ist inzwischen die Nachricht gegangen, dass ich mit den mir zuteil gewordenen Geldmitteln das Esperanto zu unterstützen gedenke. Hieran ist soviel wahr, dass ich für die Entwicklung der internationalen Hilfssprache allerdings Mittel bereitgestellt habe. Aber die Anhänger des orthodoxen Esperanto haben sich so unfähig gezeigt, diese wichtige Angelegenheit in wissenschaftlich-praktischem Sinne freiheitlich zu entwickeln, und persönlich ist mir noch jüngst bei einem esperantistischen Pressevertreter ein so geringes Mass von journalistischer Redlichkeit begegnet, dass ich für das Altesperanto und seine Anhänger keinen Pfennig übrig habe. Meine Mitarbeit gilt ausschliesslich dem *Ido*, der auf esperantistischer Grundlage entwickelten verbesserten Hilfssprache.

Druck: Otto Wigand m. b. H., Leipzig.